Pierre de Bourdeille
Seigneur de Brantôme

Das Leben der galanten Damen

1986
Insel-Verlag

Aus dem Französischen übertragen von Georg Harsdoerffer
Vorwort und Anmerkungen von Rudolf Noack

ISBN 3-7351-0046-5

Vorwort

Mit weitgreifenden Ansprüchen umreißt der französische Chronist und Erzähler Pierre de Bourdeille und Herr von Brantôme (um 1538–1614) im Vorwort zur ersten Manuskriptfassung den vielgipfligen Gegenstand seines schriftstellerischen Gesamtwerkes: ›Sammlung von einigen Abhandlungen, Leitsprüchen, Erzählungen, Geschichten, Kämpfen, Handlungen, Eigenarten und Liebenswürdigkeiten, Worten und Begebenheiten, Sprüchen und Taten, Rodomontaden und Lobpreisungen vieler Kaiser, Könige, Fürsten, hoher Herren, großer wie geringer Kriegsleute, Edelmänner, Abenteurer, Soldaten und anderer; zahlreicher Königinnen, berühmter Fürstinnen, tugendhafter und großherziger Damen, solcher von hohem und mittlerem wie von niederem und gemeinem Stand, die ich selbst zu meiner Zeit habe sehen, kennenlernen und erleben können ...‹ Aktualität aus eigener Erfahrung verspricht Authentizität, und tatsächlich trifft Brantôme als Höfling, Offizier und weitgereister Mann auf zeitgenössische Lebensnerven der zweiten Hälfte des 16. Jahrhunderts.

Berechtigt gilt er als einer der besten literarischen Gewährsmänner französischer Lebensart unter der korruptfrivolen, lust- und luxussüchtigen Herrschaft der Valois-Könige zwischen 1547 und 1589, jener blutigen Bürgerkriegsepoche, die sich mit dem Tode Franz' I., des ›Renaissancekönigs‹, vorbereitete und über den Regierungsantritt von Heinrich IV. 1589, im Grunde bis zum Erlaß des Toleranzediktes von Nantes 1598 hinausreichte. Diesen zeitlich abgegrenzten Kern reichert Brantôme, der sich von Jugend an das Ziel setzte, den Spuren so bedeutsamer Chronisten wie Froissart oder Paul-Emile zu folgen, um ständige historische Rückgriffe, Vergleiche und Illustrationen an, die sittengeschichtlich unter mannigfaltiger Nutzung einer fast unüberschaubaren Vielzahl von Autorenquellen bis tief in die Antike hineinreichen.

Sein Lebensgang scheint ihn für diese Rolle zu prädestinieren. Von früher Kindheit an in der Obhut seiner Großmutter, einer einflußreichen Ehrendame der 1549 verstorbenen Königin und Schriftstellerin Margarete von Navarra, lernt er die Atmosphäre des königlich-fürstlichen Hofes kennen. Dieser Erlebnisbereich bleibt die Quelle seines unverhohlenen Bedürfnisses nach Selbstbestätigung bis um die Mitte der achtziger Jahre und seines Wissensfundus um den politischen wie privaten Lebensstil des französischen Adels. Sein Drang nach dem engen persönlichen Kontakt zu den bestimmenden Großen der Zeit wird Ende der fünfziger Jahre ermutigt mit der Übereignung der Abtei Brantôme an den blutjungen Priester, Absolventen des ›Collège de Paris‹ und der Universität von Poitiers durch Heinrich III. als Lohn für getreue Kriegsdienste seiner Familie. Alles deutet darauf hin, daß er den von seiner adligen und Offiziersfamilie vorgezeichneten Weg gehen wird.

Zunächst treibt es aber den unruhevollen und Abenteuer suchenden Geist aus dem Pariser Louvre und der faszinierenden Gegenwart der Katharina von Medici (1519–1589) auf Reisen durch Italien und Spanien. Obwohl Brantôme damit zunächst keinen tieferen Zweck verfolgt, bereichert sich hier sein Erfahrungs- und Wissensschatz, der seiner Rolle als interessanter Unterhalter, Gesprächspartner und munterer Gesellschafter in den höfischen Kreisen zugute kommt. Dieser Charakter lebendiger Rede sollte auch das Wesen seiner späteren Schriften prägen. Die Herren- oder Salongespräche werden zum Exerzitium des Schriftstellers. Um den Tabus der Zeit Rechnung zu tragen und sich weite Freizügigkeit in hinzufabulierten Ausschmückungen umlaufender pikanter Skandalgeschichten gestatten zu können, sucht er den schützenden Schatten der Anonymität. Reich ist der heimgebrachte Schatz des amüsanten Erzählers an Erlebnisberichten vom Charme, der Schönheit und den geistigen Qualitäten italienischer Kurtisanen wie spanischer Edeldamen. Wenn vor allem Italien das Land nostalgischer Sehnsüchte der Franzosen geblieben war, so schwanken die Sympathien Brantômes zwischen Italien und Spanien, und er rühmt sich, das

Spanische besser zu beherrschen als seine eigene Muttersprache. Seine Sammlung spanischer Rodomontaden, Flüche und Redensarten zeigt uns die faszinierende Ausdruckskraft einer Sprache, die sich den Reiz ihrer Ursprünglichkeit durch die Verbundenheit mit den Sitten und Gewohnheiten des Volkslebens bewahrt hatte. Die Pikareske feierte zur Zeit mit dem ›Lazarillo de Tormes‹ ihre Triumphe. 1560 ist Brantôme wieder nach Frankreich zurückgekehrt und schließt sich dem im Lande mit luxuriösem Pomp umherziehenden Hofstaat Katharinas von Medici an.

Katharina mochte auf jene Demonstration von Größe, Macht und Glanz des französischen Königshauses in jenen Jahren des drohend heranrückenden Abgrundes der Bürgerkriege ebensowenig verzichten wie im Bürgerkrieg selbst. Renommeebedürfnis verband die listige Königinmutter und Regentin mit politischem Kalkül, wenn sie mit einem Troß von Hunderten von Wagen, Kutschen und Sänften und bis zu 2000 Hofleuten, Edeldamen und Bediensteten zu prächtigen Festen durch die Lande auf ihre königlichen und fürstlichen Schlösser zog. Der Reiz dieser Attraktion vermochte jedoch den angestauten Haß und den Machtkampf zwischen den katholischen Feudalfürsten und den überwiegend hugenottischen Bürgerlichen mit ihren adligen Bündnispartnern weder zu dämpfen noch aufzuhalten.

Als 1562 der Bürgerkrieg offen ausbricht, steht Brantôme, angelernt im Waffenhandwerk von seinen mächtigen Freunden des lothringischen Fürstenhauses Guise, als Offizier in bescheidener Charge an der Seite des katholischen Königtums, das sich nicht zuletzt durch eigene Unentschlossenheit und Schwäche immer wieder ohnmächtig zwischen die Fronten gestellt sieht.

Den Hauptakzent erhält dabei zweifelsohne gerade auch im Hinblick auf die ›Galanten Damen‹ sein Leben und Wirken im Dienst des Hofes an der Seite Katharinas und ihrer berühmt-berüchtigten ›fliegenden Schwadron‹ von Ehrendamen.

Zudem darf die politische Machtstellung der Königinmutter und Regentin nach dem frühen Tod ihres ersten Sohnes Franz II. (1560) während der Minderjährigkeit des nachgeborenen und ohnehin kraftlosen Dauphins und Königs Karl IX. nicht unbedacht bleiben. Brantômes Einstieg in die Sphären der ›hohen Politik‹ fällt damit in eine Zeit, als die ›Damen‹ das Sagen am Hofe hatten. Sein durch allgemeine Indifferenz und stark persönliche Neigungen unscharfer Blick wird auch in seiner Einschätzung der Regentin deutlich, die überwiegend mit wenig wirksamen Mitteln privater Geheimdiplomatie das Staatsschiff durch die von den versierten großen Feudalfürsten aufgetürmten Klippen zu steuern versuchte. Im ersten Teil seiner ›Damen‹, einer Abfolge essayistischer Porträts berühmter europäischer Königinnen und illustrer adliger Damen des 16. Jahrhunderts, verteidigt Brantôme mit Nachdruck die 1575 durch Henri Estiennes ›Wundersame Abhandlung über Leben, Taten und Unsitten der Königin Katharina von Medici‹ ins Zwielicht gerückte Herrscherin. Die lose Folge von eigenen Erinnerungen, Hörensagen und geschichtlichen Fakten verwandelt sich unter seiner Feder zum apologetischen Plädoyer für die gleichermaßen kriegesmutige wie friedenswillige und kunstsinnige Königin. Zweifelsohne bewegen ihn dazu die schmeichelhaften Vertraulichkeiten jener bemerkenswerten Mediceerin, ›mutig und gebieterisch, wohlgestalt und huldvoll, mit schöner weißer voller Brust, üppig im Fleisch und rosenfingrig wie Aurora‹, Inkarnation glücklicher Verbindung der Zeitidole kriegerischer und amouröser Tugend-Kräfte.

Wenn auch Brantôme das euphorische Bild der ›Friedensfürstin‹ hier nicht trüben will, so kann er doch seiner Redseligkeit im zweiten Teil der ›Damen‹ nicht Einhalt gebieten. Hinter dem durchscheinenden Schleier der Anonymität, die entlarvenden Kontraste des grellen Lichtes meidend, zeichnet er die bewegten Schattenspiele jener sinnenfreudigen 300 Hofdamen, mit denen sich die Königin umgab. Den nie versagten Ehrenschutz ins Gerede geratener Damen ihres Gefolges nennt Brantôme als Beweis

›unendlicher Güte‹ und Verläßlichkeit der ›größten, schönsten und ehrbarsten Königin der Christenheit‹. Die gern die ›Celestina‹ spielende ›Mutter‹ brachte schon alles wieder in Ordnung!

Allzu großer moralisch-religiöser Eifer und platonisierende Idealisierung der Liebe gingen stets mit dem Verdacht der Heuchelei und hugenottischen Sympathisantentums einher, wie das Brantôme im Fall der Margarete von Navarra auch unumwunden formuliert. Zudem waren ›Frömmlerinnen‹ für die handfesten Männer des Krieges, die rasche Siege liebten, zu unbequeme Festungen. Der nach eigenem Ermessen interpretierte Kurzzeit-Hedonismus hatte als Zeitgröße generell den Sieg über Geduld und Maß stärker platonisch orientierter Bescheidung davongetragen. Brantôme zeigt uns jedoch in seiner Liebeslyrik, wie besonders mit seiner aus achtungsvollem Abstand bekundeten Verehrung der Margarete von Frankreich, und damit auch noch an ungeeignetem Objekt, die Koexistenz der Widersprüche in eigener Person. Die weitaus überwiegende ethisch-moralische Komponente zielt dabei in politische Stoßrichtung. Mit den ›Leuten der Religion‹ (›ceux de la religion‹) ist das hugenottische Feindbild fixiert. Sie werden zum Inbegriff der Bedrohung des freien höfischen Lebensstils, dem ein unverbindlicher Katholizismus weiten Spielraum gewährte.

Das Sittengesetz der Zeit erhält sein Profil, wenn Brantôme schlußfolgernd über die Fürstin und den Kreis ihrer ›sehr schönen und ehrbaren Mädchen‹ sagt: ›Ihre Begleitung und ihr Hof waren ein richtiges Paradies auf Erden und Schule aller Achtbarkeit und Tugend, ein Schmuckstück Frankreichs und Ort der Freiheit, wo es den Mädchen anheimgestellt blieb, Priesterinnen der Venus oder der Diana zu sein, wissend und geschickt, um die Schwellung des Bauches zu verhindern.‹

Brantôme erscheint der Gang der Dinge so in bester Ordnung. Tugend reduziert sich auf Verschwiegenheit. ›Glücklich, wer die Liebe dieser Damen erfahren durfte, und glücklich auch, wer ihr wieder zu entrinnen vermochte.‹ Denn immerhin haben diese ›so schönen, angenehmen und vollkommenen Damen und Fräulein mit den schönen Augen, unwiderstehlicher Grazie und voller Sanftmut‹, in ihren exquisiten Prunkgewändern Schauobjekt und Glanzpunkt der kirchlichen und weltlichen Feste, ›in ihren guten Jahren so manchen von uns Edelleuten verbrannt, der in die Nähe ihrer Glut kam‹. Brantôme verspricht, noch manche hübsche Geschichte von ihnen zu erzählen, ganz diskret natürlich, die sie nicht ohne Vergnügen hören würden, denn ›da das Liebesvergnügen nicht ewig fortdauern kann wegen vielfältiger Unbequemlichkeiten, Hinderungen und Wechsel, so gibt doch zumindest die Erinnerung an lange Vergessenes noch Befriedigung‹. Damit ist der zweite Teil der ›Damen‹, die ihr erster Herausgeber, der Leydener Verleger Jean Sambix, 1666 ›Die galanten Damen‹ nennt, schon angekündigt.

Bei aller Bindung an den französischen Hof mit dem wesentlich von Katharina bestimmten Lebensstil bewahrt sich Brantôme, soweit aus den bekannten und belegten Lebensdaten ersichtlich, dennoch große Bewegungsfreiheit. Obwohl das Manuskript seiner umfangreichen Autobiographie unmittelbar vor der Drucklegung zu Beginn des 18. Jahrhunderts verlorenging, bezeugen andere Quellen, daß er zwischen 1560 und 1574 seinen Aufenthalt im Louvre und den königlichen Schlössern immer wieder durch Reisen und Kriegszüge unterbricht. 1561/62 führt ihn ein königlicher Auftrag im Gefolge der Katharina unerwünschten, praktisch außer Landes gewiesenen Maria Stuart nach Schottland und England. 1563/64 wird die abgeschlossene Marokko-Expedition gegen die Türken für ihn ein willkommener Anlaß, Portugal und Spanien einen Besuch abzustatten. Als Freund der großen Fürsten und Intimus des französischen Königshauses ist er gerngesehener Gast in den Adelshäusern und am Hof von Lissabon und Madrid. Der gefällige und über alle Neuigkeiten bestens informierte Plauderer findet überall offene Türen und Ohren. Der Konversationsstoff dieser Botschafter aus fremden Ländern war nicht nur eine sehnlich erwartete Abwechselung, sondern gleichzeitig wesentliche Nachrichtenquelle in diesen konflikt- und ereignisreichen Zeiten mit überaus erschwerter schriftlicher Kommunikation. Zudem werden auf diesem Wege auch die trotz der Existenz zahlreicher Unterhaltungsbücher von Boccaccios ›Decamerone‹ (1353) bis zum ›Heptameron‹ (postum 1558/59) der Margarete von Navarra bei weitem nicht geschlossenen literarischen Marktlücken ausgefüllt.

Die Berichte einkehrender Reisegäste sollten so möglichst gleichzeitig Informations- und Kunstbedürfnisse befriedigen. Brantôme wird mit dem Prestige seiner bemerkenswerten Beredsamkeit zu einem Musterbeispiel der Erfüllung dieser Wunschforderung an den Höfen der Westromania. Und so, gleichzeitig gebend und nehmend, speist und schult er Wissen und Fähigkeiten an diesen Quellen und sammelt die Kuriosa mit erstaunlichem Gedächtnisvermögen. Auch der Kreuzzug einer französischen Hilfstruppe durch Italien und Ungarn nach Malta 1565/66 zur Abwehr der Angriffsdrohung Solimans bietet ihm Gelegenheit, weitläufige Bekanntschaften und Bindungen, Kenntnis und Verständnis italienischer Verhältnisse zu vertiefen und auszubauen. Sein abenteuernder Sinn ist von den Seereisen und Patrouillenfahrten in die Ägäis so angetan, daß er nur durch seinen alten Freund Pietro Strozzi, den militärischen Führer des Unternehmens, vom Eintritt in den Malteserorden abgehalten werden kann. Der Wunsch nach Korsarenzügen auf eigene Faust und Rechnung, die durch den reichen Levante-Handel lukrativen Gewinn versprachen, bleibt aus diesem Erleben eine jahrelang genährte Sehnsucht.

Die Mußezeit der Heimkehr nach Frankreich führt ihn wiederum durch die Zentren der italienischen Kultur. Auch dabei bleibt er der ewige Vagabund, der, ohne an die Zukunft zu denken, aus spontanem Antrieb den Herzschlag des Lebens sucht, wo er am stärksten pulst. Jene sorglose Unrast und Neugier machen Brantôme dem fahrenden Sänger François Villon ähnlich, ebenso wie die späte Reue, niemals die Sicherung seines späteren Lebens vorbedacht zu haben. Nachdem er sich bereits 1562 von dem ihm eng befreundeten allmächtigen Guise-Fürsten in den beginnenden offenen Bürgerkrieg hatte hineinziehen lassen, geht er 1567 mehr aus selbstverständlicher Verpflichtung denn aus innerer Überzeugung als Hauptmann der Infanterie an der Seite des Königshauses in die zweite Welle des Bürgerkrieges. Nach zwei Jahren quittiert er vorerst den militärischen Dienst, geht an den Hof zurück und wird ab 1568 in Anerkennung seiner Verdienste mit einer jährlichen Pension von 2000 Livres Königlicher Kammerherr von Karl IX. und später von Heinrich III. Dennoch versuchen die Hugenotten, deren großen Führern, wie zum Beispiel dem Fürsten Condé und dem Admiral Coligny, er nicht minder eng vertraut ist wie den Guise oder dem königlichen Kanzler de L'Hospital, immer wieder, ihn als Heerführer auf ihre Seite zu ziehen. Er bleibt indes Gefolgsmann der Königlichen auch im neuerlichen dritten Bürgerkrieg 1568/69. Mit dem einstweiligen Friedensschluß von Saint-Germain 1570 scheint er endgültig aus dem Kriegsdienst auszuscheiden und will endlich mit dem Haudegen Pietro Strozzi seinen alten Plan einer eigenen See-Expedition von Brouage aus verwirklichen.

Die Bartholomäusnacht 1572 bringt nicht nur dieses Projekt zum Scheitern, sondern auch einen ernsthaften Bruch mit der unberechenbaren Politik des Königs, den ersten tiefen Gewissenskonflikt für den bis dahin unbedarft und unbedacht seinen Kapricen folgenden Brantôme.

Wenn er den bisherigen Kriegsverlauf – entgegen den historischen Tatsachen – immer noch als ›ehrenwerten‹ Kampf Mann gegen Mann ansehen wollte, so distanziert er sich jetzt eindeutig von den heimtückischen Schlächtern und Henkern, den vom König und den Feudalfürsten mit bis zu 10000 Gulden Handgeld bezahlten Mördern, die die Führungsspitzen der hugenottischen Partei und ihrer Gefolgschaft mit exemplarischer Brutalität liquidierten. Der König ›hatte sich die Hände beschmutzt‹.

Das ohnehin weite Gewissen der Zeit des nach dem hoffnungsvollen Neubeginn von Humanismus und Renaissance in der ersten Jahrhunderthälfte in die Barbarei des Bürgerkrieges zurückgefallenen Frankreich war auch für Brantôme an seine kritische Grenze gelangt. An erster Stelle stehen dabei für ihn zunächst subjektive Motivationen. Er verlor im Blutstrom der die Seine herabtreibenden Tausenden von Leichen viele seiner engsten Freunde und Verwandten aus allen Lagern. Der spätere Heinrich IV., nur wenige Tage vor der ›Pariser Bluthochzeit‹ Katharinas letztgeborener Tochter Margarete verheiratet, rettete sein Leben nur durch einen erniedrigenden Bittgang seiner Frau zu ihrem königlichen Bruder Karl IX.

Es ist hier nicht der Ort, die vielfältigen Zeugnisse des Abscheus von Brantôme über die im ›fernen Paris‹ begangenen Untaten aus den insgesamt über 4000 Textseiten seiner historischen und literarischen Werke in der zwischen 1864 und 1896 edierten zwölfbändigen Ausgabe von Ludovic Lalanne zusammenzutragen.

Von Natur aus wohlmeinend, gesellig und abenteuerlustig, hatte er bisher die Geschichte als Geschehen hingenommen und auf seine Art gelebt. Die Ablehnung bindenden politischen und ideologischen Engagements war nicht allein Konsequenz seines ›Freidenkertums‹, sondern gleichermaßen, ähnlich wie bei Montaigne, Ausdruck von ›Überlebenswillen‹, Suche nach befriedendem Ausgleich und Kompromiß in der schwer durchschaubaren bedrohlichen Wirklichkeit einer Bürgerkriegsepoche ohne klare Fronten. In den Ruhepausen der nicht absehbaren chaotischen Folge von Krieg, mörderischen Duellen, Waffenstillstand und trügerischen Friedensschlüssen fanden sich die feindlichen Brüder im trauten Miteinander bacchantischer Zechgelage, höfischer Etikette und galanter Spiele. Deutlich wird auf alle Fälle nach dieser blitzartigen und unerwarteten Massenexekution Brantômes Abrücken von den kirchlichen wie weltlichen Fanatikern der feudalen Partei. Problematischer ist für ihn die Frage nach dem Schuldanteil von Katharina. ›Man hat sie der Schuld des Massakers von Paris angeklagt. Das ist für mich ein Buch mit sieben Siegeln, denn ich war damals zur Vorbereitung unserer

Meeresexpedition in Brouage; wohl habe ich indes sagen hören, sie wäre die eigentliche Urheberin gewesen.‹ Korrigierend und entschuldigend fügt er aber hinzu: ›Es gibt jedoch vier oder fünf andere, die ich wohl nennen könnte, die eifriger waren als sie und die sie energisch dazu drängten ...‹ Es ist unschwer auszumachen, auf wen er mit diesen ›Fanatikern‹ zielt.

Wenn er ausgerechnet die schlangenhaft-diplomatische Königinmutter aus den Verstrickungen der Mordnacht zu retten versucht, so mag auch hierin wiederum viel Subjektives stecken. Zum einen bot die Herrscherin einen nie verweigerten Zufluchtsort für den vagabundierenden Junggesellen. Zum anderen fand er hier Erfüllung und Selbstbestätigung, sosehr auch das Renaissance-Verständnis dieser späten Ausgangsphase im konkreten politischen Zeitkontext durch Vereinseitigungen wie morbide Wucherungen in seinen ursprünglichen Grundanliegen verbogen sein mochte.

Die italienische Fürstin bleibt für ihn ›trotz allem‹ ein Fixpunkt in den Unsicherheiten einer unbeeinflußbar und orientierungslos bewegt empfundenen Welt, eine Frau, die versuchte, auch in den trostlosen Jahren des Bürgerkrieges mit einer bis zur Verschuldung reichenden ›Freigebigkeit‹ Frankreich ein inzwischen unglaubhaft gewordenes Kulturprestige zu bewahren.

Brantôme sitzt damit in jeder Hinsicht zwischen den Feuern. Seiner Sympathie für das höfische Treiben der weitherzigen Katharina steht die eindeutige Mißbilligung durch die herbe und sittenstrenge hugenottische Königin von Navarra, Jeanne d'Albret (1528–1572), entgegen, der sich Brantôme persönlich ebenso wie ihrer Anhängerschaft von Jugend an gleichermaßen verbunden und verpflichtet fühlte. Die Mutter des künftigen Heinrichs IV. von Frankreich widersetzte sich noch in ihrem Todesjahr mit allen Kräften der Heirat ihres Sohnes mit Katharinas katholischer Tochter Margarete von Valois. Statt daß, wie einst, die Herren den Damen ihre Huldigung entgegenbrächten, sich jetzt die Damen den Herren anböten, gehört zu den gelindesten Aussagen der Fürstin über jene ›verdammenswerteste und verkommenste Gesellschaft, die es je gab‹.

Der tiefe Bruch mit den Valois wird erst Jahre später und nach neuerlichen Enttäuschungen seines Vertrauens voll sichtbar. Zunächst fügt er sich in die Realitäten und beteiligt sich in scheinbar gutem Einvernehmen mit dem König und seinen Heerführern 1573 an der Belagerung der Hugenottenfestung La Rochelle, ohne damit seine freundschaftlichen Beziehungen zu den Führern der reformierten Partei und ihren Truppen abzubrechen.

Erst 1574, nach dem fünften Bürgerkrieg im Périgord, nimmt der immer wieder Zaudernde seinen endgültigen Abschied vom Kriegsdienst, widmet sich ganz seiner Charge als königlicher Kammerherr und als geheimdiplomatischer Mittler und Vertrauensmann, eine Funktion, für die er durch seine engen Bindungen zu den Hugenotten bestens geeignet war.

Zwar bleibt der ›launige Gascogner‹ mit seinem pikanten südfranzösischen Witz bevorzugter Günstling, der stets sein dankbares Publikum findet. Aber dennoch wächst sein Groll gegen die ›Großen‹, die sich in den Wirren der Bürgerkriege gewissenlos bereichern, während das französische Volk ausgeblutet wird, die Grausamkeiten der Justiz mit denen der Söldnerarmeen wetteifern, ›Bauern lebendigen Leibes verbrannt und in Wasserbrunnen übereinandergeschichtet, Kinder wie Geflügel auf Bratspieße gesteckt, Gefangene aus den Fenstern auf Lanzenspitzen heruntergestoßen, Frauen mit Seilen in Stücke gesägt werden …‹

Dieser Wirklichkeit steht Brantôme ebenso hilflos wie andere Gegner des brutalisierten Bürgerkrieges gegenüber, der aus Frankreich, wie Montaigne sagt, ›die hohe Schule von Verrat, Unmenschlichkeit und Räuberei machte‹.

Unter der Herrschaft Heinrichs III. ab 1574 zeigt sich indes, daß auch die Steigerungsmöglichkeiten ›grenzenloser Unmoral‹, von der Jeanne d'Albret gesprochen hatte, noch nicht ausgeschöpft waren. Katharinas ›Ehrendamen‹ bedienten in raffiniert verschleierter Nacktheit die tafelnden

›Herren‹ auf ausschweifenden Hoffesten. Der Monarch liebte es, sich in Frauenkleidern und weibischem Putz zu präsentieren. Nach seinem Vorbild wimmelte es am Hofe von feminisierten Edelknaben aller Jahrgänge.

Der Abstand Brantômes gegenüber seinem Herrscher vergrößert sich. Der Gang der Dinge trieb in eine Richtung, der er nicht mehr folgen mochte. Als 1582 Heinrich III. auch sein Versprechen nicht einlöst, Brantôme als Gouverneur im Périgord einzusetzen, soll er seinen goldenen Kammerherrenschlüssel in die Seine geworfen haben. Trotzdem verbleibt er zunächst weiter am Hof, jedoch enttäuscht von der ›Undankbarkeit‹ des Königs, trägt er sich in seiner ohnmächtigen Wut sogar mit dem Gedanken, auf die Seite der ›Katholischen Liga‹ Heinrichs von Guise oder in die Dienste Philipps II. nach Spanien zu gehen.

Die Unmöglichkeit, in den sich verschärfenden Kriegszeiten seine Ländereien zu verkaufen, verzögert seine Entscheidung, ein Sturz vom Pferd und Jahre auf dem Krankenlager als gelähmter Mann machen sie hinfällig. In jenem Unglücksjahr 1584 war zudem schon vorher sein alter Freund und Gönner, der Herzog von Alençon, jüngster Sohn Katharinas und letzter Thronfolgekandidat der Valois, an der Schwindsucht verstorben.

Bitterkeit und Resignation, Enttäuschung und Trauer erfüllen den inzwischen Fünfundvierzigjährigen. Er zieht sich zurück in seine Bibliothek, lebt eingeschlossen in der Welt seiner Bücher und Erinnerungen.

Brantôme kehrt auch nach seiner Genesung kaum noch an den Hof zurück und hält nur die Verbindung zu Katharina und nach deren Tod 1589 zu ihrer Tochter Margarete von Valois aufrecht, die, selbst Schriftstellerin, nicht unerheblichen Einfluß auf sein eigenes Schaffen gehabt haben soll.

Der Bürgerkrieg tobt inzwischen mit verstärkter Heftigkeit weiter. 1588 läßt Heinrich III. den immer gefährlicher werdenden Ligafürsten und Kronprätendenten Heinrich von Guise auf den Generalständen zu Blois ermorden, er selbst stirbt 1589. Heinrich IV., im selben Jahr neuer König der Franzosen, brauchte noch ein Jahrzehnt, um die Widerstände der katholischen Partikularfürsten zu brechen. Die spektakuläre Scheidung des Bourbonen Heinrich IV. 1599 nach langen Jahren trennender Zwietracht von Katharinas Tochter Margarete erscheint wie ein symbolischer Nachtrag zum unmittelbar vorangegangenen Toleranzedikt von Nantes, das den Hugenotten Glaubensfreiheit und Lebensrecht in Frankreich zusicherte.

Die endgültige Abrechnung mit den unheilvollen Zeiten unter Herrschaft und Einfluß des Hauses Valois im Bündnis mit der italienischen Mediceersippe wurde zum Ausgangspunkt eines historischen Neubeginns, der in den folgenden Jahrhunderten ›Henri Quatre‹ zu einem legendären Nationalhelden werden ließ. Französische Aufklärer sahen in ihm Bürgschaft für die Möglichkeiten einer Realisierung ihres Ideals des ›aufgeklärten Monarchen‹. Voltaire verleiht ihm in seiner ›Henriade‹ die Züge epischer Größe. Die ›progressive‹ Romantik stilisiert ihn zum ›Volkskönig‹ empor. In der Folgezeit bleibt sein Wirken Gegenstand zahlreicher historisch-literarischer Bearbeitungen. Die Ermordung von Heinrich IV. 1610 wird nicht allein im Bewußtsein der Zeitgenossen zu einer schicksalhaften Tragödie, sondern gleichzeitig im 18. Jahrhundert kämpferisch-polemische Anklageerhebung gegen die unheilvolle Rolle des jesuitischen Klerus in der französischen Geschichte.

Brantôme selbst findet als inzwischen gealterter Mann trotz seiner seit den sechziger Jahren bestehenden engen freundschaftlichen Bindungen, seiner privaten und diplomatischen Kontakte gegenüber Heinrich IV. keinen Zugang mehr zu einer über ihn hinweggegangenen Geschichte. Auf der Suche nach einer Standortbestimmung des Autors sollte betont werden, daß für den schon frühzeitig literarisch-künstlerischen Neigungen und Interessen Folgenden stets die Position des ›Beobachters‹, nicht die eines aktiv ›Handelnden‹ typisch blieb. Er verweigert sich dem ›bindenden Engagement‹, sucht eher zu vermitteln und zu schlichten und auch als Soldat und Offizier den Greueltaten des Krieges aus dem Wege zu gehen.

Mit seiner Eingliederung ins Militär- und Hofleben folgte er einer Familientradition wie seinem Naturell des Abenteurers und Lebemannes. Mit dem Bemühen, in einer trostlosen Wirklichkeit seiner Existenz eine Erfüllung zu geben, in seiner Illusion, um Katharina eine Insel von ›Güte und Sanftmut‹ gefunden zu haben, entgeht er nicht der Gefahr, sich zeitweise ins Zwielicht zu rücken.

Er teilt damit mehr oder weniger das Schicksal aller ›Freigeister‹ der Zeit, die im Schwanken zwischen Hedonismus, indifferentem Stoizismus und ohnmächtiger Schicksalsgläubigkeit sich antik-heidnischer Lebensart viel stärker verbunden fühlten als der Frontstellung von Reformation und Gegenreformation und den Mächten, die sich dahinter verbargen.

Von Grund auf tolerant und Gegner jeglichen Fanatismus, muß der Einordnungsversuch von Brantôme immer wieder in Hypothesen enden, da der literarische Chronist sich Wertungen selbst so gegensätzlicher Persönlichkeiten wie dem ›machiavellistischen‹ Cesare Borgia oder dem freimütigen Hugenottenführer Coligny am Entscheidungspunkt letztlich doch enthält. Gleichermaßen versucht er, sich den religiösen und ideologischen Zeitfragen weder zu stellen noch stellen zu lassen. Diese ›indifferente‹, in mancher Hinsicht Montaigne nicht unähnliche Grundhaltung bestimmt sowohl weitgehend das chronistische Schaffen der umfangreichen Geschichte der ›Feldherren und Kriegsführer‹ als auch das Erzählwerk seiner ›Illustren und galanten Damen‹. Wiewohl beide Richtungen auf vielfältige Art nach Wesen und Inhalt voneinander getrennt und doch miteinander verbunden erscheinen, kommt seine innere Beziehung zur heidnischen Antike sowie dem literarischen Erbe der Frührenaissance und damit sein ›Freidenkertum‹ in den ›Galanten Damen‹ besonders deutlich zum Ausdruck.

Er maß selbst diesem Werk eine herausragende Bedeutung bei. Brantôme soll mit der Aufzeichnung der attraktivsten Geschichten, die er gezielt am Beifall seiner innerhalb und außerhalb Frankreichs stets wechselnden Zuhörerschaft testete und ständig erweiterte, schon in den sechziger Jahren begonnen haben.

Sein umfangreiches Testament vom Dezember 1609 vermittelt uns darüber weitere Aufschlüsse. Bei der Auflage an die Erben, für die Drucklegung seiner Bücher zu sorgen, ›geschaffen und gestaltet mit den Kräften meines Geistes und meiner Erfindergabe, mit unendlichem Aufwand und in harter Arbeit eigenhändig geschrieben ..., die man, sorgsam gehütet, in einem meiner Koffer aus Weidengeflecht finden wird, alle mit viel Mühe und großem Zeitaufwand aufs sorgfältigste korrigiert‹, spricht er mit besonderer Betonung von jenem ›großen Band der ‚Damen', gebunden in grünem Velours‹, der auch vorher schon einen Ehrenplatz in seiner umfangreichen Bibliothek zwischen Béroalde de Verville und Bonaventure Despériers gehabt haben soll. Obgleich Verleger, die einen Blick hineinwerfen durften, so sagt er an gleicher Stelle, ihn dringend um die Manuskripte gebeten hätten, ›wollte ich aber nicht, daß sie zu meinen Lebzeiten gedruckt würden‹. Die Gründe sind vielfältig erklärbar und verständlich.

Die Motive für die Publikation der ›Galanten Damen‹ werden sehr unterschiedlich gesehen. Ihr erster Herausgeber Jean Sambix begründet die Edition von 1666 – und hiermit ist wohl gleich am Anfang ein Kernpunkt getroffen –, daß die Memoiren von Brantôme ›Besonderheiten in der Darstellung der Geschichte seiner Zeit enthalten, die sich nirgends sonst finden‹.

Wenn er hinzufügt, daß sie fast um die Hälfte erweitert und exakter seien als die ohnehin schon vorher verbreiteten Auszüge und vor allem die handschriftlichen Textkopien in den Bibliotheken der Bibliophilen, so will er damit über die notwendige Information hinaus Anreize schaffen, um den Absatz zu sichern.

Tatsächlich bietet die vom Autor immer wieder veränderte, ergänzte und angereicherte Episodensammlung von ihrem Ausgang her eine Sittenchronik des Hoflebens der Valois-Könige zwischen 1548 und 1589 und weiter Kreise des anhängigen politisch bestimmenden Adels aus den unterschiedlichsten Lagern, eine Darstellung der ›hohen Gesellschaft‹ von der menschlich allzumenschlichen Unterseite her. Zweifelsohne wird das Buch zum Zeugnis des Abgesanges der französischen Renaissance, ihres Abgleitens in die Verrohung des Bürgerkrieges, in den Taumel flüchtiger Momente sinnlichen Genusses, die kein Morgen zu kennen schienen.

Die immer wieder deutlich gesetzten Polaritäten von Raffinement und Roheit scheinen in ihrem Zusammenfall die Resultante der in die politischen Krisen des Landes durch Katharina und ihren Stab von Begleitern und ›Beratern‹ hereingetragenen Sitten der italienischen Spätrenaissance.

Der Versuch, mit irgendwelchen moralischen Kriterien schlüssige Urteile zu fällen, würde am literarischen Sinn und Anliegen des Werkes vorbeiführen. Bemühungen in dieser Richtung endeten immer in einer Sackgasse. Einer der zahlreichen neueren französischen Herausgeber, der sehr modernistisch kommentierende Jean-Louis Bory, vergleicht wohl kaum zu Unrecht den dergestalt scheelen Betrachter, der ein ›mores castigamus‹ anstimmt, mit einem ›Tartuffe vor dem Busen der Dorine‹. Dem sich ehrlich betroffen Fühlenden bleibt immer die Möglichkeit, das Buch beiseite zu legen. Aber wovor wären die Augen zu schließen, wenn Brantôme nichts Sonderliches auszeichnet als der Mut, niederzuschreiben, was andere taten und sprachen; und dabei selbst gewiß weder ohne Freude am Schreiben noch ohne Teilhabe am ›Tun‹.

Wenn man Brantôme als ›Schriftsteller‹ aus diesem bezeugten Kontext herauslöst und seine literarische Leistung würdigt, so fügt er sich in eine lange Reihe romanischer Erzählliteratur, deren ausgesuchte Quellen er in freiherzigem Umgang, fern aller humanistischen Akribie, mit einer Vielzahl antiker Erzählungen, ausgehend von den eigenen Zeiterlebnissen und Erfahrungen, auf originelle Art ineinanderfügt.

Als Entschuldigung für die anekdotische Unordnung seiner vertraulichen Plaudereien führt Brantôme die Überfülle des Materials an, die – und hier spricht, wie auf Schritt und Tritt spürbar, der bündige Kriegsmann – ›kein Feldsergeant … ordentlich in Reih und Glied bringen könnte‹.

Wenn auch vieles davon zum mündlich weitergetragenen Anekdotengut der Zeit geworden war, so zeugt die Ballung doch gleichermaßen von erstaunlicher Gedächtniskraft und bemerkenswerter Belesenheit vor allem des späten Brantôme. Bei dem fast durchweg amüsierten und genüßlichen ›Erzähler‹ in ursprünglichem Wortsinn, der hier auch Wertung und eigenes Urteil nicht scheut, gibt es allergische Punkte besonders dort, wo die Wetter ins eigene Dach schlagen. So warf er zum Beispiel seine Schwester Madeleine, ›Ehrendame‹ Katharinas, die es zu arg trieb, kurzerhand aus dem Haus. Seine längste Abhandlung aus den ›Galanten Damen‹ über die Hahnreischaft erinnert streckenweise an das ratlose Zaudern des Junggesellen Panurge aus Rabelais' ›Gargantua et Pantagruel‹, sich den unabsehbaren Konsequenzen des ›Jaworts‹ auszusetzen oder sogar schon als Hahnrei in die Ehe zu gehen. Brantôme zog die Fährnisse ›freier‹ Verbindungen vor. Denn sie waren für ihn Beweis martialischer Tugenden im Gewerbe der Venus. Hier bedurfte es mehr Mutes, ›… als ein Soldat oder ein Seemann bei den gefährlichsten Wagnissen im Krieg oder auf dem Meer‹ beweisen mußte. Die ›Damen‹ insgesamt sind in vielfältiger Weise durchsetzt von soldatischem Wortschatz. Die lange Reihe der ›süßen Feindinnen‹ und ›aphrodisischen Scharmützel‹ ließe sich endlos fortsetzen. Das Bett wird zum Schlachtfeld und Austragungsort militärischer Strategien, Listen und Geschicklichkeiten erhoben, in denen Mann wie Frau gleichermaßen ihre Bewährungsprobe zu bestehen haben. Die ›Liebe‹ erhält dadurch die Züge einer Kriegskunst. Die Verbindung von Mars und Venus wird zu einem unauflöslichen Götterbündnis, und tatsächlich endete so manches Liebesabenteuer mit Mord, Duell und Schlächterei. Der Reiz des Vergnügens lag im Risiko bei steter Einrechnung von Hinterhältigkeit und Verrat, Niedertracht und Kalkül, im hohen Einsatz und Preis, der beim Versagen der Kriegstaktik zu entrichten war. So erscheinen selbst die Liebesabenteuer überschattet von Unberechenbarkeit, Grausamkeit und arrogantem Gewaltzwang der ›Großen‹. Brantôme akzeptiert daher trotz aller Zurückhaltung weder unkritisch noch urteilslos die Zeitsitten, in denen Macht und Ohnmacht der Frauen gleichermaßen zum Ausdruck kommt, wenn er feststellt, wie vor ihm der Lyriker Marot, daß die ›guten alten Zeiten‹ vorbei seien.

Setzt man den ohnehin überwiegenden Soldatenjargon voraus, so trifft Brantôme darüber hinaus mit seinem reichen umgangssprachlichen und Geschäftswortschatz bis hinab zum harten Sexualpatois in meisterhaftem Ausdruck Inhalt wie Atmosphäre seines Gegenstandes. Mit untrüglichem Sinn für das Pittoreske, der Fähigkeit, dem Wort die Kraft bildlicher Vorstellung zu verleihen, flexibel und zweideutig, wechselt er von feiner Ironie, Anspielung und skeptischer Distanz bis zum derben ›gallischen‹ Witz und provokantem Skandal. Hinter zahlreichen Episoden mag man das homerische Gelächter der solchermaßen amüsierten ›Herrenrunden‹ oder das heißköpfige Gekreisch intimer ›Damenkränzchen‹ hervorhören. Direkt und unumwunden und doch gefällig und geschmeidig auf sein Ziel zusteuernd, breitet Brantôme seine reiche und bunte Sprache aus. Dialekte, Redewendungen aus fremden Sprachen und Zitate antiker Autoren und lateinischer Kirchenväter runden das Instrumentarium ab.

Die ›Galanten Damen‹ gelten als Brantômes frühestes Werk. Als Ergebnis langjähriger Sammlungen hatte er es noch zu Lebzeiten dem Herzog von Alençon dediziert, also auf alle Fälle vor dessen Tod 1584. Wir sind über die Entstehungsgeschichte dieses Buches im Gegensatz zu den etwa gleichzeitigen ›Essays‹ von Montaigne kaum informiert. Bekannt ist nur, daß es über lange Jahre hinweg, weit über den Tod des Herzogs von Alençon hinaus, immer weiter bearbeitet und ergänzt wurde. Vor allem die häufigen Einfügungen und Entlehnungen aus Quellen antiker Autoren, von deren Vielzahl nur Sueton, Plutarch, Lukian,

Juvenal, Sallust, Plinius, Martial, Vergil, Terenz, Ovid und Titus-Livius genannt seien, stammen mit Sicherheit aus der Spätzeit des als Schriftsteller zurückgezogen lebenden Brantôme. Ähnlich verhält es sich offensichtlich mit dem größeren Teil der Übernahmen aus der französischen und europäischen Erzähl- und Chronikliteratur, in deren Lektüre er sich mit der Muße des ›Rentners‹ erneut vertiefte, Autoren wie Boccaccio, Rabelais, Margarete von Navarra, Béroalde de Verville, Bonaventure Despériers, Antoine de La Salle, Ariost, Matteo Bandello, Aretino, Paule-Emile, Monluc, Pasquier, Paolo Giovio und andere.

Das erste, d'Alençon gewidmete Manuskript dürfte im wesentlichen die erlebten und gehörten Anekdoten der eigenen Zeit aus den sechziger und siebziger Jahren und Elemente des mündlich umlaufenden und tradierten Literaturgutes aus Renaissance und davor umfaßt haben.

Dennoch wäre es unangemessen, Brantômes ›Galante Damen‹ als einfache Kompilation zu begreifen. Die persönliche Sprache wie das Weiterfabulieren, die Ausschmückungen, die Suche nach ordnenden Grundlinien im Chaos unüberschaubaren Anekdotenstoffes, Erleben, Dichtung und Urteil eigener Art müssen alle Zweifel an der Originalität des Buches tilgen. Brantôme selbst verstand das Werk als Zeugnis und Monument für die Nachwelt ebenso wie seinen späten aufwendigen Schloßneubau in Richemont. Die ihm allzufrüh versagte Anerkennung weckte seinen Widerstand in jeder Hinsicht. Unter Berücksichtigung seines Lebensschicksals erscheint jene Herausstreichung der eigenen Person mehr als eine Formel, wenn er im Bewußtsein der bis auf Karl den Großen zurückgeführten Familiengenealogie ständig und eindringlich seinen Rang betont:

›Ich, Pierre de Bourdeille, Herr von Brantôme, Baron von Richemont, Saint-Crespin und La Chapelle-Montmoreau, edler Kammerherr unserer letzten Könige Karl IX. und Heinrich III. und des Herzogs von Alençon, Ordensritter der Könige von Frankreich und Portugal ...‹

Rudolf Noack

An Seine Gnaden, den Herzog von Alençon, von Brabant und Graf von Flandern, den Sohn und Bruder unserer Könige

Monseigneur,
Da Ihr mir am Hofe oft die Ehre erwiesen habt, in vertrautester Weise mit mir über verschiedene Anekdoten und Geschichten zu plaudern, die Euch so vertraut und zur Hand sind, daß man sagen möchte, man sieht sie Euch im Munde wachsen, so groß, rasch und fein ist Euer Geist, so fein und köstlich Eure Rede, habe ich es übernommen, diese Gespräche, wie sie geführt wurden, nach meinem besten Können aufzuzeichnen, damit sie Euch, wenn einige darunter Euch gefallen, die Zeit vertreiben und Euch wieder ins Gedächtnis rufen, daß ich bei Euren Gesprächen zugegen war, mit denen Ihr mich beehrt habt wie nur einen Edelmann am Hofe.

Ich widme Euch also, gnädiger Herr, dieses Buch und bitte Euch, es mit Eurem Namen und Eurer Autorität zu decken, Ihr dürft erwarten, daß ich mich mit ernsten Dingen befasse. Ich zeige Euch noch ein anderes an, das ich sozusagen vollendet habe, in dem ich ausführlich vergleichend von sechs großen Prinzen und Feldherren erzähle, deren Ruf heute in der Christenheit verbreitet ist, nämlich: König Heinrich III., Eurem Bruder, Eure Hoheit, Eurem Schwager, dem König von Navarra, Herrn von Guise, Herrn von Maine und Sr. Erlaucht dem Prinzen von Parma, und in dem ich vor allen andern Eure Tapferkeit, Eure Tüchtigkeit, Eure Verdienste und edlen Taten rühme, worüber ich den Schluß jenen überlasse, die es besser machen können als ich.

Indessen, gnädiger Herr, bitte ich Gott, Euch an Größe, Glück und Erhabenheit stets zu mehren,

worin ich für immer verbleibe
Euer demütigster und gehorsamster Untertan,
Euer ergebenster Diener
Bourdeille

Klage über den Tod des Herzogs von Alençon

Ich hatte diesen zweiten Teil meiner ›Frauen‹ meinem vorgenannten Herrn von Alençon bei Lebzeiten gewidmet, da er mir die Ehre erwies, mich zu lieben und sehr vertraut mit mir zu plaudern, und da er nach guten Geschichten sehr begierig war; nun, obgleich sein großherziger, tapferer und edler Leib unter seiner ehrenhaften Klinge liegt, habe ich darum doch nicht die Widmung widerrufen wollen, sondern ich bringe sie seiner ruhmvollen Asche und seinem göttlichen Geist, von dessen Tapferkeit, hohen Taten und Verdiensten ich gelegentlich der anderern erhabenen Prinzen und Feldherren rede; denn wenn einer, dann ist er es sicherlich gewesen, wenn er auch sehr jung gestorben ist.

Von ernsten Dingen ist genug geredet, nun wollen wir ein wenig von den lustigen hören.

Erste Abhandlung:

Von den Damen, die der Liebe leben und ihre Gatten zu Hahnreien machen

Da es die Damen sind, die der Begründung der Hahnreischaft beflissen waren, da sie es sind, von denen die Männer zu Hahnreien gemacht werden, wollte ich diese Aufzeichnungen ins ›Buch der Damen‹ bringen, wenn ich auch ebensoviel von den Männern wie von den Frauen reden werde. Ich weiß wohl, daß ich ein großes Werk unternehme und daß ich niemals fertig würde, wenn ich damit zu Ende kommen wollte; denn alles Papier der Rechnungskammer von Paris würde nicht zur Niederschrift der Hälfte aller Geschichten sowohl der Frauen wie der Männer ausreichen. Trotzdem werde ich niederschreiben, was ich kann, und, wenn ich nicht mehr kann, meine Feder dem Teufel lassen oder irgendeinem guten Kameraden, der sie wieder aufnehmen soll; ich bitte zugleich um Entschuldigung, wenn ich bei diesen Aufzeichnungen die Ordnung auch nicht halb beobachte, denn solcher Männer und solcher Frauen gibt es eine so große, so verworrene und so vielgestaltige Zahl, daß ich keinen Feldsergeanten kenne, der sie ordentlich in Reih und Glied bringen könnte. Ich folge also meiner Laune und werde in diesem Aprilmonat davon reden, wie es mir gefällt; bringt er doch die Saison und die Jagdzeit der Hahnreie wieder, ich meine die flüggen Kukkuckshähne, denn andere kann man in jedem Monat und in jeder Jahreszeit genugsam beobachten.

Nun, von dieser Art Kuckucke gibt es also eine ganze Menge verschiedener Arten; aber die allerschlimmste, die auch von den Damen gefürchtet wird und mit Recht gefürchtet werden muß, sind jene tollen, gefährlichen, wunderlichen, bösen, tückischen, grausamen, blutigen und argwöhnischen Leute, die schlagen, foltern, töten, die einen zu Recht, die anderen zu Unrecht, so sehr bringt der allergeringste Verdacht sie in Wut; mit solchen ist der Umgang sehr zu meiden, sowohl für ihre Frauen wie für deren Diener. Jedoch habe ich Frauen samt ihren Liebhabern gekannt, die sich keineswegs darum kümmerten; denn diese waren ebenso böse wie die anderen, und die Damen waren dermaßen beherzt, daß sie ihren Dienern, wenn sie verzagen wollten, wieder Mut einflößten, denn je gefährlicher und schwieriger eine Unternehmung ist, mit desto größerer Kraft muß sie getan und durchgeführt werden. Wieder andere Damen kannte ich, die kein Herz und keinen Ehrgeiz hatten, um nach hohen Dingen zu langen, die sich überhaupt nur an niedrigen Sachen vergnügten. Daher sagt man: ›gemein im Herzen wie eine Hure‹.

Ich kannte eine ehrbare Dame, keine der Geringsten, die bei einer guten Gelegenheit, die sich ihr bot, die Lust ihres Freundes zu pflücken, ihn verließ, als er ihr das Unheil vorstellte, das daraus erwachsen könne, wenn sie der Gemahl, der nicht fern war, überraschte; sie bestand nicht mehr darauf, weil sie ihn für keinen kühnen Liebhaber erachtete, oder vielmehr deshalb, weil er ihre Notdurft nicht stillte; auch gibt es nichts, was die verliebte Frau, wenn sie von der Glut und der Lust, dahin zu gelangen, ergriffen wird und wenn ihr Freund wegen irgendwelcher Hindernisse sie nicht sogleich befriedigen kann oder will, heißer haßt und worüber sie sich mehr ärgert.

Man muß diese Dame wegen ihrer Kühnheit sehr loben, wie auch andere ihresgleichen, die nichts fürchten, um ihre Liebe zu befriedigen, obgleich sie dabei mehr wagen und mehr Gefahr laufen als ein Soldat oder ein Seemann bei den gefährlichsten Wagnissen im Krieg oder auf dem Meer.

Als einmal eine spanische Dame von einem galanten Kavalier in die Gemächer des Königs geführt wurde, gelangten sie durch einen gewissen versteckten und finstern Winkel, und der Kavalier sagte zu ihr, indem er seine spanische Ehrerbietung und Verschwiegenheit heraussteckte: »Das ist ein schöner Ort, wenn es eine andere wäre als Ihr.« Die Dame antwortete bloß: »Ja, wahrhaftig, wär es ein anderer als Ihr.« Damit bezichtigte und klagte sie ihn der Feigheit an, daß er an einem so guten Ort nicht von ihr nahm, was er wollte und sie wünschte und was ein anderer, Kühnerer genommen hätte; daher liebte sie ihn nicht mehr und verließ ihn.

Ich habe von einer sehr schönen und ehrbaren Dame reden hören, die ihren Freund einlud, bei ihr zu schlafen, unter der Bedingung, daß er sie in keinem Sinne berührte und keinen Kampf anspänne; das erfüllte der andere und verblieb die ganze Nacht in großer Säftestockung, Versuchung und Enthaltsamkeit; dafür wußte sie ihm so viel Dank, daß sie ihm nach einiger Zeit den Genuß gab zu kosten, wobei sie ihm als Grund angab, sie hätte seine Liebe dadurch erproben wollen, daß er erfüllte, was sie ihm befohlen hätte. Sie liebte ihn deshalb nachher um so mehr, weil er ein andermal etwas anderes vollbringen könnte, was ebensosehr gewagt wäre wie dies, was zu den größten Wagnissen gehört.

Manche werden diese Besonnenheit oder Feigheit loben, andere nicht. Ich verweise auf die Stimmungen und Ansichten, die man von der einen oder andern Seite dazu äußert.

Ich kannte eine ziemlich große Dame, die ihren Freund einlud, mit ihr eine Nacht zu schlafen; er kam ganz fertig im Hemd zu ihr, um seine Pflicht zu tun; da es jedoch Winter war, hatte er sich unterwegs so verfroren, daß er im Bett nichts machen konnte, sondern nur daran dachte, sich wieder zu erwärmen; dafür haßte ihn die Dame und wollte nichts weiter von ihm wissen.

Eine andere Dame plauderte mit einem Edelmann über die Liebe. Er sagte ihr unter anderen Dingen, wenn er mit ihr im Bett läge, würde er sechs Nummern machen können, so sehr würde ihre Schönheit ihn reizen. »Ihr rühmt Euch sehr viel«, sagte sie. »Ich lade Euch also zu einer solchen Nacht ein.« Er verfehlte denn auch nicht zu erscheinen, aber das Unglück wollte, daß er im Bette von solchen Krämpfen, Frostschauern und Nervenzuckungen überfallen wurde, daß er keine einzige Nummer machen konnte, so daß die Dame zu ihm sagte: »Wollt Ihr weiter nichts machen? Dann schert Euch aus meinem Bett; ich hab's Euch nicht geliehen wie ein Herbergsbett, daß Ihr's Euch drin bequem machen und ausruhen könnt. Also, schert Euch hinaus.« So schickte sie ihn fort und machte sich später über ihn lustig und haßte ihn mehr als die Pest.

Dieser Edelmann wäre sehr glücklich gewesen, hätte er die Konstitution des großen Protonotars Baraud gehabt, des Almoseniers des Königs Franz, der, wenn er bei den Hofdamen schlief, es mindestens auf ein Dutzend brachte und am Morgen noch sagte: »Ich bitte um Entschuldigung, Madame, wenn ich's nicht besser machte; aber ich habe gestern Medizin genommen.« Ich sah ihn später: man nannte ihn den Kapitän Baraud, den Aufschneider, er hatte den Amtsrock ausgezogen, und man hat mir sehr viel über ihn erzählt.

Auf seine alten Jahre fehlte ihm diese männliche und aphrodisische Kraft; und er war arm, wenn ihm auch sein Kaliber noch gute Bißchen eingebracht hatte; aber er hatte alles vermantscht und begann Essenzen destillieren und träufeln zu lassen: »Ja«, sagte er, »wenn ich den Saft so gut heraussprengen könnte wie in meinen jungen Jahren, ich würde meine Sache viel schöner machen und mich dabei weit besser stehen.«

Während des Kriegs der Ligue hatte ein ehrenwerter Edelmann, ein sicherlich tapferer und braver Mann, den Platz verlassen, den er befehligte, um in den Krieg zu ziehn. Als er bei der Rückkehr seine Garnison nicht zur rechten Zeit erreichen konnte, verweilte er bei einer schönen und sehr ehrbaren, großen verwitweten Dame, die ihn einlud, bei ihr über Nacht zu bleiben; er schlug es auch nicht ab, denn er war müde. Nach einem guten Abendessen gab sie ihm ihre Kammer und ihr Bett, denn alle ihre andern Zimmer waren des Krieges wegen ausgeräumt und ihre Möbel eingeschlossen, deren sie die schönsten hatte. Sie wollte dagegen in ihr Kabinett, wo sie ein gewöhnliches Bett für den Tagesgebrauch stehen hatte.

Der Edelmann weigerte sich wiederholt, diese Kammer und dieses Bett anzunehmen, sah sich jedoch durch die

Bitten der Dame dazu genötigt; nachdem er sich hineingelegt hatte und in einen sehr tiefen Schlaf versunken war, siehe, da erscheint die Dame und legt sich ganz einfach neben ihn, ohne daß er etwas spürte, auch die ganze Nacht nicht, so müde und vom Schlaf überwältigt war er; und er ruhte bis tief in den andern Morgen hinein, als sich die Dame, wie er eben erwachte, neben ihm erhob und zu ihm sagte: »Ihr habt nicht ohne Gesellschaft geschlafen, wie Ihr seht; denn ich wollte Euch nicht mein ganzes Bett abtreten, und ich habe daher die Hälfte ebenso genossen wie Ihr. Lebt wohl. Ihr habe eine Gelegenheit verloren, die Euch nie wieder beschert wird.«

Der Edelmann, der diese versäumte Gelegenheit seines Glückes verwünschte und verfluchte (es war wohl, um sich aufzuhängen), wollte sie aufhalten und bitten; nichts von alledem aber; sie war sehr erzürnt gegen ihn, daß er sie nicht befriedigt hatte, wie sie wollte, denn sie war nicht wegen *eines* Stoßes hingekommen (wie man denn auch sagt: ein Stoß allein ist bloß der Bettsalat). Sie wäre nicht hingekommen wegen der Einzahl, sondern wegen der Mehrzahl, der die Damen dabei meist den Vorzug geben; sehr zum Unterschied zu einer sehr schönen und ehrbaren Dame, die ich kannte, die einmal ihren Freund eingeladen hatte, bei ihr zu schlafen. In einem Nu machte er drei gute Gänge mit ihr; als er aber dann seine Stöße durchfechten und vervielfältigen wollte, sprach sie zu ihm, bat ihn und befahl ihm, aufzustehen und sie zu verlassen. Er, ebenso frisch wie zuvor, bietet ihr den Kampf von neuem an und verspricht, er werde sich die ganze Nacht hindurch bis Tagesanbruch mächtig anstrengen, seine Kraft sei wegen so wenig nicht im geringsten vermindert. Sie sagte zu ihm: »Seid zufrieden, daß ich Eure Kraft kennengelernt habe, sie ist tüchtig und schön, und ich werde sie zur rechten Zeit und am rechten Ort besser zu verwenden wissen als jetzt; denn es bedarf nur eines Unglücks, und Ihr und ich sind beide entdeckt; mein Gemahl weiß es, und dann bin ich verloren. Lebt denn wohl bis zu einer sichereren und besseren Gelegenheit, und dann werde ich Euch aus freien Stücken in die große Schlacht stellen und nicht in ein so kleines Scharmützel.«

Sehr viele Damen hätten dieser Erwägung keinen Raum gegeben; da sie ihren Feind bereits auf dem Kampfplatz hatten, hätten sie, berauscht von der Lust, ihn vielmehr kämpfen lassen bis in den hellen Tag.

Jene ehrbare Dame, von der ich vorher redete, war solchen Gemüts, daß sie, sobald die Begierde sie ergriff, niemals weder Furcht noch Scheu vor ihrem Gatten hatte, obgleich er einen guten Degen führte und sehr argwöhnisch war; trotzdem war sie dabei so glücklich, daß weder sie noch ihre Liebhaber dabei Gefahr für ihr Leben liefen, da sie niemals überrascht wurden, weil sie stets ihre achtsamen Wächter und Schildwachen ausgestellt hatten; freilich dürfen die Damen sich nicht darauf verlassen, denn es bedarf nur einer unglücklichen Stunde, wie es vor einiger Zeit einem tapfern und tüchtigen Edelmann passierte, der auf dem Wege zu seiner Geliebten, die ihn, verräterischerweise von ihrem Gemahl dazu gezwungen, zu sich gelockt hatte, niedergemetzelt wurde. Hätte er sich weniger auf seine Tapferkeit eingebildet, als er tat, er hätte sicherlich acht auf sich gegeben und wäre nicht tot, was sehr zu beklagen ist. Dies ist sicherlich ein gutes Beispiel, daß man sich nicht zu sehr auf verliebte Frauen verlassen soll; um der grausamen Hand ihrer Gatten zu entrinnen, spielen sie jeden Streich, den sie wollen, wie es jene tat, die heil ausging, während der Freund starb.

Es gibt auch andre Gatten, die den Liebhaber und die Dame miteinander töten, wie ich von einer sehr großen Dame sagen hörte, auf die ihr Gemahl eifersüchtig war; ohne jede Beweise, die sicherlich vorhanden waren, rein aus Eifersucht und in dem bloßen Verdacht, daß sie sich liebten, ließ er seine Frau an Gift und Schwäche hinsterben, was sehr zu beklagen ist; vorher hatte er den Liebhaber töten lassen, der ein ehrbarer Mann war, wobei er sagte, das Opfer sei schöner und lustiger, wenn man den Stier vorher töte und dann die Kuh.

Dieser Prinz verfuhr grausamer gegen seine Frau als später gegen eine seiner Töchter, die er mit einem großen Fürsten verheiratet hatte, der aber doch nicht so groß war wie er selbst.

Es passierte dieser tollen Frau, von einem andern als von ihrem Gemahl, der wegen eines Krieges ferngehalten wurde, schwanger zu werden; nachdem sie ein schönes Kind zur Welt gebracht hatte, wußte sie nicht, welchem andern Heiligen sie sich geloben sollte, es sei denn ihrem Vater, dem sie alles durch Vermittlung eines Edelmanns entdeckte, dem sie sich vertraute und den sie ihm hinschickte. Sobald er den geheimen Auftrag vernommen hatte, entbot er ihrem Gemahl, wenn ihm sein Leben lieb sei, solle er sich sehr hüten, sich an dem seiner Tochter zu vergreifen, andernfalls griffe er das seinige an und mache ihn zum ärmsten Prinzen der Christenheit, wie in seiner Macht stände; und schickte seiner Tochter eine Galeere mit einer Eskorte und ließ das Kind und die Amme holen; nachdem er es mit einem guten Hause und Unterhalt ausgestattet hatte, ließ er es sehr gut pflegen und erziehen. Als jedoch nach einiger Zeit der Vater zu sterben kam, ließ sie der Gemahl töten.

Ich hörte von einem andern, der den Liebhaber seiner Frau vor ihren Augen in langem Siechtum hinsterben ließ, daß sie an der Marter stürbe, den in Schwäche sterben zu sehen, den sie so sehr geliebt und in ihren Armen gehalten hatte.

Ein anderer von irgendwo tötete seine Frau vor versammeltem Hofe, nachdem er ihr fünfzehn Jahre hindurch alle Freiheiten von der Welt gelassen hatte und nachdem er ziemlich unterrichtet von ihrem Leben war, so daß er sie sogar warnte und ermahnte. Dennoch ergriff ihn die Wut, und eines Morgens suchte er sie in ihrem Bett auf, gerade als sie aufstehen wollte, und nachdem er mit ihr geschlafen, mit ihr geschwatzt und gelacht hatte, versetzte er ihr vier oder fünf Dolchstiche, dann ließ er ihr von einem ihrer Liebhaber den Rest geben, sie in eine Sänfte legen und vor aller Welt in dessen Haus tragen, um sie begraben zu lassen. Hierauf kehrte er zurück und zeigte sich am Hofe, als hätte er die beste Tat von der Welt getan, und triumphierte darüber. Er hätte es gerne mit ihren Liebhabern ebenso gemacht; aber damit hätte er zuviel Scherereien gehabt, denn sie hatte deren so viel besessen, daß sie daraus eine kleine Armee hätte bilden können.

Ich hörte darüber von einem braven und tapferen Kapitän, der einen Verdacht gegen seine Frau schöpfte, die er aus sehr gutem Hause genommen hatte, sie ohne andere Begleitung fand und mit eigner Hand mittels seiner weißen Schärpe erwürgte; dann ließ er sie, so ehrenvoll er nur konnte, begraben und wohnte dem Leichenbegängnis in Trauerkleidung bei, tief betrübt, und das Trauergewand behielt er lange Zeit hindurch an. Damit war der armen Frau reiche Genugtuung geschehen, die schöne Zeremonie sollte die Erinnerung an sie feiern. Ebenso machte er's mit einem Fräulein seiner Frau, die ihr bei ihren Liebesabenteuern zur Hand gegangen war. Er starb nicht ohne Nachkommenschaft von dieser Frau, denn er besaß von ihr einen braven Sohn, der zu den Tapfersten und Ersten seines Vaterlandes gehörte und der wegen seiner Tapferkeit und seiner Verdienste dafür, daß er seinen Königen und Herren treu gedient hatte, zu hohen Würden aufstieg.

Ich hörte auch von einem italienischen Granden, der ebenfalls seine Frau tötete, während er ihren Galan nicht erwischen konnte, weil er sich nach Frankreich gerettet hatte; man sagte jedoch, daß er sie nicht so sehr wegen der Sünde tötete, denn er wußte es seit geraumer Zeit, daß sie der Liebe huldigte, und machte deshalb kein anderes Gesicht dazu; sondern er tötete sie, um eine andere Dame zu heiraten, in die er verliebt war.

Aus diesem Grunde ist es sehr gefährlich, eine bewaffnete F... anzugreifen und zu attackieren; obgleich es ebenso gute und viel Angegriffene gibt wie Entwaffnete, das heißt Besiegte, so weiß ich von einer, die so gut bewaffnet war wie nur möglich. Es war ein sehr wackerer und tapferer Edelmann, der ihr an den Balg wollte; er war aber nicht damit zufrieden, er wollte sich dessen auch rühmen; das währte nicht lange, und er wurde alsbald von aufgestellten Leuten getötet, ohne daß es ein Aufsehen gab, auch die Dame litt nicht darunter; sie blieb indes lange in Zittern und Zagen, da sie ja auch schwanger war und sich darauf gefaßt machte, daß es ihr nach ihrer Niederkunft, die sie um ein Jahrhundert hätte hinausschieben wollen, ebenso erginge; aber der Gatte, der gut und mitleidig war, wiewohl er eine der schärfsten Klingen in der Welt führte, verzieh ihr; und es ward keine weitere Sache darum gemacht, wie denn auch verschiedene andere Liebhaber, die sie gehabt hatte, an keiner großen Beunruhigung litten, denn der eine bezahlte für alle. Auch gab ihm die Dame, dankbar für die Güte und die Gnade eines solchen Gemahls, seitdem nie wieder Anlaß zum geringsten Verdacht, denn sie wurde von da an ziemlich tugendhaft und wandelte in Züchten.

Ganz anders passierte es in einem der letzten Jahre im Königreich Neapel Donna Maria von Avalos, einer der schönsten Prinzessinnen des Landes, die mit dem Prinzen Venosta verheiratet war; sie hatte ein Liebesverhältnis mit dem Grafen Andriano angesponnen, ebenfalls einem der schönsten Fürsten des Landes; beide hatten sich zur Lust vereinigt, als sie vom Gatten entdeckt wurden (das Mittel wüßte ich, aber die Geschichte wäre zu lang), gerade als sie zusammen im Bett lagen; da ließ er sie durch bestellte Leute niedermachen, so daß man am andern Morgen die zwei schönen Geschöpfe ausgestreckt auf dem Pflaster vor dem Tor des Hauses liegen fand, ganz tot und kalt, vor den Augen aller Vorübergehenden, die ihr trauriges Schicksal beweinten und beklagten.

Die getötete Dame hatte Verwandte, die sich darüber sehr betrübt und erzürnt zeigten, so daß sie es sogar mit Mord und Totschlag ahnden wollten, wie es so Gesetz des Landes war, ebensosehr aber, weil sie durch Schurken von Dienern und Sklaven getötet worden war, die es nicht wert waren, ihre Hände mit so gutem und edlem Blut färben zu dürfen; wegen dieses einzigen Punktes wollten sie sich rächen und den Gemahl zur Rechenschaft ziehen, vor Gericht oder anders, nicht aber, wenn er den Stoß mit seiner eigenen Hand geführt hätte; denn dann wäre kein weiteres Wesen daraus gemacht und ihm auch nicht nachgeforscht worden.

Eine törichte und wunderliche Auffassung und Förmlichkeit, worüber ich das Urteil unseren großen Rednern und Rechtsgelehrten überlasse; nämlich: Welche Tat ist ungeheuerlicher, seine Frau mit der eigenen Hand, die sie so sehr liebte, zu töten, oder durch die eines schurkischen Sklaven? Darüber kann man sich mit gewaltig viel Gründen des längeren verbreiten; ich versage es mir jedoch, sie anzuführen, weil ich fürchte, daß sie, gegen die jener Großen gehalten, zu schwach sind.

Ich hörte erzählen, daß der Vizekönig, der von der Verschwörung erfuhr, das Liebespaar, auch sie sogar, warnte; das war aber ihr Schicksal, daß es in einer so schönen Liebe enden sollte. Diese Dame war eine Tochter von Don Carlos von Avalo, dem zweiten Bruder des Marquis von Pescara; hätte ihm einer – in einem seiner mir bekannten Liebesverhältnisse – einen ähnlichen Streich gespielt, er wäre schon lange tot.

Ich kannte einen Gatten, der, vom Ausland kommend, seit langer Zeit nicht mehr bei seiner Frau geschlafen hatte; er kam fest entschlossen und sehr fröhlich, es mit ihr zu machen und sich ein hohes Fest damit zu bereiten; wie er aber nächtlicherweile ankam, hörte er durch den kleinen Spion, daß sie in Gesellschaft ihres Freundes im Bett lag; sofort faßte seine Hand nach dem Degen, und er schlug an die Türe; als sie offen war, kam er, entschlossen, sie zu töten; zuerst aber suchte er den Galan, der aus dem Fenster gesprungen war, dann kam er zu ihr, um sie zu töten; zufälligerweise hatte sie sich diesmal so hübsch herausgeputzt, ihr Haar so schön für die Nacht geschmückt, ein schönes weißes Hemd angetan und sich so herausgeziert, man stelle sich vor, daß sie sich so fein gemacht hatte, um ihrem Freunde besser zu gefallen, wie er sie nie vorher so schön für sich und zu seinem Gefallen hergerichtet gefunden hatte; sie warf sich im Hemde auf ihre Knie hin und flehte ihn um Verzeihung an mit so süßen und zärtlichen Worten, die sie in der Tat vortrefflich verstand, daß er sie aufhob und ihm das Herz schlug, wie er sie so schön und wohlgestaltet fand; er ließ seinen Degen fallen, und er, der nun schon so lange nichts gemacht hatte und der ausgehungert war (das packte ihn möglicherweise bei der Dame, und die Natur reizte ihn auf), er verzieh ihr, nahm sie in seine Arme, brachte sie wieder ins Bett, zog sich geschwind aus, schloß die Türe und legte sich mit ihr schlafen; mit ihren süßen Reizen und Schmeicheleien, man stelle sich vor, daß sie dabei nichts vergaß, befriedigte ihn die Frau denn auch so sehr, daß man sie am andern Morgen als bessere Freunde denn je fand, und niemals liebkosten sie sich so sehr: wie Menelaus, der arme Hahnrei, der zehn oder zwölf Jahre lang seiner Frau Helena drohte, daß er sie töten würde, wenn er sie je faßte; sobald aber Troja genommen war und sie wieder in seine Hände geriet, war er so entzückt von ihrer Schönheit, daß er ihr alles verzieh und sie mehr liebte und umschmeichelte denn zuvor.

Solch wütige Gatten, die aus Löwen zu Schmetterlingen werden, sind noch gut; es ist aber sehr mißlich, wenn einem etwas begegnet wie dieses:

Eine große, schöne und junge Dame, die während der Regierung König Franz' I. lebte, mit einem großen Herrn von Frankreich verheiratet war und von einem so großen Hause stammte, als es nur im Lande wuchs, zog sich viel anders und weit besser als die vorige aus der Schlinge; denn sei es nun, daß sie irgendein Liebesverhältnis hatte, oder hatte sie ihrem Gatten irgendeinen Anlaß gegeben, oder wurde er von Argwohn oder einer plötzlichen Wut gepackt, genug, er kam zu ihr, das nackte Schwert in der Hand, um sie zu töten; verzweifelnd an aller menschlichen Hilfe, kam sie plötzlich auf den Gedanken, sich der glorreichen Jungfrau Maria zu weihen, ihr Gelübde in der Kapelle von Loretto zu erfüllen, wenn sie gerettet würde, zu Saint-Jean des Mauverets im Lande Anjou. Sobald sie dieses Gelübde in Gedanken getan hatte, stürzte der genannte Seigneur zur Erde, der Degen entfiel seiner Faust; alsbald aber erhob er sich wieder, und wie aus einem Traum erwachend, fragte er seine Frau, welchem Heiligen sie sich empfohlen hätte, um der Gefahr zu entrinnen. Sie sagte zu ihm, der Jungfrau Maria, in der erwähnten Kapelle, und sie habe versprochen, den heiligen Ort zu besuchen. Da sagte er zu ihr: »Geht also hin und erfüllt Euer Gelübde!« Das tat sie und hängte dort ein Bild auf, das ihre Geschichte darstellte, zusammen mit mehreren großen und schönen Wachsvoten, wie es ehedem gebräuchlich war und die lange nachher noch zu sehen waren. Fürwahr! ein schönes Gelübde und ein schönes unerwartetes Entrinnen! Siehe die ›Chronik von Anjou‹!

Ich hörte, daß der König Franz einmal mit einer Dame seines Hofes, die er liebte, schlafen gehen wollte. Er fand ihren Gatten, den Degen in der Faust, um sie zu töten; aber der König hielt ihm den seinen an die Gurgel und befahl ihm bei seinem Leben, ihr nichts zuleide zu tun; wenn er ihr das geringste antäte, würde er ihn töten oder ihm den Kopf herunterschlagen lassen; und für diese Nacht schickte er ihn hinaus und nahm seinen Platz ein. Diese Dame war sehr glücklich, einen so guten Kämpen und Schutzherrn ihres L... gefunden zu haben, denn der Gatte wagte kein Wort mehr zu ihr und ließ sie alles tun nach ihrem Gefallen.

Ich hörte, daß nicht nur diese Dame, sondern noch verschiedene andere einen solchen Schutzbrief vom König erhielten. Wie es einige im Krieg machen und, um ihre Besitztümer zu retten, die Wappen des Königs an ihre Tore heften, so pflanzen diese Frauen die Wappen jener großen Könige um und in ihr L..., so daß ihre Gatten kein Wort zu ihnen wagten, während sie sonst über die Klinge hätten springen müssen.

Ich kannte andere Damen, die bei den Königen und den Großen in Gunst standen und solchermaßen ihre Pässe überall bei sich hatten; dennoch gab es auch welche, die in die Klemme kamen; die Gatten, die sie nicht ans Messer zu bringen wagten, halfen sich mit Giften und mit versteckten und geheimen Todesarten, indem sie glauben machten, sie wären am Katarrh, am Schlagfluß oder sonst plötzlich verstorben. Verabscheuenswürdig sind solche Gatten, die ihre schönen Frauen an ihrer Seite liegen haben und sehen, wie sie von Tag zu Tag matter werden und dem Tod anheimfallen; sie verdienten eher den Tod als ihre Frauen; oder sie lassen sie zwischen zwei Mauern sterben, in ewigem Gefängnis, wie uns ein paar alte französische Chroniken berichten und wie ich es von einem Großen von Frankreich erfuhr, der so seine Frau sterben ließ, eine sehr schöne und ehrbare Dame, und zwar nach dem Urteil des Hofes, wobei es ihn noch belustigte, daß er so zum Hahnrei erklärt wurde.

Zu diesen besessenen und rasenden Hahnreigatten gehören häufig die Greise, die kein Vertrauen mehr zu ihren Kräften und zu ihrem Feuer haben, sich aber derjenigen ihrer Frauen versichern wollen; auch wenn sie so dumm waren, sie jung und schön zu heiraten; sie sind so eifersüchtig und argwöhnisch auf sie sowohl wegen ihres Naturells als auch wegen der alten Praktiken, die sie selbst früher getrieben oder von anderen hatten treiben sehen, daß sie diese armen Wesen so elend behandeln, daß ihnen das Fegefeuer angenehmer wäre als das Ansehen, das sie genießen. Der Spanier sag: ›Der Teufel weiß viel, weil er alt ist.‹ Auch diese Greise wissen kraft ihres Alters und ihrer früheren Routine eine Menge Sachen. Man muß ihnen darüber die bittersten Vorwürfe machen, denn da sie die Frauen nicht befriedigen können, warum heiraten sie sie dann? Aber auch die schönen und jungen Frauen tun arg unrecht, sie zu heiraten; sie haben nämlich Absicht auf die Reichtümer, die sie nach dem Tode ihrer Gatten, den sie stündlich erwarten, zu genießen gedenken; indessen lassen sie sich's mit jungen Freunden wohl sein, was mancher von ihnen aber nicht selten harte Leiden bringt.

Ich hörte von einer, die von ihrem Gatten, einem Greis, auf der Tat überrascht wurde; er gab ihr ein Gift ein, an dem sie länger als ein Jahr hinsiechte und dürr wurde wie Holz; der Gemahl besuchte sie häufig und freute sich über dieses Siechtum, er lachte und sagte, sie hätte nur, was sie brauchte.

Eine andere wurde von ihrem Gatten in eine Kammer eingesperrt und auf Wasser und Brot gesetzt, sehr oft ließ er sie ganz nackt ausziehen und peitschte sie gehörig, ohne irgendwelches Erbarmen mit diesem schönen nackten Fleisch und ohne jede Aufregung. Das ist das schlimmste an ihnen, denn von Hitze frei und der Versuchung bar wie ein Marmorbild, haben sie mit keiner Schönheit Mitleid, sie lassen ihre Wut in grausamen Martern aus, anstatt, wie sie es vielleicht in ihrer Jugend machten, sie an ihrem schönen nackten Körper auszulassen, wie ich oben sagte.

Aus diesem Grunde tut es nicht gut, so eigensinnige alte Greise zu ehelichen; auch wenn ihr Augenlicht sinkt, auch wenn sie es im Alter verlieren, sie haben trotzdem noch stets genug, den Schabernack, den ihre jungen Frauen ihnen spielen können, zu beobachten und auszuspionieren.

Ich hörte auch von einer großen Dame sagen: kein Samstag ohne Sonne, keine schöne Frau ohne Liebschaften, kein Greis ohne Eifersucht, und es rührt eben alles von seiner Debolezza, seinem Kräfteschwund, her.

Deshalb sagte ein großer Fürst, den ich kenne, er wolle dem Löwen gleich sein: er wird im Alter niemals weiß; dem Affen: je mehr er es macht, desto mehr will er es machen; dem Hund: je älter er wird, desto größer wird sein Glied; und dem Hirsch: je älter er ist, desto besser kann er's, und die Hindinnen gehen lieber zu ihm als zu den jungen Hirschen.

Nun, um offen darüber zu reden, so wie ich es von einer großen Persönlichkeit hörte: Auf Grund welcher Macht und Autorität darf der Gatte seine Frau töten, in Anbetracht dessen, daß er dies Recht doch keineswegs von Gott hat, auch nicht von seinem Gesetz oder vom heiligen Evangelium, außer dem, sie nur zu verstoßen? Das Evangelium spricht durchaus nicht von Mord, von Blut, von Tod, von Folterqualen, von Gefangenschaft, von Giften und auch nicht von Grausamkeiten. Ach! Unser Herr Jesus Christus hat es uns gelehrt, was dieses Tun und dieses Morden für ein großer Mißbrauch sei und daß er es keineswegs billigte, als man ihm jenes arme, des Ehebruchs geziehene Weib vorführte, damit er seinen Richterspruch über sie fälle; er schrieb mit dem Finger auf die Erde und sagte zu ihnen: »Wer unter euch am reinsten und ohne Sünde ist, der hebe den ersten Stein und werfe ihn auf sie!« Das wagte keiner zu tun, so fühlten sie sich von dem weisen und milden Vorwurf getroffen.

Unser Schöpfer lehrte uns allen, es mit dem Verdammen und Töten von Menschen nicht so leichtzunehmen, auch in dieser Sache nicht; er kannte die Gebrechen unserer Natur und den Mißbrauch, den viele damit treiben; denn mancher läßt seine Frau töten, und er ist doch ein größerer Ehebrecher als sie, und andere lassen sie oft unschuldig morden, weil sie ihrer überdrüssig sind und neue für sie nehmen wollen; und wie viele solcher gibt es doch! Der heilige Augustinus sagte, der ehebrecherische Mann ist ebenso strafwürdig wie die Frau.

Ich hörte von einem sehr hohen Fürsten von irgendwo in der Welt, der seine Frau in Verdacht hatte, ein Liebesverhältnis mit einem vornehmen Galan zu haben; er ließ ihn niedermachen, als er des Abends seinen Palast verließ, dann die Dame; kurz vorher hatte sie bei einem am Hof abgehaltenen Turnier ihren Liebhaber, der sein Pferd sehr gut ritt, fest ins Auge gefaßt und gesagt: »Mein Gott! wie gut er spornt! – Ja, aber er sticht zu hoch!« Das machte den Gatten betroffen, und bald darauf vergiftete er sie mit Gerüchen oder sonst etwas, das er sie essen ließ.

Ich kannte einen Herrn aus gutem Hause, der seine Frau tötete, eine sehr schöne Dame von guter Herkunft und von gutem Stande; er gab ihr auf natürlichem Wege Gift ein, ohne daß sie etwas spürte (so fein und gut zubereitet war dieses Gift), um eine große Dame zu heiraten, die einen Fürsten geehelicht hatte; er wurde dafür bestraft, ins Gefängnis gesetzt, und seine Freunde verließen ihn; das Unglück wollte, daß er sie nicht heiratete, er wurde darum betrogen, von Männern und Frauen übel angesehen und erregte großes Ärgernis.

Ich sah große Persönlichkeiten heftig auf unsere alten Könige schelten, wie auf Ludwig den Zänker, auf Karl den

Schönen, daß sie ihre Frauen umgebracht hatten; die eine, Margarete, Tochter des Herzogs Robert von Burgund; die andere, Blanca, Tochter des Grafen Otto von Burgund; sie hielten ihnen Ehebruch vor und brachten sie grausam zwischen vier Mauern um, auf Château Gaillard; ebenso machte es der Graf von Foix mit Johanna von Artois. Es lagen dabei keineswegs soviel Greueltaten und Verbrechen vor, wie sie es glauben machten; aber die Herren waren ihrer Frauen überdrüssig, warfen ihnen ihre Untaten vor und heirateten andere.

Erst jüngst ließ der König Heinrich von England seine Frau, Anna Boleyn, köpfen, um für sie eine andere zu heiraten, denn er war sehr blutdürstig und liebte die Abwechslung. Wäre es nicht besser, sie verstießen sie nach dem Wort Gottes, anstatt sie so grausam umzubringen? Aber sie brauchen frisches Fleisch, diese Herren, die ihren Tisch für sich allein haben wollen, ohne jemand dazu einzuladen, oder sie wollen neue und zweite Frauen haben, die ihnen neue Besitztümer zubringen, nachdem sie die ihrer ersten aufgezehrt haben, oder sie waren damit noch nicht genug gesättigt; so machte es Balduin, der zweite König von Jerusalem, der von seiner Frau vorgab, sie hätte Unzucht getrieben, und sie verstieß, um eine Tochter des Herzogs von Malyterne zu nehmen, weil sie als Mitgift eine große Summe Geld hatte, die er sehr dringend brauchte. Dieser Fall findet sich in der Geschichte des Heiligen Landes. Es steht den Herren wohl an, das Gesetz Gottes zu korrigieren und ein neues zu machen, daß sie ihre armen Frauen umbringen lassen.

König Ludwig VII. verhielt sich Leonore, der Herzogin von Aquitanien, gegenüber nicht so; sie geriet möglicherweise zu Unrecht während seiner Reise nach Syrien in den Verdacht des Ehebruchs und wurde von ihm nur verstoßen, ohne daß er vom Gesetz der anderen Gebrauch machte, das mehr kraft der Gewalt als rechtens und vernunftshalber erfunden und geübt wurde; damit erwarb er sich einen größeren Ruf als die anderen Könige und den Beinamen des Guten, während die anderen böse, grausam und tyrannisch genannt wurden, außerdem hatte er auch Gewissensbisse, wahrlich, das heißt christlich leben! Sogar von den heidnischen Römern haben es die meisten mehr christlich als heidnisch ins reine gebracht, besonders ein paar Kaiser, von denen der größte Teil der Hahnreischaft unterworfen war und deren Frauen sehr unzüchtig und arg verhurt waren; so grausam sie waren, kann man von sehr vielen lesen, daß sie sich ihrer Frauen eher entledigten, indem sie sie verstießen, statt sie hinzuschlachten, wie wir Christen es machen.

Julius Cäsar tat seiner Frau Pompeja kein anderes Leid an, als daß er sie verstieß; sie hatte mit P. Claudius Ehebruch getrieben, einem schönen jungen römischen Edelmann, der rasend in sie verliebt war wie sie in ihn; er lauerte darauf, daß sie eines Tages ein Opfer in ihrem Haus veranstaltete, wo nur Frauen Zutritt hatten. Er kleidete sich als Mädchen, er hatte ja noch keinen Flaum am Kinn, er sang mit und spielte mit; also gelangte er zu jenem Ungeheuer und hatte reichlich Muße, mit seiner Geliebten zu machen, was er wollte; als er aber erkannt wurde, jagte man ihn hinaus und klagte ihn an; durch Geld und Gunst kam er davon, und es wurde nichts weiter daraus gemacht. Cicero verschwendete in einer schönen Rede gegen ihn sein Latein. Freilich antwortete Cäsar den Leuten, die ihn überreden wollten, seine Frau sei unschuldig, daß er nicht wolle, daß nur sein Bett von diesem Frevel besudelt sei, er wolle es auch von jedem Verdacht befreit wissen. Das tat seine Dienste, um es in der Welt aussprengen zu lassen, in seiner Seele aber wußte er wohl, was es besagen wollte: daß seine Frau in dieser Weise mit ihrem Liebhaber gefunden wurde; sie hatte ihn möglicherweise zu sich eingeladen, es ihm bequem gemacht; denn wenn ein Weib will und wünscht, braucht sich der Liebhaber durchaus nicht darum zu kümmern, Gelegenheiten auszudenken, denn sie findet in einer Stunde mehr, als wir alle in hundert Jahren herausbrächten; genau wie eine Frau von da und da, die ich kenne, zu ihrem Liebhaber sagte: »Ihr braucht bloß ein Mittel zu finden, daß mir die Lust ankommt, denn im übrigen will ich doch schon dafür sorgen, es dahin zu bringen.«

Cäsar wußte auch sehr wohl, was die Elle von diesen Geschichten für einen Wert hatte, denn er war ein sehr arger Kerl; man nannte ihn den Hahn von allen Hennen; in seiner Hauptstadt machte er eine Menge Hahnreie, wovon der Spitzname zeugt, den ihm die Soldaten bei seinem Triumph gaben: ›Römer, sperrt eure Frauen gut ein, denn wir bringen euch den großen Wüstling und Ehebrecher Cäsar, den Kahlkopf, der sie euch alle bügelt.‹

Solchermaßen, mit dieser klugen Antwort, die er von seiner Frau abgab, behütete er sich vor dem Namen Hahnrei, den er seinerseits den anderen anheftete; aber in seiner Seele fühlte er sich sehr getroffen.

Octavianus verstieß ebenfalls Scribonia wegen ihres Hangs zur Unzucht ohne weiteren Grund, obwohl sie recht gehabt hätte, ihn zum Hahnrei zu machen, weil er eine Unmenge von Frauen unterhielt; ganz offen vor ihren Gatten nahm er sie an die Tafel zu den Festen, die er ihnen bereitete, er führte sie mit in seine Kammer, und nachdem er es ihnen besorgt hatte, schickte er sie wieder zurück, mit etwas aufgelösten und aufgedrehten Haaren und roten Ohren, einem bedeutsamen Zeichen, daß sie davon herkamen! Das habe ich nicht als das Geeignete nennen hören, wenn man herausbringen will, daß man davon herkommt; dann sieh wohl das Gesicht an, aber nicht das Ohr. Er stand auch im Ruf, ein großer Wüstling zu sein; sogar Marc Anton warf es ihm vor. Er entschuldigte sich jedoch, er unterhielte die Frauenzimmer nicht so sehr des Genusses halber, sondern um leichter hinter die Geheimnisse ihrer Männer zu kommen, denen er nicht traute.

Ich kannte verschiedene Große und andere, die es ebenso machten und die Frauen um desselben Zweckes willen suchten, wobei sie sich sehr wohl befanden; ich könnte sie wohl namhaft machen; es ist eine feine List, denn man genießt dabei ein doppeltes Vergnügen. Die Verschwörung Catilinas wurde so durch eine Freudendame entdeckt.

Derselbe Octavian zog es im Falle seiner Tochter Julia, der Frau Agrippas, die ihm mit ihrer mächtigen Hurerei große Schande machte (denn zuweilen machen die Töchter ihren Vätern mehr Unehre als die Frauen ihren Gatten), einmal in Erwägung, sie umzubringen; aber er verbannte sie nur, entzog ihr den Wein und den Gebrauch schöner Kleider, wofür sie ärmliche anlegen mußte – eine sehr starke Bestrafung –, und verbot ihr den Umgang mit Männern; für Frauen dieser Verfassung bedeutet es in der Tat eine große Strafe, wenn ihnen die beiden letzten Dinge entzogen werden!

Kaiser Caligula, der ein sehr grausamer Tyrann war, mußte erfahren, daß sich seine Frau Livia Hostilia zu wiederholten Malen verstohlenerweise ihrem ersten Gatten G. Piso hingegeben, dem er sie mit Gewalt weggenommen hatte; ferner, daß sie ihm, da er noch da war, mit ihrem hübschen Leibe allerlei Vergnügen und Artigkeiten bereitete, indessen er selbst auf der Reise abwesend war; er griff nun keineswegs zu seiner gewohnten Grausamkeit, sondern er verbannte sie nur von sich, zwei Jahre nachdem er sie ihrem Gatten Piso weggenommen und geheiratet hatte. Ebenso verfuhr er mit Tullia Paulina, die er ihrem Gatten C. Memmius weggenommen hatte: er jagte sie bloß davon, aber mit dem ausdrücklichen Verbot, jemals wieder das süße Gewerbe zu treiben, auch nicht mit ihrem Gatten. Eine tüchtige Härte und Grausamkeit, wenn man es nicht einmal seinem Gatten machen darf!

Ich hörte von einem großen christlichen Fürsten, der das Verbot gegen eine Frau aussprach, die er unterhielt, und der auch ihrem Mann verbot, sie anzurühren, so eifersüchtig war er.

Claudius, Sohn des Drusus Germanicus, sprach gegen seine Frau Plautia Herculalina nur die Verstoßung aus, weil sie eine ausgemachte Hure war und, was schlimmer ist, weil er erfahren hatte, daß sie ihm nach dem Leben trachtete; obgleich bei seiner Grausamkeit diese beiden Gründe triftig genug waren, sie zum Tode zu verurteilen, begnügte er sich mit der Scheidung.

Wie lange ertrug er dagegen die tollen Liebesabenteuer, die schmutzigen Bordellsitten der Valeria Messalina, seiner zweiten Frau, die sich nicht damit begnügte, es mit diesem und jenem ausschweifend und öffentlich zu machen; sie machte sich sogar ein Gewerbe daraus, in die Bordelle zu gehen und es sich machen zu lassen wie die größte Vettel der Stadt, daß sie sich sogar, wie Juvenal sagt, wenn sich ihr Gatte mit ihr niedergelegt hatte, ganz leise vom Lager wegstahl, sobald sie ihn eingeschlafen fand, sich, so gut sie konnte, verkleidete, geradewegs ins Bordell lief und dort es sich so stark machen ließ, daß sie eher müde als befriedigt und gesättigt davon wegging. Sie trieb es noch schlimmer; um sich noch mehr Befriedigung zu schaffen und den Ruf und das Vergnügen zu genießen, eine große Hure und Vettel zu sein, ließ sie sich bezahlen und taxierte ihre Stöße und Ritte wie ein Kommissar, der über Land reitet, bis zum letzten Groschen.

Ich hörte von einer Dame von da und da, von sehr hoher Abkunft, die es einige Zeit so trieb und verkleidet in die Bordelle lief, um dieses Leben zu probieren und es sich machen zu lassen, so daß der Stadtwächter, der die Ronde machte, sie in einer Nacht dabei überraschte. Noch andere machen solche Streiche, und man kennt sie schon.

Boccaccio redet in seinem Buch von den ›Berühmten Unglücklichen‹ sehr milde von jener Messalina und läßt sie sich damit entschuldigen, daß sie überhaupt dazu geboren wäre; sie kam sogar auf die Welt unter bestimmten Himmelszeichen, die sie erhitzten, sie und andere. Ihr Gatte wußte es und ertrug es lange, bis er erfuhr, daß sie es mit einem Gajus Silius trieb, einem der schönsten Edelleute Roms. Er bemerkte, daß es ein Anschlag auf sein Leben war, und ließ sie deswegen umbringen, aber durchaus nicht wegen ihrer Unzucht, denn er war vollständig daran gewöhnt, sie zu beobachten, davon zu wissen und sie zu ertragen.

Wer das neulich in der Stadt Bordeaux aufgefundene Bildnis der erwähnten Messalina gesehen hat, wird gestehen, daß sie wahrhaftig so aussah, wie sie lebte. Es ist eine antike Medaille, die man unter Ruinen fand, ein sehr schönes Stück, das es wert ist, aufbewahrt und eingehend betrachtet zu werden. Sie war ein sehr großes Weib, von sehr schönem hohem Wuchs und schönem Antlitz, das Haar hübsch in antiker Art aufgemacht, die Taille lag sehr hoch, ein Beweis, daß sie war, was man sagte; denn, wie ich von verschiedenen Philosophen, Ärzten und Physiognomikern gehört habe, sind große Frauen besonders dazu geneigt, weil sie von männlicher Art sind; damit haben sie an der Glut von Mann und Frau teil, die sie in ihrem Leibe vereinigen, damit sind sie kräftiger und leidenschaftlicher als eine Frau allein; wie man von einem großen Schiff sagt, es braucht viel Wasser, um's zu tragen. Überdies sagen die großen Gelehrten in der Kunst der Venus: Ein großes Weib ist dafür geeigneter und gefälliger als ein kleines.

Dabei fällt mir ein sehr hoher Fürst ein, den ich kannte. Er wollte eine Frau rühmen, deren Besitz er genossen hatte, und sagte: »Sie ist eine sehr schöne Hure, groß wie meine Frau Mutter.« Überrascht von der Schnellfertigkeit seiner Worte, meinte er, er wollte nicht sagen, sie sei eine große Hure wie seine Frau Mutter, sondern sie hätte den Wuchs und die Größe wie seine Frau Mutter. Zuweilen sagt man Sachen, die man nicht meint, zuweilen aber sagt man die Wahrheit, ohne daran zu denken.

Man kommt also mit großen und stolzen Weibern besser fort, und wenn auch nur wegen ihrer Grazie und ihrer Majestät; denn bei diesen Dingen werden sie ebenso gesucht und geschätzt wie bei anderen Vorgängen und Handlungen; genau wie die Führung eines schönen und großen königlichen Renners wohl hundertmal angenehmer und lustiger ist als die eines kleinen Kleppers, wie es auch dem Bereiter viel mehr Vergnügen macht; dieser Bereiter muß aber auch tüchtig sein und sich gut halten und viel Kraft und Geschicklichkeit zeigen. Ebenso muß es bei großen und stolzen Frauen sein; denn mit diesem Wuchs sind sie gehalten, höher zu gehen als die anderen; und häufig verliert man mit ihnen die Steigbügel, vielleicht auch den Sattel, wenn man keinen festen Sitz hat, wie ich von ein paar

Reitern hörte, die mit ihnen die Kavalkade machten; sie machen sich noch höchst lustig darüber, wenn sie einen haben springen lassen und abgeworfen haben, wie ich von einer Dame dieser Stadt hörte, die beim ersten Mal, als sich ihr Liebhaber mit ihr ins Bett legte, ganz offen zu ihm sagte: »Umarmt mich recht und schlingt mich mit Armen und Beinen an Euch, so gut Ihr nur könnt, und haltet Euch tapfer, denn ich gehe hoch, und nehmt Euch in acht, daß Ihr nicht fallt. Schont mich aber auch nicht; ich bin stark und gewandt genug, Eure Stöße auszuhalten, und wenn sie noch so gewaltig sind; und wenn Ihr mich schont, ich schone Euch nicht. Also wie du mir, so ich dir.« Aber die Frau trug den Sieg davon.

Man muß also darauf denken, daß man sich mit so verwegenen, fröhlichen, starken, fleischigen und wohlgestalteten Weibern beherrscht; wenn auch die überströmende Brunst in ihnen viel Befriedigung gibt, so sind sie doch zuweilen gar zu heftig, eben weil sie so hitzig sind. Wie man aber sagt: ›Gute Windhunde gibt es in allen Größen‹, so gibt es kleine Knirpse von Weibern, die in Haltung, Grazie und Geschicklichkeit den anderen etwas nahekommen oder sie nachahmen wollen, und auf der Jagd sind sie ebenso heiß und gierig, wenn nicht mehr (meine Gewährsleute sind die Meister in diesen Künsten), genau wie ein kleines Pferd ebenso hurtig in Erregung kommt wie ein großes; wie ein ehrbarer Mann sagte, das Weib gliche verschiedenen Tieren, hauptsächlich aber einem Affen, da es sich im Bette nur wälzt und aufregt.

Ich machte die Abschweifung, weil ich mich erinnerte; wir kehren jetzt zu unserem ersten Thema zurück.

Auch jener grausame Nero tat seiner Frau Octavia, einer Tochter des Claudius und der Messalina, für ihren Ehebruch weiter nichts, als daß er sie verstieß, und seine Grausamkeit hielt sich hier in Grenzen.

Domitian machte es noch besser; er verstieß seine Frau Domitia Longia, weil sie in einen gewissen Komödianten und Gaukler mit Namen Paris wie toll verliebt war und den ganzen Tag bloß mit ihm hurte, ohne ihrem Gatten Gesellschaft zu leisten; nach kurzer Zeit jedoch nahm er sie wieder zu sich und bereute die Trennung; der Gaukler hatte ihr nämlich geschmeidige Kniffe und Fertigkeiten beigebracht, von denen er, Domitian, meinte, sie täten ihm wohl.

Pertinax machte es ebenso mit seiner Frau Flavia Sulpitiana; zwar verstieß er sie nicht, als er erfuhr, daß sie mit einem Sänger und Saitenspieler der Liebe pflegte und sich ihm ganz hingab, sondern er ließ sie gewähren, während er seinerseits mit einer gewissen Cornificia, seiner leiblichen Base, liebte; darin folgte er der Ansicht Heliogabals, der da sagte, es gäbe nichts Schöneres auf der Welt als den Umgang mit seinen Verwandten und Verwandtinnen. Solchen Austausch trieben viele, die ich kenne, indem sie sich auf diese Ansichten stützten.

Auch der Kaiser Severus kümmerte sich nicht weiter um die Ehre seiner Frau, die eine öffentliche Hure war, ohne daß er sich jemals darum sorgte, sie zu bessern, indem er sagte, sie heiße eben Julia, und er müsse sie daher entschuldigen, denn alle, die den Namen trügen, müßten seit grauem Alter arge Buhlerinnen sein und ihre Männer zu Hahnreien machen. Ebenso kenne ich viele Damen, die bestimmte christliche Namen tragen, will sie aber nicht nennen aus Ehrfurcht vor unserer heiligen Religion; sie müssen gewöhnlich mehr buhlen als andere mit anderen Namen, und es gibt kaum welche, die dem entronnen wären.

Ich würde niemals ein Ende finden, wenn ich eine Unmenge anderer großer Damen und römischer Kaiserinnen anführen wollte, in deren Falle ihre sonst sehr grausamen Hahnreigatten sich ihrer Grausamkeit, ihrer Macht und ihrer Vorrechte entschlugen, obgleich diese Frauen sehr ausschweifend waren; und ich glaube, es hat in diesen alten Zeiten wenig Spröde gegeben, wie ihre Lebensbeschreibungen bezeugen. Auch wenn man ihre Bilder und Medaillen aus dem Altertum eingehend betrachtet, sieht man ganz deutlich, daß ihren schönen Gesichtern die gleiche Schlüpfrigkeit eingeprägt ist. Dennoch verziehen ihnen ihre grausamen Gatten und brachten sie nicht um, oder nur wenige. Heiden, ohne die Erkenntnis Gottes, verhielten sich gegen ihre Frauen und gegen das Menschengeschlecht so mild und gütig, während die meisten unserer christlichen Könige, Fürsten und Herren dieser Missetat halber so grausam gegen ihre Frauen sind!

Man muß auch den tapferen Philipp August rühmen, unseren König von Frankreich, der sein Weib Angerberga, Schwester Knuts, Königs von Dänemark, seine zweite Frau, unter dem Vorwand verstoßen hatte, sie sei seine Cousine im dritten Grad von seiten seiner ersten Frau Ysabel; andere sagten, er hätte sie im Verdacht, Liebschaften zu haben. Trotzdem nahm er sie unter dem Zwang von Kirchengesetzen und obgleich er anderwärts wieder verheiratet war, wieder zu sich, setzte sie hinter sich aufs Pferd und nahm sie mit, ohne daß die Ratsversammlung zu Soissons, die deswegen versammelt war und zu lange tagte, um darüber zu beschließen, davon wußte.

Heute tut keiner von unseren Großen dergleichen; die geringste Strafe vielmehr, mit der sie ihre Frauen belegen, besteht in ihrer beständigen Gefangensetzung bei Wasser und Brot; dort werden sie hingerichtet, vergiftet, getötet, sei es mit eigner Hand oder durchs Gericht. Wenn sie die Lust ankommt, sich ihrer zu entledigen und andere zu heiraten, wie es oft vorkommt, warum verstoßen sie sie nicht und scheiden sich ehrlich, ohne andre Untat, obgleich, was Gott zusammengefügt hat, der Mensch nicht scheiden soll? Freilich haben wir erst jüngst Beispiele davon gehabt, sowohl von Karl VIII. wie von Ludwig XII., unseren Königen.

Ich hörte einen großen Theologen darüber sprechen, nämlich über den verstorbenen König von Spanien, Philipp, der seine Nichte, die Mutter des jetzt regierenden Königs, geheiratet hatte, und zwar mit Dispens. Er sagte: »Entweder muß man überhaupt den Papst als Statthalter Gottes auf Erden anerkennen, und zwar als absoluten, oder gar nicht; ist er es, wie wir Katholiken glauben müssen, so gilt es, ihm die absolute, unendliche und unbegrenzte Macht auf Erden zuzugestehen, sowie daß er binden und lösen kann, wie es ihm gefällt; nehmen wir ihn aber nicht so, so mögen jene, die in solchem Irrtum befangen sind, mit ihm anfangen, was sie wollen. Anders wir guten Katholiken. Daher kann unser Heiliger Vater den Auflösungen der Ehe und den großen Unzuträglichkeiten steuern, die zwischen Mann und Frau daraus erwachsen, wenn sie so schlecht zusammenleben.«

Gewiß sind die Frauen sehr zu schelten, die ihren Gatten so die Treue brechen, zu der sie Gott so sehr ermahnt hat; andrerseits hat er jedoch den Totschlag streng verboten, der ist ihm höchst hassenswürdig in allen Dingen; und nie habe ich blutdürstige Leute und Mörder, auch ihrer Frauen, gesehen, die nicht die Schuld bezahlten, und wenig Blutgierige haben gut geendet; dagegen wurden verschiedene sündige Frauen von Gottes Barmherzigkeit aufgenommen, wie die Magdalena.

Endlich sind auch diese armen Frauen Wesen, die wegen ihrer Schönheit der Gottheit mehr gleichen als wir, denn das Schöne steht Gott näher, der selbst die Schönheit ist, aber das Häßliche ist des Teufels.

Jener große Alfonso, König von Neapel, sagte, die Schönheit sei ein echtes Kennzeichen guter und erfreulicher Lebensart, gerade wie die schöne Blüte auf eine gute und schöne Frucht hinweist. Das ist wahr, in meinem Leben habe ich eine Menge schöner Frauen gesehen, sie waren alle gut; und wenn sie auch verliebt waren, sie taten nichts Böses, als nur, daß sie immer an die Lust dachten und um sie sorgten und um weiter nichts.

Ich habe aber auch sehr böse, verderbliche, gefährliche, grausame und sehr verbrecherische gesehen, die gleichwohl auf die Liebe und auf das Böse zu gleicher Zeit sannen.

Kann man also sagen, ihre Gatten, unter deren schwankender und argwöhnischer Laune sie doch stehen, verdienten hundertmal mehr Strafe von Gott, weil sie sie so züchtigten? Oder die Verfassung solcher Leute ist so fatal wie die Schwierigkeit, darüber zu schreiben.

Ich komme jetzt noch auf einen andern, einen Herrn in Dalmatien, der den Buhlen seiner Frau tötete und sie zwang, wie sonst mit dem toten aasigen und stinkenden Rumpf zu schlafen, so daß die arme Frau von dem schlechten Geruch fast erstickte, den sie mehrere Tage lang zu ertragen hatte.

Die ›Hundert Erzählungen‹ der Königin von Navarra enthalten die schönste und traurigste Geschichte, die es in dieser Hinsicht geben kann, nämlich von jener schönen deutschen Dame, die ihr Gemahl zwang, täglich aus dem Schädel ihres Freundes zu trinken, den der Mann getötet hatte; Herr Bernage, der damals Gesandter König Karls VIII. in Deutschland war, sah das bemitleidenswerte Schauspiel und konnte es bestätigen.

Als ich zum erstenmal in Italien war und durch Venedig kam, erzählte man mir als Wahrheit von einem albanesischen Edelmann, der seine Frau beim Ehebruch überraschte und den Liebhaber tötete. Vor Zorn darüber, daß sich seine Frau nicht mit ihm zufriedengegeben hatte, denn er war ein feiner Ritter und zum Venusdienst so vorzüglich geeignet, daß er sogar zehn- oder zwölfmal in der Nacht ans Lanzenstechen gehen konnte, trachtete er zu ihrer Bestrafung eifrig danach, ein Dutzend guter Gesellen und arger Hurer zusammenzubringen, die im Rufe standen, wohlgebaute und großbemessene Glieder zu haben und bei der Exekution sehr geschickt und hitzig zu sein; er mietete sie für Geld und sperrte sie in die Kammer seiner Frau, einer großen Schönheit, und gab sie ihnen preis, indem er alle bat, dabei ihre Pflicht zu tun, und das Doppelte versprach, wenn sie es gut erledigten; sie machten sich alle über sie her, einer nach dem andern, und traktierten sie so, daß sie die Frau zur großen Genugtuung des Gemahls totmachten; während sie im Sterben lag, warf er ihr vor, weil sie den süßen Saft so sehr geliebt habe, solle sie sich damit besaufen; genau wie Semiramis zu Cyrus sagte, als sie seinen Kopf in eine Schüssel voll Blut steckte. Eine schreckliche Todesart!

Diese arme Frau wäre nicht so gestorben, hätte sie die robuste Verfassung einer Dirne gehabt, die sich im Lager Cäsars in Gallien aufhielt; man sagt, daß zwei Legionen binnen kurzer Zeit über sie weggingen, und zuletzt machte sie einen Luftsprung und befand sich gar nicht übel.

Ich hörte von einer französischen Dame aus der Stadt, einem schönen Edelfräulein. In einem unserer Bürgerkriege war sie in einer mit Sturm genommenen Stadt von einer Unmenge Soldaten genotzüchtigt worden; als sie entronnen war, erzählte sie einem guten Pater ihre Geschichte und fragte, ob sie arg gesündigt hätte, er verneinte es, da sie ja mit Gewalt genommen worden war und ohne ihren Willen, sogar aufs höchste widerstrebend, vergewaltigt wurde. Sie antwortete: »Gott sei gelobt, daß ich mich einmal in meinem Leben besuhlt habe, ohne zu sündigen oder Gott zu beleidigen!«

Beim Blutbad der Bartholomäusnacht war eine Dame von guter Herkunft in solcher Weise vergewaltigt und ihr Gatte getötet worden; da fragte sie einen gelehrten Mann, ob sie Gott beleidigt hätte, ob sie nicht dafür mit seiner Härte gestraft würde und ob sie sich nicht gegen die Manen ihres Gatten vergangen hätte, der im Augenblick erst getötet worden wäre. Sie bekam die Antwort, sie hätte allerdings gesündigt, wenn sie während der Beschäftigung daran Lust bekommen hätte; aber es wäre ganz einerlei, hätte sie sich davor geekelt. Fürwahr ein gutes Urteil!

Ich kannte eine Dame, die hatte eine ganz andere Ansicht und sagte, die Lust sei nicht so groß, wenn sie nicht halb vergewaltigt und niedergeworfen würde, und zwar von einem Großen; je widerspenstiger und spröder man sich zeigt, desto hitziger wird man, desto mehr strengt man sich an; denn wenn er einmal die Bresche erbrochen hat, dann genießt er seinen Sieg um so wütender und heftiger, desto mehr Begierde flößt er seiner Dame ein, die um solcher Lust willen scheinbar die Halbtote und Ohnmächtige spielt, aber nur, um den Genuß bis aufs höchste zu steigern. Diese Dame sagte sogar, sie gäbe ihrem Gemahl häufig solche Vorkommnisse und Aufregungen zu kosten, sie spiele die Wilde, die Launische, die Spröde und mache ihn damit brünstiger; wenn es dann soweit wäre, befänden sich beide hundertmal wohler. Wie denn verschiedene schrieben: Eine Frau gefällt mehr, die etwas Schwierigkeit macht und Widerstand leistet, als wenn sie sich gleich auf die Erde legen läßt. Auch im Krieg ist ein mit Gewalt erstrittener Sieg ruhmreicher als ein geschenkter, und man triumphiert mehr darüber. Aber die Dame darf es mit dem Erschrocken- und Widerspenstigsein nicht zu weit treiben, sonst wird sie für eine geriebene Hure gehalten, die Sprödigkeit heuchelt; sie würde dann oft nur Schimpf und Schande davontragen; so habe ich oft Frauen sagen hören, die darin klüger und gescheiter sind als ich und auf die ich verweise; ich will nicht so anmaßend sein, ihnen Lehren vorzutragen, die sie besser kennen als ich.

Ich habe auch verschiedentlich über diese eifersüchtigen und mörderischen Gatten arg schelten hören, dermaßen, daß sie selbst daran schuld seien, wenn ihre Frauen Dirnen sind. Wie denn der heilige Augustinus sagt: ›Es ist eine große Narrheit von einem Gatten, Keuschheit von seiner Frau zu verlangen, während er selbst im Pfuhl der Unzucht steckt; der Gatte muß denselben Zustand haben, in dem er seine Frau finden will.‹ Wir finden in unserer Heiligen Schrift sogar, daß sich Mann und Frau untereinander gar nicht so stark zu lieben brauchen; das besagt natürlich, mit geiler und unzüchtiger Liebe; wenn sie ihr ganzes Herz auf jene schlüpfrigen Freuden richten, denken sie so stark daran, geben sich ihnen so sehr hin, daß sie dabei der Liebe vergessen, die sie Gott schuldig sind; ich habe selbst sehr viele Frauen gesehen, die ihre Gatten so sehr liebten und umgekehrt, die von solcher Glut brannten, daß beide dabei jeden Gottesdienst vergaßen; die Zeit, die er beanspruchte, wurde von ihren Unzüchten verschlungen und aufgezehrt.

Außerdem lehren diese Gatten ihren Frauen in ihrem eignen Bett tausend Geilheiten, tausend Schlüpfrigkeiten, tausend neue Stellungen, Wendungen, Arten und bringen ihnen jene ungeheuerlichen Figuren des Aretino bei; aus einem Feuerbrand, den sie im Leib haben, lassen sie hundert lodern; und so werden sie verhurt. Sind sie einmal auf solche Weise gedrillt, können sie sich nicht davor behüten, ihren Gatten zu entlaufen und andere Kavaliere aufzusuchen. Darüber verzweifeln die Gatten und töten ihre armen Frauen; darin haben sie sehr unrecht, denn da jene fühlen, daß sie gut eingeritten sind, wollen sie auch andern zeigen, was sie können; ihre Gatten wollten, daß sie ihr Können versteckten. Darin liegt aber weder Sinn noch Verstand, nicht mehr, wie wenn ein guter Stallmeister ein gut gerittenes Pferd hat, das in allen Gangarten läuft, und nicht erlauben will, daß man es gehen sieht und daß man's besteigt, sondern man soll es ihm schon aufs bloße Wort hin abkaufen.

Ich hörte von einem ehrbaren Edelmann von da und da, der sich in eine schöne Dame stark verliebt hatte; einer seiner Freunde sagte ihm, er verlöre damit seine Zeit, denn sie liebe ihren Gatten zu sehr; da verfiel er einmal darauf, ein Loch in die Wand zu machen, das geradewegs in ihr Bett führte. Lagen sie beisammen, bespähte er sie durch das Loch, und er sah die größten Geilheiten, schmutzige, ungeheuerliche und kolossale Unzucht und Stellungen, von der Frau sogar mehr als vom Manne und mit brüllenden Begierden. Am andern Morgen traf er seinen Kameraden, berichtete ihm den schönen Anblick, den er gehabt hatte, und sagte zu ihm: »Diese Frau ist mein, sobald ihr Gemahl verreist sein wird; denn sie wird sich in der Hitze, die Natur und Kunst ihr verliehen, nicht lange halten können und sich davon befreien müssen, und so werde ich sie durch meine Beharrlichkeit bekommen.«

Ich kannte einen anderen ehrbaren Edelmann, der in eine schöne und ehrbare Dame überaus verliebt war; es war ihm bekannt, daß sie wahrhaftig einen Aretino mit Bildern in ihrem Kabinett hatte, was ihr Gatte wußte, gesehen hatte und erlaubte; und er sagte aus diesem Grunde voraus, daß er sie besitzen würde; ohne die Hoffnung zu verlieren, diente er ihr eifrig und unermüdlich, daß er es endlich durchsetzte; er erkannte, daß sie gute Lektionen und Künste gelernt hatte, sei es von ihrem Gatten oder von anderen; sie leugnete indessen, weder die einen noch die andern wären ihre ersten Lehrmeister gewesen, sondern Frau

Natur, die als Meisterin alle Künste überträfe. Dennoch hatten ihr das Buch und die Praxis bedeutend geholfen, wie sie ihm später gestand.

Man kann von einer großen Kurtisane und berüchtigten Kupplerin aus dem alten Rom mit Namen Elefantina lesen, die derartige aretinische Figuren erfand und komponierte, ja noch schlimmere, die von den großen Damen und Prinzessinnen, die der Hurerei frönten, wie ein überaus schönes Buch studiert wurden. Und diese ordentliche cyrenaische Hure trug den Beinamen ›mit den zwölf Erfindungen‹, weil sie zwölf Arten erfunden hatte, die Lust wollüstiger und geiler zu gestalten!

Heliogabal mietete mit großem Aufwand an Geld und Geschenken Leute beiderlei Geschlechts, die neue Erfindungen für ihn machten, um damit seine Unzucht noch mehr aufzureizen. Ich hörte ähnliches auch von anderen großen Herren sagen.

In einem der letzten Jahre ließ Papst Sixtus in Rom einen Sekretär hängen, der beim Kardinal Este gewesen war und Cappella hieß, wegen vieler Greueltaten, unter anderem aber dafür, daß er ein Buch mit diesen schönen Figuren verfaßt hatte, die den Lebenswandel eines Großen veranschaulichten, den ich aus Verehrung für sein Amt nicht nennen will, und einer großen Dame, einer der Schönheiten von Rom, alle aufs lebendigste dargestellt und naturgetreu gezeichnet.

Ich kannte einen Prinzen von da und da, der es noch besser machte. Er kaufte von einem Goldschmied einen sehr schönen Becher aus vergoldetem Silber; als Meisterwerk und als große Spezialität war er aufs reichste und unerhörteste ausgearbeitet, graviert und mit Siegeln geschmückt, mit dem Stichel waren sehr hübsch und fein verschiedene Figuren Aretinos von Mann und Weib eingegraben, und zwar im untern Abschnitt des Bechers, im obern darüber außerdem noch verschiedene Arten des Beischlafs von Tieren, hier lernte ich zum erstenmal (denn ich habe besagten Becher oft gesehen und daraus getrunken, nicht, ohne zu lachen) den des Löwen und der Löwin kennen, der ganz anders ist als bei anderen Tieren, ich wußte nie davon und beziehe mich dabei auf jene, die es wissen, ohne daß ich es sage. Dieser Becher war der Glanz des fürstlichen Schenktisches; denn er war, wie ich sagte, sehr schön und kunstvoll gearbeitet und innen und außen lieblich anzusehen.

Wenn dieser Prinz die Damen und Fräulein vom Hofe festlich bewirtete, wozu er sie oft einlud, verfehlten auf sein Geheiß seine Kellermeister niemals, ihnen daraus zu trinken zu geben; von jenen, die ihn nie gesehen hatten, waren die einen, während sie daraus tranken oder später, erstaunt und wußten nicht, was sie dazu sagen sollten; einige schämten sich, und die Röte stieg ihnen ins Gesicht; andere sagten zueinander: »Was ist da hineingraviert? Ich glaube, das sind Sauereien. Ich trinke nicht mehr daraus. Da müßte ich schon einen argen Durst haben, wenn ich wieder daraus trinken würde.« Aber sie mußten schon trinken, oder sie barsten vor Durst; daher schlossen ein paar die Augen, wenn sie tranken, die anderen, weniger schamhaft, nicht. Wer von der Sache hatte reden hören, Frauen wie Mädchen, fing heimlich zu lachen an; die anderen aber platzten stracks heraus.

Wenn man sie fragte, was sie zu lachen hätten und was sie gesehen hätten, sagten die einen, sie hätten bloß Bilder gesehen und würden daher ein andermal nicht wieder daraus trinken. Die anderen sagten: »Was mich betrifft, ich denke nichts Böses dabei; das Ansehen und die Bilder beschmutzen doch die Seele nicht.« Die einen sagten: »Ein guter Wein schmeckt daraus ebensogut wie sonstwie.« Die anderen gaben zu, daß es sich ebensogut daraus trinken ließe wie aus einem andern Becher und daß der Durst ebensogut dabei verginge. Mit den einen stritt man, warum sie nicht beim Trinken die Augen schlössen; sie antworteten, sie wollten sehen, was sie tränken, ob es auch Wein sei und nicht irgendeine Medizin oder ein Gift. Die anderen fragte man, woran sie mehr Lust hätten, am Ansehen oder am Trinken; sie antworteten: »An beiden.« Die einen sagten: »Schöne Grotesken das!« Die anderen: »Wirklich nette

Geckereien!« Die einen sagten: »Fürwahr, schöne Bilder!« Die anderen: »Was für reizende Spiegel!« Die einen sagten: »Der Goldschmied war wohl bei guter Laune, um solche Albernheiten zu machen!« Die anderen sagten: »Und Ihr, mein Herr, noch mehr, um diesen schönen Humpen zu kaufen.« Die einen fragte man, ob sie sich nicht irgendwie gekitzelt fühlten; sie antworteten, von diesen Scherzen könne sie keiner reizen. Die anderen fragte man, ob sie den Wein nicht recht heiß gefunden, ob er sie nicht erhitzt hätte, wenn es auch Winter sei; sie antworteten, sie hätten nicht darauf achtgegeben, denn sie hätten sehr kalt getrunken und fühlten sich sehr erfrischt. Schließlich fragte man auch, welche Bilder sie von allen im Bett haben möchten; sie antworteten, sie könnten nun ja leider nicht weglaufen und sie hinbringen.

Kurz, hunderttausend Sticheleien und Albernheiten entspannen sich also bei Tafel darüber zwischen Männern und Frauen, wie ich sah, und es war eine sehr lustige Fopperei und spaßhaft anzusehen und anzuhören; am lustigsten und schönsten aber war es nach meinem Dafürhalten, die unschuldigen Mädchen zu betrachten (oder die sich so stellten) und andere neu hinzugekommene Damen, wie sie ihre kalte, würdige Miene zu behalten suchten, während sie mit der Nasenspitze und den Lippen lachten oder sich zwangen und die Scheinheiligen spielten, wie es auch verschiedene Damen machten. Und wohlgemerkt! Wenn sie auch vor Durst hätten sterben müssen, die Schenken hätten nicht gewagt, sie aus einem andern Becher oder Glas trinken zu lassen. Dazu schworen welche, um einen guten Eindruck zu machen, sie würden nie wieder zu diesen Festen kommen; aber sie kamen trotzdem oft wieder hin, denn der Prinz war sehr großartig und liebte die leckeren Mahle. Andere sagten, wenn man sie einlud: »Ich will hin, aber unter der Bedingung, daß man uns nicht aus dem Becher trinken läßt.« Und wenn sie dort waren, tranken sie mehr daraus denn je. Endlich gewöhnten sie sich daran, daß sie sich keine Skrupel mehr daraus machten; andere machten es noch besser, indem sie sich bei Zeit und Gelegenheit dieser Bilder bedienten; noch mehr, andere probierten sie bei ihren Ausschweifungen, denn ein Mensch von Geist will alles versuchen. Das waren die Wirkungen des schönen, so wohlverzierten Bechers. Dazu muß man sich die Gespräche, Träume, Mienen und Worte vorstellen, die die Damen unter sich äußerten, allein oder in Gesellschaft.

Ich meine, dieser Becher unterschied sich sehr von jenem, von dem Ronsard in einer seiner ersten Oden spricht, die er dem verstorbenen König Heinrich widmete und die also beginnt:

Comme un qui prend une coupe
Seul honneur de son trésor,
Et de rang verse à la troupe
Du vin qui rit dedans l'or.

So nimmt einer einen Becher,
Seines Schatzes höchste Pracht,
Und schenkt reihum den Leuten ein
Den Wein, der im Golde lacht.

Aber bei diesem Becher lachte nicht der Wein die Leute an, sondern vielmehr die Leute den Wein; denn die einen tranken und fielen in Verzückung; die einen vergaßen ihre Natur beim Trinken, und die anderen tranken, wobei sie sich bespritzten; ich meine, mit etwas anderm als mit Harn.

Kurz, der Becher hatte schreckliche Wirkungen, so eindringlich waren darauf die Bilder, Erscheinungen und Ansichten; so erinnere ich mich, daß einmal in einer Galerie des Grafen von Chateau-Vilain, genannt Herr Adjacet (der Beischläfer), eine Schar Damen mit ihren Anbetern lustwandelte, die das schöne Haus ansehen wollten, und ihre Augen lenkten sich auf schöne und seltene Gemälde, die in besagter Galerie hingen. Da bot sich ihnen ein sehr schönes Bild, auf dem eine Menge schöner nackter Frauen im Bade dargestellt waren, die einander berührten, betasteten, befingerten, betätschelten und sich vermischten und sich dazu das Haar auf so hübsche und passende Weise herrichteten, indem sie alles zeigten, daß sich darüber eine alte Klausnerin oder Eremitin aufgeregt oder erhitzt hätte; daher sagte eine große Dame, von der ich hörte und die ich kannte, ganz versunken in dieses Bild, zu ihrem Liebhaber, wobei sie sich ihm gleichsam rasend vor Liebeswut zuwendete: »Ich halte es nicht mehr hier aus! Steigen wir schnell in den Wagen und gehen nach Hause, denn ich kann dieses Feuer nicht mehr zurückdämmen; man muß es auslöschen, das brennt zu sehr.« So eilte sie fort und trank mit ihrem Freund von jenem lieben Wasser, das ungezuckert doch so süß ist und das ihr Diener ihr aus seinem kleinen Kännchen einschenkte.

Solche Bilder und Gemälde bringen einer zerbrechlichen Seele mehr Schaden, als man denkt; es war sogar ein Bild da, das eine ganz nackte Venus darstellte, wie sie dalag und von ihrem Sohn Cupido betrachtet wurde; ein anderes, auf dem Mars mit seiner Venus beisammenlag; ein drittes, das Leda zeigte, wie sie bei ihrem Schwan lag. Noch andere gibt es hier und dort, die etwas zurückhaltender gemacht und verhüllter sind, wie die Figuren des Aretin; aber es kommt doch alles auf eins hinaus, und sie stehen darin unserm Becher nahe, von dem ich soeben redete, dem man im Gegensatz zu dem andern Becher, den Reinhold von Montauban in dem Schloß fand und wovon Ariost erzählt, sogar eine Art Sympathie entgegenbrachte; der letztere enthüllte die armen Hahnreie rückhaltlos, und jener machte sie; aber der eine war ein arger Schimpf für betrogene Männer und ungetreue Frauen, dieser gar keiner.

Heutzutage bedarf es nicht mehr solcher Bücher oder Bilder, denn die Gatten lehren sie genug; und wozu eine solche Schulung durch den Gatten nütze ist, das liegt auf der Hand!

Ich kannte zu Paris einen guten venezianischen Drucker mit Namen Messer Bernardo, einen Verwandten jenes großen Venezianers Aldus Manutius, der seinen Laden in der Rue St-Jacques hatte; er sagte und beschwor es mir einmal, er habe in weniger als einem Jahr mehr als fünfzig Ausgaben des Aretino verkauft an eine Menge verheirateter und nicht verheirateter Leute und auch an Frauen, von denen er mir drei von da und dorther nannte, große Damen, die ich durchaus nicht nennen will; er lieferte sie ihnen selbst mit vortrefflichen Einbänden unter dem Eid, nichts davon verlauten zu lassen; trotzdem aber sagte er es mir; und außerdem sagte er mir noch, eine andere Dame habe ihn nach einiger Zeit gefragt, ob er ein solches Buch hätte, wie sie es in den Händen einer von den dreien gesehen hätte, und er antwortete: »Ja, Madame, und schlimmer«; sofort rückte sie mit dem Geld heraus und wog alles mit Gold auf. Fürwahr, es konnte ihr nicht geschwind genug gehen, ihren Gatten nach Cornetta bei Civita Vecchia auf die Reise zu schicken!

All diese Lagen und Stellungen sind bei Gott verhaßt, so daß der heilige Hieronymus sagte: »Wer sich bei seiner Frau mehr als geiler Liebhaber denn als Gatte beträgt, ist ein Ehebrecher und ein Sünder.« Und weil ein paar gelehrte Kirchenväter davon redeten, will ich das Wort kurz lateinisch hersetzen, da sie selber es nicht auf französisch sagen wollten: ›Exassus‹, sagen sie, ›conjugum fit, quando uxor cognoscitur ante retro stando, sedendo in latere, et mulier super virum‹; wie ein kleines Quodlibet, das ich früher gelesen hatte, sagte:

›In prato viridi monialem ludere vidi
Cum monacho leviter, ille sub, illa super.‹

›Auf einer grünen Wiese sah ich eine Nonne leichtfertig
mit einem Mönch ihr Spiel treiben, er lag unten,
sie auf ihm.‹

Manche sagen, wenn sie sich anders anstellten, könne die Frau nicht empfangen. Trotzdem sagen manche Frauen, in den ungeheuerlichen, unnatürlichen und seltsamen Stellungen empfangen sie besser als in den natürlichen und gewöhnlichen, weil sie mehr Vergnügen daran empfinden, wie auch, wenn sie sich nach dem Wort des Dichters ›more canino‹ einrichten, was abscheulich ist; dennoch verfahren die schwangeren Frauen so, wenigstens einige, aus Furcht, sich von vorne zu verletzen.

Manche Gelehrte sagen, eine jede Stellung sei gut, der Same soll sich in den Schoß der Frau ergießen, und auf welche Weise die Frau auch immer erkannt wird, wenn der Mann seinen Samen in den Schoß ergießt, so ist das keine Todsünde.

Diese Streitsache findet man in der ›Summa Benedicti‹. Benedikt war ein gelehrter Franziskaner, der über alle Sünden vortrefflich geschrieben und gezeigt hat, daß er sehr viel gesehen und gelesen hat. Wer die Stelle liest, wird von vielen Mißbräuchen erfahren, welche die Ehemänner mit ihren Frauen treiben. Auch sagt man: ›Wenn die Frau so dick ist, daß sie den Beischlaf nicht anders vollziehen könnte als mit solchen Stellungen, ist es keine Todsünde, wenn nur der Mann seinen Samen in ein natürliches Gefäß ergießt.‹ Dazu sagen manche, es wäre besser, die Gatten enthielten sich gleich den Tieren ihrer Frauen, sobald sie schwanger sind, als daß sie die Ehe mit solchen Gemeinheiten befleckten.

Ich kannte eine berühmte römische Kurtisane, ›die Griechin‹ genannt, die ein vornehmer Herr von Frankreich dort aushielt. Nach einiger Zeit kam ihr die Lust an, Frankreich zu sehen, wozu ihr Herr Bonvisi verhalf, ein Bankier von Lyon und sehr reicher Luccheser, der in sie verliebt war; sobald sie hinkam, erkundigte sie sich eingehend nach diesem Herrn und seiner Frau, unter anderm auch danach, ob sie ihn nicht zum Hahnrei gemacht hätte, »weil ich«, sagte sie, »ihren Gatten so schön abgerichtet und ihm so gute Lektionen gegeben habe, daß es unmöglich ist, nachdem er sie ihr zeigte und mit ihr praktizierte, daß sie sie nicht auch andern habe zeigen wollen; denn, versteht man's gut, ist unser Metier so heiß, daß man hundertmal mehr Vergnügen daran hat, es verschiedenen zu zeigen und mit ihnen zu praktizieren, als mit einem.« Sie fügte noch hinzu, daß die Dame ihr ein schönes Geschenk schulde, das sie für ihre Mühe ordentlich belohne, denn als ihr Gatte zuerst in ihre Schule kam, wußte er nichts und betrug sich dabei wie der dümmste Neuling und Stümper, den sie je gesehen hätte; aber sie hätte ihn so gut gedrillt und abgerichtet, daß seine

Frau sich dabei hundertmal besser stehen müßte. In der Tat ging die Dame, die sie sehen wollte, in Verkleidung zu ihr; die Kurtisane ahnte es und trug ihr alles vor, was ich soeben sagte, und noch Schlimmeres und Ausschweifenderes, denn sie war eine sehr geile Hure. So wetzen die Gatten selbst die Messer, um sich die Gurgel abzuschneiden, das heißt die Hörner. So straft Gott ihren Mißbrauch des heiligen Ehestandes; und dann wollen sie an ihren Frauen ihre Rache haben, während sie hundertmal strafbarer sind. Es ist auch nicht erstaunlich, daß jener heilige Mann sagte, die Ehe sei gleichsam eine Art Ehebruch; er wollte es so verstanden wissen: wenn man sie dermaßen mißbrauchte, wie ich schilderte.

So hat man auch unseren Priestern die Ehe verboten; denn wenn man gerade bei seiner Frau gelegen und sich mit ihr arg besuhlt hat, dann ist es durchaus nicht am Ort, zum heiligen Altar zu treten. Denn, meiner Treu, manche treiben, wie ich sagen hörte, mit ihren Frauen mehr Unzucht als die Saukerle mit den Bordellhuren; aus Furcht, sich zu schaden, stacheln und erhitzen sie sich mit ihnen nicht so wie die Ehemänner mit ihren Frauen, die sauber sind und nicht anstecken können, wenigstens manche nicht, wenn auch allerdings nicht alle; denn ich kannte etliche, die es taten, genau wie mit ihren Gatten.

Die Ehemänner, die mit ihren Frauen Mißbrauch treiben, sind sehr strafbar, wie ich große Gelehrte habe sagen hören. Anstatt sich in ihrem Bett mäßig mit ihren Frauen zu verhalten, wie sie müßten, huren sie damit wie mit Konkubinen; die Ehe ist aber nur um der Notwendigkeit und der Fortpflanzung willen eingeführt, nicht geiler und hurerischer Lüste halber. Der Kaiser Sejanus Commodus gibt hierzu ein vortreffliches Beispiel. Er sagte seiner Frau Domitia Calvilla, die sich bei ihm beklagte, warum er zu Huren und Kurtisanen und anderen trüge, was ihr in ihrem Bett gehöre, und warum er ihr seine kleinen Künste und Feinheiten vorenthielte: »Verzeih, liebes Weib, mit den anderen sättige ich meine Begierden, weil der Name Frau und Gemahlin ein ehrenvoller und würdiger Name ist, keiner der Lust und Unzucht.« Ich habe die Antwort nicht gelesen und gefunden, die ihm seine Frau Gemahlin, die Kaiserin, zurückgab; es ist aber nicht daran zu zweifeln, daß sie sich mit diesem goldenen Ausspruch nicht zufriedengab und ihm aus vollem Herzen, ganz nach dem Sinne der meisten, ja sogar aller verheirateten Frauen, erwiderte: »Pfui über diese Ehre, es lebe das Vergnügen! Mit dem stehen wir uns besser als mit der Ehre.«

Wir brauchen aber nicht daran zu zweifeln, daß heutzutage und zu allen Zeiten unsere meisten Ehemänner, die schöne Frauen haben, nicht so sprechen; denn sie nehmen sich nicht bloß so Frauen und verehelichen sich nicht, um sich die Zeit gut zu vertreiben und auf alle Arten tüchtig zu huren und sie sowohl hinsichtlich der Bewegung ihres Körpers wie der lüsternen und lasziven Worte aus ihrem Munde anzulernen, damit die schlafende Venus dadurch um so höher aufgeregt und aufgereizt werde; nachdem sie also tüchtig abgerichtet und verführt worden sind, gehen sie anderswohin, werden bestraft, geschlagen, niedergemacht und umgebracht.

Es liegt ebensowenig Vernunft darin, wie wenn einer ein armes Mädchen in den Armen ihrer Mutter verführt und ihre Ehre und Jungfräulichkeit vernichtet hätte und dann, nachdem er seinem Willen gefrönt, sie schlagen und zwingen wollte, anders, in aller Keuschheit zu leben: wahrhaftig! das ist gerade richtig angebracht! Wer verurteilte ihn nicht als einen Menschen ohne Verstand, der gezüchtigt zu werden verdiente? Man könnte sogar von verschiedenen Ehemännern sprechen, die nach allem ihre Frauen mehr verbuhlen und zur Unzucht anlernen, als es ihre eignen Liebhaber tun, denn sie haben dazu mehr Zeit und Muße als die letzteren; bei jeder Unterbrechung ihrer Exerzitien wechseln sie den Herrn samt dem Sattel wie ein guter Reitersmann, der hundertmal mehr Lust daran hat, aufs Pferd zu steigen, als einer, der nichts davon versteht. »Und unglücklicherweise«, sagte jene Kurtisane, »gibt es kein gemeineres Metier auf der Welt noch eins, das soviel stetige Übung verlangt wie das der Venus.« Es sind also jene Gatten zu verwarnen, ihren Frauen keine solchen Belehrungen zu erteilen, sie sind ihnen allzu nachteilig; oder aber sehen sie, daß ihnen die Frau ein Schnippchen schlägt, dann sollen sie sie nicht strafen, weil sie es waren, die ihr den Weg dazu zeigten.

Hier muß ich eine Abschweifung machen und von einer verheirateten Frau erzählen, einer schönen und ehrbaren Dame von hoher Herkunft, die ich kenne; sie gab sich einem ehrbaren Edelmanne hin, weniger aus Liebe als vielmehr aus Eifersucht gegen eine ehrbare Dame, die von diesem Edelmann geliebt und ausgehalten wurde. Daher sagte, während er sie also genoß, die Dame zu ihm: »Zu dieser Stunde triumphiere ich zu meiner großen Genugtuung über Euch und die Liebe, die Ihr zu der da habt.« Der Edelmann antwortete ihr: »Eine niedergedrückte, unterjochte und gewalkte Person kann doch nicht triumphieren.« Sie steifte sich sogleich auf diese Entgegnung, als ob sie an ihrer Ehre rührte, und antwortete ihm sogleich: »Ihr habt recht.« Und plötzlich fiel ihr ein, den Mann rasch aus dem Sattel zu heben und sich unter ihm wegzuziehen; und die Stellung wechselnd, stieg sie schnell und behend auf ihn und legte ihn unter sich. Kein römischer Ritter sprang je so rasch und gewandt auf sein widerspenstiges Pferd und wieder ab, und wieder aufs nächste wie bei diesem Coup die Dame auf ihren Mann; so behandelte sie ihn und sagte: »Jetzt also kann ich wohl sagen, daß ich mit bestem Wissen über Euch triumphiere, ich halte Euch ja unter mir zusammengedrückt.« Das war doch eine Dame von spaßhaftem und wüstem Ehrgeiz und von einer seltsamen Art, es fertigzubringen!

Ich hörte von einer sehr schönen und ehrbaren Dame von da und da, die arg in den Banden der Liebe und Unzucht lag, aber trotzdem so anmaßend und stolz und so herzhaft tapfer war, daß sie, kam es dahin, nie leiden wollte, daß ihr Mann sie bestieg, sie unter sich legte und zusammendrückte, sie glaubte dem Adel ihres Herzens ein großes Unrecht zuzufügen und nannte es eine große Feigheit, auf solche Weise, in der Art einer triumphierenden

Eroberung oder Sklaverei untergelegt und unterjocht zu werden, sie wollte vielmehr stets die Oberhand und den Vorrang behaupten. Es kam ihr dabei zustatten, daß sie sich nie einem Größeren, als sie selber war, hingeben wollte, aus Furcht, er möchte seine Gewalt und Macht brauchen, es ihr befehlen, sie umdrehn, umkehren und bewalken, gerade wie es ihm gefiele; sie wählte dazu vielmehr ihresgleichen und Geringere, denen sie den Rang, die Lage, die Stellung und die Art des Liebeskampfes genau bestimmte; nicht mehr und nicht weniger wie ein Feldwebel seinen Leuten am Tag einer Schlacht; sie verbot ihnen auch jede Überschreitung, zur Strafe würde sie es ihnen versalzen, und ihre Liebe verlören die einen, das Leben die andern; ob aufrecht, sitzend oder liegend, niemals konnten sie sich eines Übergewichts über sie erfreuen, auch nicht mit der geringsten Demütigung, Unterwerfung, Zuneigung, die sie ihnen entgegenbrachte. Ich beziehe mich dabei auf das, was diese und jene sagten und dachten, die von solchen Liebessachen, Stellungen, Lagen und Arten handelten.

Jene Dame konnte also Befehle erteilen, ohne daß sie ihrer vermeintlichen Ehre oder ihrem beleidigten adligen Herzen etwas vergab, denn, soviel ich von Kennern hörte, gab es genug Mittel, soche Gebote und Praktiken durchzuführen.

Fürwahr eine spaßige Weiberlaune, eine seltsame Gewissensnot adligen Bewußtseins. Aber sie hatte trotzdem recht; denn es ist ein grausamer Schmerz, unterjocht, gebogen und zusammengestaucht zu werden; man stelle sich nur vor, wenn man zuweilen bei sich allein daran denkt und sagt: ›Der und der hat mich unter sich gelegt und zusammengedrückt‹, sozusagen, wenn auch nicht mit den Füßen, so doch anders; es besagt dasselbe.

Jene Dame wollte auch nie erlauben, daß Geringere sie auf den Mund küßten, »weil«, sagte sie, »die Berührung und die Betastung von Mund zu Mund die empfindlichste und köstlichste aller Berührungen ist, auch der Hände und anderen Glieder«; daher wollte sie nicht angeatmet sein und auch auf ihrem Mund keine schmutzigen, unreinen oder geringeren Lippen als die ihrigen dulden.

Darüber erhebt sich noch eine Frage, die mancher behandelte: Wer trägt bei diesen aphrodisischen Scharmützeln oder Siegen den größeren Ruhm über seinen Genossen davon, der Mann oder die Frau?

Für sich führt der Mann folgenden Grund an: der Sieg sei weit größer, wenn man seine süße Feindin niedergedrückt unter sich hielte, wenn man sie unterjoche, unter den Beinen hätte und sie nach seiner Bequemlichkeit und nach seinem Gefallen bändigt; denn es gibt keine noch so große Fürstin oder Dame, die an diesem Punkt, und machte sie es auch mit einem ihr nicht Gleichen, einem Geringeren als sie, daß sie nicht das Gesetz und die Beherrschung erlitte, die Frau Venus in ihren Satzungen befohlen hat; daher gebühren der Ruhm und die Ehre dabei höchlich dem Manne.

Die Frau sagt: »Ja, ich gestehe es, Ihr müßt Euch stolz fühlen, wenn Ihr mich unter Euch haltet und unter den Beinen habt; wenn es aber anders nur darauf ankommt, die Oberhand zu haben, das steht in meinem Belieben, ich habe sie aus Fröhlichkeit und kraft einer freundlichen Willfährigkeit, die mich dabei überkommt, nicht zwangshalber. Und wenn mir die Oberhand nicht gefällt, so bediene ich mich Eurer wie eines Sklaven oder Galeerensträflings, oder um mich besser auszudrücken, ich ziehe Euch am Halfter wie einen Karrengaul, und Ihr arbeitet, müht Euch, schwitzt, keucht und strengt Euch an, die krummen Ritte und Kraftproben zu machen, die ich aus Euch herausziehen will. Ich dagegen, ich liege bequem, ich sehe Eure Stöße kommen; manchmal lache ich darüber und belustige mich damit, Euch in solcher Aufregung zu sehen; manchmal beklage ich Euch auch, wie es mir eben gefällt und was ich für Laune oder Mitleid dafür habe; habe ich meine Laune damit tüchtig geweidet, so lasse ich meinen Galan müde, erschöpft, geschwächt, abgemattet liegen, er kann nicht mehr und braucht bloß Ruhe, eine gute Mahlzeit, eine Kraftbrühe, eine Erfrischung, eine gute stärkende

Bouillon. Von diesen Motionen und Anstrengungen empfinde ich nachher gar nichts mehr, außer daß ich mich auf Eure Kosten, mein Herr Galan, sehr gut bedient fühle und keinen andern Schmerz habe, außer dem Wunsch, ein andrer mache mir's ebenso, mit der Aussicht, daß ich ihn ebenso zur Übergabe bringe wie Euch. Da ich mich niemals übergebe, sondern das meinem süßen Freund überlasse, trage ich den wahren Sieg und den wahren Ruhm davon, denn bei einem Zweikampf ist der entehrt, der sich übergibt, nicht, wer bis zum letzten Blutstropfen kämpft.«

Ebenso habe ich von einer schönen und ehrbaren Frau gehört, die von ihrem Gemahl aus dem tiefsten, ruhigsten Schlaf geweckt und genommen wurde, um's zu machen; nachdem er's gemacht hatte, sagte sie zu ihm: »Du hast's gemacht, ich nicht.« Und da sie über ihm lag, band sie ihn mit ihren Armen, Händen, Schenkeln und verschlungenen Beinen so eng (»ich will's dich lehren, mich ein andermal aufzuwecken«) und rackerte ihn ab, schüttelte ihn, wälzte ihn herum bis zum äußersten; ihr Gemahl, der unten lag und sich nicht losmachen konnte, schwitzte, keuchte, erschlaffte und flehte um Gnade, aber sie zwang ihn zum Trotz noch einmal dazu und machte ihn so müde, entkräftet und erschöpft, daß er ganz den Atem verlor und ihr einen guten Stoß zuschwor, wenn er sie ein andermal bei rechter Zeit, Laune und Begierde nähme. Diese Geschichte kann man sich besser ausmalen und vergegenwärtigen als beschreiben.

Das sind also die Beweisgründe der Dame, und sie könnte deren noch verschiedene beibringen.

Der Mann gibt wiederum zurück: »Ich habe aber kein Geschirr und keine Schale wie Ihr, worein ich einen Spritzer Dreck und Samen schütte (wenn der menschliche Samen, den man in Ehe und Unzucht verschüttet, unrein genannt werden darf), der Euch hineinpißt wie in einen Topf.« »Ja«, sagte die Dame, »aber diesen schönen Samen, von dem Ihr sagt, es sei das reinste und sauberste Blut, das Ihr habt, lasse ich sofort wieder herauslaufen und spritze ihn in einen Topf oder ein Becken oder in einen Winkel und vermische ihn mit einem andern sehr stinkenden, dreckigen und gemeinen Schmutz; denn von fünfhundert Stößen, die man uns versetzt, von tausend, von zweitausend, von dreitausend, ja von unendlich vielen, ja von keinem werden wir schwanger, bloß durch einen Stoß und nur einmal hält die Gebärmutter zurück; denn wenn der Samen gut hineindringt und ordentlich angehalten wird, ist er gleich am schönen Ort, den anderen aber bereiten wir ein höchst dreckiges Quartier, wie ich soeben schilderte. Daher dürft Ihr Euch nicht rühmen, uns mit Euren Unreinlichkeiten zu besprenkeln; denn mit Ausnahme des Samens, den wir empfangen, schütten wir ihn wieder weg, lassen ihn fallen, ohne weiter Wesens daraus zu machen, sobald wir ihn kriegten und er uns keine Lust mehr macht, und sind quitt: Herr Suppenwirt, sagen wir, da ist Eure Kraftbrühe, da habt Ihr sie wieder, hier platscht ich sie her; sie hat den guten Geschmack verloren, den Ihr mich zuerst dabei kosten ließt. Und wohlgemerkt, die geringste Vettel kann dergleichen zu einem großen König oder Fürsten sagen, wenn er sie gebügelt hat; es liegt eine große Verachtung darin, da man das königliche Blut für das kostbarste hält, das es gibt. Es wird wahrhaftig wohl behütet und weit köstlicher einquartiert als ein anderes!«

So sagen die Frauen; es bedeutet aber was, wenn ein so wertvolles Blut in so schmutziger und gemeiner Weise sich befleckt und schändet; im Gesetz Mosis war verboten, es schmählich auf die Erde zu gießen; aber man tut noch Schlimmeres, wenn man es mit sehr gemeinem und dreckigem Schmutze vermischt. Auch wenn man es wie ein großer Herr machte, von dem ich hörte. Als er in der Nacht davon träumte und sich an seinen Leintüchern verging, ließ er sie eingraben, so gewissenhaft war er; dazu sagte er, es wäre ein kleines Kind, das daraus entsprossen und gestorben wäre, es sei sehr schade darum und bedeute einen großen Verlust, daß dieses Blut nicht in die Gebärmutter seines Weibes geschickt worden, in der das Kind möglicherweise lebendig geworden wäre.

Er mochte sich darüber sehr täuschen, denn bei tausendmaligem Beischlaf, den der Ehemann das Jahr über mit seiner Frau vollzieht, wird sie, wie ich sagte, möglicherweise nicht schwanger, auch nicht einmal in ihrem Leben, ja bei manchen Frauen, die unfruchtbar und steril sind und nie empfangen, sogar nie; daraus entsprang der Irrtum mancher Ungläubigen, die Ehe sei nicht so sehr der Fortpflanzung als vielmehr der Lust halber eingerichtet worden; das ist ein schlechter Glaube und ein böses Gerede, denn wenn eine Frau nicht stets schwanger wird, sobald man's macht, geschieht es nach einem uns unerforschlichen Willen Gottes, und weil er damit den Mann und die Frau züchtigen will; denn der größte Segen, den uns Gott in der Ehe schikken kann, ist eine gute Nachkommenschaft, keine, die aus dem Konkubinat stammt; es machen sich manche Frauen einen hohen Genuß daraus, von ihren Liebhabern Kinder zu bekommen, andere nicht; diese wollen nicht erlauben, daß man ihnen darin herumstochere, sie wollen ihren Gatten keine Kinder unterschieben, die ihnen nicht gehören, dann aber wollen sie auch den Schein erwecken, als täten sie kein Unrecht, und bilden sich ein, wenn der Tau nicht in sie hineinriesele, machten sie keine Hahnreie aus ihren Männern; genau wie ein schwacher und schlechter Magen von seinem Besitzer nicht beleidigt werden kann, wenn er schlechte und unverdauliche Bissen nimmt – er braucht sie bloß in den Mund zu stecken, zu kauen und wieder auf die Erde zu spucken.

Das Wort ›Cocu‹, Kuckuck, den Namen von Aprilvö geln, die deshalb so geheißen werden, weil sie ihre Eier den anderen ins Nest legen, legen sich die Männer in einer Antonomasie bei; die Eier, die vom Kuckuck anderen Vögeln in die Nester gelegt werden, kommen bei ihnen in die Spalte ihrer Weiber.

Manche Frauen glauben sich nicht gegen ihre Gatten zu vergehen, wenn sie sich den Genuß nach Herzenslust schenken, wofern sie nur keinen Samen empfangen; damit sind sie auf gute Art gewissenhaft. So sagte eine große Dame, von der ich hörte, zu ihrem Diener: »Tummelt Euch, soviel Ihr wollt, und macht mir Vergnügen; aber hütet Euch bei Euerm Leben, mir einen einzigen Tropfen hineinzuschütten, oder es geht Euch an den Kragen.« Der andere mußte da wohl klug sein und auf den Schauer lauern.

Eine ähnliche Geschichte hörte ich vom Chevalier de Sanzay aus der Bretagne, der ein großer Seemann geworden wäre, hätte nicht der Tod in sein junges Leben gegriffen, wie er auch gut anfing; er trug auch die Zeichen seiner Tapferkeit, denn in einer Seeschlacht war ihm ein Arm von einer Kanonenkugel weggerissen worden. Es war sein Unglück, daß er von Seeräubern gefangen und nach Algier gebracht wurde. Der ihn als Sklaven nahm, war der Oberpriester der Moschee; er hatte eine sehr schöne Frau, die sich in besagten Sanzay so rasend verliebte, daß sie ihn zur Liebeslust zu sich befahl und ihm eine sehr gute Behandlung zusagte, eine bessere, wie sie die übrigen Sklaven genossen; vor allem aber befahl sie ihm ausdrücklich und bei seinem Leben oder unter Androhung einer sehr harten Gefangenschaft, keinen einzigen Tropfen seines Samens in ihren Körper hineinzuschleudern, da sie unter keinen Umständen mit christlichem Blut befleckt werden wolle, womit sie wohl ihre Gebote wie ihren großen Propheten Mohammed höchlich zu verletzen glaubte; sie befahl ihm sogar, auch wenn sie ihm in ihren heißen Lüsten geböte, es stracks aufs Glück ankommen zu lassen, so solle er's nicht tun, es wäre nur die große Lust, deren Verzückung sie es sagen ließe, nicht der Wille der Seele.

Um eine gute Behandlung und größere Freiheit zu haben, schloß jener Sanzay, obgleich er Christ war, vor dieser Übertretung seines Gesetzes die Augen; denn ein roh behandelter und elend in Ketten gelegter armer Sklave kann sich wohl manchmal vergessen. Er gehorchte der Dame und war so klug und so folgsam gegen ihren Befehl, daß er seine Lust sehr gut beherrschte; und immer tüchtig stempfelte er in der Mühle seiner Dame, ohne sie mit Wasser zu begießen; denn wenn die Wasserschleuse brechen und auslaufen wollte, zog er sie sogleich heraus, schnurrte sie zusammen und ließ sie ausfließen, wohin er konnte; die Frau liebte ihn um so mehr dafür, daß er sich ihrem genauen Befehl so hingab, auch wenn sie schrie: »Laß losgehn, ich erlaube dir's durchaus.« Aber er wollte nicht, denn er fürchtete türkische Stockprügel zu bekommen, wie er es bei seinen Leidensgefährten gesehen hatte.

Ist das nicht eine schreckliche Weiberlaune? In dieser Hinsicht scheint sie auf das Heil ihrer Seele, die türkisch war, wie für das Heil der seinen, die christlich war, sehr bedacht gewesen zu sein, da er sich ja nie mit ihr verschoß; doch schwur er mir, daß er nie in seinem Leben eine größere Angst ausgestanden habe. Er erzählte mir noch eine andere Geschichte darüber, die lustigste, die es geben kann; sie handelt von einem Streich, den sie ihm spielte; da er aber zu schmutzig ist, will ich ihn verschweigen, aus Furcht, keusche Ohren zu verletzen.

Später wurde jener Sanzay von seinen Angehörigen losgekauft, es waren ehrenwerte Leute von guter Herkunft aus der Bretagne, die zu vielen Großen gehören, wie zum Connetabel, der seinen älteren Bruder sehr liebte und ihm bei dieser Befreiung sehr behilflich war; sobald sie vollzogen war, kam er an den Hof und erzählte Herrn von Strozzi und mir manche Geschichten und unter anderen diese.

Was sollen wir nun aber von Ehemännern sagen, die sich nicht damit zufriedengeben, an ihren Frauen ihre hurerischen Lüste zu stillen, sondern auch ihren Freunden und Kameraden wie noch anderen die Begierden danach reizen? Ich kenne verschiedene, die ihre Frauen anpreisen, von ihren Schönheiten reden, ihre Gliedmaßen und Körperteile veranschaulichen, den anderen die Lust vergegenwärtigen, die sie mit ihnen haben, die Schäkereien, die sie mit ihnen treiben, sie küssen lassen, berühren, betasten, ja sogar nackt sehen lassen.

Was verdienen solche Menschen? Abgesehen davon, daß man mit gutem Recht Hahnreie aus ihnen macht, wie Gyges mittels seines Rings den Kandaules, König der Lydier, der ihm in seiner Torheit die seltene Schönheit seiner Frau gerühmt hatte, als ob es ihr Schaden und Unrecht täte, darüber zu schweigen; nachdem sie ihm ganz nackt gezeigt worden war, verliebte er sich so in sie, daß er sie nach Belieben genoß, Kandaules hinrichtete und sich seines Königreichs bemächtigte. Man sagt, die Frau sei in solcher Verzweiflung gewesen, so nackend vorgeführt worden zu sein, daß sie Gyges zu dieser schlimmen Tat zwang, indem sie zu ihm sagte: »Entweder muß derjenige, der dich dazu gedrängt und getrieben hat, von deiner Hand sterben, oder du, der du mich ganz nackt erblickt hast, stirbst von der Hand eines andern.« Jener König war gewiß sehr bei Trost, daß er einen andern nach diesem neuen, schönen und guten Fleisch lüstern machte, das er doch teuer bewahren mußte.

Herzog Ludwig von Orléans (ein großer Verführer der Hofdamen und stets der höchsten), der an der Porte Barbette zu Paris ermordet wurde, tat genau das Gegenteil; es lag einmal eine sehr schöne und große Dame bei ihm, als ihr Gatte in sein Zimmer trat, um ihn zu begrüßen; er verhüllte schnell den Kopf der Dame, die des andern war, mit dem Laken und entblößte ihm den ganzen Körper, den er dem andern ganz nackt zeigte und nach Belieben berühren ließ, mit ausdrücklichem Verbot, bei seinem Leben nicht das Laken über dem Gesicht wegzuziehen oder abzunehmen, dem der Besucher nicht zuwiderzuhandeln wagte; Herzog Ludwig fragte ihn mehrmals, was ihn um diesen schönen ganz nackten Körper bedünke: der andere wurde darüber ganz rasend und entzückt. Der Herzog verabschiedete ihn endlich aus der Kammer, und er ging, ohne je erkannt zu haben, daß es seine Frau war.

Hätte er sich die Nacktheit seiner Frau besser betrachtet, wie ich es öfter machte, hätte er sie möglicherweise an verschiedenen Merkmalen wiedererkannt; man tut also gut daran, den Körper seiner Frau zuweilen in Augenschein zu nehmen.

Nach dem Weggang ihres Gemahls wurde sie vom Herzog von Orléans gefragt, ob sie Angst und Furcht gehabt habe. Es kann sich nun jeder denken, was sie dazu sagte, und sich den Schreck und die Bestürzung vorstellen, in der sie eine Viertelstunde lang schwebte; denn es bedurfte nur einer kleinen Indiskretion oder des geringsten Ungehorsams, wenn er das Laken lüftete; freilich, der Herzog sagte, er hätte ihren Mann sofort getötet, um ihn zu hindern, ihr ein Leid anzutun.

Das beste war nun, daß dieser Ehemann, als er in der Nacht darauf bei seiner Frau lag, ihr sagte, der Herzog von Orléans hätte ihm die schönste nackte Frau gezeigt, die er je gesehen hätte, was aber das Gesicht anlange, wisse er nichts zu berichten, da es ihm verboten war, es anzusehen. Es kann sich jeder vorstellen, was seine Frau darüber bei sich dachte. Aus dieser vornehmen Dame und dem Herzog von Orléans soll jener tapfere und kühne Bastard von Orléans entsprungen sein, die Stütze Frankreichs und die Geißel Englands, der seinerseits die vornehme und adlige Rasse der Grafen von Dunois zeugte.

Um aber nun wieder auf unsere Ehemänner zurückzukommen, die mit dem Anblick ihrer nackten Frauen so verschwenderisch umgehen, so kenne ich einen, der eines Morgens einem seiner Kameraden, der ihn gerade beim Ankleiden in seiner Kammer aufsuchte, seine Frau in aller Nacktheit zeigte; in ihrer ganzen Länge lag sie tief schlummernd da, sie hatte selbst die Tücher über sich weggezogen, da es sehr heiß war; er zog den Vorhang halb hinauf, so daß die Morgensonne über sie schien, und der Besuch hatte Muße, sie bequem zu betrachten, und er sah alles in vollendeter Schönheit und konnte seine Augen an ihr weiden, nicht soviel, als er gewollt hätte, aber soviel, als er konnte; und dann begaben er und der Ehemann sich zum König.

Am anderen Morgen erzählte der Edelmann, der ein eifriger Anbeter dieser ehrbaren Dame war, von der schönen Erscheinung, er schilderte ihr seine Beobachtungen an ihren verborgensten Schönheiten, und der Gemahl bestätigte es, er sei es selbst gewesen, der den Vorhang in die Höhe gezogen hätte. Von Zorn ergriffen gegen ihren Gemahl, ließ sich die Dame gehen und warf sich nur dieses einen Grundes halber ihrem Freund an den Hals, was er durch all sein Werben bisher nicht hatte erreichen können.

Ich kannte einen sehr großen Herrn, den eines Morgens, als er auf die Jagd gehen wollte, seine Edelleute beim Lever antrafen, gerade als man ihm die Strümpfe anzog; er hatte seine Frau bei sich liegen, die sein Glied dick in der Hand hielt; da hob er die Bettdecke so rasch in die Höhe, daß sie keine Zeit hatte, die Hand aus ihrer Lage zu entfernen, und daß man sie bequem und zur Hälfte ihres Leibes sehen konnte; und mit Gelächter sagte er zu den anwesenden Herren: »Na, meine Herren, habe ich euch nicht allerhand schöne Sachen von meiner Frau sehen lassen?« Diese war über den Streich so empört, daß sie ihm dafür das schlimmste an den Leib wünschte, vor allem für die Überraschung ihrer Hand; möglicherweise zahlte sie es ihm später auch heim.

Ich weiß noch einen andern Streich von einem großen Herrn. Dem wurde bekannt, daß einer seiner Freunde und Verwandten in seine Frau verliebt war; sei es nun, daß er seine Begierde nach ihr anstacheln oder daß er ihn mit der schönen Frau, die der Freund nicht berühren durfte, ärgern wollte, genug, er zeigte sie ihm eines Morgens bei einem Besuch, wie beide zusammen halb nackt im Bett lagen: ja noch schlimmer, er machte es ihr in seiner Gegenwart und besorgte ihr das Geschäft, als ob sie allein gewesen wären; dazu bat er den Freund, zu allem recht genau zuzusehen, er täte dies alles um seinetwillen. Ich lasse jeden sich denken, ob die Dame wegen dieser groben Vertraulichkeit ihres Gemahls nicht Veranlassung hatte, seinem Freund das andre ganz und gar zu machen, und mit guter Absicht, und ob es nicht sehr am Platze war, daß er davon die Hörner bekam.

Ich hörte von einem andern, auch einem großen Herrn, der es so seiner Frau vor den Augen eines großen Fürsten, seines Herrn, besorgte, aber auf seine Bitte und seinen Befehl hin, da der letztere sich an der Lust ergötzte. Sollten sie da nicht schuldig sein, daß sie den Henker spielen wollen, nachdem sie ihre eignen Kuppler gewesen?

Man soll seine Frau niemals nackend zeigen, ebensowenig wie seine Besitztümer, Länder, Städte; das habe ich von einem großen Feldherrn, in bezug auf den verstorbenen Herzog von Savoyen, der unserm letzten König Heinrich, als er bei seiner Rückkehr aus Polen durch die Lombardei kam, davon abriet und ausredete, die Stadt Mailand zu betreten, indem er vorbrachte, der König von Spanien möchte daran Anstoß nehmen; aber es war nicht das; er fürchtete vielmehr, sobald der König dort wäre, die Stadt eingehend betrachte und ihre Schönheit, ihren Reichtum und ihre Größe wahrnehme, möchte er von der äußersten Begierde gepackt werden, sie zu rauben und mit gutem und gerechtem Recht wieder zu erobern, wie seine Vorfahren getan. Das ist die wahre Ursache, sagte ein großer Fürst, der es vom verstorbenen König hatte, dem jene Schwierigkeit wohl bekannt war. Um jedoch dem Herzog von Savoyen einen Gefallen zu tun und es mit dem König von Spanien nicht zu verderben, nahm er seinen Weg daneben vorbei, obgleich er die größte Lust verspürte hineinzugehen, wie er mir wenigstens auf die ehrendste Weise sagte, als er von Lyon zurückgekehrt war; es ist auch nicht zu bezweifeln, daß der Herzog von Savoyen mehr Spanier war als Franzose.

Für ebenso verdammenswert erachte ich die Ehemänner, die, nachdem sie durch die Gunst ihrer Frauen das Leben genossen haben, sich so undankbar gegen sie zeigen, daß sie wegen des Verdachts, sie liebelten mit andern, ihnen die rohste Behandlung erweisen und sogar nach dem Leben trachten. Ich hörte von einem Herrn, gegen dessen Leben eine Verschwörung angezettelt worden war; mit ihren demütigen Bitten brachte seine Frau die Verschwörer davon ab und bewahrte ihn davor, massakriert zu werden; nachher wurde sie sehr übel dafür belohnt und sehr hart behandelt.

Ich sah auch einen Edelmann, der angeklagt und vor Gericht gestellt worden war, weil er seine Pflicht, seinen General in der Schlacht zu unterstützen, sehr schlecht erfüllt hatte, so schlecht, daß er ihn ohne jeden Beistand oder Hilfe töten ließ; es war nahe daran, daß er gerichtet und zur Enthauptung verurteilt wurde, obwohl er 20000 Taler anbot, um mit dem Leben davonzukommen; da sprach seine Frau mit einem großen Herrn von da und da und schlief bei ihm mit der Erlaubnis ihres Gemahls und auf seine flehentliche Bitte hin, und was das Geld nicht hatte erreichen können, das brachten ihre Schönheit und ihr Leib zuwege; sie rettete ihm Leben und Freiheit. Seitdem behandelte er sie so schlimm wie nichts mehr. Solch grausame und rasende Ehemänner sind gewiß sehr erbärmlich.

Noch andere kannte ich, die nicht also taten, denn sie wußten das Gute zu belohnen, woher es kam, und ehrten ihr ganzes Leben das schöne Loch, das sie vom Tod errettete.

Es gibt noch eine andre Gattung Hahnreie, die nicht damit zufrieden sind, bei Lebzeiten mißtrauisch gewesen zu sein; sie sind es noch auf dem Totenbett im Augenblick ihres Hinscheidens; so kannte ich einen, der eine sehr schöne und ehrbare Frau hatte, sie hatte sich aber keineswegs immer nur um ihn allein gekümmert, und als er ans Sterben kam, sagte er zu ihr: »Ach, meine Liebste, ich muß sterben! Möchte doch Gott, daß du mir Gesellschaft leistest, daß du und ich, wir zusammen, in die andre Welt hinübergehen! Mein Tod wäre mir nicht so verhaßt, und ich würde mich besser dreinschicken.« Aber die Frau, die noch sehr schön war und erst siebenunddreißig Jahre zählte, wollte ihm durchaus nicht folgen und auch nicht daran glauben; sie wollte auch nicht so töricht sein wie jene Evadne, die Tochter des Mars und der Thebe, der Gemahlin des Cabaneus. Diese liebte den Gatten so heiß, daß sie sich nach seinem Tod, sobald sein Leichnam ins Feuer geworfen wurde, lebendig nachstürzte und sich mit ihm verbrennen und verzehren ließ; so begleitete sie ihn in den Tod.

Weit besser noch handelte Alceste; als sie vom Orakel erfahren hatte, daß ihr Gemahl Admet, König von Thessalien, bald sterben müsse, wenn sein Leben nicht durch den Tod eines seiner Freunde losgekauft würde, stürzte sie sich plötzlich zu Tode und rettete also ihren Gemahl.

Es gibt unmöglich mehr so liebreiche Frauen, die aus eigenem Antrieb vor ihrem Gemahl in die Grube fahren, nicht ihm folgen, sondern ihm vorangehen. Nein, es gibt keine mehr: ihre Mütter sind tot, sagen die Roßhändler in Paris von den Pferden, wenn keine guten mehr da sind.

Aus diesem Grunde halte ich es für ungeschickt von dem Gatten, den ich oben anführte, zu seiner Frau zu reden, so grausam zu sein, sie zum Tod einzuladen wie zu einem schönen Feste. Es war eine dumme Eifersucht, die ihn so sprechen ließ, da er den Verdruß bedachte, der ihm drunten in der Hölle blühen konnte, wenn er seine Frau, die er so gut abgerichtet hatte, in den Armen eines ihrer Liebhaber oder eines andern, neuen Gemahls sehe.

Von welcher Eifersucht mußte aber auch ihr Gemahl gepackt sein, daß er ihr mit einemmal sagte, wenn er davonkäme, würde er von ihr nicht mehr vertragen, was er auszustehen gehabt! Solange er lebte, hatte er nicht daran gerührt und ließ sie zu ihrem Vergnügen schalten und walten.

Anders machte es jene tapfere Tankred, der sich vordem in den Kreuzzügen so sehr ausgezeichnet hatte. Er lag im Sterben, und seine Frau stand mit dem Grafen von Tripolis klagend an seinem Lager; da bat er sie, nach seinem Tod einander zu heiraten, und befahl es seiner Frau; das taten sie.

Man stelle sich vor, daß er bei seinen Lebzeiten irgendwelche Anzeichen der Liebe gesehen hätte; denn sie konnte ebenso dirnenhaft sein wie ihre Mutter, die Gräfin von Anjou, die ihrerseits, nachdem sie vom Grafen der Bretagne lange ausgehalten worden war, zum König von Frankreich, Philipp, kam, der ihr jene Bastardtochter machte, die Cicilia hieß und die er jenem tapferen Tankred vermählte, der kraft seiner herrlichen Waffentaten gewiß nicht verdiente, Hahnrei zu sein.

Ein Albanese war jenseits der Alpen für eine Freveltat, die er im Dienst des Königs von Frankreich begangen hatte, zum Tode durch den Strang verurteilt worden; als man ihn zur Richtstätte führen wollte, verlangte er seine Frau, ein sehr schönes und vornehmes Weib, zu sehen und ihr Lebewohl zu sagen. Während er ihr nun adieu sagte, zerstückelte er ihr, indem er sie küßte, mit seinen Zähnen die ganze Nase und riß sie aus ihrem schönen Antlitz. Als ihn das Gericht darum verhörte, weshalb er seiner Frau diese Gemeinheit angetan hätte, antwortete er: »Aus arger Eifersucht! Denn«, sagte er, »sie ist sehr schön; sie wird daher nach meinem Tod sofort begehrt und alsbald einem meiner Genossen überlassen werden, denn ich kenne sie als eine arge Hure, und sie würde mich im Augenblick vergessen. Ich will aber, daß sie sich nach meinem Tod an mich erinnert, daß sie weint und betrübt ist; wenn nicht wegen meines Todes, so soll sie es wenigstens wegen ihrer Entstellung sein; keiner meiner Genossen soll das Vergnügen haben, das ich mit ihr hatte.« War das nicht eine schreckliche Eifersucht!

Ich hörte von anderen Männern, die im Gefühl ihrer Schwäche, Hinfälligkeit, Schlaffheit und Mattigkeit beim Herannahen des Todes in argem Zorn und Eifersucht ihren Frauen heimlich das Leben verkürzten, gerade weil sie schön waren.

Über diese seltsamen Launen tyrannischer und grausamer Ehemänner, die ihre Frauen umbringen, hörte ich eine Streitfrage, die meines Wissens lautete: Ist es den Frauen erlaubt, wenn sie merken oder ahnen, daß sie grausam abgeschlachtet werden sollen, den Vorrang zu gewinnen und den Männern zuvorzukommen und zur eigenen Rettung sie zuerst über die Klinge springen zu lassen und als Quartiermacher in die andere Welt voranzuschicken?

Darauf hörte ich behaupten: ja, sie können es tun, nicht nach dem Gesetz Gottes, denn jeder Totschlag ist verboten, wie ich sagte, aber nach dem der Welt; dabei stützen sie sich auf das Wort, daß es besser ist, zuvorzukommen, als überrascht zu werden; denn schließlich muß sich jeder um sein Leben kümmern. Und da Gott es uns gegeben hat, müssen wir es bewahren, bis der Tod uns abruft. Um seinen Tod wissen, sich hineinstürzen, ihn nicht fliehen, wenn man kann, das heißt sich selber töten, und davor schaudert Gott zurück; es ist also das beste Mittel, sie als Gesandte voranzuschicken und den Hieb zu parieren, wie es Blanche von Auverbruckt mit ihrem Gemahl, dem Herrn von Flavy, machte, dem Kapitän von Compiègne und Gouverneur, der den Verruf und den Tod der Jungfrau von Orleans auf dem Gewissen hat. Diese Frau Blanche hatte erfahren, daß ihr Gemahl sie ertränken wollte, sie kam ihm zuvor und erstickte und erdrosselte ihn mit Hilfe seines Barbiers; König Karl VII. versicherte sie darum alsbald seiner Gnade; dabei kam ihr aber sein Verrat möglicherweise mehr zustatten als alles andere. Dies steht in den ›Annalen Frankreichs‹, hauptsächlich in denen der ›Guyenne‹.

Während der Regierung Franz' I. machte es eine Madame de la Borne ebenso, sie verklagte ihren Gatten beim Gericht wegen Verrücktheiten, die er begangen hätte, und wegen vielleicht ungeheuerlicher Freveltaten, die er mit ihr und anderen getrieben; sie ließ ihn gefangensetzen, betrieb seine Verurteilung und ließ ihn köpfen. Ich hörte die Geschichte von meiner Großmutter, die sie als eine schöne Frau aus gutem Hause rühmte.

Die Königin Johanna I. von Neapel tat desgleichen gegenüber dem Infanten von Mallorca, ihrem dritten Gatten, den sie köpfen ließ aus Gründen, die ich in der ihr gewidmeten Abhandlung gab; es konnte aber wohl sein, daß sie sich vor ihm fürchtete und ihn zuerst hinüberbefördern wollte; daran tat sie recht, so zu handeln, wie alle ihresgleichen, wenn sie über ihre Galane Verdacht schöpfen.

Ich hörte von vielen Damen, die sich auf diese Weise tapfer in Sicherheit brachten; ich kannte sogar eine, die mit ihrem Freund zusammen von ihrem Gatten gefunden wurde, wobei er weder zu ihr noch zu ihm etwas sagte, sondern voll Zorn hinausging und sie mit ihrem Freund drinließ, sehr niedergeschlagen, betrübt und verängstigt. Aber die Dame gewann ihre Fassung so weit wieder, daß sie äußerte: »Für diesmal hat er mir nichts gesagt und getan; ich fürchte, er trägt es mir nach und verstellt sich; wenn ich aber sicher wäre, daß er mich umbringen ließe, würde ich darauf denken, ihn zuerst ins Gras beißen zu lassen.« Das

Glück war ihr so hold, daß er nach einiger Zeit von selbst starb; das freute sie, denn er hatte ihr seitdem nichts Gutes zugedacht, soweit sie ihm nur nachgeforscht hatte.

Es gibt noch eine weitere Streitfrage bezüglich dieser rasenden Narren und Gatten, dieser gefährlichen Hahnreie, nämlich an wen von beiden sie sich zur Vergeltung zu halten haben, an ihre Frauen oder an deren Liebhaber.

Es gibt welche, die bloß sagten: an der Frau; dabei beriefen sie sich auf jenes italienische Sprichwort: ›Wenn das Tier tot ist, ist auch die Wut und das Gift tot.‹ Sie meinten, ihr Übel loszuwerden, wenn sie die Übeltäterin umbrächten, genau wie jene, die von einem Skorpion gebissen oder gestochen würden; ihr stärkstes Heilmittel besteht darin, ihn zu fassen, zu töten oder zu rösten und auf die Bißwunde zu legen, die er verursacht hat; sie sagen gewöhnlich gern, die Frauen seien am strafbarsten. Ich meine die großen Damen von hoher Art, nicht die geringen, gemeinen von niedrigem Benehmen; denn die beginnen mit ihren schönen Zügen, Vertraulichkeiten, Geboten und Worten das Scharmützel, die Männer nehmen nur Stellung dazu; strafbarer ist, wer zum Krieg herausfordert und damit losbricht, nicht, wer sich nur verteidigt; die Männer stürzen sich in so gefährliche Lagen sehr häufig nur, wenn sie von den Damen verführt wurden; so wie es auch sehr schwer ist, gegen eine große starke und gute Grenzfestung einen Anschlag oder eine Überrumpelung zu machen, wenn man nicht mit denen drinnen im geheimen Einverständnis steht, indem sie teils antreiben, anziehen, teils die Hand reichen.

Da nun die Frauen etwas schwächer sind als die Männer, muß man ihnen verzeihen und annehmen, wenn die Liebe einmal ihr Herz ergriffen hat und in ihrer Seele lodert, folgen sie ihr auch um jeden Preis und begnügen sich nicht damit, wenigstens die meisten tun es, sie im Innern brüten zu lassen, sich allmählich zu verzehren, dabei dürr und schlaff zu werden und ihre Schönheit zu verlieren, die doch der Grund ist, weshalb sie geheilt sein und genießen und nicht, wie man sagt, am Frettchenweh sterben wollen.

Ich kannte verschiedene schöne Damen von dieser Gemütsart, die zuerst und früher um das Männchen warben als die Männer um das Weibchen, und das aus verschiedenen Gründen; die einen waren von ihrer Schönheit, Tapferkeit, Kühnheit und Liebenswürdigkeit hingerissen; die anderen suchten sich eine Summe Dinari zu ergattern; andere wieder wollten Perlen, edle Steine, Kleider aus gold- und silbergewirkten Geweben abluchsen; andere wieder wandten soviel Kniffe an wie ein Händler mit seiner Ware (so sagt man auch, eine Frau, die nimmt, verkauft sich); andere buhlen um Hofgunst; andere wollen bei Gericht gut stehen, wie ich verschiedene Schöne kannte, die kein gutes Recht hatten, es aber durch ihre heimliche Schönheit auf die Beine stellten; andere wollten ihnen den lieblichen Stoff ihres Leibes abschröpfen.

Ich sah manche Frauen, die in ihre Liebhaber so toll vernarrt waren, daß sie ihnen förmlich folgten oder gewaltsam nachliefen, so daß sich die Welt ihrer schämte.

Ich kannte eine sehr schöne Dame, die in einen Herrn von irgendwo so vernarrt war, daß sie die Farben ihres Liebhabers trug, anstatt, wie gewöhnlich, den Liebhaber die Farben seiner Dame tragen zu lassen. Ich könnte die Farben recht gut nennen, aber das gäbe eine zu große Entdeckung.

Eine andere kannte ich, deren Gemahl bei einem Turnier am Hofe ihrem Liebhaber einen Schimpf antat; während er im Ballsaal weilte und darüber triumphierte, verkleidete sie sich voller Trotz als Mann, suchte ihren Liebhaber auf und reichte ihm in der Vermummung ihren Schoß; denn sie war bis zum Sterben in ihn verliebt.

Ich kannte einen ehrbaren Edelmann, der den Lästerzungen am Hofe den wenigsten Stoff gab, der bekam eines Tages Lust, einer Dame, die sehr schön und ehrbar war wie nur je eine, zu dienen, da sie ihm von ihrer Seite aus viel Veranlassung dazu gab, während er sich von der andern aus vielen Gründen und der Ehrerbietung wegen zurückhielt. Die Dame indessen hatte ihn nun einmal ins Herz geschlossen, setzte alles auf einen Wurf und lockte ihn unaufhörlich mit den schönsten Liebesworten, die sie sagen konnte, zu sich heran; so sagte sie unter anderm zu ihm: »Erlaubt wenigstens, daß ich Euch liebe, wenn Ihr mich nicht lieben wollt, und seht nicht meine Würden an, sondern meine Zuneigung, meine Leidenschaft«, womit sie gewiß dem Edelmann an Vollendung überlegen war. Was sollte der nun dabei machen? Wenn nicht sie lieben, da sie ihn liebte, und ihr dienen, dann den Lohn und die Vergeltung seines Dienstes verlangen, da die Vernunft gebeut, daß bezahlt werde, wer nur immer dient.

Ich könnte eine Unmenge solcher Damen anführen, die mehr um die Männer werben, als um sie geworben wird. Daher haben sie auch mehr Schuld als ihre Liebhaber; denn haben sie einmal einen Mann aufs Korn genommen, hören sie nie mehr auf, bis sie ihr Ziel erreichen; sie locken ihn durch ihre anziehenden Blicke, ihre Schönheiten, ihre lieblichen Reize, die auf hunderttausendfache Art funkeln zu lassen sie sich heiße Mühe geben, durch ihre Schminken, die sie sich sorgfältig aufs Gesicht legen, wenn sie kein schönes haben, durch ihren Schmuck, durch ihr reiches Haar und hübschen Kopfputz, durch ihre prachtvollen und stolzen Gewänder, besonders aber durch ihre lüsternen Worte, durch ihre scherzhaften und verführerischen Gebärden und Vertraulichkeiten, durch Gaben und Geschenke. So ziehen sie den Liebhabern das Netz über den Kopf, und stecken sie einmal drin, müssen sie das Angebot annehmen; daher wird gesagt, ihre Gatten haben ein Recht, an ihnen Vergeltung zu üben.

Andere sagen, man müsse sich möglichst an die Männer halten, gerade wie an Leute, die eine Stadt belagern; denn diese sind es, die zuerst zur Schamade blasen, zur Übergabe auffordern, zuerst rekognoszieren, zuerst Schanzkörbe und Wallbüchsen aufstellen und die Laufgräben graben, zuerst die Batterien errichten, zuerst zum Sturm schreiten, zuerst verhandeln: das gleiche gilt von den Liebhabern. Wenn die Kühnsten, Tapfersten, Entschlossensten die Keuschheitsfestung der Damen angreifen, sind letztere, nachdem sie alle Angriffsformen in großen Zudringlichkeiten über sich ergehen lassen mußten, gezwungen, zu blasen und den süßen Feind in ihre Festung aufzunehmen. Mich dünkt darum, sie sind nicht so schuldig, wie man behauptet; denn eines Aufdringlichen sich entledigen ist sehr schwer, ohne daß man nicht selbst dabei Haare fahrenläßt; ich kannte auch verschiedene, die durch langes, beharrliches Dienen ihre Herrinnen gewannen, die ihnen am Anfang sozusagen nicht einmal ihren Popo zum Küssen gegeben hätten; sie zwingen die Frauen sogar, oder doch manche, es ihnen mit Tränen im Auge zu geben, gerade wie man recht häufig in Paris den Bettlern am Spittel das Almosen gibt, mehr wegen ihrer Unverschämtheit als aus Frömmigkeit oder Liebe zu Gott. Desgleichen tun viele Frauen, mehr wegen der unerträglichen Belästigung als aus Verliebtheit, besonders manchen Großen gegenüber, die sie fürchten und denen sie es wegen ihrer Macht nicht zu verweigern wagen; aus Furcht, sie möchten es schiefnehmen und es möchte ein Ärgernis daraus entstehen oder ein starker Schimpf oder ein noch größerer Verruf ihrer Ehre; wie ich denn auch schon aus solchen Anlässen große Unzuträglichkeiten habe entstehen sehen.

Daher sollten die schlimmen Ehemänner, die am Blut, am Totschlag und an der schlechten Behandlung ihrer Frauen soviel Vergnügen finden, nicht zu rasch sein; sie sollten vielmehr zuerst eine geheime Untersuchung aller Umstände anstellen, wenn ihnen auch solche Erkenntnis sehr verdrießlich und ganz dazu angetan ist, sich darüber den Kopf zu kratzen, der einen davon juckt, und daß ihnen sogar manche in ihrer Erbärmlichkeit die besten Gelegenheiten von der Welt dazu gaben.

So kannte ich einen großen auswärtigen Prinzen, der eine sehr schöne und ehrbare Frau geheiratet hatte; er gab den Verkehr mit ihr auf, um ihn mit einer andern Frau zu treiben, die den Ruf einer Kurtisane hatte, während sie nach anderen eine Dame von Ehre war, die er verführt haben sollte; damit begnügte er sich aber nicht; wenn er sie bei sich schlafen ließ, verrichtete er's in einer niedrigen Kammer, die unterhalb derjenigen seiner Frau lag, und unter ihrem Bett; und wollte er seine Maitresse besteigen, begnügte er sich nicht mit dem Unrecht, das er dabei seiner Frau antat, sondern er schlug unter Gelächter und Gespött mit einer Pike zwei- oder dreimal an die Decke und schrie seiner Frau hinauf: »Wohl bekomm's, liebe Frau!« Diese Schmach und Verachtung dauerte ein paar Tage lang und grimmte seine Frau sehr, die aus Verzweiflung und Rachsucht sich eines Tages an einen sehr ehrbaren Edelmann heranmachte und heimlich zu ihm sagte: »Herr Soundso, ich will, daß Ihr mich besitzen sollt, sonst weiß ich ein Mittel, Euch zu verderben.« Der andere, sehr zufrieden über ein so schönes Abenteuer, weigerte es nicht. Wenn nun ihr Gemahl seine Freundin zwischen den Beinen hatte und sie ihren Freund und er ihr zuschrie: »Wohl bekomm's!«, dann gab sie ihm zurück: »Danke, gleichfalls!« oder auch: »Ich zahle dir's schon noch heim!« Dieses Zutrinken, Reden und Antworten, während sie sich solchergestalt zu ihren Besteigungen bereitstellten, ging lange hin und her, bis der listige und argwöhnische Prinz Verdacht schöpfte; er ließ ihnen auflauern und entdeckte, daß ihn seine Frau ganz artig zum Hahnrei machte und in Rache und Vergeltung ihr »Wohl bekomm's!« ebensogut praktizierte wie er. Sobald ihm die Wahrheit aufging, verwandelte sich seine Komödie in eine Tragödie; und nachdem er sie zum letztenmal angeprostet und sie ihre Antwort mit ihm getauscht hatte, sprang er plötzlich hinauf, öffnete mit Gewalt die Tür, trat hinein und warf ihr das Verbrechen vor. Sie aber antwortete ihm: »Ich weiß wohl, daß dies mein Tod ist; töte mich dreist, ich fürchte den Tod nicht; ich leide ihn gern, da ich mich an dir gerächt, da ich dich zum Hahnrei und Pinsel gemacht habe; du hast die Veranlassung gegeben, ohne sie hätte ich mich nie vergangen; denn ich hatte dir Treue gelobt, und ich hätte sie um nichts auf der Welt verletzt; du verdientest eine so anständige Frau wie mich nicht. Töte mich also gleich, und wenn du ein Mitleiden in dir spürst, so vergib, ich flehe dich an, diesem armen Edelmann, der nichts dafür kann, weil ich ihn selbst zwang, mir als Rachewerkzeug zu dienen.« Der Prinz aber war so grausam und tötete beide ohne jedes Zögern. Was sollte die arme Prinzessin solcher Unwürdigkeit und Schmach gegenüber auch tun, als, in Verzweiflung an der ganzen Welt, das, was sie tat? Manche werden sie entschuldigen, andere verurteilen; es ließe sich auch vieles dazu sagen.

In den ›Hundert Erzählungen‹ der Königin von Navarra findet sich eine sehr schöne Geschichte von der Königin von Neapel, die dieser ähnlich ist, weil sie sich ebenso an ihrem königlichen Gemahl rächte; aber ihr Ausgang war nicht so tragisch.

Lassen wir nun diese Teufel und tollen rasenden Hahnreie, reden wir nicht mehr davon, denn sie sind hassenswürdig und widerwärtig, und ich würde nie ein Ende finden, wollte ich alle beschreiben, auch ist der Gegenstand weder schön noch lustig. Reden wir lieber ein wenig von den netten Hahnreien, die gute Kerle sind, von guter Laune, angenehmem Verkehr und einer frommen Geduld, die die Augen zumachen und gute Männchen spielen.

Unter diesen Hahnreien gibt es welche, die es schon wissen, bevor sie sich verheiraten, das heißt, die wissen, daß ihre Damen, Witwen und Mädchen den Sprung bereits gemacht haben; und andere, die von nichts wissen und sie im guten Glauben heirateten, auf die Versicherung ihrer Väter und Mütter hin, im Glauben an ihre Verwandten und Freunde.

Ich kannte eine ganze Anzahl, die Frauen und Mädchen heirateten, von denen sie wohl wußten, daß sie unter den Augen mancher Könige, Fürsten, Herren, Edelleute und vieler anderen gebügelt worden waren; entzückt über ihre Liebe, ihre Besitztümer, ihre Juwelen, ihr Geld, das sie beim Liebesmetier erworben hatten, machten sie sich trotzdem keine Gewissensbisse daraus, sie zu heiraten. Ich will aber jetzt nur von den Mädchen reden.

Ich hörte von der Tochter eines sehr großen Souveräns, die, toll verliebt in einen Edelmann, sich ihm derartig preisgab, daß sie, nachdem sie die ersten Früchte seiner Liebe gepflückt hatte, so geil danach wurde, daß sie ihn einen ganzen Monat in ihrem Kabinett behielt und ihn mit

Erfrischungen, mit leckeren Kraftsuppen, mit köstlichem und die Kraft wieder ersetzendem Fleisch nährte, um seine Destillierblase besser in Tätigkeit zu setzen und seinen Stoff herauszupumpen; nachdem sie ihre erste Lehrzeit unter ihm abgeschlossen hatte, nahm sie weitere Lektionen bei ihm, solange er lebte, und bei anderen; darauf vermählte sie sich im Alter von 45 Jahren einem Herrn, der nichts dabei zu erwähnen fand, sondern über den schönen Ehestand, den sie ihm bescherte, sehr glücklich war.

Boccaccio gibt ein Sprichwort wieder, das zu seiner Zeit im Schwange war: ›Ein geküßter Mund (andere sagen, ein gef… Mädchen) verliert nie sein Glück, sondern erneuert es stets, genau wie der Mond.‹ Diese Sprichwort bringt er bei einer Geschichte vor, die er von jener schönen ägyptischen Sultanstochter erzählt, die sich von den Spießen neun verschiedener Liebhaber, einer nach dem andern, wohl mehr als dreitausendmal bügeln und plätten ließ. Zuletzt erhielt sie der König von Garbo als reine Jungfrau, das heißt, er hielt sie dafür, es war so gut, als wenn sie ihm gleich am Anfang zugesprochen worden wäre; er fand nichts daran zu tadeln und befand sich vielmehr sehr wohl dabei. Es ist eine sehr hübsche Erzählung.

Ich hörte einen Großen sagen, daß man unter manchen Großen, wenn auch nicht immer gern, diese Mädchen nicht darum ansieht, wenn sie auch vor ihrer Vermählung durch drei oder vier Hände schon gegangen wären; unter andern meinte er einen Herrn, der in eine große Dame von noch etwas höherem Rang arg verliebt war und von ihr auch wiedergeliebt wurde; es trat jedoch ein Hindernis ein, und sie verheirateten sich nicht, wie sie dachten; daher fragte jener große Edelmann, den ich eben erwähnte, alsbald: »Hat er das kleine Tierchen wenigstens bestiegen?« Und als der andre ihm erwiderte, seines Wissens nein, obgleich man es behauptete, antwortete er: »Um so schlimmer, denn dann hätte wenigstens der und jener das Vergnügen gehabt, und es wäre nichts weiter dabeigewesen.« Unter den Großen wird der Jungfernschaft keine solche Wichtigkeit beigelegt, weil die großen Verbindungen dabei die Hauptsache sind. Glücklich also sind die guten Gatten, denen ihre Hahnreischaft von vornherein bekannt ist.

Als der König Karl sein Königreich bereiste, liebte er in einer guten Stadt, die ich wohl nennen könnte, ein Mädchen, das eine Tochter von sehr guter Herkunft zur Welt brachte; sie wurde der Obhut einer armen Frau aus der Stadt anvertraut, die sie nähren und versorgen sollte; für den Unterhalt wurden ihr 200 Taler vorgeschossen. Die alte Frau nährte sie und erzog sie so gut, daß sie mit fünfzehn Jahren sehr schön war und sich hingab, denn ihre Mutter kümmerte sich nicht mehr um sie und vermählte sich innerhalb von vier Monaten einem sehr großen Herrn. Ach, wie viele kannte ich doch, die so ins Leben hinausgestoßen wurden.

Ich hörte einmal, als ich in Spanien war, daß ein andalusischer Grande, der eine seiner Schwestern mit einem andern ebenso vornehmen Herrn vermählt hatte, drei Tage, nachdem die Hochzeit vollzogen war, zu ihm sagte: »Mein Herr Bruder, da Ihr jetzt mit meiner Schwester verheiratet seid und sie allein genießt, müßt Ihr erfahren, daß sie als Mädchen von dem und dem genossen wurde. Beunruhigt Euch nicht über das Vergangene, das bedeutet wenig; aber hütet Euch vor der Zukunft, die geht Euch viel mehr an.« Er wollte damit sagen: Was getan ist, ist getan, man braucht nicht mehr davon zu reden, aber vor der Zukunft muß man sich hüten, denn sie rührt mehr an die Ehre als die Vergangenheit.

Es gibt Leute von solcher Gemütsart, denen anscheinend ihre Hahnreischaft nicht vorher, sondern nachher aufgeht.

Ich hörte auch von einem großen Herrn im Ausland, der eine Tochter hatte, die zu den schönsten auf der Welt gehörte; ein andrer großer Herr, der sie wohl verdiente, verlangte sie zur Frau, und der Vater versprach sie ihm; aber bevor er sie für immer aus seinem Hause ließ, wollte er sie selbst versuchen, indem er sagte, ein so schönes Wesen, das er so sorgfältig erzogen hatte, wolle er nicht so einfach weggeben, ohne daß er das Rößlein zuerst einmal bestiegen und in Erfahrung gebracht habe, was sie zukünftig fertigbringen würde. Ich weiß nicht, ob die Geschichte wahr ist, aber ich hörte es, er sollte auch nicht allein die Probe gemacht haben, sondern noch ein andrer schöner und tapferer Edelmann; trotzdem fand der Gemahl nachher keine Galle darin, sondern lauter Zucker. Mit seinem Verhalten bewies er seinen Geschmack, denn das Mädchen besaß eine wunderbare Schönheit.

Dasselbe hörte ich von einer Menge anderer Väter gegenüber ihren Töchtern, besonders von einem sehr großen Herrn; sie machten sich nicht mehr Gewissen daraus als der Hahn in der Fabel Äsops, der bei seiner Begegnung mit dem Fuchs und bei dessen Drohung, ihn umzubringen, an alles Gute erinnerte, das er in der Welt täte, besonders erwähnte er das schöne und gute Federvieh, das er produziere: »Ha!« sagte der Fuchs, »das grimmt mich von Euch, mein Herr Galan; denn Ihr seid so verhurt, daß Ihr kein Bedenken tragt, Eure Töchter zu besteigen genau wie andere Hennen!« Also fraß er ihn auf. So einen Richter und weltkundigen Mann laß ich mir gefallen!

Es kann sich nun jeder denken, was manche Mädchen mit ihren Liebhabern machen können, denn es gab nie eine Tochter, die einen Freund hatte oder wünschte, und es gibt solche, deren Liebhaber ihre Väter, Brüder, Vettern, Verwandten selbst waren.

Solchermaßen hielt in unsern Zeiten Ferdinand, König von Neapel, mit seiner Tante, einer Tochter des Königs von Kastilien, ehelichen Beischlaf; sie stand im Alter von dreizehn oder vierzehn Jahren, aber das geschah auf päpstlichen Dispens hin. Man erhob damals Schwierigkeiten, ob sie sich hingeben dürfte oder könnte. Das erinnert indessen an den Kaiser Caligula, der alle seine Schwestern, eine nach der andern, verführte und bügelte, aber mehr als alle und ganz besonders liebte er die jüngste mit Namen Drusilla, die er schon als kleiner Junge entjungfert hatte; nachdem er sie später mit einem gewissen Lucius Cassius Longinus, einem gewesenen Konsul, vermählt hatte, nahm er sie ihm wieder ab und hielt sie öffentlich aus, als sei sie seine legitime Frau; er trieb es so weit, daß er ihr bei einem Krankheitsanfall alle seine Besitztümer vermachte, sogar das Kaiserreich. Sie starb jedoch, und er beklagte sie so sehr, daß er die Rechtsprechung aussetzen und die Einstellung aller andern Arbeiten verkünden ließ, um dem Volke anheimzugeben, eine öffentliche Trauerkundgebung für sie zu veranstalten; lange Zeit trug er wegen ihr die Haare und den Bart lang; und wenn er dem Senat, dem Volk oder seinen Soldaten eine feierliche Ansprache hielt, schwur er nur bei dem Namen Drusilla.

Was seine andern Schwestern betrifft, so prostituierte er sie, nachdem er seine Lust daran geweidet hatte, und gab sie großen Edelknechten preis, mit denen er einen gemeinen Umgang gepflogen hatte; hätte er ihnen weiter nichts Böses angetan, dann wäre es noch hingegangen, da sie daran gewöhnt waren und es ein lustiges Übel war, genau wie ich es von manchen Mädchen nennen hörte, die entjungfert worden waren, und von manchen vergewaltigten Frauen; aber er fügte ihnen tausend Niederträchtigkeiten zu: er schickte sie in die Verbannung, nahm ihnen alle ihre Ringe und Kleinodien, um sie zu versilbern, nachdem er den großen Schatz, den ihm Tiberius hinterlassen, durch schlechte Wirtschaft verschwendet hatte; als die armen Dinger nach seinem Tod aus der Verbannung zurückkehrten und den Leichnam ihres Bruders schlecht und armselig unter ein paar Erdschollen verscharrt sahen, ließen sie ihn wieder ausgraben, verbrennen und so ehrenvoll wieder begraben, als sie nur konnten. Das war wahrhaftig eine große Güte von den Schwestern gegen einen so undankbaren und entarteten Bruder.

Zur Entschuldigung der unerlaubten Verwandtenliebe sagt der Italiener: ›Wenn Meister Bernardo, der Fleischer, in Wut ist, erkennt er kein Gesetz an und schonet kein Weib.‹

Von den Alten, die es so machten, haben wir eine Menge Beispiele. Um aber auf unser Thema zurückzukommen, hörte ich von einem, der einem seiner Freunde ein schönes und ehrbares Fräulein vermählte und sich rühmte, er habe ihm ein schönes und respektables Pferd gegeben, gesund, sauber, ohne Kniegeschwulst und Überbein, wie er sagte, und wie sehr ihm der andere dafür verpflichtet wäre, da sagte einer aus der Gesellschaft als Antwort darauf beiseite zu einem seiner Genossen: »Das ist alles ganz schön und gut, wäre sie nur nicht so jung und so früh beritten worden; davon ist sie jetzt vorn ein wenig bestaucht.«

Aber ich möchte auch gern von diesen Herren Ehemännern wissen, ob solche Reittiere nicht recht häufig auch ein Wenn und Aber haben, ob nicht etwas dabei zu bemerken ist, irgendeine Mangelhaftigkeit, ein Fehler, ein Gebrechen, wenn sie sie so billig bekamen, und ob sie ihnen nicht noch teuer zu stehen kommen. Es können ja auch andere beglückt werden, die es besser verdienen als sie, gerade wie sich jene Roßhändler ihrer schadhaften Gäule entledigen, so gut sie können; wenn man aber die Bedenklichkeiten kennt und sie sie nicht anders loswerden können, müssen eben die Herren daran glauben, die nichts davon verstehen; es ist ja, wie ich verschiedene Väter sagen hörte, sehr schön, eine bestoßene Tochter abzusetzen, oder eine, die im Begriff steht, oder anscheinend dazu Lust hat.

Was kannte ich doch überall Mädchen, die ihre Jungfernschaft nicht ins eheliche Bett mitbrachten! Gleichwohl wurden sie von ihren Müttern, andere von ihren Verwandten und Freundinnen, höchst erfahrenen Kupplerinnen, abgerichtet, sich bei diesem ersten Ansprung gut zu verhalten; sie bedienen sich mit Listen verschiedener Mittel und Erfindungen, um ihren Gatten eine gute Meinung davon beizubringen und ihnen zu beweisen, daß sie sich niemals die Bresche hatten brechen lassen. Größtenteils helfen sie sich damit, starken Widerstand zu leisten, sich vor dem Anstich nach Kräften zu verteidigen und sich hartnäckig bis zum äußersten zu wehren. Es gibt manche Gatten, die darüber sehr beglückt sind und die fest glauben, die ganze Ehre besessen und den ersten Stich gemacht zu haben, gleich tapferen und entschlossenen Soldaten; und am andern Morgen, wenn ihnen der Kamm geschwollen ist, gleich kleinen Hähnen oder Hahnjüngelchen, die am

Abend eine Unmenge Hirse gefressen haben, geben sie ihren Genossen und Freunden ihre Geschichten zum besten, möglicherweise aber sogar auch jenen, die ohne ihr Wissen zuerst in die Festung hinein sind und die darüber bei sich und mit den Frauen, ihren Maitressen, ein Gelächter anheben, die sich ihrerseits rühmen, ihr Spiel fein gespielt und es ihnen tüchtig gegeben zu haben.

Trotzdem gibt es manche argwöhnische Gatten, denen dieser Widerstand etwas Übles vorbedeutet und die sich nicht damit zufriedengeben, sie so widerspenstig zu sehen; so kenne ich einen, der seine Frau fragte, warum sie sich so wild und widerspenstig gebärde und ob sie ihn überhaupt gar nicht drinhaben wolle; sie sann auf eine Entschuldigung; damit er nicht meine, sie verabscheue ihn, sagte sie, sie hätte Angst, er täte ihr weh. Er antwortete ihr: »Du hast es also doch schon erfahren, denn ein Übel kann man nicht kennen, wenn man es nicht schon gefühlt hat!« Sie jedoch leugnete es listig und gab zurück, sie hätte es so von einigen Freundinnen gehört, die sich verheiratet und sie also davon unterrichtet hätten. »Hübsche Unterhaltungen!« sagte er.

Noch eines anderen Heilmittels bedienen sich jene Frauen; es besteht darin, daß sie am Morgen nach ihrer Hochzeit ihr Leintuch mit Blutstropfen gefärbt zeigen, die diese armen Mädchen bei der schweren Aufgabe ihrer Entjungferung vergießen; wie man's in Spanien macht, wo besagtes Leintuch öffentlich aus dem Fenster gehalten wird unter lautem Geschrei: »Wir halten sie für eine Jungfrau!«

Wirklich läßt sich, wie ich dazu noch hörte, in Viterbo dieser Gebrauch noch beobachten. Und weil die Mädchen, die schon durch die Spieße gegangen sind, diese Erscheinung nicht mit ihrem eigenen Blut erzeugen können, sind sie darum besorgt, wie ich sagen hörte und wie mir verschiedene junge Kurtisanen in Rom selbst versicherten, zur Erzielung eines höheren Preises ihrer Jungfräulichkeit besagtes Leintuch mit einem Tropfen Taubenblut zu färben, das am besten dazu geeignet ist. Am andern Morgen sieht es der Gatte, gerät darüber in äußerstes Entzücken und glaubt fest, das sei das Jungfernblut seiner Frau, und bildet sich ein, er sei ein feiner Mann; aber das ist ein großer Irrtum.

Hier will ich die lustige Geschichte von dem Edelmann bringen, der in der Brautnacht das Nestelknüpfen hatte; die Braut, die nicht zu jenen süßen Jungfern aus gutem Stande gehörte, vermutete stark, daß er darüber in Wut geriete, und verfehlte auf den Rat ihrer Gefährtinnen, alten Tanten, Verwandten und guten Freundinnen nicht, sich das kleine Leintüchlein rot zu färben; aber es war ihr Unglück, daß der Gemahl so verhext war, daß er nichts machen konnte, obgleich es nicht an ihr lag, die ihm die schönste Augenweide bot, und sich zum Aufstieg schmückte, so gut sie nur konnte, auch beim Niederlegen sich schön verhielt, ohne sich auf die Widerspenstige oder auf das Teufelsweib hinauszuspielen, wie auch die wie gebräuchlich versteckten Zuschauer später erzählten, um ihre anderswo in Verlust geratene Jungfernschaft besser zu verdecken; aber es wurde nichts dabei exekutiert.

Als am Abend, wie es der Brauch will, die Mahlzeit aufgetragen war, fiel jemand ein Schabernack ein, er entwendete, wie gemeiniglich geschieht, den Neuvermählten das Leintüchlein; man fand es hübsch mit Blut gefärbt; es wurde schnell herumgezeigt, und die Anwesenden schrien laut, sie sei keine Jungfer mehr, und nun sei ihr Jungfernhäutchen zerbrochen und zerrissen worden. Der Gemahl, der sicher war, nichts gemacht zu haben, sich aber trotzdem auf den Galan und auf den tapferen Kämpen hinausspielte, war sehr erstaunt und wußte nicht, was dieses gefärbte Leinen besagen wollte. Nachdem er aber genügend nachgedacht hatte, ahnte er irgendeine Hurenbetrügerei und Arglist, aber er ließ sich nichts davon merken.

Die Braut und ihre Vertrauten waren ebenfalls sehr ärgerlich und erstaunt, daß der Gemahl so abgeblitzt war und daß es darum nicht besser um ihre Sache stand. Indessen wurde keinerlei Aufhebens davon gemacht, bis nach acht Tagen der Gemahl die Impotenz wieder verlor und in Wut und Hitze geriet; aus Freude darüber erinnerte er sich an nichts, sondern gab der ganzen Gesellschaft kund, daß er nun mit hoher Absicht seine Kraft erprobt, seine Frau zu seiner wirklichen Frau gemacht und sie gut berammt habe; und gestand sogar, daß er damals von totaler Impotenz ergriffen war; über diesen Punkt machten die Anwesenden verschiedene Bemerkungen, und die Braut, die man der gefärbten Wäsche nach für entjungfert hielt, bekam verschiedene Urteile ab; so erregte sie Entrüstung und war nicht einmal die eigentliche Ursache davon, vielmehr ihr Mann, der sich mit seiner Schwäche, Mattigkeit und Schlappheit selbst bekleckerte.

Manche Ehemänner wissen auch schon in ihrer ersten Nacht über die Jungfernschaft ihrer Frauen Bescheid, wenn sie sie in der Spur, die sie finden, erobert haben oder nicht; so kannte ich einen, der in zweiter Ehe eine Frau heiratete, die ihm glauben machte, ihr erster Gemahl hätte sie wegen seiner Impotenz nie berührt und sie sei noch ebensogut eine keusche Jungfrau wie vor ihrer Verheiratung; nichtsdestoweniger fand er sie so weit und von so reichlicher Größe, daß er anhub: »He! Wie! Bist du jene Jungfrau von Marolle, so eng und verschlossen, wie du mir sagtest? He! Bei dir klafft's aber weit! Da ist der Weg so groß und breitgetreten, daß ich keine Sorge habe, mich zu verirren.« Aber er mußte doch hindurch und den Trank schmecken, süß wie Milch; denn wenn ihr erster Gemahl sie nicht angerührt hatte, und das war die Wahrheit, waren es genug andere gewesen.

Was sollen wir nun von Müttern sagen, die angesichts der Impotenz ihrer Schwiegersöhne oder der Behexung ihres Geschlechtsteils oder einer andern Mangelhaftigkeit die Kupplerinnen ihrer Töchter werden? Um ihr Leibgeding zu bekommen, lassen sie es sich von anderen machen und sehr häufig schwängern, um Kinder zu haben, die nach dem Tode des Vaters erben.

Ich kannte eine Mutter, die dies ihrer Tochter sehr anriet und die in der Tat nichts darin versäumte, aber es war ihr Unglück, daß ihre Tochter nie welche bekam. Auch kannte ich einen, der seiner Frau nichts machen konnte und einen großen Lakaien, einen schönen Kerl, damit beauftragte, sich ins Bett zu legen und seine Frau im Schlaf zu entjungfern und damit seine Ehre zu retten; aber sie wurde es gewahr, und der Lakai kam zu nichts; die Folge war, daß sie lange prozessierten; endlich ließen sie sich scheiden.

Ebenso machte es König Heinrich von Kastilien, wie Baptista Fulguosius erzählt; als er sah, daß er seiner Frau keine Kinder machen konnte, bediente er sich eines schönen und jungen Edelmanns an seinem Hof, der es für ihn besorgen sollte; das geschah auch. Für seine Bemühungen erhielt er große Besitztümer und wurde mit Ehren, Würden und Hoheiten überhäuft. Es ist nicht zu zweifeln, daß ihn die Frau darum liebte und sich wohl dabei befand. Das nenne ich einen guten Hahnrei.

Wegen jener Impotenz fand kürzlich am Gerichtshof von Paris ein Prozeß statt zwischen dem Rentmeister Herrn von Bray und seiner Frau, der er nichts machen konnte, weil er die Verhexung oder einen andern Fehler hatte, weswegen die Frau sehr betrübt um eine gerichtliche Entscheidung nachsuchte. Der Gerichtshof verfügte, sie sollten beide von großen erfahrenen Ärzten untersucht werden. Der Gemahl wählte die seinen, die Frau die ihrigen; darüber wurde am Hofe ein sehr lustiges Sonett gemacht, das mir eine große Dame selbst vorlas und schenkte, als ich bei ihr speiste. Man sagte, eine Frau hätte es gemacht, andere, ein Mann. Das Sonett lautet:

Entre les médecins renommés à Paris
En scavoir, en éspreuve, en science, en doctrine,
Pour juger l'imparfaict de la coupe androgyne,
Par de Bray et sa femme ont esté sept choisis.

De Bray a eu pour luy les trois de moindre prix,
Le Court, l'Endormy, Piètre: et sa femme plus fine,
Les quatre plus experts en l'art de médecine,
Le Grand, le Gros, Duret et Vigoureux a pris.

On peut par là juger qui des deux gaignera,
Et si le Grand du Court victorieux sera,
Vigoureux d'Endormy, le Gros, Duret de Piètre.

Et de Bray n'ayant point ces deux de son costé,
Estant tant imparfait que mary le peut estre,
A faute de bon droict en sera débouté.

Unter den Ärzten von Paris,
Berühmt an Können, Praxis, Wissenschaft und Lehre,
Wählten Herr von Bray und seine Frau sich sieben aus,
Um über die Unvollkommenheit ihrer geschlechtlichen Stampfe zu beraten.

Von Bray bestellte sich die drei geringsten,
Herrn Kurz, Herrn Schlummer und Herrn Elend,
Die klügre Frau gewann vier größere Mediziner,
Die Herren Groß, Dick, Dauerhaft und Kräftig.

Wer von den beiden siegt, hieraus wird's klar,
Und ob der Große dem Kurzen gewachsen,
Herr Kräftig dem Schlummer, Herr Dick und Dauerhaft Herrn Elend.

Und weil von Bray die beiden nicht auf seiner Seite hat
Und unvollkommen ist, wie ein Gemahl nur sein kann,
Wird er, weil gutes Recht ihm fehlt, mit seiner Klage abgewiesen.

Ich hörte von einem andern Ehemann: In der ersten Nacht, in der er seine neue Gemahlin umarmt hielt, entzückte sie sich dermaßen in Lust und Vergnügen, daß sie, sich selbst vergessend, nicht enthielt, eine kleine hurtige Wendung und Drehung zu machen, die bei Neuvermählten nicht üblich ist; er sagte weiter nichts als: »Na, ich hab's!« und setzte sein Werk fort. Von solchen grünen Hahnreien wüßte ich noch eine Unmenge Geschichten zu erzählen, aber ich würde niemals damit zu Rande kommen. Aber als das schlimmste kommt mir vor, wenn sie die Kuh und das Kalb heiraten, wie man sagt, das heißt, wenn sie sie ganz schwanger nehmen. So kannte ich einen, der sich mit einem sehr schönen und ehrbaren Fräulein verheiratet hatte, getragen von der Gunst und der Zustimmung ihres Fürsten und Herrn, der jenen Edelmann sehr liebte und sie ihm vermählte; nach acht Tagen stellte sich heraus, daß sie schwanger war, sie sagte es auch offen dem Fürsten, um ihr Spiel besser zu verdecken. Der Fürst, der eine Leidenschaft zwischen ihr und einem andern stets vermutet hatte, sagte zu ihr: »Gnädigste ..., in meinen Schreibtafeln steht der Tag und die Stunde Eurer Hochzeit ganz genau; wenn man sie mit denen Eurer Niederkunft zusammenhalten wird, habt Ihr die Schande davon.« Auf diese Worte errötete sie bloß ein wenig; es geschah auch nichts weiter, außer daß sie die Miene einer Donna da ben stets beibehielt.

Nun gibt es manche Mädchen, die ihren Vater und ihre Mutter so überaus fürchten, daß man ihnen eher das Leben aus dem Leib reißen könnte als ihr Jungfernpfröpfchen; sie fürchten sie hundertmal mehr als ihren Gatten.

Ich hörte von einem sehr schönen und ehrbaren Fräulein, das von der Liebeslust ihres Anbeters arg gehetzt wurde und ihm antwortete: »Wartet noch ein wenig, bis ich verheiratet bin, und Ihr sollt sehen, hiner dem ehelichen Bettvorhang, der alles verdeckt, selbst den geschwollenen Bauch, und die Entdeckung verhütet, machen wir's nach Noten.«

Eine andere, der ein Großer sehr nachstellte, sagte zu ihm: »Treibt nur ein wenig unsern Prinzen, daß er mich bald mit dem Herrn verheiratet, der mir immer auf den Fersen ist, und daß er mir geschwind das Heiratsgut bezahlt, das er mir versprochen hat; wenn wir uns am andern Morgen nach meiner Hochzeit nicht treffen, ist der ganze Handel ungültig.«

Ich kenne eine Dame, die erst vier Tage vor ihrer Hochzeit von der Liebe zu einem Edelmann ergriffen wurde, in sechsen darauf genoß er sie; wenigstens rühmte er sich dessen. Man konnte es ihm leicht glauben; denn sie zeigten eine solche Vertraulichkeit, daß man meinte, sie kannten einander schon ihr ganzes Leben lang; er erzählte sogar von den Zeichen und Malen, die sie auf dem Leib trug, wie auch, daß sie ihr Spiel noch lange nachher fortsetzten. Der Edelmann sagte, daß die Vertraulichkeit, die ihnen Veranlassung dazu gab, darin bestand, daß sie einer Maskerade wegen ihre Kleider vertauschten; er legte die seiner Geliebten an, sie zog jene ihres Freundes an; der Gemahl lachte bloß dazu, und niemand hatte etwas daran auszusetzen oder übel davon zu denken.

Am Hof wurde ein Lied über einen Ehemann gedichtet, der sich am Dienstag verheiratete und am Donnerstag Hahnrei wurde: Das nenne ich geschwind sein.

Was werden wir zu einem Mädchen sagen, das von einem Edelmann lang umworben wurde, der aus einem reichen und guten Hause stammte, aber ein einfältiger Tropf und ihrer nicht würdig war? Auf den Rat ihrer Eltern, auf ihr Drängen, ihn zu heiraten, gab sie zurück, daß sie lieber sterben würde, als daß sie ihn heiratete, er möge sich seine Liebe aus dem Sinn schlagen und man solle ihr und ihren Eltern nichts mehr davon reden; denn wenn sie sie zwängen, ihn zu heiraten, würde sie ihn eher zum Hahnrei machen. Aber es half ihr nichts, sie mußte hindurch, denn sie wurde von allen großen Herren, die über sie Gewalt hatten, und auch von ihren Eltern dazu gezwungen.

Am festlichen Abend vor der Hochzeit, als ihr Gemahl sie traurig und tiefsinnig sah, fragte er sie, was sie hätte; sie antwortete ihm in höchstem Zorn: »Ihr habt mir niemals glauben wollen, daß Ihr Euch davonscheren sollt; Ihr wißt, was ich Euch stets sagte, daß ich Euch zum Hahnrei machen würde, sollte ich unglücklicherweise Euere Frau werden; und ich schwöre Euch, ich will es tun und Wort halten.« Sie hielt damit auch vor keiner ihrer Gefährtinnen und keinem ihrer Diener zurück. Man kann versichert sein, daß sie es später auch ausgeführt hat und ihm zeigte, daß sie eine sehr brave Frau war, denn sie hielt ihr Wort.

Ich überlasse es jedem, zu entscheiden, ob sie dafür Tadel verdiente, da ein Gewarnter doppelt achtsam sein muß und sie ihn von den Unannehmlichkeiten, die ihm blühten, unterrichtete. Und warum hütete er sich nicht davor? Aber er kümmerte sich nicht viel darum.

Jene Mädchen, die sich unmittelbar nach ihrer Hochzeit anderen hingeben, verfahren nach dem italienischen Wort: ›Die Kuh, die lang angebunden war, läuft mehr als jene, die stets völlige Freiheit hatte.‹ Genau wie die erste Gemahlin Balduins, Königs von Jerusalem, den ich früher erwähnte; er hatte sie mit Gewalt in einen Orden gesteckt; nachdem sie aber aus dem Kloster ausgebrochen war, wandte sie sich nach Konstantinopel und führte ein solches Hurenleben, daß sie jeden, der vorüberging, Soldaten, die Palästinapilger, wer kam und wer ging, ohne Rücksicht auf ihren königlichen Stand, davon schmecken ließ; eine Folge des großen Fastens, das sie während ihrer Einsperrung hatte erdulden müssen.

Ich könnte noch viele andere nennen. Gute Kerle von Hahnreien sind aber doch auch jene, die es ihren Frauen erlauben, wenn sie schön und wegen ihrer Schönheit begehrt sind, die sie verkuppeln, um daraus Begünstigungen, Besitztümer und Ressourcen zu gewinnen und für sich herauszuschlagen. Deren sieht man sehr viele an den Höfen der großen Könige und Fürsten, und sie stehen sich sehr gut dabei; denn aus Armen werden sie Reiche, kamen die Verpfändung ihrer Güter, Prozesse oder Kriegszüge in Frage, stiegen sie sogleich in die Höhe und kamen durch das L … ihrer Frauen zu großen Ämtern; und sie sehen keine Erniedrigung darin, sondern vielmehr eine Erhöhung; eine Ausnahme machte nur die schöne Dame, von der ich hörte, daß sie bloß noch die Hälfte besaß, weil ihr Gemahl sie mit der Lustseuche angesteckt oder mit einem Schanker, der es ihr zur Hälfte weggefressen hatte. Sicher erschüttern die Gunsterweisungen und Wohltaten der Großen ein keusches Herz stark und machen viele Hahnreie. Ich hörte von einem auswärtigen Fürsten erzählen, der von seinem erhabenen Prinzen und Herrn zum General ernannt und in einen Kriegszug geschickt worden war; am Hof seines Herrn hatte er seine Frau zurückgelassen, eine der schönsten der Christenheit; der Herrscher begann mit ihr so sehr zu lieben, daß er sie schwankend machte, auf den Boden warf und so ordentlich niederdrückte, daß er sie schwängerte. Als der Gemahl nach dreizehn oder vierzehn Monaten zurückkam, fand er sie in diesem Zustand und war sehr betrübt und erzürnt gegen sie; es bedarf keiner Frage, warum. Nun war es an ihr, die geschicktesten Entschuldigungen vorzubringen, und da ließ sie sich von einem ihrer Schwäger helfen. Endlich waren sie so weit, daß sie ihm sagte: »Lieber Herr, der Ausgang deiner Reise ist schuld daran, sie ist von deinem Herrn so übel aufgenommen worden (denn er machte gewiß seine Sache nicht gut), und dafür, daß du seine Aufträge nicht besorgt hast, hat man dich in deiner Abwesenheit arg hergenommen; wenn nun dein Herr nicht seine Augen auf mich geworfen hätte, wärest du verloren, und um dich nicht zugrunde richten zu lassen, habe ich mich zugrunde gerichtet. Es geht ebensosehr und noch mehr um meine Ehre als um die deinige; um dich vorwärtszubringen, habe ich mein köstlichstes Ding nicht geschont. Urteile denn, ob ich so sehr gefehlt habe, wie du zu sagen geruhtest; denn sonst wäre dein Leben, deine Ehre und dein Ansehen ins Wanken geraten. Nun stehst du dich besser denn je; die Geschichte ist nicht so verbreitet, daß der Flecken zu offenkundig auf dir sitzt. Entschuldige mich also und verzeihe mir.«

Der Schwager, der aufs beste zu reden wußte und der möglicherweise an der Schwängerung teilhatte, fügte noch andere schöne und treffende Worte hinzu, so daß alles gut war. Sie einigten sich also und standen besser zusammen als vorher, wobei sie in allem Freimut und in guter Freundschaft lebten; der Prinz, sein Herr, der die Verführung und den Streit verursacht hatte, schätzte ihn indessen dafür nicht mehr wie vorher, so habe ich sagen hören, weil er sich so geringe Rechenschaft von seiner Frau gab und weil er selbst von ihrer Süße getrunken hatte; er hielt ihn darum nicht mehr für so adlig, wie er ihn vorher dafür gehalten hatte, wiewohl es ihm in seiner Seele sehr lieb war, daß die arme Frau nicht dafür litt, mit ihm geminnt zu haben. Ich habe den und jenen die Dame entschuldigen hören, man fand, daß sie wohl daran getan hätte, wenn sie nur ihren Gatten rettete und wieder in Gunst brachte.

Oh, wieviel solcher Beispiele gäbe es noch, wie das einer großen Dame, die ihrem Gemahl das Leben rettete; er war vor dem ganzen Hof zum Tod verurteilt worden, da man ihn in seiner Verwaltung und in seinem Amt großer Erpressungen und Unterschlagungen überführt hatte; dafür liebte sie der Mann darauf sein ganzes Leben.

Ich hörte auch von einem großen Herrn, der dazu verurteilt worden war, geköpft zu werden; er stand schon auf dem Schafott, da kam seine Begnadigung, die seine Tochter, eine hohe Schönheit, erlangt hatte; als er vom Schafott heruntterstieg, sagte er weiter nichts als: »Gott segne die gute P ... meiner Tochter, die mich so brav gerettet hat!«

Der heilige Augustin bezweifelte, ob ein christlicher Bürger von Antiochien sündigte, als er, um sich von einer großen Geldschuld zu befreien, wegen der er in strenger Gefangenschaft saß, seiner Frau erlaubte, bei einem sehr reichen Edelmann zu schlafen, der ihm seine Schuld einzulösen versprach.

Wenn der heilige Augustinus dieser Ansicht ist, was kann er dann Frauen, Witwen und Mädchen erlauben, die zur Lösung ihrer Väter, Verwandten und sogar ihrer Gatten ihren zarten Körper so gewaltig viel Übelständen preisgeben, die sie befallen können, wie Gefangenschaft, Sklaverei, Lebensgefahr, die Erstürmung und Einnahme der Stadt, kurz, noch eine unendliche Menge; manchmal gewinnen sie sogar Feldherrn und Soldaten, damit sie wacker kämpfen, ihre Partei ergreifen, eine lange Belagerung aushalten, eine Festung wiedernehmen (ich könnte hundert Anlässe herzählen), weil das nach ihrer Meinung ihrer Keuschheit nicht den geringsten Eintrag tut. Und welches Übel und welches Ärgernis kann daraus entspringen? Vielmehr ein großes Gut.

Wer wird also leugnen wollen, daß es nicht guttäte, manchmal Hahnrei zu sein, wenn man solche Vorteile daraus gewinnt und die Wiederherstellung des Ansehens, der

Macht, der Würde und der Besitztümer einheimst? Wie viele kannte ich doch und von wie vielen hörte ich, daß sie der Schönheit und dem Vorderteil ihrer Frauen ihr Fortkommen verdankten.

Ich will niemand beleidigen, aber ich getraute mir wohl zu sagen, daß ich von dem und jenem weiß, daß ihre Frauen ihnen tüchtig genützt haben und daß mancher von sich selber nur wenig wert ist und seinen Wert bloß seiner Frau verdankt.

Ich kannte eine große und kluge Dame, die ihrem Gemahl einen Orden verschaffte; er trug ihn allein mit den zwei größten Fürsten der Christenheit. Sie sagte häufig zu ihm und vor aller Welt, denn sie war eine lustige Gesellschafterin und ein vortrefflicher Verkehr: »Ha! mein Freund, was wärst du lange wie eine Grasmücke gehüpft, bevor du diesen Teufel bekamst, der dir jetzt am Hals hängt!«

Ich hörte von einem großen Herrn aus der Zeit des Königs Franz, der auch einen Orden bekam und sich damit eines Tages vor dem seligen Herrn de la Chastigneraiye, meinem Onkel, brüsten wollte, indem er sagte: »Ha! Ihr möchtet wohl auch gern so einen Orden am Hals hängen haben!« Mein Onkel, der rasch, hitzig und stolz war wie nur einer, antwortete ihm: »Lieber wär ich tot, als daß ich ihn durch das Loch hätte wie Ihr.« Der andre schwieg dazu, denn er wußte wohl, mit wem er es zu tun hatte.

Ich hörte von einem großen Herrn erzählen, dem seine Frau das Patent eines der großen Ämter seines Landes erwirkt und heimgebracht hatte; sein Fürst hatte es ihm verliehen kraft der Gunst, in der seine Frau stand; aber er wollte es durchaus nicht annehmen, weil er wußte, daß seine Frau drei Monate lang bei dem Fürsten in höchster Gunst stand, was auch seinen Verdacht erregt hatte. Damit legte er Zeugnis von dem Adel ab, den er sein ganzes Leben lang bewährt hatte; dennoch nahm er es an, nachdem er etwas getan hatte, was ich nicht erzählen will.

So haben die Damen ebensoviel oder mehr Ritter gemacht als die Schlachten, und ich könnte sie nennen, da ich sie ebensogut kenne wie ein anderer, wofern ich nur nicht übel reden oder Ärgernis erregen wollte; brachten sie ihnen Ehre, so gaben sie ihnen auch viel Reichtümer.

Ich kenne einen, der war ein armer Büßer, als er seine Frau, die sehr schön war, an den Hof führte; in weniger als zwei Jahren erholten sie sich und wurden sehr reich.

Solche Damen muß man schätzen, die den Wohlstand ihrer Gatten befördern und sie nicht zu Schurken und Hahnreien zugleich machen; wie man von Margarete von Namur sagt, die so dumm war, sich darauf einzulassen und dem Herzog Ludwig von Orléans alles zu geben, was sie konnte, einem so großen und mächtigen Herrn und Bruder des Königs; sie zog aus ihrem Gemahl alles heraus, was sie nur konnte, so daß er dabei arm wurde und gezwungen war, seine Grafschaft Blois besagtem Herzog von Orléans zu verkaufen; der, man denke sich nur, der bezahlte es ihm mit dem Silber und mit dem Gelde, das die dumme Frau ihm gegeben hatte. Sehr dumm war sie deshalb, weil sie einem Höheren, als sie selbst war, etwas gab. Man stelle sich vor, daß er sich später über sie und ihn lustig machte; er war ganz der Mann dazu, es zu tun, da er sehr flatterhaft und unzuverlässig in Liebessachen war.

Ich kannte eine große Dame, die sich in einen Edelmann am Hofe toll verliebt hatte; als er sie daraufhin genoß und sie ihm kein Geld geben konnte, weil ihr Gemahl seine Kasse vor ihr verschlossen hielt wie ein Pfaffe, gab sie ihm den größten Teil ihrer Edelsteine im Werte von über 30000 Taler; so daß man am Hofe sagte, nun könne er bauen, eine schwere Menge Steine habe er aufgehäuft und angesammelt; als ihr später eine große Erbschaft zufiel und sie einige 20000 Taler in die Hand bekam, hatte sie so wenig acht darauf, daß ihr Galan einen guten Teil davon hatte. Man sagte, wäre ihr diese Erbschaft nicht zugefallen und hätte sie nicht gewußt, was sie ihm geben sollte, hätte sie ihm noch Rock und Hemd gegeben. Solchen Gaunern und Blutsaugern muß man die bittersten Vorwürfe machen, daß sie aus diesen armen gehämmerten und von ihrer Laune fortgerissenen Teufelsweibern ihre ganze Habe herausquetschen; denn wenn in einen Geldbeutel so oft hineingegriffen wird, dann kann er seinen Bauch und seinen Zustand nicht immer behalten, wie der vordere Beutel, der stets im nämlichen Zustand und bereit ist, daß darin fischt, wer will, ohne etwas über die Schelme, die hinein- und herausfuhren, zu vermerken. Jener gute Edelmann, von dem ich sagte, daß er so gut und reich beschottert war, verstarb einige Zeit darauf; nach Pariser Brauch wurden seine ganzen Sachen öffentlich ausgerufen und verauktioniert, dabei wurden sie taxiert und von verschiedenen Leuten, die sie bei der Dame gesehen hatten, zu ihrer großen Schande wiedererkannt.

Ein großer Fürst, der eine sehr ehrbare Dame liebte, kaufte ein Dutzend sehr blitzender und zierlich gefaßter Diamantknöpfe mit ägyptischen hieroglyphischen Zeichen, die ihren geheimen Sinn enthielten; er machte sie dieser seiner Geliebten zum Geschenk; nach eingehendem Betrachten sagte sie ihm, Hieroglyphen bedürfe sie von jetzt an nicht mehr, da die Schrift zwischen ihnen beiden schon erfüllt wäre, gerade so, wie sie es zwischen dem obenerwähnten Edelmann und jener Dame war.

Ich kannte eine Dame, die oft zu ihrem Gemahl sagte, sie würde ihn eher Coquin als Cocu machen; die beiden Worte sind aber zweideutig, und so kommen alle beiden schönen Eigenschaften bei ihnen ein wenig zusammen.

Ich kannte indessen auch unendlich viele Damen, die es nicht so machten, denn sie hielten die Börse ihrer Taler mehr zusammengeklemmt als die ihres hübschen Leibes; denn wenn sie auch sehr große Damen waren, so wollten sie doch bloß ein paar Ringe, ein paar kleine Geschenke und verschiedene andere kleine Artigkeiten geben, Krausen und Schärpen, die sie ihrer Liebe zu Ehren tragen und hochhalten sollten.

Ich kannte eine große Dame, die darin sehr anständig und freigebig war, denn die geringste ihrer Schärpen und Binden hatte einen Wert von 500 Talern, ja von 1000 und 3000, und war mit Stickereien, Perlen, Verzierungen, hieroglyphischen Lettern und Ziffern und sonstigen schönen

Erfindungen geschmückt, daß es nichts Schöneres auf der Welt gab. Sie hatte recht, denn so wurden ihre Geschenke, nachdem sie sie gemacht hatte, nicht in die Koffer oder in die Börsen gesteckt wie bei anderen Damen, sondern von aller Welt gesehen, und ihr Freund staffierte sich damit aus und genoß dabei die süßeste Erinnerung; Geldgeschenke dagegen schmecken mehr nach gewöhnlichen Frauen, die ihren Kerlen geben, nicht nach großen und ehrbaren Damen. Zuweilen gab sie ihm auch ein paar schöne Ringe mit reichen Edelsteinen; denn diese Binden und Schärpen kann man nicht alltäglich tragen, außer an schönen und festlichen Tagen. Dagegen paßt der Ring am Finger viel besser dazu, einen ewig zu begleiten.

Ein feiner und vornehm denkender Kavalier sollte sicherlich so adlig sein, seiner Dame lieber ihrer Schönheit willen zu dienen, von der sie glüht, als wegen all ihres Goldes und Silbers, das aus ihr hervorblitzt.

Was mich anlangt, so kann ich mich rühmen, mein Leben lang ehrbaren Damen gedient zu haben, die keineswegs zu den Geringsten gehörten; hätte ich alles von ihnen annehmen wollen, was sie mir anboten, hätte ich ihnen entreißen wollen, was ich konnte, so wäre ich heute reich an Gut und Geld, an Möbeln, an mehr als 30000 Talern; aber ich bin es nicht, sondern ich bin immer damit zufrieden gewesen, meine Zuneigung mehr durch meine Großherzigkeit als durch meine Habsucht kundzugeben.

Es ist ja sicherlich begründet: Da der Mann von dem Seinen in die kleine Börse der Frau steckt, daß ebenso die Frau von dem Ihrigen in die des Mannes hineingibt; aber man muß dabei alles abwägen, denn genau wie der Mann nicht all das Seinige in den Beutel der Frau hineinwerfen und hineinlegen kann, wie sie möchte, so muß er auch so bescheiden sein, ihr nicht soviel aus der Börse zu ziehen, wie er wollte; auch hier muß gleiches Maß herrschen.

Ich habe auch viele Edelleute die Liebe ihrer Herrinnen verlieren sehen, weil sie in ihren Forderungen und Habsuchten unverschämt waren; als diese sahen, daß sie soviel verlangten und in ihren Wünschen sehr zudringlich waren, entledigten sie sich ihrer und schoben sie ab, woran sie sehr gut taten.

Ein vornehmer Liebhaber sollte sich daher eher von der Gier des Fleisches als der des Geldes verlocken lassen; denn wenn die Dame mit ihrem Besitz zu freigebig ist, so ist der Gatte, der die Verringerung bemerkt hat, darüber hundertmal trauriger als über zehntausend Freigebigkeiten, die sie mit ihrem Körper bezeugt.

Nun gibt es noch Hahnreie, die es aus Rache werden; das heißt, wer einen Herrn, einen Edelmann oder einen andern haßt, von dem er irgendeinen Verdruß oder Beschimpfungen erlitten hat, der rächt sich an ihm, indem er mit seiner Frau liebelt, sie verführt und ihn zum feinen Hahnrei macht.

Ich kannte einen großen Prinzen, den ein ihm untergebener großer Herr Zeichen der Auflehnung spüren ließ; er konnte sich nicht an ihm rächen, weil ihn der Untergebene floh, sosehr er konnte, so daß er ihn nirgends erwischen konnte. Als eines Tages seine Frau an den Hof kam, um wegen der Angelegenheit ihres Gatten und wegen des Einvernehmens mit ihm vorstellig zu werden, bestimmte ihr der Prinz in einem Garten und in einem Zimmer darin einen Tag, um mit ihr zu unterhandeln; es geschah jedoch, um ihr von Liebe zu reden, und er gewann sie sehr leicht und im Augenblick ohne großen Widerstand, denn die Frau war sehr gutmütig und zuvorkommend; er begnügte sich aber nicht damit, sie zu bügeln, sondern er gab sie noch anderen preis, bis zu den Kammerdienern hinunter. Daher sagte der Prinz, er hielte sich in seiner Sache für sehr gerächt, da er ihm also die Frau gebügelt und seinen Kopf mit einer schönen Hörnerkrone gekrönt habe, weil er einen kleinen König und Souverän spielen wollte; statt einer Lilienkrone müsse man ihm eine schöne aus Hörnern zu tragen geben.

Derselbe Fürst vollbrachte etwas Ähnliches auf den Rat seiner Mutter; er genoß eine junge Prinzessin, von der er wußte, daß sie einen Prinzen heiraten sollte, der ihm argen Verdruß bereitet und den Staat seines Bruders stark beunruhigt hatte. Er entjungferte sie, genoß sie wacker, und zwei Monate darauf wurde sie besagtem Prinzen als vorgebliche Jungfer zur Frau gegeben; diese Rache schmeckte sehr süß, auch als Vorläuferin einer noch roheren, die später nachfolgte.

Ich kannte einen sehr ehrbaren Edelmann, der einer schönen Dame von guter Herkunft diente und von ihr die Belohnung für seine Dienste und Liebesleistungen verlangte; sie antwortete ihm freimütig, sie gäbe sie ihm nicht, der Zweideutigkeit halber, denn sie sei überzeugt, er liebe sie nicht so sehr darum, und er schenkte ihr seine Zuneigung nicht so sehr wegen ihrer Schönheit, wie er sage, sondern er wolle sich durch ihren Besitz an ihrem Gemahl rächen, der ihm irgend etwas angetan habe; daher wolle er nur diese Genugtuung für seine Seele haben und sich nachher damit brüsten; der Edelmann aber versicherte ihr das Gegenteil und diente ihr noch länger als zwei Jahre mit solcher Treue und so heißer Liebe, daß sie ihm in vollkommener Überzeugung bewilligte, was sie ihm stets verweigert hatte, indem sie ihm versicherte, wäre sie am Anfang ihres Liebesverhältnisses nicht der Meinung gewesen, er beabsichtige eine Rache damit, so hätte sie ihm von vornherein ihre Gunst gewährt; denn ihr Naturell war sehr zur Liebe geneigt. Diese Dame verstand es sehr gut, sich zu beherrschen, so daß die Leidenschaft sie nicht zu dem hinriß, was sie am meisten wünschte. Nicht aus bloßer Rachsucht wollte sie geliebt sein, sondern um ihrer selbst willen.

Der verstorbene Herr von Gua, einer der feinsten und vollendetsten Edelleute auf der Welt, lud mich eines Tages bei Hofe ein, mit ihm zu speisen. Er hatte ein Dutzend der gelehrtesten Männer am Hofe versammelt, unter anderen den Herrn Bischof von Dol aus dem Hause Epinay in der Bretagne, die Herren von Ronsard, von Baïf, Des Portes, d'Aubigny, letztere beiden sind noch am Leben und können mich also dementieren, und noch andere, die mir nicht einfallen; an Soldaten gab es nur Herrn von Gua und mich. Während des Essens plauderte man von der Liebe, von ihren Annehmlichkeiten und Unannehmlichkeiten, von den Freuden und Leiden, von dem Guten und Bösen, das ihr Genuß im Gefolge hätte, und nachdem jeder seine Meinung über das eine wie über das andere gesagt hatte, schloß Herr von Gua, das höchste Glück dieses Genusses läge in der Rache, und bat eine jede dieser großen Persönlichkeiten, ein vierzeiliges Impromptu darüber zu machen, was sie denn auch taten. Ich hätte sie gern hier eingefügt, wenn ich sie hätte, der Herr von Dol, der Gold schrieb und redete, trug über alle den Preis davon.

Herr von Gua hatte sicherlich Veranlassung, diese Ansicht zu äußern, zumal in bezug auf zwei große, mir bekannte Herren, denen er wegen ihrer Mißgunst gegen ihn Hörner angeheftet hatte; ihre Frauen waren sehr schön; so hatte er also ein doppeltes Vergnügen, Rache und Befriedigung. Ich kannte eine Menge Leute, die sich dermaßen rächten und ergötzten und jener Ansicht waren.

Ich kannte auch schöne und ehrbare Damen, die fest versicherten, wenn ihre Ehemänner sie schlecht behandelten, schalten oder straften, schlügen oder ihnen andere Bosheiten und Beschimpfungen zufügten, beständе ihr größtes Ergötzen darin, ihnen Hörner anzusetzen, und indem sie das täten, dächten sie an sie, sie stichelten sie, indem sie sich über sie lustig machten und mit ihren Freunden über sie lachten, und gingen so weit zu sagen, sie empfänden dabei mehr Begierden und eine größere Verzückung, als sich sagen ließe.

Ich hörte von einer schönen und ehrbaren Dame, dic einmal gefragt wurde, ob sie ihren Gatten je zum Hahnrei gemacht habe; sie antwortete: »Warum hätte ich es tun sollen, da er mich ja doch nie geschlagen oder bedroht hat?« Damit wollte sie sagen, hätte er eins von beiden getan, so hätte sie sich alsbald mit ihrem Vorderteil gerächt.

Was den Spott anlangt, so kannte ich eine sehr ehrbare und schöne Dame, der folgendes passierte: Als sie in jenen süßen Aufregungen der Lust lag und die süßen Wogen des Entzückens und Behagens mit ihrem Freund über sich ergehen ließ, zerbrach ein Ohrgehänge in Gestalt eines Füllhorns, aus schwarzem Stein bloß, wie man sie damals trug, infolge der Gewalt, mit der sie sich tummelten, verschlangen und miteinander schäkerten. Sie sagte sogleich zu ihrem Freund: »Sieh nur, welche Voraussicht die Natur bewährt! Für ein Horn, das ich zerbreche, mache ich hier meinem armen gehörnten Gemahl ein Dutzend andere, daß er sich einmal zu einem schönen Fest herausputzen kann, wenn er will.«

Eine andre, deren Gemahl bereits schlief, besuchte ihren Freund, bevor sie sich selbst zu Bett begab; als er sie fragte, wo ihr Gatte wäre, antwortete sie ihm: »Er bewacht das Bett und das Kuckucksnest, aus Furcht, es legt ein anderer hinein; aber du verlangst ja gar nicht nach seinem Bett und nach seinem Nest, sondern nach mir, die zu dir zu Besuch kommt; ich hab ihn als Schildwache dagelassen, wenn er auch tüchtig eingeschlafen ist.«

Da ich gerade von Schildwache rede, so hörte ich über einen angesehenen Edelmann, den ich kannte, eine Geschichte erzählen; als er eines Tages mit einer sehr ehrbaren Dame, die ich ebenfalls kannte, in Streit geriet, fragte er sie auf beleidigende Weise, ob sie je nach Saint-Mathurin gewallfahrt sei. »Ja«, sagte sie, »aber ich konnte niemals in die Kirche kommen, denn sie war so voll und von Hahnreien so stark bewacht, daß sie mich nie hineinließen; und Ihr, einer der Hauptteilnehmer, Ihr standet am Glockenturm, um die Schildwache zu machen und die anderen zu benachrichtigen.«

Ich könnte noch tausend andere Spöttereien erzählen, aber ich würde kein Ende finden; hoffentlich kann ich an irgendeiner Ecke dieses Buches davon reden.

Es gibt auch Hahnreie, die gutmütig sind, die sich von selbst zu diesem Fest der Hahnreischaft einladen. So kannte ich ein paar, die zu ihren Frauen sagten: »Der und der ist verliebt in dich, ich kenne ihn gut, er kommt häufig zu Besuch, aber nur aus Liebe zu dir, mein Schatz. Sei recht freundlich zu ihm; er kann uns viel Freude machen; seine Bekanntschaft kann uns viel nützen!«

Andre sagen manchen Liebhabern: »Meine Frau ist in Euch verliebt, sie liebt Euch; besucht sie, Ihr werdet ihr ein

Vergnügen machen; ihr plaudert und unterhaltet euch miteinander und vertreibt euch die Zeit.« So laden sie die Leute auf ihre eignen Kosten ein, wie es zum Beispiel auch der Kaiser Hadrian machte: Als er einmal in England Krieg führte, so steht in seiner Lebensgeschichte, wurde ihm verschiedentlich mitgeteilt, wie seine Frau, die Kaiserin Sabina, mit allen in Rom Zurückgebliebenen, mit einer Unmenge galanter römischer Edelleute, liebelte; sie hatte aus Rom an einen jungen römischen Edelmann, der mit dem Kaiser in England war, einen Brief geschrieben, in dem sie sich beklagte, daß er sie vergessen habe; daß er sich nichts mehr aus ihr mache, sie könne es doch nicht glauben, daß er da drüben ein paar Liebschaften angebändelt habe, irgendein kleiner Zieraffe hätte ihn wohl in den Netzen seiner Schönheit gefangen. Dieser Brief fiel durch Zufall Hadrian in die Hände, und als jener Edelmann ein paar Tage später den Kaiser unter dem Vorwand um Urlaub bat, häusliche Angelegenheiten ordnen und rasch nach Rom gehen zu wollen, sagte Hadrian scherzend zu ihm: »Na, junger Mann, geht nur dreist, denn meine Frau, die Kaiserin, erwartet Euch voller Sehnsucht.« Als dies der Römer vernahm und merkte, daß der Kaiser das Geheimnis entdeckt habe und ihm darum übel mitspielen könne, entrann er in der Nacht darauf ohne Abschied und entfloh nach Irland.

Er brauchte deswegen keine große Angst zu haben; der Kaiser war jederzeit von den Liebesausschweifungen seiner Frau unterrichtet und sagte selbst häufig: »Gewiß, wenn ich nicht Kaiser wäre, hätte ich mich meiner Frau bald entledigt, aber ich will kein schlechtes Beispiel geben.« Er wollte damit sagen, daß den Großen nichts daran liegt, wenn sie in dieser Lage sind, wenn es nur nicht ruchbar wird. Was für eine Maxime aber ist das für die Großen! Manche darunter haben danach gehandelt, aber nicht aus solchen Gründen! So leistete dieser Kaiser den artigsten Beistand, sich zum Hahnrei zu machen.

Faustina, die Frau des guten Marc Aurel, war eine tüchtige Hure; man riet ihm, sie davonzujagen, und er antwortete: »Wenn wir sie aufgeben, müssen wir auch ihr Leibgeding aufgeben, das Imperium.« Und wer möchte für einen solchen Schatz, und wenn er noch geringer wäre, nicht auch Hahnrei sein?

Sein Sohn Antonius Verus, genannt Commodus, sagte, obwohl er sehr grausam war, das gleiche zu jenen, die ihm rieten, seine Mutter, die besagte Faustina, umzubringen; sie war so toll verliebt und hitzig hinter einem Gladiator her, daß ihr diese Geilheit nie auszutreiben war, bis man endlich den Gladiator umbringen und sie sein Blut trinken ließ.

Eine Menge Ehemänner haben es so gemacht und machen es so wie jener gute Marc Aurel; sie fürchten sich davor, ihre liederlichen Frauen umzubringen, weil sie fürchten, die großen Besitztümer zu verlieren, die ihre Mitgift war; sie wollen lieber reiche Hahnreie sein als arme Teufel.

Mein Gott! Wie viele Hahnreie kannte ich doch, die unaufhörlich ihre Verwandten und ihre Freunde einluden, ihre Frauen zu besuchen, und sogar Feste veranstalteten, um sie besser herbeizuziehen; waren sie dort, ließen sie sie allein in ihren Kammern, Kabinetten, entfernten sich und sagten zu ihnen: »Ich lasse meine Frau in Eurer Obhut.«

Ich kannte einen Herrn von da und da, von dem meinte man, es bildete sein ganzes Glück und seine ganze Befriedigung, Hahnrei zu sein; er bemühte sich, die Gelegenheiten dazu ausfindig zu machen, und fing immer gleich an: »Meine Frau ist in Euch verliebt! Liebt Ihr sie ebensosehr wie sie Euch?« Und wenn er seine Frau mit ihrem Anbeter beisammen sah, führte er sehr häufig die Gesellschaft aus dem Zimmer, um spazierenzugehn, indem er sie beieinander ließ und ihnen gute Muße gab, ihre Liebelei zu betreiben. Und wenn er zufällig wieder rasch ins Zimmer zurückkehren mußte, schrie er schon am Fuß der Treppe, fragte nach jemand, räusperte sich, hustete, damit er die Liebesleute nicht auf der Tat ertappe; denn selbstverständlich ist dieser Anblick und diese Überraschung, auch wenn man sie weiß und ahnt, beiden Teilen wenig erfreulich. Dieser

Herr ließ auch eines Tages ein schönes Haus bauen, und als ihn der Maurermeister fragte, ob er es nicht mit einem Kranzgesims (corniche) verzieren wolle, antwortete er: »Ich weiß nicht, was Hörner sind (cornices); fragt meine Frau, die weiß es und kennt sich in der Geometrie aus; was sie sagt, das macht.«

Weit schlimmer hatte es ein andrer; als er eines Tages eins seiner Grundstücke an einen andern für 50000 Taler verkaufte, bekam er dafür 45000 Taler in Gold und Silber, für die fünf übrigen die Zinke eines Einhorns. Darüber entstand bei den Eingeweihten ein großes Gelächter: »Wie wenn er«, sagten sie, »nicht schon genug Hörner zu Hause hätte, daß er sich auch das noch zulegt.«

Ich kannte einen sehr großen, wackern und tapfern Herrn, der zu einem ehrbaren Edelmann, als er seine Aufwartung machte, unter Lachen sagte: »Herr Soundso, ich weiß nicht, was Ihr mit meiner Frau gemacht habt, aber sie ist so verliebt in Euch, daß sie mir Tag und Nacht bloß von Euch spricht und mir unaufhörlich Euer Lob singt. Ich gebe ihr jedesmal zur Antwort, daß ich Euch viel früher kannte als sie und von Eurer Tüchtigkeit und Euren großen Verdiensten unterrichtet bin.« Wer war erstaunt? Der Edelmann, denn er hatte die Dame soeben am Arm zur Vesper geführt, die auch die Königin besuchte. Trotzdem gewann er seine Sicherheit sofort wieder und sagte: »Mein Herr, ich bin der ergebenste Diener Eurer Frau Gemahlin und ihr für die gute Meinung, die sie von mir hat, sehr verbunden, ich ehre sie sehr; aber verliebt bin ich nicht in sie«, sagte er schalkhaft; »ich mache ihr vielmehr den Hof auf den guten Rat hin, den Ihr mir kürzlich gabt, weil sie bei meiner Herrin viel vermag und ich sie durch ihre Vermittelung heiraten kann; daher hoffe ich, daß sie mir dabei behilflich sein wird.«

Der Prinz lachte nur dazu und ermahnte den Edelmann, seiner Frau mehr als bisher den Hof zu machen; der tat es denn sehr erfreut unter dem Vorwand, einer so schönen Dame und Prinzessin zu dienen; sie brachte ihn rasch dazu, die andre Geliebte, die er heiraten wollte, zu vergessen, und er brauchte sich auch kaum Sorge zu machen, da der Vorwand alles bemäntelte. Dennoch konnte er es nicht vermeiden, daß der Prinz eines Tages eifersüchtig wurde, als er sah, daß der Edelmann im Zimmer der Königin ein blaßrotes spanisches Band trug, das bei Hof das neueste war; nachdem er es berührt und befühlt hatte, während er mit ihm plauderte, suchte er seine Frau auf, die in der Nähe des Bettes der Königin stand; sie trug ein ganz gleiches, er berührte und befühlte es ebenso und fand, daß es ganz dem andern glich und vom gleichen Stück war. Er ließ sich aber niemals etwas davon merken, und es geschah nichts weiter. Bei solchen Liebschaften muß man das Feuer mit der Asche der Verschwiegenheit und der guten Meinungen bedecken, damit es sich nicht verraten kann; denn sehr häufig erzürnt ein öffentlicher Skandal die Ehemänner mehr gegen ihre Frauen, als wenn sich alles im geheimen vollzieht nach dem Sprichwort: ›Wenn schon unkeusch, dann wenigstens im Verborgenen.‹

Was für Skandale und Übelstände habe ich doch aus den Indiskretionen sowohl der Damen wie ihrer Liebhaber kommen sehn! Ihre Männer kümmerten sich nicht im geringsten darum, wofern sie nur ihre Sache im geheimen machten, wie man sagt, und es nicht verbreitet wurde.

Ich kannte eine, die ihre Liebe und ihre Gunstbeweise so plötzlich offenbar machte, daß sie abreiste, als hätte sie keinen Gemahl gehabt und als unterstünde sie keiner Macht; auf den Rat ihrer Freunde und Diener, die ihr die daraus entspringenden Unannehmlichkeiten vorstellten, hörte sie nicht; es ist ihr auch sehr schlecht bekommen.

Diese Dame hat es nie so gemacht wie verschiedene andere; diese taten sich an der Liebe gütlich und bereiteten sich die schönsten Stunden, ohne der Welt davon bedeutend Kenntnis zu geben, außer irgendeinem leichten Verdacht, der auch den Scharfsinnigsten nicht die Wahrheit enthüllte; denn sie verhielten sich mit ihren Liebhabern vor der Welt so korrekt, unterhielten sich mit ihnen so gewandt, daß weder ihre Männer noch deren Spione an ihrem Leben etwas zu kritisieren fanden. Gingen ihre Liebhaber auf irgendeine Reise oder starben sie, so verbargen und verdeckten sie ihren Schmerz so klug, daß nichts daraus zu erkennen war.

Ich kannte eine schöne und ehrbare Dame, die am Tage, an dem ihr Liebhaber, ein großer Herr, starb, mit ebenso fröhlichem und lachendem Gesicht im Zimmer der Königin erschien wie am Tag vorher. Manche achteten sie um dieser Verschwiegenheit willen, und weil sie es aus Furcht machte, den König zu ärgern und zu erzürnen, der den Heimgegangenen nicht liebte. Andere tadelten sie und legten ihr Verhalten als Lieblosigkeit aus und sagten, echte Liebe könne sie kaum empfinden, genau wie alle jene, die sich diesem Leben überlassen.

Ich kannte zwei schöne ehrbare Damen, die ihre Liebhaber im Kriege verloren und darum lauten Jammer und Klage aufschlugen; sie gaben ihre Trauer an ihren braunen Kleidern kund, mehr noch an Weihwasserkesseln, an goldenen gravierten Weihwedeln, an Totenköpfen und Todestrophäen jeder Gattung auf ihren Flittern, Juwelen und Armbändern; sie gaben damit argen Anstoß, und es schadete ihnen sehr; ihre Männer kümmerten sich nicht darum.

Solcherart tragen diese Damen ihre Liebe offen zur Schau, man muß sie indessen wegen ihrer Beständigkeit loben und preisen, nicht wegen ihrer Verschwiegenheit; denn das bekommt ihnen sehr übel. Sind solche Damen tadelnswert, so verdienen auch viele ihrer Liebhaber einen Verweis ebensosehr wie sie; denn sie gebärden sich wie eine Ziege im Wochenbett und seufzen; sie heften ihre Augen auf sie und schmachten sie mit ihren Blicken an; sie legen ein leidenschaftliches Gebaren an den Tag, schmücken sich ganz offenkundig mit den Farben ihrer Damen; kurz, sie begehen so viel dumme Indiskretionen, daß es die Blinden bemerken müßten; das machten sie, ob es nun wahr war oder nicht, um einem ganzen Hof zu verstehen zu geben, daß sie in etwas Feines verliebt sind und Glück haben. Und Gott weiß! es ist möglich, man gäbe ihnen keinen Heller zum Almosen, und ginge einem auch der Lohn der Barmherzigkeit verloren.

Ich kannte einen Edelmann und Herrn, der es der Welt kundmachen wollte, daß er sich in eine schöne und ehrbare Dame, die ich kenne, verliebt hatte; er ließ eines Tages sein kleines Maultier mit zwei seiner Lakaien und Pagen vor ihrer Türe halten. Zufällig kamen Herr von Strozzi und ich vorbei und sahen dieses Maulesel-Pagen-Lakaien-Mysterium. Er fragte sie rasch, wo ihr Herr wäre; sie antworteten: »In der Wohnung dieser Dame.« Darauf begann Herr von Strozzi zu lachen und sagte mir, er verwette sein Leben, er sei nicht drin. Rasch stellte er seinen Pagen als Schildwache auf, um zu beobachten, ob der falsche Liebhaber herauskäme; von hier gingen wir schnell ins Zimmer der Königin, wo wir ihn zu unserer größten Belustigung fanden. Am Abend gesellten wir uns zu ihm, stellten uns, als neckten wir ihn, und fragten ihn, wo er zu der und der Stunde am Nachmittag gewesen wäre, er könne sich nicht reinwaschen, denn wir hätten das Maultier und seine Pagen vor der Tür jener Dame gesehen. Er stellte sich, als ärgere es ihn, daß wir dies gesehen hätten, und als wir ihn damit neckten, daß er so vorzüglich verliebt sei, gestand er uns wahrhaftig, daß er dort war; er bat uns aber, nichts davon merken zu lassen, sonst brächten wir ihn und jene arme Dame in Verlegenheit, und sie würde dann arge Unannehmlichkeiten haben und von ihrem Manne übel angesehen werden; wir versprachen ihm, indem wir aus vollem Halse lachten und uns über ihn amüsierten, obgleich er ein ziemlich großer und angesehener Herr war, nie darüber zu reden und kein Wort darüber aus unserem Mund zu verlieren. Als er aber nach einigen Tagen dieses falsche Spiel mit seinem Maultier gar zu oft wiederholte, deckten wir seine Gaunerei auf und warfen sie ihm mit Absicht und unter guten Kameraden vor; aus Scham darüber ließ er ab, denn durch uns erfuhr es die Dame, die eines Tags dem Maultier und den Pagen auflauern und sie wie Bettler von ihrer Tür wegjagen ließ. Wir machten es noch besser, denn wir sagten es ihrem Gatten und erzählten ihm die Geschichte auf so lustige Weise, daß er sie gut fand und selbst behaglich darüber lachte; er sagte, er habe keine Furcht, daß dieser Mensch ihn je zum Hahnrei mache; und wenn sich das besagte Maultier und die Pagen vor der Tür nicht behaglich fühlten, würde er sie ihnen öffnen und sie eintreten lassen, damit sie sich geschützter und bequemer aufstellen könnten und sich vor Hitze oder Kälte oder vor dem Regen schützten. Andere machten ihn jedoch sehr zum Hahnrei. So wollte sich jener gute Herr auf Kosten einer ehrbaren Dame überheben, ohne Scheu vor einem Skandal.

Ich kannte einen Edelmann, der durch seine Machenschaften eine sehr schöne und ehrbare Dame ins Verderben brachte; er war eine Zeitlang sehr in sie verliebt und bedrängte sie, jenen guten kleinen Bissen zu bekommen, der dem Munde des Gemahls vorbehalten ist; sie verweigerte es ihm aber; nach mehreren Weigerungen sagte er zu ihr gleichsam verzweifelt: »Nun gut! Ihr wollt es nicht, und ich schwöre Euch, ich werde Eure Ehre vernichten.« Um das zu bewerkstelligen, machte er in dem Hause, wo sie wohnte, häufig heimliche Besuche, die indessen nicht so geheim waren, daß er sich nicht verschiedenen bei seinem Kommen und Gehen absichtlich zeigte; er fand Mittel, sich Tag und Nacht in ihrem Hause bemerkbar zu machen; unter der Hand rühmte er dann sein vorgetäuschtes Glück, brüstete sich damit und suchte die Dame vor aller Welt mit mehr Vertraulichkeit, als er dazu wirklich berechtigt war, wie er auch unter seinen Genossen fälschlich den Galan spielte, während es gar nicht wahr war; ja, eines Abends kam er sogar sehr spät ganz eingehüllt in seinen Mantel in die Kammer jener Dame und verbarg sich vor den Hausbewohnern; nachdem er verschiedene solche Streiche gespielt hatte, schöpfte der Hausmeister Verdacht und ließ ihm auflauern; als er ihn nicht finden konnte, schlug der Gatte trotzdem seine Frau und gab ihr ein paar Ohrfeigen; als ihn aber der Hausmeister noch antrieb und sagte, das sei noch nicht genug, erdolchte er sie, wofür ihn der König seiner lebhaftesten Gnade versicherte. Um die Dame war es sehr schade, denn sie war sehr schön. Der Edelmann, der schuld war, brachte es aber nicht sehr weit, mit dem Willen Gottes wurde er in einem Gefecht getötet, weil er dieser ehrbaren Dame Ehre und Leben so ungerecht genommen hatte.

Um über dieses Beispiel und eine Menge anderer, die ich erlebte, die Wahrheit zu sagen, gibt es Damen, die selbst sehr unrecht haben und die selbst die Ursache ihrer Skandale und ihrer Unehre sind; denn sie führen die Scharmützel selbst herbei und ziehen die Galane an; im Anfang tun sie ihnen schön und nehmen sich allerlei Vertraulichkeiten, Freiheiten heraus, geben ihnen mit ihren süßen Reizen und schönen Worten Hoffnung; wenn es aber gilt, zur Sache zu kommen, widerrufen sie alles, so daß die Männer, die sich doch viel leibliche Wonnen versprechen durften, darüber verzweifeln und zornig werden, sich roh von ihnen verabschieden, sie verunehren und als die größten Huren von der Welt ausschreien; und dabei machen sie die Sache hundertmal schlimmer, als sie ist.

Daher darf sich eine ehrbare Dame niemals einfallen lassen, einen Galan an sich zu locken und sich von ihm bedienen zu lassen, wenn sie ihn nicht zuletzt seiner Würdigkeit und seinen Diensten entsprechend befriedigt. Das muß sie bedenken, wenn sie nicht zugrunde gerichtet sein will, selbst wenn sie mit einem ehrbaren und feinen Mann zu tun hat. Sonst muß sie ihn von Anfang an, wenn er sich ihr nähert und wenn sie sieht, seine ganze Sehnsucht gilt dem Punkt, auf den er seine Wünsche lenkt, wofern sie keine Lust hat, es ihm zu gewähren, schon beim Eintritt in die Wohnung wieder verabschieden; denn um freimütig darüber zu reden: alle Damen, die sich lieben und bedienen lassen, verpflichten sich derartig, daß sie den Zweikampf nicht mehr abschlagen können; sie müssen früher oder später doch dahin kommen, wie lange es auch dauern mag.

Es gibt jedoch Damen, denen es Vergnügen macht, sich für weiter nichts als um ihrer schönen Augen willen den Hof machen zu lassen; sie sagen, sie wünschen umworben zu werden, das sei ihr Glück, weiter gingen sie nicht; sie sagen, sie fänden ihr Vergnügen im Wunsch, nicht in der Erfüllung. Ich traf manche, die es mir sagte; trotz alledem müssen sie ihm Befriedigung gewähren, denn wenn sie sich einmal dazu herbeilassen zu wünschen, müssen sie ohne Zweifel auch zur Erfüllung schreiten; so will es das Gesetz der Liebe; jede Dame müßte so handeln, die es ersehnt, wünscht oder von einem Manne träumt. Wenn der Mann es versteht und die Angreiferin fest verfolgt, wird er Bein und Flügel, Haar und Feder von ihr haben, wie man sagt.

So werden also die armen Ehemänner zu Hahnreien durch die Schuld ihrer Damen, die wohl wünschen, aber nichts ausführen; ohne aber daran zu denken, verbrennen sie sich am Licht oder vielmehr am Feuer, das sie selbst angelegt haben, wie es jene armen einfältigen Schäferinnen machen, die, um sich auf dem Felde beim Hüten ihrer Hammel und Schafe zu wärmen, ein kleines Feuer anzünden, ohne sich dabei etwas Böses zu denken; aber sie geben nicht darauf acht, und dann entzündet dieses kleine Feuer zuweilen ein so großes, daß es ein ganzes Land von Heide und Buschholz verbrennt.

Um weise zu werden, sollten sich diese Damen ein Beispiel an der Gräfin von Escaldasor in Pavia nehmen; Herr von Lescu, der später zum Marschall von Foix ernannt wurde, damals Student in Pavia (man nannte ihn den Protonotar von Foix, weil er der Kirche geweiht war; später aber gab er doch die lange Robe auf und griff nach den Waffen), war verliebt in jene schöne Dame, weil sie damals den Preis der Schönheit über alle Schönen der Lombardei davontrug; sie sah sich umworben, wollte ihn aber nicht auf verletzende Art abweisen und ihn auch nicht verabschieden, denn er war ein naher Verwandter jenes großen Gaston de Foix, des Herrn von Nemours, vor dessen großem Namen damals ganz Italien zitterte. Als einmal zu Pavia ein großes Prunkfest stattfand, zu dem sich alle großen Damen, dazu die schönsten der Stadt und der Umgebung mit den ehrbaren Edelleuten zusammenfanden, erschien die Gräfin schön unter allen anderen, prachtvoll gekleidet in eine Robe von himmelblauem Atlas, die ganz bedeckt und besät war, im Füllstich wie Umrissen, mit Flammen und Schmetterlingen, die darum herumflatterten und sich darin verbrannten; alles in Gold- und Silberstickerei, wie denn auch niemand so schöne Stickereien herstellen konnte wie die guten Sticker von Mailand; sie trug daher auch vor der ganzen Gesellschaft den Preis davon.

Als der Protonotar von Foix sie zum Tanze führte, war er begierig, sie nach der Bedeutung der Sinnbilder auf ihrem Kleide zu fragen, weil er vermutete, es sei ein geheimer Sinn darunter verborgen, der ihm mißfallen könne. Sie antwortete ihm: »Mein Herr, ich habe mir mein Kleid so machen lassen, wie es die Gendarmen und Reiter mit ihren zänkischen und fehlerhaften Pferden machen, die stampfen und hinten ausschlagen; sie setzen ihnen eine große silberne Klingel auf die Kruppe, damit durch dieses Signal den anderen, wenn sie sich in Gesellschaft und in einem Haufen befinden, bekannt wird, sich vor diesem bösen Pferd, das ausschlägt und von dem sie nicht getroffen sein wollen, in acht zu nehmen. Ähnlich warne ich mit den flatternden Schmetterlingen, die sich in den Flammen verbrennen, die ehrbaren Leute, die so gütig sind, mich zu lieben und meine Schönheit zu bewundern, mir nicht allzu nahe zu kommen und auch nichts anderes mehr zu wünschen als den Anblick; sie gewinnen dabei nichts, genau wie die Schmetterlinge, sie verlangen nur und verbrennen und haben weiter nichts davon.« Diese Geschichte steht in den Gesprächen des Paolo Jovio. Auf diese Weise gab die Dame ihrem Anbeter zu verstehen, sich rechtzeitig in acht zu nehmen. Ich weiß nicht, ob er sich ihr noch mehr näherte oder wie er es machte; er bat aber trotzdem, als er in der Schlacht von Pavia auf den Tod verwundet und gefangengenommen worden war, zu dieser Gräfin in ihre Wohnung nach Pavia gebracht zu werden, wo er von ihr sehr gut aufgenommen und gepflegt wurde. Nach drei Tagen starb er, zur großen Betrübnis der Dame; so hörte ich es Herrn von Montluc erzählen, als wir einmal im Laufgraben vor La Rochelle lagen, zu nächtlicher Stunde, als er plauderte und ich ihm von jenen Symbolen erzählte; er versicherte mir, er habe die überaus schöne Gräfin gesehen, sie liebte besagten Marschall sehr, und er wurde auf höchst ehrenvolle Weise von ihr gepflegt; übrigens wußte er nicht, ob sie ein anderes Mal noch weitergegangen waren. Dieses Beispiel dürfte im Hinblick auf verschiedentliche Damen, die ich anführte, genügen.

Nun gibt es noch Hahnreie, die sind so gutmütig, daß sie ihren Frauen durch gute und fromme Leute Vorhaltungen machen und sie zur Besserung und Bekehrung ermahnen lassen; dann heucheln sie Tränen und heucheln Worte, sie tun große Gelübde und versprechen goldene Berge an Reue, es niemals wieder zu tun; aber ihr Eid hält nicht lange vor, denn die Gelübde und Tränen solcher Damen sind nicht mehr wert als die Schwüre und Ableugnungen Verliebter, wie ich deren gesehen habe. Ich kannte eine große Dame, der ein großer Fürst, ihr Souverän, den Schabernack spielte, einen Franziskaner anzustellen, der ihren seines Amtes halber in einer Provinz weilenden Gemahl aufsuchen sollte, als käme er selbst vom Hofe her, um ihn von den tollen Liebschaften seiner Frau zu benachrichtigen und von dem bösen Gerücht, das über das ihm von ihr zugefügte Unrecht in Umlauf wäre; er solle sie an die Pflichten ihres Standes und Alleinseins rechtzeitig erinnern und die sündige Seele wieder zur Ordnung rufen. Der Gatte war über solche Botschaft und solch süßen Liebesdienst sehr verblüfft; er bedankte sich jedoch nur dafür und gab ihm Hoffnung, dafür Sorge tragen zu wollen; aber er behandelte darum seine Frau nach seiner Rückkehr nicht schlechter; denn was hätte er dabei gewonnen? Wenn sich eine Frau einmal auf diese Bahn begeben hat, läßt sie sich nicht mehr davon abbringen; genau wie ein Postgaul, der sich so sehr an den Galopp gewöhnt hat, daß er ihn nicht mit einer andern Gangart tauschen könnte.

Ach, wieviel ehrbare Damen hat man schon gekannt, die auf der Tat ertappt, gescholten, geschlagen wurden; man überredete und ermahnte sie, mit Gewalt wie mit Milde, es nie wieder zu tun; sie versprechen es, schwören und beteuern, keusch zu werden, und dann handeln sie nach dem Sprichwort: ›Wenn die Gefahr vorbei ist, lacht man den Heiligen aus‹ und kehren toller denn vorher in den Liebeskrieg zurück; man kennt sogar verschiedene, die, irgendeinen nagenden Wurm in der Seele spürend, von selbst die heiligsten und feierlichsten Gelübde leisteten, sie aber nicht hielten, sondern bereuten, reumütig zu sein, wie Herr du Bellay von den reumütigen Kurtisanen sagt. Solche Frauen versichern, es sei sehr schwer, eine so süße Gewohnheit für nun und immerdar von sich abzutun, da sie ja doch nur so kurze Zeit auf der Welt seien.

Ich verweise dabei gern auch auf ein paar schöne Mädchen, die jung bereuend den Schleier nahmen und ins Kloster gingen, und auf das, was sie antworteten, wenn man sie auf Glauben und Gewissen fragte, und wie sehr sie oft wünschten, ihre hohen Mauern würden niedergeworfen, damit sie entfliehen könnten.

Daher sollten die Ehemänner, wenn ihre Frauen den ersten Fehltritt gegen ihre Ehre begangen haben, auf nichts anderes sinnen, um sie zu bändigen, als ihnen die Zügel zu lockern, und nur anempfehlen, verschwiegen zu sein und jeden Skandal zu vermeiden. Denn alle Heilmittel der Liebe, die Ovid je gelehrt hat, und eine Unmenge noch feinere, die später erfunden wurden, oder sogar die erprobten von Meister François Rabelais, die er dem ehrwürdigen Panurg lehrte, sie würden zu nichts nütze sein; am allerbesten wär's, man verfährt nach dem Refrain eines alten Lieds, das aus der Zeit König Franz' I. stammt und ausgeht:

> Qui voudroit garder qu'une femme
> N'aille du tout à l'abandon
> Il faudroit la fermer dans une pipe
> Et en jouir par le bondon.
>
> Wer sich davor bewahren will,
> Daß sich seine Frau preisgibt,
> Der sperre sie in eine Pfeife ein
> Und rauche sie durchs Mundstück.

Zur Zeit König Heinrichs brachte ein gewisser Kurzwarenhändler ein Dutzend Keuschheitsgürtel auf die Messe von St-Germain, mit denen den Frauen das Geschlechtsteil beklammert werden konnte; sie waren aus Eisen gefertigt, ließen sich von unten anlegen und mit einem Schlüssel schließen; sie waren so fein gearbeitet, daß es der einmal damit gefesselten Frau nicht möglich war, sich damit die süße Lust zu verschaffen, da nur ein paar ganz kleine enge Löcher für den Harn vorhanden waren.

Man sagt, etwa fünf oder sechs eifersüchtige böse Ehemänner kauften sie und schlössen ihre Frauen damit so zu, daß sie wohl sagen konnten: »Adieu, gute Zeit.« Dennoch sann eine dieser Frauen darauf, sich an einen in seiner Kunst sehr geschickten Schlosser heranzumachen, sie zeigte ihm die besagte Maschine und sonst alles, und als ihr Gemahl ins Feld gerückt war, verlegte er sich so darauf, daß er ihr einen Nachschlüssel schmiedete, womit die Dame jederzeit öffnete und schloß, wann sie nur wollte. Der Gemahl erfuhr das niemals, sie aber weidete ihre Seele an dem schönen Vergnügen, trotz des Tropfes, des eifersüchtigen Hahnrei von Gemahl, der vermeinte, niemals drohe ihm die Hahnreischaft. Aber der schlimme Schlosser, der den Nachschlüssel machte, verdarb alles; nach dem, was man sagt, tat er freilich am besten, denn er war der erste, der davon kostete und ihn zum Bocke machte; es war auch keine Gefahr dabei, denn Venus, die schönste Frau und Hure von der Welt, hatte den Schmied und Schlosser Vulkan zum Gemahl, einen sehr gemeinen, schmutzigen, hinkenden überaus häßlichen Kerl. Man sagte weiter: viel feine ehrbare Edelleute am Hofe bedrohten den Eisenhändler dermaßen, daß sie ihn töten wollten, wenn er sich je wieder mit solchen Ausbesserungen befasse und mit den anderen wiederkäme, die er sich noch zurückbehalten hätte; das tat er; dann wurde nicht mehr davon geredet. Es war auch gut so, denn das genügte, um die halbe Welt zugrunde zu richten, weil sie nicht bevölkert werden könnte, da solche Schlösser, Fesselungen und Verschlüsse, diese abscheulichen und scheußlichen Feinde der menschlichen Vermehrung, es hindern.

Es gibt welche, die ihre Frauen Eunuchen in Obhut geben, was vom Kaiser Alexander Severus streng verboten wurde, indem er ihnen den strengsten Befehl gab, niemals mit den römischen Damen zu verkehren; sie wurden aber dabei erwischt; nicht, daß sie zeugten und die Frauen schwängerten, aber sie bekamen von ihnen Stimmungen und Vorahnungen leichter Lüste, Annäherungen sozusagen an das große Vollkommene: Darum bekümmern sich manche Männer freilich nicht und sagten, ihr Hauptschmerz über den Ehebruch ihrer Frauen käme nicht daher, daß sie es sich machen ließen, sondern ihr höchster Ärger sei, Wesen, die sie nicht gemacht hätten, als Kinder ernähren, aufziehen und behalten zu müssen. Denn ohne das wäre es ihre geringste Sorge; so kannte ich verschiedene, die sich ganz und gar nicht darum kümmerten, wenn sich nur die Erzeuger gutmütig und gefällig fanden, ihren Frauen eine gute Rente zu geben und sie zu unterhalten; ja sie rieten ihren Frauen, sie um eine Pension zu bitten, damit sie das Kleine, das sie ihnen gemacht hatten, nährten und unterhielten. So hörte ich von einer großen Dame erzählen, die Villeconnin erzeugte, ein Kind König Franz' I. Sie bat ihn, ihr vor seinem Tode für das Kind, das er ihr gemacht habe, etwas Vermögen zu geben oder anzuweisen, was er auch tat. Er wies ihm 200000 Taler bei der Bank an, die sich für ihn verzinsten und immer in den Interessen summierten, von einem Wechselkurs zum andern, so daß er, groß geworden, so großartige Ausgaben machte, einen so bedeutenden Aufwand trieb und verschwenderisch lebte, daß ein jeder darüber staunte; man vermutete, er besäße irgendeine Dame, von der man keine Ahnung hätte; an seine Mutter glaubte man keineswegs; aber da er mit ihr hauste, urteilte jeder, der große Aufwand, den er mache, rühre von ihrem Besitz her; dennoch war das Gegenteil wahr, denn sie war seine Mutter; das wußten aber nur wenige, da man seine Abstammung und Zeugung nicht kannte. Letzteres enthüllte sich erst, als er in Konstantinopel starb und sein Heimfall, als der eines Bastards, dem Herrn von Retz verliehen wurde, der so schlau war, sehr zu seinem Nutzen die gute Beute zu entdecken; er legte seine Hand darauf, stellte die so lange verborgene Bastardschaft fest und empfing das Heimfallsgeschenk vorweg vor Herrn von Teligny, der von dem besagten Villeconnin zum Erben bestimmt gewesen war.

Indessen sagten andere, die Dame hätte das Kind von einem andern gehabt als vom König; dieser Reichtum sei also ihr Eigentum gewesen; aber Herr von Retz forschte so lange bei den Banken nach, bis er das Geld und die Verschreibung des Königs Franz fand; einige redeten auch von einem andern Fürsten, der nicht so groß war wie der König, oder von einem noch Geringeren; um aber alles zu decken und das Kind sicherzustellen, war es nicht schlecht, alles auf die Majestät zu schieben, wie man's an anderen auch erlebt hat.

Ich glaube, es gibt überall auf der Welt und auch in Frankreich solche Frauen; wenn sie glauben dürften, um solchen Preis Kinder zu erzeugen, so könnten die Könige und die Großen ihnen leicht auf den Bauch steigen; aber sehr oft lassen sie sich besteigen und bekommen keine großen Bissen dafür; werden vielmehr sehr darum betrogen, denn so Großen geben sie sich nur hin, um das Galardón zu bekommen, wie der Spanier sagt.

Über diese angeblichen und zweifelhaften Kinder ist eine sehr schöne Frage aufzuwerfen, nämlich: ob sie die väterlichen und mütterlichen Güter erben dürfen und ob es eine große Sünde von den Frauen ist, sie erben zu lassen; die Frau müsse es dem Gemahl enthüllen und die Wahrheit sagen. So meint der Herr Professor Schlaukopf. Aber diese Ansicht ist nicht gut, sagen andere, weil die Frau in diesem Fall sich selbst beschimpfen würde, und dazu ist sie nicht verpflichtet; denn der gute Name ist ein größeres Gut als die zeitlichen Güter, sagt Salomo.

Es ist also besser, das Kind bekommt das Vermögen, als daß der gute Name verdorben wird; denn, wie ein Sprichwort sagt: ›Ein guter Ruf ist mehr wert als ein goldener Gürtel.‹ Hieraus leiten die Theologen eine Maxime ab, die lautet: Wenn zwei Vorschriften und Gebote uns Pflichten auferlegen, so muß die schwächere der stärkeren weichen. Nun steht das Gebot, seinen guten Ruf zu bewahren, höher als jenes, das empfiehlt, das Gut anderer zurückzuerstatten; es muß also jenem wohl vorgezogen werden.

Weiter, wenn die Frau es ihrem Gatten entdeckt, so bringt sie sich in Gefahr, von ihm selbst getötet zu werden; es ist aber streng verboten, sich dem Tode in den Rachen zu werfen; genau wie es einer Frau verboten ist, sich zu töten, wenn sie Angst hat, vergewaltigt zu werden, oder nachdem sie vergewaltigt worden ist; sonst beginge sie eine Todsünde. Es ist sogar besser, sich vergewaltigen zu lassen, wenn man sich durch Fliehen oder Schreien nicht helfen kann, als daß man sich selbst tötet; denn die leibliche Schändung ist keine Sünde, außer wenn sie im Geiste mitgewollt wird. So antwortete die heilige Lucia dem Tyrannen, der ihr damit drohte, sie ins Bordell bringen zu lassen: »Wenn Ihr mich vergewaltigen laßt, wird meine Keuschheit zwiefach gekrönt werden.«

Aus diesem Grunde hat Lukretia bei manchen Achtung gefunden. Freilich wurden die heilige Sabina und die heilige Sophoniena mit anderen christlichen Jungfrauen, die sich das Leben nahmen, um nicht in die Hände der Barbaren zu fallen, von unseren Kirchenvätern und Gelehrten für schuldlos erklärt, die sagten, sie seien irgendwie vom Heiligen Geist getrieben worden; in demselben Heiligen Geist legte ein erst jüngst Christin gewordenes zypriotisches Fräulein, als sie nach der Belagerung von Zypern mit mehreren anderen ähnlichen Damen als Beute der Türken weggeschleppt wurde, heimlich Feuer an das Pulver der Galeere, so daß in einem Augenblick alles in Flammen aufging und mit ihr verzehrt wurde, wobei sie sprach: »Wolle Gott nicht mehr, daß unser Leib von diesen gemeinen Türken und Sarazenen befleckt und entweiht werde!« Und Gott weiß, vielleicht war er schon geschändet, und sie wollte es also vergelten; oder ihr Herr hatte sie nicht berühren wollen, um mehr Geld aus ihr herauszuschlagen, indem er sie als Jungfrau verkaufte, wie man in jenen Ländern, wie auch in allen anderen, nach einem unberührten Bissen besonders lüstern ist.

Um nun wieder auf die Leibwache jener armen Frauen

zurückzukommen, so begehen, wie ich schon sagte, die Eunuchen dennoch mit ihnen Ehebruch und machen ihre Gatten zu Hahnreien, immer abgesehen von der Zeugung.

Ich kannte zwei französische Frauen, die sich dazu hergaben, zwei kastrierte Edelleute zu lieben, um nicht schwanger zu werden; trotzdem hatten sie davon Vergnügen und gaben kein Ärgernis. Aber in der Türkei und Berberei gibt es so eifersüchtige Ehemänner, die, von diesem Betrug in Kenntnis gesetzt, ihre armen Sklaven ganz und gar kastrieren und sie glatt abschneiden lassen. Wie Kenner der Türkei sagen und schreiben, kommen von zwölfen, an denen sie die Grausamkeit ausüben, bloß zwei davon, ohne zu sterben; wer davonkommt, den lieben und verehren sie als wahren, sichern und keuschen Hüter ihrer Frauen und als Bürgen ihrer Ehre.

Wir Christen üben diese gemeinen und allzu schauderhaften Grausamkeiten nicht; aber an Stelle jener Beschnittenen geben wir den Frauen sechzigjährige Greise zur Wache, wie es in Spanien und selbst am Hofe der Königinnen geschieht, wo ich sie als Hüter der Töchter, ihres Hofes und ihres Gefolges sah. Aber weiß Gott! es gibt Greise, die Mädchen und Frauen hundertmal mehr verderben können als Jünglinge; die hundertmal brünstiger, erfinderischer und geschickter darin sind, sie zu gewinnen und zu verführen.

Ich glaube, solche Hüter sind, wenn sie auch an Haupt und Kinn weiße Haare tragen, nicht sicherer als junge; ebensowenig sind es aber auch die alten Frauen; so führte einmal eine alte spanische Hofmeisterin ihre Mädchen durch einen großen Saal, an dessen Wände natürliche männliche Glieder sehr groß und übermenschlich gemalt waren, und sagte: »Seht, wie deutlich diese Männer gemalt sind, als ob man sie nicht kennte.« Die Mädchen wandten sich zu ihr und nahmen ihre Belehrung entgegen, eine ausgenommen, die ich kannte, die sich dumm stellte und eine ihrer Gefährtinnen fragte, was für Vögel das wären; denn es waren ein paar darunter mit Flügeln bemalt. Sie bekam zur Antwort, das seien Vögel aus der Berberei, und die natürlichen seien noch schöner als die gemalten. Und Gott weiß, ob sie deren nie gesehen hatte; aber sie stellte sich wenigstens so.

Viele Ehemänner täuschen sich sehr oft über diese Bewachung; sie meinen, wofern ihre Frauen nur in den Händen von Alten seien, die von den Mädchen mit dem Ehrennamen Mutter genannt werden, so stünde ihr Schoß in bester Hut; gerade aber, wenn sie in dieser Hut sind, ist nichts leichter, als sie zu verführen und zu gewinnen; denn bei der habsüchtigen Natur, die ihnen innewohnt, nehmen sie mit allen Händen, um ihre Schutzbefohlenen zu verkaufen.

Andere wieder können nicht immer über jene jungen Frauen wachen, die stets Gehirnschmalz haben, und besonders, wenn sie verliebt sind; die meiste Zeit schlafen sie in einem Winkel am Kamin, und in ihrer Gegenwart werden die Hahnreie gehämmert, ohne daß sie darauf achtgäben oder etwas davon innewürden.

Ich kannte eine Dame, die es einmal in Gegenwart ihrer Gouvernante machte, und zwar so behutsam, daß diese es nie gewahr wurde. Eine andere machte es ebenso in Gegenwart ihres Gemahls, sozusagen vor seinen Augen, während er Karten spielte.

Andere alte Weiber haben schwache Beine; sie können ihren Damen nicht im schnellen Trab folgen; bevor sie ans Ende einer Allee oder eines Gehölzes oder in ein Kabinett kommen, haben ihre Damen die Sache schon weg, ohne daß sie es bei ihrer Kurzsichtigkeit oder ihrer Beinschwäche merkten oder etwas sahen. Noch andere alte Weiber und Hofmeisterinnen, die das Metier praktizierten, haben nun Mitleid, wenn sie die Jungen fasten sehen, und sind so gutmütig, ihnen von selbst den Weg zu bahnen, ihnen zuzureden und nach Kräften beizustehen. Auch sagte Aretino: Das größte Vergnügen einer Dame, die das durchgemacht hat, und ihre allergrößte Befriedigung bestände darin, andere Damen ebenso hineinzubringen.

Wenn man also einen guten Liebeswächter haben will, dann wende man sich lieber an eine alte Kupplerin als an eine junge Frau. Auch weiß ich von einem sehr feinen Manne, daß es ihm kein Vergnügen machte und daß er es seiner Frau ausdrücklich verbot, mit alten Weibern je Umgang zu haben, weil sie zu gefährlich seien; mit jungen Frauen könne sie verkehren, soviel sie wolle; dazu brachte er viele gute Gründe bei, die ich besseren Rednern zu besprechen überlasse.

Daher vertraute ein vornehmer Herr von da und da, den ich kannte, seine Frau, auf die er eifersüchtig war, einer seiner Basen an, einem Mädchen zwar, um sie zu überwachen; das besorgte sie sehr gut, wenn sie es auch ihrerseits zur Hälfte mit dem Naturell des Ortolanhundes machte, der nie von dem Kohl aus seines Herrn Garten frißt und auch die anderen nicht davon fressen lassen will; diese aber ließ es sich schmecken und wollte ihre Cousine nicht davon kosten lassen: das heißt, die andere bekam indessen immer einmal einen Stoß unter den Rock weg, den sie nicht gewahr wurde, so schlau sie auch war, oder sie stellte sich so, als merke sie ihn nicht.

Ich könnte noch eine Unmenge von Gegenmitteln anführen, deren sich die armen eifersüchtigen Hahnreie bedienen, um ihre Frauen zu fesseln, anzubinden und kurzzuhalten, damit sie den Sprung nicht machen; aber es nützt ihnen nichts, all diese alten Mittel anzuwenden, von denen sie haben reden hören, und neue auszudenken, das ist verlorene Mühe. Wenn die Frauen einmal den nagenden Wurm der Verliebtheit im Schädel haben, schicken sie ihre Gatten jederzeit zu Guillot dem Träumer; ich hoffe darüber in einem Kapitel zu reden,* das ich halb fertig habe, nämlich über die Schlauheiten und Hinterlisten der Frauen in diesem Punkt, die ich mit den Kriegslisten und militärischen Listen der Soldaten vergleiche. Das schönste Gegenmittel aber, die sicherste und freundlichste Bewachung, die der eifersüchtige Gatte seiner Frau geben kann, besteht darin, sie ganz nach ihrem Gutdünken gehen zu lassen, wie ich einen verheirateten Ehrenmann sagen hörte,

* Brantôme hat dieses Kapitel später nicht geschrieben.

das Naturell der Frau sei, je mehr man ihr etwas verbiete, desto mehr begehre sie es, und besonders in der Liebe, wo man durch das Verbot den Appetit mehr reize, als wenn man ihm seinen Lauf läßt.

Noch eine andere Gattung Hahnreie kommt indes in Frage; ich meine diese: Wenn jemand eine Frau während des Lebens ihres Hahnreigatten mit voller Lust genossen hat und es stirbt der Gemahl, und jener, ihr Liebhaber, heiratet nachher die Frau Witwe, indem er sie also in zweiter Ehe nimmt, so gebührt ihm der Name und Titel eines Hahnreis, wie ich verschiedene, auch Große, kannte und von ihnen hörte. Es sagen manche, er könne in diesem Fall kein Hahnrei sein, da er selbst die Arbeit verrichtet und kein anderer ihn zum Hahnrei gemacht habe als er selber und weil seine Hörner von ihm selbst gemacht seien. Trotzdem sind Waffenschmiede mit den Degen getötet worden, die sie selbst gemacht hatten.

Andere sagen, er sei wirklich ein Hahnrei, und in der Tat, ein ganz grüner. Sie bringen dazu eine Menge Gründe bei; da jedoch der Prozeß noch unentschieden ist, lasse ich ihn von der ersten Sitzung schlichten, die man diesem Streitfall widmen will.

Noch muß ich hier von einer großen, verheirateten Dame erzählen, die einem Herrn, mit dem sie ein Verhältnis hatte, die Ehe versprach; das war vor vierzehn Jahren, und seitdem erwartete und wünschte er stets, daß ihr Gemahl stürbe. Den Teufel auch! Diesen Wunsch wollte er ihnen durchaus nicht erfüllen. So konnte sie wohl sagen: »Verflucht sei der Gemahl und Eheherr, der länger lebt, als ich es will!« Krankheiten und körperliche Verstimmungen hatte er genug, aber nichts Tödliches. Daher sagte der letzte König Heinrich, als er einem sehr ehrbaren und tüchtigen Edelmann die Anwartschaft auf das schöne und große Vermögen gab, das der besagte Hahnrei besaß, häufig: »An meinem Hofe gibt es zwei Leute, denen es viel zu lange dauert, bis der und der stirbt, dem einen wegen des Vermögens, der andern wegen der Heirat mit dem Liebhaber; aber beide haben sich bisher noch getäuscht.«

Hieraus erhellt die Weisheit und die Vorsehung Gottes, der nicht schickt, was man Böses wünscht; gleichwohl sagte man mir, daß sie sich seit kurzem schlecht vertrügen, ihr Versprechen, sich zukünftig zu heiraten, verbrannt und den Kontrakt zerrissen hätten, zum großen Zorn der Frau und zur Freude des vermeintlichen Hochzeiters, der sich anderswo versorgen und nicht so lange auf den Tod des andern Gemahls warten wollte; dieser spottete über die Leute und schreckte sie oft genug damit, daß er im Sterben läge; schließlich aber überlebte er noch den zukünftigen Bräutigam. Das war sicher Gottes Strafe, denn man hört doch wohl kaum von einer so vollzogenen Ehe reden; es ist ein starkes und ungeheuerliches Stück, eine zweite Ehe zu vereinbaren, während die erste noch in vollem Bestand ist.

Da ist mir eine Dame (auch von Rang, aber nicht in so hohem wie die vorige) ebensolieb, die, von einem Edelmann heftig zur Ehe begehrt wurde und ihn heiratete; sie tat es nicht etwa aus Liebe zu ihm, sondern weil sie ihn kränklich, geschwächt und erschlafft und gewöhnlich in schlechter Verfassung fand; auch sagten ihr die Ärzte, daß er kein Jahr mehr leben werde, wenn er nur ein paarmal im Bette mit ihr zusammengewesen wäre; daher hoffte sie auf seinen baldigen Tod und bereitete sich in dessen Folge auf seinen Besitz und seinen Reichtum vor, auf seine schönen Möbel und auf die großen Vorteile, die ihr die Ehe brachte; denn er war ein sehr reicher und sehr wohlhabender Edelmann. Aber ihre Enttäuschung war groß, denn er lebte noch munter und in hundertmal besserer Verfassung als vor der Heirat; dann aber starb sie. Man sagt, der Edelmann spielte den Kränklichen und Schwächlichen nur so, daß die von ihm als sehr habsüchtig erkannte Frau in der Hoffnung auf seine großen Besitztümer dazu bewogen würde, ihn zu heiraten; aber Gott verfügte ganz im Gegenteil darüber und ließ zu ihrem größten Ärger die Ziege dort abweiden, wo sie angebunden war.

Was sollen wir zu manchen Männern sagen, die sehr berüchtigte Huren und Kurtisanen heiraten, wie es gewöhnlich in Frankreich geschieht, besonders aber in Spanien und in Italien; sie reden sich ein, den Lohn der Barmherzigkeit zu gewinnen, um eine christliche Seele von der Hölle zu retten, wie sie sagen, und sie auf den rechten Weg zu bringen.

Ich habe gewiß manche getroffen, die dieser Ansicht und Maxime huldigten. Heirateten sie sie um jenes guten und heiligen Zweckes willen, seien sie nicht als Hahnreie zu erachten; denn was zur Ehre Gottes geschieht, darf nicht in Schande verkehrt werden, wofern auch ihre zum rechten Weg geleiteten Frauen keinen Fall mehr tun und wieder zum andern gehn, wie ich in jenen beiden Ländern ein paar sah, die nicht mehr sündigten, nachdem sie verheiratet waren; andere freilich konnten sich nicht bessern, sondern stolperten wieder in die alte Grube.

Als ich das erstemal in Italien war, verliebte ich mich in eine sehr schöne römische Kurtisane mit Namen Faustina. Da ich nun nicht viel Geld hatte und sie hohe Preise machte, zehn oder zwölf Taler für die Nacht, mußte ich mich damit begnügen, sie anzureden und anzusehen. Nach einiger Zeit kam ich zum zweiten Male hin; besser mit Geld versehen, besuchte ich sie durch Vermittlung einer andern in ihrer selben Wohnung, wo ich sie mit einem Gerichtsherrn verheiratet fand und freundlich empfangen wurde; sie erzählte mir von ihrer glücklichen Verheiratung und wies die Torheiten der Vergangenheit weit von sich ab, sie hätte ihnen für immer Lebewohl gesagt. Mehr denn je sterbend vor Liebe zu ihr, zeigte ich ihr schöne französische Taler. Die Versuchung wirkte, und sie gewährte mir, was ich wollte, indem sie mir sagte, bei Schließung der Ehe habe sie mit ihrem Gemahl ihre vollständige Freiheit vereinbart und ausbedungen, unter der Voraussetzung, daß kein Skandal und Betrug dabeisein und eine große Summe gefordert werden solle, damit beide ihren anständigen Unterhalt haben könnten, und zwar ließe sie sich für große Summen gern gehen, nicht für die kleinen. Das war ein tüchtiger grüner und ausgewachsener Hahnrei.

Ich hörte von einer Dame von irgendwo, die bei der Eheschließung von ihrem Gemahl verlangte und durchsetzte, daß er sie am Hofe ließ, damit sie hier ihren Liebeleien nachgehen konnte, wobei sie sich die Nutznießung ihres Wäldchens voll Baumstoppeln, oder wie er es nennen wolle, vorbehielt; zur Entschädigung gab sie ihm jeden Monat tausend Franken als Taschengeld und kümmerte sich um weiter nichts als um ihr Vergnügen.

Solche Frauen, die frei gewesen sind, können sich also nicht davor hüten, die engen Schlösser ihrer Türen zu brechen, wie auch immer der Zwang sei, besonders wenn Gold leuchtet und glüht; dafür zeugt jene schöne Tochter des Königs Akris, die, in ihren dicken Turm fest eingeschlossen, sich von jenen guten, süßen goldenen Tropfen überregnen ließ, in denen ihr Jupiter erschien.

Ein feiner Mann sagte: »Ach, wie schwer kann sich doch eine Frau, die schön, ehrgeizig, habsüchtig und lüstern danach ist, geputzt, gut gekleidet, prächtig herausgeschmückt und wohl imstande zu sein, davor bewahren, nicht mit der Nase aufs Gesicht, sondern mit dem Hintern auf den Boden zu fallen, mag auch ihre Scham bewaffnet, wie man sagt, und ihr Gemahl tapfer und mutig sein und eine noch gute Klinge führen, sie zu verteidigen.«

Ich kannte eine ganze Anzahl dieser Tapfern und Mutigen, die das durchmachten; es ist sicherlich sehr betrüblich, jene ehrbaren tapfern Männer dahin kommen zu sehen; nach so vielen schönen Siegen, die sie errungen haben, nach soviel ausgezeichneten Eroberungen in Feindesland, heißen Gefechten, die ihre Tapferkeit geschlichtet hat, muß man zwischen den schönen Blumen und Blattverzierungen auf den siegreichen Helmen, die ihr Haupt schmücken, Hörner dazwischengemengt finden, die sie ganz und gar verunehren; nichtsdestoweniger ergötzen sie sich mehr an dem herrlichen Ruhm, den sie sich mit ihren siegreichen Gefechten, ehrenvollen Diensten und tapfern Heldentaten errungen haben, als darin, ihre Frauen zu beaufsichtigen und in ihre dunklen Höhlen hineinzuleuchten. So erobern sie sich, ohne daran zu denken, das Bürgerrecht der Stadt Cornwall; aber es ist doch sehr traurig; so kannte ich einen tapfern und tüchtigen Mann, der in sehr hohem Ansehen stand; als er sich eines Tages dabei vergnügte, von seinen Heldentaten und Eroberungen zu erzählen, sagte ein sehr ehrbarer und großer Edelmann, sein Verwandter und Vertrauter, zu einem andern: »Er erzählt uns hier von seinen Eroberungen, was mich wundert, denn seine Frau hat darin mehr gemacht als alle, die er je gemacht hat oder machen wird.«

Ich kannte verschiedene andere, die bei aller Hochanständigkeit, Würde und Ansehnlichkeit, mit der sie sich zeigten, dennoch jenen Halskragen eines Hahnreis trugen, der sie völlig verdunkelte; denn einen solchen Halskragen und Nagelschaden kann man nicht verbergen und verhehlen; eine so gute Miene man auch mache, so gut man sich auch halte, es wird erkannt und tritt offenkundig heraus. Was mich anlangt, so habe ich niemals in meinem Leben jemanden gesehen, der darum nicht seine Merkmale, seine Gesten, seine Stellung, nicht seinen Halskragen und Nagelschaden gehabt hätte, mit Ausnahme eines einzigen, mir bekannten, an dem auch der Scharfsichtigste nichts zu sehen oder zu kritisieren gehabt hätte, ohne seine Frau zu kennen; einen so feinen Anstand, gute Haltung und ehrenwerte und ernste Würde zeigte er.

Ich möchte gern die Damen bitten, die im Besitz so vollkommener Ehemänner sind, ihnen keine solchen Streiche zu spielen und Schande anzutun; aber sie werden mir auch sagen: »Und wo sind denn diese vollkommenen Gatten, die so sind wie der, den Ihr soeben erwähntet?«

Meine Damen, ihr habt gewiß recht; denn es können nicht alle Leute wie Scipio und Cäsar sein, und es gibt keine solchen mehr. Ich bin also der Meinung, daß ihr darin euern Launen folgt; denn da wir von Männern wie Cäsar reden, die allerfeinsten, die tugendhaftesten und tapfersten haben das durchgemacht, wie ich sagte, und wie wir von jenem vollendeten Kaiser Trajan lesen, dessen Vollkommenheiten seine Frau Plotina nicht abhalten konnten, sich der Lust Hadrians völlig preiszugeben, der nach ihm Kaiser wurde; er zog reiche Bequemlichkeiten, Vorteile und Würden aus ihr, so daß er sein Hochkommen ihr zu verdanken hatte; er zeigte sich auch nicht undankbar, als er seine Größe erreicht hatte; denn er liebte sie und ehrte sie stets sehr, daher geriet er bei ihrem Tod in so großen Schmerz und wurde so betrübt, daß er zuletzt sogar eine Zeitlang Speise und Trank zurückwies; er weilte gerade drei oder vier Monate lang im narbonnesischen Gallien, wo er die Trauerbotschaft erfuhr; währenddessen schrieb er an den Senat, Plotina unter die Göttinnen zu erhöhen, und befahl, für ihre Bestattung die reichsten und prächtigsten Opfer zu veranstalten; indessen verwandte er die Zeit, zu ihrer Ehrung und zu ihrem Gedächtnis bei Nemausus, dem heutigen Nimes, einen sehr schönen Tempel errichten zu lassen, der mit prächtigem und reichem Marmor, Porphyren und andern edlen Steinen geschmückt wurde.

Was Liebessachen und den Liebesgenuß anlangt, muß man sich also auf alles gefaßt machen; ist doch auch ihr Gott Cupido blind, wie bei manchen Frauen scheint, die die schönsten, ehrbarsten und vortefflichsten Ehemänner haben, die man sehen kann; nichtsdestoweniger verlieben sie sich in so häßliche und schmutzige Männer, daß es alle Möglichkeit übersteigt.

Ich sah viele, über die man folgende Frage aufwarf: Welche Dame ist eine größere Dirne, jene, die einen sehr schönen und ehrbaren Gemahl und einen häßlichen, widerwärtigen und ihrem Manne so unähnlichen Kerl zum Freund hat; oder jene, die, im Besitz eines häßlichen und verdrießlichen Gemahls, einen lieben, einnehmenden Freund hat, darum aber trotzdem ihren Mann liebt und karessiert, als wäre er der schönste aller Menschen, wie ich es von vielen Frauen sah?

Gewiß, das allgemeine Urteil wird sein: die Frau, die einen schönen Gemahl hat und ihn verschmäht, um einen häßlichen Freund zu lieben, ist eine sehr große Metze, nicht mehr und nicht weniger als eine schleckerhafte Person, die das gute Fleisch stehenläßt und das schlechte ißt. Auch wenn eine Frau einen schönen Menschen für einen häßlichen aufgibt, dann ist es sehr wahrscheinlich, daß sie es der baren Unzucht wegen tut, da es nichts Hurerisches, nichts zur Befriedigung der Unzucht Geeigneteres gibt als einen häßlichen Menschen, für dessen stinkenden, schmutzigen und lasziven Bockschlauch sie mehr Gefühl hat als für ihren Mann. Gewöhnlich sind auch die schönen und ehrbaren Männer etwas empfindlicher und weniger geschickt, eine ausschweifende und zügellose Wollust zu sättigen, als ein großer starker haariger Hurer, Bauer und Satyr.

Andere sagen, die Frau, die einen schönen Freund und einen häßlichen Gemahl liebt und beide karessiert, ist eine ebenso große Hure, weil sie von ihrer täglichen Portion und Beköstigung nichts verlieren will.

Solche Frauen gleichen denen, die über Land reisen und die, wie es gerade in Frankreich geschieht, wenn sie am Abend zum Mahl in die Herberge gekommen sind, nie vergessen, vom Wirt das Maß ihres Postgauls zu verlangen; er muß es haben und wenn er bis an den Hals voll wäre.

Genauso wollen jene Frauen, wenn sie sich ins Bett legen, das Maß ihres Postgauls haben, von wem es auch immer sei; wie ich eine kannte, die einen Gemahl hatte, der sie tüchtig polsterte; aber das genügt ihnen nicht, und sie verlangen doppeltes Maß; den Freund wollen sie für den Tag, der seine Schönheit beleuchtet, und um so mehr der Dame die Lust nach ihm reizt, beim schönen Tagesschein gewährt es mehr Lust und Befriedigung; der häßliche Herr Gemahl ist für die Nacht; denn, wie man sagt, sind in der Nacht alle Katzen grau, und wofern die Dame ihre Begierden nur sättigt, denkt sie nicht daran, ob ihr Ehemann häßlich oder schön ist. Denn wenn man, wie ich von mehreren weiß, in diesen Verzückungen der Lust steht, hat weder der Mann noch die Frau eine andre Einbildung oder Gedanken, außer an das, was sie im Augenblick treiben: von guter und unterrichteter Seite weiß ich allerdings, daß manche Damen ihren Liebsten glauben machten, wenn sie bei ihren Ehemännern wären, richteten sie ihre Gedanken auf ihre Freunde und dächten nicht an ihre Männer, um sich mehr Lust dabei zu verschaffen; und von Männern hörte ich sagen, wenn sie bei ihren Frauen wären, dächten sie aus derselben Veranlassung an ihre Geliebten; aber das sind Mißbräuche.

Die Naturphilosophen sagten mir, daß es nur der vorhandene Gegenstand allein wäre, der sie dann beschäftige, nichts Abwesendes; und brachten dazu eine Menge Gründe bei; ich bin aber nicht Philosoph und Gelehrter genug, ihre Gründe zu erörtern, und es sind auch manche schmutzige darunter. Ich will die Wahrheit beobachten, wie man sagt; um aber von diesem Bevorzugen häßlicher Liebschaften zu reden, so sah ich in meinem Leben gewaltig viel und wunderte mich hundertmal darüber.

Als ich einmal von einer Reise aus irgendeinem fremden Land zurückkam, ich will es nicht nennen, weil ich fürchte, man errät sonst, wovon ich reden will, und mich mit einer großen Dame von da und da unterhielt, wobei ich von einer andern großen Dame und Prinzessin redete, die ich dort gesehen hatte, fragte sie mich, wie sie liebe. Ich nannte ihr den Favoriten, den sie hatte und der weder schön noch anständig und von sehr geringer Qualität war. Sie gab mir zurück: »Wahrhaftig, sie tut sich sehr unrecht und würdigt ihre Liebe sehr wenig, wo sie doch so schön ist und für so ehrbar gehalten wird.«

Diese Dame hatte recht, so zu mir zu reden, denn sie verstellte sich weder noch widersprach dem ihr Verhalten; sie hatte nämlich einen ehrbaren Freund, der ein großer Günstling von ihr war. Alles in allem wird sich eine Dame niemals einen Vorwurf zu machen haben, wenn sie etwas Schönes lieben und auswählen will; sie tut auch ihrem Gemahl kein Unrecht, es sei denn, es handle sich um die Liebe zu ihrer Nachkommenschaft; es gibt ja auch Ehemänner, die so häßlich, so dumm, solche Tröpfe und Maulaffen, solche Feiglinge und Kujone, so widerwärtig und geringwertig sind, daß ihre Frauen lieber gar keine Kinder von ihnen haben wollen, wenn sie ihnen gleichen. Ich kannte verschiedene Damen, die Kinder von solchen Männern hatten; sie waren genauso wie ihre Väter; waren's aber Pfänder ihrer Freunde, so übertrafen sie ihre Väter, Brüder und Schwestern in allen Dingen.

Auch haben manche Philosophen, die darüber handelten, stets daran festgehalten, daß die dermaßen empfangenen oder gestohlenen oder geheim und unversehens gemachten Kinder weit feiner sind, eine weit nettere Art haben, in der sie gewandter und wohlgeratener aufwachsen als jene, die schwerfällig, plump, matt, mit Muße und sozusagen in halbem Schlummer gezeugt wurden, indem man nur an viehischen Genuß denkt.

Auch hörte ich von Gestütsmeistern der Könige und großen Herren sagen, sie hätten es oft die besten Pferde werden sehen, die ihre Mütter unversehens wegbekommen hätten, gegen andere, die dem Experimentieren der Gestütsherren mit bestimmten Zuchthengsten ihre Entstehung verdankten: geradeso ist es mit den Menschen.

Wie viele Damen sah ich doch, die die schönsten, ehrbarsten und wackersten Kinder zur Welt gebracht hatten; hätten ihre angeblichen Väter sie gemacht, sie wären wahrhaftige Kälber und das reine Vieh geworden.

Daher ist es von den Frauen sehr umsichtig, wenn sie sich zur Erzeugung guter Rassen mit guten und schönen Zuchthengsten versorgen. Aber ich habe auch sehr viel solche gesehen, die schöne Ehemänner hatten und sich mit häßlichen Freunden und gemeinen Beschälern versahen, woraus eine scheußliche und elende Nachkommenschaft auf die Welt kam.

Das ist eine der ausgemachtesten Annehmlichkeiten und Unannehmlichkeiten der Hahnreischaft.

Ich kannte eine Dame von da und da, die einen sehr häßlichen und albernen Mann hatte; aber unter vier Töchtern und zwei Söhnen, die sie hatte, waren nur zwei, die etwas taugten, und die waren von ihrem Freund gemacht; die andern, die von ihrem Tropf von Ehemann stammten (ich möchte lieber sagen Baumkauz, denn er sah so aus), waren sehr garstig.

Die Damen müssen in dieser Beziehung sehr vorsichtig und geschickt sein, denn gewöhnlich gleichen die Kinder ihren Vätern; tun sie es nicht, rührt's sicher an ihre Ehre; so machte ich die Erfahrung, daß viele Damen die Sorgfalt hatten, aller Welt einzureden, ihre Kinder glichen ganz und gar ihrem Vater und nicht ihnen, obwohl dies gar nicht der Fall war; denn das ist das größte Vergnügen, das man den Frauen machen kann, weil es den Anschein erweckt, daß sie das Kind nicht von einem andern haben, obwohl das Gegenteil wahr ist.

Ich befand mich einmal in einer sehr großen Gesellschaft am Hofe, wo man das Porträt zweier Töchter einer sehr großen Königin betrachtete. Ein jeder sagte seine Meinung, wem sie glichen, und alle behaupteten, sie glichen ganz und gar der Mutter; ich aber, ein sehr ergebener Diener der Mutter, bejahte es und sagte, sie hätten alles vom Vater; und wenn man den Vater gekannt und gesehen hätte wie ich, so würde man mir Gerechtigkeit widerfahren lassen. Das rechnete mir die Schwester jener Mutter hoch an und wußte mir viel Dank dafür, um so mehr, als es manche mit Absicht gesagt hatten, weil man sie im Verdacht einer Liebschaft hatte und daß irgendwie ›Staub in ihre Flöte‹ gekommen wäre, wie man sagt; daher schlug meine Meinung über die Ähnlichkeit mit dem Vater alles nieder. Wer eine Dame liebt und Kinder von ihrem Fleisch und Blut vor die Augen bekommt, der soll daher stets sagen, sie seien ganz der Vater, wenn es auch nicht wahr ist.

Wenn man freilich sagt, sie haben ein wenig von der Mutter, so braucht das kein Unrecht zu sein; ein Edelmann am Hofe, mein großer Freund, sagte es so, als er in Gesellschaft von zwei Edelleuten, zwei Brüdern, die beim König in ziemlich hoher Gunst standen, gefragt wurde, wem sie glichen, dem Vater oder der Mutter, und da antwortete er, der kalte gliche dem Vater, der warme der Mutter; mit diesem Witz versetzte er der Mutter eins, die ein heißes Temperament hatte; in der Tat hatten die beiden Kinder an den beiden Gemütsarten, der warmen und der kalten, teil.

Eine andre Gattung der Hahnreie sind nun noch, die es durch Verachtung gegen ihre Frauen werden, wie ich mehrere kannte, die im Besitz sehr schöner und ehrbarer Frauen waren, sie aber nicht werthielten, verachteten und verschmähten. Als sich jene, die gewandt und voller Mut waren und aus gutem Hause stammten, so verschmäht fühlten, zahlten sie ihnen mit gleicher Münze heim: nach schöner Liebe war's ein Umschwung und daher die Wirkung; denn, wie der italienische oder neapolitanische Refrain sagt: ›Nur durch die Verachtung wird die Liebe überwunden.‹

Wenn also eine schöne und ehrbare Frau, die sich als solche fühlt und ihres Wertes bewußt ist, sieht, daß ihr Gemahl sie verschmäht, auch wenn sie ihm die größte eheliche Liebe von der Welt entgegenbringt, so schafft sie ihn ab, sofern sie nur ein bißchen Herz hat, denkt an sich und sucht sich anderswie einen Freund, der ihr in ihren kleinen Bedürfnissen hilft, und predigte man ihr noch so sehr und hielte ihr die Gebote des Gesetzes entgegen.

Ich kannte zwei Damen vom Hofe, zwei Schwägerinnen: die eine hatte einen Gatten, der in hoher Gunst stand, einen sehr gewandten Höfling, der indessen seine Frau nicht werthielt, wie er in Anbetracht ihrer Herkunft sollte; vor der Welt sprach er von ihr wie von einer Wilden und fuhr sie hart an. Sie ertrug es eine Zeitlang geduldig, bis ihr Gemahl ein wenig in Ungnade fiel; das merkte sie, und da sie es ihm tüchtig nachgetragen hatte, nahm sie die Gelegenheit beim Schopf und gab ihm alsbald die Verachtung zurück, die er ihr gezollt hatte, indem sie ihn schlankweg zum Hahnrei machte; ebenso machte es ihre Schwägerin, die sich ein Beispiel an ihr nahm; diese war sehr jung und in zartem Alter verheiratet worden, ihr Gemahl achtete sie aber nicht, wie es seine Pflicht war; als sie aber älter wurde und ihr Herz spürte und ihre Schönheit entdeckte, bezahlte sie ihn mit der gleichen Münze und machte ihm als Zinsen für die Vergangenheit ein Präsent von schönen Hörnern.

Einstens kannte ich einen großen Herrn, der zu seinen größten Wonnen als Freundinnen zwei Kurtisanen besaß, darunter eine Maurin, ohne seiner Frau zu achten, obwohl sie ihn mit allen Ehren, Freundschaften und Gatten-Ehrerbietigkeiten bedachte, wie sie nur konnte; er aber gönnte ihr keinen freundlichen Blick und keine herzliche Umarmung, von hundert Nächten bewilligte er ihr bloß zwei. Was sollte die Ärmste nach solchen Unwürdigkeiten tun, außer sie wählte sich ein vakantes Bett, verkuppelte sich mit einer anderen Hälfte und nahm, was sie wollte? Wenn dieser Ehemann es wenigstens, wie ein andrer, den ich kenne, gemacht hätte, der von solcher Gemütsart war, daß er von seiner sehr schönen Frau bedrängt wurde, während er sich anderswo vergnügt machte, und freimütig zu ihr sagte: »Gut, such dir deine Befriedigung anderswo, ich erlaube es dir. Mach deinerseits, was du mit einem andern machen willst, ich lasse dir deine Freiheit; kümmere dich auch nicht um meine Liebschaften, und laß mich tun, was mir gefällt. Ich hindere deine Freuden und Vergnügungen durchaus nicht, also hindere auch die meinigen nicht.« So war nun ein jeder frei, und beide warfen die Federn in den Wind; der eine ging zur Linken, die andere zur Rechten, ohne daß sich eines ums andre bekümmerte; das nenne ich ein gutes Leben.

Desgleichen kenne ich einen impotenten, kränklichen, gichtigen Greis, der eines Tages, da er seine sehr schöne Frau nicht befriedigen konnte, wie sie es verlangte, zu ihr sagte: »Ich weiß wohl, meine Liebe, daß meine Impotenz deinem munteren Alter nicht bekömmt. Ich mag dir aus diesem Grund sehr hassenswert erscheinen, und es ist unmöglich, daß du mir als Weib sehr geneigt sein kannst, als wenn ich die ordentlichen Geschäfte eines starken und robusten Gemahls verrichtete. Ich entschloß mich jedoch, dir die vollständige Liebesfreiheit zu geben und zu erlauben, daß du dir irgendeinen anderen anschaffen kannst, der dich besser zu befriedigen vermag als ich; vor allem aber wähle mir einen aus, der bescheiden und verschwiegen ist, der dir und mir und allen kein Ärgernis gibt, der dir ein paar schöne Kinder machen kann, die ich lieben und halten werde wie meine eigenen; so daß die ganze Welt glauben mag, es sind unsere wahren und legitimen Kinder, zumal ich ja immer noch einige Kräfte in mir habe und mein körperliches Aussehen genügt, daß man sie für die meinigen halten kann.«

Es kann sich nun jeder denken, daß diese schöne junge Frau froh war, diese angenehme hübsche kleine Ermahnung zu bekommen, zugleich mit der Erlaubnis, die lustige Freiheit zu genießen; sie machte denn auch einen so guten Gebrauch davon, daß sie in einem Nu das Haus mit zwei oder drei schönen Kinderchen bevölkerte, an denen der Gemahl, weil er sie manchmal berührte und mit ihr schlief, teilzuhaben meinte, und mit ihm glaubte es alle Welt; so waren Mann und Frau sehr zufrieden und führten ein schönes Familienleben.

Eine andere Gattung Hahnreie kann auf eine lustige Meinung, die manche Frauen haben, zurückgeführt werden; nämlich, daß es nichts Schöneres, nichts Erlaubteres, nichts Schätzbareres gibt als die Nächstenliebe, wobei sie sagen, sie erstreckt sich nicht nur darauf, daß man den Armen gibt, die unterstützt werden müssen und die Hilfe aus dem Hab und Gut der Reichen brauchen, sondern daß man auch den armen schmachtenden Liebhabern, die man in heißem Liebesfeuer brennen sieht, das Feuer ersticken hilft: »Denn was kann wohltätiger sein«, sagen sie, »als einem, den man im Sterben liegen sieht, das Leben wiederzugeben, einen Verschmachtenden wieder zu erfrischen?« Wie jener tapfre Paladin, der Herr von Montauban, sagte, als er bei Ariost der schönen Ginevra die Stange hielt: »Gerade die soll sterben, die ihrem Liebhaber das Leben nimmt, nicht die, die es ihm gibt.«

Er sagte das zwar von einem Mädchen, mit um so größerem Recht aber ist solche Nächstenliebe Frauen gegenüber in Erinnerung zu bringen, weil jenen die Börsen noch nicht gelöst sind und offenstehen wie den Frauen, bei denen sie, wenigstens bei manchen, sehr weit und sehr zweckmäßig ist, daß sie darin ihre Nächstenliebe loslassen können.

Dabei erinnere ich mich der Geschichte einer sehr schönen Hofdame, die an einem Lichtmeßtage ein Kleid aus weißem Damast angelegt hatte und mit einem Gefolge in Weiß erschien, so daß es an diesem Tage nichts Schöneres und Weißeres gab; ihr Liebhaber hatte eine ihrer Freundinnen gewonnen, die ebenfalls eine schöne Dame war, aber ein wenig älter, der Rede mächtiger und vorzüglich geeignet, sich für ihn ins Mittel zu legen; während alle drei ein sehr schönes Bild betrachteten, auf dem eine Caritas in blühender Reinheit und mit weißem Schleier gemalt war, sagte jene zu ihrer Freundin: »Ihr tragt heute dasselbe Kleid wie diese Caritas; da Ihr sie aber soweit vorstellt, müßt Ihr Euch auch wirklich so gegen Euren Anbeter erweisen, denn nichts ist so schätzbar wie Barmherzigkeit und Nächstenliebe; in welcher Gestalt sie sich auch bewähre, wofern es nur in der guten Absicht geschieht, seinem Nächsten zu helfen. Gebraucht sie denn; und wenn Euch Scheu vor Eurem Gemahl und vor der Ehe vor den Augen schwebt, so ist das ein leerer Aberglauben, den wir Frauen nicht haben dürfen, da uns die Natur Güter verschiedener Art gegeben hat, nicht damit wir sie aufsparen wie ein schmutziger Geizhals seinen Schatz, sondern damit wir sie ehrenvollerweise an die notleidenden und bedürftigen Armen verteilen. Freilich gleicht unsere Keuschheit einem Schatze, den man in niedrigen Dingen nicht angreifen darf; für hohe und große Dinge aber soll man ihn freigebig und ohne Knickerei ausgeben. Ebenso soll man von seiner Keuschheit mitteilen; gegen Personen von Verdienst und Würde, die leiden, muß man freigebig sein, den gemeinen, wertlosen und gering Bedürftigen muß man sie verweigern. Was unsere Gatten anlangt, so sind das wahrhaftig schöne Götzenbilder, daß wir ihnen allein unsre Gelübde und unsre Kerzen weihen und den andern schönen Göttern nichts davon zuteilen! Denn ein Gelübde allein nur Gott, sonst niemandem weiter!«

Diese Rede mißfiel der Dame keineswegs und schadete auch ihrem Liebhaber nicht, der es nach kurzer Beharrlichkeit spürte. Indessen sind solche Predigten der Nächstenliebe für die armen Ehemänner sehr gefährlich. Ich hörte, ich weiß nicht, ob es wahr ist, daß die Hugenotten im Anfang, als sie ihre Religion* begründeten, ihre Predigten bei Nacht und im geheimen abhielten, weil sie fürchteten,

* Mit ›Religion‹ bezeichnet die ganze Literatur der Jahrzehnte vor und nach der Bartholomäusnacht das hugenottische Glaubensbekenntnis.

überrascht, aufgehoben und bestraft zu werden; so waren sie auch eines Tages in der Rue St-Jacques zu Paris, zur Zeit König Heinrichs II., wo große Damen, die ich kenne und die hingingen, um diese Nächstenliebe zu empfangen, eine Überraschung erlebten. Nachdem der Prediger gesprochen hatte, empfahl er ihnen am Schluß die Nächstenliebe; unmittelbar darauf löschte man die Kerzen aus, und ein jeder und eine jede übte sie gegen seinen Bruder und seine Schwester in Christo, indem sie einander nach Wollen und Können teilten; ich würde es aufrichtig nicht zu sagen wagen, wenn man mir nicht versichert hätte, daß es wahr wäre; aber es ist möglicherweise auch nur reine Lüge und Verleumdung.

Ich weiß jedoch bestimmt, daß in Poitiers damals die Frau eines Advokaten lebte, genannt die schöne Gotterelle, die ich selbst gesehen habe; sie gehörte zu den schönsten und begehrtesten Frauen, die damals in der Stadt waren, und hatte die süßeste Anmut und Gestalt; ein jeder warf daher seine Augen und sein Herz auf sie. Nach der Predigt ging sie durch die Hände von zwölf Schülern hintereinander, sowohl am Konsistorium wie unter einem Schutzdach, ja, ich hörte sogar, unter einer Brustlehne des Altmarkts, ohne daß sie auch nur einmal zankte oder sich sonst weigerte; sie verlangte bloß den Predigtspruch und nahm einen nach dem andern freundlich auf als ihre wahren Brüder in Christo. Sie setzte diese Almosenspenden lange Zeit fort, wollte sie aber niemals betrüglicherweise einem Papisten gewähren. Nichtsdestoweniger gelang es mehreren Papisten, die sich von ihren hugenottischen Freunden den Spruch und die Redeweise liehen, sie zu besitzen. Andere gingen absichtlich zur Predigt, stellten sich reformiert, um ihn zu erfahren und die schöne Frau zu genießen. Ich war damals als junger Student in Poitiers, als verschiedene gute Freunde von mir, die ihr Teil genossen hatten, es mir sagten und beschworen; auch ging das Gerücht in der Stadt. Ist das nicht eine lustige Nächstenliebe und eine Gewissenhaftigkeit von der Frau, die Auswahl unter ihren Religionsangehörigen zu treffen?

Noch eine andre Art der Nächstenliebe, die häufig geübt wird, findet man gegenüber armen Gefangenen betätigt, die im Gefängnis liegen und des weiblichen Umgangs beraubt sind; die Frauen der Kerkermeister und die Wächterinnen oder die Kastellaninnen, die Kriegsgefangene auf den Schlössern haben, bemitleiden sie, gönnen ihnen ihre Liebe und lassen ihnen Barmherzigkeit und Nächstenliebe zuteil werden; so sagte einmal eine römische Kurtisane zu ihrer Tochter, in die ein Galan höchlich verliebt war, während sie es ihm nicht für einen Heller geben wollte: »He, hab doch Mitleid mit ihm und sei doch wenigstens barmherzig!«

So behandeln jene Kerkermeisterinnen, Kastellaninnen und andre ihre Gefangenen; obwohl diese gefangen und elend sind, verspüren sie doch die Gelüste des Fleisches gerade wie in besseren Zeiten. Ein altes Sprichwort sagt: Die Begierde des Fleisches stammt aus der Armut, und auf Stroh und bloßer Erde hebt Meister Priap den Kopf ebenso hoch wie in dem süßesten und weichsten Bett von der Welt. Daher sind die Bettler und Gefangenen in ihren Hospitälern und Gefängnissen ebenso brünstig wie die Könige, die Fürsten und die Großen in ihren schönen Palästen und königlichen feinen Betten.

Um meine Worte zu befestigen, will ich eine Geschichte vortragen, die mir eines Tages der Kapitän Beaulieu erzählte, ein Schiffskapitän, von dem ich schon manchmal gesprochen habe. Er gehörte zur Partei des gestorbenen Herrn Großpriors von Frankreich, aus dem Hause Lothringen, und war bei ihm sehr beliebt. Als er ihn eines Tages in Malta mit einer Fregatte aufsuchen wollte, wurde er von sizilischen Galeeren aufgegriffen und als Gefangener nach Castellamare in Palermo gebracht, wo er in ein sehr enges, dunkles und elendes Gefängnis gesetzt und während dreier Monate sehr übel behandelt wurde. Zufällig hatte der Kastellan, ein Spanier, zwei sehr schöne Töchter, die ihren Vater, als sie den Gefangenen jammern und wehklagen hörten, eines Tages um Erlaubnis baten, ihn um der Liebe Gottes willen besuchen zu dürfen; es wurde ihnen frei erlaubt. Und da der Kapitän Beaulieu sicherlich ein sehr feiner Mann war und ausgezeichnet reden konnte, wußte er sie vom Beginn dieses ersten Besuches an so sehr zu gewinnen, daß sie vom Vater seine Befreiung aus dem erbärmlichen Gefängnis erlangten, und er wurde in eine ziemlich anständige Kammer gelegt und bekam eine bessere Behandlung. Das war aber noch nicht alles, denn sie erhielten auch die Erlaubnis, ihn alle Tage einmal offen zu besuchen und mit ihm zu plaudern.

Alles das entwickelte sich so gut, daß sich alle beide in ihn verliebten, obgleich er es mit ihren hohen Schönheiten nicht aufnehmen konnte, und daß er ohne die geringste Rücksicht weder auf strengere Gefangenschaft noch auf Todesgefahr der Versuchung erlag und alle beide zu seinem höchsten Behagen genoß; dieses Vergnügen dauerte an, ohne daß ein Ärgernis entstand; er war bei dieser Eroberung acht Monate hindurch so glücklich, daß kein Skandal, keine Krankheit, kein Übelstand, weder eine Schwangerschaft noch eine Überraschung, noch eine Entdeckung daraus erwuchs; denn diese beiden Schwestern verstanden und arbeiteten einander so gut in die Hände, lösten einander als Schildwache so hübsch ab, daß nie etwas herauskam. Er schwur mir zu, denn er war ein sehr guter Freund von mir, während seiner größten Freiheit hätte er nicht so gute Zeit gehabt wie damals, weder hätte er größeres Feuer noch größere Begierde empfunden als in dieser Gefangenschaft, die für ihn sehr schön war, obgleich man meinte, von einem schönen Gefängnis könnte man gar nicht reden. Diese gute Zeit währte acht Monate lang, bis der Kaiser und König Heinrich II. einen Waffenstillstand schlossen und alle Gefangenen entlassen und befreit wurden. Und er schwur mir, er hätte sich über nichts so geärgert, als dieses schöne Gefängnis verlassen und sich von den schönen Mädchen trennen zu müssen, die bei seiner Abreise in die tiefste Klage ausgebrochen wären.

Ich fragte ihn, ob ihm je üble Dinge drohten, wenn er entdeckt worden wäre. Er sagte: »Jawohl, aber gefürchtet habe ich es nicht«; denn im schlimmsten Fall hätte man ihn hingerichtet, und er wäre ebensogern gestorben wie in sein erstes Gefängnis zurückgekehrt. Außerdem fürchtete er, hätte er jene ehrbaren Mädchen nicht zufriedengestellt, wie sie ihn so sehr suchten, so wären sie von einer solchen Geringschätzung und Verachtung erfaßt worden, daß er eine noch schlimmere Behandlung zu gewärtigen gehabt hätte; daher hätte er die Augen verschlossen und sich blind in dieses schöne Abenteuer gestürzt.

Man kann gewiß diese guten liebreichen spanischen Mädchen nicht genug loben; sie waren nicht die ersten und sind auch nicht die letzten.

Man erzählte, daß einst in Frankreich der Herzog von Ascot, der im Vincenner Walde gefangen wurde, sich mit Hilfe einer ehrbaren Dame aus dem Gefängnis rettete, die sich aber dabei auf Schlimmes einließ, denn es handelte sich um königlichen Dienst. Eine Nächstenliebe, die sich in Sachen der Allgemeinheit mengt, ist verwerflich; sehr gut und löblich ist sie, wenn es sich nur um etwas Besonderes handelt und nur ein hübscher Körper sich allein in Gefahr begibt; das schadet wenig.

Ich könnte für dieses Thema noch eine Menge von tüchtigen Beispielen anführen, wenn ich daraus ein eignes Kapitel machen wollte, das nicht wenig amüsant werden sollte. Ich will jedoch nur die folgende Geschichte erzählen, sonst nichts weiter, weil sie lustig ist und aus dem Altertum stammt.

Wir finden bei Titus-Livius, daß nach der vollständigen Zerstörung der Stadt Capua durch die Römer eine Anzahl Einwohner nach Rom kam, um dem Senat ihr Elend vorstellig zu machen, und bat, man möge Mitleid mit ihnen haben. Die Sache kam vor den Rat; unter andern, die abstimmten, befand sich Attilius Regulus, der dafür eintrat, daß ihnen keine Gnade gebühre, »denn man kann«, sagte er, »überhaupt von der Empörung der Stadt an keinen Capuaner finden, von dem man hätte sagen können, daß er der römischen Volkssache das kleinste bißchen Freundschaft und Zuneigung entgegengebracht hätte, außer zwei ehrbaren Frauen, nämlich Vesta Opia Atellana aus der

Stadt Atella, damals in Capua wohnhaft; die andere hieß Faucula Cluvia. Diese beiden waren vorher Freudenmädchen und Kurtisanen gewesen und betrieben das Gewerbe öffentlich. Die eine ließ keinen Tag vergehen, ohne für das Wohl und den Sieg des römischen Volkes Gebete und Opfer zu veranstalten; die andre half den armen Kriegsgefangenen, die vor Hunger und Bedürftigkeit umkamen, insgeheim mit Lebensmitteln.«

Das ist gewiß eine schöne Nächstenliebe und eine gute Frömmigkeit; als wir eines Tages, ein edler Kavalier, eine ehrbare Dame und ich, diese Stelle lasen, sagten wir einander sofort, da sich die beiden ehrbaren Damen schon so eifrig in guten und frommen Werken bemüht hätten, wären sie auch noch zu anderen übergegangen und hätten die Gefangenen die Nächstenliebe ihres Leibes schmecken lassen; denn vorher waren sie ja Kurtisanen gewesen und waren es möglicherweise auch noch; aber das Buch sagt es nicht und läßt es in Zweifel; aber es läßt sich denken. Wenn sie aber das Metier unterbrochen und einige Zeit ausgesetzt hätten, so konnten sie es in diesem Fall sofort wieder aufnehmen, da ja nichts leichter ist als das; vielleicht erkannten sie dabei ein paar ihrer guten Liebhaber, ihrer alten Bekanntschaften wieder, von denen sie sich schon einmal bespringen ließen; und diese wollten noch einmal in den alten Fußtapfen gehen; oder es gab überhaupt unter den Gefangenen manche Unbekannte, die sie nur dieses Mal gesehen hatten, und sie fanden sie schön, tapfer, mutig und wohlgestalt, Leute, die der Nächstenliebe durchaus würdig waren und denen sie den Genuß ihres Leibes daher auch nicht vorenthielten; anders kann es gar nicht sein. Wie es nun auch darum stehen mochte, diese ehrbaren Damen verdienten sicherlich die Freundlichkeit und Erkenntlichkeit, die ihnen die römische Republik angedeihen ließ; man setzte sie in alle Besitztümer wieder ein, und sie genossen ihrer so friedlich denn je. Ja, darüber hinaus gab man ihnen noch kund, jeder Wunsch, den sie hegten, würde ihnen erfüllt werden. Um die Wahrheit zu sagen, wenn Titus-Livius sich nicht so peinlich auf Anstand und gute Sitte versteifen wollte, wie er nicht durfte, mußte er über die Erklärung hinwegkommen und sagen, sie enthielten ihnen ihren süßen Leib nicht vor; damit wäre auch die historische Stelle hübscher und amüsanter zu lesen gewesen, ohne daß sie abgekürzt zu werden oder daß gerade die schönste Stelle in der Feder steckenzubleiben brauchte. Das besprachen wir damals.

Ebenso empfing der König Johann als Gefangener in England von der Gräfin von Salsbery hohe Gunstbezeigungen, und zwar so sehr, daß er sie und die guten Bissen, die sie ihm gegeben hatte, nicht vergessen konnte und wiederkam, um sie wiederzusehen, wie sie es ihn auch schwören und versprechen hatte lassen.

Mit anderen Damen ist es etwas Lustiges, weil sie eine Art Gewissenhaftigkeit in ihrer Nächstenliebe haben; so wollte eine ihrem Liebhaber, wenn er bei ihr schlief, nicht erlauben, sie nur im allergeringsten auf den Mund zu küssen, und zwar aus dem Grund, weil ihr Mund ihrem Gemahl den Eid der Treue geleistet hatte, und den wolle sie nicht mit dem Mund entweihen, der ihn gegeben; ihr anderer Mund habe nichts darüber geredet oder versprochen, und so könne er seine Lust daran haben; und hatte gar keine Bedenken, ihn anzubieten, da es nicht in der Macht des obern Mundes liege, sich für den untern zu verbürgen, oder umgekehrt; auch geböte es der Rechtsbrauch, daß man sich nicht ohne beiderseitiges Einverständnis verpflichte, einer allein könne es nicht für das Ganze.

Eine andre Gewissenhafte wollte, wenn sie ihrem Freund den Genuß ihres Leibes schenkte, immer oben liegen und den Mann unter sich haben und von dieser Regel auch um kein Jota abgehen; das beobachtete sie streng und ordentlich und sagte, wenn ihr Gemahl oder ein anderer sie fragte, ob sie zu dem und dem Beziehungen unterhielte, dann könne sie, ohne Gott zu beleidigen, schwören und ableugnen und fest beteuern, er habe es ihr niemals gemacht, habe sich nie über sie erhoben. Diesen Eid wußte sie so gut vorzubringen, daß sie ihren Gatten und andere mit den Schwüren völlig befriedigte, mit denen sie ihre Fragen erledigte; sie glaubten ihr, was sie sagte; »aber sie hatten nie den Gedanken«, sagte sie, »zu fragen, ob ich je oben gelegen; da hätte ich ihnen freilich zu denken gegeben und wäre schön verachtet worden.« Ich glaube, über diesen Punkt schon weiter oben geredet zu haben; man kann sich aber nicht immer an alles erinnern; und es hat auch mit dieser, wie mich dünkt, noch eine besondere Bewandtnis.

Gewöhnlich sind die Damen dieses Metiers große Lügnerinnen und sagen kein wahres Wort; sie haben es so sehr gelernt, sich so sehr daran gewöhnt (wenn sie es anders machen, sind sie Dummköpfe, und es bekommt ihnen nur schlecht), ihre Gatten und Liebhaber über diese Dinge und Liebeswandlungen zu belügen und zu schwören, sie gäben sich niemand anders hin als ihnen, und wenn sie dann auf andere Gegenstände von Bedeutung oder Geschäfte oder Unterhaltungen kommen sollen, lügen sie ebenfalls, und man kann ihnen kein Wort glauben.

Andere Frauen kannte ich oder hörte von ihnen, die ihren Liebhaber erst zum Genuß kommen ließen, wenn sie schwanger waren, um nicht mit seinem Samen befruchtet zu werden; sie legten ein großes Gewissen darin an den Tag, ihren Männern keine Frucht unterzuschieben, die ihnen nicht gehörte, sie als ihre eigne zu ernähren, zu beköstigen und aufzuziehen. Auch darüber habe ich bereits gesprochen. Wenn sie aber einmal schwanger waren, glaubten sie durch die Hingabe an andere die Gatten nicht zu beleidigen und ihn auch nicht zum Hahnrei zu machen.

Möglicherweise machten es manche aus den nämlichen Gründen, wie Julia, die Tochter des Augustus und Gemahlin des Agrippa, die zu ihrer Zeit eine ausgemachte Hure war, über die ihr Vater mehr in Wut geriet als ihr Gemahl. Als sie einmal gefragt wurde, ob sie keine Furcht hätte, von ihren Freunden schwanger zu werden, daß ihr Gatte es bemerke und sie darum schimpfiere, antwortete sie: »Ich gebe schon acht, denn ich nehme keinen Mann und keinen Reisenden in mein Schiffchen auf, außer wenn es voll und geladen ist.«

Nun habe ich noch eine andre Gattung von Hahnreien;

das aber sind die wahren Märtyrer, die Frauen haben, häßlich wie die Teufel der Hölle, und sie wollen die süße Lust ebensosehr schmecken wie die schönen, denen das Privileg doch allein gebührt, wie das Sprichwort sagt: ›Die schönen Männer an den Galgen, die schönen Frauen ins Bordell‹; trotzdem sind diese häßlichen Köhlerinnen so närrisch wie die anderen, man muß sie jedoch entschuldigen, denn sie sind Frauen wie die anderen und haben die gleiche Natur, nur daß sie nicht so schön sind. Ich sah häßliche Frauen, wenigstens in ihrer Jugend, die gleichwohl so hoch von sich dachten wie die schönen; sie meinten sogar, eine Frau ist nur soviel wert, wie sie gelten und wie sie sich verkaufen will; so werden ja nur auf dem Markte alle Waren verkauft und abgesetzt, die einen billiger, die anderen teuerer, je nachdem, worum es sich handelt und ob man zu einer frühen oder späten Stunde nach den anderen zum Markt kommt und wie der Preis ist, den man vorfindet; denn wie man sagt, sucht man immer zum besten Preise zu kaufen, wenn auch die Ware nicht die beste ist, sondern der Geschicklichkeit des Händlers und der Händlerin entspricht.

So habe ich auch unter den häßlichen Frauen meiner Treu so heiße und brünstige gesehen, die ebenso der Liebe ergeben waren, sich ebenso auf den Markt setzten und ebenso vorwärtskommen und sich geltend machen wollten wie die schönen.

Das schlimmste an ihnen ist aber das: anstatt daß die Käufer nach den schönsten Waren fragen, bitten diese Häßlichen die Käufer, ihre Waren zu nehmen und zu kaufen, sie geben sie zu einem Spottpreis, für nichts, her. Sie machen's sogar noch besser; denn sie geben ihnen sehr häufig Geld, um sie als Kundschaft zu bekommen und von ihnen blankgeputzt zu werden; es ist zum Erbarmen; denn zu einer solchen Putzerei bedarf es keiner geringen Summe; so daß die Putzerei mehr kostet, als die Person samt der Lauge wert ist, die man hineingießt, um sie gut zu putzen; indessen bleibt der Herr Gemahl der Schurke und der Schuft zugleich einer Häßlichen, deren Bissen sehr viel schwerer zu verdauen ist als der einer Schönen; abgesehen davon, daß es das äußerste Elend ist, neben sich einen Höllenteufel liegen zu haben statt eines Engels.

Daher hörte ich verschiedene feine Männer den Wunsch aussprechen, lieber eine schöne und etwas buhlerische Frau zu haben als eine häßliche, die ein Ausbund von Keuschheit wäre; denn Häßlichkeit bringt nur Elend und Unlust mit sich, aber kein bißchen Glück; eine Schöne strömt über vor Freude und Glück, und der Erdenrest ist dabei nach mancher Meinung sehr gering. Ich berufe mich auf die Leute, die hierin Erfahrungen machten.

Manche hörte ich sagen, daß es für die Ehemänner zuweilen auch kein Bedürfnis darstellt, so keusche Frauen zu haben; denn diese Frauen sind so eitel darauf (ich meine, die die sehr seltene Gabe besitzen), daß man meint, sie wollten nicht allein ihre Gatten, sondern auch den Himmel und die Sterne beherrschen; mit dieser aufgeblasenen Keuschheit sind sie sogar der Ansicht, Gott schulde ihnen eine besondere Gegenleistung. Aber sie täuschen sich sehr, denn ich hörte große Gelehrte sagen: Gott liebt eine arme demütige, zerknirschte Sünderin (wie die Magdalena) mehr als eine stolze und hochmütige, die das Paradies gewonnen zu haben glaubt, ohne das Gericht und die Gnade Gottes überhaupt erst zu erbitten.

Ich hörte von einer Dame, die sich mit ihrer Keuschheit so brüstete, daß sie ihren Gatten dermaßen verachtete, daß sie auf die Frage, ob sie mit ihrem Gemahl geschlafen hätte, antwortete: »Nein, aber er hat mit mir geschlafen.« Welche Eitelkeit! Man kann sich also denken, wie hart diese eitlen dummen keuschen Frauen ihre armen Ehemänner, die ihnen übrigens nichts vorwerfen können, im Zügel halten und wie sie es erst machen, wenn sie keusch und reich sind! Wie jene Keusche gegenüber ihrem Gatten die Aufgeblasene, Hochmütige, Stolze und Vermessene spielte, so können diese bei dem allzu großen Dünkel, den sie auf ihre Keuschheit und ihr so gut behütetes Vorderteil haben, es nicht verkneifen, die gebietende Frau zu spielen und ihren Mann wegen des geringsten Fehlers, den er macht, wie ich es erlebte, hart zu schelten, besonders aber, wenn er schlecht wirtschaftete. Wenn er spielt, Aufwendungen macht, verschwendet, schreit sie laut, tobt und macht ihr Haus mehr zu einer Hölle als zum Heim einer vornehmen Familie; und muß er von seinem Besitz verkaufen, um sich für eine Reise an den Hof oder in den Krieg, für seine Prozesse, Bedürfnisse, seine kleinen Torheiten und Liebhabereien zu helfen, so braucht davon gar keine Rede zu sein; denn auf ihre Keuschheit pochend, hat die Frau eine solche Oberherrschaft über ihn gewonnen, daß sich ihr Gatte ihrem Urteil unterwerfen muß, wie Juvenal in einer seiner Satiren sehr gut sagt:

> ... Animus uxoris si deditus uni,
> Nil unquam invita donabis conjuge; vendes,
> Hac obstante, nihil haec, si nolit, emetur.

Diese Verse zeigen sehr gut, daß solche Launen der alten Römerinnen in dieser Hinsicht manchen unsrer eignen Zeit entsprachen: Wenn aber eine Frau ein wenig buhlt, verhält sie sich weit bequemer, unterwürfiger, folgsamer, ängstlich, von milderer und angenehmerer Laune, demütiger und bereitwilliger zu allem, was der Gemahl will, und willfahrt ihm in allem; verschiedene solche Frauen sah ich weder zürnen noch schreien, noch wagten sie sich störrisch zu benehmen, aus Furcht, der Gatte drohe ihnen wegen ihrer Fehler, er möchte ihnen den Ehebruch vorwerfen und es sie gar mit ihrem Leben büßen lassen; und wenn der galante Gemahl etwas von ihrem Hab und Gut verkaufen will, haben sie den Kontrakt noch früher unterschrieben, als er es sagte. Ich habe viele solcher Frauen gesehen: kurz, sie tun, was ihre Männer wollen.

Sind also diese Männer nicht sehr verwöhnt, die Hahnreie so angenehmer Frauen zu sein? So schöne Resultate und Bequemlichkeiten wie jene, daraus zu genießen, abgesehen von dem schönen und köstlichen Vergnügen, das sie daran haben, mit so schönen Frauen zu buhlen und mit ihnen wie in einem schönen und klaren Strom Wassers zu schwimmen, statt in einem schmutzigen und häßlichen

Schlammloch? Und da man doch einmal sterben muß, wie ein großer Feldherr sagte, den ich kenne: Ist es nicht besser, man stirbt von einem schönen jungen Degen, von einem blanken saubern, glänzenden und scharf schneidenden Degen als von einer alten verrosteten und schlecht geputzten Klinge, die mehr Schmirgel braucht, als alle Schwertfeger der Stadt Paris liefern können?

Was ich von den jungen Häßlichen sage, meine ich auch von manchen alten Frauen, die poliert und blank und glänzend gehalten sein wollen wie die schönsten von der Welt, ich rede anderswo darüber,* und das ist das Übel; denn wenn ihre Männer es ihnen nicht besorgen können, sie sind ebenso hitzig oder noch hitziger als die Jungen, rufen die Vetteln Ersatz herbei; so sah ich solche, die nicht am Anfang und in der Mitte in Wut geraten wollten, sondern am Ende. Man sagt auch gern, das Ende ist bei diesem Metier im Verlangen danach rasender als die beiden anderen, der Anfang und die Mitte; denn die Kraft und die Macht fehlt ihnen, darüber ist nun ihr Schmerz groß; genau wie das alte Sprichwort sagt, es ist jammerschade, wenn ein Popo einen sehr guten Willen hat und ihm die Kraft fehlt.

Es gibt auch immer ein paar jener armen alten Büßerinnen, die Maulesel reiten und auf Kosten ihrer zwei Börsen freigebig sind; die Börse mit dem Gelde läßt auch die andre gut und eng erscheinen. Dann sagt man ja auch, die Freigebigkeit ist in allen Dingen mehr zu schätzen als der Geiz und die Knickerei, außer bei den Frauen, die desto weniger geschätzt werden, je freigebiger sie mit ihrem Schoße sind, und um so mehr, je geiziger und knauseriger sie damit sind.

Dies sagte einmal ein großer Herr von zwei vornehmen Damen, zwei Schwestern, die ich kenne, von denen die eine auf ihre Ehre eifrig bedacht war, während sie mit ihrem Geldbeutel in ihren Ausgaben freigebig war, und die andre in letzterem sehr knauserte, während sie das freigebigste Vorderteil hatte.

* Siehe die V. Abhandlung.

Nun gibt es noch eine andre Gattung von Hahnreien, die sicher vor Gott und den Menschen zu verrucht und abscheulich sind, das sind jene, die, in irgendeinen schönen Adonis toll verliebt, ihnen ihre Frauen preisgeben, um sie dafür selbst zu genießen.

Bei meinem ersten Aufenthalt in Italien hörte ich ein Beispiel in Ferrara; man erzählte mir eine Geschichte von einem Manne, der, von einem schönen Jüngling hingerissen, seine Frau überredete, sich besagtem jungem Manne, der in sie verliebt war, aufzudrängen, sie solle ihm einen Tag bestimmen und tun, was er ihr befehle. Die Dame wollte es sehr gern, denn sie wünschte gar kein andres Wildbret zu essen als das. Endlich war der Tag bestimmt, und die Stunde kam, in der der junge Mann und die Frau sich dem süßen Liebesspiel hingaben, als der Gemahl, der sich versteckt hatte, gemäß der Verabredung mit seiner Frau plötzlich hereinkam; er erwischte sie bei der Tat, setzte dem jungen Mann den Dolch an die Kehle und sagte ihm, für solchen Frevel sei er gemäß den Gesetzen Italiens, die etwas strenger sind als die in Frankreich, des Todes. Der Jüngling ward gezwungen, dem Gatten zu gewähren, was er wollte, sie tauschten also miteinander: der junge Mann prostituierte sich dem Ehemann, und der Ehemann überließ ihm seine Frau; das nenne ich auf eine gemeine Art und Weise aus einem Gatten ein Hahnrei werden.

Ich hörte, daß irgendwo auf der Welt, wo, will ich nicht sagen, ein Gatte in sehr hohem Range lebte, der sehr in einen Jüngling verliebt war; dieser wiederum liebte seine Frau stark, wie sie ihn; sei es nun, daß der Gemahl seine Frau gewonnen hatte oder daß es eine unversehentliche Überraschung war, er faßte sie, wie sie beide beisammenlagen und sich verlustierten, bedrohte den jungen Mann, wenn er ihm nicht zu Willen wäre, drang in ihn ein, wie er lag, verstemmt und zusammengedrückt auf seiner Frau, und genoß ihn; damit war das Problem gelöst, wie drei Liebesleute zu gleicher Zeit einander genießen können.

Ich hörte von einer Dame, die in einen ehrbaren Edelmann, den sie zum Freund und Günstling genommen hatte, heftig verliebt war; als er sich nun fürchtete, daß der Gemahl ihm und ihr einen schlimmen Streich spielen könnte, tröstete sie ihn mit den Worten: »Fürchte nichts, denn er würde es nicht wagen, er hat Angst, ich klage ihn an, daß er mich mit der rückwärtigen Venus benutzen wollte; er könnte deswegen sterben, wenn ich das geringste Wort darüber sagte und ihn dem Gericht anzeigte. Aber so halte ich ihn in Schach und Angst; so daß er in der Furcht vor meiner Anklage mir nichts zu sagen wagt.«

Gewiß hätte eine solche Anklage den armen Gemahl nichts Geringeres gekostet als sein Leben; denn dies Gesetz sagt, bei der Sodomie ist schon der Versuch strafbar, aber möglicherweise wagte es die Dame nicht geradeheraus zu sagen, und er war weiter gegangen, ohne daß es beim Willen sein Bewenden hatte.

Ich ließ mir erzählen, daß in einem dieser Jahre ein junger französischer Edelmann, einer der schönsten, der seit langer Zeit am Hof zu sehen war, der nach Rom gegangen war, um sich dort auszubilden wie andere seinesgleichen, dort ein solches Wohlgefallen erregte und mit so großer Bewunderung vor seiner Schönheit betrachtet wurde, sowohl von Männern wie von Frauen, daß man ihn sozusagen mit Gewalt überlief; wo sie wußten, daß er zur Messe ging oder an einen andern öffentlichen Ort oder in eine Versammlung, verfehlten weder Männer noch Frauen, sich zusammenzufinden, um ihn zu sehen. Ja, mehrere Ehemänner erlaubten ihren Frauen, ihm ein Stelldichein in ihrer Wohnung zu geben, damit sie dann, wenn er kam und überrascht wurde, einen Tausch machen könnten, der eine mit der Frau, der andere mit ihm; daher wurde er gewarnt, sich den Liebeswünschen dieser Damen zu überlassen, weil alles darauf angelegt sei, ihn zu erwischen; er wurde also vernünftig, zog seine Ehre und sein Gewissen allen abscheulichen Freuden vor und erntete darum hohes Lob. Zuletzt wurde er indessen von seinem Stallknecht umgebracht. Die Gründe wurden verschiedentlich diskutiert; es war sehr schade um ihn, denn er war ein sehr ehrbarer junger Mann von guter Herkunft, von dem man sich viel versprach, sowohl wegen seines Aussehens und seiner edlen Taten als auch wegen dieses schönen und vornehmen Zuges; denn, so hörte ich einen sehr feinen Mann meiner Zeit, und wie es auch wahr ist, sagen: Keiner war je ein solcher w..... oder Lustknabe, keiner aber auch tapfer, kühn und edel wie der große Julius Cäsar; mit dem Willen Gottes werden auch so abscheuliche Leute verworfen und der Verdammnis überantwortet. Ich wundere mich also, daß verschiedenen, die sich mit diesem schlimmen Laster befleckten, noch großes Glück und Wohlstand vom Himmel beschert wurde; aber Gott wartet ihrer, und am Ende sieht man, was aus ihnen werden muß.

Solchen Abscheulichkeiten, hörte ich reden, sind verschiedene Gatten gewiß sehr heftig verfallen; denn elend und verwerflich, wie sie sind, richteten sie sich ihre Frauen mehr von hinten als von vorne zu und bedienten sich ihres Schoßes nur, um Kinder zu bekommen; so behandeln sie ihre armen Frauen, die ihre ganze Hitze in ihren schönen Vorderpartien haben. Sind diese Frauen nicht zu entschuldigen, wenn sie ihre Gatten, die so schmutzigen und drekkigen Neigungen frönen, zu Hahnreien machen?

Wieviel Frauen gibt es auf der Welt, die bei einer Untersuchung von Hebammen, Ärzten und erfahrenen Chirurgen sich auf beiden Seiten nicht mehr als Jungfern erweisen und deren Männern alsbald der Prozeß gemacht wäre; sie verhehlen es und wagen es nicht zu entdecken, aus Furcht, sowohl sich wie ihre Gatten dem Schimpf auszusetzen; möglicherweise haben sie selbst eine größere Lust daran, als wir glauben können; oder sie tun es in der oben erwähnten Absicht, ihre Gatten dermaßen in Abhängigkeit zu halten, damit es ihnen erlaubt wird, falls sie anderswo lieben; aber wie dem auch sei, es taugt alles nichts.

Die ›Summa Benedicti‹ sagt: Der Gatte, der gegen die natürliche Ordnung handelt, begeht eine Todsünde; und wenn er behaupten will, er könne über seine Frau verfügen, wie ihm gefalle, verfällt er in die abscheuliche und häßliche Ketzerei von Juden und elenden Rabbinern, von denen man sagt: ›Duabus mulieribus apud synagogum conquestis se fuisse a viris suis cognitu sodomico cognitas, responsum est ab illis rabinis: virum esse uxoris dominum, proinde posse uti ejus utcumque libuerit, non aliter quam is qui piscem emit: ille enim, tam anterioribus quam posterioribus partibus, ad arbitrium vesci potest.‹

Ich habe das auf Lateinisch hergesetzt, ohne es zu übersetzen, denn es klingt sehr übel für keusche und ehrbare Ohren. Es sind doch abscheuliche Kerle! Einen schönen, reinen und dazu verliehenen Teil zu lassen, um einen gemeinen dreckigen, schmutzigen, verbotenen und verdammten dafür einzutauschen! Wenn der Mann seine Frau auf diese Weise nehmen will, ist es ihr erlaubt, sich von ihm zu trennen, falls es kein anderes Mittel gibt, ihn zu bessern; »wer Gott fürchtet«, sagt Benediktus noch, »darf indessen nie zustimmen, lieber muß er mit aller Gewalt schreien, ohne Rücksicht auf den Skandal, der daraus entstehen kann, und auf die Schande oder die Todesfurcht; denn es ist besser zu sterben, sagt das Gesetz, als ins Böse zu willigen.« Das besagte Buch behandelt noch etwas, das ich sehr seltsam finde: in welcher Art auch immer der Gatte seine Frau erkennt, sofern sie nur dabei empfangen kann, so ist das keine Todsünde, die nicht verziehen werden könne; es gibt aber doch sehr schmutzige und gemeine Methoden, wie Aretino solche in seinen Figuren zur Anschauung bringt; sie lassen von der ehelichen Keuschheit gar nichts spüren, obwohl es, wie ich sagte, schwangeren Frauen gegenüber erlaubt ist, wie auch denen gegenüber, die einen starken und stinkenden Atem haben, sowohl aus dem Mund wie aus der Nase: So kannte ich verschiedene Frauen, deren Kuß und Anhauch einen geradezu weit wegtreiben konnte; oder wie ich von einer sehr großen Dame hörte, ich meine ausdrücklich sehr großen, daß eine ihrer Damen eines Tages sagte, ihr Atem röche wie ein bronzenes Nachtgeschirr; so drückte sie sich auch gegen mich aus. Einer ihrer vertrautesten Freunde, der ihr sehr nahe stand, bestätigte es mir ebenfalls, freilich war sie auch schon etwas überreif.

Was kann nun ein Ehemann oder ein Liebhaber in

einem solchen Fall anderes tun, als zu irgendeiner extravaganten Form seine Zuflucht zu nehmen? Es braucht ja nicht gerade die rückwärtige Venus zu sein.

Ich könnte mehr darüber sagen, aber mir schaudert, davon zu reden; es tut mir auch leid, daß ich schon soviel darüber sagte: aber zuweilen muß man eben die Laster der Welt aufdecken, um sich davon zu reinigen.

Nun muß ich noch von der schlimmen Meinung reden, die verschiedene über den Hof unserer Könige gehabt haben und noch haben: nämlich, daß dort die Mädchen und Frauen meistens, ja gewöhnlich, zu Falle kämen; darin täuscht man sich aber sehr oft, denn es gibt dort sehr keusche, ehrbare und tugendhafte Frauen; die Tugend ist dort ebensogut zu Hause, ja sogar besser als an allen anderen Orten, und man muß sie darum sehr preisen, denn es läßt sich recht gut beweisen.

Ich will nur das eine Beispiel von der jetzigen Frau Großherzogin von Florenz aus dem Hause Lothringen anführen; als diese an dem Abend, da der Großherzog sie heiratete, zu Florenz ankam und er mit ihr schlafen gehen wollte, um sie zu entjungfern, ließ er sie vorher in ein schönes kristallenes Uringlas, das schönste und hellste, das er auftreiben konnte, ihr Wasser lassen; dann untersuchte er den Urin mit seinem Arzt, einem sehr großen, sehr gelehrten und erfahrenen Manne, um auf Grund des Befundes von ihm zu erfahren, ob sie eine Jungfer wäre oder nicht. Nach einer genauen und gelehrten Untersuchung fand der Arzt, sie wäre genauso beschaffen, wie sie aus dem Mutterleib gekommen wäre, und er solle nur dreist hingehen, er fände in keiner Weise einen Weg offen, gebahnt oder geschlagen; das tat denn der Gatte auch und erkannte es als Wahrheit; am andern Morgen rief er voll Erstaunen: »Ist das nicht ein großes Wunder? So ein Mädchen kommt als Jungfer vom Hof von Frankreich!« Was für eine seltsame Ansicht! Ich weiß nicht, ob es wahr ist, aber man hat es mir als wahr versichert.

Das nenne ich eine schöne Ansicht von unseren Höfen; sie datiert aber nicht erst von heute, sondern schon seit langer Zeit huldigt man der Auffassung, alle Damen am Hofe und in Paris gingen nicht so züchtig mit ihrem Leibe um wie die des platten Landes, die sich nicht in ihren Stuben rührten. Es hat Männer gegeben, die so gewissenhaft waren, kein Mädchen und keine Frau zu heiraten, die viel gereist war und, wenn auch nur wenig, die Welt gesehen hatte. Ich hörte in unserer Guyenne, als ich jung war, verschiedene feine Leute sagen und schwören, sie würden niemals eine Frau oder ein Mädchen heiraten, das über den Hafen von Pille hinausgekommen wäre, um lang und breit in Frankreich umherzuziehen. So geschickt und gerieben diese armen Tröpfe auch in anderen Dingen sein mochten, es war doch sehr dumm von ihnen zu glauben, die Hahnreischaft quartiere sich nicht ebensogut in ihre Häuser ein, an ihren Herd, in ihre Kammern, in ihre Kabinette, oder vielleicht noch besser, entsprechend der Bequemlichkeit, als in die königlichen Paläste und großen königlichen Städte! Denn ihre Frauen wurden ebenso verfolgt und verführt, wenn sie selbst an den Hof gingen, in den Krieg, auf die Jagd zogen, zu ihren Prozessen und Spaziergängen, so daß sie es nicht bemerkten und so einfältig waren zu meinen, man wage kein Liebeswort über sie zu werfen und rede nur von Menagerien, Gärtnereien, Jagden und Vögeln zu ihnen; bei dieser Meinung, bei diesem oberflächlichen Glauben wurden sie leichter zu Hahnreien als sonst; denn eine schöne und geschickte Frau, ein ehrbarer und galanter Mann wissen überall zur Liebe zu kommen und sich einzurichten. Konnten sich denn diese armen Tröpfe und Idioten nicht denken, daß Venus keine feste Wohnung mehr hat wie früher auf Zypern, auf Paphos, auf Amathus, daß sie überall zu Hause ist, auch in den Hütten der Viehhirten, auch im Schoße der einfältigsten Schäferinnen.

Seit einiger Zeit haben sie damit begonnen, diese dummen Ansichten aufzugeben; denn als sie bemerkten, daß die Gefahr dieser traurigen Hahnreischaft überall drohe, nahmen sie ihre Frauen überall, wo es ihnen paßte und wo sie konnten; ja, noch mehr; sie schickten oder brachten sie an den Hof, um ihren Wert sichtbar zu machen und ihre

Schönheit leuchten zu lassen, um der einen oder andern Begierde zu reizen und sich Hörner zu holen.

Wieder andere bedienten sich ihrer Frauen, um ihre Prozesse vor Gericht zu führen und zu betreiben; manche hatten freilich gar keine, aber sie machten glauben, daß sie welche hätten; wenn sie aber einen hatten, so zögerten sie ihn so lange hinaus, als sie nur konnten, um ihre Liebschaften zu verlängern. Zuweilen ließen die Gatten sogar ihre Frauen in der Hut des Gerichtshofes, in der Galerie, im Saal, und gingen nach Haus auf ihre Besitzungen, in der Meinung, ihre Frauen würden ihre Geschäfte besser besorgen und ihre Prozesse eher gewinnen; und das ist wahr, ich kenne verschiedene, die ihren Prozeß mehr wegen der Gewandtheit und Schönheit ihrer Frau gewannen als durch ihr gutes Recht; dabei wurden ihre Frauen häufig guter Hoffnung; um aber kein Ärgernis zu erregen, wenn die Arzneien ihre Tugend nicht davor behütet hatten, eilten sie schleunig nach Hause zu ihren Männern, unter dem Vorwand, sie holten Urkunden und Schriftstücke, die sie brauchten, oder sie müßten eine Untersuchung anstellen oder auf den St. Martinstag warten, und während der Gerichtsferien, wo sie nichts nütze sein konnten, wollten sie ihren Mann besuchen und ihren Hausstand wieder besorgen. Freilich kamen sie zum Besuch, aber sehr schwanger.

Ich verweise auf verschiedene vortragende Räte und Präsidenten, was die guten Bissen anlangt, die sie von den Frauen der Edelleute geschmeckt haben.

Es ist gar nicht lange her, daß eine sehr schöne, ehrbare und große Dame, die ich kannte, auf solche Weise in Paris ihren Prozeß betrieb und daß jemand sagte: »Was wird sie ausrichten? Sie wird ihn verlieren; ihr Recht ist kein bedeutendes.« Aber trägt sie denn nicht ihr Recht in der Schönheit ihres Schoßes wie Cäsar das seinige auf dem Knauf und der Spitze seines Schwertes?

Die Edelleute werden also auch in den Gerichtshöfen zu Hahnreien zur Vergeltung für die, welche sie mit den Frauen Rätinnen und Präsidentinnen machten. Unter diesen Damen sah ich auch manche, die ebenso auf verbotenen Pfaden wandelten wie verschiedene Damen, Fräulein und Frauen von Rittern, Herren und großen Edelleuten am Hofe und anderswo.

Ich kannte eine vornehme Dame, deren frühere große Schönheit aber vom Alter ausgelöscht worden war. Als sie einen Prozeß in Paris führte und sah, daß sie ihre Schönheit nicht mehr dazu brauchen konnte, ihren Prozeß zu betreiben und gewinnen zu helfen, nahm sie ihre Nachbarin mit, eine junge und schöne Dame, und stattete sie zu diesem Zweck mit einer guten Summe Geldes aus bis zu 10000 Talern, damit sie die Aufgabe übernehme, die sie selbst gern auf sich genommen hätte, aber nicht mehr konnte; und dabei stand sie sich sehr gut und die junge Dame ebenfalls, jede auf die beste Art.

Vor nicht langer Zeit sah ich eine Mutter eine ihrer Töchter hinführen, obgleich sie verheiratet war, damit sie ihr helfe, ihren Prozeß vorwärtszutreiben, da sie keinen andern Ausweg mehr hatte; ihre Tochter war in der Tat sehr schön und muß die Sachwaltung außerordentlich gelohnt haben.

Es ist Zeit, daß ich in dieser großen Abhandlung über die Hahnreischaft einmal anhalte; denn schließlich könnten meine langen Reden, hineingewirbelt in diese tiefen Wasser und großen Ströme, darin ertrinken; ich käme niemals zu Ende und würde mich nicht mehr herausfinden wie aus dem großen Labyrinth der Vorzeit, obwohl ich den längsten und stärksten Faden von der Welt habe, der mich führt und klug leitet.

Zum Schlusse will ich nur sagen: Wenn wir den armen Hahnreien Schmerzen, Qualen, Martern und böse Streiche zufügen, rechnen wir es ihnen viel zu teuer an und bezahlen die dreifachen Zinsen dafür; denn die Mehrzahl ihrer Verfolger, Liebhaber und Stutzer ertragen ebensoviel Leiden darum wie sie; sie sind der Eifersucht noch mehr ausgesetzt, die sie ebensosehr gegenüber den Gatten wie gegenüber den Rivalen empfinden; sie haben Sorgen, tragen Launen, begeben sich in die tödlichsten Gefahren, setzen sich Verstümmelungen, Wunden, Beschimpfungen, Beleidigungen, Händeln, Unruhen, Strafen und Totschlag aus; sie ertragen Kälte, Regen, Wind und Wärme, ungerechnet die galanten Übel wie Syphilis, Schanker, die Leiden und Krankheiten, die sie dabei bekommen, mit den Großen nicht weniger wie mit den Kleinen, so daß sie oft sehr teuer kaufen, was sie kriegen; und oft ist die ganze Geschichte der Mühe nicht wert.

Manche Leute sahen wir elend sterben, die das Zeug gehabt hätten, ein ganzes Königreich zu erobern; Zeugen dessen sind Herr von Bussi, dieser unvergleichliche Mann seiner Zeit, und eine Menge andere.

Ich könnte noch eine Unzahl anderer anführen, die ich aber unerwähnt lasse, um damit zu schließen, daß ich die Liebhaber ermahne, nach dem Sprichwort des Italieners zu verfahren, der sagt: ›Wer eine Dirne verliert, gewinnt viel.‹

Der Graf Amatus II. von Savoyen sagte oft:

›Beim Waffenspiel und Liebesscherzen
Kommt eine Freude auf hundert Schmerzen.‹

Er sagte auch, daß Zorn und Liebe einander darin sehr unähnlich wären, daß der Zorn bald vergeht und von seinem Mann leicht absteht, nachdem er ihn überfallen hat, schwer aber die Liebe.

Daher sollte man sich vor der Liebe hüten, denn sie kostet uns mehr, als sie wert ist, und oft gereicht sie uns zum Unglück. Um die Wahrheit zu sagen, sind die meisten Hahnrei-Dulder hundertmal besser daran als die tätigen Liebhaber, wenn sie sich mit ihren Frauen gut ins Einvernehmen zu setzen wissen; und verschiedene sah ich, die sich ihren Hörnern zum Trotz über uns lächerlich machten und nach allen Launen und Methoden über uns lachten, die wir uns der Liebe mit ihren Frauen angelegen sein ließen; ja oft haben wir es mit verschmitzten Frauen zu tun, die mit ihrem Gatten im Einverständnis sind und uns verkaufen. So kannte ich einen sehr tapfern und ehrbaren Edelmann, der eine schöne und ehrbare Dame lange liebte;

als er sie genossen hatte, was er sich schon lange gewünscht hatte, bemerkte er eines Tages, daß sie und ihr Mann sich über ihn irgendeines Zuges halber lustig machten. Das verdroß ihn so sehr, daß er sie verließ; und daran tat er wohl; er machte eine weite Reise, um sich zu zerstreuen, und verkehrte nie wieder mit ihr, wie er mir sagte. Vor so listigen, schlauen und veränderlichen Frauen sollte man sich in acht nehmen wie vor einem wilden Tier; denn um ihre Gatten zu befriedigen und zu beruhigen, lassen sie ihre alten Anbeter und nehmen nachher andere, denn ohne einen Anbeter können sie es nun einmal nicht ertragen.

Ich kannte auch eine sehr ehrbare und große Dame, die das Unglück hatte, daß fünf oder sechs Liebhaber, die ich in meinem Leben von ihr zählte, alle einer nach dem andern starben, was sie höchlich bedauerte; man hätte von ihr sagen können, sie wäre das Pferd des Sejan, weil alle, die es bestiegen, sterben mußten; sie hatte aber das Gute und Tugendhafte an sich, mit keinem ihrer Freunde, wer es auch immer war, solange er lebte, zu wechseln oder ihn aufzugeben und einen andern zu nehmen; erst wenn sie starben, wollte sie sich stets wieder von neuem beritten machen, um nicht zu Fuß gehen zu müssen; die Gesetzkundigen sagen ja auch, es ist erlaubt, seine Ländereien und Grundstücke mit jedem zu verwerten, wer es auch immer sei, wenn sie von ihrem ersten Herrn aufgegeben sind. Diese Beständigkeit war an der Dame sehr lobenswert; wenn diese bis zum Augenblicke fest blieb, gibt es dafür eine Unzahl anderer, die sehr schwankten. Man soll auch, um offen davon zu reden, niemals in ein und derselben Liebe alt werden, und ein Mann von Herz tut das auch niemals; man muß hierherum und daherum abenteuern, in der Liebe wie im Krieg und in anderen Dingen; denn wenn man sich nur eines einzigen Ankers an seinem Schiff versichert und er löst sich, verliert man es leicht, besonders auf dem offenen Meer und im Sturm, wo es den Wettern und Wogen mehr preisgegeben ist als bei einer Windstille und in einem Hafen.

Und könnte man denn auf ein größeres und höheres Meer hinausschiffen, als indem man nur mit einer Dame eine Liebschaft treibt? Wenn sie anfänglich noch nicht von selbst schlau und listig war, so richten wir Männer sie dazu ab, verfeinern sie mit soviel Schlichen und Praktiken, die wir ihr beibringen, daß es uns oft recht übel bekömmt; haben wir eine Frau erst zum Krieg abgerichtet, so führt sie auch Krieg mit uns. »Wie dem auch sei«, sagte ein galanter Mann, »es ist besser, sich mit einer schönen und ehrbaren Frau zu verheiraten, wenn man auch in Gefahr schwebt, ein wenig vom Horn und von dem so allgemeinen Übel der Hahnreischaft gefaßt zu werden, als soviel Widerwärtigkeiten zu erdulden, indem man die anderen zu Hahnreien macht.« Der Herr von Gua hatte freilich eine andere Meinung; als ich ihm eines Tages auf die Veranlassung einer großen Dame, die mich darum gebeten hatte, davon redete, sich zu verheiraten, gab er mir bloß zur Antwort, er hielte mich für seinen besten Freund, den Glauben zerstöre ich ihm aber mit solcher Rede, daß ich ihm eine Sache aufdränge, die er gerade am meisten hasse: nämlich heiraten und zum Hahnrei werden, anstatt daß er die anderen dazu mache; er heirate genug Frauen im Laufe des Jahres; dabei nannte er die Ehe ein ehrwürdiges und vom Gesetz verordnetes Institut der Prostitution; das schlimmste dabei aber ist (so sehe ich es und zeichne es auf), daß die meisten, sogar alle, die sich damit ergötzt haben, die anderen zu Hahnreien zu machen, bei Eingehung einer Heirat unfehlbar selbst hineinfallen, ich meine in die Hahnreischaft; ich habe es nie anders kommen sehen, genau nach dem Sprichwort: ›Was du anderen antust, wird auch dir getan.‹

Bevor ich schließe, will ich noch das sagen. Es hat sich eine Streitfrage erhoben, die noch unentschieden ist; in welchen Ländern und Reichen unserer Christenheit und unseres Europa es die meisten Hahnreie und Dirnen gibt? Man sagt, in Italien sind die Frauen sehr feurig und daher arge Huren, wie es Herr von Bèze in einem Epigramm ausspricht; weil dort die Sonne heiß ist und die Frauen mehr erhitzt; daraus machte er den Vers: ›Credibile est ignes multiplicare suos.‹

Mit Spanien verhält es sich ebenso, wenn es auch im

Westen liegt; aber die Sonne erhitzt dort die Frauen ebensosehr wie im Orient.

Die Flamländer, die Schweizer, die Deutschen, die Engländer, dic Schotten, sei's im Norden, sei's im Süden, seien's die kalten Gebiete, haben an diesem natürlichen Feuer nicht weniger teil, ich habe sie ebenso feurig gefunden wie die Frauen aller andern Völker.

Die Griechen haben einen besondern Grund dazu, denn sie liegen weit gegen Osten zu. So wünscht man sich in Italien eine Greca in letto: und in der Tat, sie haben Reize und Vorzüge und sind nicht ohne Ursache in der Vergangenheit das Entzücken der Welt gewesen; von der alten Zeit bis in die neue haben sie die Italienerinnen und Spanierinnen viel gelehrt, so daß diese jetzt also ihre alten und modernen Lehrerinnen weit übertreffen; auch war die Hurenkönigin und -kaiserin, Venus, eine Griechin.

Was unsere schönen Französinnen anlangt, so sind sie in der Vergangenheit sehr roh gewesen, sie begnügten sich mit einer plumpen Art der Liebe; seit fünfzig Jahren aber haben sie von den andern Nationen so viel Artigkeiten, Schmeicheleien, Reize und Vorzüglichkeiten gelernt, an Kleidern, an Anmut und Lüsternheit so viel angenommen, oder sie haben sich von selbst so viel Mühe gegeben, sich herauszubilden, daß man jetzt sagen muß, sie übertreffen heute alle andern in jeder Weise. Ich hörte auch von Fremden sagen, sie seien viel mehr wert als die andern, abgesehen davon, daß die unkeuschen Worte in einem französischen Munde viel lüsterner, aufregender, wohlklingender sind als in einem andern.

Die schöne französische Freiheit, die über alles hochzuhalten ist, macht auch unsre Frauen viel begehrenswerter, liebenswürdiger, geselliger und umgänglicher als alle andern. Auch werden die Ehebrüche hier nicht so gemeinhin gestraft wie in andern Ländern, kraft der Weisheit unserer hohen französischen Gerichtshöfe und Gesetzgeber, die angesichts der Mißbräuche, die aus solchen Strafen entspringen, ihnen Zaum und Zügel gaben; die strengen Gesetze der Männer der Vergangenheit, die sich darin jede Freiheit ließen, sich zu ergötzen, während sie sie den Frauen nahmen, linderten sie etwas; damals war es durch kein kaiserliches und kanonisches Gesetz einer unschuldigen Frau erlaubt, ihren Gatten des Ehebruchs anzuklagen, wie Cajetan sagt. Aber die schlauen Männer machten jenes Gesetz aus den Gründen, von denen eine italienische Stanze spricht, die lautet:

Perchè, di quel che natura concede
Cel' vieti tu, dura legge d'honore.
Ella à noi liberal largo ne diede
Com' agli altri animai legge d'amore.
Ma l'huomo fraudulento, e senza fede,
Che fu legislator di quest' errore,
Vedendo nostre forze e buona schiena,
Copri la sua debolezza con la pena.

Nun zum Ende: Ist es schön, in Frankreich der Liebe zu pflegen? Ich berufe mich auf unsere glaubwürdigen Gelehrten in Liebessachen, ebenso auf unsre Höflinge, die spitzfindiger darüber reden können als ich. Um aber ganz die Wahrheit zu sagen: Überall gibt es Dirnen, Hahnreie, das kann ich wohl bezeugen, weil ich alle Länder sah, die ich nannte, und andre mehr; die Keuschheit ist in keinem Lande mehr zu Hause als im andern.

Ich will nur noch eine Frage aufwerfen, dann keine mehr, die möglicherweise noch von niemand untersucht und bedacht wurde, die nämlich, ob zwei Frauen, die ineinander verliebt sind und, wie man's erlebt und heutzutage häufig sieht, beisammenliegen und sich's nach dem Beispiel der gelehrten Lesbierin machen, was man Donna con donna nennt. Ehebruch begehen und miteinander ihre Gatten zu Hahnreien machen können.

Wenn man Martial Glauben schenken will, so begehen sie Ehebruch; er läßt dort eine Frau mit Namen Bassa, eine Tribade, auftreten und macht ihr den Vorwurf, daß man niemals Männer zu ihr kommen sähe, so daß man sie für eine zweite Lukretia hielte; sie wurde jedoch entdeckt, da man gewöhnlich eine Menge schöner Frauen und Mädchen zu ihr gehen sah; und man fand, sie ließ sich selber benützen, spielte die Rolle des Mannes und Ehebrechers und verlustierte sich mit ihnen; Martial gebraucht dabei die Worte: ›Geminos committere cunnos.‹ Und dann gibt er in einem lateinischen Vers das folgende Rätsel zu raten auf: ›Hic, ubi vir non est, ut sit adulterium.‹

›Das ist ein starkes Stück‹, sagt er, ›wo kein Mann ist, da wird doch Ehebruch getrieben.‹

Ich kannte in Rom eine spanische Kurtisane, die alt und schlau war wie nur eine, mit Namen Isabella de Luna; diese wurde von einer solchen Freundschaft zu einer Kurtisane ergriffen, die Pandora hieß und eine der schönsten von ganz Rom war; sie hatte sich mit einem Schaffner des Herrn Kardinal von Armaignac verheiratet, ohne indessen ihr erstes Metier aufzugeben; jene Isabella aber hielt sie aus und schlief gewöhnlich mit ihr; da sie in ihren Reden sehr zügellos und wüst war, so hörte ich sie häufig sagen, sie treibe immer größere Unzucht mit ihr und lasse sie ihrem Gemahl mehr Hörner aufsetzen, mehr als alle liederlichen Kerle, die Pandora je gehabt habe. Ich weiß nicht, wie sie das meinte, es sei denn, sie bezog sich auf jenes Epigramm Martials.

Man sagt, in diesem Metier sei die Sappho von Lesbos eine sehr gute Lehrerin gewesen; man sagt sogar, sie habe es erfunden, seitdem eifern ihr die Lesbierinnen darin nach und führen sie bis auf den heutigen Tag fort; Lukian sagt: ›Solche Frauen sind Lesbierinnen, die Männer nicht leiden wollen, sich aber andern Frauen nähern, genau wie die Männer selbst.‹ Und Frauen, die diese Leibesübung lieben und die Männer nicht leiden wollen, sich aber andern Frauen ergeben wie die Männer selbst, heißen Tribaden, ein Wort aus dem Griechischen, wie ich selbst von Griechen lernte, von τρίβω, τριβεῖν,was soviel heißt wie fricare, reiben oder bereiben; lateinisch heißen sie Fricatrices, Reiberinnen, oder solche, die beim Metier der Donne con donne die Reiberin machen, wie man es heute noch genauso findet.

Juvenal redet ebenfalls von diesen Weibern, wenn er sagt: ›... frictum Crissantis adorat‹, indem er von einer Tribade spricht, die für das Reiben mit einer gewissen Crissante entflammt ist.

Der lustige Kamerad Lukian hat ein Kapitel darüber; er sagt, die Frauen vereinigen sich gegenseitig wie die Männer, indem sie sich mit unheimlichen und ungeheuerlichen Werkzeugen paaren, die aus einer unfruchtbaren Form bestehen. Dieser Name, den man von jenen Frikarellen selten hört, ist überall im Schwange, und das weibliche Geschlecht muß dazu philaenisch sein; Philaene führte bestimmte männliche Liebesarten aus. Dennoch fügt er hinzu, daß es viel besser sei, eine Frau ergebe sich einer unzüchtigen Neigung, den Mann zu machen, als daß sich ein Mann verweibliche; er verliert dabei nämlich seinen Mut und seinen Adel. Demgemäß kann die Frau, die den Mann darstellt, für tapferer und beherzter gelten als eine andre; ich kannte ein paar solche Weiber, die es waren, an Leib und Seele.

An einer andern Stelle führt Lukian zwei Frauen an, die miteinander über diese Liebe plauderten; die eine fragt die andre, ob die und die in sie verliebt wäre und ob sie mit ihr geschlafen und was sie mit ihr gemacht hätte. Die andre antwortete ihr offen: »Zuerst küßte sie mich wie ein Mann, indem sie nicht nur die Lippen zusammenpreßte, sondern auch den Mund öffnete« (das heißt mit dem Taubenkuß, mit der Zunge im Mund), »und obgleich sie kein männliches Glied hatte und uns andern glich, war es doch, wie sie sagte: sie hatte vom Mann das Herz, die Neigung und alles übrige; dann umarmte ich sie wie einen Mann, und sie machte es mir, sie küßte mich und ließ mich lustschauern, und mir schien, als hätte sie eine unbändige Lust daran; sie beschlief mich auf eine weit angenehmere Art als ein Mann.« Soweit Lukian.

Nun gibt es, soweit ich sagen hörte, in verschiedenen Städten und Ländern eine Menge solcher Lesbierinnen, in Frankreich, in Italien, in Spanien, in der Türkei, in Griechenland und an anderen Orten. und wo die Frauen im

Kloster sind und keine völlige Freiheit haben, pflanzt sich das Laster arg weiter; denn solche Frauen, denen es im Leibe brennt, müssen sich wohl, sagen sie, mit diesem Mittel helfen, um sich etwas zu kühlen, oder sie verbrennen ganz und gar.

Die Türkinnen gehen mehr um dieser Unzucht willen in die Bäder als aus einem andern Grunde, und sie sind ihr sehr ergeben. Auch die Kurtisanen, die doch zu jeder Stunde Männer zur Verfügung haben, bedienen sich dieser Reibungen und suchen und lieben einander, wie ich das in Italien und Spanien von manchen hörte. Bei uns in Frankreich sind solche Frauen ziemlich verbreitet; indessen sagt man, es sei noch nicht lange her, daß sie sich damit befaßten, ja, daß die Einführung dieser Methode aus Italien erst durch eine Dame von hohem Rang geschah, die ich durchaus nicht nennen will.

Von dem in La Rochelle verstorbenen Herrn von Clermont-Tallart dem Jüngeren hörte ich, daß er als kleiner Junge die Ehre hatte, mit Herrn von Anjou, später unser König Heinrich III., gemeinsam zu studieren und gewöhnlich mit ihm zu arbeiten; sein Erzieher war Herr von Gournay; als sie nun eines Tages in Toulouse waren und mit besagtem Lehrer im Kabinett studierten und er in einem Winkel für sich saß, sah er durch eine kleine Ritze in ein andres Kabinett; die Zimmer und Kammern waren nämlich aus Holz, der eifervolle Herr Kardinal von Armaignac, der dortige Erzbischof, hatte sie provisorisch und in der Eile herstellen lassen, um den König und seinen ganzen Hof besser empfangen und einrichten zu können. Dort sah er zwei sehr große Damen, die mit hinaufgehobenen Kleidern aufeinanderlagen, sie schnäbelten sich wie die Tauben, frottierten sich, kurz, machten es in großer Aufregung wie die Männer; ihre Belustigung dauerte eine gute Stunde und machte sie so müde und erhitzt, daß sie ganz rot wurden und, obgleich es sehr kalt war, so schwitzten, daß sie nicht mehr konnten und gezwungen waren, sich auszuruhen. Herr von Clermont sagte, daß er das Spiel auch noch ein paar Tage so beobachtete, solange der Hof da war; seitdem hätte er keine Gelegenheit mehr gehabt, solche Spiele zu sehen, weil er es damals nur der günstigen Lage des Ortes verdankte und er zu andern nicht kam.

Er erzählte mir noch mehr, was ich nicht niederzuschreiben wage, und nannte mir die Damen. Ich weiß nicht, ob es wahr ist; er hat es mir jedoch geschworen und mit hundert guten Eiden versichert. In der Tat ist es sehr wahrscheinlich, denn jene zwei Damen standen schon immer in dem Ruf, dieser Liebe zu huldigen und damit ihre Zeit hinzubringen.

Ich kannte verschiedene andere, die der gleichen Leidenschaft frönten; unter diesen hörte ich von einer von da und da, die jeden Rekord schlug. Sie liebte und verehrte manche Damen mehr als ein Mann; sie erfüllte ihnen dieselben Dienste wie ein Mann seiner Geliebten; sie nahm sie zu sich, hielt sie vollständig aus und gab ihnen, was sie verlangten. Ihr Gemahl war darüber sehr froh und äußerst zufrieden, und ich kannte auch viele andere Ehemänner, die sehr froh waren, daß ihre Frauen eher dieser Liebe nachgingen als der mit Männern (sie hielten ihre Frauen nicht für so geil und wüst). Ich glaube aber, sie täuschten sich sehr; denn soweit ich hörte, ist dieses kleine Exerzitium bloß eine Lehre für das große mit den Männern; denn wenn sie sich erhitzt und einander in Brunst gebracht haben und dabei ihr Feuer sich nicht minderte, müssen sie sich in einem frischen fließenden Wasser baden, das viel besser erfrischt als ein schläfriges; so weiß ich auch von guten Wundärzten: wer eine Wunde wohl erwägen und heilen will, darf sich nicht dabei genügen lassen, sie rund herum oder am Rand medizinisch zu behandeln und zu reinigen; er muß sie bis auf den Grund untersuchen, eine Sonde hineinbringen und eine Wieke dafür zurechtmachen.

Wieviel Lesbierinnen sah ich doch, die bei all ihrem gegenseitigen Reiben doch nicht aufhören, zum Manne zu gehen! Liebte nicht sogar Sappho, die Meisterin dieser Kunst, ihren großen Freund Phaon, dem sie im Tode nachfolgte? Denn schließlich spielt doch, wie ich von verschiedenen Damen sagen hörte, der Mann die Hauptrolle; was sie mit den anderen Frauen anstellen, ist bloß Geplänkel, um sich nachher auf der Männerweide ganz zu sättigen; diese Reibungen benützen sie nur in Ermangelung von Männern. Fänden sie zur rechten Zeit und ohne Aufsehen Männer, so ließen sie gleich ihre Gefährtinnen, um zu ihnen zu gehen und ihnen an den Hals zu springen.

Ich kannte zu meiner Zeit zwei schöne und ehrbare Fräulein aus gutem Hause, alle beide Cousinen, die hatten drei Jahre lang in ein und demselben Bett geschlafen und sich daher so stark an die Reibung gewöhnt, daß sie die Vorstellung bekamen, das Vergnügen sei im Vergleich zu dem mit dem Manne doch recht dürr und unvollkommen, sie machten sich also daran, es mit ihnen zu versuchen, und wurden dabei sehr tüchtige Huren; später gestanden sie ihren Liebhabern, nichts hätte sie so verludert und ins Wanken gebracht wie jenes tribadische Reiben, sie verabscheuten es nun, weil es die einzige Ursache ihrer Ausschweifung war. Nichtsdestoweniger nahmen sie, wenn sie einander oder andern begegneten, stets wieder einen Tribadengang mit, um ihre Begierde nach dem andern mit den Männern immer höher anzureizen. Es geschieht darum, wie einmal ein ehrbares Fräulein, das ich kannte, sagte, als sie von ihrem Liebhaber eines Tages gefragt wurde, ob sie nicht mit ihrer Gefährtin, mit der sie gewöhnlich schlief, dieses Reiben mache? »Ach, nein!« sagte sie lachend, »ich liebe die Männer viel zu sehr«; trotzdem aber tat sie beides.

Ich kenne einen ehrbaren Edelmann, der einst am Hofe ein sehr ehrbares Fräulein zur Ehe begehrte und eine ihrer Verwandtinnen darüber um Rat fragte. Diese sagte ihm offen, er verlöre nur seine Zeit damit; weil die und die Dame (sie nannte ihm den Namen, und ich wußte auch Geschichten von ihr) niemals erlauben würde, daß sie sich verheirate. »Ich erkannte plötzlich den Nagelschaden, weil ich wohl wußte, daß sie dieses Fräulein zu ihrer eignen Wonne fetierte und sich sorgfältig für den Mund aufsparte.« Der Edelmann dankte der genannten Cousine für ihren guten Rat, freilich nicht ohne sie lachend zu necken, sie spräche dabei ja ebenso für sich wie für die andre; denn sie wüßte schon mal heimlich etwas wegzubekommen; das leugnete sie mir aber ab.

Dadurch werde ich wieder an manche Männer erinnert, die dergestalt Dirnen bei sich hatten und liebten, daß sie nicht um alles in der Welt andern den Mitgenuß gegönnt hätten, keinem Fürsten, keinem Großen, keinem ihrer Gefährten, keinem ihrer Freunde; so eifersüchtig sind sie darauf wie ein Aussätziger auf seinen Becher; und der bietet ihn noch dazu zum Trinken an, wer davon will. Diese Dame aber wollte das Fräulein ganz für sich behalten, ohne sie mit andern zu teilen; dennoch wurde sie von ihr mit andern Gefährtinnen im geheimen zur Hahnreiin gemacht.

Man sagt, auch die Wiesel ergeben sich dieser Liebe, und Weibchen vergnügten sich mit Weibchen, einander zu beschlafen; so daß man Frauen, die einander mit dieser Liebe besäßen, früher in Geheimschrift durch Wiesel dargestellt hätte. Ich hörte von einer Dame, die stets welche pflegte; sie befaßte sich mit dieser Liebe und hatte Vergnügen daran, den kleinen Tierchen bei ihrer Begattung zuzusehen.

Noch ein weiterer Punkt muß erwähnt werden. Diese femininen Liebschaften lassen sich auf zweierlei Art und Weise betreiben, das eine Mal durch Reiben, das andre Mal durch ›geminos committere cunnos‹, wie der Dichter sagt. Diese Art und Weise bringt keinen Schaden, sagen einige, man benutzt Instrumente, die die Gestalt eines Penis haben, gewöhnlich Godmichés genannt.

Ich hörte erzählen, daß ein großer Fürst, der zwei Damen an seinem Hofe im Verdacht solcher Liebe hatte, ihnen auflauern ließ, so daß er sie überraschte; die eine wurde dabei ertappt, wie sie sich zwischen den Schenkeln ein dickes Glied hergerichtet hatte, das artig mit kleinen Bändchen rund um den Leib befestigt war, daß es wie ein natürliches Glied erschien. Die Überraschung war so groß, daß sie keine Zeit hatte, es abzutun; und der Fürst zwang sie, ihm zu zeigen, wie sie es beide machten.

Man sagt, manche Frauen starben, weil sie ihrer Gebärmutter Geschwüre zuzogen, die aus den unnatürlichen Bewegungen und Reibungen entstanden. Ich kenne wohl ein paar davon, um die es sehr schade war, denn es waren sehr schöne und ehrbare Damen und Fräulein, und sie hätten besser daran getan, sie hätten mit ein paar ehrbaren Edelleuten Umgang gehabt; von denen brauchten sie nicht zu sterben, sondern wären vielmehr wieder aufgelebt und wieder frisch geworden, wie ich es noch anderswo auszuführen hoffe. Ja, sie hätten zur Heilung von einem solchen Übel, wie ich von verschiedenen Wundärzten hörte, gar nichts Geeigneteres finden können, als die Scheide von dem natürlichen Mannesgliede ausreinigen zu lassen, das besser wirkt als jene Pessarien, die mit eigens präparierten Flüssigkeiten und Mixturen von den Ärzten und Chirurgen benutzt werden; aber trotz der Übelstände, die häufig daraus entspringen, können es manche Frauen doch nicht unterlassen, diese häßlichen Instrumente zu tragen.

Als ich noch am Hofe war, hörte ich eine Geschichte: Zur Zeit der Unruhen hatte die Königinmutter eines Tages Befehl gegeben, die Kammern und Kasten aller im Louvre wohnenden Leute, ohne Schonung für Frauen und Mädchen, zu untersuchen, zu dem Zwecke, ob nicht vielleicht Waffen oder gar Pistolen darin versteckt seien; dabei erwischte der Kapitän der Garden im Koffer eines Fräuleins zwar keine Pistolen, aber vier dicke Godmichés von artiger Bildung, über die alle Welt herzlich lachte, die Dame aber sehr betreten wurde. Ich kannte das Fräulein, und ich glaube, sie lebt noch; aber sie machte nie wieder ein gutes Gesicht. Kurz, solche Instrumente sind sehr gefährlich.

Ich will noch die Geschichte der zwei Hofdamen erzählen, die sich so sehr liebten und so hitzig in ihrem Geschäft waren, daß sie es, an welchem Ort sie auch weilten, nicht unterlassen konnten, mindestens gaben sie sich Liebeszeichen oder küßten sich; dadurch gaben sie großes Ärgernis und den Leuten viel zu denken. Die eine war Witwe, die andre verheiratet; eines Tages, gelegentlich einer großen Feierlichkeit, hatte sich die Verheiratete sehr herausgeputzt und trug ein silberdurchwirktes Kleid, und gerade als ihre Herrin zur Vesper gegangen war, gingen sie in ihr Kabinett und nahmen auf dem Nachtstuhl ihre Bereibung so heftig und ungestüm vor, daß er unter ihnen zerbrach. Dabei fiel die Verheiratete, die unten lag, mit ihrem schönen Kleid aus silberdurchwirktem Tuch auf den Rücken und mit einem Platsch auf den Kot im Topf; sie beschmutzte und befleckte sich so sehr, daß sie nicht wußte, was sie tun sollte, als sich, so gut sie konnte, abwischen, sich hochschürzen und schleunigst davonzueilen, um in ihrem Zimmer das Kleid zu wechseln; man merkte es wohl und roch ihre Spur, so stank sie; das gab nun ein großes Gelächter bei den Leuten, die die Geschichte erfuhren; auch ihre Herrin, die es ebenfalls praktizierte, brach darüber in Gelächter aus. Sie mußten aber auch stark unter dem Einfluß dieser Brunst stehen, daß sie nicht eine gelegenere Zeit und passenderen Ort abwarteten, ohne Skandal zu erregen. Auch Mädchen und Witwen entschuldigt man noch, daß sie dieses frivole und eitle Vergnügen lieben; man sieht es lieber, sie geben sich so hin und entladen ihre Hitze, als daß sie zu Männern gingen, sich schwängern und entehren ließen oder sich die Frucht abtrieben, wie es manche getan haben oder tun; sie meinen, sie begingen keine so große Sünde gegen Gott und sie seien nicht so große Huren, wie wenn sie mit Männern verkehrten: es bedeutet auch einen großen Unterschied, ob man Wasser in ein Gefäß schüttet oder es bloß ringsherum und am Rande benetzt. Dies zu entscheiden, überlasse ich ihnen. Ich bin weder ihr Richter noch ihr Gatte; mögen sie es schlimm finden; wenn ich auch noch nie welche sah, die nicht sehr froh waren, daß sich ihre Frauen in ihre Gefährtinnen vernarrten und sogar wollten, sie möchten nie anders Ehebrecherinnen sein als auf diese Weise; und in der Tat ist ein solcher Beischlaf ganz verschieden von dem männlichen; und was auch Martial sagen möge, sie sind darum keine Hahnreie. Es ist ja kein Evangelientext, was ein verrückter Dichter sagt. Es ist darum, wie Lukian sagt, weit schöner, ein Weib ist etwas männlich oder eine wahre Amazone und auch so geil, als daß ein Mann weibisch sei wie ein Sardanapal oder Heliogabal und viele andere ihresgleichen; denn je mehr ein

Weib vom Manne hat, desto mutiger ist sie. Über all dies aber mögen andere entscheiden.

Herr von Gua und ich lasen einmal ein kleines Buch aus dem Italienischen, das den Titel trägt ›Von der Schönheit‹ und in Dialogen geschrieben ist von Herrn Angelo Firenzuola, einem Florentiner; da gerieten wir auf eine Stelle, wo er sagt, manche Weibchen, die am Anfang von Jupiter erzeugt wurden, waren so geartet, daß einige die Männer liebten, andere die Schönheiten beider Geschlechter; die einen waren rein und fromm, von der Gattung, zu der zu unsrer Zeit, wie der Autor sagt, die hochberühmte Margarete von Österreich gehörte, die die schöne Laodomia Fortenguerra liebte; die anderen so geil und unzüchtig wie die lesbische Sappho und zu unserer Zeit in Rom die große Kurtisane Cäcilia aus Venedig; diese hassen es von Natur, sich zu verehelichen, sie fliehen den Umgang mit Männern, soviel sie können.

Hierbei warf Herr von Gua dem Autor vor, es wäre unrichtig, daß jene schöne Margareta die schöne Dame mit reiner und frommer Liebe geliebt hätte; denn da sie ihre Liebe mehr auf dieses Mädchen als auf andere warf, die ebenso schön und tugendhaft wie sie sein konnten, stände zu vermuten, daß sie es tat, um sie für ihre Wollust zu benutzen, genauso wie andere; und um ihre Unzucht zu verdecken, gebe sie kund, ihre Liebe sei fromm, wie viele ihresgleichen mit solchen Worten ihre Leidenschaft verhüllen.

Das war die Meinung des Herrn von Gua; wer sich noch ausführlicher darüber äußern will, der tue es.

Jene schöne Margareta war die schönste Fürstin ihrer Zeit in der Christenheit. So liebt eine Schönheit die andre, mit welcher Liebe es auch immer sei; aber die wollüstige spielt doch die größere Rolle. Sie wurde dreimal wieder verheiratet, in erster Ehe hatte sie König Karl VIII., in zweiter Johann, den Sohn des Königs von Aragonien, in dritter den Herzog von Savoyen, genannt der Schöne; man nannte sie seinerzeit das schönste Paar und die schönste Verbindung von der Welt; dieses ehelichen Glückes erfreute sich jedoch die Prinzessin nicht lange, denn ihr Gatte starb sehr jung und in seiner höchsten Schönheit; sie betrauerte ihn tief und verheiratete sich niemals wieder.

Sie ließ jene schöne Kirche in Bourg-en-Bresse bauen, eines der schönsten und stolzesten Bauwerke der Christenheit. Sie war eine Tante des Kaisers Karl und leistete ihrem Neffen sehr viel Beistand; denn sie wollte mit allen Frieden haben, wie sie es mit der Frau Regentin beim Vertrag von Cambray machte, wo sich beide sahen und zusammenfanden, und von alten Leuten ließ ich mir erzählen, daß die beiden großen Prinzessinnen dort ein schönes Bild miteinander boten.

Cornelius Agrippa schrieb eine kleine Abhandlung über die Tugend der Frauen, alles zum Preise dieser Margarete. Das Buch ist sehr schön, wie es auch wegen des schönen Gegenstandes nicht anders sein kann, und dann war ja auch der Autor eine sehr bedeutende Persönlichkeit.

Ich hörte von einer großen fürstlichen Dame, die unter den Mädchen ihres Gefolges eines ganz besonders und mehr als die anderen liebte; darüber wunderte man sich, denn sie wurde von anderen in jeder Beziehung übertroffen; endlich entdeckte man, daß sie hermaphroditisch war und daß sich daher jene Dame ohne jeden Mißstand oder Anstoß mit ihr vergnügen konnte. Die Sache war noch etwas anders als bei jenen Tribaden: denn das Vergnügen fleckte noch etwas besser.

Man nannte mir noch eine vornehme Dame, die ebenfalls hermaphroditisch ist und auch ein männliches Glied hat, allerdings ein sehr kleines, sie war aber trotzdem mehr Weib, denn ich fand sie sehr schön. Verschiedene große Ärzte, die ich darüber hörte und die genug solche Frauen sahen, bezeichnen sie als überaus wollüstig.

Soviel über den Gegenstand dieses Kapitels, das ich tausendmal hätte länger machen können, als ich's tat; denn ich habe noch so vielen und so reichen Stoff, daß, wenn alle Hahnreie und ihre Frauen, die sie dazu machen, sich bei der Hand faßten und einen Ring bildeten, er hinreichend wäre, damit den halben Erdkreis zu umspannen.

Zur Zeit König Franz' gab es ein altes Lied, das ich von einer sehr ehrbaren und ehrwürdigen Dame hörte und das lautet:

Mais quand viendra la saison
Que les cocus s'assembleront,
Le mien ira devant, qui portera la bannière;
Les autres suivront après, le vostre sera au derrière,
La procession en sera grande,
L'on y verra une très-longue bande.

Wenn die Jahreszeit wieder kommt
Und die Hahnreischaft sich sammelt,
Geht der meine voran und läßt die Fahne wehn;
Die andern folgen nach, Eurer ist hinten zu sehn.
Die Prozession ist groß und viel,
Es gibt eine lange Kompanie.

Ich will indessen viele ehrbare und anständige Frauen preisen, die sich tugendlich und standhaft bei dem heiligen Treuschwur gehalten haben, den sie ihren Gatten leisteten; ich gedenke zu ihrem Ruhm ein besonderes Kapitel zu schreiben und Meister Jean de Meung Lügen zu strafen, der in seinem ›Romant de la Rose‹ sagt:

›All ihr Frauen ...
Ihr seid oder wart
Wirkliche Dirnen, oder ihr wolltet es sein.‹

Darob warfen damals die Damen am Hofe eine solche Feindschaft auf ihn, daß sie auf den Rat der Königin eine Verschwörung bildeten und ihn eines Tages ganz nackt auszogen, um ihn durchzupeitschen; sie wollten schon zuschlagen, da bat er sie, es solle wenigstens die allergrößte Hure den ersten Schlag tun: aus Scham wagte keine anzufangen; so entrann er der Stäupung. Ich sah die Geschichte auf einer alten Tapisserie unter den Möbeln im Louvre eingewirkt.

Etwas Ähnliches weiß ich von einem Prediger, der eines Tages in einer guten Gesellschaft predigte und dabei die Sitten einzelner Frauen und ihrer Gatten tadelte, die es ertrugen, von ihnen zum Hahnrei gemacht zu werden; dabei rief er aus: »Ja, ich kenne sie, ich sehe sie, ich will gleich diese zwei Steine den größten Hahnreien der Gemeinde an den Kopf werfen«; und als er zum Wurf ausholen wollte, war kein Mann in der Predigt, der nicht den Kopf senkte, oder seinen Mantel, seine Kapuze, seinen Arm vorhielt, um sich vor dem Wurf zu schützen. Der Prediger aber legte die Steine weg und sprach: »Sagte ich es euch nicht? Ich meinte, es seien bloß zwei oder drei Hahnreie in meiner Predigt; soweit ich aber sehe, ist kein einziger da, der es nicht ist.« Nun, was aber auch diese Witzbolde sagen mögen, es gibt sehr sittsame und ehrbare Frauen, und sie würden, wenn sie den anderen, die ihnen so ungleich sind, Schlachten zu liefern hätten, den Sieg davontragen, nicht wegen ihrer Zahl, sondern kraft ihrer Tugend, die ihre Gegner leicht besiegt und niederschlägt.

Und wenn der besagte Meister Jean de Meung die Frauen schilt, die in ihren Gedanken Dirnen sind, finde ich, er solle sie vielmehr preisen und bis in den Himmel erheben, denn wenn es ihnen so heiß in Leib und Seele brennt und sie doch nicht zur Tat schreiten, legten sie doch von ihrer Tugend, ihrer Beständigkeit und dem Adel ihres Herzens Zeugnis ab; lieber wollen sie sich in ihren eigenen Feuern und Flammen verzehren lassen wie ein seltener Vogel Phönix, als daß sie ihre Ehre verwirkten und befleckten; darin gleichen sie dem weißen Hermelin, das lieber sterben als schmutzig werden will (dies die Devise einer sehr vornehmen Dame, die ich kannte, aber sie hat sie sehr schlecht in die Tat umgesetzt); da es doch in ihrer Macht liegt, ihren Brand zu löschen, beherrschen sie sich doch so gewaltig, und es gibt keine schönere Tugend und keinen größeren Sieg, als sich selbst zu beherrschen und selbst zu besiegen. In den ›Hundert Erzählungen‹ der Königin von Navarra haben wir darüber eine sehr schöne Geschichte; sie handelt von jener ehrbaren Dame von Pampeluna, die, in ihrer Seele und in ihren Gedanken unkeusch, vor Liebe nach dem Herrn d'Avannes, dem schönen Fürsten, verbrannte; sie wollte aber lieber in ihrem Feuer sterben, als ein Heilmittel dagegen suchen; erst durch ihre letzten Worte vor ihrem Tod erfuhr er es aus ihrem Munde.

Diese ehrbare und schöne Dame überantwortete sich dem Tod auf höchst unbillige und widerrechtliche Weise; bei dieser Gelegenheit hörte ich auch einen ehrbaren Herrn und eine ehrbare Dame sagen, damit hätte sie Gott beleidigt, da es doch in ihrer Macht stünde, dem Tod zu entrinnen. Ihm nachjagen und so zuvorzukommen heißt eigentlich sich selber töten; mehr Frauen ihresgleichen haben sich auch mit dieser großen Keuschheit und Enthaltsamkeit den Tod zugezogen, sowohl den seelischen wie den leiblichen.

Von einem sehr großen Arzte hab ich (und meine, er hat diese Lektion und diesen Unterricht manchen ehrbaren Damen erteilt), daß der menschliche Körper sich niemals wohl befinden kann, wenn nicht alle seine Glieder und Teile, von den größten bis zu den kleinsten, ihre Tätigkeiten und Funktionen, die ihnen die weise Natur zu ihrer Gesundheit vorgeschrieben hat, zusammen ausführen und im Einklang untereinander wirken lassen, wie es bei einem Instrumentalkonzert geschieht; es ist ohne Vernunft, wenn einzelne dieser Teile und Glieder arbeiten, und die anderen liegen brach; so wie in einer Republik alle Beamten, Handwerker, Gewerbsleute und andere ihr Geschäft einhellig verrichten müssen, ohne daß einer ruht oder daß sich einer auf den andern verläßt, wenn man will, daß sie wohl gedeiht und daß ihr Körper gesund und ganz bleibt; ebenso steht es mit dem menschlichen Körper.

Solche schöne Damen, deren Seele unkeusch und deren Leib keusch ist, verdienen ewige Lobpreisungen; nicht aber jene, die kalt sind wie Marmor, schlaff, feige und unbeweglicher als ein Fels, fleischlose Naturen, die keine Gefühle haben (es gibt freilich kaum solche), die weder schön noch gesucht sind und, nach den Worten des Dichters, »... keusch und von niemand begehrt«. In dieser Hinsicht kannte ich eine große Dame, die zu einigen ihrer Gefährtinnen, die schön waren, sagte: »Gott hat mir eine große Gnade erwiesen, daß er mich nicht schön geschaffen hat wie euch, meine Damen; denn sonst hätte ich auch der Liebe gehuldigt wie ihr und wäre eine Hure geworden wie ihr.« Daher kann man jene keuschen Schönheiten für diese ihre Natur rühmen und preisen.

Sehr häufig freilich täuschen wir uns auch über solche Damen; denn welche erscheinen, wenn man sie sieht, in ihren Worten und in ihrer zurückhaltenden Kleidung so kleinlich, kläglich, schwächlich, kalt, diskret, verschlossen und sittsam, daß man sie für Heilige und höchst spröde Frauen halten könnte; aber sowohl im Innern und in ihrem Willen wie nach außen hin mit ihren Taten sind sie tüchtige Huren.

Wieder andere könnte man wegen ihrer Artigkeit, ihrer mutwilligen Reden, ihrer lustigen Gebärden und ihrer weltlichen und gezierten Kleider für sehr ausschweifend und für gleich bereit halten, sich hinzugeben; trotzdem aber sind sie vor der Welt leiblich sehr ordentliche Frauen; wie sie im geheimen sind, das muß auch der Wahrheit überlassen bleiben, die im verborgenen liegt.

Ich könnte eine Unmenge von Beispielen dafür anführen, die ich sah und hörte; ich will mich aber damit begnügen, das anzuführen, was Titus Livius bringt, besser noch Boccaccio; es handelt von einer hübschen römischen Frau mit Namen Claudia Quintiana, die in Rom durch ihre prächtigen und wenig sittsamen Kleider vor allen anderen auffiel, durch ihre freien und fröhlichen Manieren weltlicher erschien, als nötig war, und in betreff ihrer Ehre in sehr schlechten Ruf kam; als aber der Tag des Empfangs der Göttin Kybele kam, tilgte sie alles aus; denn sie genoß vor allen anderen die Ehre und den Ruhm, die Göttin aus dem Schiffe zu empfangen, sie zu berühren und in die Stadt zu bringen, worüber alle Welt erstaunte; denn es war gesagt worden, nur der beste Mann und die beste Frau würden dieses Amtes gewürdigt. Man sieht, wie arg sich die Welt mit manchen unserer Damen täuscht. Man muß sie zuerst genau kennen und prüfen, bevor man sie beurteilt, sowohl die eine wie die andere Art.

Bevor ich schließe, muß ich noch eine schöne Tugend und Eigentümlichkeit erwähnen, die mit der Hahnreischaft verknüpft ist und die ich von einer sehr ehrbaren und schönen Dame von guter Herkunft habe; als ich eines Tages in ihr Kabinett trat, finde ich sie im Begriff, an eine Geschichte aus ihrer eigenen Feder die letzte Hand zu legen; sie zeigte sie mir offen, denn ich gehörte zu ihren guten Freunden, und sie verbarg mir nichts; sie war sehr geistreich und beredt und der Liebe sehr ergeben; der Anfang der Geschichte lautete:

›Es scheint‹, sagte sie, ›die Hahnreischaft hat unter anderen schönen Eigentümlichkeiten, die mit ihr verknüpft sind, das Schöne und Gute, daß man dabei ordentlich erkennen kann, wie fein sich der Geist für das Vergnügen und die Befriedigung der Natur des Menschen übt; denn er ist es, der wacht, der die dazu nötigen Kunstgriffe erdenkt und ausfindig macht, während die Natur bloß die sinnliche Lust und die Begierde dazu beisteuert; der Geist lehrt, wie man es verdecken kann mit soviel Listen und Schlauheiten, die beim Liebesmetier betätigt werden, und er setzt die Hörner auf; denn es gilt einen eifersüchtigen, argwöhnischen und heftigen Gemahl zu täuschen; es gilt die Augen derjenigen zu trügen und zu umschleiern, die das Böse auffangen, denen eine Nase zu drehen, denen es am eifrigsten um die Kenntnis der Wahrheit zu tun ist; Treue vorzuspiegeln, wo alles bloß Täuschung ist; Freimütigkeit, wo bloß Verstellung ist; Furcht, wo es erlaubt ist; kurz, wegen all diesen Schwierigkeiten und hohen Anforderungen sind dies keine Akte, die dem natürlichen Verdienst gelingen können; der Vorzug muß hierin dem Geiste gegeben werden; er liefert das Vergnügen überhaupt und setzt mehr Hörner als der Körper, der sie pflegt und pflöckt.‹

Dies die eigenen Worte der Aufzeichnungen jener Dame, ohne irgendwelche Änderung, damit beginnt sie ihren selbstgeschriebenen Bericht; sie veränderte jedoch die Namen; in der weiteren Darstellung der Liebschaften der Dame und des Herrn, mit denen sie zu tun hat, bis zur Erfüllung des Zweckes, führt sie an, daß die Wahrscheinlichkeit der Liebe bloß eine Wahrscheinlichkeit der Befriedigung ist. Die Liebe ist bis zum völligen Besitz und Genuß überhaupt formlos, und sehr oft glaubt man, sie sei am äußersten Punkt angelangt, wenn man weit entfernt ist von seiner Abrechnung; zur Belohnung hat man nichts als verlorene Zeit, um die man dann klagt und jammert. (Die letzteren Worte muß man wohl erwägen und beachten, sie treffen den Nagel auf den Kopf und sprechen nur einen gerechten Tadel aus.) Trotzdem haben Mann und Weib in der Liebe bloß den Genuß, wenn sie die verlorene Zeit nicht bedauern wollen.

Daher gab jene ehrbare Dame, die diese Erzählung niederschrieb, ihrem Liebhaber ein Rendezvous in einem Gehölz, wo sie häufig in einer sehr schönen Allee lustwandelte; an deren Eingang ließ sie ihre Frauen warten und fand ihren Freund unter einer schönen und breiten schattigen Eiche, denn es war im Sommer! »Hier«, sagte die Dame in ihrer Erzählung mit ihren eigenen Worten, »hier schweiften sie unzweifelhaft ein wenig aus und errichteten dem armen Gemahl einen schönen Altar im Tempel des Kreaton, obgleich sie nicht in Delos waren«, dieser Tempel bestand nämlich ganz aus Hörnern; man stelle sich nur vor, was für ein lustiger Bruder ihn gründete.

So machte sich also jene Dame über ihren Gemahl lustig, sowohl in ihren Schriften wie in ihren Taten und Wonnen. Man beachte alle ihre Worte, sie sind sehr wirksam, da sie von einer so geschickten und ehrbaren Frau ausgesprochen und niedergeschrieben sind.

Die Erzählung ist sehr schön, und ich hätte sie gern hier eingerückt; aber sie ist zu lang, denn die Gespräche, bevor sie dazu kommen, sind schön, aber auch lang, sie macht ihrem Liebhaber Vorwürfe, der sie außerordentlich rühmte: er berge mehr eine natürliche und neue Leidenschaft, dem sie nichts Gutes gegenübersetzen könne, obgleich sie zu den schönsten und ehrbarsten gehörte; um diese Meinung zu besiegen, mußte der Liebhaber bedeutende Proben seiner Liebe ablegen, die in dieser Erzählung sehr gut auseinandergesetzt sind; und sieht man sie dann einig, so ergeben sich daraus allerhand Listen, Schlauheiten und Liebesbetrügereien gegenüber dem Gemahl wie gegenüber der Welt, die sicherlich sehr schön und hochfein sind.

Ich bat jene ehrbare Dame, mir die Abschrift jener Geschichte zu geben; das tat sie sehr gern, nur wollte sie die Abschrift selbst anfertigen, sie hatte Angst, man möchte auf ihre Schliche kommen; ich behüte sie sehr sorgfältig.

Die Dame hatte recht, der Hahnreischaft dieses Verdienst und diese Eigentümlichkeit zuzuschreiben; denn bevor sie zu lieben begann, war sie sehr wenig geschickt; nachdem sie es aber betrieben hatte, wurde sie eine der geistvollsten und geschicktesten Frauen von Frankreich, sowohl in dieser Sache wie in anderen. Und es ist in der Tat nicht die einzige, von der ich erlebte, daß sie durch Liebschaften ihre Fähigkeiten steigerte, denn ich habe viele Frauen gesehen, die im Anfang sehr dumm und arg ungeschickt waren; aber kaum hatten sie ein Jahr an der Akademie des Cupido und der Venus, seiner Frau Mutter, zugebracht, so stand ihre Geschicklichkeit und Anständigkeit ganz außer Frage; und was mich anlangt, so habe ich nie eine Hure gesehen, die nicht sehr gewandt und auf den Kopf gefallen gewesen wäre.

Noch eine Frage möchte ich aufwerfen: welche Jahreszeit läßt die meisten Hahnreie gedeihen, welche ist am geeignetsten zur Liebe, und welche kann eine Frau, eine Witwe oder ein Mädchen am meisten ins Wanken bringen? Die allgemeine Stimme geht sicher dahin, es sei nur der Frühling, der die Körper und Geister aufweckt, die den verdrießlichen und melancholischen Winter schliefen; wenn alle Vögel und Tiere sich ergötzen und in Brunst kommen, empfinden es Leute, die entwickeltere Sinne und Gefühle haben, noch viel mehr, besonders geraten die Frauen nach der Meinung verschiedener Philosophen und Ärzte dann in größeres Liebesfeuer als zu jeder anderen Zeit, wie ich das auch verschiedene ehrbare und schöne Damen haben sagen hören, besonders eine große, die jedesmal vom Frühlingswehen mehr berührt und gereizt wurde als von jeder anderen Jahreszeit; sie sagte, sie fühle das Gras sprießen und müsse wie eine Stute danach wiehern, und sie müsse von der Frucht schmecken, sonst würde sie ganz dürre; das tat sie denn auch, das versichere ich euch, und wurde dann nur noch geiler. Auch drei oder vier neue Liebschaften, die ich sie in ihrem Leben machen sah, ging sie im Frühling ein, und nicht ohne Ursache; denn von allen Monaten des Jahres sind April und Mai am meisten der Venus geweiht und gewidmet, und dann fangen die schönen Damen an, mehr als zuvor sich herzurichten, sich aufzuputzen, sich hübsch zu schmücken, sich schäkerhafte Haartouren zu machen, sich leicht zu kleiden; man möchte daher meinen, alle diese neuen Veränderungen sowohl der Kleider wie der Manieren zielten auf die Wollust ab, und darauf, die Erde mit Hahnreien zu bevölkern, genau wie April und Mai die Himmelsräume mit den meisten Vögeln beschenken.

Man soll überdies auch nicht meinen, daß die schönen Frauen, Mädchen und Witwen, wenn sie auf allen Seiten auf ihren Spaziergängen in ihren Wäldern, Forsten, Gehegen, Parks, Wiesen, Gärten, Gebüschen und anderen Erholungsorten sehen, wie sich die Tiere und Vögel lieben und huren, nicht den Stachel des Fleisches spüren und nicht sofort auf Heilmittel sinnen. Es bildet eine der überzeugendsten Vorstellungen für Liebende ohne Glut und Flamme, daß man sie auf die Tiere und Vögel in Haus und Feld hinweist; wie die Sperlinge und die Tauben, die geilen Haustiere, sich bloß begatten, befruchten, zeugen und sich vermehren, bis zu den Pflanzen und Bäumen. Das wußte eines Tages auch eine feine spanische Dame zu einem kalten oder allzu respektvollen Kavalier zu sagen: »Seht hier, feiner Herr Ritter, hier spielen sich alle Arten der Liebe ab und triumphieren in diesem Frühjahr, und Ihr bleibt schlaff und verzagt.«

Der Frühling geht und macht dem Sommer Platz, der ihm nachfolgt und seine Gluten mitbringt; und wie eine Hitze die andre im Gefolge hat, so verdoppelt die Frau folgerichtig die ihrige; es gibt keine größere Abkühlung für sie als ein brünstiges Bad mit Venussperma. Nicht durch sein Gegenteil heilt man etwas, sondern man behandelt Gleiches mit Gleichem; denn ob sie sich auch alle Tage badete und in dem frischesten Brunnen eines ganzen Landes untertauchte, es nützt doch nichts; sie mag auch noch so leichte Kleider tragen, um sich zu erfrischen, sie mag sie so hoch aufschürzen, so hoch sie will, daß man sogar ihre Unterhosen sieht, sic mag den Vertugadin darüber legen, ohne die Kleider über den Unterrock anzulegen, wie es manchc tun: es nützt nichts. Und das ist das schlimmste, in solchem Zustand sehen, entzücken und betrachten sie sich im hellen Licht der Sonne, und wie sie sich so schön, weiß, mollig, geputzt und wohlgestalt sehen, geraten sie plötzlich in Brunst und Versuchung; dann heißt es zum Männchen gehen, oder sie müssen bei lebendigem Leibe verbrennen; das erlebt man aber sehr selten; es wäre auch sehr dumm von ihnen. Und wenn sie in ihren schönen Betten liegen und weder Decken noch Leintücher ertragen können, haben sie ihre Hemden so hoch hinaufgeschoben, daß sie halb nackt sind; am Morgen, wenn sie aufgehende Sonne über sie scheint und sie sich noch bequemer von allen Seiten und in allen Teilen betrachten können, sehnen sie ihre Freunde herbei und erwarten sie. Kommen sie zufällig in diesem Augenblick, sind sie alsbald hochwillkommen, werden umfaßt und umarmt: »Dann gibt's«, sagen sie, »die höchste Umarmung und den größten Genuß, den keine andre Tagesstunde gewährt«; »weil dann«, sagte einmal eine Große, »die Scheide wegen der milden Wärme und des Feuers der Nacht, in denen ihr Saft kochte, ordentlich eingemacht und viel schöner und schmackhafter ist.«

Ein altes Sprichwort sagt indessen: ›Juni und Juli ist der Mund feucht und die F… trocken‹; dazu führt man noch den Monat August an: Das versteht sich für die Männer, die in Gefahr sind, wenn sie sich während dieser Zeit zu sehr erhitzen, und besonders, wenn der Hundsstern regiert, das müssen sie sehr beachten; wollen sie sich aber an ihrer Kerze verbrennen, so ist's ihr Schaden. Die Frauen laufen diese Gefahr niemals, denn ihnen sind in allen Stunden, Monaten und Jahreszeiten die Zeichen günstig.

Nun stellen sich die guten Früchte des Sommers ein, die jene ehrbaren und feurigen Damen scheinbar erfrischen müssen. Manche sah ich wenig davon essen, andre aber viel. Indessen kann man kaum je eine Veränderung in der Feurigkeit feststellen, weder bei den einen oder bei den andern, ob sie sich's nun versagen oder ob sie davon essen; das schlimmste ist, wenn es manche Früchte gibt, die erfrischen können, so gibt es eine große Menge anderer, die ebensosehr erhitzen; zu diesen aber greifen die Frauen am häufigsten, wie zu verschiedenen Kräutern, die in Blüte stehen und zu ihren Suppen und Salaten gut schmecken, als: Spargel, Artischocken, Morcheln, Trüffeln, Rüßlingen und Herrenpilzen, ferner die neuen Speisen, die ihre Köche auf ihren Befehl sehr gut herzurichten und lecker und gut zuzubereiten wissen und die ihnen auch die Ärzte tüchtig verordnen. Wenn ein galanter Kenner diese Stelle weiter ausführen wollte, so würde er es sehr viel besser erledigen als ich.

Nach diesen guten Speisen nehmt euch in acht, ihr armen Liebhaber und Ehemänner! Seht ihr euch nicht sehr vor, so ist es um eure Ehre geschehen, und ihr werdet vertauscht und betrogen.

Das ist noch nicht alles; denn zu jenen neuen Früchten aus Gärten und Feldern kommen noch gute große Pasteten hinzu, die man seit einiger Zeit erfunden hat, mit einer Menge Pistazien, Pinien und anderen Drogen und Reizmitteln aus der Apotheke, besonders aber mit dem Kamm und den Hoden des Hahns, die der Sommer üppiger entwickelt als der Winter und andere Jahreszeiten; nun werden auch im allgemeinen mehr junge Hähnchen geschlachtet als im Winter große Hähne, da diese nicht so groß und so geeignet sind wie die kleinen, die feurig, brünstig und fideler sind als die andern. Dies ist, unter andern, eine der Vorzüge und Annehmlichkeiten, die der Sommer für die Liebe mit sich bringt.

Von diesen fein gemischten Pasteten, kleinen Hähnen,

Artischockenbäuchen, Trüffeln oder andern erhitzenden Leckereien machen, wie ich hörte, manche Damen häufig Gebrauch; wenn sie davon essen oder darin herumfischen, langen sie mit der Hand oder der Gabel hinein, ziehen entweder eine Artischocke, eine Trüffel, eine Pistazie oder einen Hahnkamm oder sonst einen Bissen heraus und stekken ihn in den Mund; dazu sagen sie mit betrübter Miene: »Niete!«; erwischen sie aber ein artiges Hahnengeschlecht und bringen es unter die Zähne, so sagen sie jubelnd: »Treffer!«; genau wie beim Glückstopf in Italien, als wenn sie ein sehr kostbares und reiches Kleinod herausgezogen hätten.

Dafür sind sie den kleinen Herren Hähnen und Hähnchen Dank schuldig, die der Sommer und auch der halbe Herbst mit hervorbringt, den ich hier in den Sommer einbeziehe; beide geben uns eine Menge anderer Früchte und kleiner eßbarer Vögel, die hundertmal hitziger sind als die des Winters und der weiteren Herbsthälfte, die dem Winter näher steht; diese letzteren Jahreszeiten darf man wohl vereinigen, weil man für ihre Dauer doch alle jene guten Heilkräuter nicht in ihrer Kraft pflücken soll, auch andere Sachen nicht, wie in der heißen Jahreszeit, wenn sich auch der Winter bemüht, hervorzubringen, was er kann, wie die guten Artischocken, die roh oder gekocht eine gute Hitze und Begierde erzeugen, bis zu den kleinen erhitzenden Disteln, von denen die Esel sich nähren und darum besser schreien; denn im Sommer sind sie hart, im Winter zart und köstlich, man macht daher in neuester Zeit auch sehr gute Salate daraus. Außerdem macht man noch eifrig Jagd nach guten Drogen bei den Apothekern, Drogisten und Parfümeriehändlern, damit sowohl an den Pasteten wie an den Kraftbrühen nichts vergessen ist. In Anbetracht dieser Ernährung hat man, soviel eine Frau sich eben verschaffen kann, über ihre Hitze im Winter kaum zu klagen; »denn«, sagen die Frauen, »wenn wir eifrig danach aus sind, unsern Leib mit dicken Kleidern und gutem Pelzwerk äußerlich warm zu halten, warum sollten wir es innerlich nicht ebenso machen?« Die Männer sagen auch: »Und was nützt es ihnen, Hitze auf Hitze zu häufen, wie man Seide auf Seide legt, gegen alle Verfassung, sie sind schon von selbst feurig genug; in jeder Stunde, in der man sie bespringen will, sind sie in der bereitesten Stimmung, ohne daß mit irgendeiner Kunst nachzuhelfen wäre! Wozu das? Möglicherweise fürchten sie, daß ihr heißes und kochendes Blut, wenn es nicht unterhalten wird, verdirbt und sich in den Adern staut und eisig wird, wie das eines Eremiten, der bloß von Wurzeln lebt.«

Nun, lassen wir sie gewähren: Das ist gut für die lustigen Kameraden, denn wenn sie so häufig in Brunst kommen, dann fallen sie ja auf den geringsten Liebesangriff, den man auf sie macht, und die armen Herren Gatten werden Hahnreie und gehörnt wie Satyrn. Die ehrbaren Damen treiben es aber noch besser! Sie teilen zuweilen von ihren guten Pasteten, Kraftbrühen und Suppen mit ihren Liebhabern aus Mitleid, damit sie tapferer sind und nicht allzusehr geschwächt werden, wenn's zum Geschäfte kommt, damit die Geberinnen es mehr spüren und reichlicher abbekommen; sie geben ihnen auch Rezepte, damit sie sich's in ihrer Küche machen lassen: manche Liebhaber aber täuschen sich dabei sehr, wie ich von einem feinen Edelmann hörte, der seine Kraftbrühe genommen hatte und ganz fröhlich bei seiner Herrin landete und ihr drohte, er werde sie tüchtig vornehmen, er habe seine Bouillon genommen und seine Pastete gegessen. Sie antwortete ihm: »Ihr besorgt mir nur, was gerecht ist; sonst weiß ich nicht«; als sie sich aber umschlangen und berannten, nützten ihm jene Leckerbissen bloß zu zwei Gängen. Darauf sagte sie ihm, entweder habe ihn sein Koch schlecht bedient oder er habe Drogen und Mixturen vergessen, die dazu nötig wären, oder er habe die große Medizin nicht ordentlich vorbereitet oder er wäre körperlich schlecht disponiert gewesen, sie zu nehmen und wiederzugeben: so machte sie sich über ihn lustig.

Es sind aber nicht alle diese Heilkräuter, Drogen, Speisen und Arzneien für alle passend; bei den einen wirken sie, bei den andern gar nicht. Auch sah ich Frauen, die man, als sie von diesen hitzigen Speisen aßen, damit neckte, es möchte in deren Folge mit dem Gatten oder mit dem Liebhaber eine Ausschweifung oder etwas Außerordentliches passieren, oder es möchte eine nächtliche Entladung geben, aber sie schwuren steif und fest, wegen eines solchen Essens gerieten sie noch in keiner Weise in Versuchung. Und Gott weiß! Sie mußten schon zu solchen Listen greifen!

Nun, die Frauen, die für den Winter Partei ergreifen, sagen, was die Kraftbrühen und erhitzenden Speisen beträfe, wüßten sie genug Rezepte, im Winter ebenso gute zu machen wie in den anderen Jahreszeiten. Sie machen genug Erfahrungen darin; und für die Liebe halten sie den Winter auch sehr geeignet; denn wie der Winter verdrießlich, finster, ruhig, still ist und man in Verborgenheit und Zurückgezogenheit vor Gesellschaften lebt, so muß es auch mit der Liebe so sein, und sie will im geheimen genossen werden, nämlich an einem entlegenen Ort und in der Dunkelheit, entweder in einem Kabinett für sich oder in einem Winkel am Kamin in der Nähe eines guten Feuers, das, wenn man sich längere Zeit nahe daran hält, ebensoviel Liebesbrunst erzeugt wie die Sommersonne.

Ebensogut tut es auch im Alkoven ein dunkles Bett, wohin die Augen der anderen Personen, die ja nahe beim Feuer sind, um sich zu wärmen, sehr schwer dringen, oder sie sitzen auf Kasten und Betten abseits und liebeln ebenfalls, oder man sieht sie nahe beieinander, man meint, es wäre wegen der Kälte und sie wollten sich damit wärmen; indessen treiben sie gute Sachen, dieweil die Leuchter sehr entfernt auf dem Tisch oder auf dem Büfett stehen.

Und außerdem, was gibt es denn Besseres, als im Bett zu liegen? Es bietet den Liebenden alle Freuden der Welt, sich zu umarmen und einander zu umschlingen, einander zu drücken und sich zu küssen, sich aus Furcht vor der Kälte einer auf den andern zu stülpen, nicht für kurze Zeit, sondern für längere, einander süß zu wärmen, ohne irgendwie die maßlose Hitze zu spüren, die der Sommer erzeugt, und den außerordentlichen Schweiß, der die Kurzweil der

Liebe höchlich stört; denn anstatt daß man sich nahe beieinander hält und sich eng zusammenlegt, muß man sich breit legen und sehr auf die Seite; das ist das beste, sagen die Frauen auf den Rat der Ärzte: die Männer sind im Winter geeigneter, feuriger und eifriger als im Sommer.

Ich kannte einst eine sehr große Prinzessin, die sehr viel Geist hatte und brillant redete und schrieb. Sie verfaßte eines Tages zur Lobpreisung des Winters auf seine Eigenheit in Sachen der Liebe einige Stanzen. Man stelle sich vor, sie hatte ihn dazu günstiger und brauchbarer gefunden. Die Stanzen waren sehr gut gemacht, und ich hatte sie sehr lange bei mir auf meinem Zimmer; ich würde viel darum geben, wenn ich sie noch hätte und hier einfügen könnte; man würde aus ihnen die großen Vorzüge des Winters, seine Eigentümlichkeiten und Eigenartigkeiten für die Liebe ersehen.

Ich kannte eine sehr vornehme Dame, eine der schönsten von der Welt, die, Witwe geworden, sich den Anschein gab, sie wolle wegen ihres neuen Kleides und Standes nach dem Abendmahl weder den Hof besuchen noch den Ball, noch der Königin Bettbesteigung; damit sie nicht für zu weltlich gehalten würde, rührte sie sich nicht in ihrer Kammer, ließ einen jeden und eine jede zum Tanze gehen oder schickte sie dahin, ihren Sohn und alles, und zog sich in einen Alkoven zurück; und dort stellte sich nun ihr Liebhaber ein, den sie während ihrer Ehe schon bevorzugt geliebt und begünstigt hatte; nachdem er mit ihr zu Abend gespeist hatte, wich er nicht von der Stelle und bot auch seinem Schwager, der zur Palastwache gehörte, guten Abend; so übte er seine alte Liebe und erneuerte sie für die zweite Ehe, die im Sommer darauf vollzogen wurde. Wie ich seitdem alle diese Umstände erwäge, glaube ich, die anderen Jahreszeiten paßten nicht so gut wie jener Winter, und so hörte ich es auch von einer ihrer Kammerzofen.

Um aber zu Ende zu kommen, sage und versichere ich: Alle Jahreszeiten sind für die Liebe geeignet, wenn sie beim Schopf gepackt werden und Mann und Frau in der rechten Stimmung sind; denn ebenso, wie Mars das ganze Jahr hindurch und zu jeder Zeit Krieg führt, wie er seine Siege austeilt, wie es ihm gefällt, und je nachdem, wie er seine Kriegsleute wohl gerüstet und schlachtenmutig findet, so macht es Venus, je nachdem, wie sie ihre Truppen von Liebhabern und Liebhaberinnen zum Kampf gerüstet findet; die Jahreszeiten selbst machen dabei nichts aus; weder um ihre Bevorzugung noch um ihre Wahl ist's eine große Sache; auch ihre Heilkräuter, ihre Früchte, ihre Drogen und Spezereien, noch irgendwelche spezielle Kunstmittel, mit denen sie entweder ihre Hitze steigern oder sich abkühlen wollen, nützen ihnen etwas. Denn – und das sei das letzte Beispiel – ich kannte eine große Dame, an der ihre Mutter von klein auf heißes und kochendes Blut bemerkte, das sie eines Tages geradewegs ins Bordell führen mußte; die Mutter ließ sie daher dreißig Jahre hindurch bei allen ihren Mahlzeiten Sauerampferbrühen nehmen, von der in Frankreich ›Ozeille‹ genannten Pflanze, in ihren Speisen, in ihren Suppen und Kraftbrühen, als Trank in großen gehenkelten Näpfen ohne andere Zumischung; kurz, alle ihre Brühen waren Sauerampferbrühen. Sie hatte alle diese abkühlenden Geheimmittel gut gebraucht, denn es wurde eine sehr berühmte und sehr große Hure daraus, die jener Pasteten, von denen ich sprach, nicht bedurfte, um in Hitze zu kommen, denn sie hat selbst genug; sie ist aber trotzdem so gierig darüber her wie jede andere.

Nun mache ich aber Schluß, obgleich ich noch viel mehr hätte sagen, viel mehr Gründe und Beispiele hätte beibringen können; man darf aber nicht zuviel an ein und demselben Knochen herumnagen; auch möchte ich meine Feder an einen andern besseren Redner, als ich bin, abtreten, der die Partei der einen und der andern Jahreszeit zu ergreifen vermag: Ich beziehe mich dabei auf ein Verlangen, auf einen Wunsch, den einmal eine ehrbare spanische Dame äußerte, sie wollte gern Winter sein, wenn diese Jahreszeit käme, und ihr Freund sollte ein Feuer sein, damit er, wenn sie sich wegen ihrer großen Kälte an ihm wärmen wollte, das Vergnügen hätte, sie zu erwärmen, sie aber das, sein Feuer zu empfangen, wenn sie sich daran wärmte; dann wollte sie sich ihm oft und bequem zeigen und darbieten können, hochgeschürzt, mit weit auseinander gebreiteten Schenkeln und Beinen, damit er den Anblick ihrer schönen Glieder, die sich sonst unter dem Leinen und unter ihren Kleidern versteckten, genösse, er sie noch besser erwärmen könnte und er ihr das Feuer und die Brunst im Innern schürte. Dann wünschte sie, sie wäre der Frühling und ihr Freund wäre ein blühender Garten, und mit seinen Blumen wolle sie sich das Haupt schmücken, ihren schönen Hals, ihren schönen Busen, ja sie würde sogar ihren schönen Körper ganz nackt auf dem Blumenlager wälzen.

Ebenso wünschte sie dann, sie käme als Sommer, und ihr Freund möchte also ein klarer Brunnen oder ein blitzender Bach werden, um sie in seinen schönen frischen Fluten zu empfangen, wenn sie sich darin badete und ergötzte, sich völlig vor ihm sehen und all ihre schönen und geilen Glieder von ihm befühlen, berühren und betasten zu lassen.

Und endlich im Herbst wünschte sie wieder zu ihrer ersten Gestalt zurückzukehren, wieder Weib zu werden wie ihr Freund Mann, damit sie nachher beide den Geist, den Sinn und die Vernunft besäßen, das ganze erlebte Glück wieder durchzugehn und wieder ins Gedächtnis zurückzurufen, in diesen schönen Einbildungen und Vorstellungen der Vergangenheit zu leben und untereinander zu besprechen und herauszufinden, welche Jahreszeit ihnen am köstlichsten erschienen sei.

So verteilte und bemaß jene ehrbare Dame die Jahreszeiten; bessere Redner mögen darüber entscheiden, welche von diesen vier Formen dem einen oder dem andern angenehmer sind.

Ich will aber nun wirklich diese Abhandlung schließen. Wer darüber mehr wissen will, der sehe in einem alten Lied nach, das vor fünfzehn Jahren am Hofe über die Hahnreie gemacht wurde und dessen Refrain lautet:

›Un cocu meine l'autre, et tousjours sont en peine;
Un cocu l'autre meine.‹

›Ein Hahnrei führt den andern, in Sorgen sind sie all;
Ein Hahnrei führt den andern.‹

Ich bitte auch alle Damen, die zufällig einige Geschichten in diesem Kapitel lesen, mir zu verzeihen, wenn sie in eine etwas fette Brühe getaucht sind, weil ich sie in Anbetracht der Tunke, deren sie bedürfen, nicht besser hätte einkleiden können. Ja, ich hätte noch viel gesalzenere und bessere bringen können, hätte ich nicht, da ich sie nicht schön züchtig verhüllen konnte, fürchten müssen, diese Damen zu beleidigen, die mir die Ehre antun, meine Bücher zu lesen. Außerdem muß ich noch sagen: die Geschichten, die ich hier erzählte, sind keineswegs geringe Geschichten aus Städten und Dörfern, sondern sie rühren von guten und vornehmen Orten her, sie handeln auch nicht von gemeinen und niedrigen Personen, denn ich wollte mich bloß mit der Schilderung großer und hoher Gegenstände abgeben, wenn auch meine Redeweise niedrig ist; und da ich niemanden mit Namen nenne, glaube ich auch, bei niemand ein Ärgernis gegeben zu haben.

›Femmes, qui transformez vos marys en oyseaux
Ne vous en lassez point, la forme en est très belle;
Car, si vous les laissez en leurs premières peaux,
Ils voudront vous tenir toujours en curatelle,
Et comme hommes voudront user de leur puissance;
Au lieux qu'estans oyseaux, ne vous feront d'offense.‹

›Ihr Frauen, die ihr Vögel macht aus euren Gatten,
Ermüdet nicht, die Bildung ist sehr schön;
Laßt ihr sie in den Häuten, die sie hatten,
Habt ihr auf ewig unter Kuratel zu stehn,
Als Männer wollen sie die Macht benützen.
Ihr Vogeltum wird vor Beleidigung euch schützen.‹

Ein anderes Lied ist das folgende:

›Ceux qui vouldront blasmer les femmes amiables
Qui font secrètement leurs bons marys cornards,
Ils blasment à grand tort, et ne sont que bavards;
Car elles font l'aumosne et sont fort charitables.
En gardant bien la loy à l'aumosne donner
Ne faut en hypocrit la trompette sonner.‹

›Wer die liebenswürdigen Fraun will schelten,
Die heimlich ihren guten Gatten Hörner pflanzen,
Zu Unrecht schelten sie und sind auch Schwätzer;
Almosen geben sie und sind barmherzig.
Sie achten das Gesetz der milden Gaben,
Man braucht nicht heuchlerisch darum zu blasen.‹

Ein altes Lied des ›Jeu d'Amours‹, das ich unter alten Papieren fand, ist auch dieses:

›Le jeu d'amours, où jeunesse s'esbat,
A un tablier se peut accomparer.
Sur un tablier les dames on abat;
Puis il convient le trictrac préparer,
Et en celuy ne faut que se parer.
Plusieurs font Jean. N'est-ce pas jeu honneste,
Qui par nature un joueur admoneste
Passer les temps de cœur joyeusement?
Mais en défaut de trouver la raye nette,
Il s'en ensuit un grand jeu de tourment.‹

›Das Liebesspiel, an dem die Jugend sich freut,
Man kann's einem Spielbrett vergleichen,
Man setzt darauf die Damen nieder;
Dann gilt's das Tricktrack vorbereiten,
Und sich dazu zurechtzumachen.
Etwelche spielen Hans. Ist's nicht ein ehrlich Spiel,
Das seinen Mann naturgemäß ermahnt,
Im Herzen froh die Zeit sich zu vertreiben?
Find't aber einer nicht die richtige Rille,
Dann schluckt er eine qualvoll bittre Pille.‹

Das Wort ›richtige Rille‹ (raye nette) hat eine doppelte Bedeutung: einmal bezieht es sich auf die Riefung des Tricktracks; das andre Mal heißt es, die Furche (raye) der Dame, mit der man sich belustigt, nicht sauber (nette) finden und die Lustseuche erwischen, Pein und Übel kriegen.

Zweite Abhandlung:

Darüber, was in der Liebe am meisten befriedigt: das Gefühl, der Anblick oder das Wort

Hier liegt in Liebessachen eine Frage vor, die einen gründlicheren und besseren Redner verdiente als mich, nämlich: Was verleiht beim Liebesgenuß mehr Befriedigung, das Gefühl, das heißt die Berührung, das Wort oder der Anblick? Herr Pasquier, der in der Jurisprudenz, seinem Beruf, wie in anderen schönen und humanistischen Wissenschaften eine sehr bedeutende Persönlichkeit ist, spricht über dieses Thema in den Briefen, die er uns hinterlassen hat; er hat sich aber allzu kurz gefaßt und hätte als ein so großer Mann, der er war, seine schönen Worte darüber nicht allzusehr sparen dürfen; denn wenn er sich etwas darüber hätte aussprechen wollen und wahr und natürlich gesagt hätte, mehr was er wohl hätte sagen können, so wäre der Brief gewiß hundertmal erfreulicher und lustiger gewesen.

Er gründet seine Abhandlung vornehmlich auf ein paar alte Reime vom Grafen Thibaud de Champaigne, die mir nie vor Augen gekommen sind, außer jenem kleinen Fragment, das Herr Pasquier dort anführte. Er findet, daß es jener tüchtige und tapfre alte Ritter sehr gut sagte, nicht in so guten Ausdrücken wie unsere galanten Poeten von heute, aber trotzdem höchst sinnvoll und begründet: er hatte auch einen sehr schönen und würdigen Gegenstand, weshalb er so gut sprach, nämlich über die Königin Blanca von Castilien, die Mutter des heiligen Ludwig, in die er einigermaßen und sogar sehr verliebt war und die er sich zur Herrin erkoren hatte. Aber was für ein Unheil und welcher Vorwurf entstand daraus für jene Königin? Wenn sie auch sehr sittsam und tugendhaft war, konnte sie der Welt verbieten, sie zu lieben, in der feurigen Begeisterung für ihre Schönheit und ihre Tugenden zu verbrennen, da es doch die Eigentümlichkeit der Tugend und Vollkommenheit ist,

Liebe zu erwecken? Die Hauptsache ist, daß man dem nicht zu Willen ist, der einen liebt.

Man darf sich daher über jene Königin nicht wundern und sie auch nicht schelten, daß sie so sehr geliebt wurde und daß es während ihrer Regierung und Herrschaft in Frankreich Spaltungen, Aufstände und Kriege gab: denn wie ich eine sehr große Persönlichkeit sagen hörte, Spaltungen entstehen ebensosehr der Liebe wegen wie wegen staatlicher Umtriebe, und zur Zeit unserer Väter gab es ein altes Sprichwort: ›Alle Welt trachtet nach dem L... der närrischen Königin.‹

Ich weiß nicht, auf welche Königin jenes Sprichwort gemünzt war; vielleicht ging es von jenem Grafen Thibaud aus, der möglicherweise, weil er nicht von ihr behandelt wurde, wie er wünschte, oder weil er verschmäht wurde oder weil sie einen andern mehr liebte als ihn, von jenem Ärger und Verdruß gepackt wurde, die ihn in jene Kriege und Unruhen stürzten und zugrunde richteten; wie es oft passiert, wenn eine schöne oder große Königin oder Dame oder Fürstin einen Staat zu regieren unternimmt, dann wünscht ein jeder ihr zu dienen, seine Achtung zu erweisen und sie zu ehren, ebenso um das Glück zu haben, bei ihr willlkommen zu sein und in Gnaden zu stehn, als auch sich zu rühmen, er regiere und beherrsche mit ihr den Staat, und Gewinn daraus zu ziehen. Ich könnte ein paar Beispiele dazu anführen, aber ich will es wohl sein lassen.

Wie dem auch sei, jener Graf Thibaud wurde von diesem schönen Gegenstand so ergriffen, daß er die Bitte hinschrieb und möglicherweise auch stellte, die uns Herr Pasquier vor Augen führt; auf diesen verweise ich den neugierigen Leser, mit Reimen will ich mich hier nicht befassen, das wäre bloß überflüssig. Hier wird es genügen, wenn ich sage, was mich darum bedünkt, meine Ansicht wie die Ansicht von Leuten, die galanter sind als ich.

Was nun die Berührung anlangt, so muß man sicherlich zugeben, daß sie sehr ergötzlich ist, weil die Vollkommenheit der Liebe im Genuß besteht und dieser Genuß ohne die Berührung nicht eintreten kann. Denn genau wie Hunger und Durst sich nicht stillen lassen, es sei denn, man ißt und trinkt, genauso befriedigt sich die Liebe nicht mit dem Anhören und Ansehn, sondern indem man sich berührt, sich umarmt und Frau Venus walten läßt. Dem begegnete der Geck und Herr Diogenes der Zyniker auf schäkernde, doch dabei unflätige Weise, als er wünschte, er könnte seinen Hunger bekämpfen, indem er sich den Bauch reibe, genau wie er seine Liebeswut befriedige, indem er seine Rute reibe. Ich hätte das gern in feineren Worten hergesetzt, man muß aber nur leicht darüber hinlesen; ähnlich machte es jener Liebhaber der Lamia; er hatte allzu maßlos von ihr den Genuß ihrer Liebe gefordert, aber sie konnte oder wollte ihn nicht erhören; daher machte er's so, er dachte an sie, befleckte sich und befriedigte seine Begierde in seiner Einbildung. Als sie das erfuhr, ließ sie ihn vor den Richter laden, er solle ihr Genugtuung leisten und sie bezahlen; der bestimmte, daß sie mit dem Klang des Silbers, das er ihr zeigen sollte, bezahlt wäre und daß sie darin ihre Begierde ebenso zu befriedigen habe, wie der andre in Traum und Phantasie es mit der seinigen getan hätte.

Man wird mir freilich eine Menge Arten von Venusdiensten anführen, die die alten Philosophen kennen; was aber das anlangt, beziehe ich mich auf sie und auf die feineren Köpfe, die darüber reden wollen. Wie dem auch sei, da die Frucht der weltlichen Liebe kein ander Ding ist als der Genuß, braucht man keineswegs zu meinen, man hätte ihn, wenn man sich berühre und umarme. So waren verschiedene der Meinung, dieses Vergnügen wäre ohne das Sehen und das Sprechen sehr dürre; und darüber finden wir als schönes Beispiel in den ›Hundert Erzählungen‹ der Königin von Navarra eine Geschichte, die von jenem ehrbaren Edelmann handelt, der mehrmals nächtlicherweile, während sie sich mit ihrem Tüchlein vermummt hatte (Masken waren noch nicht im Gebrauch), in einer düstern und dunkeln Galerie die Gunst dieser Dame genoß; obgleich er an der Berührung wohl erkannte, daß er nur etwas Leckeres und Köstliches vor sich hatte, gab er sich mit solcher Gunst nicht zufrieden, sondern wollte wissen, mit wem er zu tun hatte. Daher machte er ihr, als er sie eines Tages umarmt hielt, mit Kreide ein Zeichen auf den Rücken ihres Kleides, eines schwarzen Samtkleides; am Abend darauf, nach dem Essen (denn ihre Einladungen geschahen zu einer bestimmten Stunde), als die Frauen in den Ballsaal traten, stellte er sich hinter die Tür; indem er sie aufmerksam betrachtete, als sie vorübergingen, sah er die seine mit dem Zeichen auf der Schulter eintreten, an diese hätte er aber nie gedacht; denn nach ihren Manieren, ihren Reden und nach ihrem Anstand hätte man sie für die salomonische Weisheit genommen, so wie auch die Königin sie beschrieb.

Wer war erstaunt? Der Edelmann, wegen des Glücks, das ihm aus einer Frau erblühte, von der er nie weniger gehalten hätte als von allen Frauen am Hofe. Er wollte freilich darüber hinausgehen und dabei nicht stehenbleiben; er wollte ihr alles entdecken und von ihr erfahren, warum sie sich so vor ihm versteckte und sich dermaßen im geheimen und verborgenen von ihm bedienen ließ; sie aber, höchst schlau, verneinte und leugnete es völlig, schwur bei ihrer Seligkeit und bei der Verdammnis ihrer Seele, wie es die Damen zu tun pflegen, wenn man ihnen ihre sauberen Geschichten vorhält, die sie nicht wissen lassen wollen, auch wenn man seiner Sache sehr sicher ist und die Geschichten nicht anzweifeln zu lassen braucht.

Sie ärgerte sich darüber; und also verdarb sich jener Edelmann die Frauengunst. Ein gutes Glück war's sicherlich; denn die Dame war vornehm und war's wert; noch mehr aber deshalb, weil sie die Süße, die Keusche, die Spröde, die Verschlagene spielte; er konnte darin ein doppeltes Vergnügen haben: einmal wegen jenes süßen, guten und köstlichen Genusses, dann weil er sie oft vor der Welt mit ihrer gemischten, ruhigen, kalten und sittsamen Miene beobachten konnte, während sie ganz keusch, streng und mürrisch redete, wobei er dann selbst an ihre geile Gebärde, an ihre Schäkerei während ihres Beisammenseins denken konnte.

Daher hatte jener Edelmann sehr unrecht, daß er davon redete; er hätte vielmehr durchaus damit fortfahren und sein Fleisch weiteressen sollen, ebensogut ohne Leuchter, wie mit allen Kerzen seines Zimmers. Er mußte wohl erfahren, wer sie war; und seine Neugierde ist darum zu loben, weil er, wie die Erzählung besagt, Furcht hatte, daß er es mit einer Art Teufel zu tun hätte; denn diese Teufel verwandeln sich gern und nehmen die Gestalt von Weibern an, um bei den Männern zu schlafen und sie so zu täuschen; es ist ihnen indessen, soweit ich von ein paar klugen Magiern hörte, leichter, Gestalt und Gesicht eines Weibes anzunehmen als ihre Redeweise.

Daher hatte jener Edelmann recht, sie sehen und erkennen zu wollen; nach seiner eignen Aussage bereitete ihm ihr Schweigen mehr Furcht, als daß er sie nicht sah, und das ließ ihn an den Herrn Teufel denken; womit er auch zeigte, daß er Gott fürchtete.

Nachdem er aber alles entdeckt hatte, durfte er nichts sagen. Was aber! mag nun einer sagen, Freundschaft und Liebe sind durchaus nicht vollkommen, wenn man sie nicht mit Herz und Mund erklären kann; der Edelmann wollte es ihr daher zu verstehen geben; aber er gewann dabei nichts, er verlor alles. Wem seine Gemütsverfassung bekannt war, der mußte ihn auch entschuldigen, denn er war nicht so kalt und nicht so diskret, um solch ein Spiel zu treiben und die Maske der Verschwiegenheit vor dem Gesicht zu tragen; wie ich meine Mutter sagen hörte, die bei der Königin von Navarra war und die ein paar Geheimnisse von ihren Erzählungen wußte, in denen sie selbst mitplauderte, war es mein seliger Onkel de la Chataigneraye, ein jäher, hitziger und etwas flatterhafter Mann.

Die Geschichte ist indessen zur besseren Wahrung des Geheimnisses verändert; denn dieser mein Onkel stand niemals im Dienst der großen Prinzessin, der Herrin jener Dame, dagegen in denen ihres königlichen Bruders; und es wurde nichts weiter daraus, denn er war sowohl beim König wie bei der Prinzessin sehr beliebt. Die Dame will ich nicht nennen, sie war verwitwet und Ehrendame einer sehr großen Fürstin, die es ihrerseits verstand, ich noch prüder zu stellen als irgendeine Dame am Hofe.

Von einer Hofdame unserer letzten Könige, die ich kannte, hörte ich folgendes: Sie war in einen sehr ehrbaren Edelmann am Hofe verliebt und wollte die Art und Weise nachmachen, in der die eben erwähnte Dame liebte; aber sooft sie von ihrem Treffpunkt und Rendezvous zurückkam, begab sie sich in ihr Zimmer und ließ sich von einer ihrer Kammerzofen oder Kammerfrauen auf allen Seiten betrachten, ob sie nicht gezeichnet wäre; durch dieses Mittel behütete sie sich davor, erkannt und verachtet zu werden. Sie wurde auch erst beim neunten Zusammentreffen gezeichnet, und das Zeichen wurde alsbald von ihren Frauen entdeckt und gefunden. Aus Furcht vor einem Skandal und vor der Schande brach sie hier ab und führte niemals wieder eine Zusammenkunft herbei.

Es wäre besser gewesen, sagte einer, sie hätte ihn diese Zeichen machen lassen, soviel es ihr beliebte, sie brauchte sie nur ebensooft zu beseitigen und auszuwischen; das hätte ihr ein doppeltes Vergnügen verschafft, einmal das Vergnügen an der Befriedigung ihrer Verliebtheit, das andre Mal, daß sie ihren Liebhaber auslachen konnte, der so sehr an jenem Stein der Weisen herumarbeitete, sie zu erkennen und zu entlarven, und es doch niemals fertigbringen konnte.

Ich hörte auch die Geschichte einer andern Dame aus der Zeit des Königs Franz mit dem schönen Stallmeister Gruffy, der zum Marstall jenes Königs gehörte und während der Reise des Herrn von Lautrec zu Neapel starb; die sehr vornehme Hofdame verliebte sich stark in ihn. Auch war er sehr schön, und man nannte ihn gewöhnlich nur den schönen Gruffy; ich habe sein Bild gesehen, und das bewies es mir auch.

Sie berief eines Tages ihren Kammerdiener, auf den sie vertraute, zu sich ins Zimmer, ungesehen jedoch und ohne jemandes Wissen; von diesem wurde Gruffy eines Tages besucht, in bester Kleidung, damit er wie ein Edelmann aussah, und bekam gesagt, eine sehr ehrbare und schöne Dame empfehle sich ihm und sei so in ihn verliebt, daß sie seinen vertrauten Umgang mehr wünsche als den irgendeines Herrn vom Hofe, aber um alles in der Welt wolle sie nicht, daß er sie sehe oder erkenne; sondern zur Schlafenszeit, wenn sich jedermann am Hofe zurückgezogen hätte, würde er ihn von einem bestimmten Orte, den er ihm nennen würde, abholen und mitnehmen; er würde ihn von da zum Schlafen bei jener Dame geleiten; aber ebenfalls unter der Bedingung, daß er ihm mit einem schönen weißen Taschentuch die Augen verbände wie einem Trompeter, der in eine feindliche Stadt geführt wird; damit er den Ort und die Kammer, wohin er ihn führen würde, weder sehen noch erkennen könne; und er würde ihn stets an den Händen halten, damit er das besagte Taschentuch nicht abtun könne; denn so habe ihm seine Herrin befohlen, ihre Bedingungen zu stellen, weil sie erst nach einer gewissen und vorbestimmten Zeit von ihm erkannt sein wolle, die er ihm sage und verspreche; er möge es also bedenken und sich's wohl überlegen, ob er unter dieser Bedingung kommen wolle, damit er ihm am nächsten Tag ihre Antwort sagen könne; denn er würde ihn von einem zu bezeichnenden Orte holen und mitnehmen, besonders solle er allein sein; er würde an einen so guten Ort geführt, daß er es durchaus nicht bereuen würde, hingegangen zu sein.

Das nenne ich eine lustige Einladung und noch dazu unter so seltsamen Bedingungen. Ebensolieb ist mir die einer spanischen Dame, die einen zu einer Zusammenkunft entbot, aber er solle drei S. mitbringen, nämlich ›sabio, solo, segreto‹; klug, allein, geheim. Der andre entbot ihr, er käme, aber sie solle sich nicht mit drei F. ausrüsten, nämlich ›fea, flaca‹ oder ›fria‹; nicht häßlich, schlapp oder kalt sein.

Mit diesem Vorschlag verabschiedete sich der Bote von

Gruffy. Wer war in Gedanken und Unruhe? Gruffy, denn er hatte starken Grund zu denken, daß ihm da irgendein Feind am Hofe einen bösen Streich spiele, daß er ihm etwas antäte, etwas Tödliches oder etwas, das der Rachsucht gegen den König entspränge. Er überlegte sich auch, welche Dame es sein konnte, ob groß, ob mittelgroß, ob klein; ob schön, ob häßlich, was ihn am meisten ärgern konnte; freilich sind, wie man sagt, bei der Nacht alle Katzen grau und bleibt auch im Dunkeln ein F... eine F... Nachdem er sich also mit einem seiner vertrautesten Freunde beraten hatte, entschloß er sich, den Versuch zu wagen; von der Liebe einer Großen, wie er sie dahinter vermutete, brauchte er ja nichts zu befürchten oder zu besorgen. Als daher am andern Tag der König, die Königin, die Damen und alle Leute vom Hofe sich zurückgezogen hatten, um sich schlafen zu legen, verfehlte er nicht, sich an dem Ort einzufinden, den ihm der Bote bestimmt hatte; der versäumte ebenfalls nicht, ihn sogleich mit einem zweiten einzuholen, der ihm aufpassen half, ob Gruffy kein Page, kein Lakai, kein Kammerdiener, kein Edelmann folgte. Sobald er ihn sah, sagte er bloß: »Voran, mein Herr, Madame erwartet Euch.« Sogleich band er ihn und führte ihn durch dunkle enge Orte und unbekannte Durchgänge, so daß der andre ihm offen sagte, er wüßte nicht, wohin er geführt würde; dann brachte er ihn ins Zimmer der Dame, das so düster und dunkel war, daß er nichts darin sehen oder erkennen konnte, genau wie in einem Backofen.

Er fand es freilich so wohlriechend und vorzüglich parfümiert, daß es ihm Hoffnung auf etwas Gutes machte; er mußte sich also sofort auskleiden, und der Begleiter half ihm dabei; dann nahm er ihm das Taschentuch ab und führte ihn an der Hand zu dem Bett der Dame, die ihn voller Hingabe erwartete; er legte sich an ihre Seite, befühlte, umarmte und liebkoste sie und fand nur das Beste und Köstlichste an ihr, sowohl an ihrer Haut wie an ihrem Linnen, wie an ihrem ausgezeichneten Bett, das er mit den Händen betastete; so brachte er denn mit dieser schönen Dame, deren Name mir wohlbekannt ist, eine fröhliche

Nacht zu. Kurz, es befriedigte ihn alles auf jegliche Art; er erkannte wohl, daß er für diese Nacht vortrefflich beherbergt war; nichts aber ärgerte ihn, sagte er, als daß er kein Wort aus ihr herausbringen konnte. Sie nahm sich in acht, denn er sprach tagsüber ziemlich häufig mit ihr wie mit den anderen Damen, und er hätte sie daher sogleich erkannt. An Schäkereien, Schmeicheleien, Liebkosungen, Berührungen, an Liebesbeweisen jeder Art, an nichts ließ sie es fehlen; wie dem auch sei, er befand sich sehr wohl dabei.

Am andern Morgen, bei Tagesgrauen, verfehlte der Bote nicht, ihn aufzuwecken, aus dem Bett zu bringen und anzukleiden, ihn zu verbinden, wieder an den Ort zurückzugeleiten, woher er ihn mitgenommen hatte, und Gott bis zur Rückkehr zu empfehlen, die bald stattfinden würde. Dabei fragte er ihn auch, ob er nicht die Wahrheit gesagt habe und ob es ihm nicht gut bekommen sei, ihm geglaubt zu haben; und was ihn darum bedünke, daß er ihm als Furier gedient, und ob er ihm nicht ein gutes Unterkommen ausgemacht habe.

Nachdem ihm der schöne Gruffy hundertmal gedankt hatte, sagte er ihm adieu, und er wäre stets bereit, zu einem so billigen Handel wiederzukommen, zurückzufliegen, wann er wolle; das tat er; und das Fest dauerte einen guten Monat; nach Ablauf desselben mußte Gruffy seine Reise nach Neapel antreten, er nahm Urlaub von seiner Dame und sagte ihr unter großem Bedauern Lebewohl; ohne daß er ihr nur ein einziges Wort entlocken konnte, es sei denn Seufzer und Tränen, die er aus ihren Augen rinnen fühlte. Wie dem auch sei, er trennte sich von ihr, ohne sie irgendwie erkannt oder in Erfahrung gebracht zu haben.

Später sagte man, die Dame trieb dieses Spiel mit zwei oder drei anderen auf dieselbe Weise, indem sie sich's wohl sein ließ. Man sagte auch, sie bediente sich dieser List, weil sie sehr geizig wäre, und daher sparte sie das Ihre und war nicht gehalten, ihren Liebhabern Geschenke zu geben; denn schließlich muß jede große Dame ihrer Ehre halber zahlen, sei es wenig oder viel, Geld, Ringe oder Juwelen, oder seien es reiche Gunstbezeigungen. Somit beköstigte also die galante Dame ihre F... und sparte ihre Börse, indem sie nur nicht entdeckte, wer sie war; daher brauchte sie sich nicht in ihre beiden Börsen greifen zu lassen, indem sie sich nicht zu erkennen gab. Das nenne ich doch eine schreckliche Laune von einer großen Dame.

Manche werden ihre Art gut finden, andere sie tadeln, dritte werden sie für sehr verworfen halten; manche werden sie als gute Wirtschafterin schätzen; darüber können aber andere besser urteilen; dennoch verdiente sie keinen solchen Tadel wie jene Königin, die sich auf dem Schloß von Nesle bei Paris aufhielt und den Reisenden auflauerte; jene, die ihr am besten paßten und am angenehmsten waren, was für eine Art von Leuten es auch sein mochte, ließ sie rufen und zu sich kommen; nachdem sie aus ihnen herausgezogen, was sie von ihnen verlangte, ließ sie sie von der Spitze des Turms, der noch steht, hinunter ins Wasser stürzen und ertränken.

Ich kann nicht sagen, ob das wahr ist; das niedere Volk jedoch, zumindest die Menge von Paris, versichert es; wenn man einem bloß den Turm zeigt und ihn darum befragt, wird es einem gewöhnlich von selbst erzählt.

Lassen wir diese Liebschaften, die viel mehr Mißgeburten sind als Liebschaften und die heute die Mehrzahl unserer Damen verabscheut, woran sie recht tun; sie wollen mit ihren Liebhabern Verkehr haben, nicht wie mit Felsen oder Marmorsteinen. Haben sie sich einen auserwählt, verstehn sie es, sich tapfer und fein von ihm bedienen und lieben zu lassen. In der Erkenntnis seiner Treue und seiner rechtschaffenen Ausdauer geben sie sich ihm dann hin mit einer brünstigen Liebe, nicht vermummt belustigen sie sich mit ihm, auch nicht schweigend oder stumm oder nächtlicherweile im Dunkeln; sondern am hellen lichten Tag lassen sie sich sehn, berühren, befühlen, umarmen und unterhalten ihn mit schönen und schlüpfrigen Gesprächen, mit schäkernden Worten und geilen Reden. Zuweilen indessen nehmen sie ihre Hilfe auch zu Masken; denn es gibt verschiedene Damen, die manchmal dazu gezwungen sind, sie dabei zu gebrauchen, wenn es recht schwül dabei ist oder wenn sie fürchten, sich den Teint zu verderben oder anderswie; damit man, wenn sie sich allzusehr erhitzt haben und überrascht worden sind, weder ihre Röte, auch nicht ihre betretene Haltung bemerke, wie ich es sah; die Maske verdeckt alles; und so täuschen sie die Welt.

Über das Wort in der Liebe

Ich hörte von verschiedenen Damen und Rittern, die der Liebe huldigten, daß sie ohne das Sehen und Sprechen nichts weiter als wilde Tiere sein würden, die, einer natürlichen und sinnlichen Begierde folgend, keine andre Sorge, kein andres Gefallen haben, als ihre Brunst zu befriedigen.

Ich hörte auch verschiedene Edelleute und feine Herren sagen, die bei großen Damen geschlafen haben, sie fänden sie hundertmal üppiger und in Worten ausschweifender als gewöhnliche Frauen und andre. Sie verstehen es schlau zu machen, da es dem Manne, so kräftig er auch sei, unmöglich ist, immer am Strick zu ziehen, immer zu pflügen; kommt er aber dazu, sich zu setzen und auszuruhen, findet er es reizend und appetitlich, wenn ihn seine Dame mit schlüpfrigen Reden und schäkernden Worten unterhält, daß Frau Venus, wenn sie im tiefsten Schlafe läge, rasch erwachen würde; ja, manche Damen, die ihre Liebhaber öffentlich unterhielten, sei es in den Zimmern der Königinnen und Prinzessinnen oder anderswo, fingen sie sogar mit der Lockpfeife, denn sie führten mit ihnen so schlüpfrige und lüsterne Reden, da sie sich zusammen wie in einem Bett aufregten: wir sahen ihnen zu und meinten, sie sprächen von andern Dingen.

Aus diesem Grunde liebte Marcus Antonius die Kleopatra so sehr und zog sie seiner Frau Octavia vor, die hundertmal schöner und liebenswürdiger war als die Kleopatra; aber Kleopatra wußte so geziert zu reden und das Wort so gewandt zu setzen, solche Manieren und schlüpfrige Grazie zu zeigen, daß Antonius über die Liebe zu ihr alles vergaß.

Plutarch beglaubigt uns auch ein paar Sticheleien und

Spöttereien, die sie so hübsch sagte, daß Marcus Antonius, der's ihr nachmachen wollte. im Vergleich mit ihr und ihrer schönen Art zu reden, in seinen Gesprächen bloß einem Soldaten und groben Gendarm glich, sosehr er sich Mühe gab, den galanten Mann zu spielen.

Plinius erzählt eine Geschichte von ihr, die ich sehr gut finde und die ich daher hier kurz wiederholen will. Eines Tags, als sie die fröhlichste Laune hatte und aufs einnehmendste und vorteilhafteste gekleidet war – besonders war sie am Haupt geschmückt mit einem bunten Blumengewinde, das zu jeder Üppigkeit paßte – und als sie bei Tische saßen und Marcus Antonius trinken wollte, belustigte sie ihn mit einem feinen Gespräch; und während sie redete, zupfte sie nach und nach ihre schönen Blüten aus dem Gewinde, die aber sämtlich mit vergiftetem Pulver bestäubt waren, und warf sie nacheinander in die Schale, die Marcus Antonius in der Hand hielt, um zu trinken; nachdem sie fertig war und Marcus Antonius die Schale an den Mund führen wollte, um zu trinken, hält ihn Kleopatra ganz plötzlich an der Hand fest und läßt einen Sklaven oder Verbrecher, den sie in der Nähe aufgestellt hatte, herantreten und gibt ihm zu trinken, was Marcus Antonius hinunterschlucken wollte; er starb sofort daran; dann wendete sie sich zu Antonius und sagte zu ihm: »Wenn ich dich nicht liebte, wie ich's tue, hätte ich mich jetzt deiner entledigt, und ich hätte die Tat frei getan, wenn ich nicht sähe, daß mein Leben ohne das deinige nicht sein kann.« Diese Erfindung und diese Rede konnten Marcus Antonius in seiner Freundschaft sehr bestärken, so daß er nachher nur noch mehr auf ihrem Fleisch herumwalkte.

So machte sich Kleopatra ihre Beredsamkeit zunutze, die Geschichtsschreiber beschrieben sie uns auch als eine sehr gute Rednerin. Antonius nannte sie auch zur größeren Ehre nur einfach die Königin, genau wie er Octavianus Cäsar schrieb, bevor sie erklärte Feinde wurden. »Warum zürnst du mir«, sagte er, »daß ich die Königin umarme? Sie ist meine Frau. Habe ich denn erst in diesem Augenblick angefangen? Du umarmst Drusilla, Tortalis, Leontifa oder

Rufila oder Saluris Litisema oder alle. Was liegt dir daran, über wem du liegst, wenn dich die Lust danach packt?«

Hiermit rühmte Marcus Antonius seine Beständigkeit und tadelte die Wandelbarkeit des andern, daß er so viele zu gleicher Zeit liebte, während er nur seine Königin liebte; es wundert mich, daß Octavianus sie nach dem Tod des Antonius nicht liebte. Möglicherweise besaß er sie, als er sie sah und allein in seine Kammer treten ließ und als sie ihn zur Rede setzte; möglicherweise fand er an ihr nicht, was er meinte, oder er verachtete sie aus irgendeinem andern Grund und er wollte sie zu seinem Triumph in Rom brauchen und im Aufzug zur Schau stellen; davor bewahrte sie sich durch ihren vorzeitigen Tod.

Um aber wieder auf unsern ersten Gegenstand zurückzukommen, gibt es, wenn sich eine Frau auf die Liebe werfen will oder wenn sie sich einmal damit befaßt hat, keinen Redner in der Welt, der besser redete als sie. Man sehe, wie uns Sophonisbe von Titus-Livius, Apian und andern beschrieben worden ist, Sophonisbe, die so vorzüglich zu Massinissa redete, als sie zu ihm kam, um ihn zu lieben, zu gewinnen und auf ihre Seite zu ziehn, und als sie nachher das Gift trinken mußte. Kurz, wenn eine Frau sehr geliebt sein will, muß sie gut reden; und man sieht gewöhnlich nur wenige, die nicht gut reden und keine Worte haben, um Himmel und Erde zu erregen, und lägen sie im winterlichsten Eise.

Besonders sind jene, die der Liebe pflegen, wenn sie nichts sagen können, so ungenießbar, daß der Bissen, den sie euch reichen, nicht schmeckt und nicht riecht; und Herr du Bellay redet von seiner Kurtisane und schildert ihre Sitten so:

›Von der Tugend wüßt ich zu erzählen,
Solchermaßen ich zu reden hätte,
Daß nur Ehrenvolles meinem Mund entspringt;
Kluger Rede, Schäkerin im Bette.‹

Wenn er sagt, sie sei ›klug im Reden und schäkerhaft im Bette‹, so heißt das voller Anstand, wenn man in Gesellschaft einander unterhält; wenn man jedoch allein ist mit seinem Freund, dann will jede galante Dame in ihren Reden frei sein und sagen, was ihr gefällt, um Venus um so mehr zu erregen.

Ich hörte von verschiedenen erzählen, die schöne und große Damen besaßen und die danach begierig waren, sie mit andern im Bette reden zu hören; sie waren in ihren Reden ebenso frei und toll wie irgendwelche Kurtisanen; das ist eine erstaunliche Sache: sie sind so daran gewöhnt, ihre Gatten oder ihre Freunde mit schmutzigen und schlüpfrigen Worten, Reden und Gesprächen zu unterhalten, daß sie sogar ganz offen sagen, was sie in ihrem Beutel drin haben, ohne jegliche Beschönigung; trotzdem reden sie, wenn sie plaudern, niemals ausschweifendes Zeug und nehmen auch keins jener schmutzigen Worte in den Mund: Man muß wohl sagen, sie wissen sich sehr gut zu beherrschen und zu verstellen; denn es gibt nichts, das so sehr zappelte, wie die Zunge einer Dame oder eines Freudenmädchens.

So kannte ich auch eine sehr schöne und ehrbare Dame von da und da, die mit einem ehrbaren Edelmann vom Hofe während der Bürgerunruhen über Kriegsereignisse plauderte und zu ihm sagte: »Ich hörte, der König hat in jenem Land alle F… sprengen lassen.« Sie wollte sagen ›Brücken‹. Man stelle sich vor, sie kam von ihrem Gemahl oder dachte an ihren Liebhaber und hatte jenes Wort noch frisch im Munde; der Edelmann war dieses Wortes wegen ganz liebestoll.

Eine andere hohe Dame, die ich kannte, unterhielt eine andere noch vornehmere Dame; sie wollte ihre Schönheiten recht preisen und loben und sagte ihr: »Nein, Madame, was ich Euch darüber sage, das geschieht aber nicht, um Euch ehezubrechen«; sie wollte aber sagen ›lobzuhudeln‹, wie sie es verbesserte; man stelle sich vor, sie dachte an Ehebruch und ans Ehebrechen.

Kurz, das Wort ist in Liebessachen ganz bedeutend wirksam; wo es fehlt, ist die Lust unvollkommen; und wahrhaftig, wenn ein schöner Körper keine schöne Seele hat, gleicht er mehr einem Götzenbild als einem menschlichen Körper; und wenn er sich hohe Liebe erwerben will, falls er auch noch so schön ist, muß er von einer schönen Seele begleitet sein; hat er sie nicht von Natur, gilt es, sie künstlich zu erzeugen.

Die Kurtisanen von Rom machen sich über die feinen römischen Damen sehr lustig, die im Sprechen nicht so geschickt sind wie sie; sie sagen: »Sie geben sich wie Hündinnen hin, aber sie sind stumm wie Steine.«

In dieser Hinsicht kannte ich viele ehrbare Edelleute, die den vertrauten Umgang mit mehreren, ich sage euch, sehr schönen Damen zurückwiesen, weil sie einfältig waren, keine Seele, keinen Geist, keine Worte hatten, und sie verließen sie ganz und gar; sie sagten, sie wollten ebensogern mit einer schönen Statue aus schönem weißem Marmor zu tun haben, wie jener, der in Athen eine liebte, bis er sie sogar genoß. Aus diesem Grund pflegen sich die Fremden, die durch die Länder reisen, mit den Frauen im Ausland kaum abzugeben; sie verlieben sich auch gewöhnlich nicht in sie, weil sie sich nicht verstehen und weil ihnen ihre Worte durchaus nicht ans Herz dringen; ich meine die Leute, die ihre Sprache nicht verstehen; und wenn sie sich zu ihnen gesellen, geschieht es nur, um ihre Natur damit zu befriedigen, das natürliche Feuer auf tierische Weise zu ersticken und dann ›andar in barca‹, wie einmal ein Italiener sagte, der sich auf dem Wege nach Spanien in Marseille ausschiffte und fragte, wo es Frauen gäbe. Man zeigte ihm einen Ort, wo ein paar Hochzeitstänze stattfanden, und als sich eine Dame zu ihm gesellte und auf ihn einredete, sagte er zu ihr: »Verzeiht mir, Madame, ich will nicht schwatzen, ich will bloß handeln und dann wieder ins Schiff gehn.«

Der Franzose empfindet mit einer Deutschen, einer Schweizerin, einer Flämin, einer Engländerin, einer Schottin oder Slawin oder anderen Ausländerin kein großes Vergnügen, und schwatzte sie auch noch so gut, wenn er es nicht versteht; er gefällt sich aber höchlich mit seiner Französin, seiner Italienerin oder Spanierin, denn gewöhnlich können heutzutage die meisten Franzosen, mindestens jene, die etwas herumgekommen sind, diese Sprache sprechen oder verstehen; und Gott weiß, ob sie zierlich und für die Liebe geschaffen ist, denn wer nur immer mit einer französischen, italienischen, spanischen oder griechischen Dame zu tun hat und sie beredt ist, der soll nur dreist sagen, er sei gefangen und besiegt.

Früher war unsere französische Sprache nicht so schön und so reich wie heute; aber die italienische, spanische und griechische Sprache waren es schon lange; und ich habe gewöhnlich kaum eine Dame dieser Sprache gesehen, die nicht vorzüglich reden konnte, wenn sie das Metier der Liebe übte, so kurze Zeit es auch erst sein mochte. Ich berufe mich dabei auf jene, die mit dergleichen zu tun hatten. Soviel ist gewiß, eine schöne Dame, die von süßen Worten erfüllt ist, befriedigt doppelt.

Vom Sehen in der Liebe

Wir wollen jetzt vom Sehen reden. Da es die Augen sind, die zuerst zum Liebeskampfe schreiten, so gewähren sie uns sicherlich eine sehr hohe Befriedigung, wenn sie uns etwas Schönes und Auserlesenes erblicken lassen. Und was in der Welt wäre schöner anzusehen als eine schöne Frau, sei es nun in Kleidung und Schmuck oder nackt zwischen zwei Leintüchern? Bei der Bekleideten sieht man freilich bloß das Antlitz nackt; aber gibt es in der Welt einen schöneren Anblick und eine lieblichere Schau, als wenn sich uns ein Körper mit den köstlichsten Reizen, im Schmucke eines schönen Leibes, mit Haltung und Anmut und stolzer Majestät voll darbietet? Und dann, wenn man ein so verhülltes und prachtvoll gekleidetes Weib genießt, dann verdoppelt sich die Begierde und der Genuß, wenn man auch von allen übrigen Körperteilen bloß das Antlitz sieht; denn schwerlich kann man eine große Dame in aller Bequemlichkeit genießen, wie man sich's wohl wünschte; außer es geschieht in einem Zimmer, mit Muße und am geheimen

Ort, oder sehr vergnüglicher Weise in einem Bette; denn sie wird so sehr genau beobachtet!

Aus diesem Grunde nahm eine große Dame, von der ich hörte, wenn sie ihrem Liebhaber am rechten Ort und zur rechten Zeit begegnete und keine Gefahr war, gesehen und entdeckt zu werden, alsogleich die Gelegenheit wahr, sich so rasch und so kurz, als sie nur konnte, zu befriedigen; dabei sagte sie eines Tages zu ihm: »Das waren früher die Dummen, die sich an ihrer Liebe und ihrem Vergnügen allzusehr lustieren wollten und sich einschlossen, entweder in ihre Kabinette oder in andere versteckte Orte, und hier ihre Spiele und Belustigungen so lange dauern ließen, daß sie alsbald entdeckt und verraten wurden. Heutzutage muß man die Zeit ergreifen und unverzüglich nutzen, den man nur nehmen kann; man wird besprungen, man wird berannt und ist im Augenblick fertig; so können wir nicht ins Ärgernis gebracht werden.«

Ich finde, diese Dame hatte recht; denn wer sich dem Stand der Liebe widmete, hielt stets an der Maxime fest, daß ein schneller heimlicher Genuß das beste ist. Schaut man dazu auch die goldnen Gewänder, die silbernen Gewebe, die Flitter, preßt und drückt man sie zusammen, zerreißt man die seidenen Stoffe mit den Perlen und Edelsteinen, wirft sie nieder und schleift sie auf den Boden, so vergrößert sich die Brunst und Befriedigung noch viel mehr, sicherlich mehr, als man sie an einer Schäferin oder an einer anderen Frau von ähnlicher Qualität hat, mag sie noch so schön sein.

Das ist auch der Grund, weshalb Venus vormals so schön gefunden und so sehr begehrt wurde, weil sie bei ihrer Schönheit stets hübsch gekleidet war und weil ihr Leib immer einen so süßen Duft ausatmete, so daß sie schon hundert Schritte weit roch! Auch sollte man meinen, daß die Wohlgerüche die Liebe sehr befeuern.

Daher bedienten sich die römischen Kaiserinnen und großen römischen Damen derselben sehr stark, wie es auch unsre großen Damen in Frankreich tun, und besonders die spanischen und italienischen, die zu allen Zeiten noch begieriger und wählerischer gewesen sind als die unsrigen, sowohl dem Wohlgeruche nach wie dem Schmuck schöner Kleider nach, deren Muster und gute Erfindungen seitdem auch von unsern Damen angenommen wurden: jene ersten hatten sie von den antiken Medaillen und Statuen der römischen Damen gelernt, die man noch unter verschiedenen Altertümern in Spanien und Italien sieht; wer diese Medaillen und Statuen recht betrachtet, der wird ihre Haartracht und ihre Gewänder vollkommen finden und sie für sehr geeignet halten, zur Liebe anzureizen. Heutzutage aber übertreffen unsere französischen Damen alles. Sie sind der Königin von Navarra darum besonderen Dank schuldig.

Es ist also ein Genuß, mit diesen schönen Damen, die so wohl imstande, so reich und prächtig geschmückt sind, zu tun zu haben, so daß ich etwelche Höflinge, meine Kollegen, wie wir zusammen plauderten, sagen hörte, so wär's ihnen lieber, als wenn sie ungeschmückt und nackt zwischen zwei Leintüchern in einem Bett lägen, und wäre es auch mit den reichsten Stickereien verziert. Andere sagten, sie zögen die natürliche Beschaffenheit ohne irgendeine Schminke oder ein Kunstmittel vor; so ein großer Fürst, den ich kenne, der indessen seine Kurtisanen oder Damen vollkommen nackt in schwarztaftene Bettücher legen ließ, damit ihre Weiße und die Köstlichkeit ihres Fleisches besser aus dem Schwarzen hervorleuchte und mehr Kurzweil gewähre.

Man braucht wahrhaftig nicht zu bezweifeln, daß nichts auf der ganzen Welt so lieblich anzusehen ist wie eine vollendet schöne Frau; man findet sie leider nur schwer. Von Zeuxis, jenem ausgezeichneten Maler, wird auch berichtet, als er von einigen ehrbaren Frauen und Mädchen seiner Bekanntschaft gebeten wurde, ihnen das Bild der schönen Helena zu geben, sie ihnen so schön darzustellen, wie man sagte, daß sie gewesen wäre, wollte er es ihnen auch nicht weigern; bevor er aber das Porträt begann, betrachtete er sie alle ganz genau und setzte, indem er der einen und andern das Schönste entnahm, was er an ihnen finden konnte, das

Gemälde gleichsam aus einer Anzahl schöner Teile zusammen und brachte damit Helena so schön zur Anschauung, daß es nichts dabei zu erinnern gab; es wurde von ihnen sehr bewundert, dank ihnen selbst, die mit ihren einzelnen Schönheiten so viel dazu beigetragen hatten, wie es Zeuxis mit seinem Pinsel schuf. Das wollte besagen, es war nicht möglich, an Helena alle Vollkommenheiten der Schönheit zu finden, wenn sie auch außerordentlich schön gewesen war.

Als Beleg dafür, daß es wahr ist, kann gelten, daß der Spanier sagt, eine Frau bedarf dreißig schöner Dinge, wenn sie an Schönheit ganz vollendet und vollkommen sein will, wie mir eine spanische Dame einmal in Toledo erzählte, wo es sehr schöne, sehr hübsche und erfahrene Frauen gibt. Die dreißig Dinge sind folgende:

Tres cosas blancas: el cuero, los dientes, y las manos.
Tres negras: los ojos, las cejas, y las pestañas.
Tres coloradas: los labios, las mexillas, y las uñas.
Tres lungas: el cuerpo, los cabellos, y las manos.
Tres cortas: los dientes, las orejas, y los pies.
Tres anchas: los pechos, la frente, y el entrecejo.
Tres estrechas: la boca, l'una y otra, la cinta, y l'entrada del pie.
Tres gruesas: el braço, el musto, y la pantorilla.
Tres delgadas: los dedos, los cabellos, y los labios.
Tres pequeñas: las tetas, la naris, y la cabeça.

Das sind:

Drei weiße Dinge: Haut, Zähne und Hände.
Drei schwarze: Augen, Augenbrauen und Augenwimpern.
Drei rote: Lippen, Wangen und Nägel.
Drei lange: der Leib, die Haare und die Hände.
Drei kurze: die Zähne, die Ohren und die Füße.
Drei breite: Die Brust oder der Busen, die Stirn und der Raum zwischen den Augenbrauen.
Drei schmale: der Mund (der eine und der andere), der Gürtel oder die Taille, die Fessel.

Drei dicke: der Arm, der Schenkel und die Wade.
Drei dünne: die Finger, die Haare und die Lippen.
Drei kleine: die Brustwarzen, die Nase und der Kopf.

Sind dreißig im ganzen.

Es kann vorkommen, daß alle diese Abers in einer Frau zusammen vorhanden sein können; dann muß sie aber nach einer vollkommenen Form gegossen sein; denn alles miteinander zu haben, ohne daß es an einem etwas auszusetzen gibt und daß eines fehlte, ist unmöglich. Ich berufe mich auf die, die schöne Frauen gesehen haben oder sehen werden und die sorgfältig darauf achtgeben wollen, sie zu beobachten und sehn, was sie darüber sagen können. Aber wenn sie auch nicht in allen diesen Punkten vollendet und schön ist, wird eine schöne Frau doch immer schön sein, wenn sie nur die Hälfte und die wesentlichsten Dinge, die ich eben anführte, aufzuweisen hat; denn ich habe eine Menge gesehen, an denen mehr als die Hälfte zu tadeln war, und sie waren doch sehr schön und sehr liebenswürdig; genau wie ein Wäldchen im Frühling immer schön gefunden wird, auch wenn es nicht mit so viel kleinen Sträuchern gefüllt ist, wie man wohl möchte; wenn nur die schönen großen und buschigen Bäume hervorkommen, so genügt das, für die Mangelhaftigkeit der andern kleinen zu entschädigen.

Herr von Ronsard möge mir gefälligst verzeihen; niemals gelangte seine Geliebte, die er so schön geschildert hat, zu jener Schönheit, auch keine andere Frau, die er zu seiner Zeit sah oder beschrieb, und wäre es seine schöne Cassandra, von der ich wohl weiß, daß sie sehr schön war; aber er führte sie unter einem falschen Namen auf, auch seine Marie, die niemals einen anderen Namen trug als diesen, erreichte diese Schönheit nicht; den Dichtern und Malern ist aber erlaubt, zu sagen und zu schildern, was ihnen gefällt, wie man im ›Rasenden Roland‹ von Ariost ausgezeichnete Schönheiten beschrieben findet, wie Alcina und andere.

Das ist alles gut; aber wie ich von einer sehr vornehmen

Persönlichkeit habe, niemals könnte die Natur eine Frau so vollkommen bilden, wie die lebendige und feine Seele eines beredten Mannes oder der Stift und der Pinsel eines göttlichen Malers sie uns darstellen könnten. Genug! Die Augen des Menschen sind stets darüber erfreut, eine schöne Frau mit schönem, weißem, wohlgestaltetem Antlitz zu sehen; und sollte sie auch braun sein, so macht das nichts aus; manchmal wiegt's wohl das Weiß auf, wie der Spanier sagt: ›Auch wenn ich gebräunt bin, bin ich doch nicht zu verachten.‹ Auch die schöne Marfisa war ein wenig braun. Aber das Braun soll nicht das Weiß zu sehr verwischen! Ein so schönes Antlitz muß auch von einem schön gestalteten und gebildeten Körper getragen werden. Das gilt von den Großen wie von den Kleinen, aber die großen Gestalten übertreffen alles.

An Schönheit so ausgezeichnete Dinge, wie ich sie eben erwähnte und wie man sie uns schildert, aufzusuchen, das ersparen wir uns und erfreuen uns daran, unsere gewöhnlichen Schönheiten zu betrachten; nicht daß ich sie sonstwie gewöhnlich nennen wollte, denn wir besitzen, meiner Treu! so wenige, daß sie an Bedeutung alle übertreffen, die unsre phantastischen Dichter, unsre verrückten Maler und unsre schwülstigen Schönheitsredner uns vor Augen führen könnten.

Ach! Das ist das schlimmste: von solchen Schönheiten, so schöne Gesichter sehn wir manche, wir bewundern sie und verlangen aus Liebe zu ihrem schönen Gesicht nach ihrem Leib; wenn sie uns aber enthüllt und entblößt werden, ist uns nichtsdestoweniger der Geschmack daran verdorben; denn sie sind so häßlich, schadhaft, befleckt, so gekennzeichnet und so garstig, daß sie ihr Gesicht arg Lügen strafen; da werden wir denn häufig sehr enttäuscht.

Ein schönes Beispiel bietet jener Edelmann von der Insel Mallorca mit Namen Raymundus Lullus aus sehr gutem, reichem und altem Hause, der wegen seines Adels, seiner Verdienste und seiner Tüchtigkeit in seinen schönsten Jahren zur Verwaltung dieser Insel berufen wurde. Im Besitz dieses Amtes verliebte er sich, wie es häufig den Gouverneuren von Provinzen und Städten passiert, in eine schöne Dame, die zu den geschicktesten, schönsten und beredtesten Frauen der Insel gehörte. Er legte ihr dauernde Huldigungen zu Füßen; nachdem sie sein flehentliches Verlangen nach der letzten Gunst verweigert hatte, sosehr sie konnte, bewilligte sie ihm eines Tages eine Zusammenkunft, die sie beide auch richtig einhielten; sie erschien schöner denn je und in bester Verfassung. Während er ins Paradies zu kommen glaubte, entblößte sie ihm ihren Busen und ihre Brust, die mit einem Dutzend Pflaster völlig bedeckt war; sie riß eines nach dem andern weg, warf sie voll Ärger auf den Boden und zeigte ihm ein schreckliches Krebsgeschwür; mit Tränen in den Augen stellte sie ihm ihr Elend und ihre Krankheit vor, sprach zu ihm und fragte ihn, ob er so viel an ihr fände, von dem er so hingerissen sein müßte; und redete darüber so bewegende Worte zu ihm, daß er, besiegt vom Mitleid mit dem Elend der schönen Dame, sie verließ; und nachdem er sie und ihre Gesundheit Gott befohlen hatte, legte er sein Amt nieder und ward ein Einsiedler. Nachdem er aus dem Kreuzzug, den er gelobt hatte, zurückgekehrt war, ging er nach Paris, wo er unter Arnold von Villanova, dem gelehrten Philosophen, studierte; nach Beendigung seiner Studien zog er sich nach England zurück, wo ihn der damalige König wegen seines großen Wissens mit den höchsten Ehren empfing. Dort transmutierte er mehrere Stäbe und Barren aus Eisen, Kupfer und Zinn, indem er jene gemeine und alltägliche Art, Blei und Eisen in Gold zu verwandeln, verachtete; er wußte, daß verschiedene Zeitgenossen dies ebensogut besorgen konnten wie er, der beides konnte; er wollte jedoch einen Vorrang vor den anderen haben.

Ich habe diese Geschichte von einem Manne, der mir sagte, er habe sie von dem Rechtsgelehrten Oldrades, der von Raymundus Lullus in dem Kommentar spricht, den er über das Gesetz ›de falsa moneta‹ machte. Auch Carolus Bovillus spräche davon, sagte er, ein Pikarde, der ein lateinisches Buch über ›Das Leben von Raymundus Lullus‹ verfaßt hat.

Auf diese Weise überwand er seine Liebesleidenschaft für jene schöne Dame; andere hätten es möglicherweise nicht so gemacht, hätten nicht davon abgestanden, sie zu lieben, sie hätten die Augen geschlossen und sich Genüge getan; denn der Teil, wonach es ihn verlangte, war ja mit keinem solchen Übel behaftet.

Ich kannte einen Edelmann und eine verwitwete Dame von da und da, die sich diese Skrupel nicht machten; sie litt an einem großen garstigen Krebs an der Brustwarze, er heiratete sie aber trotzdem, wie sie ihn ebenfalls nahm, entgegen den Warnungen ihrer Mutter; so krank und verunstaltet sie auch war, sie erhitzten sich beide und wälzten sich dermaßen die ganze Nacht hindurch, daß sie den Boden des Bettgestells durchbrachen.

Ich kannte auch einen sehr ehrbaren Edelmann, meinen großen Freund, der mir erzählte, es sei ihm passiert, als er eines Tages in Rom war, sich in eine spanische Dame zu verlieben, eine der schönsten, die es je in der Stadt gab. Wenn er mit ihr Umgang hatte, wollte sie nicht erlauben, daß er sie ansah, auch nicht, daß er sie mit seinen nackten Schenkeln berührte, außer er trug Unterhosen; wollte er sie anfassen, sagte sie auf spanisch zu ihm: »Rührt mich nicht an. Ihr kitzelt mich.«

Als er eines Morgens an ihrem Haus vorüberkommt und die Türe offen findet, steigt er einfach hinauf, tritt ein, ohne irgendeinem Mädchen, einem Pagen oder einer Person zu begegnen, kommt in ihre Kammer und findet sie in so tiefem Schlafe liegen, daß er Muße hatte, sie ganz nackt auf dem Bett zu sehn und bequem zu betrachten, denn es war sehr heiß; er sagte, daß er niemals etwas so Schönes wie diesen Körper gesehen hätte, ausgenommen, daß er den einen Schenkel schön weiß, glatt und wohlgeformt sah, während der andere ganz trocken, geschwächt und verkümmert war und nicht dicker erschien als der Arm eines kleinen Kindes. Wer war erstaunt? Der Edelmann, der sie sehr beklagte und nie mehr zum Besuch zu ihr kam oder je wieder mit ihr zu tun hatte.

Man begegnet sehr vielen Damen, die nicht eines Katarrhs wegen dermaßen verkümmerten; sie sind jedoch so dürr, entblößt, ausgetrocknet und abgemagert, daß man bloß das Knochengestell an ihnen sieht. So kannte ich eine sehr vornehme Dame, von der der Herr Bischof von Cisteron, der das Wort beherrschte wie kein zweiter am Hofe, spöttisch versicherte, mit einer Rattenfalle aus Messingdraht könne man besser schlafen als mit ihr; wie auch ein ehrbarer Edelmann am Hofe sagte, den wir einer Liebschaft halber mit einer großen Dame hänselten: »Ihr täuscht Euch, ich liebe Fleisch viel zu sehr, und sie hat bloß Knochen«; und trotzdem hätte man die beiden Damen, wenn man sie mit ihren schönen Gesichtern sah, für sehr fleischige und höchst leckere Bissen gehalten.

Ein sehr großer Fürst von irgendwoher verliebte sich einmal in zwei schöne Damen zu gleicher Zeit, wie das häufig bei den Großen vorkommt, die die Abwechslung lieben. Die eine war sehr weiß, die andere etwas braun, aber beide waren sehr schön und liebenswürdig. Als er eines Tages eben die Braune besuchte, sprach die Weiße eifersüchtig zu ihm: »Ihr wollt eben einer Krähe nachfliegen.« Darauf erwiderte der Fürst etwas erzürnt und verdrossen wegen dieses Wortes: »Und wenn ich bei dir bin, wem flog ich dann nach?« Die Dame antwortete: »Einem Phönix.« Der Fürst, ein brillanter Sprecher, erwiderte: »Aber sage doch lieber dem Paradiesvogel, weil es da mehr Federn als Fleisch gibt«; damit bewertete er sie als etwas mager: sie war auch ein zu kleines Jüngferchen, um dick zu sein, denn die Leibesfülle wölbt gewöhnlich nur jene, die zu Jahren kommen und anfangen, an Gliedern und andern Dingen stärker und fester zu werden.

Ein Edelmann gab's einem Grandseigneur, den ich kenne, tüchtig. Alle beide hatten schöne Frauen. Jener große Herr fand die des Edelmanns sehr schön und einnehmend. Er sagte eines Tages zu ihm: »Lieber ..., ich muß bei deiner Frau schlafen.« Ohne sich zu bedenken, denn er war nicht auf den Mund gefallen, antwortete ihm der Edelmann: »Jawohl, aber dann will ich mit der deinigen schlafen.« Der Herr erwiderte ihm: »Was willst du mit ihr anfangen? Die meine ist so dürr, daß du keinen Geschmack daran fändest.« Der Edelmann antwortete: »Ach, bei Gott! ich will sie so klein spicken, daß ich sie schon wohlschmeckend machen will.«

Man sieht noch viele andere Frauen, deren puppenhafte und hübsche Gesichter nach dem Körper lüstern machen; wenn man aber dazu kommt, findet man sie so abgemagert, daß Lust und Versuchung alsbald verschwinden. Unter anderm findet man das sogenannte Schambein so hart und dürr, daß es mehr preßt und schürft als eines Maultiers Sattel. Um dem abzuhelfen, bedienen sich solche Damen gewöhnlich sehr weicher und köstlicher Kissen, die den Stoß aushalten und davor behüten, daß man geschunden wird; ich habe auch von einigen gehört, die sie häufig benützen, ja, sie trugen sogar hübsch ausgepolsterte und aus Atlas gefertigte Unterhosen, so daß die Nichtsahnenden, die daran rühren, alles nur aufs beste finden und fest glauben, es sei die natürliche Fülle; denn über diesem Atlas befanden sich Höschen aus federndem und weißem Tuch, so daß der Liebhaber, nachdem er's ihr geschwind und verstohlen versetzt hat, sich von seiner Dame in höchster Befriedigung und bester Meinung trennte.

Noch andre gibt's, die eine sehr verunstaltete oder gefleckte Haut haben wie Marmor oder wie Mosaik, die gesprenkelt sind wie Hirschkälber, die Krätze haben und mit aussätzigen, schuppigen und wurmigen Auswüchsen behaftet sind; kurz, die derartig verdorben sind, daß ihr Anblick alles andere als wohltuend ist.

Ich hörte von einer großen Dame, die ich kannte und noch kenne, die haarig auf der Brust ist, haarig auf dem Bauch, auf den Schultern, das Rückgrat entlang und unten, wie eine Wilde. Es kann sich jeder denken, was das besagen will. Wenn das Sprichwort wahr ist: wer so behaart ist, ist reich oder geil, so ist diese beides, ich versichre euch; und sie läßt sich's sehr gern geben, sich betrachten und abverlangen.

Bei anderen ist die Haut wie bei einer jungen Gans oder einem gerupften Star hären, filzig und schwärzer als ein schöner Teufel. Bei anderen sind die Brüste so stark entwickelt, daß sie schlapp herunterhängen wie bei einer Kuh, die ihr Kalb milcht. Ich versichere, es ist nicht der schöne Busen Helenas, die eines Tages, als sie im Tempel der Diana eines bestimmten Gelübdes halber einen hübschen Becher darbringen wollte, den Goldschmied beauftragte, ihn ihr zu machen und ihn eine ihrer schönen Brüste zum Vorbild nehmen ließ; er bildete den Becher aus weißem Gold, und man wußte nicht, was man mehr bewundern sollte, die Schale selbst oder die Ähnlichkeit mit dem Busen, der als Form genommen wurde und der sich so artig und zierlich darstellte, daß das Kunstwerk den Wunsch nach dem natürlichen Busen erweckte. Plinius führt es als große Spezialität an, als er davon berichtet, daß es weißes Gold gibt. Es ist allerdings sehr seltsam, daß jene Schale aus weißem Gold gemacht wurde.

Wer nach jenen großen Hängebrüsten, die ich erwähnte und die ich kenne, goldene Schalen machen möchte, der müßte dem Meister Goldschmied viel Gold liefern, es würde nachher nicht billig sein und großes Gelächter geben, wenn man sagte: »Hier sind Schalen, die nach dem Modell der Hängezitzen von den und den Damen fabriziert sind.« Diese Schalen glichen keinen Schalen, sondern wahrhaftigen Kübeln, wie den ganz runden aus Holz, worin man den Säuen zu fressen gibt.

Bei manchen Frauen sieht die Brustwarzenspitze richtig wie eine faulige Beere aus. Andere haben, um tiefer hinunterzusteigen, einen so rauhen und runzligen Bauch, daß man ihn für eine alte runzlige Jagdtasche aus Sarsche oder für eines Gastwirts Geldkatze halten könnte; das kommt bei Frauen vor, die Kinder bekamen und von ihren Hebammen nicht ordentlich mit Lebertran eingeschmiert worden sind. Bei anderen wieder ist der Bauch so schön und glatt und auch ihr Busen so kindlich, als ob sie noch Mädchen wären.

Noch tiefer hinuntersteigend, findet man Frauen, die häßliche und wenig angenehme Naturen haben. Bei den einen ist das Haar daran in keinerlei Weise gekräuselt, es hängt vielmehr so lang herunter, daß man meint, es sei ein Sarazenenschnurrbart; trotzdem scheren sie sich das Vlies nie ab, sondern tragen es gern so, da man sagt: ›Bestreuter Weg und behaarte F... sind beide gut zu reiten.‹ Ich hörte von einer sehr vornehmen Dame, daß sie derartiges Haar trug.

Ich hörte von einer andern schönen und ehrbaren Dame, die ihre Haare so lang trug, daß sie seidene Bänder und Schnüre in karmesinroter oder anderer Farbe hineinflocht, sie wie Perückenlöckchen kräuselte und dann an ihren Schenkeln befestigte; in solchem Zustand präsentierte sie sie manchmal ihrem Gatten und ihrem Liebhaber; oder sie drehte ihre Bändchen und Schnürchen ab, so daß die Haare nachher gekräuselt schienen und hübscher aussahen, als sie sonst getan hätten.

Dabei konnten natürlich viel wunderliche und unzüchtige Späße gemacht werden; denn da sie sich ihre Löckchen nicht selber anfrisieren konnte, mußte eine ihrer Lieblingsfrauen sie darin bedienen. Naturgemäß ging es da nicht ohne allerlei Schlüpfrigkeiten ab, wie man sich vorstellen kann.

Im Gegensatz hierzu gefallen sich etwelche Frauen darin, diesen Teil glatt abrasiert zu tragen wie einen Priesterbart.

Wieder andere Frauen haben überhaupt kein Haar oder wenig, wie ich von einer sehr großen und schönen Dame hörte, die ich kannte; das ist allerdings gar nicht schön und gibt Raum zu einem schlimmen Verdacht; genauso gibt es Männer, die bloß kleine Bartbüschel am Kinn haben und bei denen man daher auch kein besseres Blut vermuten kann als bei einem Aussätzigen.

Bei anderen ist die Pforte so groß, so ausgedehnt und so breit, daß man sie für die Höhle der Sibylle halten könnte. Von einigen, und zwar sehr vornehmen, hörte ich, bei denen sie so geräumig ist wie bei keiner Stute, obgleich sie soviel Kunstmittel gebrauchen, als sie nur können, um das Tor zu verengern; nach zwei- oder dreimaligem Durchgang aber kommt dieselbe Öffnung wieder zum Vorschein; noch mehr, ich habe sagen hören, wenn man bei manchen die Natur betrachtet, dann klafft sie auseinander wie bei einer Stute, wenn sie in Brunst ist. Man hat mir von dreien erzählt, die mit einem derartigen gähnenden Schlund dienen können, wenn man sich die Mühe gibt, sie aufmerksam zu betrachten.

Ich hörte von einer großen schönen und vornehmen Dame, die von einem unserer Könige den Namen ›pan de con‹ bekommen hatte, so breit und groß hatte sie's, und nicht ohne Grund, denn sie hat es sich in ihrem Leben von manchen Ellenreitern und Feldmessern ausmessen lassen; und je mehr sie sich tagsüber Mühe gab, es zu verengern, erweiterte man es ihr während der Nacht in zwei Stunden so sehr, daß man ihr, was sie in einer Stunde machte, in der andern wieder beseitigte, wie das Gewebe der Penelope. Schließlich nahm sie von allen Kunstmitteln Abstand und gab sie auf, um sich dafür die dicksten Muster auszuwählen, die sie finden konnte.

Ein derartiges Heilmittel war sehr gut; desgleichen hörte ich auch von einem sehr schönen und ehrbaren Mädchen am Hofe, die sie im Gegenteil so klein und eng hatte, daß man daran verzweifelte, jemals ihre Jungfernschaft bezwingen zu können; aber auf den Rat einiger Ärzte oder Hebammen, ihrer Freunde oder ihrer Freundinnen, ließ sie die Bearbeitung mit den kleinsten und dünnsten Gliedern in Angriff nehmen, dann kam sie zu den mittleren, dann zu den großen, entsprechend einer Art Abstufung, wie sie auch einmal von Rabelais für die Befestigungsmauern von Paris aufgestellt wurde. Nachdem dann einer nach dem andern solche Versuche darangesetzt hatte, gewöhnte sie sich so sehr an alle Formen, daß ihr die größten nicht die Furcht machten, die ihr vorher schon von den kleinsten eingeflößt worden war.

Eine große, ausländische Fürstin, die ich kannte, besaß ein so kleines und enges Pförtchen, daß sie lieber niemals daran rühren wollte, als sich hineinschneiden zu lassen, wie es die Ärzte anrieten. Gewiß eine große, seltene Tugend und Festigkeit.

Bei anderen wieder sind die Schamlippen so lang, hängen herunter, wie bei dem indischen Hahn der Kamm, wenn er in Wut ist; des können sich auch verschiedene Damen rühmen, wie ich hörte; aber auch junge Mädchen haben sie so. Den verstorbenen Herrn von Randan hörte ich folgende Geschichte erzählen: ›Es waren einmal gute Gesellen am Hof zusammen, der Herr von Nemours, der Herr Vicomte von Chartres, der Herr Graf de la Roche, die Herren von Montpezac, Givry, Genlis und andere, die eines Tages, als sie nicht wußten, was sie tun sollten, zuschauten, wie die Mädchen pißten, das heißt, sie waren unten versteckt, und jene waren oben. Eine war da, die auf die Erde pinkelte; ich will sie nicht nennen; die Diele bestand aus Brettern; und sie hatte so große Schamlippen, daß sie durch die Spalte jener Bretter reichten und auf Fingerlänge zum Vorschein kamen. Herr von Randan, der einen Stock mit einer Spitze hatte, den er einem Lakaien abgenommen, durchstach damit ihre Schamlippen geschickt und klitschte sie gegen die Diele; das Mädchen, den Stich spürend, erhob sich plötzlich so heftig, daß sie sie beide zerriß; aus zwei Teilen, die sie hatte, erhielt sie vier; so bekamen ihre Lefzen das Aussehen eines Krebsbartes. Es bekam aber dem Mädchen sehr übel, und die Königin wurde sehr zornig. Herr von Randan und die Gesellschaft erzählten die Geschichte dem König Heinrich, der als guter Kamerad sich vor Lachen darüber ausschüttete und der Königin gegenüber, ohne etwas zu verbergen, alles wieder ins reine brachte.‹

Jene großen Schamlippen veranlaßten mich einmal, daß ich einen ausgezeichneten Arzt nach der Ursache fragte. Ich bekam die Antwort, wenn die Mädchen und Frauen in Brunst kämen, bearbeiteten sie sich, zögen, zerrten, wickelten, spielten, drehten sie daran, damit sie beim Zusammenkommen einander mehr Lust bereiteten.

Solche Frauen und Mädchen würden mit nach Persien passen, nicht aber nach der Türkei, da in Persien die Frauen beschnitten werden, weil ihre Natur, ich weiß nicht wie, dem männlichen Glied (sagen sie) ähnlich sein soll.

Das ist bei den Frauen in der Türkei dagegen nicht der Fall. Aus diesem Grunde werden sie von den Persern Ketzer genannt, weil sie nicht beschnitten sind, ihre Natur habe keine Gestalt, sagen sie; sie betrachteten sie nicht so gern wie die Christen. Das wird von Leuten berichtet, die in die Levante gereist sind. Solche Frauen und Mädchen, sagte jener Arzt, sind sehr der Liebe Donna con donna ergeben.

Ich hörte von einer sehr schönen Dame, von einer der höchsten, die es am Hofe gab, daß sie bei ihr nicht so lang wären; infolge einer Krankheit, die sie von ihrem Gatten bekam, wurden sie ihr verkürzt; sie hat sogar bloß auf einer Seite eine Schamlippe, weil ihr alles vom Schanker zerfressen wurde, so daß sie ihre Natur sehr verkümmert und halb zerstört nennen kann; nichtsdestoweniger wurde jene Dame von verschiedenen sehr begehrt, manchmal teilte sie sogar das Lager eines großen Herrn. Ein Großer sagte eines Tags am Hofe, er wünschte, seine Frau gliche ihr und sie hätte auch bloß die Hälfte, so reich war sie damit gesegnet.

Von einer andern Dame, die wohl hundertmal über ihr stand, hörte ich, sie habe einen Vorfall, der ihr auf die Länge eines großen Fingers aus ihrer Natur herausragte, weil sie, sagte man, bei einer ihrer Niederkünfte von ihrer Hebamme ungeschickt behandelt wurde, was Mädchen und Frauen häufig passiert, die heimliche Niederkünfte oder die sich durch einen Unfall verletzt haben. So kannte ich eine der schönsten Frauen von da und da, die als Witwe sich niemals wieder verheiraten wollte, weil das von einem zweiten Gemahl entdeckt werden und sie darum geringgeschätzt, möglicherweise mißhandelt werden konnte.

Jene ebengenannte große Dame gebar unerachtet ihres Vorfalls ebensoleicht, wie wenn sie gepißt hätte, denn man sagte ihrer Natur große Geräumigkeit nach. Sie wurde auch sehr geliebt und im geheimen sehr bedient; aber sie ließ sich nur höchst ungern betrachten.

Insgleichen wenn eine schöne und ehrbare Frau sich zur Liebe und zur Vertraulichkeit herbeiläßt und sie dir nicht erlaubt, es zu betrachten oder zu befühlen, oder wenn sie den Anblick und die Berührung nur schwer bewilligen will, so sage dreist, daß irgend etwas bei ihr nicht in Ordnung sei, so sagte mir eine ehrbare Frau; denn wenn nichts daran fehlt und es hübsch ist (und sicherlich gibt es welche, die lustig aussehn und lustig zu bearbeiten sind), so ist sie ebenso begierig damit und glücklich, es vorzuzeigen und zur Berührung anzubieten wie irgendeine andre ihrer Schönheiten. Das tut sie ebenso wegen ihrer Ehre, um nicht in den Verdacht zu geraten, an dieser Stelle irgendwie fehlerhaft oder häßlich zu sein, wie wegen des Vergnügens, das sie dabei selbst empfindet, wenn man sie betrachtet und bespiegelt, vor allem aber auch zur größeren Steigerung der Leidenschaft und Versuchung ihres Liebhabers. Überdies sind die Hände und Augen ja keine männlichen Glieder, daß sie die Frauen zu Huren und ihre Gatten zu Hahnreien machten, wenn sie auch nach dem Mund an allernächster Stelle die Eroberung der Festung herbeiführen können. Andere Frauen haben diesen Mund so bleich, daß man meinte, sie hätten das Fieber drin. Solche gleichen manchen Trinkern, die, obwohl sie mehr Wein trinken als eine Sau Milch, bleich sind wie der Tod; man nennt sie auch Weinverräter; das gilt nicht von den roten. So könnte man solche Frauen Venusverräterinnen heißen, sagte man nicht: ›Bleiche Hure und roter Hurentreiber.‹ Soviel ist sicher, jene so bleiche und starre Partie ist keineswegs erfreulich anzusehn, und schwerlich sieht sie der ähnlich, die eine der schönsten Damen hat, die man sehn kann und die einen hohen Rang einnimmt. Man sagte von ihr, sie trüge da gewöhnlich zu gleicher Zeit drei schöne Farben, rot, weiß und schwarz, denn ihr Mund war farbig und korallenrot, das Haar ringsum war hübsch gekräuselt und schwarz wie Ebenholz; so geziemt sich's, und das ist eine der größten Schönheiten: die Haut war weiß wie Alabaster, beschattet von jenem schwarzen Haar. Das ist ein schöner Anblick, alles andere, von dem ich eben redete, ist es nicht.

Bei andern wieder ist die Unnatur arg; ihre Spalte (sogar bei kleinen Frauen) reicht ihnen so weit nach hinten, daß man Gewissensbisse haben müßte, sie anzurühren, aus vielen schmutzigen und dreckigen Gründen, die ich nicht zu sagen wage; denn man möchte meinen, da sich die beiden Ströme vereinigen und quasi einander berühren, bestände Gefahr, man könnte sich in den andern verirren. Das wäre zu gemein.

Von Frau von Fontaine-Chalandray, genannt die schöne Torcy, hörte ich, daß die Königin Eleonore, ihre Gebieterin, angekleidet eine sehr schöne Fürstin schien, wie es noch verschiedene gibt, die sie so an unserm Hof gesehen haben, mit schönem und reichem Wuchs; war sie aber ausgezogen, schien sie einen Leib zu haben wie eine Riesin, so lang und so groß war er; nach unten hin aber schien sie eine Zwergin, so kurz waren ihre Schenkel, ihre Beine und das übrige.

Von einer andern großen Dame hörte ich gerade das Gegenteil; denn körperlich war sie eine Zwergin, einen so kurzen und kleinen Leib hatte sie, mit dem übrigen unten eine Riesin oder ein Koloß, so große, hohe und gespaltene Schenkel und Beine hatte sie, und dennoch war sie so proportioniert und fleischig, daß sie damit ihren Mann, wenn er nur klein war, sehr leicht damit zudecken konnte, wie man einen Hühnerhund mit dem Streichgarn bedeckt.

Unter uns Christen sind sehr viel Gatten und Liebhaber, die in keinem Sinne den Türken gleichen wollen, weil sie nämlich kein Vergnügen daran haben, den Schoß der Frauen zu betrachten; wie oben erwähnt, hat dieser ja nach ihrer Meinung keine Form; wir Christen im Gegenteil haben, sagen sie, große Befriedigung daran, ihn genau zu betrachten und sich an solchem Anblick zu laben. Man begnügt sich nicht allein mit dem Ansehn, sondern er bekommt auch Küsse, was viele Damen ihre Liebhaber lehrten und entdeckten; so antwortete einmal eine spanische Dame ihrem Liebhaber, der sie eines Tages grüßte und zu ihr sagte: »Bezo las manos y los pies, señora!« »Señor, en el medio esta la mejore stacion«; womit sie sagen wollte, er könne ihren Schoß ebensogut küssen wie ihre Füße und Hände. Manche Damen sagen, für ihre Gatten und Liebhaber sei dies ein großes und köstliches Vergnügen und sie würden darum noch feuriger. Dies hörte ich auch von einem sehr großen Fürsten, dem Sohn eines großen Königs von irgendwo, der eine sehr große Prinzessin zur Geliebten hatte. Niemals berührte er sie, ohne daß er sie da betrachtete und verschiedene Male küßte. Das erste Mal, als er es tat, geschah es auf das Zureden einer sehr vornehmen Dame, einer Favoritin des Königs; als sie eines Tages alle dreie beisammen waren und jener Fürst seiner Dame den Hof machte, fragte sie ihn, ob er denn noch niemals die schöne Partie gesehen habe, die er genösse. Er antwortete: »Nein.« – »Dann habt Ihr noch nichts vollbracht«, sagte sie, »und wißt nicht, was Ihr liebt; Euer Vergnügen ist unvollständig, Ihr müßt es sehn!« Als er nun versuchen wollte und die Dame sich widerspenstig zeigte, kam die andre von hinten, packte sie und warf sie rückwärts aufs Bett und hielt sie so lange fest, bis der Prinz sie bequem betrachtet und nach Herzenslust geküßt hatte, so schön und artig fand er es. Daher fuhr er auch später damit fort.

Bei anderen sind die Schenkel so schlecht proportioniert, so mißlich anzusehen und so übel olivenförmig gebaut, daß sie es nicht verdienen, betrachtet und begehrt zu werden, ebenso steht es mit ihren Beinen. Manche sind so fett, daß man meint, es sei der Bauch eines schwangeren Kaninchens. Bei anderen sind sie so dünn und schmal und so dürr, daß man sie eher für Flöten hielte als für Schenkel und Beine. Den Rest kann man sich denken.

Sie haben keine Ähnlichkeit mit einer schönen und ehrbaren Dame, von der ich hörte, die einen wohlgestalteten Körper hatte, aber ohne daß er ins Übermaß fiel (denn alle Dinge müssen ein Mittelmaß haben); nach einer Liebesnacht fragte sie ihren Freund am andern Morgen, wie er sich befände. Er antwortete ihr, sehr gut, und ihr tüchtiges und fettes Fleisch habe ihm sehr wohlgetan. »Mindestens bist du«, sagte sie, »mit Extrapost gereist, ohne ein Kissen zu brauchen.«

Bei anderen Damen kommen viele andere verborgene

Gebrechen vor, wie ich von einer hörte, die in hohem Rufe stand, sie erledigte ihre fäkalischen Angelegenheiten vorne; ich fragte einen hinreichend bewanderten Arzt nach dem Grunde, und er sagte mir, sei sei in zu jungem Alter durchbohrt worden, und von einem zu dicken und zu robusten Manne; es war sehr schade um sie, denn sie war eine sehr schöne Frau und Witwe, und ein ehrbarer Edelmann, den ich kenne, wollte sie heiraten; als er aber von ihrem Gebrechen erfuhr, gab er sie sofort auf, und dann nahm sie alsbald ein anderer.

Ich hörte von einem feinen Edelmann, der eine der schönsten Frauen am Hofe hatte, aber nicht mit ihr verkehrte. Ein anderer, der sich keine solchen Skrupel machte, beschlief sie und fand, daß ihre Scheide so arg stank, daß man den Geruch nicht ertragen konnte; da ging ihm ein Licht auf über den Nagelschaden des Gemahls.

Von einer anderen, die eine der Töchter einer großen Fürstin war, hörte ich, daß sie umgekehrt furzte. Ärzte sagten mir, das könnte von Wunden und Blähungen herkommen, die auf diesem Weg entwichen, und besonders bei tribadischem Umgang. Dieses Fräulein befand sich bei der Fürstin zu Moulins, als zur Zeit König Karls IX. der Hof dort war, der zu aller Heiterkeit davon ganz durchlüftet wurde.

Andere können ihren Urin wieder nicht halten, und sie müssen daher stets einen kleinen Schwamm tragen; so kannte ich zwei vornehme und hohe Damen, von denen die eine als Mädchen plötzlich in den Ballsaal machte, zur Zeit König Karls IX., womit sie argen Anstoß erregte.

Von einer anderen großen Dame hörte ich, daß ihr beim Koitus dasselbe passierte, entweder sofort oder nachher, wie eine Stute, wenn sie besprungen worden ist; es täte not, ihnen auch wie einer Stute den Wassereimer unterzuhalten.

Viele andere haben unaufhörliche Menstruationen, andere wieder sind verderbt, wie Tarockkarten gemustert, gesprenkelt und gekennzeichnet, sowohl wegen der Lues, die sie von ihren Gatten oder ihren Freunden bekamen, wie wegen ihrer eigenen schlimmen Gewohnheiten und Launen; oder sie haben Wolfsbeine und sonstige Flüsse und Male, die ihnen ihre Mütter während der Schwangerschaft bescherten; auch hörte ich von einer, deren eine Körperhälfte ganz rot war wie ein Stadtschöffe.

Andere haben in ihren Menstruationen beinahe gar keine Unterbrechung, und ihre Natur fließt wie ein Hammel, dem man eben die Gurgel abgeschnitten hat; damit sind ihre Gatten und Liebhaber schwerlich zufrieden, weil Frau Venus doch einen fleißigen Verkehr verlangt; denn wenn sie eine Woche im Monat gesund und sauber sind, so ist das alles; der Rest geht ihnen verloren. Von zwölf Monaten haben sie fünf oder sechs frei, sogar noch weniger. Das heißt viel. Es ist ähnlich wie bei unseren Feldsoldaten, die bei der Stellung die Kommissare und Schatzmeister von zwölf Monaten im Jahre mehr als vier verlieren lassen, indem sie ihnen die Monate bis zu vierzig und fünfzig Tagen anrechnen, so daß die zwölf Monate des Jahres ihnen keine acht einbringen. In derselben Lage befinden sich die Gatten und Liebhaber, die solche Frauen haben und bedienen, wenn sie sich nicht überhaupt, um ihre Wollust zu beruhigen, ohne Scham oder Scheu gemein beschmutzen; den Kindern, die daraus entspringen, bekommt das sehr übel, und sie müssen es büßen.

Wenn ich noch mehr erzählen wollte, würde ich niemals ein Ende finden, und die Gespräche darüber würden auch zu schmutzig und widerlich werden; was ich aber darüber sage und sagen will, das betrifft keine geringen und gewöhnlichen Frauen, sondern große und mittlere Damen, von deren schönem Gesicht alle Welt entzückt ist, während sie im übrigen völlig versagen.

Nur diese kleine lustige Geschichte von einem Edelmann will ich erzählen, von dem ich sie habe: Während er mit einer sehr schönen Dame aus hohem Stande schlief und sein Geschäft besorgte, fand er an jener Partie ein paar so stechende und spitzige Haare, daß er sein Werk nur mit aller Unbequemlichkeit vollenden konnte, so stach und pikte es ihn. Als er endlich fertig war, fühlte er mit der

Hand hin und fand, daß rings an ihrem Venushügel ein halbes Dutzend Borsten standen, Borsten aus jenen langen, spitzen, steifen und stechenden Haaren, daß ein Schuster sie hätte benützen können, um damit Sohlenränder zu machen wie mit Schweinsborsten; er wollte sie sehen, aber die Dame erlaubte es ihm nur höchst widerwillig; und er fand, solche Borsten umgaben ihren Schoß, genau, wie eine Medaille von Diamanten und Rubinen umsteckt ist, die man als Zeichen auf dem Hut oder an der Mütze trägt.

Vor nicht sehr langer Zeit wohnte in einer bestimmten Gegend der Guyenne eine verheiratete Frau aus sehr gutem Hause und von bester Herkunft der Unterrichtsstunde ihrer Kinder bei; da ergriff deren Präzeptor in einem Anfall von Raserei oder möglicherweise in plötzlicher Liebeswut einen auf dem Bette liegenden Degen ihres Mannes und stach ihr die beiden Schenkel und die Schamlippen durch und durch; ohne die Hilfe eines guten Wundarztes wäre sie nachher beinahe daran gestorben. Ihre Scheide konnte wohl sagen, daß sie in zwei verschiedenen Kriegen gewesen und höchst mannigfaltig angegriffen worden wäre. Ich glaube, der Anblick war nachher schwerlich ein hübscher, daß sie so zerfetzt, daß ihre Flügel so zerschnitten waren: ich sage ›Flügel‹, weil die Griechen diese Schamlippen ›himenoea‹ nennen; die Lateiner nennen sie ›alae‹, die Franzosen ›labies, lèvres, lendrons, landilles‹, und anders; ich finde aber, daß die Lateiner sie recht passend als Flügel bezeichnen; denn kein Tier und kein Vogel fliegt besser oder mit schnelleren Flügeln, sei es ein Nestling oder ein noch nicht gemauserter Falke, als unsere Mädchen, oder ein Wanderfalke, störrisch oder gut gezogen, als unsre verheirateten Frauen oder Witwen.

Ich kann sie auch mit Rabelais ein Tier nennen, weil sie sich von selbst erregen; berührt man sie oder betrachtet man sie, so spürt man und sieht, wie sie sich von selbst bewegen und erregen, wenn sie in Begierde sind.

Aus Furcht vor Rheumatismen und Katarrhen wickeln sich andere Damen des Nachts Hauben um den Kopf, so daß sie, wahrhaftigen Gotts, wie Hexen aussehen. So sind sie angekleidet rosig wie Zieraffen, andere sind geschminkt und bemalt wie Gemälde, am Tage sind sie schön, in der Nacht aber mißfarbig und sehr häßlich.

Solche Damen müßte man, bevor man sie liebt, heiratet und genießt, erst untersuchen wie Octavianus Cäsar; denn mit seinen Freunden ließ er öfters verschiedene große römische Damen und Matronen, ja, schon angejahrte Jungfrauen entkleiden, und sie untersuchten sie dann von einem Ende bis zum anderen, als wären es von dem Händler Tormus gekaufte Sklavinnen; und je nachdem er sie nach seinem Geschmack und Wunsch und auch nicht beschädigt fand, genoß er sie.

Geradeso machen es die Türken in ihrem Basestan in Konstantinopel und anderen großen Städten, wenn sie Sklaven beiderlei Geschlechts kaufen.

Damit mag es nun genug sein; ich glaube auch schon zuviel gesagt zu haben; so täuschen wir uns denn in vielen Ansichten, die wir für sehr treffend halten und glauben. Aber wenn uns auch manche Damen täuschen, so erbauen und befriedigen uns dafür wieder manche andere, die so schön, so sauber, vorzüglich, frisch, so milchicht, liebenswürdig und rundlich sind, kurz, die in allen Teilen ihres Körpers so vollendet sind, daß neben ihnen alles, was sonst auf der Welt zu sehen ist, armselig elend ist; manche Männer verlieren sich dermaßen in solchen Betrachtungen, daß sie gar nicht an die Aktion denken. Auch macht es häufig genug solchen Damen Vergnügen, sich ohne jede Schwierigkeit sehen zu lassen, weil sie sich von keinem Makel befleckt fühlen und in der Absicht, uns mehr in Versuchung zu bringen und unsere Begierde zu reizen.

Wir waren bei der Belagerung von La Rochelle, als mir eines Tages der arme verstorbene Herr von Guise, der mir die Ehre seiner Zuneigung erwies, ein Schreibtäfelchen zeigte, das er Monsieur, dem Bruder des Königs, unserm General, aus der Hosentasche genommen hatte; er sagte zu mir: »Monsieur hat mich soeben geärgert und mir meine Liebschaft mit einer Dame vorgeworfen; aber ich will meine Rache haben; seht, was ich da hineingeschrieben habe, und lest.« Er gab mir das Schreibtäfelchen, und ich sah von seiner eigenen Hand folgende vier Zeilen, die er soeben gedichtet hatte, aber das Wort ›F...‹ stand ganz und gar darin:

›Si vous ne m'avez cognue
Il n'a pas tenu à moy;
C'ar vous m'avez bien vue nue,
Et vous ay montré de quoy.‹

›Wenn Ihr mich nicht genossen habt,
Dann lag es nicht an mir;
Denn Ihr habt mich ganz nackt gesehn;
Und ich zeigt Euch auch was.‹

Dann nannte er mir die Dame oder, besser gesagt, das Mädchen, die ich übrigens vermutete; ich sagte ihm, ich sei sehr erstaunt, daß er sie nicht berührt und besessen habe, nachdem er so nahe dabeigewesen sei und das Gerücht so allgemein davon spreche; er versicherte mir jedoch das Gegenteil, und es sei nur seine Schuld gewesen. »Gnädiger Herr mußten also damals entweder von anderswoher so müde und abgespannt sein, daß es nicht zu machen war, oder so in die Betrachtung dieser nackten Schönheit versunken sein, daß er gar nicht daran dachte, in Tätigkeit zu treten.« »Möglich«, antwortete mir der Fürst, »daß es sich so verhalten hat; aber wie dem auch sei, in diesem Falle kam es nicht dazu! Ich will ihn aber damit necken und ihm wieder sein Täfelchen in die Tasche stecken, die wird er nach seiner Gewohnheit durchsuchen und dann lesen, was er finden soll; und dann, dann bin ich gerächt.« Das tat er auch, und nachher lachten alle beide darüber und trieben eine liebenswürdige gegenseitige Neckerei damit, denn damals herrschte zwischen beiden noch eine große Freundschaft und Vertraulichkeit, was sich später freilich sehr geändert hat.

Eine Dame von da und da, oder vielmehr ein Mädchen, die von einer sehr großen Prinzessin sehr geliebt und vertraulich behandelt wurde, ruhte sich einst im Bette aus, wie es der Brauch war. Kam da ein Edelmann, sie zu besuchen, der in Liebe zu ihr entbrannt war; von weiterem war aber nicht die Rede. Dieses Fräulein, das von ihrer Herrin so geliebt und vertraulich behandelt wurde, näherte sich ihr ganz sachte, ohne nach irgend etwas auszusehn, und zog ihr plötzlich die ganze Bettdecke weg, so daß der Edelmann, dessen Augen gar nicht faul waren, sie alsbald damit verschlang und, wie er mir später erzählte, das Schönste sah, das er je gesehen hatte: den schönen nackten Körper, seine schönen Partien, das weiße hübsche und feine Fleisch, so daß er die Wonnen des Paradieses zu sehen vermeinte. Das dauerte aber nicht lange; denn sobald die Bettdecke von der Dame wieder an sich gerissen wurde, zog das Mädchen sie wieder hoch; je mehr sich jene schöne Dame wälzte, um die Bettdecke wieder zu erreichen, desto mehr zeigte sie sich; das beeinträchtigte nun das Zuschauen und das Vergnügen des Edelmannes in keiner Weise, der sich auch nicht damit beeilte, sie wieder zuzudecken; das wäre auch schön dumm von ihm gewesen. Endlich bekam sie – so oder so – ihre Bettdecke wieder, legte sich wieder zurecht und schalt nun das Mädchen aus und sagte ihr, sie würde es ihr heimzahlen. Das Fräulein, das nun ein wenig auf der Seite stand, sagte zu ihr: »Madame, Ihr habt mir einen Possen gespielt; verzeiht mir, wenn ich's Euch wieder vergalt«; damit ging sie zur Tür hinaus und entfernte sich. Aber sie wurden alsbald wieder einig.

Indessen befand sich der Edelmann wegen dieses Anblicks so wohl und in einer solchen Verzückung voller Lust und Befriedigung, daß er mir hundertmal versicherte, er wolle in seinem Leben nichts weiter als täglich an dieses Schauspiel denken und davon träumen; und er hatte sicher recht, denn nach ihrem schönen unvergleichlichen Gesicht, ihrem schönen Busen, der die Welt entzückte, konnte sie wohl zeigen, was sich darunter noch Köstlicheres verbarg; unter anderen Schönheiten, sagte er mir, habe die Dame die schönsten und höchsten Hüften besessen, die er je gesehen habe. Man konnte es auch glauben, denn sie hatte den stattlichsten Wuchs; unter den Schönheiten mußte sie das auch sein, genau wie eine Grenzfestung.

Nachdem der Edelmann mir alles erzählt hatte, konnte ich ihm nur sagen: »Lebt denn, lebt denn weiter, mein großer Freund, in dieser göttlichen Betrachtung und möchte Euch diese Glückseligkeit ewig leuchten! Wenn ich doch auch noch vor meinem Tode wenigstens einen solchen Anblick hätte!«

Jener Edelmann fühlte sich dem Fräulein auf ewig verpflichtet, er ehrte und liebte sie seitdem von ganzem Herzen. Er betete sie aber auch sehr an; doch heiratete er sie nicht, denn ein anderer, reicher als er, lief ihm den Rang ab, wie es bei allen Frauen der Brauch ist, dem Reichtum nachzulaufen.

Ein solches Schauspiel ist schön und angenehm; man muß aber achtgeben, daß es nicht verderblich wird wie der Anblick der schönen nackten Diana dem armen Aktäon oder einer Dame, deren Fall ich erzählen will.

Ein König von Irgendland oder wo liebte einst eine sehr schöne ehrbare und große verwitwete Dame sehr heftig, so daß man ihn in sie verzaubert hielt; denn er kümmerte sich wenig um andere, auch nicht um seine Frau, außer von Zeit zu Zeit, denn jene Dame bekam stets die schönsten Blüten aus seinem Garten. Das verdroß die Königin sehr, denn sie hielt sich für ebenso schön und liebenswert und würdig, so leckere Bissen zu bekommen; darüber verwunderte sie sich sehr. Nachdem sie ihrer Favoritin, einer großen Dame, ihr Leid geklagt hatte, verschwor sie sich mit ihr, achtzugeben, ob etwas daran wäre, ja durch ein Loch in der Wand das Spiel zu bespähen, das ihr Gatte und die Dame spielten. So machten sie denn verschiedene Löcher in die Decke über dem Zimmer der Dame, damit sie alles sehen und beobachten konnten, wie sie es miteinander trieben; sie begaben sich also zu dem Schauspiel; sie sahen eine sehr schöne, weiße, köstliche und sehr frische Frau, die, halb im Hemd und halb nackt, ihren Liebhaber liebkoste, ihm schmeichelte, arg mit ihm schäkerte, und der Liebhaber vergalt es ihr wieder, so daß sie sogar aus dem Bett stiegen, sich ganz im Hemd hinlegten und sich auf dem Teppich verlustierten, der neben dem Bett lag, um der Bettwärme zu entgehen und größere Frische zu genießen, denn es war ein sehr heißer Tag; insgleichen kannte ich auch einen sehr großen Fürsten, der auf dieselbe Weise mit seiner Frau, einer großen Schönheit, Kurzweil trieb, um damit, wie er selbst sagte, der argen Sommerhitze zu entgehen.

Nachdem also jene Fürstin alles gesehen und beobachtet hatte, begann sie vor Zorn zu weinen, zu seufzen, zu ächzen und sich zu betrüben, denn sie sah und sie sagte es auch, daß ihr Gatte ihr nicht das gleiche angedeihen ließ und auch nicht die Tollheiten mit ihr trieb, die sie ihn mit der anderen hatte machen sehn.

Die Dame, die sie begleitete, begann sie zu trösten und machte ihr Vorstellungen, daß sie sich dermaßen betrübe; sie habe ja, da sie so begierig danach gewesen sei, diese Dinge zu sehn, nichts weniger erwarten können. Die Fürstin antwortete ihr weiter nichts als: »Ach, ja! ich habe gesehen, was ich nicht hätte sehen dürfen, denn der Anblick hat mir weh getan.« Nachdem sie sich aber getröstet und entschieden hatte, kümmerte sie sich nicht weiter darum, sondern setzte den Zeitvertreib, sosehr sie nur konnte, fort, ja, der Anblick wandelte sich ihr in Spott und möglicherweise auch noch in etwas anderes.

Ich hörte von einer großen Dame von irgendwo, einer sehr großen, die sich nicht mit ihrer natürlichen Geilheit zufriedengab, denn sie war eine große Vettel, als verheiratete Frau und als Witwe, auch war sie sehr schön. Um sich noch mehr aufzuregen und aufzureizen, ließ sie ihre Damen und Mädchen entblößen, die schönsten, mein ich, und entzückte sich sehr daran, sie zu betrachten; dann schlug sie sie mit der flachen Hand unter großem Klatschen und Platschen mit ziemlich derben Klapsen auf die Hinterbacken, und die Mädchen, die irgend etwas verbrochen hatten, schlug sie mit guten Ruten; dann bestand ihre Befriedigung darin, zu beobachten, wie sie sich hin und her bewegten, wie sie ihren Leib und ihr Gesäß drehten und wanden, was nach den empfangenen Schlägen ein sehr seltsames und lustiges Bild abgab.

Manchmal kleidete sie sie nicht aus, sondern ließ sie ihren Rock in die Höhe stülpen, damals trug man noch keine Unterhosen, und klatschte und schlug sie auf die Backen, je nach der Veranlassung, die sie ihr gegeben hatten, oder ob sie sie zum Lachen oder zum Weinen bringen wollte. Durch diese Visionen und Betrachtungen stachelte sie ihre Begierden so sehr an, daß sie diese nachher sehr oft mit einem starken und robusten galanten Mann befriedigen mußte.

Was für eine Weiberlaune! Man sagte auch, als sie einmal durch das Fenster ihres Schlosses, das auf die Straße ging, einen großen Schuster mit fabelhaften Proportionen an die Schloßmauer sein Wasser abschlagen sah, ward sie lüstern nach einer so großen Dimension; und weil sie fürchtete, mit ihrer Begierde die Konzeption zu schädigen, bestellte sie ihn durch einen Pagen in eine versteckte Allee ihres Parkes, wohin sie sich zurückgezogen hatte; dort prostituierte sie sich ihm unter der Bedingung, daß er sie schwängerte. So weit wurde diese Dame nur vom Ansehn gebracht.

Außerdem hörte ich, daß sie außer ihren gewöhnlichen Frauen und Mädchen, die in ihrem Gefolge waren, die fremden Damen, die sie besuchten, in den zwei oder drei Tagen, oder jedesmal, wenn sie zu Besuch waren, in diesen Scherz einweihte; sie ließ es die Ihrigen zuerst vormachen, dann fing sie an, und die andern folgten ihr; die einen wunderten sich über den Spaß, die andern nicht. Das nenne ich doch ein lustiges Exerzitium!

Ich hörte auch von einem Großen, dem es Vergnügen machte, so seine Frau nackt oder bekleidet zu betrachten, sie klatschend zu schlagen und dabei die Windungen ihres Leibes zu beobachten.

Von einer ehrbaren Dame hörte ich, daß sie als Kind täglich zweimal von ihrer Mutter gepeitscht wurde, nicht weil sie ein Unrecht begangen hatte, sondern weil die Mutter ein Vergnügen daran zu finden meinte, wenn sie den jungen Leib sich wälzen und die Hinterbacken zucken sah, um ihre Begierde nach anderm damit anzureizen. Sogar als sie vierzehn Jahre alt war, beharrte die Mutter noch dabei und gierte derartig danach, daß sie von ihrem Anblick gar nicht genug bekommen konnte.

Von einem großen Herrn und Fürsten, der vor mehr als achtzig Jahren lebte, hörte ich noch Schlimmeres; er ließ sich, bevor er mit seiner Frau schlief, immer erst peitschen, da er ohne dies dumme Mittel sich weder aufregen noch seine erschlaffende Natur zum Stehen bringen konnte. Ich möchte gern, ein tüchtiger Arzt könnte mir den Grund erklären.

Picus Mirandola, dieser bedeutende Mann, erzählt, er habe zu seiner Zeit einen gewissen Galan gesehen, der um so wilder nach den Frauen wurde, je mehr man ihn mit Riemen prügelte und peitschte; niemals war er so brünstig, als wenn er so geprügelt worden war; dann geriet er in Wut. Das nenne ich doch eine schreckliche Gemütsart von den Leuten! Da ist das Sehen doch immer noch besser als das letztere!

Als ich in Mailand war, erfuhr ich eines Tages aus guter Quelle diese Geschichte: Der verstorbene Marquis von Pescara, der erst seit kurzem tot ist, Vizekönig in Sizilien, verliebte sich sterblich in eine sehr schöne Dame; eines Morgens, als er glaubte, ihr Gemahl sei ausgegangen, besuchte er sie und fand sie noch im Bett; während er mit ihr plauderte, erlangte er nichts weiter von ihr, als daß er sie bequem unter der Leinwand betrachten und sie mit der Hand berühren durfte. Mittlerweile kam der Gemahl dazu, der gar nichts von dem Kaliber des Marquis hatte, und er überraschte sie dermaßen, daß der Marquis keine Zeit hatte, seinen Handschuh an sich zu nehmen, der sich, ich weiß nicht wie, zwischen den Bettüchern verloren hatte, wie es öfters vorkommt. Nachdem der Marquis dann ein paar Worte zu ihm gesprochen hatte, verließ er die Kammer; der Edelmann geleitete ihn noch hinaus; nach seiner Rückkunft fand er aber zufällig den Handschuh, den der Marquis zwischen den Tüchern verloren hatte, was von der

Dame nicht bemerkt worden war. Er nahm ihn und schloß ihn weg, dann machte er seiner Frau ein finsteres Gesicht und schlief lange nicht bei ihr und berührte sie überhaupt nicht mehr; als die Frau nun eines Tages allein in seinem Zimmer war, nahm sie die Feder zur Hand und machte den Vierzeiler:

›Vigna era, vigna son.
Era podata, or piu non son;
E non so per qual cagion
Non mi poda il mio patron.‹

Dann ließ sie die Verse auf dem Tisch liegen; der Gatte kam, sah sie, nahm die Feder und schrieb zur Antwort:

›Vigna eri, vigna sei,
Eri podata, e piu non sei.
Per ea granfa del leon,
Non ti poda il tuo patron.‹

Dann ließ er sie ebenfalls auf dem Tisch liegen. Das Ganze wurde dem Marquis hinterbracht, der erwiderte:

›A la vigna chez voi dite
Io fui, e qui restai;
Alzai il pampano; guardai la vite;
Ma, se Dio m'ajuti, non toccai.‹

Der Gemahl erfuhr dies wieder, und zufrieden mit einer so ehrenvollen Antwort und rechten Genugtuung, nahm er seinen Weinberg wieder und pflegte ihn ebensogut wie vorher; und niemals befanden sich Mann und Frau besser.

Damit es jeder versteht, will ich es übersetzen.

›Ich war ein schöner Weinstock und bin's noch.
Ich wurde früher sehr gehegt.
Jetzt werd ich's nicht; und weiß doch nicht,
Warum mein Meister mich nicht mehr pflegt.‹

Antwort:

›Ja, du warst ein Weinstock und bist es noch,
Früher gepflegt, jetzt ungepflegt,
Weil du die Klaue des Löwen liebst,
Wirst du von deinem Gatten nicht mehr gepflegt.‹

Antwort des Marquis:

›Am Weinstock, den Ihr meint, war ich gewiß,
Und blieb ein wenig dort;
Ich hob die Ranke und betrachtete die Traube,
Gott steh mir bei, wenn ich sie je berührte!‹

Mit jener Löwenklaue war der Handschuh gemeint, den er zwischen den Tüchern fand.

Das nenne ich noch einen guten Gatten, der seinem Argwohn nicht die Zügel schießen ließ und, also seines Verdachts sich entledigend, seiner Frau verzieh. Und es gibt sicherlich Frauen, die an sich so viel Vergnügen haben, wenn sie sich nackend betrachten, daß sie gleich Narziß über sich in Entzückung geraten. Was sollen dann wir erst tun, wenn wir sie ansehn und betrachten?

Mariamne, Herodes' Gemahlin, eine schöne und ehrbare Frau, verweigerte es durchaus, als ihr Gatte eines Tages am hellen Mittag bei ihr schlafen und genau sehen wollte, was an ihr war, wie Josephus berichtet. Von der Macht, die er als Ehemann hatte, machte er dabei keinen Gebrauch, wie ein großer Herr, den ich kannte, gegenüber seiner Frau, einer Schönheit, die er am hellen lichten Tag besprang und trotz ihrer heftigen Weigerungen ganz nackt auszog. Dann schickte er ihr die Kammerfrauen, um sie anzukleiden; sie fanden sie ganz in Tränen aufgelöst und beschämt. Andre Damen machen sich mit Absicht keine großen Gewissensbisse daraus, ihre Schönheit völlig zur Schau zu stellen, sich in ihrer Nacktheit zu entblößen, um ihre Diener mehr zu reizen, zu verführen und anzulocken; aber die kostbare Berührung wollen wenigstens manche durchaus nicht gestatten oder nur kurze Zeit lang; denn auf diesem schönen Weg wollen die Männer nicht stehnbleiben, sondern gern weitergehn, und man erzählte mir von mehreren Frauen, die ihre Liebhaber lange Zeit mit so schönen Aspekten unterhalten hatten.

Glückselig sind jene, die sich in Geduld fassen, ohne sich allzusehr von Versuchungen hinreißen zu lassen. Es muß ja wirklich ein Tugendbold sein, dem beim Anblick einer schönen Frau nicht die Augen übergehn; so sagte Alexander manchmal zu seinen Freunden, daß die persischen Mädchen denen die Augen sehr schmerzen machten, die sie betrachteten; daher grüßte er die Töchter des Königs Darius, die seine Gefangenen waren, nur mit niedergeschlagenen Augen und sah sie so wenig an, als er nur konnte, aus Furcht, er möchte von ihrer ausgezeichneten Schönheit gefesselt werden.

Nicht allein damals, sondern auch heute noch genießen unter allen Frauen des Orients die Perserinnen den Ruhm und den Preis, die schönsten und vollendetsten zu sein, sowohl nach ihren Maßen, nach der Natürlichkeit ihrer Schönheit, wie nach ihren reizenden und vorzüglichen Kleidern und Schuhen; besonders jene Frauen der alten Königsstadt Schiras, deren Schönheit, Weiße und Liebenswürdigkeit dermaßen gepriesen wird, daß die Mauren in einem alten und gewöhnlichen Sprichwort sagen, ihr Prophet Mohammed habe nie nach Schiras gehen wollen, aus Furcht, daß seine Seele nach seinem Tod nicht ins Paradies käme, wenn er einmal jene schönen Frauen gesehen hätte. Die dort gewesen sind und darüber geschrieben haben, sagen das gleiche, woraus man das scheinheilige Verhalten dieses guten zerrütteten und liederlichen Propheten entnehmen kann; denn es steht ja, sagt Belon, in einem arabischen Buch mit dem Titel ›Von den guten Gebräuchen Mohammeds‹, worin seine Körperkräfte gelobt werden, geschrieben, daß er sich rühmte, seine elf Frauen nacheinander in ein und derselben Stunde zu bearbeiten. Hol der Teufel diesen Schlingel! Reden wir nicht mehr davon; ich könnte lange darüber reden, bis ich alles gesagt habe.

Was jene Eigenschaft Alexanders betrifft, die ich eben erwähnte, und des Scipio Africanus, hörte ich, wie man die

Frage aufwarf: Welcher von beiden erwarb sich höheren Ruhm der Keuschheit?

Alexander wollte im Mißtrauen auf die Kraft seiner Keuschheit jene schönen persischen Damen nicht einmal ansehn; Scipio sah nach der Einnahme von Karthago nova das schöne spanische Mädchen an, das seine Soldaten ihm brachten und als seinen Beuteanteil anboten, sie war von so ausgezeichneter Schönheit und in so jungem, eroberungsfähigem Alter, daß sie überall, wo sie vorbeikam, aller Augen auf sich lenkte und in Verwunderung versetzte, sogar den Scipio. Nachdem er sie sehr höflich begrüßt hatte, erkundigte er sich, aus welcher Stadt Spaniens sie stammte und von welchen Eltern. Unter anderm erfuhr er, daß sie einem jungen Mann, namens Alucius, einem Häuptling der Keltiberer, verlobt war; er gab sie diesem und ihren Eltern zurück, ohne sie zu berühren; dafür waren ihnen die Braut, die Verwandten und der Bräutigam dermaßen dankbar, daß sie seitdem für die Stadt Rom und die Republik die größte Ergebenheit fühlten. Weiß man denn aber, ob jene schöne Dame nicht in ihrer Seele gewünscht hätte, von Scipio zuerst ein bißchen angeschnitten worden zu sein, von ihm, sage ich, der schön, jung, tapfer, kühn und siegreich war? Wenn sie vielleicht von einer vertrauten Person aufs Gewissen befragt worden wäre, ob sie es nicht gewollt hätte – so kann man sich vorstellen, was sie geantwortet hätte, oder sie hätte ein verliebtes Gesichtchen gemacht und durchblicken lassen, daß sie es wohl verlangt hätte, und ob ferner, wenn es Euch gefällt, das spanische Klima und die westliche Sonne sie nicht verführen konnten, wie viele andre Frauen von heutzutage, schön und begehrlich wie sie, heiß und gierig danach, wie ich eine Menge gesehen habe. Man braucht also nicht daran zu zweifeln: wäre jenes schöne und ehrbare Mädchen von dem schönen Jüngling Scipio umworben und verlangt worden, sie hätte ihn beim Wort genommen und sich sogar auf dem Altar ihrer heidnischen Götter geopfert.

Hierin ist Scipio sicherlich von manchen wegen dieser großen Gabe, enthaltsam zu sein, gelobt worden; von andern wurde er darum getadelt; denn worin kann ein tapferer und tüchtiger Rittersmann den Adel seines Herzens gegen eine schöne und ehrbare Dame bezeigen, als daß er ihr durch die Tat zu erkennen gibt, daß er ihre Schönheit schätzt und sie sehr liebt, ohne ihr gegenüber von jener Kälte, jenen Rücksichten, Sittsamkeiten und Enthaltsamkeiten Gebrauch zu machen, die ich von verschiedenen Rittern und Frauen eher Dummheiten und Herzlosigkeiten als Tugenden nennen hörte? Nein, nicht das ist es, was eine schöne und ehrbare Dame in ihrer Seele liebt, sondern ein tüchtiges, kluges, verschwiegnes und heimliches Genießen. Schließlich war Scipio, wie eines Tages eine ehrbare Dame sagte, die die Geschichte las, ein Dummkopf, ein so tüchtiger und edler Feldherr er auch sein mochte, daß er sich und der Partei Roms die Leute mit einem so törichten Mittel verpflichtete, was er doch passender hätte erreichen können, besonders aber weil das Mädchen eine Kriegsbeute war, über die man ebensosehr oder noch mehr als über jede andre Sache triumphieren muß.

Der große Gründer seiner Stadt handelte beim Raube der schönen Sabinerinnen mit seiner Beute anders, ohne jede Rücksicht mußte sie ihm zu Lust und Willen sein; dabei stand sie sich gut und sorgte sich schwerlich darum, weder sie noch ihre Gefährtinnen taten das, die alsbald mit ihren Gatten und Räubern Frieden schlossen und es nicht übelnahmen wie ihre Väter und Mütter, die einen großen Krieg darum entfesselten.

Freilich gibt es Leute und Leute, Frauen und Frauen, die nicht mit jedermann dergestalt Umgang haben wollen, und nicht alle gleichen der Frau des Königs Ortiagos, einem der gallischen Könige Asiens, die von vollendeter Schönheit war; bei seiner Niederlage wurde sie von einem römischen Centurio gefangengenommen, der eine entehrende Forderung an sie stellte; sie blieb aber fest, denn es schauderte ihr, sich einem so gemeinen und niedrigen Menschen hinzugeben. Da vergewaltigte er sie, da sie das Kriegsglück zu seiner Sklavin gemacht hatte; er sollte es aber bald bereuen und seine Vergeltung bekommen; denn als sie ihm ein großes Lösegeld für ihre Befreiung versprochen hatte und sie beide an den bezeichneten Ort gegangen waren, wo er das Geld in Empfang nehmen sollte, ließ sie ihn töten, während er es zählte, und brachte es dann mit seinem Kopf ihrem Gemahl, dem sie freimütig gestand, daß dieser Mann ihre Keuschheit wirklich vergewaltigt, daß sie sich aber an ihm in dieser Weise gerächt hätte. Das billigte ihr Gatte und überhäufte sie mit großen Ehren. Von dieser Zeit an, sagt die Geschichte, bewahrte sie ihre Frauenehre bis zum letzten Tag ihres Lebens mit allem Ernst und aller Heiligkeit; schließlich hatte sie ja den guten Bissen weg, wenn er auch von einem geringen Manne gekommen war.

Anders machte es Lukretia, denn sie schmeckte es gar nicht, obgleich sie von einem tapfern König umworben wurde. Darin war sie doppelt die Dumme, ihm nicht auf der Stelle und für ein Weilchen gefällig zu sein, sondern sich umzubringen.

Um wieder auf Scipio zurückzukommen, so kannte er den Kriegsgebrauch betreffs Beute und Plünderung wohl noch nicht; denn es gibt, soviel ich von einem unsrer großen Feldherren weiß, kein besseres Fleisch auf der Welt als das einer kriegsgefangenen Frau; er verspottete mehrere andere seiner Kollegen, die bei Bestürmungen und Überrumpelungen von Städten vor allen Dingen die Ehre der Frauen anempfahlen, auch bei anderen Plätzen und Gefechten; denn immer lieben die Frauen die Kriegsleute mehr als die anderen, und ihre Heftigkeit erregt ihnen mehr Begierden; und dann gibt es nichts daran auszusetzen; das Vergnügen verbleibt ihnen; der Gatten Ehre und die ihrige wird dabei keineswegs geschändet; und hernach sind sie auch hübsch verwöhnt! Was noch mehr bedeutet, sie retten ihren Gatten den Besitz und das Leben, wie die schöne Eunoë, die Frau des Bogud oder Bocchus, des Königs von Mauretanien, der Cäsar mit ihrem Gemahl große Wohltaten bezeigte, nicht so sehr, wie man glauben darf, weil er seine Partei ergriff wie Juba, der König von Bithynien, die des Pompejus, sondern weil es eine schöne Frau war und weil Cäsar ihren vertrauten Umgang und ihren süßen Genuß hatte.

Noch weitere Vorzüge dieser Liebschaften, die es gibt, übergehe ich. Trotzdem, sagte jener große Feldherr, wollten seine Kriegskameraden, die ihm glichen, in Befolgung alter Kriegsbräuche, daß die Ehre der Frauen geschont werde, deren Meinung man doch zuvor heimlich und zugestanden wissen müßte, bevor man darüber entschiede; oder sie haben möglicherweise die Gemütsart unsres Scipio, der sich damit begnügt, es mit dem Ortolanhund zu halten, der, wie oben schon gesagt, vom Kohl im Garten nichts fressen will und daher auch die anderen nichts davon fressen läßt. So verfuhr er gegenüber dem armen Massinissa, der für ihn und für das römische Volk so oft sein Leben gewagt hatte, und nachdem er soviel Mühen, Schweiß und Arbeit aufgewandt hatte, um ihm Ruhm und Sieg zu erringen, weigerte und raubte er ihm die schöne Königin Sophonisbe, die er sich als seine wichtigste und wertvollste Beute ausgewählt hatte. Er nahm sie ihm, um sie nach Rom zu schicken, wo sie den Rest ihrer Tage in elender Sklaverei verbringen sollte, wenn Massinissa keine Maßregeln dagegen ergriffen hätte. Sein Ruhm wäre besser und großartiger gewesen, wenn sie als berühmte und stolze Königin, als Gemahlin Massinissas, dabei aufgetreten wäre und man, während sie vorüberschritt, hätte sagen können: »Schau, das ist eines der schönen Male der Eroberungen Scipios«, denn der Ruhm liegt gewiß mehr in der Erscheinung großer und hoher Dinge als gemeiner.

Kurz, Scipio machte in alledem große Fehler, oder er war überhaupt ein Feind des weiblichen Geschlechts oder ganz und gar unfähig, es zu befriedigen, wenn man auch sagt, daß er auf seine alten Tage mit einer der Sklavinnen seiner Frau zu lieben begann; das ertrug sie sehr geduldig, aus ganz bestimmten Gründen, die sich darüber anführen ließen.

Um nun von der Abschweifung, die ich soeben machte, wieder auf den geraden Weg zurückzukommen, den ich verlassen habe, und um diese Abhandlung abzuschließen, sage ich: Es gibt keinen schöneren Anblick auf der Welt als eine schöne Frau in prachtvollen Kleidern oder in köstlicher Nacktheit auf ihrem Lager; wenn sie nur gesund, sauber, makellos ist und weder Überbein noch Mauke hat, wie ich schon sagte.

Der König Franz sagte, ein Edelmann, so stolz er auch sei, könnte einem Herrn, und sei er auch noch so groß, keinen besseren Empfang in seinem Haus oder Schloß bereiten, als wenn er ihn zuerst mit einer schönen Ehefrau, dann mit einem schönen Pferd und endlich mit einem schönen Windspiel zusammenkommen lasse; denn indem der Besucher sein Auge bald auf das eine, bald auf das andre, bald auf das dritte lenke, könnte er in diesem Haus niemals verdrießlich werden; diese drei schönen Dinge seien für ihn sehr freudig anzusehn und zu bewundern, und es bildete eine hohe Annehmlichkeit, sich ihrer zu bedienen.

Die Königin Isabella von Kastilien sagte, vier Dinge seien es, deren Anblick ihr ein außerordentliches Vergnügen bereite: einen bewaffneten Mann auf dem Schlachtfeld, einen Bischof im priesterlichen Ornat, eine schöne Dame im Bett und einen Dieb am Galgen.

Von dem erst jüngst verstorbenen Herrn Kardinal von Lothringen, dem Großen, hörte ich erzählen: Als er zum Papst Paul IV. nach Rom ging, um den mit dem Kaiser geschlossenen Waffenstillstand aufzuheben, kam er durch Venedig, wo er in höchst ehrenvoller Weise empfangen wurde; daran ist auch gar nicht zu zweifeln, da er bei einem so großen König in so hoher Gunst stand. Der ganze große und vornehme Senat ging ihm entgegen; und als sie durch den Canale Grande kamen, wo alle Fenster der Häuser mit den Frauen der Stadt, und zwar mit den schönsten, die zusammengeströmt waren, um den Einzug zu sehn, besetzt waren, unterhielt ihn einer der Vornehmsten von den Staatsgeschäften und redete eindringlich auf ihn ein. Da der Gesandte aber seine Augen fest auf jene schönen Damen heftete, sagte er ihm in seinem Patois: »Monseigneur, ich glaube, Ihr versteht mich nicht und habt recht; denn es ist viel vergnüglicher und etwas ganz anderes, diese schönen Damen in den Fenstern zu beobachten und sich an ihnen zu ergötzen, als einen verdrießlichen Greis wie mich reden zu hören, selbst wenn er von irgendwelcher großen Erobcrung spräche, die für Euch von Vorteil wäre.« Der Herr Kardinal, dem es nicht an Geist und Gedächtnis fehlte, erwiderte ihm Wort für Wort alles, was er gesagt hatte, womit er bei dem guten Greise die größte Befriedigung und die bewunderndste Schätzung erweckte, daß er, während er sich am Anblick der schönen Damen ergötzte, von dem Gesprochenen nichts vergessen oder überhört hatte.

Wer den Hof unserer Könige Franz, Heinrich II., und anderer Könige, die seine Kinder waren, gesehn hat, wird wohl gestehn, wer es auch immer sei und kenne er die ganze Welt, niemals etwas so Schönes gesehen zu haben wie die Damen an diesen Höfen, unsere Königinnen und ihre Frauen, Mütter und Schwestern; und etwas noch Schöneres, sagte jemand, konnte man zu Lebzeiten des Großvaters von Meister Gonnin sehen, der die Frauen mit seinen Erfindungen, Illusionen, Hexereien und Zaubereien entkleidet und nackt hätte zeigen können; dies soll er einmal in einer sehr vertrauten Gesellschaft auf Befehl von König Franz gemacht haben; denn er war ein sehr kundiger und in seiner Kunst sehr kluger Mann; im Vergleich mit ihm verstand sein Enkel, den wir noch gesehen haben, nichts davon.

Ich meine, dieser Anblick war ebenso lustig wie jener, den einst die Ägypterinnen in Alexandrien ihrem großen Gotte Apis bei dessen Empfang und Begrüßung bereitet hatten. In feierlicher Zeremonie schritten sie vor ihn hin, hoben ihre Kleider, ihre Röcke und Hemden auf und stülpten sie so hoch empor, als sie nur konnten, spreizten ihre Beine und stellten ihre Scham vollständig zur Schau; dann sahen sie ihn nicht wieder; man stelle sich vor, sie glaubten, ihn tüchtig damit bezahlt zu haben. Wer die Geschichte nachsehn will, lese Alex(ander) ab Alex(andrien) im sechsten Buch der ›Jours jovials‹. Ich meine, das muß ein sehr vergnüglicher Anblick gewesen sein; denn damals waren die Damen von Alexandrien schön, wie sie es heute noch sind.

Wenn die Alten und Häßlichen es ebenso machten, dann laß sie ungeschoren; denn der Blick darf sich nur aufs Schöne richten und muß das Häßliche fliehen, sosehr er nur kann.

In der Schweiz sind Männer und Frauen bunt durcheinander in den Bädern und Badstuben, ohne irgend etwas Unanständiges zu begehen, es macht ihnen keine Beschwer, weil sie ein Tuch davor binden. Wenn es etwas lokker sitzt, dann kann man immer noch sehen, was einem gefällt oder mißfällt, je nachdem es schön oder häßlich ist.

Bevor ich diese Abhandlung schließe, will ich noch das sagen: Welcher Versuchungen und welcher Augenweide mußten doch früher die jungen römischen Herren, die Edelleute, die Bürger und andere an dem Tag teilhaftig werden, an dem man das Fest der Flora feierlich beging,* von der man sagte, sie sei die feinste und erfolgreichste Kurtisane gewesen, die je in Rom oder anderswo die Hurenschaft ausübte! Und ihren Ruf erhöhte noch, daß sie aus gutem Hause und einem vornehmen Geschlecht stammte, denn derartige Frauen von so hohem Rang gefallen gewöhnlich mehr, und ein Zusammentreffen mit ihnen ist exzellenter als eines mit anderen. Auch hatte Frau Flora das Gute, und darin war sie Lais überlegen: Diese gab sich jedermann preis wie eine Vettel, Flora nur den Vornehmen; sie hatte sogar an ihrer Tür einen Anschlag gemacht:

›Eintritt für
Könige, Häuptlinge, Diktatoren, Konsuln,
Zensoren, Oberpriester, Quästoren,
Gesandte und andere große Herren.
Sonst Eintritt verboten.‹

Lais ließ sich stets voraus bezahlen, Flora nicht; sie sagte, sie verhielte sich den Großen gegenüber aus dem Grunde so, damit sie sich auch ihr gegenüber als große und vor-

* Brantômes Quelle für diesen Abschnitt waren die ›Epitres dorées des Guévare‹, die aber leider ungeschichtlich sind. Er mag sich freilich gern haben täuschen lassen. (s. Anm.)

nehme Leute benähmen; und dann wird ja auch eine Frau von großer Schönheit und edlem Herkommen stets so hochgeachtet, als sie sich selbst schätzt; daher nahm Flora nur, was man ihr gab, wenn sie sagte, jede feine Dame müsse ihrem Liebhaber aus Liebe Liebes tun, nicht aus Habsucht, weil alle Dinge ihren bestimmten Preis hätten, nur die Liebe nicht.

Kurz, sie betrieb zu ihrer Zeit die Liebe so artig und ließ sich so tüchtig bedienen, daß es, wenn sie manchmal ihre Wohnung verließ, um in der Stadt spazierenzugehen, für einen Monat lang genug von ihr zu reden gab, von ihrer Schönheit, von ihrem schönen und reichen Schmuck, von ihrem stolzen Wesen, ihrer Anmut wie auch von dem großen Gefolge von Höflingen, Liebhabern und großen Herren, die bei ihr waren, die ihr folgten und sie wie Sklaven begleiteten, was sie geduldig ertrug. Und wenn die fremden Gesandten in ihre Länder zurückkehrten, dann freute es sie mehr, von der Schönheit und von der Einzigartigkeit der schönen Flora zu erzählen als von der Größe der römischen Republik; besonders rühmten sie ihre große Freigebigkeit, die doch der Gemütsart solcher Frauen zuwiderläuft; ihre Vornehmheit hob sie aber auch wirklich über das Gewöhnliche hinaus.

Endlich starb sie so reich und so vermögend, daß der Wert ihres Silbers, ihrer Möbel und Juwelen hinreichte, die Mauern Roms wieder aufzubauen und dazu noch Schulden der Republik abzutragen. Sie machte das römische Volk zu ihrem Haupterben, dafür wurde ihr in Rom ein sehr prachtvoller Tempel errichtet, der nach ihrem Namen ›Tempel der Flora‹ genannt wurde.

Das erste Fest, das der Kaiser Galba feierte, war das der Liebesflora, an dem es den Römern und Römerinnen erlaubt war, jeder Ausschweifung, Unanständigkeit und Liederlichkeit zu frönen, die sie nur aussinnen konnten. Wer sich an diesem Tag am ausschweifendsten, unanständigsten und unzüchtigsten benahm, hatte an Frömmigkeit und Galanterie den Vogel abgeschossen.

Man stelle sich vor, daß kein Fiscaguatanz (den die maurischen Kammermädchen und Sklaven an den Sonntagen auf Malta auf offnem Platz vor aller Welt tanzen) und keine Sarabande dem nachkam und daß sie keine schlüpfrige Bewegung oder Erregung, keine unzüchtige Gebärde, keine seltsamen Windungen vergaßen. Je ausschweifender und unzüchtiger eine ihre Tänze ausdenken konnte, für desto galanter wurde sie erachtet; denn unter den Römern war nämlich die Meinung im Umlauf, wer in den lockersten und unverschämtesten Kleidern und Gebärden zum Tempel jener Göttin ginge, der erntete dieselbe Anmut und dieselben Reichtümer, die Flora besessen hatte.

Das nenne ich doch schöne Ansichten und ein schönes Fest feiern! Sie waren ja auch Heiden. Es ist gar nicht daran zu zweifeln, daß sie keine einzige Ausschweifung vergaßen und daß die tüchtigen Frauen lange vorher ihre Lektion einstudierten, genau wie die unsrigen ein Ballett lernen, und zwar mit hingebungsvollem Eifer. Die jungen Leute, ja sogar die alten waren auch sehr eifrig dabei, solch schlüpfrige Schaustellungen zu betrachten und anzusehen. Wenn heute unter uns ähnliches gezeigt werden könnte, so zöge jedermann in jederlei Art Nutzen daraus; und um derartigen Schauspielen beizuwohnen, ließ man sich im Gedränge erdrücken.

Wer mag, kann hier noch viele Glossen machen; das überlasse ich aber den braven Liebhabern. Man lese von Sueton, vom Griechen Pausanias, vom Lateiner Manilius die Bücher, die sie über die berühmten, verliebten und berüchtigten Frauen geschrieben haben, so ergibt sich alles.

Nun nur noch diese Geschichte, dann keine mehr.

Man kann lesen, daß die Lazedämonier einmal auszogen, um Messene zu belagern, wobei ihnen die Messenier zuvorkamen, denn sie verließen zuerst einer nach dem anderen ihre Stadt und eilten nach Lazedämon, um es zu überfallen und auszuplündern, während die Lazedämonier sich vor ihrer Stadt lustierten; aber sie wurden von den Frauen, die zurückgeblieben waren, tapfer zurückgeschlagen und verjagt. Als die Lazedämonier das erfuhren, kehrten sie um und wandten sich wieder ihrer Stadt zu; aus der

Ferne sahen sie jedoch ihre Frauen, die die Vertreibung bewerkstelligt hatten, in Waffen starren und gerieten darüber in Bestürzung; aber sie gaben sich ihnen alsbald zu erkennen und erzählten ihnen von ihrem Abenteuer; vor Freude darüber begannen die Männer sie zu küssen, zu umarmen, zu liebkosen, so daß sie, alle Scham beiseite setzend und ohne sich Zeit zu nehmen, die Waffen abzulegen, es ihnen auf demselben Platze wacker besorgten, auf dem sie ihnen begegneten; da hätte man dies und das sehen und ein lustiges Klingen und Klirren von Waffen und anderen Dingen hören können. Zum Gedächtnis dessen ließen sie der Göttin Venus einen Tempel und ein Götterbild errichten, das sie Venus die Bewaffnete nannten, im Gegensatz zu allen anderen, die ganz nackt dargestellt werden. Das nenne ich einen lustigen Beischlaf und eine hübsche Veranlassung, ›Venus in Waffen‹ abzubilden und sie so zu nennen!

Unter Kriegsleuten erlebt man zwar häufig, besonders bei der Einnahme von Städten mittels Sturm, daß Frauen von vielen Soldaten in voller Rüstung genossen werden, wenn sie keine Zeit und Geduld haben, sie abzulegen, denn ihre Wut und Begierde sind viel zu groß, von so starker Versuchung sind sie gestachelt; aber selten dürfte man sehn, daß sich ein bewaffneter Soldat mit einer bewaffneten Frau begattet. Man kann sich das Vergnügen denken, das hieraus folgen kann; ein noch größeres könnte in dem schönen Mysterium liegen, betrachte man nun die Betätigung, das Schauspiel oder den Waffenklang. Das hängt von der Einbildungskraft ab, die man dabei walten läßt, sowohl was die Handelnden wie die Zuschauer betrifft, die damals dabei waren.

Nun genug; machen wir Schluß; ich hätte diese Abhandlung noch um verschiedene Beispiele bereichern können, aber ich befürchtete, wenn ich zu schmutzig würde, möchte ich darum in schlechten Ruf kommen.

Nun muß ich nur noch, nachdem ich die schönen Frauen so hoch gelobt habe, die Geschichte eines Spaniers dahersetzen, der mir eines Tages eine Frau, die er haßte, gehörig zeichnete und mir sagte: »Seht, sie ist wie eine alte und vollgeschmierte Kirchenlampe; an Form und Gestalt gleicht sie einem großen, leeren und elend gebauten Schrank; ihr Gesicht hat die Farben und die Reize einer schlecht bemalten Maske; einen Leib hat sie wie eine Klosterglocke oder ein Mühlstein; ein Gesicht wie ein Götzenbild aus vergangenen Zeiten; Blick und Gang erinnern an ein altes Gespenst, das bei Nacht umgeht; so daß ich, wenn ich ihr bei Nacht begegnete, sie für einen Alraun halten könnte! Jesus! Jesus! Gott behüte mich vor einer solchen Begegnung. Sie ist weder damit zufrieden, den bischöflichen Verwalter als gewöhnlichen Gast bei sich zu haben, noch zufrieden mit der maßlosen Unterhaltung mit dem Vikar, auch nicht mit dem fortwährenden Besuch des Guardians, noch mit der alten Freundschaft des Dechanten, nein, jetzt hat sie noch von neuem einen an der Hand, der für die Seelen im Fegefeuer bittet und dafür, daß sie ihr schwarzes Leben endigt.«

So der Spanier, der die dreißig Schönheiten des Weibes so gut geschildert hat, wie ich in der Abhandlung weiter oben sagte; er kann sie also, wenn er will, auch sehr herabsetzen.

Dritte Abhandlung:

Über die Schönheit eines schönen Beines und über seine Reize

Unter anderen schönen Dingen, die ich öfter unter uns Hofleuten rühmen hörte, die auch dazu geeignet sein sollten, zur Liebe zu reizen, schätzt man an einer schönen Dame ein schönes Bein sehr hoch. Verschiedene Damen, die ich sah, waren sehr stolz darauf und waren bemüht, es so schön zu erhalten. Unter andern hörte ich von einer sehr großen Prinzessin von irgendwo erzählen, die ich kannte, daß sie eine ihrer Damen vor allen liebte und sie vor allen andern begünstigte, bloß weil diese ihr die Strümpfe so gut über die Beine hinaufzog, sie so gut übers Schienbein strich und das Strumpfband besser als jede andere anlegte. Daher stand sie sehr bei ihr in Gunst und empfing sogar Geschenke von ihr. Da die Dame nun einen solchen Eifer hatte, ihr Bein zu pflegen, ist zu erwägen, daß sie es nicht tat, um es unter ihren Röcken oder Kleidern zu verstecken, sondern um es manchmal zur Schau zu stellen, angetan mit schönen Unterhosen aus gold- und silberdurchwirktem Leinen oder aus anderm Stoff, die ganz vorzüglich und lieblich gemacht waren und die sie gewöhnlich trug, denn man hat ja viel mehr Vergnügen daran, wenn man auch andere am Anblick und am übrigen teilhaben läßt.

Diese Dame konnte sich auch damit nicht entschuldigen, daß sie sagte, es geschehe nur, um ihrem Gatten zu gefallen, wie die meisten sagen und sogar die Alten, wenn sie sich trotz ihres Alters so herausputzen und brüsten; denn diese war Witwe. Sie machte es freilich zu Lebzeiten ihres Gemahls geradeso und wollte es daher später, nachdem sie ihn verloren hatte, nicht unterbrechen.

Ich kannte eine Menge schöner Frauen und Mädchen, die ebenso beflissen waren, so köstliche, schmucke und hübsche Beine zu besitzen; sie haben auch recht; denn es liegt eine größere Sinnenlust darin, als man denkt.

Ich hörte von einer sehr großen und sehr schönen Dame aus der Zeit König Franz', die sich ein Bein gebrochen hatte; nachdem sie es sich wieder hatte einrichten lassen, fand sie, daß es nicht gut aussah und ganz krumm geblieben war; schnell entschlossen ließ sie es sich vom Einrenker noch einmal brechen, um es wieder in seinen früheren Stand zu bringen und wieder so schön und gerade zu machen. Irgendeine Dame wunderte sich sehr darüber; dieser gab eine andre schöne Dame, die sich darin auskannte, zur Antwort: »Soviel ich sehe, habt Ihr keine Ahnung, was für Liebesvorteile in einem schönen Bein stecken können.«

Ich kannte einst ein sehr schönes und ehrbares Mädchen von irgendwo, die sich in einen Grandseigneur sehr verliebt hatte; sie wollte ihn verführen und ihm etwas Gutes abgaunern, konnte aber nicht an ihn herankommen. Da stellte sie sich eines Tages, als sie in einer Parkallee war und ihn kommen sah, als ob ihr Strumpfband herunterrutsche; sie stellte sich ein wenig zur Seite, hob das Bein in die Höhe und zog sich den Strumpf hinauf und band ihr Strumpfband wieder fest. Jener große Herr beobachtete das scharf und fand das Bein sehr schön und vertiefte sich so in den Anblick, daß das Bein eine größere Wirkung in ihm hervorrief als ihr schönes Gesicht, und er kam zu dem Urteil, daß die beiden schönen Säulen auch ein schönes Gebäu stützen müßten. Später gestand er es seiner Geliebten, die darüber nach Gutdünken mit ihm umging. Man merke sich diese Erfindung und die artige Liebeslist.

Ich hörte auch von einer schönen und vor allem sehr geistreichen Dame von lustigem und gutem Humor, die eines Tages, als sie sich von ihrem Kammerdiener ihre Strümpfe anziehen ließ, ihn fragte, ob er dabei nicht in Brunst, in Versuchung, in Begierde geriete; sie gebrauchte sogar ein gepfeffertes Wort. Der Diener, der es gut zu machen meinte, antwortete aus Respekt vor ihr: »Nein.« Sofort hob sie die Hand und versetzte ihm eine tüchtige Ohrfeige. »Geh«, sagte sie, »du sollst mich nicht mehr bedienen; du bist ein Dummkopf und kannst dich trollen!«

Es gibt heutzutage eine Menge Kammerdiener von Damen, die nicht so keusch sind, wenn sie beim Aufstehen ihren Herrinnen die Kleider und Strümpfe anziehen; aber auch Edelleute würden sich beim Anblick so süßer Reize nicht so verhalten.

Nicht erst seit heute schätzt man die Schönheit schöner Beine und schöner Füße, was das gleiche ist; denn aus den Zeiten der Römer lesen wir, daß Lucius Vitellius, der Vater des Kaisers Vitellius, der in Messalina sehr verliebt war und bei ihrem Gemahl durch ihre Vermittlung in Gunst stehen wollte, sie eines Tages bat, sie möge ihm die Ehre erweisen, ihm eine Gunst zu gewähren. Die Kaiserin fragte ihn: »Und was?« »Hohe Frau«, sagte er, »möchtet Ihr gestatten, daß ich Euch einmal die Schuhe ausziehe!« Messalina, die sehr höflich gegen ihre Untertanen war, verweigerte ihm diese Gnade nicht. Nachdem er sie ihr ausgezogen hatte, behielt er einen Schuh und trug ihn immer unter dem Hemd auf dem Leibe bei sich, er küßte ihn, sooft er nur konnte, und betete in dem Schuh den schönen Fuß der geliebten Frau an, da er weder ihren natürlichen Fuß noch ihr schönes Bein zu seiner Verfügung haben konnte.

Man kennt den englischen Mylord in den ›Hundert Erzählungen‹ der Königin von Navarra, der ebenso den Handschuh seiner Herrin an der Seite trug und sich damit sehr reich vorkam. Ich kannte viele Edelleute, die, bevor sie ihre seidenen Strümpfe trugen, ihre Damen und Herrinnen baten, sie zu probieren und sie vorher etwa acht oder zehn Tage lang, eher mehr als weniger, zu tragen, dann legten sie sie unter großer Verehrung und leiblicher und geistiger Befriedigung an.

Ich kannte einen Herrn von da und da, der sich mit einer sehr großen Dame, einer der schönsten der Welt, während einer Reise auf der See befand; und da ihre Dienerinnen seekrank waren und daher nicht in der Verfassung waren, sie zu bedienen, war es sein Glück, daß er ihr beim Zubettgehen und beim Aufstehn behilflich sein durfte. Aber beim Strümpfean- und -ausziehn wurde er so in sie verliebt, daß er zu verzweifeln vermeinte, wiewohl sie ihm nahe verwandt war; und wer sollte denn auch gegenüber einer so außerordentlichen Versuchung so abgestorben sein, daß er sich nicht darüber erregte.

Von der Gemahlin des Nero, von Poppäa Sabina, lesen wir, daß sie außer der Verschwendung, die sie in allerlei Überflüssigkeiten, Zieraten, Schmucksachen, Prunk und Kleideraufwand trieb, Schuhe und Pantoffeln trug, die ganz aus Gold waren. Diese Sorgfalt zielte nicht darauf ab, ihren Fuß oder ihr Bein Nero, ihrem Hahnreigatten, zu verbergen: das Vergnügen und der Anblick waren ihm gar nicht allein vorbehalten, er teilte es mit noch vielen andern. Jene Sorgfalt konnte sie schon auf sich verwenden, ließ sie doch die Hufe der Stuten, die ihren Wagen zogen, mit silbernen Eisen beschlagen.

Der heilige Hieronymus tadelte seinerzeit eine auf die Schönheit ihrer Beine allzu stolze Frau mit den eigensten Worten: »In dem kleinen braunen Stiefelchen, das glänzt und gut paßt, hat sie einen Lockvogel für die jungen Leute und ködert sie mit dem Klang der Schnällchen.« Es war das eine Fußbekleidung, die zu jener Zeit gang und gäbe war, aber den spröden Frauen war sie zu geziert und stand ihnen wenig. Die Füße mit solchen Halbstiefeln zu bekleiden ist heute noch unter den türkischen Frauen im Gebrauch, und zwar unter den vornehmsten.

Ich hörte die Frage aufwerfen, welches Bein verlockender und verführerischer sei, das nackte oder das bedeckte und beschuhte? Manche glauben, hier herrscht nur die reine Natur, wenn das Bein mit der höchsten Vollendung gebildet ist und der Schönheit entspricht, die der Spanier anführt und die ich oben nannte, wenn es sehr weiß, schön und sehr glatt ist und zur rechten Zeit in einem schönen Bett gezeigt wird; denn wenn es sonst eine Dame in aller Nacktheit zeigen wollte, beim Gehn oder anderswie, mit Sandalen an den Füßen, so würde sie, und trüge sie die prächtigsten Kleider von der Welt, doch niemals für schön und anständig gehalten werden, wie eine, die zuerst einen schönen Strumpf aus farbiger Seide oder aus weißem Garn anhätte, wie man sie in Florenz im Sommer trägt. Solche

Strümpfe sah ich früher unsere Damen tragen, bevor die seidenen stark bei uns aufkamen. Dann mußte er auch stramm angezogen und gespannt sein wie ein Trommelfell und entweder mit Nadeln oder anderswie angeheftet werden, wie es die Damen eben in ihrer Laune wünschten; endlich muß der Fuß in einem schönen weißen Schuh stekken, einem Schuh aus schwarzem oder farbigem Samt oder in einem schönen kleinen Stöckelschuh, wie ich ihn an einer sehr großen Dame von da und da aufs vortrefflichste und lieblichste hergestellt sah.

Dabei muß man auch die Schönheit des Fußes beachten; denn wenn er zu groß ist, ist er nicht mehr schön; wenn er zu klein ist, dann erweckt er eine üble Meinung und Bedeutung von seiner Besitzerin, denn man sagt: ›kleiner Fuß, großer Schoß‹, und das ist etwas widerwärtig; sondern er muß etwas im Mittelmaß sein, wie ich verschiedene sehr verführerische beobachtete, die es besonders waren, wenn ihre Damen den Fuß halb aus dem Unterrock hervorspitzen und zum Vorschein kommen ließen, wenn sie ihn mit gewissen kleinen verlockenden Wendungen und Drehungen zappeln und hüpfen ließen, und bedeckt von einem schönen kleinen Stöckelschuh, einem spitzigen weißen, vorn nicht viereckigen Schuh; weiß sind die Schuhe am schönsten. Aber diese kleinen Schuhe sind für die großen und hohen Frauen, nicht für die Knirpse und Stöpsel des weiblichen Geschlechts, in deren Rössern von Stöckelschuhen zwei Paar Füße Platz haben; wie sie dann gehen, bewegen sie sich schon wie die Keule eines Riesen oder der Klingelstock eines Narren.

Vor etwas anderem muß sich die Dame ebenfalls in acht nehmen: ihr Geschlecht nicht zu verhehlen und sich als Knabe zu verkleiden, sei es für eine Maskerade oder für etwas anderes; denn hätte sie auch das schönste Bein der Welt, sie sieht verunstaltet aus, weil doch alle Dinge ihre Ordentlichkeit haben und sitzen müssen. Verleugnet also eine Frau dergestalt ihr Geschlecht, so entstellt das ihre ganze Schönheit und natürliche Anmut.

Aus diesem Grund ist es nicht sehr passend, daß sich

eine Frau als Mann verkleidet, um sich dadurch schöner zu zeigen; allenfalls könnte sie sich mit einem schönen Barett, auf dem die Feder guelfisch oder ghibellinisch oder gerade vor der Stirn steht, artig herausputzen, um weder zur einen noch zur andern Partei gerechnet zu werden, wie unsere Damen es seit kurzer Zeit in Anwendung gebracht haben. Aber das steht nicht allen gut; man muß dazu ein puppenhaftes Gesicht haben, das ausdrücklich dazu paßt, genau wie man's an unserer Königin von Navarra sah, die sich damit so vorzüglich kleidete, daß man nach dem Anblick der herausgeputzten Gestalt allein schwer hätte urteilen können, zu welchem Geschlecht sie gehörte, ob sie ein schöner junger Knabe oder eine sehr schöne Dame war.

Dabei fällt mir ein, daß eine Frau von da und da, die ich kannte, ihr's im Alter von fünfundzwanzig Jahren nachmachen wollte; sie war von zu hohem und großem Wuchs und männlicher Art. Erst kürzlich an den Hof gekommen, wollte sie die Galante spielen und erschien eines Tages als Mann im Ballsaal; sie wurde sehr schief darum angesehen und zerzaust und verspottet, sogar auch vom König, der darüber alsbald sein Urteil fällte, denn er redete königlich deutlich; er sagte, sie gliche höchlich einer Gauklerin oder besser gesagt, jenen gemalten Weibern, die von Flandern herüberkommen und die man vor die Kamine von Herbergen und Schenken hängt, mit deutschen Flöten im Schnabel; er ließ ihr sogar sagen, wenn sie noch einmal in dieser Kleidung und Verfassung erschiene, solle sie ihre Flöte mitbringen und der edlen Genossenschaft ein Ständchen spielen und eine Ergötzung bereiten. So verspottete er sie sowohl wegen der Tracht, die ihr schlecht stand, wie aus Haß gegen ihren Gemahl.

Solche Verkleidungen passen also nicht für alle Damen; denn wenn jene Königin von Navarra, die Schönste von der Welt, sich anders mit ihrem Barett hätte kleiden wollen, so wäre sie niemals so schön erschienen, wie sie ist, und sie hätte es auch nicht können; was für eine schönere Gestalt als die ihrige hätte sie auch annehmen können, denn in der ganzen Welt waren keine schöneren, von denen sie etwas hätte borgen können? Hätte sie ihr Bein sehn lassen wollen (manche ihrer Frauen redeten mir davon und schilderten es mir als das schönste und wohlgestaltetste der Welt), anders als natürlich, oder passend angezogen unter ihren schönen Kleidern, so hätte man es niemals so schön gefunden. So müssen die schönen Damen ihre Schönheiten sehn lassen und zur Schau stellen.

In einem alten spanischen Buche mit dem Titel ›El Viage del Principe‹, der Reise, die der König von Spanien zur Zeit seines Vaters, des Kaisers Karl, in den Niederlanden machte, las ich unter andern schönen Empfängen, die ihm von seinen reichen und wohlhabenden Städten bereitet wurden, von dem der Königin von Ungarn in ihrer schönen Stadt Bains, von dem das Sprichwort ging: ›Mas brava que las fiestas de Bains.‹

Unter andern Feierlichkeiten, wie denen bei der Belagerung eines Schlosses, das zum Schein aufgebaut und in Form eines festen Platzes belagert wurde, ich beschreibe es anderswo, hielt sie eines Tages ein Fest ab, das vor allem dem Kaiser, ihrem lieben Bruder, der Königin Eleonore, ihrer Schwester, dem König, ihrem Neffen, sowie allen Herren, Rittern und Damen am Hofe galt. Am Ende des Festes erschien eine Dame, begleitet von sechs Oreaden, antik wie Nymphen und wie die jungfräuliche Jägerin gekleidet, alle in silber- und gründurchwirkten Gewändern, mit einem Halbmond auf der Stirn, der völlig mit Diamanten bedeckt war, daß sie den Glanz des Mondes nachzuahmen schienen; eine jede trug ihren Bogen und ihre Pfeile in der Hand und ihren überaus prächtigen Köcher an der Seite, ihre Schuhe waren aus demselben silberdurchwirkten Stoff und paßten ganz herrlich. Solchermaßen zogen sie in den Saal ein und führten ihre Hunde hinter sich; sie machten dem Kaiser ihre Aufwartung und legten ihm jede Art von Wildbret als ihre Jagdbeute auf die Tafel.

Dann erschien Pales, die Göttin der Hirten, mit sechs Waldnymphen in ganz weißer Kleidung aus silberdurchwirktem Stoff mit einem ebensolchen Besatz am Kopfe; sie waren ganz mit Perlen besät und trugen auch Strümpfe aus dem gleichen Zeug und weiße Schuhe; sie brachten alle Arten von Milchprodukten und legten sie vor dem Kaiser nieder.

Als dritte Truppe kam dann die Göttin Pomona mit ihren Najaden, die mit Früchten aufwarteten. Diese Göttin war die Tochter der Donna Béatrix Pacecho, der Gräfin d'Entremont, Ehrendame der Königin Eleonore, die damals neun Jahre alt sein mochte. Heute ist sie Frau Admiralin von Chatillon, des Herrn Admirals zweite Frau; diese Tochter und Göttin brachte mit ihren Gefährtinnen alle nur auffindbaren Arten von schönsten und köstlichsten Früchten des Sommers, und sie überreichte sie dem Kaiser mit einer so wohlberedten, schön und anmutig vorgetragenen Ansprache, daß der Kaiser und die ganze Versammlung ganz entzückt von ihr war und ihr in Anbetracht ihres jugendlichen Alters seine Bewunderung zollte, wobei man ihr schon damals voraussagte, daß sie werden würde, was sie heute ist, eine schöne, kluge, ehrbare, tüchtige, geschickte und geistreiche Dame.

Gleich den übrigen war sie als Nymphe in silberdurchwirkte weiße Gewänder gekleidet; sie trugen ebensolche Strümpfe, und ihre Haare waren mit vielen Edelsteinen geschmückt; es waren aber lauter Smaragde, die teilweise die Farbe der Früchte darstellen sollten, die sie herbeitrugen; und außer den Geschenken an Früchten überreichten sie dem Kaiser und dem König von Spanien noch einen Siegeszweig, der ganz grün emailliert war, die Zweige mit großen Perlen und Edelsteinen ganz beladen, was sehr reich und unschätzbar anzusehn war; der Königin Eleonore brachte sie einen Fächer dar, mit einem Spiegel darin, der ganz mit Edelsteinen von hohem Wert besetzt war.

Diese Fürstin und Königin von Ungarn bewies gewiß, daß sie in allen Dingen eine achtbare Dame war und daß sie sich ebensosehr auf Weltklugheit verstand wie auf die Kriegsgeschäfte; und wie ich sagen hörte, empfand ihr kaiserlicher Bruder eine große Befriedigung und Erquickung dabei, eine so vornehme Schwester zu besitzen, die seiner würdig war.

Nun könnte man mir den Vorwurf machen, warum ich diese Abschweifung begangen habe. Ich tat's, um zu sagen, daß alle diese Mädchen, die jene Nymphen darzustellen hatten, aus den schönsten Mädchen auserlesen waren, die sich unter denen der Königinnen von Frankreich, von Ungarn und der Regentin von Lothringen, unter den Französinnen, Italienerinnen, Flamländerinnen, Deutschen und Lothringerinnen befanden; es fehlte nicht an Schönheiten unter ihnen; und Gott weiß, ob die Königin von Ungarn keine Sorgfalt darauf verwandt hatte, die schönsten und anmutigsten auszuwählen.

Madame de Fontaine-Chalandry, die noch lebt, könnte viel davon erzählen; sie war damals Mädchen bei der Königin Eleonore und gehörte zu den schönsten. Man nannte sie auch die schöne Torcy; sie hat mir viel davon erzählt. Wie dem auch sei, von ihr wie von andern erfuhr ich, daß es den Herren, den Rittern und Edelleuten an jenem Hofe ein Genuß und eine Lust war, die schönen Beine, die Waden und schönen kleinen Füße jener Damen zu beschauen; denn in diesen Nymphengewändern gingen sie kurz angezogen und boten damit ein sehr schönes Schauspiel, noch mehr als mit ihren schönen Gesichtern, die man alle Tage sehn konnte, was bei ihren schönen Beinen nicht der Fall war. Manche verliebten sich wegen des Bildes und des Anblicks, den ihre schönen Beine boten, mehr in sie als wegen ihrer schönen Gesichter; denn schöne Säulen pflegen gewöhnlich schöne Frieskarniese, schöne Architrave und reiche Kapitelle zu tragen, die ordentlich geglättet und skulptiert sind.

Ich muß aber noch einmal abschweifen und damit meiner Laune nachgeben, da wir einmal bei den Spielen und Schaustellungen sind. Fast zur selben Zeit, als sich gelegentlich der Einzüge des Königs von Spanien in den Niederlanden und besonders in Bains jene schönen Feste abspielten, fand zu Lyon der Einzug König Heinrichs II. statt, der von einem Besuch seines Landes Piemont und der dortigen Garnisonen zurückkehrte. Es war gewiß einer der glänzendsten und schönsten, wie ich ihn auch von ehrbaren Damen und Edelleuten am Hofe, die dabei waren, so habe schildern hören.

Wenn nun schon jene Maskerade, jener Aufzug der Diana und ihrer Jagd bei jenem königlichen Fest der Königin von Ungarn schön gefunden wurde, so spielten sich in Lyon noch ganz andere und weit bessere ab; denn auf dem Wege, den der König nahm, traf er auf einen großen antiken Obelisken, zur rechten Hand fand er desgleichen an der Straße einen eingeschlossenen Hag, der, von einer etwa sechs Fuß hohen Mauer umgeben, mit Erde aufgeschüttet war; er war mit Bäumen von mittlerem Wuchs verschieden bepflanzt, dichtes Buschholz stand dazwischen und eine Menge Büsche von andern kleinen Sträuchern und ebensoviel Obstbäume. In diesem kleinen Walde tummelten sich eine Menge kleiner Hirsche, Hirschkühe, Rehe, wenngleich zahm. Dann hörte Seine Majestät verschiedene Hörner und Trompeten ertönen; und alsbald sah er auch quer aus jenem Wald Diana mit ihren Jägerinnen und Waldjungfrauen daherjagen, in der Hand hielt sie einen reich verzierten türkischen Bogen, der Köcher hing ihr an der Seite, sie war wie eine Nymphe herausstaffiert, in der Art, wie sie uns vom Altertum noch dargestellt wird; um den Leib trug sie einen Halbrock aus sechs großen runden Stücken von schwarz-goldenem Stoff, besät mit silbernen Sternen, die Ärmel und der Rest waren aus karmesinrotem Atlas mit Goldborten; bis zur Hälfte des Beins war sie hochgeschürzt, damit entblößte sie ihr schönes Bein, ihre Waden und ihre antiken, mit Perlenstickerei bedeckten Stiefelchen aus karmesinem Atlas; in ihre Haare waren dicke prächtige Perlenschnüre hineingeflochten und mit den wertvollsten Edelsteinen und Juwelen geschmückt; über der Stirn trug sie einen kleinen silbernen Halbmond, der von glitzerkleinen Diamanten glänzte; denn aus Gold wäre er nicht so schön gewesen und hätte den natürlichen Halbmond nicht so gut dargestellt, der hell und silbern ist.

Ihre Gefährtinnen waren mit verschiedenen Arten von Kleidern herausgeputzt und trugen golddurchwirkte Tafte, die im Flachstich wie im Füllstich bearbeitet waren, alles antik, dazu kamen noch verschiedne andre Farben von antiker Gattung, die bizarr und lustig durcheinanderflirrten; Strümpfe und Stiefelchen aus Atlas; ebenso war ihr Haupt wie bei Nymphen mit vielen Perlen und Edelsteinen geschmückt.

Manche führten Leithunde, kleine Windspiele, Wachtelhunde und andre an der Leine, mit Schnüren aus schwarzer und weißer Seide, Farben, die der König wegen seiner Liebe zu einer Dame mit dem Namen Diana trug: andre begleiteten die rennenden Hunde und ließen sie Jagd machen, was großen Lärm gab. Wieder andre trugen kleine Wurfspieße aus Brasilholz mit kleinen hübschen hängenden Troddeln aus weißer und schwarzer Seide. Die mit Gold und Silber belegten Hörner und Trompeten hingen an Schärpen in silbernen und schwarzseidenen Schnüren.

Sobald sie den König erblickten, sprang ein Löwe aus dem Gehölz, der zahm und von langer Hand darauf dressiert war, schmeichelnd warf er sich jener Göttin zu Füßen; diese nahm das sanfte und zahme Tier an eine dicke Schnur aus Silber und schwarzer Seide und präsentierte ihn sogleich dem König; sie trat mit dem Löwen bis an den Rand der Mauer vor, die den Weg besäumte, kam bis auf einen Schritt zu Seiner Majestät heran und bot ihm den Löwen mit einem gereimten Gedicht an, wie es zu jener Zeit gemacht wurde, es war aber doch nicht zu schlecht gefeilt und mißtönig; mit diesem anmutig vorgetragenen Gedicht reichte sie ihm unter dem Symbol des sanften und artigen Löwen Lyon dar, seine durchaus freundliche, artige und seinen Gesetzen und Befehlen gehorsame Stadt.

Nach diesem anmutigsten Vorgang verneigten sich Diana und alle ihre Gefährtinnen in Demut und Ehrfurcht vor dem König, der sie sämtlich freundlich ansah und begrüßte und ihnen bezeugte, daß ihm ihre Jagd sehr angenehm gewesen wäre; dann dankte er ihnen herzlich, verabschiedete sich von ihnen und setzte seinen Weg zu seinem Einzug fort. Diese Diana und all ihre schönen Gefährtinnen waren nämlich die ansehnlichsten und schönsten verheirateten Frauen, Witwen und Mädchen von Lyon, wo gar kein Mangel daran ist; sie spielten ihr Mysterium so gut und so trefflich, daß die meisten Prinzen, Edelleute, Herren und Höflinge ganz entzückt davon waren. Es mag sich jeder denken, ob sie recht hatten.

Madame von Valentinois, genannt Diana von Poitiers, die der König verehrte und in deren Namen die Jagd stattfand, war damit nicht weniger zufrieden und schenkte darum ihr ganzes Leben lang der Stadt Lyon ihre Liebe; sie war ja auch ihre Nachbarin, weil das Herzogtum Valentinois in nächster Nähe lag.

Da wir nun einmal von dem Vergnügen sprechen, das der Anblick eines schönen Beines gewährt, darf man es glauben, wie ich sagen hörte, daß nicht bloß der König, sondern auch alle galanten Herren des Hofes einen wundersamen Genuß dabei empfanden, die Beine jener schönen Nymphen zu betrachten und aufs Korn zu nehmen, wie sie so schäkerhaft herausstaffiert und hochgeschürzt waren, daß sie noch mehr die Versuchung erweckten, in die zweite Etage hinaufzusteigen, als Bewunderung erregten und zum Preise einer so artigen Erfindung Veranlassung gaben.

Um nun von unsrer Abschweifung wieder dahin zurückzukommen, wovon ich ausging, sage ich, an unsern Höfen, von unsern Königinnen und besonders von der Königinmutter haben wir sehr hübsche Balletts aufführen sehen; aber gewöhnlich lenkten wir Hofleute unsre Augen auf die Füße und Beine der Damen, die sie darstellten, und empfanden ein überaus großes Vergnügen daran, ihnen zuzusehen, wie sie ihre Beine so artig bewegten und ihre Füße so unübertrefflich zierlich tänzeln und zappeln ließen; denn ihre Röcke und Kleider waren weitaus kürzer als gewöhnlich, aber doch nicht so sehr wie bei Nymphen, und auch nicht so hoch, wie es nötig war und wie man es gewünscht hätte. Nichtsdestoweniger senkten sich unsre Augen ein wenig, und besonders, wenn man die Volte tanzte, die das Kleid flattern ließ und den Augen stets etwas Angenehmes zeigte, worin sich verschiedne, wie ich sah, ganz verloren und untereinander darüber in Entzücken schwelgten.

Auch jene schönen Frauen von Siena bildeten am Beginn der Empörung ihrer Stadt und Republik drei Trupps aus den schönsten und vornehmsten Frauen, die es gab. Jeder Trupp zählte tausend, das machte also im ganzen dreitausend; der eine war in violetten Taft, der andre in weißen, der dritte in fleischfarbigen gekleidet, alle Nymphen aber in sehr kurzem Aufputz, so daß sie die schönen Beine und Waden offen sehen ließen. So machten sie ihren Aufzug durch die Stadt vor aller Welt und sogar vor dem Herrn Kardinal von Ferrara und Herrn von Termes, Generalstatthaltern unsres Königs Heinrich; alle waren sie todentschlossen und versprachen, für die Republik und für Frankreich zu sterben, allbereit, zur Befestigung der Stadt die Hand ans Werk zu legen, sie trugen schon die Faschinen auf der Schulter; jedermann erfüllte es mit Bewunderung. Ich komme auf die Geschichte noch zu sprechen, wo ich von den edlen Frauen rede; denn sie gehört zu den schönsten Zügen, die jemals unter galanten Damen zu beobachten waren.

Für diesmal will ich mich damit begnügen, zu sagen, was ich verschiedne Edelleute und Soldaten, sowohl französische wie ausländische wie sogar manche von der Stadt, erzählen hörte: Niemals hätten sie etwas Schöneres gesehen, denn es waren lauter große Damen und vornehme Bürgerinnen der Stadt, eine schöner als die andere, und man weiß ja auch, daß Siena einen Überfluß an Schönheiten hat. Aber wenn es schon ein Genuß war, ihre schönen Gesichter zu sehn, so tat es nicht weniger wohl, ihre schönen Beine und Waden zu betrachten, wie sie in ihren hübschen straff anliegenden und fein geputzten Schuhen steckten; das verstanden sie sehr gut, und dazu hatten sie sich auch ihre Kleider sehr kurz machen lassen wie Nymphen, um leichter marschieren zu können; das mußte die Abgekühltesten und Abgestorbensten in Wallung und Aufregung bringen; die Gesichter konnte man immer sehen, nicht aber ihre schönen Beine und Waden; die Erfindung, sich so als Nymphe zu kleiden, hatte ja auch schon ihre Ursache; sie gibt zu viel guten Ansichten und schönen Liebäugeleien Anlaß; dazu war die kurze Ausstaffierung noch an der Seite geschlitzt, wie es an jenen schönen römischen Altertümern zu sehen ist, und die Lüsternheit des Anblicks wird dadurch nur noch erhöht.

Was macht denn heutzutage die schönen Frauen und Mädchen der Insel Chios so liebenswürdig? Gewiß schon ihre Schönheit und Anmut, ebensosehr aber ihre prachtvolle Art und Weise, sich zu kleiden, und besonders ihre sehr kurzen Röcke, die ihre schönen Beine, ihre Waden und reizend beschuhten Füße frei sehen lassen.

Dabei fällt mir ein, daß eine Dame von sehr schönem und üppigem Wuchs einmal am Hofe einen prachtvollen Jagdteppich betrachtete, worauf Diana und ihre ganze Schar jungfräulicher Jägerinnen sehr naiv dargestellt waren, wie sie alle in ihrer Kleidung ihre schönen Füße und schönen Beine zeigten; neben sich hatte sie eine ihrer Gefährtinnen, die von sehr niederem und geringem Wuchs war und sich mit ihr daran ergötzte, jene Tapisserie zu betrachten; da sagte die Dame zu ihr: »Ha, Kleine, wenn wir uns auch so anzögen, Ihr tätet's bald verlieren und hättet keinen großen Vorteil davon, denn Eure hohen Stöckelschuhe gäben ein schönes Bild von Euch; Euer Gang würde nie diese Anmut haben, und Euer Bein würde sich neben unserm großen und hohen Wuchs schlecht ausnehmen; Ihr müßtet Euch lieber verstecken und dürftet gar nicht zum Vorschein kommen. Dankt also der Jahreszeit und den langen Röcken, die wir tragen, sie kommen Euch sehr zustatten und bedecken Eure Beine ordentlich; denn bei Euren großen Stöckelschuhen von einem Fuß Höhe sehn Eure Beine mehr wie Keulen aus; wer nichts zum Zuschlagen hätte, der brauchte Euch bloß ein Bein abzuschneiden und es da anzupacken, wo Euer Strumpf sitzt und die Stöckelschuhe angehn, und er könnte wütend drauflosschlagen.«

Diese Dame konnte mit Recht so reden, denn das schönste Bein der Welt verliert seine Schönheit ganz und gar, wenn es in jene plumpen Stöckelschuhe hineingezwängt ist, weil ihm jener große Klumpfuß eine allzu große Unförmigkeit gibt; denn wenn dem Bein nicht ein schönbeschuhter und hübschgeformter Fuß entspricht, dann hat die ganze Sache keinen Wert. Daher glauben die Damen durch große und schwerfällige Schuhe ihre Gestalt zu verschönern und ihr ein liebenswürdigeres und besseres Aussehen zu geben; auf der andern Seite aber verunstalten sie damit ihr schönes Bein und ihre schöne Wade, das in seinem natürlichen Zustand doch immer noch mehr wert ist als eine große häßliche Gestalt.

Auch in vergangenen Zeiten war ein schöner Fuß so verführerisch, daß manche Keusche und spröde Römerin, oder die es wenigstens sein wollte, große Skrupel hegte, ihn wie ihr Gesicht sehn zu lassen, wie es noch heute, in Nachahmung der alten Zeit, manche Italienerinnen tun; sie verstecken die Beine sorgfältigst unter ihren langen Röcken, damit man sie nicht sehe; dann gehen sie so klug, gemessen und abgezirkelt, daß es niemals unter dem Rock herauskommt.

Das mag für die Spröden und Scheinheiligen gut sein und für die, die zu keiner Versuchung Anlaß geben wollen; wir sind ihnen sogar dafür verbunden. Ich glaube jedoch, wenn sie die Freiheit hätten, sie würden sowohl den Fuß wie das Bein und noch andre Dinge zur Schau stellen; sie lassen es ja auch ihre Gatten sehn, mit einer gewissen Scheinheiligkeit und jener Bedenklichkeit, die sie als wohlanständige Damen vorschützen; übrigens berufe ich mich dabei auf die Kenner.

Ich kenne einen sehr galanten und ehrbaren Edelmann, der bei der Salbung des letzten Königs in Reims das schöne mit einem Strumpf aus weißer Seide angetane Bein einer schönen und vornehmen verwitweten Dame von hoher Figur von unten durch die Gerüste hindurchsah, die für die Damen zur Salbung aufgeschlagen worden waren; er war davon so hingerissen, daß er nachher vor Liebe verzweifeln zu müssen glaubte; was das schöne Gesicht nicht hatte erzielen können, das bewirkten ihre Beine und Knie; auch verdiente jene Dame in all ihren schönen Partien, daß ein ehrbarer Edelmann für sie erglühte. Ich kannte noch viele solche Männer, die sich dieser Empfindung hingaben.

Wie dem nun aber auch sei, bei verschiednen galanten Hofleuten, meinen Genossen, war es eine Maxime: schöne Beine und schöne Füße zu sehn ist sehr gefährlich und kann geile Augen zur Liebe verführen; und mich wundert, daß manche gute Schriftsteller, unsre Dichter wie andre, keine Lobpreisungen darüber geschrieben haben, wie sie es mit andern Teilen des Körpers machten. Was mich betrifft, hätte ich gern mehr darüber geschrieben; aber ich befürchte, wenn ich diese Körperteile allzusehr rühme, macht man mir den Vorwurf, ich bekümmerte mich nicht um die andern, auch muß ich ja noch von andern Dingen schreiben und darf nicht so lange bei einem und demselben verweilen.

Daher schließe ich jetzt und sage nur noch dies eine: »Seid ihr Damen um Gottes willen nicht so versessen darauf, größer aussehen zu wollen und anders zu scheinen, als eure Beine gestatten wollen, die wenigstens bei manchen von euch schön sind; aber mit euren hohen Absätzen schadet ihr euch nur. Gewiß müßt ihr sie haben; aber so im Übermaß seht ihr häßlicher aus, als ihr denkt.«

Nun preise, wer will, die anderen Frauenschönheiten, wie manche Dichter taten; aber ein schönes Bein, eine wohlgestaltete Wade und ein hübscher Fuß haben eine große Macht im Reich der Liebe.

Vierte Abhandlung:

Über ältere Damen, die der Liebe ebenso pflegen wie die jungen

Da ich schon vorher von alten bockigen Damen sprach, will ich über sie diese Abhandlung schreiben. Ich beginne also und sage: Eines Tages, als ich am Hofe von Spanien war und mit einer sehr ehrbaren und schönen, indessen schon etwas gealterten Dame plauderte, sagte sie zu mir: »Schöne Damen werden vom Gürtel an abwärts nicht alt oder höchstens ein paar.« Darauf fragte ich sie, wie sie das meine, ob sie meine, daß sich die Schönheit des Leibes von diesem Gürtel an abwärts im Alter keineswegs vermindere oder daß die Begehrlichkeit und Sinnlichkeit im Alter nicht erlöschen oder erkalten. Sie antwortete, sie wolle beides sagen; »denn was die Begierde des Fleisches anlangt«, sagte sie, »so glaube man nicht, anders davon geheilt zu werden als durch den Tod, wenn es auch scheint, als ob das Alter ihr widerstreben möchte; denn jede schöne Frau liebt sich selbst über alle Maßen, aber sie tut es nicht um ihret-, sondern um anderer willen; und in keiner Weise gleicht sie Narzissus, dem Einfaltspinsel, der so in sich selbst verliebt war, daß er jede andre Liebe verabscheute.«

Schöne Frauen sind anders gelaunt; so hörte ich von einer sehr schönen Dame erzählen, daß sie sich so sehr liebte und dem Genuß ihres Leibes so häufig frönte, daß sie sich ganz nackt auf ihr Bett legte und sich in allen wollüstigen Stellungen betrachtete und bewunderte. Sie verfluchte sich, einem einzigen geweiht zu sein, der eines so schönen Körpers nicht würdig wäre; sie hielt nämlich ihren Gemahl durchaus nicht für ebenbürtig. Endlich entbrannte sie durch diese Betrachtungen und Bewunderungen dermaßen, daß sie ihrer Keuschheit und ihrem dummen Ehegelübde den Laufpaß gab und sich eine neue Liebe und einen neuen Liebhaber anschaffte.

Man sieht, wie die Schönheit eine Dame in Feuer und

Flamme bringen kann; sie bringt die Damen zum Ziel ihrer Wünsche, seien es Gatten oder Liebhaber, die dann in Dienst genommen werden; auch erweckt ja eine Liebe die andere. Außerdem, wird sie von jemandem begehrt und sie verschmäht es nicht zu antworten, dann ist sie schon zum Werk bereit; so sagte Lais, wenn eine Frau nur den Mund öffnet, um ihrem Freund irgendeine süße Antwort zu sagen, so vergißt sich das Herz und öffnet sich gleichfalls.

Noch mehr, keine schöne und ehrbare Frau weist je die Huldigung zurück, die man ihr zu Füßen legt; und wenn es ihr erst Gefallen erweckt oder sie erlaubt es, daß man ihre Schönheit, Anmut und hübsche Gestalt lobt, wie wir Hofleute es gewöhnlich beim ersten Liebesangriff machen, so tragen wir, wenn es auch langsam geht, auf die Dauer doch den Sieg davon.

Hat sich eine schöne Frau erst einmal im Liebesspiel versucht, so verlernt sie es nie mehr, und die Fortsetzung ist ihr stets sehr angenehm und süß; genau wie man, an gutes Fleisch gewöhnt, es nur unter großem Ärger lassen will; je älter man wird, desto besser bekommt es einem, sagen die Ärzte: daher gilt gleichfalls, je höher eine Frau in die Jahre kommt, desto lüsterner ist sie nach der guten Speise, an die sie sich gewöhnt hat; allen ihren Lippen schmeckt es, und die Lüsternheit vergißt sich niemals, sie ermüdet auch nicht durch die Last der Jahre, eher noch durch eine lange Krankheit, sagen die Ärzte, oder andere Unfälle; wenn die Krankheit auch einige Zeit Ärger bringt, nimmt man sie dennoch wieder auf.

Auch sagt man, mit dem Alter nehmen alle Fertigkeiten ab, es mindert den Leuten die Kraft, sie geltend zu machen, nur die der Venus nicht, denn deren Dienst ist in einem weichen schönen Bett sehr süß und vollzieht sich ohne Mühe, ohne Aufwand und höchst bequemer Weise. Dies betrifft allerdings die Frau, nicht den Mann, der hier die größte Arbeit und Fron zu leisten hat. Dieses Vergnügens beraubt, übt er für seinen Teil eine frühzeitige Enthaltsamkeit, wenn es ihn auch kränkt; der Frau jedoch, gleichviel welchen Alters, kann wie ein Schmelzofen mit allem Feuer eingeheizt werden; ich meine, wenn man's ihr geben will: denn kein Reittier ist so alt, wenn es traben und gepickt werden will, so findet es immer einen Straßenräuber von Bereiter; und wenn auch eine ältere Dame keine tüchtigen Reitgelegenheiten mehr hätte und sich nicht recht hineinfände wie in ihren jungen Jahren, so hat sie doch Geld und Mittel, um sie zum Marktpreis zu bekommen, und gute, wie ich sagen hörte. Alle Waren, die Geld kosten, verdrießen die Börse sehr, worin freilich Heliogabal andrer Meinung war, der Speisen um so besser fand, je teurer er sie kaufte, nur die Ware der Venus gefällt desto mehr, je mehr sie kostet, weil das Verlangen so groß ist, das man danach trägt, das Geschäft und die Ware so hoch zu werten, als man sie gekauft hat; das Talent, das man in der Hand hat, kann man so auf den dreifachen, ja sogar auf den hundertfachen Wert bringen.

Dasselbe sagte eine spanische Kurtisane zu zwei tapferen spanischen Rittern, die sich wegen ihr stritten; sie verließen ihre Wohnung, nahmen die Degen zur Hand und begannen sich zu schlagen; sie steckte den Kopf zum Fenster heraus und rief ihnen zu: »Meine Liebe gewinnt man mit Gold oder Silber, nicht mit dem Eisen.«

So ist es also um jede preiswürdig gekaufte Liebe eine gute Sache. Eine Menge Damen und Kavaliere, die solche Käufe und Verkäufe gemacht haben, können davon erzählen. Beispiele von Damen anzuführen, die in ihrem Alter ebenso wie in ihrer Jugend in Liebe erglühten oder die ihr Feuer mit zweiten und neuen Ehemännern und Liebhabern stillten oder, besser gesagt, unterhielten, das bedeutete jetzt eine überflüssige Sache, da ich schon andernorts verschiedene angeführt habe. Dennoch will ich hier einige beibringen, denn der Gegenstand verlangt es, und es dient zur Sache.

Ich hörte von einer großen Dame, die sich ebensosehr auf Entgegnungen verstand wie irgendeine Dame ihrer Zeit, die Geschichte: Als sie eines Tages einen jungen Edelmann sah, der sehr weiße Hände hatte, fragte sie ihn, wie er das machte; er antwortete lachend und scherzend, er riebe sich mit Sperma, sooft er nur könne. »Da bin ich recht unglücklich gegen Euch«, sagte sie, »denn seit mehr als sechzig Jahren schon wasche ich meine Scheide damit (sie gebrauchte den derbsten Ausdruck), und sie ist noch genauso schwarz wie am ersten Tag; und dabei wasche ich sie noch alle Tage.«

Von einer Dame in ziemlich hohen Jahren hörte ich, sie wollte sich wieder verheiraten und fragte daher eines Tages einen Arzt um Rat, indem sie ihr Vorhaben damit begründete, seit ihrer Witwenschaft sei sie sehr feucht und voll von allen schlimmen Säften; zu Lebzeiten ihres Gemahls sei ihr das nicht passiert, weil infolge der beständigen Exerzitien, die sie miteinander machten, diese Säfte eintrockneten und sich verzehrten. Der Arzt, der ein lustiger Bruder war und ihr zu Gefallen sein wollte, riet ihr, sich wieder zu verheiraten, das jage schon die Säfte aus ihrem Körper, trocken wäre in der Tat besser als feucht. Die Dame handelte nach diesem Rat und befolgte ihn gründlich, so angejahrt sie auch war; das heißt mit einem neuen Gatten und einem neuen Liebhaber, der sie ebensosehr aus Liebe zu ihrem vielen Geld wie des Vergnügens wegen liebte; und es gibt auch manche betagte Damen, die denselben Genuß zu bereiten wissen wie die jüngsten, weil sie größere Erfahrung in der Liebeskunst haben und davon die Liebhaber schmecken lassen.

Die römischen und die italienischen Kurtisanen haben, wenn sie zu Jahren kommen, den Wahlspruch: ›Von einer alten Henne bekommt man eine bessere Suppe als von einer andern.‹

Horaz erwähnt eine Alte, die sich beim Beischlaf so stürmisch und heftig wälzte, daß nicht allein das Bett, sondern auch das ganze Haus erzitterte. Eine wackere Alte wahrhaftig! Die Lateiner nennen dieses Sichherumwälzen und Sichaufregen subare a sue, das heißt, wie es eine Muttersau macht.

Vom Kaiser Caligula lesen wir, daß er von allen seinen Frauen Cezonnia liebte, nicht wegen ihrer Schönheit, auch nicht wegen der Blüte der Jahre, denn sie war darin schon weit vorgeschritten, sondern wegen ihrer großen Geilheit und Unzucht, die in ihr steckten, und wegen der großen Geschicklichkeit, die sie in deren Ausübung besaß und die ihr die Jahre und eine lange Praxis verliehen hatten; er mied alle anderen Frauen, auch wenn sie schöner und jünger waren als diese; gewöhnlich führte er sie im Heer mit sich, als Mann gekleidet und bewaffnet, sie ritt auch, Seite an Seite mit ihm, ja er zeigte sie oft seinen Freunden ganz nackt und ließ sie ihre geschmeidigen und hurerischen Tricks sehen.

Das Alter mußte also ihre heiße Brunst nicht herabgemindert haben, da sie ihm solche Liebe entlockte. Bei all dieser großen Leidenschaft aber konnte er sich doch sehr oft nicht enthalten, wenn er sie umarmte und ihren schönen Busen berührte, ihr in seinem Blutdurst zu sagen: »Das ist eine schöne Brust, aber es steht auch wohl in meiner Macht, sie abzuschneiden.« Die arme Frau wurde später mit ihm zugleich durch einen Schwerthieb durch den Leib von einem Centurio getötet, und ihre Tochter, die doch für die Schlechtigkeit ihres Vaters nichts konnte, wurde gegen eine Wand geschleudert und aufgeknüpft.

Von Julia, der Stiefmutter des Kaisers Caracalla, kann man noch lesen: Als sie eines Tages gleichsam aus Nachlässigkeit am halben Leibe nackt war und Caracalla sie sah, sagte er weiter nichts als: »Ha! ich möchte es wohl gern, wenn ich nur dürfte!« Sie antwortete sogleich: »Bitte! Wißt Ihr nicht, daß Ihr Kaiser seid und daß Ihr die Gesetze gebt, nicht sie empfangt?« Auf diesen Witz und ihre Willfährigkeit hin heiratete er sie und tat sich mit ihr zusammen.

Fast die gleiche Antwort erhielt einer unserer drei letzten Könige, den ich nicht nennen will. Hingerissen und verliebt in eine sehr schöne und ehrbare Dame, gab er ihr, nachdem er ihr erste Andeutungen und Liebesworte zugeworfen hatte, eines Tages seinen Willen ausführlicher zu erkennen, was nämlich ein ehrbarer und sehr geschickter Edelmann, den ich kenne, vermittelte; der brachte ihr das Liebesbriefchen und strengte sich mächtig an, sie zum Kommen zu überreden. Sie aber, die durchaus nicht dumm war, verteidigte sich, so gut sie nur konnte, mit einer Menge schöner Gründe, die sie anzuführen wußte, ohne vor allem den großen oder, besser gesagt, den kleinen Ehrenpunkt zu vergessen. Kurz, nach vielem Hinundherstreiten fragte sie der Edelmann schließlich, was sie nun wünsche, daß er dem König sage. Nach einigem Nachdenken stieß sie plötzlich wie eine Verzweifelte die Worte hervor: »Was Ihr ihm sagen sollt? Nichts weiter, als daß ich wohl weiß, daß einem eine Weigerung doch nie etwas nützen würde, die man gegenüber seinem König oder seinem Souverän einnimmt; wenn er seine Macht gebraucht, kann er nehmen und befehlen und hat nicht nötig, erst zu bitten.« Zufrieden mit dieser Antwort, brachte sie der Edelmann sogleich zum König, der die Gelegenheit am Schopf ergriff und die Dame in ihrem Zimmer aufsuchte; ohne heftige Gegenwehr warf er sie dann nieder. Diese Antwort zeugte von Geist und ließ die Lust spüren, die die Dame empfand, mit ihrem König zu tun zu haben. Wenn man auch sagt, es täte nicht gut, sich an seinen König zu wagen oder mit ihm zu tun zu haben, hier ist's nicht am Platz, und eine Frau fährt dabei niemals übel, wenn sie sich nur klug und standhaft dabei benimmt.

Um noch einmal jener Julia, der Stiefmutter jenes Kaisers, zu gedenken, so war sie doch wohl eine Hure, daß sie den liebte und zum Gemahl nahm, der ihr kurze Zeit vorher ihren eigenen Sohn an der Brust getötet hatte; sie war wirklich ein sehr gemeines Geschöpf und hatte ein niedriges Herz. Es war aber immerhin eine große Sache, Kaiserin zu sein, für solche Ehre vergißt sich alles. Diese Julia wurde von ihrem Gemahl auch sehr geliebt, obgleich sie schon in hohen Jahren stand, ihre Schönheit war indessen noch um nichts gesunken; denn sie war sehr schön und sehr geschmeidig, was ihre Worte bezeugen, die ihr das Kissen ihrer Größe sehr viel höher rückten.

Philippo Maria, der dritte Herzog von Mailand, heiratete in zweiter Ehe Beatrice, die Witwe des verstorbenen Facino Cane; sie stand bereits in hohem Alter, aber sie brachte ihm viermalhunderttausend Taler mit in die Ehe, ungerechnet die Möbel, die Ringe, die Kleinodien, die einen hohen Wert hatten und für ihr Alter entschädigten; trotzdem wurde sie später von ihrem Gatten verdächtigt, daß sie ohne Rücksicht auf ihr Alter noch anderswo herumliebte. Wegen dieses Verdachts brachte er sie um. Man sieht, daß ihr das Alter den Geschmack am Liebesspiel nicht verdorben hatte, und die große Übung, die sie darin hatte, wollte sie wohl auch nicht unbenutzt lassen.

Konstanze, Königin von Sizilien, hatte sich von ihrer Jugend an und während ihres Lebens als Jungfrau nicht vom Fleck gerührt und lebte keusch im Kloster, da gewann sie im Alter von fünfzig Jahren ihre weltliche Freiheit. Keineswegs schön und ganz abgelebt, wollte sie doch die Süßigkeit des Fleisches kosten und sich verheiraten; und im Alter von zweiundfünfzig Jahren wurde sich auch von einem Kind schwanger. Das wollte sie öffentlich in den Wiesen von Palermo gebären, wo sie ausdrücklich ein Zelt und einen Pavillon hatte herrichten lassen, damit die Welt die Echtheit ihrer Frucht nicht bezweifeln sollte. Das war eines der größten Wunder, das man seit der heiligen Elisabeth erlebte. Die ›Geschichte von Neapel‹ sagt indessen, daß man es für untergeschoben hielt. Es wurde indessen eine große Persönlichkeit; aber die meisten tapfern Ritter sind ja Bastarde, wie mir eines Tages ein Großer sagte.

Ich kannte eine Äbtissin von Tarascon, die Schwester der Madame von Uzès, aus dem Hause Tallard, die im Alter von mehr als fünfzig Jahren die Kutte auszog, die Religion wechselte und sich mit dem großen Chanay verheiratete, der als großer Spieler am Hofe bekannt war.

Diese Streiche machten noch viele andere Nonnen, die in ihrem reiferen Alter, sei es, daß sie sich verheirateten oder anderswie, vom Fleische schmeckten. Wenn solche Frauen das tun, was dürfen dann unsere Damen tun, die seit ihrem zarten Alter daran gewöhnt sind? Soll sie das Alter daran hindern, nicht zuweilen die guten Bissen zu kosten oder zu schmecken, deren Genuß sie so lange erprobt haben? Und was soll aus all den guten, stärkenden Suppen, Kraftbrühen und Ambras werden, was aus so viel erfrischenden und bekömmlichen Drogen, mit denen sie ihren alten und kalten Magen erhitzen und stärken? Es ist nicht daran zu zweifeln, daß solche Mischungen, indem sie ihren schwachen Magen wieder herstellen und in Gang bringen, im geheimen noch eine andre zweite Wirkung ausüben und ihnen körperlich heißmachen und eine Liebesbrunst in ihnen hervorrufen, die nachher mit Beischlaf und Paarung ausgetrieben werden muß, was nach der Meinung der Ärzte das allerhöchste und gewöhnlichste Heilmittel ist, das es gibt. Am besten kommen sie aber damit weg, daß sie mit ihren fünfzig Jahren auf dem Buckel keine Furcht mehr zu haben brauchen, schwanger zu werden; sie haben dann offenes Feld und können sich in völliger Freiheit daran ergötzen und die Rückstände der Freuden pflücken, was vielleicht manche nicht wagten, aus Furcht, die leibliche Rundung möchte sie verraten; und es gibt daher manche, die sich mit ihren Liebschaften von fünfzig Jahren an mehr gute Zeit gönnen als vorher. Ich hörte mehrere große und mittlere Damen über solche Leibesbeschaffenheiten reden, manche darunter kannte ich sogar, und hörte es aus ihrem eigenen Mund, daß sie lieber über fünfzig Jahre auf dem Buckel haben möchten, damit sie nur nicht schwanger werden und ohne irgendwelche Furcht oder Skandale sich der Liebe hingeben könnten. Aber weshalb waren sie im Alter davor bewahrt? Manche alte Damen haben noch nach dem Tod fleischliche Empfindungen. Ich muß hier eine Geschichte erzählen.

Ich hatte einen nachgeborenen Bruder, den man den Kapitän Bourdeille hieß, einen der tapferen und tüchtigen Kriegsleute seiner Zeit. Ich muß das von ihm sagen, obgleich er mein Bruder war, ohne ihm ein falsches Lob geben zu wollen. Was er in den Kriegen und mit dem Degen leistete, das legt Zeugnis davon ab; denn er gehörte zu den Edelleuten Frankreichs, die die Waffen am besten zu handhaben verstanden; in Piemont nannte man ihn daher einen Rodomont. Er wurde beim Sturm auf Hedin bei der letzten Wiederholung des Angriffs getötet.

Von seinen Eltern wurde er für die Wissenschaften bestimmt und daher im Alter von achtzehn Jahren zum Studium nach Italien geschickt, wo er in Ferrara seinen Aufenthalt nahm, weil Frau Renée von Frankreich, die Herzogin von Ferrara, meine Mutter sehr liebte; daher hielt sie ihn zurück, damit er dort seinem Studium obliege, denn es gab da eine Universität. Nun, weil er weder dazu geboren noch geeignet war, widmete er sich ihnen keineswegs, er amüsierte sich lieber damit, den Frauen den Hof zu machen und zu liebeln. Er verliebte sich denn auch in eine verwitwete französische Edeldame, die bei der Herzogin von Ferrara war, mit Namen Mademoiselle de la Roche; er genoß sie, und sie liebten einander sehr. Dann wurde mein Bruder von seinem Vater, der ihn als höchst ungeeignet für die Wissenschaften erkannt hatte, zurückgerufen, so daß er sich von ihr trennen mußte.

Sie aber, die ihn liebte und die sehr fürchtete, es möchte ihm zum Unheil werden, weil sie der damals aufgekommenen lutherischen Lehre sehr anhing, bat meinen Bruder, sie mit nach Frankreich zu nehmen, an den Hof der Königin Margarete von Navarra, bei der sie gewesen war und von der sie nach ihrer Verheiratung und Abreise nach Italien zu Frau Renée gekommen war. Mein Bruder, der jung war und nichts überlegte, war über diese gute Gesellschaft sehr erfreut und geleitete sie bis nach Paris, wo sich die Königin damals aufhielt und sehr froh war, sie wiederzusehen, denn die Frau war eine überaus geistvolle und beredte Dame, eine schöne und in allem vollendete Witwe.

Nachdem mein Bruder ein paar Tage bei meiner Großmutter und meiner Mutter geweilt hatte, die damals am Hofe waren, ging er weg, um seinen Vater zu besuchen. Nach einiger Zeit aber bekam er einen solchen Widerwillen gegen die Wissenschaften, zu denen er sich nicht geeignet fand, daß er sie ganz und gar aufgab und sich den Kriegszügen nach Piemont und Parma anschloß, wo er viel Ehre erwarb. Er übte das Handwerk fünf bis sechs Monate hindurch, ohne nach Hause zu kommen. Nach deren Ablauf besuchte er seine Mutter, die sich damals am Hofe der Königin von Navarra befand, damals in Pau; hier machte er der Königin, als sie von der Vesper kam, seine Aufwartung. Diese, die beste Fürstin von der Welt, hieß ihn aufs herzlichste willkommen, faßte ihn an der Hand und ging mit ihm etwa ein oder zwei Stunden durch die Kirche spazieren und fragte ihn nach einer Menge Neuigkeiten in den Kriegen von Piemont und Italien und noch verschiedenen andern Besonderheiten. Darauf antwortete mein Bruder so gut, denn er redete ausgezeichnet, daß sie ebensowohl von seinem Geist wie von seiner leiblichen Erscheinung sehr befriedigt war, denn er war ein sehr schöner Edelmann und vierundzwanzig Jahre alt. Nachdem er sie genügende Zeit unterhalten hatte, wie es denn auch die Natur und das Temperament jener ehrenwerten Prinzessin war, die guten Gespräche und Unterhaltungen mit ehrbaren Leuten sehr zu pflegen, hielt sie, wie sie so von Gespräch zu Gespräch immer herumwandelten, schließlich meinen Bruder genau über der Grabplatte der Mademoiselle de la Roche an, die vor drei Monaten gestorben war. Dann faßte sie ihn bei der Hand und sagte zu ihm: »Lieber Vetter« (denn so nannte sie ihn, weil eine Tochter d'Albrets in unser Haus Bourdeille hineingeheiratet hatte; aber deshalb will ich noch nicht großtun und meinem Ehrgeiz noch nicht einheizen), »fühlt Ihr nicht, daß sich unter Euch und unter Euren Füßen etwas regt?« – »Nein, Madame«, antwortete er. – »Aber gebt nur sehr acht, lieber Vetter!« »Madame, ich habe sehr achtgegeben, aber ich spüre nichts; ich stehe auf einem ganz festen Stein.« – »Nun, dann will ich Euch mitteilen«, sagte dann die Königin, ohne ihn länger in Ungewißheit zu halten, »daß Ihr auf dem Grab und auf dem Leib der armen Frau de la Roche steht, die hier unter Euch beerdigt ist und die Ihr so sehr geliebt habt. Da die Seelen nach unserm Tod Empfindungen haben, ist nicht daran zu zweifeln, daß dieses ehrbare Geschöpf, das erst jüngst gestorben ist, nicht alsbald in Erregung gekommen ist, als Ihr über ihr standet. Und wenn Ihr es wegen der Stärke der Platte nicht gefühlt habt, hat sie es unzweifelhaft um so tiefer gespürt. Und weil es eine fromme Pflicht ist, der Abgeschiedenen zu gedenken, besonders derer, die man geliebt hat, bitte ich Euch, ihr ein ›Paternoster‹, ein ›Ave-Maria‹ und ein ›De profundis‹ zu spenden, und besprengt sie mit Weihwasser; damit erwerbt Ihr Euch den Namen eines sehr getreuen Liebhabers und eines guten Christen. Ich verlasse Euch darum.« Und damit ging sie hinweg. Mein seliger Bruder verfehlte nicht, zu tun, was sie gesagt hatte. Dann besuchte er die Königin, und sie neckte ihn ein wenig, denn sie war mit jedem guten Gespräch vertraut und verstand anmutig zu scherzen.

Das war also die Ansicht dieser guten Fürstin, aber sie hatte sie meiner Meinung nach mehr aus Artigkeit und im Geplauder gesagt, als daß sie sie glaubte.

Diese hübschen Gespräche erinnern mich an das Epitaph einer Kurtisane, die in Sta. Maria del Populo begraben ist; es stehen die Worte darauf: ›Wanderer, du hast mich so oft gewalkt und gestampft, ich bitte dich, tritt nun nicht mehr auf mir herum!‹

Schließlich braucht man sich nicht zu verwundern, daß die spanische Dame jenen Spruch über die schönen Damen hielt, die geliebt wurden, liebten und noch lieben und die sich gern rühmen hören, auch wenn sie am Vergangenen nicht unbedingt hängen. Es ist aber die größte Lust, die man ihnen machen kann und die sie höchlich lieben, daß man ihnen sagt, ihre Schönheit bliebe immer dieselbe und verändere sich nicht, besonders, daß sie vom Gürtel an abwärts nicht alterten.

Ich hörte von einer sehr schönen und ehrbaren Dame, die eines Tages zu ihrem Liebhaber sagte: »Ich weiß nicht, ob mir in Zukunft das Alter sehr unbequem fallen mag (sie war fünfundzwanzig Jahre alt); aber Gott sei Dank, ich machte es niemals so gut wie jetzt und hatte niemals so großes Vergnügen daran. Wenn dies dauern und bis in mein höchstes Alter Bestand haben möchte, dann bin ich's zufrieden und klage auch um die vergangene Jugend nicht.«

Was nun die Liebe und die Begierde anlangt, so habe ich hier und anderswo genug Beispiele beigebracht, ich will also jetzt keine weiter anführen. Wir kommen jetzt zu dem andern Grundsatz, der die Schönheit der schönen Frauen betrifft, die sich im Alter vom Gürtel an abwärts nicht mindert.

Jene spanische Dame führte in dieser Hinsicht gewiß verschiedene schöne Gründe und hübsche Vergleiche an; sie verglich nämlich die schönen Damen mit jenen schönen, alten und stolzen Gebäuden der Vergangenheit, deren Ruinen noch schön dastehen. In Rom, in jenen prachtvollen Altertümern, sieht man die Ruinen jener schönen Paläste, jener stolzen Kolosseen und großen Thermen, die noch sehr von ihrer Vergangenheit zeugen, jedermann in Bewunderung und Schrecken versetzen und deren Ruine bewundernswert und ungeheuerlich bleibt. Auf diesen Ruinen errichtet man sogar noch sehr schöne Gebäude, was beweist, daß ihr Grund fester und haltbarer ist als bei neuern Bauten; so sieht man es häufig bei den Mauerarbeiten, die unsre guten Architekten und Maurer unternehmen; wenn sie ein paar alte Trümmer und Fundamente finden, bauen sie sogleich darauf, und lieber als auf neue.

Ich habe auch oft gesehen, wie schöne Galeeren und Schiffe mit alten Rümpfen und Kielböden, die lange untätig in einem Hafen geblieben waren, aufgebaut und wiedererrichtet wurden. Sie taugten auch ebensoviel wie die neu gezimmerten, zu denen frisch aus dem Wald geholtes Holz verwendet wurde.

Und weiter, sagte jene spanische Dame, sieht man nicht häufig, wie die Spitzen der höchsten Türme von den Winden, den Stürmen und Ungewittern weggerissen, weggeschleift und zerstört werden, während ihr Fuß heil und ganz bleibt? Denn solche Stürme richten sich immer auf solche Höhen; so untergraben und zerfressen sogar die Seewinde die oberen Steine mehr, höhlen sie mehr aus als die unteren, weil diese geschützter sind als die oberen.

Ebenso verlieren manche schöne Damen den Glanz und die Schönheit ihrer schönen Gesichter durch verschiedene Unfälle oder durch Wärme oder Kälte, durch Sonne oder durch Mondlicht oder anderswie und, was schlimmer ist, durch verschiedene Schminken, die sie auflegen, in der Meinung, sie machten sich damit schöner, während sie doch damit alles verderben; bei den unteren Partien dagegen verwenden sie keine andere Schminke als das natürliche Sperma, und es kommt weder Kälte noch Regen, noch Wind, weder die Sonne noch der Mond hin.

Wenn sie die Hitze belästigt, können sie sich wohl davor schützen und erfrischen; ebenso wirken sie der Kälte auf verschiedene Art entgegen. So viele Ungelegenheiten und Nöte die obere Schönheit angreifen, sowenig die untere; man mag immerhin bemerken, daß das Antlitz einer schönen Frau beschädigt ist, daraus darf man noch nicht schließen, daß sie auch unten verdorben und daß nicht noch etwas Schönes und Gutes verblieben sei, auf dem sich gar nicht schlecht bauen läßt.

Von einer großen Dame, die sehr schön und der Liebe sehr ergeben gewesen war, hörte ich: Einer ihrer früheren Liebhaber hatte sie vier Jahre lang aus den Augen verloren, weil er eine Reise unternommen hatte; bei seiner Rückkehr fand er ihr früheres schönes Antlitz sehr verwandelt, und er wurde daher so angewidert und abgekühlt, daß er sie nicht mehr attackieren und auch die frühere Lust mit ihr nicht wieder erneuern wollte. Sie bemerkte es wohl und sann daher eifrig auf Mittel, daß sie sich ihm im Bett zeigen konnte; sie stellte sich also eines Tages krank, und als er sie am Tage besuchen kam, sagte sie zu ihm: »Mein Herr, ich weiß wohl, daß Ihr mich wegen meines Gesichts verschmäht, das sich durch mein Alter verändert hat; aber seht«, und dabei entblößte sie ihm ihre ganze untere nackte Körperhälfte, »hat sich da etwas verändert? Wenn mein Gesicht Euch getäuscht hat, das täuscht Euch nicht.« Der Edelmann betrachtete sie und fand, daß sie ebenso sauber und schön war wie je, er geriet alsbald in Begierde und verspeiste das Fleisch, das er für angegangen und verdorben gehalten hatte. »Na, mein Herr«, sagte die Dame, »seht Ihr, wie Ihr Euch getäuscht habt! Ein andermal schenkt den Lügen unserer falschen Gesichter keinen Glauben mehr; denn unser übriger Körper sieht ihnen nicht immer gleich. Das soll Euch eine Lehre von mir sein.«

Eine Dame wie diese, deren schönes Gesicht sich auch

so verändert hatte, geriet in so großen Zorn und Ärger darüber, daß sie es niemals wieder in ihrem Spiegel besehen wollte, sie sagte, es sei ihrer unwürdig; sie ließ sich von ihren Frauen kämmen und bespiegelte und betrachtete zur Entschädigung ihre unteren Partien, an denen sie sich ebensoviel ergötzte wie früher am Gesicht.

Von einer anderen Dame hörte ich: Wenn sie am Tag bei ihrem Freunde schlief, bedeckte sie ihr Gesicht mit einem schönen weißen Taschentuch aus feinem holländischem Leinen, weil sie fürchtete, wenn er das Gesicht sähe, möchte es ihn abkühlen und die Batterie unten hemmen, und er möchte angewidert werden; denn unten war nichts auszusetzen oder zu behaupten, daß das Schöne verschwunden sei. In dieser Beziehung hörte ich von einer sehr ehrbaren Dame, daß sie eines Tages von ihrem Gemahl gefragt wurde, warum ihr Haar unten nicht weiß und grau geworden wäre wie das am Kopf, und darauf die lustige Antwort hatte: »Ach! diese elende, brünstige Verräterin, sie spürt's nicht und saugt nichts ein. Sie läßt's andre von meinen Gliedern, meinen Kopf läßt sie's spüren und einsaugen; weil sie stets unverändert bleibt, im selben Zustand, in derselben Kraft, in derselben Stimmung, vor allem in derselben heißen Natur und in derselben Begierde und Gesundheit; das tun die anderen Glieder nicht, die für sie Krankheiten und Schmerzen leiden, und meine Haare, die davon weiß und grau geworden sind.«

Sie hatte recht, so zu reden; denn diese Partie bringt ihr sehr viel Schmerzen, Gicht und Krankheiten ein, ohne daß ihr Zentrums-Galan es spürt; wer zu hitzig gewesen ist, der wird so weiß, sagen die Ärzte. Daher altern die schönen Damen in beiderlei Art niemals.

Ich hörte von manchen, die Umgang mit ihnen hatten, sogar mit Kurtisanen, die mir versicherten, sie hätten hier schöne Frauen kaum alt werden sehen; denn alles Untere und Mittlere, Schenkel wie Beine, hatten sie in voller Schönheit, und auch in ihren Wünschen und in ihrer Stimmung hatte sich nichts geändert. Manche Ehemänner, hörte ich sogar, fanden ihre Alten, wie sie sie nannten, von unten so schön wie nur immer, bereit, frohgelaunt und auch willfährig, sie fanden nichts geändert als das Gesicht, und schliefen ebensogern bei ihnen wie in ihren jungen Jahren.

Übrigens gibt es doch sehr viele Männer, die eine ältere Dame einer jungen weit vorziehen; genau wie manche lieber alte Pferde reiten, sei es am Tag eines guten Geschäfts, sei es in der Manege und des Vergnügens halber; alte Pferde, die in ihrer Jugend so tüchtig zugerichtet wurden, daß man in ihrem Alter nichts an ihnen auszusetzen hatte, so vorzüglich sind sie zugeritten und bewähren ihre Gesundheit.

Im Marstall unserer Könige sah ich ein Pferd, daß man den Quadragant nannte, das zur Zeit König Heinrichs zugeritten wurde. Es war mehr als zweiundzwanzig Jahre alt; aber trotz seines Alters machte es seine Sache sehr gut und hatte nichts vergessen, so daß sogar sein König und alle, die es beobachteten, sich sehr darüber freuten. Das gleiche kann ich von einem großen Schlachtpferd sagen, das man Gonzaga nannte, es war aus dem Gestüt von Mantua und ein Zeitgenosse des Quadragant.

Ich sah auch den stolzen Rappen, der als Zuchthengst bestellt war. Der hohe Herr M. Antonio, der die Verwaltung des königlichen Gestüts hatte, zeigte ihn mir zu Mun, als ich eines Tages hindurchkam, wie er im Schritt ging, in der Volte, und sprang; Herr von Carnavallet, dem er gehörte, hatte ihn gut zugeritten, und der verstorbene Herr von Longueville wollte ihm 3000 Livres Rente dafür geben; aber der König Karl ließ es nicht zu, nahm ihn für sich und entschädigte ihn anderswie. Ich könnte noch viele andere nennen, aber ich würde niemals zu Ende kommen; daher verweise ich auf die tapferen Stallmeister, die viele solche Pferde gesehen haben.

Im Feldlager von Amiens hatte der selige König Heinrich für den Tag der Schlacht den Bay de la paix gewählt, ein sehr schönes, tüchtiges und schon betagtes Streitroß; es starb am Fieber, wie die erfahrensten Hufschmiede im Lager von Amiens sagten; das fand man seltsam.

Der verstorbene Herr von Guise ließ aus seinem Gestüt von Eclairon den Braunen Sanson holen, der dort Zuchthengst war, um ihn in der Schlacht von Dreux zu reiten, wo er vortreffliche Dienste tat.

Bei den ersten Kriegen nahm der verstorbene Prinz zweiundzwanzig Pferde aus Mun, die hier als Zuchthengste dienten, um sie auf seinen Kriegszügen zu gebrauchen; er verteilte sie an die einen und anderen der Herren, die bei ihm waren, und behielt seinen Teil für sich; der tapfere Avaret bekam davon ein Schlachtroß, das der Herr Konnetabel dem König Heinrich gegeben hatte und das man den Compère hieß. So alt es auch war, ein besseres sah man nie; und sein Herr ließ es in schwere Gefechte kommen, wo es vortreffliche Dienste leistete. Der Kapitän Bourdet bekam den Türken, auf dem der verstorbene König Heinrich verwundet und getötet wurde, er hatte ihn von dem verstorbenen Herrn von Savoyen erhalten; er hieß le Malheureux; den Namen bekam er, als er dem König gebracht wurde – eine sehr üble Vorbedeutung für den König. In seiner Jugend war er nie so tüchtig gewesen, wie er im Alter war; er wurde auch von seinem Herrn, einem der tapfersten Edelleute von Frankreich, sehr geschätzt. Kurz, bei all diesen Hengsten war das Alter nie ein Hindernis, um ihren Herren, ihrem Fürsten und ihrer Sache ausgezeichnet zu dienen. Es gibt ja auch alte Pferde, die sich nie übergeben; auch sagt man, ein tüchtiges Pferd wird niemals eine Mähre.

Ebenso verhält es sich mit den Damen, die in ihrem Alter ebenso zu schätzen sind wie andere in ihrer Jugend und die ebensoviel Vergnügen machen, weil sie zu ihrer Zeit vortrefflich angelernt und zugerichtet wurden; solche Lektionen vergißt man gewöhnlich nur schwer; und was das beste ist, sie sind sehr spendabel gegen ihre Ritter und Bereiter, die von einer Alten mehr Geld verlangen und eine höhere Gegenleistung haben wollen als von einer jungen; im Gegensatz zu den Stallmeistern, die keine dressierten Pferde nehmen, vielmehr junge, die erst abzurichten sind; so verlangt es die Vernunft.

Bezüglich der angejahrten Damen hörte ich eine Frage aufwerfen, nämlich: Welcher Ruhm ist größer, eine ältere Dame zu verführen und zu besitzen oder eine junge? Von einigen hörte ich, eine alte trägt mehr auf, und sie sagen, eine junge ist an sich schon durch Torheit und Hitze zu genügenden Ausschweifungen bereit und sei leicht zu verderben; die Gefaßtheit und die Kälte, die dem Alter eigentümlich wären, seien dagegen sehr schwierig zu überwinden; und wer das vermag, der könne um so lauter darüber triumphieren.

Auch jene berühmte Kurtisane Lais rühmte und brüstete sich sehr, daß die Philosophen sie so häufig besuchten und in ihrer Schule lernten, mehr als alle anderen jungen Leute und Gecken, die kamen. Ebenso brüstete sich Flora damit, daß ihre Schwelle viel mehr von großen römischen Senatoren überschritten wurde als von jungen Fanten von Rittern. Mir scheint also auch ein großer Ruhm darin zu liegen, wenn man Lust und Befriedigung ins Feld führt, die Züchte alter Frauen zu besiegen.

Ich berufe mich auf jene, die es bereits erprobt haben, von denen mir manche sagten, ein dressiertes Tier erfreut mehr als ein wildes, das nicht einmal traben kann. Und außerdem, gibt es denn eine größere Lust oder ein größeres Behagen für die Seele, als zu sehen, wie in einen Ballsaal, in eines der Zimmer der Königin, in eine Kirche oder in eine andere große Versammlung eine sehr vornehme bejahrte Dame eintritt, ja eine Ehrendame der Königin oder einer Prinzessin oder die Hofmeisterin der Tochter eines Königs, einer Königin oder großen Prinzessin oder die Oberin der Hofdamen und Hoffräulein, die wegen ihrer Besonnenheit mit diesem würdigen Amt betraut ist. Und dann zu sehn, wie sie die Miene einer Prüden, Keuschen, Tugendhaften aufsetzt, wofür sie auch von jedermann wegen ihres Alters gehalten wird; dann denkt man bei sich nach und sagt zu seinem getreuen Kameraden und Vertrauten: »Seht Ihr, wie sie sich scheinheilig mit ihrer züchtigen, hochmütigen und kalten Miene gibt, so daß man meint, sie könnte kein Wässerchen trüben? Aber ach, wenn ich sie im Bett habe, dann schwingt und dreht sich keine Wetterfahne auf der Welt so hurtig herum wie sie ihre Lenden und Beine.«

Was mich anlangt, so glaube ich, daß jeder zufrieden ist, wer das bei sich durchgemacht hat und es sagen kann. Ha! Wie viele solcher Damen kannte ich doch auf der Welt, die sich keusch, spröde und sittenstreng hinstellten, während sie an Ausschweifung und Brunst sich doch gar keinen Zwang auferlegten, sehr häufig weit stärker begehrt werden als manche junge, die den Kampf fürchten, weil sie zuwenig erfahren sind! Auch sagt man, niemand jagt besser als alte Füchsinnen, weil sie jagen, um ihren Jungen Futter zu bringen.

Man liest, daß einst manche römische Kaiser sich sehr daran ergötzt haben, so ehrenwerte und hochgeachtete große Damen zu verführen und zu bügeln, ebensosehr des Vergnügens und der Befriedigung halber, wobei sicherlich weit mehr herausspringt als bei minderen, und wegen des Ruhmes, den sie sich zusprechen, daß sie sie verführt und unter die Füße gebracht haben; wie ich zu meiner Zeit verschiedene Herren, Prinzen und Edelleute kannte, die in ihrer Seele sehr darüber triumphierten, daß sie so getan.

Julius Cäsar und Octavianus, sein Nachfolger, brannten sehr auf solche Eroberungen, wie ich schon oben sagte; nach ihnen auch Caligula, der die berühmtesten römischen Damen mit ihren Gatten zu seinen Festmählern einlud, sie sehr genau anschaute und betrachtete, ja sogar mit der Hand ihr Gesicht in die Höhe hob, wenn es einige beschämt neigten, die ehrbare und anständige Frauen waren; andere wollten es ihnen nachmachen und stellten sich sehr spröde und keusch, da es doch gewiß zur Zeit dieser ausschweifenden Kaiser nur wenig solche geben konnte, oder sie stellten sich wenigstens so; sonst wäre das Spiel nicht gut gewesen, wie ich es auch von verschiedenen Damen sah. Die nachher jenem Kaiser gefielen, nahm er vertraut und öffentlich von der Seite ihrer Gatten weg, führte sie aus dem Saale und brachte sie in eine Kammer, wo er sich an ihnen belustigte, wie es ihm gefiel; dann geleitete er sie wieder auf ihren Platz zurück und ließ sie sich wieder setzen; vor der ganzen Gesellschaft lobte er dann ihre Schönheiten und verborgenen Eigentümlichkeiten, indem er sie Stück für Stück aufzählte; und wenn eine irgendwelche Fehler, Häßlichkeiten und Mängel hatte, so verhehlte er das auch nicht, sondern schwätzte sie aus und verkündigte sie ohne jede Rücksicht.

Nero war, was noch schlimmer ist, sogar begierig, seine tote Mutter zu sehn, sie genau zu betrachten und alle ihre Glieder zu befühlen und über die einen sein Lob, über die anderen seine Schmähung auszusprechen.

Ebenso hörte ich von verschiedenen großen Herren der Christenheit erzählen, die gegenüber ihren toten Müttern die gleiche Begierde hatten.

Aber Caligula tat noch mehr; denn er berichtete von ihren Bewegungen, schlüpfrigen Manieren, Gehaben und Mienen, die die Frauen an den Tag legten, besonders erzählte er von jenen, die züchtig und schamhaft gewesen waren oder die sich an der Tafel so angestellt hatten; denn waren sie ihm nicht zu Willen, so bedrohte sie der Wüterich unzweifelhaft, und wenn sie ihm nicht alles taten, was er zu seiner Befriedigung verlangte, jagte er ihnen Todesschrecken ein; so brachte er diese armen Damen zum allgemeinen Gelächter in das größte Ärgernis, wie es ihm gefiel; sie glaubten, für sehr keusch und züchtig zu gelten, wie es welche geben konnte, oder sie heuchelten und stellten die Donne da ben heraus, und plötzlich kamen sie in den Ruf, tüchtige Dirnen und Vetteln zu sein; bei denen, die es waren und doch nicht entdeckt sein wollten, war es ja ganz angebracht. Und dabei waren es, wie ich sagte, lauter große Damen, Frauen von Konsuln, Diktatoren, Prätoren, Quästoren, Senatoren, Zensoren, Rittern und andere von sehr hohem Stand und Würden; an deren Stelle wir heutzutage, in unserer Christenheit, die Königinnen nennen könnten, die sich den Frauen der Konsuln, da sie die ganze Welt beherrschten, vergleichen ließen; die großen und mittleren Fürstinnen, die großen und kleinen Herzoginnen, die Marquisen und Komtessen, die Baronessen und Edelfräulein und andere Damen von hohem Rang und reicher Abstammung: mit solchen großen Damen würden es zweifellos manche Kaiser und Könige ebenso machen wie jener Kaiser Caligula, wenn sie könnten; sie sind jedoch Christen, die die Furcht Gottes, seine heiligen Gebote, ihr Gewissen, ihre Ehre, die Schande vor den Menschen und ihren Gemahlinnen vor Augen haben, denn für edle Herzen wäre die Tyrannei unerträglich. Darin sind die christlichen Könige sicherlich hochzuschätzen und zu rühmen, daß sie die Liebe der schönen Damen mehr in Sanftmut und Freundlichkeit gewinnen als mit harter Gewalt; und ihre Eroberung ist darum auch weit schöner.

Ich hörte von zwei großen Fürsten, denen es das größte Vergnügen machte, so die Schönheiten, Feinheiten und Besonderheiten ihrer Damen zu entdecken, ebenso aber auch ihre Entstellungen, Mängel und Schäden, desgleichen ihre Manieren, Bewegungen und Schamlosigkeiten, indessen nicht in aller Öffentlichkeit wie Caligula, sondern insgeheim, mit ihren großen vertrauten Freunden. Das nenne ich doch von dem hübschen Leib jener armen Damen einen guten Gebrauch machen. Sie meinten, es gut zu machen und zu scherzen, um sich ihren Liebhabern gefällig zu zeigen, und sie wurden verschrien und verspottet.

Nun will ich unseren Vergleich wieder aufnehmen. Genau wie man schöne Gebäude sieht, die über den besten Fundamenten und aus den vorzüglichsten Steinen und Materialien errichtet wurden und eins besser als das andere ist, weshalb sie in ihrer Schönheit und in ihrem Ruhm längern Bestand haben, ebenso gibt es Frauenkörper, die so ausgezeichnet beschaffen und gestellt sind, die ein solches Gepräge der Schönheit tragen, daß man gern sieht, wie ihnen die Zeit nicht so sehr wie anderen beikommt und sie auch in keiner Weise untergräbt.

Man kann lesen, daß Artaxerxes unter allen seinen Frauen am meisten Astazia liebte, die sehr bejahrt, aber trotz alledem noch sehr schön war; sie war die Maitresse seines verstorbenen Bruders Darius gewesen. Sein Sohn verliebte sich so sehr in sie, so schön war sie trotz ihres Alters, daß er sie ebenso mit seinem Vater besitzen wollte wie sein halbes Königreich. Aus Eifersucht jedoch und damit der gute Bissen nicht geteilt werden könne, machte sie der Vater zur Sonnenpriesterin, weil in Persien die Frauen dieses Standes sich ganz und gar der Keuschheit weihen müssen.

In der ›Geschichte von Neapel‹ lesen wir, daß der Ungar Ladislaus, der König von Neapel, in Tarent die Herzogin Marie belagerte, die Frau des verstorbenen Raymund von Balzo; nach mehreren Stürmen und Waffengängen schloß er mit ihren Kindern eine Übereinkunft ab und heiratete sie, die trotz ihrer Jahre immer noch sehr schön war; dann führte er sie mit sich nach Neapel, wo sie den Namen der Königin Maria erhielt und von ihm sehr geliebt und gehegt wurde.

Ich sah die Herzogin von Valentinois im Alter von siebzig Jahren, ebenso schönen Antlitzes, ebenso frisch und ebenso liebenswürdig wie im Alter von dreißig; auch wurde sie von einem der großen Könige, dem tapfersten der Welt, sehr geliebt und verehrt. Ich kann es offen sagen, ohne der Schönheit dieser Dame ein Unrecht zu tun; denn wenn eine Dame von einem großen König geliebt wird, so bedeutet das: die Vollkommenheit, die Liebe zu ihr erweckt, wohnt in ihr und strömt über; auch soll die den Göttern verliehene Schönheit den Halbgöttern nicht versagt werden.

Ich sah diese Dame sechs Monate, bevor sie starb, noch so schön, daß sie ein Herz aus Stein bewegen konnte; wiewohl sie sich vorher auf dem Pflaster von Orleans ein Bein gebrochen hatte, ritt sie und hielt sich gewandt und munter auf dem Pferd wie immer; aber das Pferd fiel und glitt unter ihr aus; nun hätte man meinen können, infolge dieses Bruchs und dieser Schmerzen und Leiden müsse ihr schönes Gesicht sehr verändert sein; nichts weniger als das jedoch, denn ihre Schönheit, ihre Anmut, ihre Majestät, ihr schönes Aussehen waren ganz dieselben geblieben. Vor allem besaß sie das weißeste Antlitz, ohne sich je irgendwie zu schminken; man sagte jedoch, sie nähme alle Morgen ein paar Kraftbrühen zu sich, die aus Trinkgold und anderen Drogen bestanden, die ich nicht kenne wie die braven Ärzte und die schlauen Apotheker. Ich glaube, hätte diese Frau noch hundert Jahre gelebt, sie wäre doch niemals gealtert, sei es im Gesicht, so schön war es gebildet, sei es am Leibe, verdeckt und verhüllt, von so gutem Schlag und Habitus war er. Es ist traurig, daß die Erde diesen schönen Leib bedeckt!

Ich sah die Marquise von Rothelin, die Mutter der Prinzessinwitwe von Condé und des verstorbenen Herrn von Longueville, deren Schönheit auch in keiner Weise beeinträchtigt war, weder von der Zeit noch vom Alter; sie erhielt sich immer in ihrer schönsten Blüte, außer daß sich ihr Gesicht am Ende ein wenig rötete; ihre schönen Augen indessen, die ihresgleichen nimmer auf der Welt hatten und die ihre Frau Tochter geerbt hat, veränderten sich nie und waren stets bereit, Wunden zu schlagen.

Ich sah die Madame de la Bourdesière, später in zweiter Ehe Marschallin d'Aumont, die auf ihre alten Tage so schön war, daß man hätte sagen können, sie stünde in ihren jüngsten Jahren; auch ihre fünf Töchter, die ebenfalls Schönheiten waren, setzten sie in nichts in den Schatten. Hätte man zu wählen gehabt, man hätte gern die Töchter gelassen und hätte die Mutter genommen; und dabei hatte sie mehrere Kinder gehabt. Sie behütete sich aber auch überaus sorgfältig, denn sie war eine Todfeindin von Mond und Abendtau, die sie floh, sosehr sie nur konnte; die gemeine Schminke, das Gebrauchsmittel mancher Damen, war ihr unbekannt.

Ich sah, was mehr besagen will, Madame von Mareuil, die Mutter der Marquise von Mézières und Großmutter der Dauphin-Gemahlin, im Alter von hundert Jahren, wo sie starb, auch war sie ebenso aufrecht, ebenso frisch, munter, gesund und schön wie im Alter von fünfzig; in ihrer Jugend war sie eine sehr schöne Frau gewesen.

Ihre Tochter, die erwähnte Marquise, war ebensoschön gewesen, nur von etwas kleinerem Wuchs, und starb ebenso, nur um zwanzig Jahre jünger. Sie war die Tante der

Madame von Bourdeille, die Frau meines älteren Bruders, die sich als so tüchtig erwies; denn obwohl sie dreiundfünfzig Jahre hinter sich hatte und vierzehn Kinder besaß, meinte man (wer sie sieht, wird es besser beurteilen als ich), daß ihre vier Töchter, die sie bei sich hatte, ihre Schwestern wären; so sieht man oft Früchte des Winters und Herbstes, die denen des Sommers gleichkommen und ebenso schön und schmackhaft sind wie sie.

Die Admiralin von Brion und ihre Tochter, Frau von Barbezieux, waren ebenfalls in ihrem Alter sehr schön.

Man sagte mir kürzlich die schöne Paula von Toulouse, die früher so berühmt war, sei noch so schön denn je, obwohl sie achtzig Jahre alt sei; man findet sie auch in nichts verändert, weder in ihrem hohen Wuchs noch in ihrem schönen Antlitz.

Ich sah die Präsidentin Conte von Bordeaux, die in der gleichen Lage und im selben Alter sehr liebenwürdig und begehrenswert war; auch hatte sie viele Vollkommenheiten. Ich könnte noch viele andere nennen, aber ich würde kein Ende finden.

Ein junger spanischer Kavalier redete einer älteren Dame, die indessen noch schön war, von Liebe, und sie antwortete ihm: »Warum sprecht Ihr so zu mir bei meiner Vollständigkeit?« Damit wollte sie ihr Alter und die Abnahme ihrer schönen Zeit, den Einbruch ihres Alters bezeichnen. Der Kavalier antwortete ihr: »Eure Vollständigkeit wiegt mehr, ist schöner und reizvoller als die Frühlingsstunde irgendeiner andern Dame.« Eine artige Anspielung.

Ein andrer redete gleichfalls mit einer ältern Dame von der Liebe, sie wies ihn auf ihre verblichene Schönheit hin, womit es indessen noch nicht zu schlimm stand, und er antwortete ihr: »An der Vesper erst erkennt man das Fest.«

Noch heute sieht man Frau von Nemours, die im April ihres Lebens die Zierde der Welt war, der Zeit trotzen, mag sie auch alles verwischen. Ich kann es so sagen, mit allen, die sie gleich mir gesehen haben, daß sie in den Jahren ihrer Blüte die schönste Frau der Christenheit gewesen ist. Ich sah sie eines Tages, wie ich anderswo schilderte, mit der Königin von Schottland tanzen, alle beide ganz allein, ohne von anderen Damen begleitet zu sein (infolge einer Laune), daß alle, die sie tanzen sahen, nicht beurteilen konnten, wem an Schönheit der Preis gebühre; und man hätte, meinte einer, sagen können, es waren die zwei Sonnen beisammen, von deren einstiger Erscheinung Plinius berichtet, um die Welt in Staunen zu versetzen. Madame von Nemours, damals Madame von Guise, besaß den herrlichsten Wuchs und hatte, wenn ich es ohne Beleidigung der Königin von Schottland sagen darf, eine noch ernstere und augenscheinlichere Majestät, wiewohl sie nicht Königin war wie die andre; sie war jedoch eine Enkelin jenes großen Königs und Vaters des Volks, dem sie in vielen Zügen ihres Gesichtes glich; ich sah in dem Kabinett der Königin von Navarra sein Bild, das in allem zeigte, welch ein König er war.

Ich glaube der erste gewesen zu sein, der sie mit dem Namen einer Enkelin des königlichen Vaters des Volkes benannt hat; das geschah zu Lyon, als der König aus Polen zurückkehrte; da nannte ich sie sehr oft so; auch erwies sie mir die Ehre, es gut zu finden und es gern zu hören. Sie war gewiß eine echte Enkelin jenes großen Königs, vor allem an Güte und Schönheit; denn sie ist sehr gut gewesen und hat niemals jemandem ein Übel zugefügt oder einen Verdruß bereitet; und dennoch verfügte sie über eine große Macht zur Zeit, als sie in Gunst stand, das heißt über die ihres Gatten, der verstorbenen Herrn von Guise, der in Frankreich hohes Ansehen genoß. Sie war also im Besitz zweier sehr hoher Vollkommenheiten, Güte und Schönheit, und sie hat sich alle beide bis jetzt ausgezeichnet bewahrt und hat damit zwei ehrbare Gatten geheiratet, dergleichen man wenig oder gar nicht gefunden hätte; und wenn sich noch ein solcher gefunden hätte, der ihrer würdig gewesen wäre, und sie hätte ihn als dritten haben wollen, so hätte sie es gekonnt, so schön ist sie noch. In Italien gelten auch die ferraresischen Damen als gute und leckere Bissen, auf die sich das Sprichwort: ›potta ferraresa‹ bezieht, wie man sagt ›cazzo mantuano‹.

Dazu führe ich an: Als ein großer Herr jenes Landes einst eine schöne und große Prinzessin aus unserm Frankreich begehrte und man ihn am Hofe wegen seiner Verdienste, seiner Tapferkeit und seiner Vorzüge lobte, daß er sie verdiene, wußte der verstorbene Herr d'Au, der Kapitän der schottischen Garden, eine bessere Entgegnung als alle, indem er sagte: »Ihr vergeßt das beste, ›cazzo mantuano‹.«

Ich hörte einmal ein ähnliches Wort, als der Herzog von Mantua, den man den Gobin hieß, weil er sehr bucklig war, die Tochter des Kaisers Maximilian heiraten wollte und ihr gesagt wurde, daß er so arg bucklig wäre. Wie man sagt, antwortete sie: »Es hat nichts zu sagen, wenn die Glocke einen Fehler hat, wenn nur ihr Klöppel tüchtig ist.« Sie meinte den Cazzo mantuano. Andere sagen, sie hätte das Wort nicht ausgesprochen, denn sie war zu klug und erfahren, aber andere sagten es für sie.

Um nochmals auf jene ferraresische Prinzessin zu kommen, so sah ich sie auf der Hochzeit des verstorbenen Herrn de Joyeuse, in einen Frauenmantel nach italienischer Art gekleidet, während die Arme nach der sienesischen Mode halb hinaufgestreift waren; keine Dame konnte sie in Schatten stellen, und es war niemand dort, der nicht sagte: »Diese schöne Prinzessin nimmt es noch mit jeder anderen auf, so schön ist sie. Und man kann sehr leicht schließen, daß dieses schöne Antlitz andere große Schönheiten und Partien verdeckt und verhüllt, die wir gar nicht sehen; genau wie man nach der schönen und stolzen Fassade eines schönen Gebäudes leicht urteilen kann, daß im Innern schöne Zimmer, Vorzimmer und Garderoben, schöne Winkel und Kabinette sind.« Seitdem ließ sie an noch vielen anderen Orten, auch als sie schon stark alterte, ihre Schönheit strahlen, sogar in Spanien auf der Hochzeit des Herrn und der Frau von Savoyen, daß die Bewunderung vor ihr, vor ihrer Schönheit und vor ihren Tugenden dort für alle Zeit eingeprägt bleiben wird. Wenn die Flügel meiner Feder stark und breit genug wären, um sie in den

Himmel zu tragen, ich täte es; aber sie sind leider zu schwach; ich will also noch anderswo von ihr sprechen. Wie dem auch sei, sie ist in ihrem Frühling, ihrem Sommer und ihrem Herbst und noch in ihrem Winter eine sehr schöne Frau gewesen, obgleich sie sehr viele Verdrießlichkeiten, Sorgen und Kinder hatte.

Etwas Schlimmeres: Die Italiener mißachten eine Frau, die viele Kinder hat, und nennen sie ›scrofa‹, das heißt eine Muttersau; Frauen aber, die schöne, tapfere und edle Kinder erzeugen wie jene Prinzessin, müssen gerühmt werden und haben mit diesem unwürdigen Namen nichts zu schaffen; sie sollten vielmehr ›Gottes Segen‹ heißen.

Ich könnte hier ausrufen: Wie merkwürdig ist es doch, daß das Oberflächlichste und Unbeständigste, was es gibt, das schöne Weib, der Zeit Widerstand leistet! Aber ich möchte es doch nicht sagen! Ich wäre sehr betrübt darüber, denn ich schätze die Beständigkeit mancher Frauen sehr hoch, und es sind nicht alle unbeständig: Von einem andern habe ich den Ausspruch. Gerne noch möchte ich ausländische Damen anführen, gerade wie unsere französischen, die in ihrem Herbst und Winter schön waren; aber diesmal will ich bloß zwei einfügen.

Die eine, die Königin Elisabeth von England, regiert noch heute, und man hat mir gesagt, sie ist noch ebenso schön wie je. Ist das der Fall, dann muß sie eine außerordentlich schöne Fürstin sein; denn ich sah sie in ihrem Sommer und in ihrem Herbst. Was ihren Winter anlangt, so kommt sie ihm ja arg nahe, wenn sie nicht drinsteht; denn es ist schon lange Zeit her, als ich sie sah. Ich weiß das Alter, das man ihr gab, als ich sie das erstemal sah. Ich glaube, was sie so lange in ihrer Schönheit erhalten hat, das war, daß sie niemals verheiratet gewesen und die Bürde der Ehe nicht getragen hat, die sehr beschwerlich ist, und besonders, wenn man mehrere Kinder zur Welt bringt. Diese Königin verdiente alles Lob, wenn nicht der Tod jener tapferen, schönen und seltenen Königin von Schottland wäre, der ihre Verdienste sehr geschädigt hat.

Die andre Fürstin und ausländische Dame ist die Marquise von Gouast, Donna Maria von Aragonien, die ich in den letzten Jahren ihres Lebens als sehr schöne Dame sah; das will ich erzählen, indem ich es soweit wie möglich abkürzen werde.

Als der König Heinrich gestorben war, starb einen Monat darauf der Papst Paul IV. Caraffa, und es mußten sich zur Wahl eines neuen alle Kardinäle versammeln. Unter anderen verließ der Kardinal von Guise Frankreich und ging zu Schiff nach Rom, mit den Galeeren des Königs, deren Oberbefehl der Herr Großprior von Frankreich hatte, der Bruder des genannten Kardinals, der ihn als guter Kamerad mit sechzehn Galeeren geleitete. Sie fuhren mit solcher Schnelligkeit und hatten einen so guten Wind im Hintersegel, daß sie in zwei Tagen und zwei Nächten nach Civita-Vecchia kamen und von hier nach Rom; als sie dort waren, sah der Herr Großprior, daß man noch nicht bereit war, die Neuwahl vorzunehmen (in Wirklichkeit vergingen drei Monate darüber), also mußte es auch noch einige Zeit dauern, bis er seinen Bruder zurückgeleiten konnte, und da seine Galeeren nutzlos im Hafen lagen, beschloß er, nach Neapel zu gehn, um die Stadt zu besuchen und dort die Zeit zu verbringen.

Bei seiner Ankunft empfing ihn dann der Vizekönig, damals der Herzog von Alcala, wie einen König. Bevor er aber landete, begrüßte er die Stadt mit einer sehr schönen Salve, die lange andauerte und ihm von der Stadt und von den Kastellen erwidert wurde, daß während dieses Saluts der Himmel zu donnern schien. Er hielt seine Galeeren in ziemlicher Entfernung in Schlachtordnung und schickte in einem Boot Herrn de l'Estrange von Languedoc, einen sehr geschickten und ehrbaren Edelmann, einen vorzüglichen Sprecher, zum Vizekönig, damit er sich nicht beunruhige und ihm die Erlaubnis gäbe (wenn wir auch in gutem Frieden lebten, aber freilich eben erst den Krieg kurz hinter uns hatten), in den Hafen einzufahren, die Stadt anzusehn und die Gräber seiner Vorfahren zu besuchen, die hier beerdigt waren, sie mit geweihtem Wasser zu besprengen und für sie zu beten.

Der Vizekönig gewährte es bereitwilligst, der Herr Großprior setzte die Flotte also in Bewegung und wiederholte die schöne und heftige Salve nochmals, mit den Jagerkanonen der sechzehn Galeeren und mit den anderen Geschützen und Büchsen, so daß alles in Feuer stand; dann fuhr er sehr stolz an die Mole, mit vielen Standarten, Wimpeln, Bannern aus karmesinrotem Taft, das seine war aus Damast, alle Galeerensklaven waren in karmesinroten Samt gekleidet, ebenso die Soldaten seiner Garde, die Schleifen trugen, die mit Silbertressen besetzt waren; sie standen unter dem Befehl des Kapitän Geoffroy, eines Provenzalen, der ein tapferer und mutiger Kapitän war; man fand also unsere französischen Galeeren sehr schön, flink und gut geteert, besonders ›la Realle‹, an der es nichts auszusetzen gab; denn dieser Fürst war in allem sehr opulent und prachtliebend.

Nachdem er also in diesem schönen Aufzug an den Hafendamm gekommen war, ging er an Land und wir andern alle mit ihm; dort hatte der Vizekönig befohlen, Pferde und Wagen bereitzuhalten, die uns aufnehmen und in die Stadt bringen sollten; und wir fanden wahrhaftig hundert Pferde, Schlachtrosse, Mischlinge, spanische Pferde, Berber und andere, die einen immer schöner als die anderen, mit reichgestickten Samtschabracken, die einen in Gold, die anderen in Silber. Es war jedem unbenommen, ob er zu Pferd steigen oder einen Wagen benutzen wollte, denn es standen auch etwa zwanzig der schönsten und reichsten und bestbespanntesten Wagen da, die von den schönsten Rennern gezogen wurden, die man sehen konnte. Es waren auch eine Menge große Fürsten und Herren anwesend, aus dem Königreich wie aus Spanien, die den Großprior im Auftrag des Vizekönigs sehr ehrenvoll empfingen. Er bestieg ein spanisches Pferd, das schönste, das ich seit langer Zeit sah und das ihm der Vizekönig später schenkte; er ritt es ausgezeichnet und ließ es vorzügliche Kurbetten machen, wie man damals sagte: Er bewies, daß er ein ebenso tüchtiger Reitersmann wie Seemann war, und bot mit seinem Renner ein überaus schönes und anmutiges Bild.

Denn er war einer der schönsten, liebenswürdigsten und vollendetsten Fürsten seiner Zeit, von sehr schönem und hohem Wuchs und sehr aufgeschlossen, was bei diesen großen Männern selten vorkommt. So wurde er von allen diesen Herren und vielen anderen zum Vizekönig geleitet, der ihn erwartete und ihm alle möglichen Ehren erwies, ihn in seinem Palast wohnen ließ und ihn und seine Truppe sehr prunkhaft bewirtete; er konnte es wohl tun, denn er gewann ihm bei dieser Reise zwanzigtausend Taler ab. Wir konnten gut zweihundert Edelleute mit ihm sein, Kapitäne der Galeeren und andere; in der Mehrzahl wurden wir bei den großen Herren der Stadt sehr prächtig beherbergt.

Bereits am Morgen, wenn wir aus unseren Zimmern kamen, erwarteten uns Lakaien, die sich alsbald zu Diensten stellten und fragten, was wir tun wollten, wohin wir uns begeben und spazierengehen wollten. Wollten wir Pferde oder Wagen, sofort wurde unser Wunsch erfüllt. Als Reittiere holten sie uns so schöne, so prächtige, so stolze Pferde herbei, daß ein König damit zufrieden gewesen wäre; und dann begannen und führten wir unser Tagewerk aus, wie es einem jeden beliebte. Schließlich litten wir auch gar keinen Mangel an Vergnügungen und Ergötzungen in dieser Stadt; selbstverständlich hatten wir welche, denn ich sah niemals eine Stadt, die in jederlei Gattung mehr geboten hätte; nur an der vertraulichen, offnen und freien Unterhaltung mit ehrbaren und anständigen Damen fehlte es, denn andere gab es genug. Dem Mangel wußte für diesmal aber die Marquise von Gouast ausgezeichnet abzuhelfen, der zuliebe ich die Abschweifung mache. Sie hatte die Vollkommenheiten des Herrn Großprior rühmen hören und ihn durch die Stadt reiten sehen und erkannt; als eine durchaus höfliche, aller Ehren volle und auf die Größe ihres Hauses bedachte Dame sandte sie, wie es unter vornehmen Leuten Brauch ist (und sie war in allem sehr vornehm), eines Tages einen sehr ehrbaren und wohlbeschaffnen Edelmann zu ihm auf Besuch und entbot ihm, wenn ihr Geschlecht und der Landesbrauch ihr erlaubt hätten, ihn zu besuchen, wäre sie gern gekommen, um ihm ihre

Macht zur Verfügung zu stellen, wie alle großen Herren des Königreichs getan; sie bat ihn jedoch, ihre Entschuldigungen freundlich entgegenzunehmen, indem sie ihm ihre Häuser, ihre Schlösser und ihr Vermögen zur Verfügung stellte.

Der Großprior, der nicht weniger höflich war, dankte ihr, wie sich gebührte; und er entbot ihr, er würde sogleich nach dem Mahle kommen, um ihr die Hand zu küssen; das tat er denn auch in Begleitung von uns anderen allen, die bei ihm waren. Wir fanden die Marquise im Saal mit ihren beiden Töchtern, Donna Antonina und der andern, Donna Hieronyma oder Donna Johanna, ich kann es nicht genau sagen, denn es fällt mir nicht mehr ein, in Gesellschaft vieler schöner Damen und Fräulein, in so brillanter Verfassung und von so hoher und schöner Anmut, daß ich außer unserm französischen und spanischen Hofe sicherlich nirgendwo anders eine so schöne Schar von Damen gesehen habe.

Die Marquise begrüßte den Großprior auf französisch und empfing ihn aufs ehrenvollste; er erwiderte ihre Begrüßung mit noch größerer Ergebenheit, ›con mas gran sosiego‹, wie der Spanier sagt. Ihre Plaudereien betrafen für diesmal gewöhnliche Dinge. Einige von uns anderen, die italienisch und spanisch verstanden, gesellten sich zu den anderen Damen, die wir höchst ehrbar und galant und außerordentlich unterhaltsam fanden.

Da die Marquise vom Großprior erfahren hatte, daß er sich etwa vierzehn Tage hier aufhalten wollte, sagte sie beim Weggehen zu ihm: »Mein Herr, wenn Ihr nicht wißt, was Ihr tun sollt, und wenn es Euch an Zerstreuung fehlt, bitte ich Euch, nur zu mir heraufzukommen, ich werde es mir zur hohen Ehre anrechnen und Euch hier sehr willkommen heißen wie im Haus Eurer Frau Mutter; ich bitte Euch, über dieses Haus ebenso zu verfügen wie über das ihrige und es genauso damit zu halten. Ich bin so glücklich, von ehrbaren und schönen Damen dieses Königreichs und dieser Stadt, welche Dame es auch immer sei, verehrt und besucht zu werden; und da Ihr bei Eurer Jugend und Eurer

Tüchtigkeit auch an Gesprächen mit ehrbaren Damen großen Geschmack habt, werde ich sie bitten, sich häufiger als gewöhnlich hierher zu begeben, damit sie Euch und allen den wackeren Edelleuten in Eurem Gefolge Gesellschaft leisten. Hier sind meine beiden Töchter – wenn sie auch nicht so vollkommen sind, wie man meinte, will ich ihnen befehlen, Euch auf französische Art Gesellschaft zu leisten, durch Heiterkeit, Tanz, Spiel und durch freies, sittsames und ehrbares Plaudern, wie bei Euch am Hofe von Frankreich Sitte ist, wozu auch ich mich gern anbieten würde; aber es würde einen jungen, schönen und tapferen Fürsten, wie Ihr seid, arg verdrießen, eine betagte, ärgerliche und wenig liebenswürdige alte Frau wie mich zu unterhalten; denn Jugend und Alter passen für gewöhnlich nur schwer zueinander.«

Der Großprior griff sogleich diese Worte auf, indem er ihr antwortete, daß das Alter keine Macht über sie gewonnen hätte, es würde schwerlich eintreten, ihr Herbst überträfe jeden Frühling und jeden Sommer, die im Saale wären; und in der Tat, sie zeigte sich noch als eine sehr schöne und sehr liebenswürdige Dame, liebenswürdiger sogar noch als ihre beiden Töchter, so schön und jung sie auch waren; und damals stand sie schon nahe an den Sechzigern. Diese paar Worte, die der Großprior zur Marquise sagte, gefielen ihr sehr, wie wir an ihrem lachenden Gesicht, an ihren Worten und Gebärden erkennen konnten.

Wir schieden aufs äußerste erbaut von dieser Dame, besonders der Großprior, der, wie er uns sagte, sofort von ihr hingerissen war. Selbstverständlich lud also jene schöne und ehrbare Dame und ihre schöne Frauenschar den Großprior alle Tage ein, in ihre Wohnung zu kommen; dann ging man entweder des Nachmittags hin oder des Abends. Der Großprior nahm ihre älteste Tochter zur Geliebten, wenn er auch die Mutter vorzog; das geschah jedoch, um die Sache zu bemänteln.

Es gab nun viele Ringelrennen, in denen der Großprior den Preis davontrug, eine Menge Balletts und Tänze. Kurz, jene schöne Gesellschaft war die Ursache, daß wir, während er sich bloß vierzehn Tage aufzuhalten gedachte, unsre sechs Wochen dort blieben, ohne daß es uns irgendwie leid tat, denn wir andern hatten uns ebenfalls Gebieterinnen zugelegt wie unser General. Wir wären sogar noch länger geblieben, wäre nicht ein Kurier vom König, seinem Herrn, eingetroffen, der ihm Nachrichten von dem in Schottland ausgebrochenen Krieg brachte; daher mußte er seine Galeeren vom Morgen gegen Abend wenden, indessen fuhren sie doch erst acht Monate später hin.

Damit mußte von diesen köstlichen Vergnügungen geschieden sein und die gute und artige Stadt Neapel verlassen werden; das ging bei unserm Herrn General und bei uns andern allen nicht ohne große Trauer und Klage ab, denn wir bedauerten es sehr, einen Ort zu verlassen, an dem wir uns so wohl befanden.

Nach Verlauf von sechs oder mehr Jahren fuhren wir wieder hinunter, um Malta zu Hilfe zu kommen. In Neapel erkundigte ich mich, ob jene meine Frau Marquise noch lebte; man sagte mir, ja, sie wäre in der Stadt. Sofort suchte ich sie auf; sogleich wurde ich von einem alten Hausmeister erkannt, der jener Dame berichtete, daß ich ihr die Hand küssen wollte. Meines Namens Bourdeille sich erinnernd, ließ sie mich in ihr Zimmer hinauf zum Besuch kommen. Sie hütete gerade das Bett wegen einer kleinen Entzündung, die sie auf einer Seite der Backe hatte. Der Empfang, den sie bereitete, war, ich schwör es euch, ganz vorzüglich. Ich fand sie nur sehr wenig verändert und noch so schön, daß sie willentlich oder tatsächlich wohl noch eine Todsünde hätte begehen können.

Sie erkundigte sich bei mir sehr und leidenschaftlich nach Neuigkeiten von dem seligen Herrn Großprior und wie er gestorben sei, man hätte ihr gesagt, er sei vergiftet worden, dabei verfluchte sie hundertmal den Elenden, der die Tat begangen hatte. Ich sagte ihr, das wäre nicht der Fall und sie möchte ihre Gedanken davon befreien; er sei an einer Lungenentzündung gestorben, die er sich in der Schlacht von Dreux geholt, wo er wie ein Kaiser den ganzen Tag gekämpft hätte; am Abend beim letzten Angriff hatte er sich im Gefecht sehr erhitzt, er schwitzte, und da es fror, daß Steine davon barsten, zog er sich eine heftige Erkältung zu; er holte sich den Keim zu seiner Krankheit, und einen Monat oder sechs Wochen später starb er daran.

Mit Worten und Gebärden drückte sie aus, daß sie ihn sehr bedauerte. Es ist zu bemerken, daß er zwei oder drei Jahre vorher zwei Galeeren unter dem Befehl des Kapitän Beaulieu, eines seiner Schiffskapitäne, ausgeschickt hatte. Er hatte das Banner der Königin von Schottland gehißt, das man in den Gewässern der Levante niemals gesehen oder gekannt hatte, worüber man sehr erstaunt war; denn das von Frankreich zu nehmen, davon konnte wegen des Bündnisses mit den Türken keine Rede sein. Der Großprior hatte dem besagten Kapitän Beaulieu aufgegeben, in Neapel zu landen und in seinem Auftrag die Marquise und ihre Töchter zu besuchen, welchen dreien er eine Menge Geschenke von allen möglichen kleinen Merkwürdigkeiten schickte, die es damals am Hof und im Palast, in Paris und in Frankreich gab; denn der Großprior war die Freigebigkeit und Großartigkeit selbst. Dem entsprach der Kapitän Beaulieu und brachte ihr alles, er wurde ausgezeichnet empfangen und dafür mit einem schönen Geschenk belohnt.

Die Marquise fühlte sich für dieses Geschenk und für die Erinnerung, die er ihr noch widmete, so sehr verpflichtet, daß sie es mir nochmals wiederholte, wie sehr verbunden sie ihm dafür wäre. Um seinetwillen erwies sie wiederum einem gascognischen Edelmann, der damals auf den Galeeren des Großpriors war, eine hohe Freundlichkeit; als wir fortfuhren, mußte er krank bis auf den Tod in der Stadt bleiben. Das Glück war ihm so hold, daß ihn jene Dame, als er sich in seiner Not an sie wandte, dermaßen unterstützen ließ, daß er durchkam; sie nahm ihn in ihr Haus auf und beanspruchte seine Dienste, und als auf einem ihrer Schlösser ein Verwalterposten frei wurde, verlieh sie ihm denselben und verheiratete ihn mit einer reichen Frau.

Manche von uns wußten nicht, was aus dem Edelmann

geworden war, wir hielten ihn für tot, als wir aber jene Fahrt nach Malta machten, fand sich unter uns ein Edelmann, der sein jüngerer Bruder war, der eines Tages ganz absichtslos von der Hauptangelegenheit seiner Reise zu mir redete, die darin bestand, Nachrichten über einen seiner Brüder einzuholen, der bei dem Großprior gewesen und vor mehr als sechs Jahren krank in Neapel zurückgeblieben war, und seitdem habe er nichts mehr von ihm erfahren; ich erinnerte mich auch gleich wieder und erkundigte mich bei den Leuten der Marquis nach ihm, die mir von ihm und seinem Glück erzählten. Sofort berichtete ich es seinem Bruder, der mir sehr dafür dankte; er ging mit mir zu jener Dame, die sich noch mehr nach ihm erkundigte und ihn dahin schickte, wo er seinen Bruder fand.

Das war ein schöner Dank, den sie dem Andenken an eine, wie gesagt, schöne Erkenntlichkeit, eine immer noch lebendige Freundschaft weihte; denn sie bereitete mir darum einen noch freundlicheren Empfang und unterhielt mich sehr von den vergangenen Tagen und von einer Menge anderer Dinge, die ihre Gesellschaft sehr schön und liebenswürdig gestalteten; denn sie plauderte vortrefflich und gut und sprach vorzüglich.

Sie bat mich hundertmal, nirgendwo anders zu wohnen oder zu essen als bei ihr, aber ich wollte es nie, denn es lag nicht in meiner Natur, aufdringlich oder frech zu sein. Ich besuchte sie an jedem der sieben oder acht Tage, die wir dort waren, und war ihr höchst willkommen, und ihre Kammer stand mir stets ohne Schwierigkeit offen.

Als ich ihr Lebewohl sagte, gab sie mir Empfehlungsschreiben an ihren Sohn mit, den Marquis von Pescara, damals General im spanischen Heer; außerdem nahm sie mir das Versprechen ab, daß ich bei der Rückkehr vorbeikäme, um sie wiederzusehen, und daß ich dann nirgends anders wohnen sollte als bei ihr.

Ich hatte aber soviel Unglück, daß die Galeeren, die uns zurückbrachten, uns erst in Terracina ans Land setzten, von wo wir nach Rom gingen, und daß ich nicht zurückkommen konnte; ich wollte auch an dem Feldzug gegen

Ungarn teilnehmen; als wir aber in Venedig waren, erfuhren wir vom Tod des großen Sultans Soliman. Da verfluchte ich hundertmal mein Mißgeschick, daß ich nicht ebensogut nach Neapel zurückgekehrt war, wo ich meine Zeit sehr gut verbracht hätte. Möglicherweise wäre mir durch Vermittlung jener Marquise ein hohes Glück widerfahren, sei es durch eine Heirat oder sonstwie; denn sie erwies mir die Güte, mich zu lieben.

Ich glaube, mein unheilvolles Schicksal wollte es nicht, es wollte mich wieder nach Frankreich zurückführen, damit ich dort auf immer elend sein sollte; hier hat mir das Glück niemals gelächelt, es sei denn, daß es mir den Ruf eines Ehrenmannes bescherte; aber Mittel und Rang wie viele meiner Kameraden besitze ich nicht und muß mich sogar von noch viel niedrigeren übertreffen lassen, von denen ich sah, daß sie sich glücklich geschätzt hätten, wenn ich mit ihnen bei Hofe, in einem Zimmer des Königs oder der Königin oder in einem Saal, wenn auch auf der Seite oder über die Achsel hinweg, ein Wort zu ihnen gesagt hätte; und heute sehe ich sie aufgebläht wie Kürbisse und hochgestellt, obgleich ich nichts mit ihnen zu schaffen habe, sie in nichts für höher achte als mich und ihnen auch nicht um eines Nagels Länge in etwas nachgeben wollte.

Nun, auf mich kann ich wohl das Sprichwort anwenden, das unser Erlöser Jesus Christus einst mit eignem Mund gesprochen hat, daß ›kein Prophet in seinem Vaterland gilt‹. Hätte ich ausländischen Fürsten ebensogut gedient wie den meinigen und unter ihnen das Glück gewagt wie unter den unsrigen, wäre ich möglicherweise jetzt reicher an Gütern und Würden, als ich es an Jahren und Schmerzen bin. Geduld! Spann meine Parze mir's so, verfluche ich sie; liegt's an meinen Fürsten, verwünsche ich sie zu allen Teufeln, wenn sie nicht schon dort sind.

Damit habe ich meine Geschichte von dieser ehrenwerten Dame beendet; sie starb hochberühmt und in dem Ruf, eine sehr schöne und ehrbare Dame gewesen zu sein und eine schöne und adlige Nachkommenschaft hinterlassen zu haben, wie den Herrn Marquis, ihren ältesten, Don Juan,

Don Carlos, Don Cesare d'Avalos, die ich alle sah und von denen ich an anderm Ort gesprochen habe; und ihre Töchter eiferten ihren Brüdern nach. Nun, damit schließe ich diese Abhandlung.

Fünfte Abhandlung:

Über den Umstand, daß die schönen und ehrbaren Damen die tapfern Männer lieben und die tapfern Männer die mutigen Damen

Es kam niemals vor, daß die schönen Damen tapfre und mutige Männer nicht liebten, wenn sie auch von Natur Memmen und Angsthasen sind; die Tapferkeit aber wird von ihnen so hochgeschätzt, daß sie sic lieben. Das heißt nur, daß sie im Widerspruch zu ihrem eignen Naturell die gegensätzliche Natur lieben! Daß es wahr ist, beweist Venus, vormals die Göttin der Schönheit, der Ehrbarkeit und aller Artigkeit, die, als es ihr im Himmel und am Hofe Jupiters freistand, einen hübschen und schönen Liebhaber zu erwählen und Vulkan, ihren Schwachkopf von Gemahl, zum Hahnrei zu machen, ihre Wahl nicht auf den stutzerhaftesten, spielerischsten oder gekräuseltsten traf, so viele es deren auch gab, sondern sie wählte den Gott Mars und verliebte sich in ihn, in den Gott des Krieges und der Tapferkeit, wenn er auch ganz schmutzig und schwitzend aus dem Feld zurückkam, wenn er auch ganz schwarz vor Staub war, da er mehr wie ein Kriegssoldat aussah als ein Hofstutzer; und was noch schlimmer war, möglicherweise schlief er sehr häufig, ganz blutig von der Schlacht kommend, bei ihr, ohne sich irgendwie vorher zu reinigen und zu parfümieren.

Als die schöne Königin Penthesilea von der Tüchtigkeit und dem Mut des tapferen Hektor Kunde erhalten hatte und sie von seinen wunderbaren Waffentaten erfuhr, die er vor Troja über die Griechen vollbrachte, verliebte sie sich auf das bloße Gerücht hin so sehr in ihn, daß sie mit dem Wunsch, von einem so tapferen Ritter Kinder zu haben, das heißt Töchter, die ihr Königreich erben sollten, sich aufmachte, um ihn in Troja aufzusuchen; sie sah, betrachtete und bewunderte ihn, und sie bot alles auf, um seine

Gunst zu gewinnen, sowohl durch die Waffentaten als auch durch ihre seltene Schönheit; und Hektor machte nun keinen Angriff auf seine Feinde mehr, ohne daß sie ihn nicht begleitete, daß sie sich nicht vor Hektor dort ins Gemenge stürzte, wo es am heißesten zuging; man sagte auch, sie setzte mit dem Vollbringen so großer Heldentaten Hektor verschiedene Male in solche Bewunderung, daß er oft ganz plötzlich gleichsam hingerissen mitten im heftigsten Kampf einhielt und sich auf die Seite stellte, um bequemer zuzusehen, wie jene tapfere Königin so tüchtige Streiche austeilte.

Danach kann sich jedermann vorstellen, wie sie es mit ihrer Liebe hielten und ob sie sie zur Ausführung brachten: Das Urteil kann darüber bald gesprochen werden. Wie es aber auch darum stand, ihre Lust hatte keine lange Dauer; denn um ihrem Liebhaber immer mehr zu gefallen, setzte sie sich täglich den größten Gefahren aus, daß sie schließlich im heftigsten und grausamsten Handgemenge getötet wurde. Manche sagen indessen, sie habe Hektor gar nicht gesehen und er sei gestorben, bevor sie ankam; als sie dann bei ihrer Ankunft seinen Tod erfuhr, geriet sie in solche Trauer und Verzweiflung, weil ihr die Wohltat seines Anblickes verloren war, den sie so sehr gesucht und aus fernem Lande so heiß ersehnt hatte, daß sie sich freiwillig in die blutigsten Kämpfe stürzte und den Tod fand; sie wollte nicht mehr leben, da sie das tapfere Wesen nicht mehr sehen konnte, das sie am höchsten geschätzt und am meisten geliebt hatte.

Das gleiche tat Tallestris, eine andere Königin der Amazonen, die ein großes Land durchquerte und ich weiß nicht wieviel Meilen machte, um Alexander den Großen aufzusuchen, indem sie als Gnade oder als Vergeltung von ihm verlangte (in jener guten Zeit machte und gab man's als Vergeltung), er möchte bei ihr schlafen, damit sie von einem so hohen und adligen Blute, als das sie ihn so sehr rühmen hörte, Nachkommenschaft bekäme; Alexander gewährte ihr das gern; es wäre aber auch sehr geschmacklos von ihm gewesen, hätte er anders gehandelt, denn jene Königin war ebenso schön wie tapfer. Quintus Curtius, Orosius und Justinus versichern auch, daß sie ihn mit dreihundert Frauen im Gefolge aufsuchte, die in so brillanter Verfasssung waren und ihre Waffen so anmutig trugen, daß sie unübertrefflich waren. So machte sie Alexander ihre Aufwartung und wurde von ihm mit hoher Ehre empfangen; dreizehn Tage und dreizehn Nächte blieb sie bei ihm und fügte sich in allem seinen Wünschen und Launen, sagte aber stets dabei, bekäme sie eine Tochter, würde sie diese als den kostbarsten Schatz bewahren; brächte sie aber einen Sohn zur Welt, würde sie ihn zurückschicken, weil sie das männliche Geschlecht aufs höchste haßte, was die Regierung anlangte, und da es unter ihnen nicht befehlen könne. Diese Gesetze waren in ihrer Gemeinschaft eingeführt worden, seitdem sie ihre Gatten getötet hatten.

Zweifellos haben es die andern Frauen und ›Unter-Frauen‹ ebenso gemacht und sich den Hauptleuten und Soldaten Alexanders hingegeben, denn sie hatten dem Beispiel ihrer Herrscherin zu folgen.

Als die schöne Jungfrau Camilla, die schöne und edle, die der Diana, ihrer Herrin in ihren Forsten und Wäldern und auf ihren Jagden so treu diente, den Ruf der Tapferkeit des Turnus vernommen hatte und daß er mit einem gleichfalls tapfern Manne, nämlich mit Äneas, im Streit lag, der ihm hart zusetzte, trat sie zu dessen Partei; sie suchte ihn allein mit drei sehr ehrbaren und schönen Frauen auf, Gefährtinnen, die sie zu großen Freundinnen und getreuen Vertrauten erwählt hatte; diese waren übrigens auch ihre Tribaden. Der Ehre halber nahm sie allerorten ihre Dienste in Anspruch, wie Virgil in seiner ›Äneis‹ sagt; die eine hieß Armia, die jungfräuliche und die tapfere, die andere Tullia, die dritte Tarpeja, die den Speer und den Wurfspieß wohl zu schwingen wußte; man denke, auf zweierlei verschiedene Art; und alle drei Mädchen stammten aus Italien.

Camilla suchte also mit ihrer schönen kleinen Schar (man sagt auch: klein und schön und gut) Turnus auf, mit dem sie sehr tüchtig focht; so oft kam sie heran und mischte sich unter die tapferen Trojaner, daß sie getötet wurde, zum größten Bedauern des Turnus, der sie höchlich ehrte, ebensosehr wegen ihrer Schönheit wie wegen ihrer tapferen Hilfe. So strebten also jene schönen und mutigen Damen den tapfern und kühnen Männern zu und brachten ihnen in ihren Kriegen und Kämpfen Hilfe.

Und wer warf denn das so heiße Liebesfeuer in die Brust der armen Dido wenn nicht die Tapferkeit, die sie in ihrem Äneas empfand, wenn wir Virgil Glauben schenken wollen? Denn nachdem sie ihn gebeten hatte, ihr von dem trojanischen Krieg zu erzählen, von der Verwüstung und Zerstörung Trojas, und nachdem er sie befriedigt hatte, zu seinem großen Bedauern indessen, daß er solche Schmerzen wieder wachrufen mußte (er vergaß in seinem Vortrag auch seine Heldentaten nicht), und nachdem Dido sie gemerkt und bei sich erwogen hatte, waren, als sie ihrer Schwester Anna ihre Liebe zu erklären begann, die ersten und dringendsten Worte, die sie zu ihr sagte, diese: »Ach! meine Schwester, was für ein Gast ist da zu mir gekommen! Welch männliche Gestalt er hat! Wie edel er sich zeigt mit seiner Tapferkeit und Tüchtigkeit, mit den Waffen und mit seinem Mute! Ich glaube fest, er stammt von göttlichem Geschlechte; denn die gemeinen Herzen sind feige von Natur.« Das waren die Worte. Und ich glaube, sie verliebte sich ebensosehr deshalb in ihn, weil sie tapfer und edel war und weil ihr Instinkt sie antrieb, ihresgleichen zu lieben, wie auch, um sich im Falle der Not seiner zu bedienen und ihn zur Unterstützung zu haben. Aber der Elende täuschte sie und gab sie nichtswürdig preis; das durfte er dieser ehrbaren Dame nicht antun, die ihm ihr Herz und ihre Liebe geschenkt hatte, ihm, sage ich, einem Fremden und Seeräuber.

In seinem Buch von den ›Berühmten Unglücklichen‹ erzählte Boccaccio die Geschichte einer Herzogin von Forli mit Namen Romilde, die ihren Gatten, ihre Länder und ihren Besitz verloren hatte; Caucan, König der Awaren, hatte ihr alles genommen und sie gezwungen, sich mit ihren Kindern auf ihr Schloß Forli zurückzuziehen, wo er sie belagerte; als er sich aber eines Tages dem Schloß näherte, um es zu bespähen, sah ihn Romilde von der Höhe eines Turms und betrachtete ihn eingehend und lange; und weil sie ihn so schön, in der Blüte seines Alters sah, wie er auf einem schönen Pferd saß und mit einem prachtvollen Harnisch bewaffnet war, soviel herrliche Waffentaten vollbrachte und sich nicht mehr schonte als seinen geringsten Soldaten, verliebte sie sich sofort leidenschaftlich in ihn; sie achtete nicht mehr der Trauer um ihren Gemahl, ließ Schloß und Belagerung sein und teilte Caucan durch einen Boten mit, wenn er sie zur Gattin nehmen wolle, würde sie ihm an dem Tage, an dem die Hochzeit gefeiert würde, den Platz übergeben. Der König Caucan nahm sie beim Wort. Als der verabredete Tag also kam, kleidete sie sich prachtvoll in ihre schönsten und kostbarsten Gewänder, die ihre hohe Schönheit nur noch steigerten; nachdem sie im Lager des Königs angelangt war, um die Hochzeit zu begehen, verbrachte der König, damit man ihm nicht vorwerfen konnte, daß er sein Wort nicht gehalten hätte, die ganze Nacht damit, die aufgeregte Herzogin zu befriedigen. Am andern Morgen, nachdem er aufgestanden war, ließ er zwölf seiner awarischen Soldaten rufen, die er für die stärksten und schnellsten Kameraden hielt, und überlieferte ihnen Romilde, damit sie einer nach dem andern ihr Vergnügen an ihr hätten; das taten sie denn auch eine ganze Nacht, sosehr sie nur konnten; und als der Tag angebrochen war, ließ Caucan Romilde rufen, beschimpfte sie wegen ihrer Geilheit, sagte ihr eine Menge Beleidigungen und ließ sie durch ihre Natur pfählen, woran sie starb. Es war gewiß eine grausame und barbarische Handlung, eine so schöne und ehrbare Dame dermaßen zu behandeln, die doch den größten Dank und den freundlichsten Lohn verdient hätte, da sie von seiner Großherzigkeit, seiner Tüchtigkeit und seinem adligen Mut eine so hohe Meinung gehabt und ihn darum geliebt hatte! Davor müssen sich die Frauen zuweilen sehr in acht nehmen! Denn so tapfere Männer sind oft so sehr daran gewöhnt zu töten, das Eisen so roh zu handhaben und damit zu schlagen, daß ihnen manchmal die Laune ankommt, es auch ihren Frauen gegenüber zu tun. Von dieser Beschaffenheit sind aber freilich nicht alle; denn wenn ihnen ehrbare Damen die Ehre erweisen, sie voller Überzeugung wegen ihrer Tapferkeit zu lieben und anzunehmen, lassen sie ihre Wut und ihre Raserei im Feldlager, fügen sich in eine sanfte Freundlichkeit und verhalten sich durchaus anständig und höflich.

In seinen ›Tragischen Geschichten‹ gibt Bandello eine wieder, die schönste, die ich je gelesen habe; sie handelt von einer Herzogin von Savoyen, die eines Tages, aus Turin kommend, hörte, wie eine spanische Pilgerin, die eines bestimmten Gelöbnisses halber nach Loretto ging, ihre Schönheit laut verkündete und bewunderte und wie sie ganz laut sagte, wenn eine so schöne und vollendete Dame mit ihrem schönen, tapfern und kühnen Bruder, dem Herrn von Mendoza, verheiratet wäre, dann könne man wohl überall sagen, es sei das schönste Paar der Welt miteinander vereinigt worden; die Herzogin, die sehr gut Spanisch verstand, hatte sich diese Worte sehr tief eingeprägt und begann auch alsbald die Liebe hineinzugraben; das Gerücht schon veranlaßte sie, sich so leidenschaftlich in den Herrn von Mendoza zu verlieben, daß sie nicht ruhte, bis sie eine Wallfahrt nach St. Jakob vortäuschte, um ihren schnell gewonnenen Liebhaber zu sehen. Sie machte sich also auf den Weg nach Spanien und reiste durch die Besitzungen des Herrn von Mendoza, dabei hatte sie Zeit und Muße, ihre Augen an ihrem schönen Erwählten zu befriedigen und zu sättigen; denn die Schwester des Herrn von Mendoza, die Begleiterin der Herzogin, hatte ihren Bruder von der vornehmen und schönen Besucherin unterrichtet. Er verfehlte daher auch nicht, ihr, aufs beste herausgeputzt, auf einem schönen spanischen Pferd mit solcher Grazie entgegenzukommen, daß die Herzogin Gelegenheit hatte, die Berühmtheit, von der ihr berichtet worden war, bestätigt zu erhalten, und sie bewunderte ihn sowohl wegen seiner Schönheit als auch wegen seiner schönen Gestalt, die ganz klar die Tapferkeit zeigte, die in ihm steckte. Diese schätzte sie ebensohoch an ihm wie seine andern

Tüchtigkeiten, Fertigkeiten und Vollkommenheiten, indem sie schon damals ahnte, daß sie eines Tages davon Nutzen haben würde, wie er ihr denn später bei der falschen Anklage, die der Graf Pancalier gegen ihre Keuschheit erhob, die größten Dienste leistete. Gleichwohl verhielt er sich, so tapfer und mutig sie ihn auch im Waffenhandwerk erkannte, für diesmal feige in der Liebe; denn er zeigte sich so kühl und respektvoll gegen sie, daß er ihr in keinerlei Weise Liebesworte äußerte, die sie doch erwartete und derentwegen sie ihre Reise unternommen hatte. Verdrießlich über eine so kühle Zurückhaltung oder vielmehr über solche Feigherzigkeit in der Liebe, trennte sie sich daher anderntags von ihm, ohne Befriedigung ihres Sehnens gefunden zu haben.

Man sieht, die Damen lieben die in der Liebe kühnen Männer zuweilen ebensosehr wie die, die es in Waffentaten sind, nicht daß sie wollten, sie möchten frech und dreist, unverschämt und dumm sein, wie ich welche kannte; sondern sie müssen darin den mittleren Grad einhalten.

Ich kannte verschiedene, die wegen solcher Ehrerbietungen viel Frauengunst verloren haben, über die ich viele Geschichten erzählen könnte, wenn ich nicht fürchten müßte, allzuweit abzukommen, ich hoffe sie aber bei Gelegenheit zu bringen. Diese eine Geschichte will ich aber berichten.

Ich hörte einst von einer Dame erzählen, einer der schönsten von der Welt. Als sie ebenfalls einen Prinzen als tapfer und kühn rühmen hörte und daß er bereits in seiner Jugend große Waffentaten vollbracht und besonders zwei große und ausgezeichnete Schlachten gegen seine Feinde gewonnen hatte, empfand sie große Sehnsucht, ihn zu sehen; daher reiste sie unter irgendeinem andern Vorwand, den ich nicht sagen will, in die Provinz, wo er sich damals aufhielt. Endlich näherte sie sich ihrem Ziel; was ist denn auch einem tapfern verliebten Herzen unmöglich? Sie sah ihn und konnte ihn mit Muße betrachten, denn er kam ihr schon von weitem entgegen und empfing sie mit allen Ehren und mit aller Hochachtung, wie er sie einer so hohen, schönen und großherzigen Prinzessin gegenüber bezeugen mußte, ja er tat des Guten zuviel, wie die andre sagte; denn es ging ihr ebenso wie der Herzogin von Savoyen mit dem Herrn von Mendoza; und derartige Ehrerbietungen erzeugten den gleichen Verdruß und die gleiche Unzufriedenheit. Daher trennte sie sich von ihm nicht so befriedigt, wie sie hingekommen war. Möglicherweise hätte er seine Zeit damit verloren, und sie hätte seinen Wünschen nicht Folge geleistet; aber der Versuch wäre doch nicht übel gewesen, sondern aller Ehren wert, und man hätte ihn darum noch höher geschätzt.

Was nützt also ein kühner und adliger Mut, wenn er sich nicht in allen Dingen zeigt, in der Liebe ebensosehr wie im Kampfe, da Waffen und Liebe Kameraden sind, zusammen marschieren und ein und dieselbe Sympathie haben, genau wie der Dichter sagt: ›Jeder Liebende ist Soldat, und Cupido hat ebensogut wie Mars sein Feldlager und seine Waffen.‹ Der Herr von Ronsard hat darüber in seinen ersten ›Amours‹ ein schönes Sonett gemacht.

Um nun noch einmal auf die Begierden zurückzukommen, die den Damen innewohnen, edle und tapfere Männer zu lieben und zu sehen, so hörte ich von der heute regierenden Königin von England erzählen. Als sie eines Tages bei Tisch saß und den Großprior von Frankreich aus dem Hause Lothringen, Herrn d'Amville, heute Herr von Montmorency und Konnetabel, zur Abendtafel bei sich hatte, kam sie unter den Tafelgesprächen auf die Lobpreisung des hochseligen Königs Heinrich II., rühmte ihn sehr, weil er tapfer, mutig und edel war und sehr martialisch, wie sie sagte, was er in allen seinen Taten wohl gezeigt habe; und wenn er nicht so früh gestorben wäre, hätte sie sich entschlossen, ihn in seinem Königreich zu besuchen, ihre Galeeren hätte sie schon richten und fertigmachen lassen, um nach Frankreich hinüberzufahren und mit ihren beiden Händen den Frieden zu besiegeln. »Kurz, es war einer meiner größten Wünsche, ihn zu sehen«, sagte sie, »ich glaube, er hätte es mir nicht verweigert, denn es ist nun einmal meine Laune, die tapfern Männer zu lieben; und ich zürne dem Tod, daß er uns einen so tapfern König entrissen hat, wenigstens bevor ich ihn sah.«

Als dieselbe Königin einige Zeit später Herrn von Nemours wegen seiner Vollkommenheit und Tüchtigkeit sehr hatte rühmen hören, ergriff sie das Verlangen, sich bei dem jetzt verstorbenen Herrn von Rendan, als ihn König Franz II. nach Schottland schickte, um vor dem belagerten Petit-Lit Frieden zu machen, nach ihm zu erkundigen. Und als er ihr ausführlich über dessen hohe Tüchtigkeit und Tapferkeit berichtet hatte, erkannte Herr von Rendan, der sich auf die Liebe ebensogut verstand wie auf die Waffen, wie auf ihrem Antlitz die Liebe aufleuchtete und dann aus ihren Worten sich eine große Lust erkennen ließ, ihn zu sehen. Da er nun nicht auf halbem Weg stehnbleiben wollte, legte er es darauf an, herauszubringen, ob Nemours willkommen wäre, wenn er sie besuchen würde; des versicherte sie ihn, und daher vermutete er, daß zwischen beiden vielleicht eine Ehe gestiftet werden könnte.

Wie er also von seiner Gesandtschaft an den Hof zurückgekehrt war, berichtete er dem König und dem Herrn Nemours das ganze Gespräch. Darauf befahl der König dem Herrn von Nemours, Folge zu leisten, und redete ihm sehr zu einzuwilligen. Das tat er denn auch mit sehr großer Freude darüber, durch eine so schöne, tüchtige und ehrbare Königin zu einem so schönen Königreich kommen zu können.

Dann legten sie auch das Eisen ins Feuer: Mit Hilfe der reichen Mittel, die ihm der König gab, traf Nemours für sein Auftreten vor jener schönen Fürstin die größten Vorbereitungen und stolzesten und schönsten Zurüstungen, und Gewändern, in Pferden, in Waffen, kurz in allen köstlichen Dingen, ohne dabei etwas außer acht zu lassen (denn ich habe alles selbst gesehn). Vor allem vergaß er nicht, die Blüte der Jugend vom Hofe mit hinüberzunehmen, so daß der närrische Greffier, dem darüber etwas einfiel, sie als Bohnenblüte bezeichnete, womit er die jungen Windbeutel vom Hofe stichelte.

Unterdessen wurde Herr von Lignerolles, ein sehr gewandter und geschickter Edelmann, der damals bei Herrn von Nemours, seinem Gebieter, in hoher Gunst stand, eiligst zu jener Königin entsandt und kehrte mit der schönen und sehr würdigen Antwort zurück, sie sei erfreut und er möge seine Reise beschleunigen. Ich erinnere mich, daß man am Hofe die Ehe schon für abgemacht hielt; wir mußten aber merken, daß plötzlich die Reise unterbrochen und nicht fortgesetzt wurde, womit der ganze teure Aufwand eitel und unnütz vertan war.

Ich könnte ebensogut wie irgendein anderer Mann in Frankreich sagen, woran es lag, daß dieser Bruch stattfand, hier nur im Vorübergehn das einzige Wort: andere Liebschaften bedrängten Nemours möglicherweise das Herz mehr, fesselten ihn mehr und hielten ihn fest; denn er war in allen Dingen so vollendet und verstand mit den Waffen und in anderem so geschickt umzugehn, daß die Damen aus Begierde gern mit Gewalt zu ihm gelaufen wären, wie ich sah, daß die Lebhaftesten und Keuschesten ihr Fastengelübde für ihn brachen.

In den ‹Hundert Erzählungen‹ der Königin Margarete von Navarra besitzen wir eine sehr schöne Geschichte von jener mailändischen Dame, die in einer Nacht, als sie den hochseligen Herrn von Bonnivet, späteren Admiral von Frankreich, zu sich geladen hatte, ihre Kammerfrauen mit bloßen Degen anstellte, damit sie in dem Augenblick auf der Treppe ein Geklirr machten, wenn er sich hinlegen wolle. Das machten sie denn auch und befolgten den Befehl ihrer Herrin sehr gut, die ihrerseits die Erschrockene und Furchtsame spielte, indem sie sagte, das seien ihre Schwäger, die etwas bemerkt hätten, und sie wäre verloren, er solle sich unter das Bett verstecken oder hinterm Wandbehang. Aber Herr von Bonnivet nahm, ohne zu erschrekken, seinen Mantel um den Arm und seinen Degen in die andre Hand und sagte: »Und wo sind denn diese tapfern Brüder, die mir Furcht machen oder was antun wollen? Wenn sie mich sehn, werden sie nicht mal meine Degenspitze zu betrachten wagen.« Damit öffnete er die Tür und ging hinaus, und wie er gerade auf die Treppe losgehen wollte, fand er ihre Frauen mit ihrem Lärmen, die Furcht hatten, zu schreien anfingen und alles gestanden. Als Herr von Bonnivet sah, daß es nur das war, ließ er sie, schickte sie zum Teufel und verfügte sich in die Kammer zurück, schloß die Tür hinter sich und suchte seine Dame auf. Diese brach in ein Gelächter aus, umarmte ihn und gestand ihm, daß es ein von ihr abgekartetes Spiel wäre, und versicherte ihm, wenn er feige gewesen wäre und seine Tapferkeit nicht bewährt hätte, in deren Ruf er stände, hätte sie ihn niemals bei sich schlafen lassen. Weil er sich aber so edel und sicher gezeigt hatte, umarmte sie ihn und bettete ihn neben sich; und man braucht gar nicht zu fragen, was sie die ganze Nacht machten; denn es war eine der schönsten Frauen von Mailand, die zu gewinnen er sich viel Mühe hatte kosten lassen.

Ich kannte einen tapfern Edelmann, der eines Tages, als er in Rom mit einer feinen römischen Dame zusammen schlief, während ihr Gatte abwesend war, von ihr in den gleichen Schrecken versetzt wurde; sie ließ eine ihrer Frauen plötzlich kommen und die Kunde bringen, der Gemahl komme vom Felde heim. Die Frau stellte sich erschrocken und bat den Edelmann, sich in einem Kabinett zu verbergen, sonst wäre sie verloren. »Nein, nein«, rief der Edelmann, »um alles in der Welt täte ich das nicht; wenn er aber kommt, will ich ihn töten.« Und wie er gerade nach seinem Degen gesprungen war, begann die Dame zu lachen und gestand, das habe sie selbst angestiftet, um ihn auf die Probe zu stellen, was er täte, wenn ihr Gatte ihr etwas antun wolle, und ob er sie gut verteidigte.

Ich kannte eine sehr schöne Dame, die ihren Liebhaber sofort heimschickte, weil sie ihn nicht für tapfer hielt; sie vertauschte ihn gegen einen andern, der ihm nicht glich, der jedoch wegen seines Degens aufs äußerste gefürchtet und einer der besten Kämpen war, die es damals gab.

Von alten Leuten am Hofe hörte ich eine Geschichte von einer Hofdame erzählen, der früheren Geliebten des hochseligen Herrn von Lorge, der in seinen jungen Jahren ein lustiger Kamerad, aber auch einer der tapfersten und berühmtesten Fußtruppenkapitäne seiner Zeit war. Da sie soviel von seiner Tapferkeit gehört hatte, wollte sie eines Tages, als König Franz I. an seinem Hofe einen Löwenkampf veranstaltete, erproben, ob er seinem hohen Ruf entspräche. Daher ließ sie einen ihrer Handschuhe in den Zwinger der Löwen fallen, die in der größten Raserei waren; dann bat sie Herrn von Lorge, ihn wiederzuholen, wenn er sie wirklich so sehr liebte, wie er sagte. Ohne zu zaudern, nimmt er seinen Mantel in die Faust und den Degen in die andere Hand und begibt sich wahrhaftig unter die Löwen, um den Handschuh wiederzuholen. Das Glück war ihm dabei so hold, daß ihn die Löwen nicht anzugreifen wagten, da er ihnen mit heiterer Miene und ruhiger Sicherheit die Spitze seines Schwertes entgegenstreckte. Er nahm den Handschuh wieder auf, kehrte zu seiner Herrin zurück und überreichte ihn ihr, wobei ihm von ihr und allen Umstehenden das höchste Lob gezollt wurde. Wie man sagt, wurde sie jedoch von Herrn von Lorge verlassen, der empört darüber war, daß sie nur ihre Kurzweil mit ihm und seiner Tapferkeit hatte haben wollen. Ja, man sagt sogar, er habe ihr in edlem Zorn den Handschuh ins Gesicht geworfen; denn er hätte hundertmal lieber auf ihren Befehl ein Bataillon Fußtruppen durchbrochen, worin er sehr erfahren war, als mit Bestien gekämpft, deren Besiegung schwerlich ruhmreich ist. Solche Versuche sind gewiß weder schön noch anständig, und wer sie vornimmt, verdient den schärfsten Tadel.

Ähnlich ist ein Streich, den eine Dame ihrem Liebhaber spielte. Als er ihr gerade seine Dienste zu Füßen legte und ihr versicherte, er würde alles, auch das Gefährlichste für sie wagen, nahm sie ihn beim Wort und sagte ihm: »Wenn Ihr mich so sehr liebt und so mutig seid, wie Ihr sagt, dann stoßt Euch aus Liebe zu mir Euren Dolch in den Arm.« Der andre, der aus Liebe zu ihr fast starb, zog ihn sofort und wollte damit zustoßen; ich ergriff ihn jedoch am Arm und nahm ihm den Dolch weg, indem ich ihm vorstellte, es wäre eine große Torheit, von seiner Liebe und seiner Tapferkeit auf solche Art Zeugnis abzulegen. Ich will die Dame nicht nennen, aber der Edelmann war der verstorbene Herr Clermont-Tallart der Ältere, der in der Schlacht von Montcontour fiel, einer der tapfersten Edelleute von Frankreich; das bewies er auch bei seinem Tod, als er eine Kompanie befehligte; ich liebte und ehrte ihn sehr.

Ich hörte, daß etwas ganz Ähnliches dem in Deutschland verstorbenen Herrn von Genlis passierte, der beim dritten Aufstand die hugenottischen Truppen befehligte. Als er nämlich eines Tages mit seiner Geliebten vor dem Louvre über den Fluß fuhr, ließ sie ihr schönes und reiches Taschentuch mit Absicht ins Wasser fallen und sagte ihm, er solle sich hineinstürzen und es ihr herausholen. Er, der nicht besser als ein Stein schwimmen konnte, wollte sich entschuldigen; sie warf ihm jedoch vor, er sei ein feiger Freund und habe gar keine Kühnheit, und warf sich ohne alle Ankündigung ungestüm ins Wasser, wo sie, anstatt das Taschentuch zu bekommen, ertrunken wäre, hätte man ihr nicht alsbald mit einem andern Kahn Hilfe gebracht.

Ich glaube, solche Frauen beabsichtigen mit derartigen Versuchen, auf so unverfängliche Art ihre Liebhaber loszuwerden, die sie möglicherweise langweilen. Es wäre besser, sie schenkten ihnen schöne Feldbinden und bäten sie, sich aus Liebe zu ihnen auf die Felder der Ehre, in den Krieg zu verfügen und dort von ihrer Tapferkeit Zeugnis zu geben, oder sie noch mehr hineinzutreiben, statt solche Dummheiten zu begehen, wie ich sie soeben erzählte und von denen ich eine Unmenge berichten könnte.

Ich erinnere mich, als wir beim ersten Aufstand auszogen, um Rouen zu belagern, war Fräulein von Piennes, eine der ehrbarsten Hoffräulein, in Zweifel, ob der selige Herr von Gergeay tapfer genug wäre, um allein und Mann gegen Mann den jetzt verstorbenen Baron d'Ingrande, einen der tapfersten Edelleute am Hofe, getötet zu haben, und beschenkte ihn, um seine Tapferkeit zu erproben, mit einer Binde, die er sich um den Helm legte; und als das Fort St. Catharina rekognosziert wurde, stürzte er sich so mutig und tapfer in einen Reitertrupp, der aus der Stadt gekommen war, daß er im Gefecht einen Pistolenschuß in den

Kopf bekam, von dem er stracks auf dem Platz liegenblieb. Das befriedigte jenes Fräulein wegen seiner Tapferkeit, und wenn er an dem Schuß nicht gestorben wäre, nachdem er seine Sache so gut gemacht, hätte sie ihn geheiratet; da sie aber ein wenig an seinem Mut gezweifelt und gemeint hatte, er habe jenen Baron nicht ehrlicherweise getötet, wollte sie über seinen Mut Sicherheit bekommen, wie sie sagte. Sicherlich werden die Männer, wiewohl viele schon von Natur tapfer sind, durch die Frauen nur noch mehr dazu angetrieben; wenn sie aber feige und kalt sind, erwekken sie ihnen den Mut.

Ein sehr schönes Beispiel haben wir dafür in der schönen Agnes; als sie sah, daß der König Karl VII. heftig in sie verliebt war und sich um nichts weiter kümmerte, als mit ihr zu liebeln, als sie ihn schlaff und weichlich sah und daß er die Pflicht gegen sein Königreich gar nicht mehr beachtete, sagte sie eines Tages zu ihm, als sie noch ein junges Mädchen gewesen wäre, habe ihr ein Astrolog prophezeit, sie würde von einem der tapfersten und mutigsten Könige der Christenheit geliebt werden; und da der König ihr die Ehre erwies, sie zu lieben, habe sie gemeint, er wäre jener tapfere König, der ihr prophezeit worden wäre; da sie ihn aber so schlaff und so wenig um seine Angelegenheiten und Pflichten besorgt sähe, merke sie wohl, daß sie sich getäuscht habe; jener mutige König wäre nicht er, sondern der König von England, der so schöne Waffentaten vollbringe und ihm soviel schöne Städte aus dem Bart risse. »Und deshalb«, sagte sie, »will ich ihn aufsuchen, denn ihn hat der Astrolog gemeint.« Diese Worte stachelten das Herz des Königs so sehr auf, daß er in Tränen ausbrach; und von Stund an faßte er Mut, gab seine Jagden und Gärten auf und nahm das Gebiß in die Zähne; und er erreichte es auch mit Glück und Tapferkeit, die Engländer aus seinem Königreich hinauszuzwingen.

Nachdem Bertrand von Guesclin seine Frau, Madame Tiphaine, geheiratet hatte, verlegte er sich völlig darauf, sie zu befriedigen, und ließ den Kriegslärm sein, der sich vorher so sehr darin getummelt und daraus soviel Ruhm und

Preis gewonnen hatte; sie aber machte ihm darüber Vorwürfe und Vorstellungen: Vor ihrer Ehe habe man nur von ihm und von seinen Heldentaten gesprochen, seitdem könne man ihr selbst vorwerfen, daß ihr Gemahl so plötzlich aufgehört habe, Waffentaten zu vollbringen. Das lasse sie sich und ihrem Gatten nicht nachsagen, daß er ein so arger Stubenhocker geworden wäre; das predigte sie ihm unaufhörlich, bis sie ihm seinen früheren Mut wiedergegeben und ihn wieder in den Krieg zurückgeschickt hatte, wo er noch Größeres vollbrachte als zuvor.

Man sieht, daß diese ehrbare Dame die Freuden ihrer Nächte nicht so sehr liebte wie die Ehre ihres Gemahls. Und so werden wir sicherlich auch nicht von unsern geliebt, wenn wir ihnen gar nicht von der Seite gehn; wenn wir aber vom Heere zurückkommen und etwas Tüchtiges und Schönes vollbracht haben, dann lieben und umarmen sie uns gern und sind ganz zufrieden.

Die vierte Tochter des Grafen von der Provence, des Schwiegervaters des heiligen Ludwig, die Gattin Karls, des Grafen von Anjou, des Bruders jenes Königs, ärgerte sich in ihrem Hochmut und Ehrgeiz, daß sie bloß eine simple Gräfin von Anjou und der Provence sein sollte und daß sie allein von ihren drei Schwestern, von denen zwei Königinnen, die dritte Kaiserin war, keinen andern Titel hatte als den einer Dame und Gräfin, und sie ließ darum nie ab, bis sie ihren Gemahl dazu gedrängt hatte, ein Königreich zu erobern. Das betrieben sie dann so sehr, daß sie vom Papst Urban zum König und zur Königin beider Sizilien erwählt wurden; beide fuhren mit dreißig Galeeren nach Rom, um sich in großer Pracht von Seiner Heiligkeit zum König und zur Königin von Jerusalem und Neapel krönen zu lassen; die Länder eroberte er nachher, sowohl durch mutige Waffentaten wie mit den Mitteln, die ihm seine Frau verschaffte, indem sie all ihre Ringe und Juwelen verkaufte, um zu den Kriegskosten beizutragen; und dann regierten sie noch lange und in Frieden in ihren eroberten Königreichen.

Lange Zeit später vollbrachte eine ihrer Enkelinnen aus

ihrem Geschlechte, Isabella von Lothringen, ohne ihren Gatten René dieselbe Tat; denn während er in den Händen Karls, des Herzogs von Burgund, gefangenlag, fiel ihnen das Königreich von Sizilien und Neapel als Erbe zu, und als kluge, großherzige und mutige Prinzessin sammelte sie ein Heer von 30 000 Soldaten, führte es selbst an, eroberte das Königreich und bemächtigte sich auch Neapels.

Ich könnte noch eine Unmenge von Damen nennen, die auf solche Art und Weise ihren Gatten sehr genützt haben, die sie hochgemut und ehrgeizigen Herzens dazu trieben und ermutigten, sich zu erhöhen, Güter, Würden und Reichtümer zu gewinnen. Es ist auch das schönste und ehrenwerteste, sie mit der Spitze des Degens zu bekommen.

Ich kannte deren viele in Frankreich und an unsern Höfen, die, sozusagen mehr von ihren Frauen angetrieben als aus eignem Willen, schöne und große Dinge unternommen und ausgeführt haben.

Aber ich kannte auch sehr viele Frauen, die, nur an ihr Vergnügen denkend, ihre Männer hemmten und stets bei sich behielten, sie verhinderten, schöne Taten zu vollbringen, und nicht wollten, daß sie sich mit anderem unterhielten, als sie mit dem Venusspiel zu befriedigen, so geil waren sie danach. Ich könnte eine Unmenge Geschichten darüber erzählen, aber ich würde zu weit über meinen Gegenstand hinausschreiten, der gewiß schöner ist, da er von der Tugend handelt, der andere betrifft das Laster; es erfreut auch mehr, von jenen Damen reden zu hören, die die Männer zu schönen Taten getrieben haben. Ich rede nicht bloß von den verheirateten Frauen, sondern auch von verschiedenen andern, die mit einer einzigen kleinen Gunst ihre Liebhaber zu vielen Dingen anspornten, die sie sonst nicht vollbracht hätten. Denn welche Befriedigung haben sie davon? Welcher Ehrgeiz und welche Herzenserregung ist größer, als wenn man im Krieg ist und man denkt, daß man von seiner Herrin geliebt wird; und wenn man aus Liebe zu ihr etwas Tüchtiges vollbracht hat, mit wieviel guten Augenwinken, schönen Reizen, süßen heimlichen Blikken, Umarmungen, Wonnen Gunstbezeigungen hofft man nachher, von ihr belohnt zu werden.

Unter andern Vorwürfen, die Scipio Massinissa machte, als er, fast noch von Blut triefend, Sophonisbe heiratete, machte er ihm diese: Es stände niemand wohl an, an die Frauen und an die Liebe zu denken, wenn man im Krieg sei. Er wird mir gefälligst verzeihen, aber was mich betrifft, so meine ich, nichts erfreut mehr, nichts gibt mehr Mut und Ehrgeiz zu großen Taten als gerade sie. Ich war früher auch in dieser Lage. Was mich betrifft, so glaube ich, alle die im Felde stehen, befinden sich in der gleichen Lage; ich berufe mich auf sie. Ich glaube, sie sind meiner Meinung, so viele es auch sind, und wenn sie auf einer Kriegsfahrt sind und sich mitten unter den heißesten Bedrängnissen des Feindes befinden, dann verdoppelt sich und wächst ihnen der Mut, wenn sie an ihre Damen denken, an die Binden, die sie von ihnen tragen, an die Liebkosungen und an den guten Empfang, den sie dann von ihnen bekommen werden, wenn sie zurückkommen; und wenn sie sterben, welche Klage sie in Mitleid mit ihrem Abscheiden erheben. Schließlich ist jede Unternehmung, die man aus Liebe zu seiner Dame und im Gedanken an sie vornimmt, leicht und bequem, alle Kämpfe für sie nur Turniere und jeder Tod für sie ein Triumph.

Ich erinnere mich an den hochseligen Herrn Des Bordes in der Schlacht von Dreux; ein tapferer und feiner Kavalier wie nur einer in seiner Zeit, war er Leutnant des Herrn von Nevers, früher Graf d'Eu, ein ebenso vollendeter Prinz; gerade als zum Angriff geschritten werden mußte und ein Bataillon Fußvolk durchbrochen werden sollte, das gerade auf die Vorhut zu marschierte, die der jetzt verstorbene hohe Herr von Guise befehligte, und als das Signal zum Angriff gegeben wurde, bricht jener Des Bordes auf einem grauen Türken, im Schmuck einer sehr schönen Feldbinde, die ihm seine Geliebte geschenkt hatte, alsbald aus; ich will seine Geliebte nicht nennen, aber es war eines der schönsten und ehrbarsten Mädchen, das zu den Großen am Hofe gehörte; und beim Hinausspringen rief er: »Ha! ich will mich meiner Herrin zuliebe tapfer schlagen oder ruhmvoll sterben.« Das tat er denn auch; nachdem er die ersten sechs Reihen durchbrochen hatte, packte ihn in der siebenten der Tod und warf ihn auf die Erde. Was dünkt euch, ob jene Dame ihr Liebesband nicht sehr gut verwendet hatte und ob sie es verleugnen mußte, es ihm gegeben zu haben?

Herr von Bussy war jener junge Mann, der ebenfalls die Bänder seiner Geliebten hoch zur Geltung gebracht hat, besonders von einigen, die ich kenne, die mehr Kämpfe, Kriegstaten, Degenstöße verdienten, als je die schöne Angelika früher Paladine und Ritter dazu anspornte, gleichviel, ob sie Christen oder Sarazenen waren; ich hörte ihn jedoch oft sagen: in so vielen Einzelkämpfen, Kriegen und Zusammenstößen (denn er hat genug mitgemacht) er sich auch befunden und so viele er auch unternommen habe, es geschähe nicht so sehr im Dienst seines Fürsten, auch nicht aus Ehrgeiz als vielmehr nur wegen des Ruhmes allein, seiner Dame zu gefallen. Er hatte sicherlich recht, denn aller Ehrgeiz auf der Welt wiegt nicht die Liebe und die Gunst einer schönen und ehrbaren Geliebten und Dame auf.

Und weshalb haben so viele tapfere fahrende Ritter der Tafelrunde, so viele mutige Paladine von Frankreich in der alten Zeit so viele Kriege, so viele Fahrten in die Fremde, so viele Kriegszüge unternommen, wenn nicht aus Liebe zu den schönen Damen, denen sie dienten oder dienen wollten? Ich erinnere nur an unsere französische Paladine, an unsre Rolande, unsre Reinholds, unsre Otkers, unsre Oliviers, unsre Yvons, unsre Richarde und an eine Unmenge anderer. Es war auch eine gute Zeit voller Glück; denn wenn sie aus Liebe zu ihren Damen etwas Schönes vollbrachten, wußten ihre gar nicht undankbaren Damen sie sehr dafür zu belohnen, wenn sie sich wiedersahen, oder sie verabredeten eine Begegnung im Forst, im Wald, bei einem Brunnen oder auf einer schönen Wiese. Das ist der Lohn für die Heldentaten, den man von den Damen begehrt!

Nun erhebt sich hier eine Frage: Warum lieben die Frauen diese tapfern Männer so sehr? Wie ich am Anfang sagte: Die Tapferkeit hat das Verdienst und die Kraft in sich, bei den Frauen Liebe zu erwecken. Noch mehr, es ist eine ganz bestimmte natürliche Neigung, die die Damen antreibt, den edlen Mut zu lieben, weil er eben sicherlich hundertmal liebenswerter ist als die Feigheit. Es erweckt auch jede Tugend mehr Liebe als das Laster.

Manche Damen lieben jene tapfern Männer deshalb so sehr, weil es ihnen scheint, wenn sie mit den Waffen und im Kriegshandwerk so geschickt sind, seien sie es auch in dem der Liebe.

Diese Regel trifft auf alle zu. Und sie sind es in der Tat, wie früher Cäsar, der mutigste Mann der Welt, und eine Menge andrer Tapferer, die ich kannte, von denen ich aber schweige. Und dergleichen Leute bewähren darin eine ganz andre Kraft und Anmut als Bauern und andre Leute von andrem Beruf, so daß ein Stoß von ihnen viere von den andern aufwiegt; ich meine den Damen gegenüber, die mäßig geil sind, nicht jenen gegenüber, die kein Maß kennen, denn ihnen gefallen die hohen Nummern. Und wenn jene Regel zuweilen auf manche von jenen Leuten zutrifft, und nach der Laune mancher Frauen, hat sie in bezug auf andre auch Ausnahmen; denn unter jenen Tapfern sind welche vom Harnisch und von der großen Kriegsfron so gebrochen, daß sie nicht mehr können, wenn's zum süßen Spiele kommen heißt, so daß sie ihre Damen nicht zu befriedigen vermögen; und diese ziehen dann einen guten Handwerker der Venus, der frisch und tüchtig geschliffen ist, vieren solcher Marssöhne vor, denen die Flügel so gebrochen sind.

Ich kannte viele von dieser weiblichen Gattung und von dieser Laune; denn schließlich handelt es sich nur darum, sagen sie, sich die Zeit gut zu vertreiben und die Quintessenz daraus zu genießen, ohne jemand zu bevorzugen. Ein tüchtiger Kriegsmann ist gut, und im Krieg ist er schön anzusehn; wenn er aber im Bett nichts machen kann, sagen sie, ist ein guter starker Bedienter bei guter Kraft ebensoviel wert wie ein schöner und tapfrer müder Edelmann.

Ich berufe mich dabei auf jene, die den Versuch gemacht haben und ihn alle Tage machen; denn wenn die Lenden des Edelmanns, so galant und tapfer er auch sei, von dem Harnisch, den sie so lang getragen, zerbrochen und zerschlagen sind, können sie nichts zur Auszahlung bringen wie die andern, die niemals Mühen oder Strapazen ertragen haben.

Andre Damen lieben die tapfern Männer, sei es als Gatten oder als Liebhaber, damit sie ihre Ehre und ihre Keuschheit verteidigen und dafür streiten, wenn Lästerzungen sie ihnen mit Worten schmutzig machen wollten; dergleichen sah ich am Hofe verschiedene. So kannte ich früher eine sehr schöne und große Dame, will sie aber nicht nennen, die unter dem Druck von Verleumdungen einen von ihr sehr begünstigten Liebhaber verabschiedete, weil er zu schlaff war, ihr die Widersacher vom Leibe zu halten, weil er nicht Trotz bot und stritt; dafür nahm sie dann einen andern, einen stolzen, tapfern und kühnen Mann, der die Ehre seiner Dame auf seiner Degenspitze trug, so daß keiner irgendwie an sie zu rühren wagte.

Ich kannte sehr viele Damen von dieser Gemütsart, die zu ihrer Begleitung und Verteidigung stets einen Tapferen haben wollten; das ist oft sehr vortrefflich und sehr nützlich für sie; aber dann müssen sie sich wohl sehr davor hüten, abzufallen und sich zu verändern, wenn sie sich erst einmal unter ihre Herrschaft begeben haben, denn wenn diese nur im geringsten von der Welt ihre Streiche und Veränderungen bemerken, traktieren sie sie tüchtig und zahlen ihnen und ihren Galanen mit einer schrecklichen Behandlung heim; dergleichen Beispiele sind mir in meinem Leben viele vorgekommen.

Wollen sich also diese Frauen solcher tapferer und gefährlicher Leute versichern, so müssen sie sich wacker und sehr beständig gegen sie verhalten, oder sie müssen in ihren Angelegenheiten so heimlich vorgehen, daß sie sich nicht verraten können; wenn sie sie nicht bloß zum Teil haben wollen, wie die Kurtisanen in Italien und Rom, die zu ihrer Verteidigung und Unterstützung einen ›Bravo‹ haben wollen (so nennen sie ihn), aber sie verkünden stets ganz offen, daß sie noch andere Bewerber haben, und der ›Bravo‹ verliert kein Wort darüber.

Das ist für die Kurtisanen in Rom und für ihre Bravis sehr gut, nicht aber für die feinen Edelleute in Frankreich oder in andern Ländern; denn wenn eine ehrbare Dame sich in ihrer Festigkeit und Beständigkeit erhalten will, darf der Held ihres Herzens in keiner Weise sein Leben schonen, um sie zu unterstützen und zu verteidigen, wenn sie nur im geringsten, sei es an ihrem Leben oder an ihrer Ehre oder wegen eines üblen Geredes Gefahr läuft. So sah ich an unserm Hof verschiedene, die die Lästerzungen ganz geschwind zum Schweigen brachten, wenn sie an ihren Damen und Herrinnen mäkeln wollten, denen wir aus ritterlicher Pflicht und durchs Gesetz als Kämpen in ihrer Trübsal beistehen müssen; wie jener tapfere Reinhold der schönen Ginevra in Schottland, der Seigneur von Mendoza jener schönen Herzogin, die ich erwähnte, und zur Zeit König Karls VI. der Herr von Carouge seiner eignen Frau, wie wir in unsren Chroniken lesen. Ich könnte noch eine Menge andrer aus alten und neuen Zeiten anführen, wie auch von unsrem Hofe; aber ich würde niemals damit fertig werden.

Andre Damen kannte ich, die zaghafte Männer verließen, wenn sie auch sehr reich waren, und Edelleute liebten und heirateten, die bloß Schwert und Mantel besaßen, wenn man so sagen darf; aber sie waren tapfer und edel und konnten hoffen, mit ihrer Tapferkeit und ihrem edlen Mut zu Stand und Würden zu gelangen, wenn es auch ungerechterweise gewiß nicht immer die tapfersten sind, die solche am häufigsten erreichen; und sehr häufig sieht man gerade die Feiglinge und die Verzagten emporkommen; wie es aber auch sei, was sie sich auch erjagen, es steht ihnen niemals so gut wie den Tapferen.

Nun, ich würde niemals ein Ende finden, wenn ich die verschiedenen Ursachen und Gründe erzählen wollte, weshalb die Damen die von edlem Mut erfüllten Männer so lieben. Ich weiß wohl, wollte ich dieses Gespräch mit einer Unmenge von Begründungen und Beispielen anfüllen, so könnte ich ganz gewiß ein ganzes Buch daraus machen; da ich mich aber nicht an einem einzigen Gegenstand ergötzen, sondern mit mehreren und verschiedenen wechseln will, möchte ich mit dem zufrieden sein, was ich sagte; wenn mir auch verschiedene vorwerfen könnten, der Gegenstand sei würdig genug, mit verschiedenen Beispielen und breiten Gründen bereichert zu werden, sie könnten mir selbst sagen: ›Er hat dies vergessen, er hat jenes vergessen.‹ Ich weiß es wohl; und ich habe vielleicht mehr gewußt, als sie anführen könnten, und zwar das Feinste und Geheimste; aber ich will es nicht alles öffentlich machen und nennen.

Daher schweige ich. Bevor ich aber aufhöre, will ich im Vorbeigehn sagen: Genau wie die Damen die tapfren und im Waffenhandwerk kühnen Männer lieben, lieben sie auch die Frechlinge der Liebe, und ein feiger und gar zu respektvoller Mann wird niemals sein Glück bei ihnen machen; nicht daß sie ihre Liebhaber so vermessen, verwegen und dünkelhaft wollten, daß sie in offnem Kampf zur Erde geworfen würden; sie verlangen sogar von ihnen eine bestimmte dreiste Bescheidenheit oder bescheidne Dreistigkeit; denn wenn sie nicht Wölfinnen sind, fordern sie's nicht selbst oder lassen sich gehen, aber sie wissen die Begierde, die Lust danach so sehr zu reizen, sie locken so artig zum Scharmützel, daß, wer nicht die Zeit beim Schopf packt und nicht zum Handgemenge kommt, ohne irgendeine Rücksicht auf Rang und Würde, ohne Skrupel, Gewissen, Angst oder etwas anderes, der ist wahrlich ein Dummkopf und ein mutloser Kerl, der vom Glück auf immer verlassen zu werden verdient.

Ich kenne zwei ehrbare befreundete Edelleute, derentwegen zwei sehr ehrbare Damen von gewiß nicht geringem Rang eines Tages zu Paris eine Lustpartie machten und in einem Garten spazierengingen; sowie sie dort waren, ging jede abseits von der andern, eine jede mit ihrem Liebhaber, eine jede in ihre Allee, die mit schönen Weingeländern so dicht bedeckt war, daß das Tageslicht sozusagen gar nicht hineindringen konnte, und die Frische war da voller Reize.

Einer der beiden, der ein kühner Herr war und wohl wußte, daß diese Partie nicht zum Spazierengehen und zur Erfrischung gemacht wurde, verspürte an der Haltung seiner Dame, die er in Begierde brennen sah, daß sie nach andrem verlangte, als die Muskatellerbirnen zu essen, die im Weingeflecht hingen, was sie ihn auch durch ihre hitzigen, gezierten und schäkerhaften Reden merken ließ, und darum versäumte er eine so schöne Gelegenheit nicht, sondern er nahm sie ohne jede Rücksicht, legte sie auf ein kleines, aus gestochenen Rasenstücken und Erdschollen hergestelltes Bett und genoß sie da in aller Süßigkeit, ohne daß sie etwas andres sagte als: »Mein Gott! Was wollt Ihr machen? Seid Ihr nicht der größte Narr und verrückteste Kerl von der Welt? Und wenn jemand kommt, was wird man sagen? Mein Gott! Laßt mich doch.« Aber der Edelmann wurde gar nicht bange, sondern fuhr so tüchtig fort, daß er und sie und alles in solcher Befriedigung ablief, daß sie nach drei- oder viermaligem Hinundhergehn in der Allee noch einen zweiten Angriff machten. Als sie dann in eine andre offene Allee herauskamen, sahen sie von der andren Seite den andren Edelmann und die andere Dame, die immer noch so lustwandelten, wie sie sie vorher verlassen hatten. Dabei sagte die befriedigte Dame zum befriedigten Edelmann: »Ich glaube, der hat einen argen Dümmling gespielt, und er hat seine Dame mit nichts weiter unterhalten als mit Worten, mit Gesprächen und mit Spazierengehn.« Als alle viere wieder beisammen waren, befragten sich also beide Damen nach ihrem Wohlergehn. Die Befriedigte antwortete, sie befände sich vortrefflich und für den Augenblick könnte es ihr nicht besser gehen. Die Unzufriedene sagte ihrerseits, sie habe mit dem größten Dummkopf und mit dem feigsten Liebhaber zu tun gehabt, den man je sehen könne; besonders hörten die beiden Edelleute, wie sie lachten und beim Fortspazieren einander zuriefen: »Oh, der Dummkopf! Oh, der Feigling! oh, der Herr Respektsmann!« Darauf sagte der befriedigte Edelmann zu seinem Kameraden: »Seht unsre Damen, die reden hübsch von Euch, sie bescheren's Euch; Ihr werdet finden, Ihr habt den respektvollen Säusler zu sehr herausgebissen.« Das gab dieser zu; aber nun war es zu spät; denn die Gelegenheit hatte keine Haare mehr, an denen sie ergriffen werden konnte. Nachdem er indessen seinen Fehler erkannt hatte, reparierte er ihn nach einiger Zeit durch irgendein anderes Mittel, das ich wohl sagen könnte.

Ich kannte zwei große brüderliche Herren, die alle beide höchst vollendet und vollkommen waren; sie liebten zwei Damen, von denen aber die eine größer war als die andere; und nachdem sie das Zimmer jener großen Dame, die damals das Bett hütete, betreten hatten, begab sich jeder auf die Seite, um seine Dame zu unterhalten. Der eine unterhielt die größere mit aller Hochachtung, mit allen nur möglichen demütigen Handküssen, mit ehrenwerten und respektvollen Reden, ohne sich je den Anschein zu geben, als wolle er ihr näherkommen oder als wolle er den Turm bezwingen. Der andere Bruder faßte ohne irgendeine Förmlichkeit des Respekts oder der Rede die Dame in einer Fensternische, und nachdem er ihr auf einen Schlag ihre Unterkleider aufgerissen hatte, die zusammengebunden waren (denn er war sehr stark), ließ er sie fühlen, daß er durchaus nicht nach spanischer Mode liebte, mit den Augen, mit den Mienen oder mit Worten, sondern in der wahrhaftigen, echten und wirklichen Weise, die ein wahrer Liebhaber wünschen muß; und als er mit seinem ausbedungenen Pensum fertig geworden war, entfernte er sich aus der Kammer; und beim Weggehen sagte er zu seinem Bruder, laut genug, daß dessen Dame es hörte: »Lieber Bruder, wenn du es nicht machst wie ich, so ist das nichts; ich sage dir, du kannst anderswo so tapfer und kühn sein wie du willst, wenn du aber deine Kühnheit hier nicht zeigst, spürst du's an deiner Ehre; denn du bist hier nicht an einem Respektsort, sondern an einem Ort, wo du deine Dame auf dich warten siehst.« Damit verließ er seinen Bruder, der indessen für diese Stunde seinen Stoß zurückbehielt und ihn auf ein andermal aufsparte. Die Dame jedoch schätzte ihn nicht mehr, sei es, daß sie ihm eine zu große Kälte in der Liebe oder Mangel an Mut oder körperliche

Unfähigkeit zuschrieb; und er hatte es doch anderswo genug bewiesen, im Krieg wie in der Liebe.

Die hochselige Königinmutter ließ eines Tages, an einem Fastnachtsdienstag, in Paris im Hotel de Reims eine sehr schöne italienische Komödie aufführen, die der Schiffskapitän Cornelio Fiasco verfaßt hatte. Der ganze Hof war anwesend, Männer wie Frauen, und eine Menge andrer aus der Stadt. Unter anderm wurde ein junger Mann dargestellt, der eine ganze Nacht in der Kammer einer sehr schönen Dame versteckt geblieben war und sie gar nicht berührt hatte; als er dieses Abenteuer seinem Kameraden erzählt hatte, fragte ihn der: »Was hast du gemacht?« Er erwiderte: »Nichts.« Darauf sagte der Kamerad zu ihm: »O du feiger Dummkopf! Du hast nichts gemacht? Verflucht sei deine Feigheit!«

Als wir uns nach der Vorstellung am Abend im Zimmer der Königin befanden und uns über die Komödie unterhielten, fragte ich eine sehr schöne und ehrbare Dame, die ich nicht nennen will, was sie für das Beste an der Komödie beobachtet und was ihr am meisten gefallen habe. Sie erwiderte mir ganz naiv: »Als Schönstes fand ich, was der andre dem jungen Mann antwortete, der Lucio hieß und der ihm gesagt, daß er nichts gemacht hätte. ›O du feiger Dummkopf! Du hast nichts gemacht? Verflucht sei deine Feigheit!‹«

Diese Dame stimmte also mit jenem überein, der ihm seine Feigheit zum Vorwurf machte, und achtete ihn durchaus nicht, daß er so schwach und schlapp gewesen war; wir unterhielten uns auch offener über die Fehler, die man in der Hinsicht begeht, daß man nicht die Zeit und den Wind beim Schopf nimmt, wenn sie gerade wehn, wie es der gute Seemann macht. Ich muß auch noch folgende Geschichte erzählen, ich füge sie, lustig und spaßig, wie sie ist, zwischen die ernsten ein.

Ich hörte von einem Edelmann, meinem Freund, erzählen, eine Dame seines Standes hätte verschiedene Male ihrem Kammerdiener große Vertraulichkeiten und Freiheiten erwiesen, die auf den bekannten Zweck abzielten, und der Diener, der kein Dummkopf und kein Tropf war, habe an einem Sommermorgen seine Herrin im Halbschlummer in ihrem Bett gefunden; sie lag ganz nackt und auf die andere Seite des Alkovens gewandt; ihre große Schönheit und famose und bequeme Stellung, sie zu berennen und sich ihrer zu bedienen, da sie auf dem Bettrand lag, brachte ihn in Versuchung, und er kam also sachte heran und bestieg die Dame, sie drehte sich halb um und sah, daß es ihr Bedienter war, nach dem sie verlangte; und in dieser bestiegenen Lage tat sie, ohne sich zu befreien oder zu rühren, ohne sich zu lösen oder sich seiner Umarmung zu entziehen, nichts weiter, als daß sie den Kopf herumdrehte, sich festhielt, aus Furcht, etwas zu verlieren, und sagte: »Monsieur Dummkopf, wer hat Euch so dreist gemacht, ihn hineinzustecken?« Der Kammerdiener antwortete ihr mit aller Ehrfurcht: »Befehlen Madame, daß ich ihn herausziehe?« »Nicht das sage ich Euch, Herr Dummkopf«, antwortete ihm die Dame. »Ich sage Euch: wer hat Euch so dreist gemacht, in hineinzustecken?« Der andre aber wiederholte wieder die Worte: »Wollen Madame, daß ich ihn herausziehe? Wenn Ihr wünscht, zieh ich ihn heraus.« Und sie wiederholte: »Nicht das sag ich Euch wieder, Herr Dummkopf.« Dieselben Repliken und Dupliken gingen nun drei- oder viermal hin und zurück, ohne daß sie irgendwie von ihrem Geschäft abschweiften, bis es fertig war, wobei sich die Dame besser befand, als wenn sie ihrem Galan befohlen hätte, ihn herauszuziehen, als er sie fragte. Und es war beiden sehr gut bei ihren ersten Fragen, Repliken und Dupliken ohne Änderung. In dieser Weise fuhren sie mit ihrer Methode noch lange Zeit später fort; denn es bedarf bloß des ersten Einschusses oder der ersten lieben Pinte, sagt man, das heißt, nur der Anfang ist schwer.

Das nenne ich einen tüchtigen und verwegenen Bedienten! Von solchen kühnen Männern gilt das italienische Sprichwort: ›Dem wackeren Glied fehlt es niemals an Gunst.‹

Man sieht also hieraus, manche sind in der Liebe nicht weniger tapfer, kühn und mutig als mit den Waffen; andre sind es nur mit den Waffen und nicht in der Liebe; andre sind es in der Liebe und nicht mit den Waffen, wie jener Schurke Paris, der wohl die Kühnheit und Tapferkeit hatte, Helena ihrem armen Hahnreigatten Menelaus zu rauben und mit ihr zu schlafen, nicht aber, sich mit ihm vor Troja zu schlagen.

Darum lieben die Damen auch die Greise und die schon betagten Männer nicht, weil sie in der Liebe sehr furchtsam und im Verlangen schamhaft sind; nicht daß sie nicht ebenso große Begierden hätten wie die Jungen, sie haben sogar noch größere, aber sie haben nicht das Vermögen. Das sagte einmal eine spanische Dame: Die Greise glichen vielen Leuten, die, sobald sie die Könige in ihrer Größe, in ihrer Herrschaft und in ihrer Macht sähen, mächtig wünschten, ihnen gleich zu sein, ohne daß sie doch etwas gegen sie zu unternehmen wagten, um ihnen ihr Königreich zu entreißen und an ihre Stelle zu treten. Sie sagte: »Kaum ist der Wunsch geboren, stirbt er auch schon wieder.« So wagen auch die Greise, wenn sie etwas Schönes sehn, nicht, es zu ergreifen, »denn die Greise sind von Natur sehr furchtsam, und Liebe und Furcht stecken niemals in einem Sack«. Das ist auch richtig, denn sie sind weder zum Angriff noch zur Verteidigung gerüstet wie die jungen Leute, die Jugend und Schönheit haben. Wie auch der Dichter sagt: ›Nichts steht der Jugend übel an, was sie auch tun mag.‹ Ebenso sagt ein andrer: ›Ein alter Soldat und ein alter Liebhaber sind beide kein schöner Anblick.‹

Nun ist genug darüber gesprochen, daher mache ich Schluß und sage nichts weiter; ich wende mich nur zu einem neuen Gegenstand, der jenem verwandt ist, nämlich: Genau wie die Damen die tapfern, mutigen und edlen Männer lieben, ebenso lieben die Männer die beherzten und edlen Damen. Und wie jeder edle und mutige Mann liebenswürdiger und bewundernswerter ist als ein andrer, so auch jede berühmte, edle und mutige Dame; nicht daß ich damit sagen wollte, sie vollbringe die Taten eines Mannes oder daß sie Soldat werde wie ein Mann, wie ich manche sah, kannte und von ihnen hörte, die aufs Pferd stiegen wie ein Mann, ihre Pistole am Sattelbogen trugen, schossen und Krieg führten wie ein Mann.

Ich könnte wohl eine Frau nennen, die es während der Kriege der Ligue so gemacht hat. Diese Verkleidung heißt das Geschlecht verleugnen. Abgesehen davon, daß es nicht schön ist und nicht wohl ansteht, ist es nicht erlaubt und bringt größeren Schaden, als man glaubt; wie auch jener feinen Jungfrau von Orléans Übel daraus erwuchs, die in ihrem Prozeß sehr darum verleumdet wurde, auch teilweise an ihrem Schicksal und an ihrem Tod mit schuld war. Aus diesem Grunde will ich solche Vermännlichung nicht und schätze sie nicht allzusehr. Dagegen lobe ich mir sehr eine Dame, die in Unglück und Not ihren tapfern und tüchtigen Mut mit schönen weiblichen Taten zeigt, die einem männlichen Mut sehr nahe kommen. Ich entlehne die Beispiele nicht den vormaligen berühmten Frauen von Rom und Sparta, die hierin alle andern übertroffen haben, sie sind offenkundig genug und liegen klar vor unsern Augen; dagegen will ich von neuen schreiben, die aus unsrer Zeit sind.

Das erste und meines Erachtens das Schönste, das ich kenne, ist das jener schönen, ehrbaren und mutigen Damen von Siena gelegentlich der Empörung ihrer Stadt gegen das unerträgliche Joch der Kaiserlichen. Denn nachdem der Befehl zur Verteidigung der Stadt einmal erlassen war, wollten die Damen, die sich auf die Seite geschoben fühlten, weil sie nicht für den Krieg geeignet waren wie die Männer, ein übriges tun und zeigen, daß sie noch etwas andres könnten, als tags und nachts ihre Besorgungen zu verrichten; und um für ihren Teil an der Arbeit mit beizutragen, teilten sie sich selbst in drei Scharen, und am Sankt-Antonius-Tag, im Monat Januar, erschienen drei der schönsten, vornehmsten und bedeutendsten Frauen der Stadt auf dem Marktplatz (sicherlich ein sehr schöner Platz) mit ihren Tambour und Fahnen.

Die erste war Signora Forteguerra, in Violett gekleidet, dieselbe Farbe hatte ihre Fahne und ihre Schar, mit der Devise: ›Pur che sia il vero.‹ Alle diese Damen waren auf die Art von Nymphen gekleidet, mit einem kurzen Aufputz, der die Beine in ihrer Schönheit sehen ließ. Die zweite war Signora Piccolomini, in Fleischfarbe, insgleichen ihre Schar und ihre Fahne, die ein weißes Kreuz trug und die Aufschrift: ›Pur che no l'habbia tutto.‹ Die dritte war Signora Livia Fausta, ganz in Weiß, mit ihrer weißen Schar und Fahne, auf der eine Palme war mit der Devise: ›Pur che l'habbia.‹

Rings um diese drei Damen, die drei Göttinnen schienen, und in ihrem Gefolge waren wohl dreitausend Frauen, Edelfrauen, Bürgerinnen und andre, alle vom schönsten Aussehen und reich geschmückt mit Kleidern und Gewändern aus Atlas oder Taft oder Damast oder andern Seidenstoffen, und alle entschlossen, für die Freiheit zu leben oder zu sterben. Eine jede trug auf der Schulter eine Faschine zu einem Fort, das gebaut wurde, und dazu riefen sie: »Frankreich! Frankreich!«, worüber der Herr Kardinal von Ferrara und Herr von Termes, Feldherren des Königs, so entzückt wurden über etwas so Seltenes und Schönes, daß sie sich an nichts weiter ergötzten, als diese schönen und ehrbaren Frauen zu sehn, zu betrachten, zu bewundern und zu rühmen; und ich habe wahrhaftig von manchem und mancher, die dabei waren, sagen hören, daß es nie etwas Schöneres gab. Und Gott weiß, ob es an schönen Frauen in jener Stadt fehlt, denn hier lebt man im Überfluß, ohne Unterschied.

Die Männer, die sich mit Begeisterung der Sache ihrer Freiheit hingaben, wurden durch diesen schönen Zug nur noch mehr angetrieben und wollten ihren Frauen darin in nichts nachstehen, so daß alle, Edelleute, Herren, Bürger, Kaufleute, Handwerker, Reiche und Arme, um die Wette zum Fort eilten, um es ebenso zu machen wie jene schönen, tugendhaften und ehrwürdigen Damen; und in großem Wetteifer half nicht nur die Weltpriesterschaft, sondern auch die ganze Kirchengeistlichkeit bei diesem Werke mit. Und als nach der Rückkehr vom Fort die Männer für sich und ebenso die Frauen in Schlachtordnung auf dem Platz beim Palazzo der Signoria aufgestellt waren, gingen sie einer nach dem andern, Hand in Hand, das Bild der Heiligen Jungfrau Maria begrüßen, der Patronin der Stadt, indem sie Hymnen und Lobgesänge ihr zu Ehren anstimmten, wobei sie eine so süße Weise und so angenehme Harmonie sangen, daß allem Volk halb aus Lust, halb aus Mitleid die Tränen aus den Augen stürzten; und nachdem sie den Segen des verehrungswürdigsten Herrn Kardinal von Ferrara erhalten hatten, begab sich jeder in sein Haus, mit dem Entschluß, seine Sache zukünftig noch besser zu machen.

Diese heilige Zeremonie der Frauen erinnerte mich, ohne einen Vergleich machen zu wollen, wieder an eine weltliche, aber nichtsdestoweniger schöne, die zur Zeit des Punischen Kriegs in Rom stattfand; man findet sie in Titus-Livius. Es war ein feierlicher Aufzug, eine Prozession, die aus drei mal neun jungen schönen römischen Mädchen bestand, lauter Jungfrauen in ziemlich kurzen Kleidchen (die Erzählung nennt die Farben dazu nicht); nachdem sie ihren feierlichen Aufzug vollendet hatten, hielten sie auf einem Platz an, wo sie vor dem Volk einen Tanz aufführten, wobei sie, eine an die andre gereiht, ein dünnes Seil hielten und bei ihrem Reigen die Bewegung und das Hüpfen ihrer Beine nach dem Takt der Weise und des Gesangs richteten, den sie vortrugen. Es war schön anzuschauen, das machte die Schönheit dieser schönen Mädchen wie ihre Anmut, ihre schöne Tanzgebärde und ihr zierliches Bewegen der Füße, denn zierlich ist's gewiß von einem schönen Jüngferchen, wenn sie diese Füßchen artig und graziös zu leiten und zu schlenkern weiß.

Ich kann mir diese Art Tanz in meiner Phantasie vorstellen, denn ich erinnere mich wieder an einen Tanz, den ich in meiner Jugend die Mädchen meines Landes tanzen sah und den man den ›Strumpfbandtanz‹ hieß; sie nahmen das Strumpfband in die Hände und reichten's einander zu, schwenkten die Bänder über ihrem Kopf, wanden und verschlangen sie zwischen ihren Beinen, indem sie munter drübersprangen; artig mit kleinen Sprüngen zogen sie sich's aus und banden's sich los, indem sie stets einander folgten, ohne je den Takt des Lieds oder des Instruments, das sie begleitete, zu verlieren, so daß die Sache sehr lustig anzusehn war; denn diese Sprünge, Verschlingungen, Loslösungen, das Handhaben des Strumpfbandes und die Anmut der Mädchen hatten ich weiß nicht welch lieblichen sinnlichen Reiz, daß es mich wundert, daß dieser Tanz an unsern Höfen heute nicht mehr geübt wird; die heutigen Unterkleider sind dazu sehr geeignet, und man kann bequem das schöne Bein sehn; und wer seinen Strumpf am besten hinaufzog und wer die schönste Stellung hat. Diesen Tanz kann man besser veranschaulichen, wenn man ihn sehn läßt, als daß man ihn hinschreibt.

Um wieder auf unsre sienesischen Frauen zu kommen: Ha! ihr schönen und wackren Frauen, ihr hättet niemals sterben sollen, sowenig wie euer Ruhm untergehen durfte, dem auf ewig die Unsterblichkeit bewahrt ist, wie auch jenem schönen und feinen Mädchen in eurer Stadt, die bei eurer Belagerung eines Abends sah, wie ihr Bruder krank in seinem Bett lag und in sehr schlechter Verfassung war, auf Wache zu ziehn, da ließ sie ihn im Bett, stahl sich ganz sachte von ihm, nahm seine Waffen und seine Kleider und erschien wie das Ebenbild ihres Bruders auf der Wache; so wurde sie für ihren Bruder gehalten und dank der Nacht nicht erkannt. Ein hübscher Streich, was! Denn obgleich sie sich in einen jungen Mann und in einen Soldaten verwandelt hatte, so tat sie es nicht, um nun eine Gewohnheit daraus zu machen, sondern nur, um für diesmal ihrem Bruder einen guten Dienst zu leisten. Man sagt ja auch, keine Liebe kommt der Geschwisterliebe gleich, und man darf auch um eines guten Zweckes willen es an nichts fehlen lassen und den Adel seines Herzens zeigen, an welchem Ort es auch immer sei.

Ich glaube, der Korporal, der damals die Schar kommandierte, in der sich jenes schöne Mädchen befand, war, als er den Streich erfuhr, sehr betrübt, daß er sie nicht besser erkannt hatte, er hätte sein Lob über sie auf der Stelle höchlich verkündet, oder er hätte sie von der Schildwache befreit, oder er hätte sich überhaupt daran ergötzt, ihre

Schönheit, ihr Genie und ihr militärisches Benehmen zu betrachten; denn sie gab sich unzweifelhaft Mühe, es in allem nachzumachen.

Man kann gewiß diese schöne Tat nicht hoch genug loben und besonders, weil sie durch den Bruder eine so gerechtfertigte Veranlassung hatte. Jener feine Richardet machte es auch so, aber aus andern Gründen; nachdem er am Abend seine Schwester Bradamante über die Schönheiten jener schönen Prinzessin von Spanien und von ihrer hoffnungslosen Liebe hatte reden hören, ließ er sie zu Bett gehn, dann nahm er seine Waffen und ihr Gewand, mit dem er sich verkleidete, um als seine Schwester aufzutreten, so sehr glichen sie einander in ihrem Antlitz und in ihrer Schönheit; in dieser Gestalt zog er dann aus jener schönen Prinzessin, was seiner Schwester ihr Geschlecht versagt hatte; das wäre ihm aber bald sehr übel bekommen, wenn er nicht von Roger für seine Geliebte Bradamante gehalten und so vom Tod bewahrt worden wäre.

Ich hörte von dem Herrn de la Chapelle des Ursins, der damals in Italien war und dem hochseligen König Heinrich von der schönen Tat jener sienesischen Frau Bericht erstattete, daß der König so gerührt darüber war, daß er mit Tränen in den Augen schwor, wenn Gott ihn eines Tages Frieden oder Waffenstillstand mit dem Kaiser schließen lasse, dann würde er mit seinen Galeeren ins toskanische Meer fahren und von da nach Siena, um die ihm und seiner Partei so ergebene Stadt zu besuchen und ihr für diesen tapfern und tüchtigen Willen zu danken, besonders aber, um jene schönen und ehrbaren Frauen zu besuchen und ihnen seinen besondern Dank abzustatten.

Ich glaube, er hätte es sicher getan, denn er ehrte die schönen und ehrbaren Frauen sehr; er schrieb ihnen auch, hauptsächlich den drei Führerinnen, die ehrenvollsten Briefe von der Welt mit Danksagungen und Anerbietungen, die sie noch mehr befriedigten und anfeuerten.

Ach! er beschloß wohl einige Zeit später den Waffenstillstand; aber während die Stadt noch erwartete, daß er käme, wurde sie genommen, wie ich anderwärts schon erzählte.

Das bedeutete für Frankreich einen unermeßlichen Verlust, einen so edlen und so wertvollen Bundesgenossen verloren zu haben, der in der Erinnerung und im Gefühl seines alten Ursprungs sich mit uns wieder vereinigen und unter uns wieder aufrichten wollte; denn man sagte, jene tapferen Sienesen stammten von den französischen Völkerschaften ab, die im ehemaligen Gallien Semnonen hießen, worauf wir noch von unserm heutigen Sens hingewiesen werden; sie haben auch noch den Charakter von uns Franzosen, denn sie werden leicht heftig und sind gleich uns lebendig, hitzig und rasch. Ebenso lassen die Frauen die französische Feinheit, unsere Grazie, französische Vertraulichkeit erkennen.

In einer alten Chronik, die ich anderswo anführte, las ich: Als der König Karl VIII. auf seiner Reise nach Neapel durch Siena kam, wurde ihm ein so ruhmvoller und prächtiger Empfang bereitet, daß er alle andern übertraf, die er in ganz Italien erhielt; als höchste Ehrerweisung und zum Zeichen der Demut ließen sie sogar alle Stadttore aus den Angeln heben und auf die Erde legen; und solange er verweilte, blieben sie jedem, der kam oder ging, offen und frei, und erst bei seiner Abreise wurden sie wieder an ihre Stelle gebracht.

Es kann sich jeder vorstellen, ob der König, sein ganzer Hof und sein Heer keine große Veranlassung hatten, diese Stadt zu lieben und zu ehren (in der Tat liebte er sie immer) und alles Beste von der Welt von ihr zu sagen. Der Aufenthalt war auch für ihn und für alle sehr angenehm, es war bei Strafe verboten, sich irgendeine Frechheit zuschulden kommen zu lassen, und sicher kam auch nicht die geringste vor. Oh! wackre Sienesen, mögt ihr ewig leben! Möge Gott euch noch ganz die Unsrigen werden lassen, wie ihr es vielleicht an Herz und Seele seid! Denn die Herrschaft eines Königs von Frankreich ist viel milder als die eines florentinischen Herzogs; und dann kann die Stimme des Blutes nicht lügen. Wären wir ebenso benachbart, wie wir einander fern sind, wir würden alle miteinander willenseinig, in diesem Sinne zu wirken.

Bei der Belagerung durch König Franz befaßten sich die vornehmsten Frauen der Stadt Pavia unter der Führung und dem Beispiel der Signora Contessa Hippolita von Malespina, ihrer Generalin, ebenso damit, den Tragkorb zu tragen, Erde aufzuschütten, die Breschen wieder zu verschanzen, und waren dabei mit den Soldaten um die Wette tätig.

Eine rühmliche Tat wie die jener sienesischen Damen, die ich soeben erzählt, sah ich bei der Belagerung von La Rochelle von Frauen dieser Stadt vollbringen. Dabei fällt mir ein, daß am ersten Fastensonntag, als die Belagerung stattfand, der Prinz, unser General, Herrn de La Noue an sein Wort mahnen und zu sich kommen ließ, damit er ihm von der Unterhandlung, womit er ihn betreffs dieser Stadt beauftragt hatte, Rechenschaft ablege; dieser Bericht wäre lang und sehr wunderlich, und ich hoffe ihn anderswo zu schreiben. Herr de La Noue hatte seine Sache gemacht, und so wurde Herr von Strozzi als Geisel in die Stadt gegeben, und für diesen und den folgenden Tag wurde ein Waffenstillstand geschlossen.

Nach dessen Abschluß erschienen alsbald gleich uns, die wir aus den Laufgräben kamen, eine Menge Leute aus der Stadt auf den Wällen und Mauern; vor allem erschienen etwa hundert der vornehmsten, reichsten und schönsten Damen und Bürgersfrauen, alle in Weiß, auf dem Kopf wie am Leibe, alle in feine holländische Leinwand gekleidet, was sehr schön anzuschaun war. Diese Kleider hatten sie wegen der Befestigung der Wälle angelegt, an denen sie mitarbeiteten, sei es, daß sie den Tragkorb trugen oder die Erde aufschaufelten; andere Kleider wären schmutzig geworden, diese weißen litten nicht darunter, weil sie in die Lauge gesteckt werden konnten; auch konnte man sie mit dem weißen Gewand unter den andern besser bemerken. Wir andern waren sehr entzückt, diese schönen Damen zu sehn; und ich versichere euch, manche fanden überhaupt keine Grenze für ihr Entzücken, auch wollten sie sich uns sehr gern zeigen; und sie kargten kaum mit ihrem Anblick, denn sie pflanzten sich in schönster Haltung und anmutigstem Gang auf dem Rand des Walls auf, so daß sie es wohl wert waren, betrachtet und begehrt zu werden.

Wir fragten begierig, was für Frauen es wären. Sie antworteten uns, sie wären eine Schar von Frauen, die sich unter einem Schwur und in derselben Tracht vereinigt hätten, um an den Befestigungswerken zu arbeiten und ihrer Stadt derartige Dienste zu leisten; gewiß und wahrhaftig leisteten sie gute, ja die männlichsten und kräftigsten führten sogar die Waffen. Ich habe sogar von einer erzählen hören, die ihre Feinde oft mit einer Pike zurückgetrieben hatte und sie daher als eine geheiligte Reliquie noch so sorgfältig bewahrte, daß die Frau sie nicht für viel Geld gäbe und es auch nicht wollte, so wert hielt sie sie bei sich.

Ein paar alte Komture von Rhodus hörte ich erzählen, und ich habe es auch in einem alten Buch gelesen: Als Rhodus vom Sultan Soliman belagert wurde, schonten die schönen Damen und Mädchen der Stadt ihre schönen Gesichter und ihre zarten und köstlichen Leiber nicht und trugen ihr gutes Teil an den Mühen und Anstrengungen der Belagerung, ja oft zeigten sie sich sogar in den heftigsten und gefährlichsten Stürmen und halfen den Rittern und Soldaten mutig, sie abzuschlagen. Oh! Ihr schönen Frauen von Rhodus! Euer Name, euer Schicksal waren zu allen Zeiten hochberühmt, und ihr verdientet nicht, unter der Herrschaft von Barbaren zu stehn.

Zur Zeit des Königs Franz I. wurde die Stadt St-Riquier in der Pikardie von einem flämischen Edelmann mit Namen Domrin angegriffen und gestürmt; es war ein Fähnrich des Herrn du Ru, und begleitet war er von hundert Reitern und zweitausend Fußsoldaten und einiger Artillerie. Drinnen waren bloß hundert Fußsoldaten, was sehr wenig war. Und als der Angriff geschah, zeigten sich bloß die Frauen der Stadt auf der Mauer mit Waffen, mit kochendem Wasser und Öl und Steinen und warfen tapfer die Feinde zurück, obwohl diese alle Anstrengungen machten, um hineinzudringen. Zwei jener Frauen rissen sogar zwei Fahnen aus den Händen der Feinde und warfen sie von der Mauer aus in die Stadt; so wurden die Belagerer gezwungen, die Bresche, die sie gebrochen hatten, und die Mauern zu lassen, sich zurückzuziehen und zu flüchten. Der Ruhm dieser Begebenheit drang durch ganz Frankreich, Flandern und Burgund. Als nach einiger Zeit König Franz hindurchkam, wollte er die Frauen sehen und lobte sie und dankte ihnen.

Die Frauen von Peronne machten es ebenso, als die Stadt vom Grafen Nassau belagert wurde; sie leisteten den tapfern Kriegsleuten, die darin waren, auf ganz dieselbe Weise Beistand, und sie wurden darum von ihrem König sehr geachtet, gelobt und bedankt.

Gelegentlich der Bürgerkriege und ihrer Belagerung wurden die Frauen von Santerre wegen der tüchtigen Leistungen, die sie auf jederlei Weise dabei vollbrachten, ebensosehr gelobt und gerühmt.

Während des Krieges der Ligue taten die Frauen von Vitré in ihrer von Herrn von Mercueur belagerten Stadt ebenso ihre Pflicht. Die Frauen waren dort zu allen Zeiten sehr schön und immer köstlich gekleidet; sie schonten darum aber ihre Schönheit nicht und bewiesen eine männliche Tapferkeit; und gewiß sind alle männlichen und edlen Taten zu solchen Zwecken an den Frauen ebensohoch zu schätzen wie an den Männern.

Geradeso verhielten sich einst die edlen Frauen von Karthago; als sie sahen, daß ihre Gatten, ihre Brüder, ihre Väter, ihre Verwandten und ihre Soldaten aufhörten, auf ihre Feinde zu schießen, weil sie keine Sehnen mehr an ihren Bögen hatten, die wegen der langen Dauer der Belagerung vollständig verbraucht waren, und sie also keinen Hanf, keinen Flachs, keine Seide und auch nichts anderes mehr bekommen konnten, um Stricke daraus zu machen, entschlossen sich die Frauen, ihre schönen Flechten und blonden Haare abzuschneiden und diese schönen Zierden ihrer Häupter, diesen Schmuck ihrer Schönheit nicht zu schonen; und sie selbst drehten mit ihren schönen, weißen und feinen Händen Schnüre daraus und lieferten sie ihren Soldaten. Es kann sich jeder denken, mit welchem Mut und mit welcher Stärke diese daher ihre Bögen spannen und straffen, damit schießen und kämpfen konnten, wenn sie so schöne Liebeszeichen von den Frauen trugen.

In der Geschichte von Neapel lesen wir, daß der große Feldherr Sforza, als er unter der Regierung der Königin Johanna II. von dem Gemahl der Königin, Jakob, ergriffen worden war, in strenger Gefangenschaft gehalten wurde, und es hing zweifellos an einem Haar, und er wäre geköpft worden, wäre nicht seine Schwester Margarete in Waffen ins Feld gezogen. Sie machte ihre Sache in eigner Person so gut, daß sie vier der vornehmsten neapolitanischen Edelleute gefangennahm und dem König sagen ließ, sie würde dieselbe Behandlung seinen Leuten bescheren, die er ihrem Bruder zuteil werden lasse. Damit wurde er gezwungen, einen Vertrag zu machen und ihn heil und gesund freizulassen. Ach! tapfere und edle Schwester, du gehörtest dabei schwerlich deinem Geschlechte an!

Ich kenne ein paar Schwestern und Verwandte; hätten diese vor gewisser Zeit eine solche Tat vollbracht, sie hätten vielleicht einen tapfern Bruder retten können, der zugrunde ging, weil es ihm an solcher Hilfe und Unterstützung fehlte.

Lassen wir jetzt diese kriegerischen und tapfern Frauen im allgemeinen und reden wir von ein paar besonderen. Als das schönste Schauspiel des Altertums will ich für alle Genur jene Zenobia anführen, die nach dem Tod ihres Gemahls sich nicht wie manche andere die Zeit damit verschwendete, daß sie ihn beweinte und beklagte, sondern sie bemächtigte sich im Namen ihrer Kinder der Herrschaft und erklärte den Römern und dem damaligen Kaiser Aurelian den Krieg. Acht Jahre hindurch machte sie ihm viel Mühe, bis sie eine Schlacht mit ihm einging, besiegt und gefangengenommen und vor den Kaiser geführt wurde; als dieser sie fragte, wie sie zu der Kühnheit gekommen wäre, mit den Kaisern Krieg zu führen, antwortete sie ihm bloß: »Wahrhaftig! ich erkannte wohl, daß Ihr Kaiser seid, weil Ihr mich besiegt habt.« Aurelian war über diesen seinen Sieg so erfreut und empfand eine so große Genugtuung darüber, daß er sie im Triumph mitführen wollte; in großer

Pracht und Herrlichkeit schritt sie vor seinem Triumphwagen her, in kostbarster Kleidung und angetan mit einem Reichtum von Perlen und edlen Steinen, großen Juwelen und goldenen Ketten, mit welch letzteren sie am Körper, an den Füßen und an den Händen gefesselt war, zum Zeichen, daß sie Gefangene und Sklavin war; die große Schwere ihrer Juwelen und Ketten zwang sie, mehrmals stehnzubleiben und sich während des Triumphzugs häufig auszuruhen. Es ist sicherlich ein bedeutender und wunderbarer Fall, daß sie besiegt und gefangen noch dem triumphierenden Sieger Gesetze diktierte, daß sie ihn anhalten und warten ließ, bis sie wieder zu Atem gekommen war! Es bedeutete aber auch vom Kaiser eine hohe und ehrenwerte Höflichkeit, daß er ihr erlaubte, sich auszuruhen, und daß er ihre Schwäche ertrug, statt sie zu zwingen oder zu drängen, sich mehr zu beeilen, als sie konnte. Man weiß daher nicht, was man mehr rühmen soll, die Ritterlichkeit des Kaisers oder das Verhalten der Königin, die dieses Spiel vielleicht mit Absicht trieb, nicht so sehr aus Schwäche und Müdigkeit, als vielmehr, weil sie mit ihrem Ruhm prahlen und der Welt zeigen wollte, daß sie am Abend ihres Glücks noch dieses Restchen pflückte, wie sie es am Morgen getan, und daß der Kaiser ihr darin nachgab, wie er sie mit ihren langsamen und schweren Schritten erwartete. Sie erwarb sich bei Männern und Frauen hohe Bewunderung, und manche darunter hätten wohl diesem schönen Leib gleichen wollen; denn sie war nach den Angaben derer, die darüber schrieben, überaus schön. Sie hatte einen sehr schönen, stolzen und kräftigen Wuchs, ihre Haltung war sehr edel, ebenso ihre Anmut und Würde; weiter war auch ihr Antlitz sehr schön und freundlich, ihre Augen waren schwarz und sehr glänzend. Unter andern hatte sie sehr schöne und sehr weiße Zähne, eine lebendige, sehr züchtige, aufrichtige und mildtätige Gesinnung; sie redete sehr schön und sprach mit heller Stimme. Auch gab sie alle ihre Gedanken und Willensmeinungen ihren Soldaten selbst kund und redete sie häufig an.

Ich meine, sie war sicherlich ebensoschön anzuschauen,

wie sie so stolz und hübsch in Frauenkleidung daherkam, wie ganz blank gewaffnet; denn das Geschlecht trägt immer den Sieg davon. Auch steht zu vermuten, daß der Kaiser sie bloß in ihrem schönen weiblichen Geschlecht zeigen wollte, das sie besser zur Schau stellte und dem Volk die Vollkommenheit ihrer Schönheit angenehmer machte; außerdem ist auch zu vermuten, daß sie der Kaiser geschmeckt und gekostet hatte und noch genoß; wenn er sie auf die eine Art besiegt hatte, hatte er sie auch auf die andere besiegt, es kann aber hier ebenso umgekehrt sein.

Es wundert mich, daß der Kaiser, da jene Zenobia so schön war, sie nicht als eine seiner Maitressen nahm und aushielt, oder daß sie nicht mit seiner oder des Senats Erlaubnis ein Liebesgeschäft und ein Lusthaus eröffnete und gründete, wie Flora, um sich mit ihrer körperlichen Arbeit und ihrer Betterschütterung eine Menge Reichtümer zu erwerben und aufzuspeichern; in diesen Laden hätten die Größten von Rom kommen können, einer mit dem andern um die Wette; denn ein höheres Glück und einen höheren Genuß gibt es scheinbar nicht auf der Welt, als sich auf Königreiche und Fürstentümer zu stürzen und eine schöne Königin, Fürstin und große Dame zu genießen. Ich berufe mich auf solche, die derartige Fahrten gemacht und dabei so schöne Taten vollbracht haben. Damit hätte sich diese Königin Zenobia aus der Börse jener Großen bald reich gemacht, wie Flora, die auch nur die Vornehmen bei sich empfing. Hätte sie nicht besser daran getan, so in Schmausereien, in Pracht, Reichtümern und Ehren zu leben, als so in Not und äußerste Bedürftigkeit zu versinken wie sie, daß sie ihren Lebensunterhalt unter gewöhnlichen Frauen mit Spinnen erwarb und vor Hunger gestorben wäre, hätte ihr nicht der Senat aus Mitleid mit ihr und mit ihrer vergangenen Größe zum Lebensunterhalt eine Pension sowie ein paar kleine Ländereien und Besitzungen ausgesetzt, die man lange Zeit die zenobianischen Besitzungen nannte; denn schließlich ist die Armut ein großes Unglück; und wer sie vermeiden kann, mit welchen Mitteln es auch geschehe, der tut wohl daran; so sagte einer, den ich kenne.

Somit bewahrte Zenobia ihren großen Mut nicht bis ans Ende ihrer Laufbahn, wie sie hätte tun sollen und wie man ihn stets in allen Handlungen aufrechterhalten muß. Man sagt, daß sie sich einen Triumphwagen hatte bauen lassen (es war der prächtigste, den man je in Rom sah), um in Rom zu triumphieren, wie sie häufig während ihres großen prahlenden Glückes sagte; denn sie war so anmaßend, das römische Reich erobern zu wollen! Aber alles war umgekehrt; denn nachdem sie der Kaiser besiegt hatte, nahm er ihn für sich und triumphierte damit, während sie zu Fuß ging, und er machte mit ihr einen größern Triumph und Aufzug, als wenn er einen mächtigen König besiegt hätte. Freilich ist der Sieg, den man über ein Weib davonträgt, in welcher Art er auch sei, kein großer und ruhmreicher!

So wünschte auch Augustus über Kleopatra zu triumphieren; aber es glückte ihm nicht. Sie beugte dem beizeiten vor, auf dieselbe Art, die Paulus Aemilius dem Perseus anriet; als er ihn in seiner Gefangenschaft bat, Mitleid mit ihm zu haben, antwortete er, es hätte an ihm gelegen, hier zuvorzukommen, womit er meinte, er hätte sich selbst töten sollen.

Ich hörte, daß der hochselige König Heinrich II. nichts so sehr wünschte, als die Königin von Ungarn gefangennehmen zu können, nicht um sie schlecht zu behandeln, wiewohl sie ihm mit ihrem Sengen und Brennen genug Veranlassung dazu gegeben hatte, sondern um des Ruhmes willen, diese große Königin gefangenzuhalten und zu sehen, wie sie sich in der Gefangenschaft benehme und ob sie sich so tapfer und stolz gebärden würde wie in ihrem Heere; denn es gibt ja auch nichts Stolzeres und Herrlicheres als eine schöne, tapfre und große Dame, wenn sie will und wenn sie Mut hat, wie es bei dieser der Fall war, die an dem Namen, den ihr die Soldaten gegeben hatten, großen Gefallen fand, denn wie sie den Kaiser, ihren Bruder, ›el padre de los soldados‹ nannten, nannten sie sie ›la madre‹; ebenso wurde einst zur Zeit der Römer Vittoria oder Vittorina in ihren Heeren die Lagermutter genannt. Wenn eine große und schöne Dame ein Kriegsamt übernimmt, nützt sie sicherlich dabei sehr viel und begeistert ihre Leute sehr, wie ich von der Königinmutter sah, die sehr oft zu unsrer Armee kam und bei den Truppen den Mut befestigte und erhöhte, wie noch heute ihre Enkelin, die Infantin, in Flandern, die ihre Armee befehligt und ihren Soldaten in Tapferkeit vorangeht, und ohne sie und ihre schöne und angenehme Gegenwart, sagen alle, könnte sich Flandern nicht halten; die Königin von Ungarn, ihre Großtante, konnte sie niemals an Schönheit, Tapferkeit, Adel und Grazie übertreffen.

Es steht in unsern französischen Geschichten, welchen Wert die Anwesenheit jener tapfern Gräfin von Montfort hatte, als sie in Annebon belagert wurde; denn so tapfer auch ihre Soldaten waren, so mutig sie auch kämpften und den Stürmen standhielten und so gut sie ihre Sache auch machten, so begannen sie doch den Mut zu verlieren und neigten zur Übergabe; aber sie redete ihnen so tüchtig zu und feuerte sie mit so schönen und mutigen Worten an, daß sie die Hilfe abwarteten, die ihnen, hoch ersehnt, dann auch zur rechten Zeit wurde und die Aufhebung der Belagerung herbeiführte. Sie tat sogar noch mehr; denn als ihre Feinde sämtlich beim Angriff beschäftigt waren und sie die Zelte ganz leer sah, bestieg sie ein gutes Pferd und machte mit fünfzig tüchtigen Reitern einen Ausfall, schreckte den Feind und legte Feuer ans Lager, so daß Karl von Blois im Glauben, verraten zu sein, sofort dem Sturm Einhalt gebot. Dazu will ich noch die folgende kleine Geschichte erzählen:

Während der letzten Kriege der Ligue erließ der erst jüngst verstorbene hochselige Prinz von Condé, als er in Saint-Jean war, an Madame de Bourdeille, eine sehr schöne Witwe im Alter von vierzig Jahren, die Aufforderung, sechs oder sieben der reichsten Leute von ihren Gütern auszuliefern, die sich auf ihr Schloß Mathas zu ihr geflüchtet hatten. Sie verweigerte es ihm stracks und sagte, niemals würde sie diese armen Leute verraten oder ausliefern, die sich unter ihren Schutz gestellt und sich unter ihr Treuwort gerettet hätten. Er ließ ihr zum letztenmal sagen, schicke sie ihm die Leute nicht, so würde er sie Gehorsam lehren. Sie gab ihm zur Antwort (ich war nämlich zu ihrem Beistand bei ihr), da er nicht gehorchen könne, fände sie es sehr merkwürdig, daß er von den andern Gehorsam verlange, und nur wenn er seinem König gehorcht hätte, würde sie ihm gehorchen; übrigens fürchte sie bei all seinen Drohungen weder seine Kanonen noch seine Belagerung, sie stamme von der Gräfin Montfort ab, von der sie nicht nur diesen Platz, sondern auch ihren Mut geerbt habe; sie sei entschlossen, den Platz so gut zu hüten, daß er ihn nicht nehmen solle; und sie würde ebenso handeln, wie ihre Ahnherrin, eben jene Gräfin, es in Annebon getan hatte. Der Prinz dachte lange über diese Antwort nach und zögerte ein paar Tage, ohne sie weiter zu bedrohen. Wäre er jedoch nicht gestorben, er hätte sie trotzdem belagert; aber sie hatte sich mit Mut und Entschlossenheit mit Männern und allem andern sehr gut gerüstet, um ihn wohl zu empfangen; ich glaube, er hätte nur Schande heimgetragen.

In seinem Buch ›Über den Krieg‹ erzählt Machiavelli, daß Katharina, die Gräfin von Forli, in diesem ihren Platz von Cesare Borgia, den das französische Heer unterstützte, belagert wurde; sie leistete ihm tapfern Widerstand, aber endlich wurde die Stadt genommen. Die Ursache ihres Unglücks war, daß der Platz so viele kleine Forts und befestigte Punkte besaß, so daß man sich von einem Ort zum andern flüchten konnte; so gab denn, als Cesare anrückte, der Herr Giovanni de Casale, den jene Gräfin zu ihrem Schutz und Beistand bei sich hatte, die Bresche preis, um sich in seine Forts zurückzuziehen; infolge dieses Fehlers überfiel Borgia die Festung und nahm sie ein. Durch diese Mißlichkeiten, sagt der Autor, geschah dem edlen Mut und dem Ruf jener tapfern Gräfin großer Schaden, sie hatte ein Heer erwartet, das der König von Neapel und der Herzog von Mailand nicht gewagt hatten zu erwarten; und wenn auch ihr Ausgang ein unglücklicher war; sie trug doch die Ehre davon, die ihre Tapferkeit verdiente; und es wurden daher damals in Italien zu ihrem Preise eine Menge Verse und Reime gemacht. Diese Stelle verdient von jenen gelesen zu werden, die sich damit befassen, Städte zu befestigen, und darin eine große Menge von Forts, Schlössern, Türmen und Zitadellen bauen.

Um wieder auf unser Thema zurückzukommen, es gab früher bei uns in Frankreich eine Menge Prinzessinnen und große Damen, die schöne Beweise ihrer Heldentaten abgelegt haben: so Paula, die Tochter des Grafen von Penthièvre, die von dem Grafen von Charollais in Roye belagert wurde und sich dabei so tapfer und kühn zeigte, daß nach der Einnahme der Stadt der Graf sie freundlich und liebenswürdig behandelte und sie sicher nach Compiègne geleiten ließ, dazu erließ er den ausdrücklichen Befehl, daß ihr kein Übel geschehen solle; er ehrte sie sehr wegen ihrer Tapferkeit, wenn er auch ihrem Gemahl sehr zürnte, den er beschuldigte, er habe ihm durch Zaubereien und Hexereien mit Bildern und Kerzen nach dem Leben getrachtet.

Richilde, die einzige Tochter und Erbin von Mons im Hennegau, die Gemahlin Balduins VI., Grafen von Flandern, machte alle Anstrengungen gegen Robert den Friesen, ihren Schwager, der zum Vormund der Kinder Flanderns eingesetzt war, um ihm die Entscheidung und die Verwaltung abzunehmen und auf sich zu übertragen: im Verlauf dieser Sache wagte sie mit Unterstützung Philipps, des Königs von Frankreich, zwei Schlachten gegen ihn. In der ersten wurde sie gefangengenommen, was ebenfalls ihrem Feind Robert passierte, und dann wurden sie gegenseitig ausgetauscht. Dann lieferte sie ihm die zweite Schlacht, und sie verlor sie und verlor auch ihren Sohn Arnulph und wurde bis Mons gejagt.

Isabella von Frankreich, Tochter des Königs Philipp des Schönen und Gemahlin König Eduards II., Herzogs der Guyenne, war beim König, ihrem Gemahl, in Ungnade gefallen, infolge böser Nachreden seitens Hugos von Depensier, auf Grund deren sie gezwungen wurde, sich mit ihrem Sohn Eduard nach Frankreich zu flüchten. Dann kehrte sie mit dem Chevalier von Hainot, ihrem Verwandten, wieder nach England zurück und führte ein Heer hinüber, mit dessen Hilfe sie ihren Gemahl gefangennahm, den sie dann jenen in die Hände gab, mit denen er seine Tage beschließen sollte; das gleiche widerfuhr ihr aber selbst, denn sie wurde, weil sie mit einem Herrn Mortimer liebelte, von ihrem Sohn bis an ihr Ende auf ein Schloß verbannt. Sie war es, die den Engländern Veranlassung gab, daß sie zu Unrecht gegen Frankreich stritten. Das nenne ich aber eine üble Erkenntlichkeit und eine große Undankbarkeit von einem Sohn, der, eine große Wohltat vergessend, seine Mutter eines so geringen Vergehens halber unwürdig behandelte. Gering nenne ich es, weil es natürlich ist und weil sie sich im Umgang mit den Soldaten so sehr daran gewöhnt hatte, in den Armeen und Zelten und Pavillons Soldat zu spielen, daß sie es wohl oder übel auch im Alkoven mußte, wie das häufig vorkommt. Ich berufe mich auf unsre Königin Leonore, Herzogin der Guyenne, die den König und ihren Gemahl übers Meer und in den heiligen Krieg begleitete. Sie war mit dem Soldatenhandwerk so vertraut und hatte mit der Kriegsmannschaft so häufig Umgang gehabt, daß sie ihrer Ehre immer mehr vergab, bis sie sogar mit Sarazenen Verkehr hatte. Der König verstieß sie deshalb, was für uns einen Verlust bedeutete. Man stelle sich vor, sie wollte erproben, ob diese guten Kameraden im geheimen ebenso tapfre Kämpen wären wie in der offnen Feldschlacht, und daß es möglicherweise ihre Laune war, die tapfern Leute zu lieben, denn eine Tapferkeit lockt die andre an, wie die Tugend; denn niemals redet der falsch, welcher sagte, die Tugend gliche dem Blitzstrahl, der alles durchbohrt.

Jene Königin Leonore war nicht die einzige, die ihren königlichen Gemahl in diesen heiligen Krieg begleitete. Sondern vor ihr, mit ihr und nach ihr nahmen andre Prinzessinnen und große Damen mit ihren Gatten das Kreuz, das soll aber nicht heißen, daß sie ihre Beine kreuzten, im Gegenteil, sie spreizten sie weit, daß manche dort blieben und die andern als tüchtige Huren zurückkehrten. Unter dem Vorwand, das Heilige Grab zu besuchen, trieben sie unter so vielen Kriegern mit viel Genuß ihre Liebschaften;

auch passen, wie ich sagte, Waffen und Liebe sehr gut zusammen, eine so tüchtige und gemeinsame Sympathie haben sie.

Solche Damen sind doch sehr zu achten und zu lieben, daß sie so mit den Männern umgehen und es nicht machten wie früher die Amazonen, die sich, obwohl sie sich Töchter des Mars nannten, ihrer Gatten entledigten, indem sie sagten, die Ehe sei eine wahre Sklaverei; nach dem Umgang mit andern Männern strebten sie freilich sehr, weil sie Töchter von ihnen haben wollten, während sie die männlichen Kinder umbrachten.

In seiner ›Cosmographie‹ berichtet J. v. Nauclerus, daß im Jahre Christi 1123, nach dem Tode Libussas, der Königin der Böhmen, die Prag mit Mauern umgeben ließ und die Herrschaft der Männer aufs höchste verabscheute, eines ihrer Edelfräulein, das großen Mut hatte, mit Namen Valaska, aufstand und die Mädchen und Frauen des Landes gewann, ihnen die Freiheit in so schönen Farben ausmalte und ihnen einen solchen Abscheu vor der Sklaverei der Männer einflößte, daß eine jede ihren Gemahl, ihren Bruder, ihren Verwandten, ihren Nachbarn tötete, dadurch gelangten sie in einem Nu zur Herrschaft; und nachdem sie die Waffen ihrer Männer genommen hatten, bedienten sie sich ihrer so gut und zeigten sich als so gewandte und tapfre Amazonen, daß sie verschiedene Siege erfochten. Später wurden sie jedoch durch die Umtriebe und Schlauheiten eines Primislaus, Gemahls der Libussa, eines Mannes, den sie aus niedrigem und gemeinem Stand genommen hatte, aufs Haupt geschlagen und zum Tode gebracht. Das war Gottes Strafgericht für die ungeheuerliche Tat, so das menschliche Geschlecht zum Aussterben bringen zu wollen.

Diese Frauen hätten ihren Mut lieber in andern schönen, tapfern und männlichen Taten zeigen können als mit solchen Grausamkeiten; wir haben ja auch so viel Kaiserinnen, Königinnen, Prinzessinnen und großen Damen gesehen, die in edlen Taten, in der Verwaltung und Beherrschung ihrer Staaten und in andern Dingen hervorragten;

die Geschichte ist voll genug davon, und ich brauche es nicht zu erzählen; denn der Ehrgeiz, zu herrschen und regieren und zu gebieten, wohnt in ihrer wie in der Männer Seele, und sie wollen ihn nicht weniger stillen.

Nun will ich eine Frau nennen, die weniger davon ergriffen war, Vittoria Colonna, die Gemahlin des Marquis von Pescara, von der ich in einem spanischen Buche folgendes las. Als jener Marquis die schönen Anerbietungen vernahm, die ihm Hieronymus Mouran von seiten des Papstes machte (wie schon oben erwähnt), wenn er ein Bündnis mit ihm eingehen wolle, setzte er seine Gemahlin selbst davon in Kenntnis; überhaupt verhehlte er ihr nichts von seinen geheimsten Angelegenheiten, weder von den großen noch von den kleinen; da schrieb sie ihm, denn sie redete und schrieb vorzüglich, er möge sich an seine alte Tapferkeit und Tugend erinnern, die ihm solches Lob und solche Achtung eingetragen habe, daß sie den Ruhm und das Glück der größten Könige der Erde überträfen. Nicht mit der Größe der Reiche und Staaten, auch nicht mit hohen und schönen Titeln wurde die Ehre erworben, die sich mit einem stets lebendigen Preise auf uns Nachkommen übertrug; und kein Rang wäre so hoch, daß er durch einen Verrat oder ein gebrochenes Wort nicht wieder zusammenstürzte; und daher wünsche sie gar nicht, die Frau eines Königs zu sein, sondern sie wolle die eines Feldherrn sein, der nicht nur im Krieg mit seiner tapfern Hand, sondern auch im Frieden mit der Ehre eines unüberwindlichen Geistes, die Könige, die großen Fürsten und Feldherren besiegen, über sie triumphieren und herrschen könnte. Diese Frau redete mit einem hohen Mut, mit großer Tüchtigkeit und Wahrhaftigkeit, denn mit einem Verbrechen zu regieren, das ist in der Tat sehr gemein; groß und schön aber ist es, die Reiche und Könige mit seiner Tugend zu beherrschen.

Fulvia, die Frau des P. Claudius und in zweiter Ehe mit Marc Anton verheiratet, hatte gar keine Freude daran, ihre Hausangelegenheiten zu besorgen; sie befaßte sich vielmehr mit den großen Sachen und besorgte die Staatsgeschäfte, ja man verlieh ihr sogar den Ruf, den Kaisern Befehle zu erteilen. Auch wußte ihr Kleopatra sehr viel Dank dafür und fühlte sich ihr verpflichtet, daß sie Marc Anton so wohlgeschult und an Zucht gewöhnt hatte, daß er sich den Gesetzen beugte und unterwarf.

Jener große französische Fürst Karl Martell, steht zu lesen, wollte den Königstitel nicht selbst annehmen und tragen, was doch in seiner Macht gestanden hätte, sondern er wollte lieber die Könige beherrschen und ihnen Befehle geben.

Sprechen wir nun von einigen unserer Damen. Im Krieg der Ligue hatten wir Madame von Montpensier, die Schwester des hochseligen Herrn von Guise, die eine große Staatsmännin war und die ihren guten Teil Erfindungskraft, geistiger Betriebsamkeit und körperlicher Arbeit zur Gründung jener Ligue beitrug. Als sie nach deren Aufrichtung eines Tages Karten spielte, die Prime (dieses Spiel liebte sie nämlich sehr), und man ihr sagte, sie mische die Karten sehr gut, antwortete sie vor vielen Leuten: »Ich habe sie so gut gemischt, daß man gar nicht daran denken kann, sie besser zu mischen oder wieder zu entmischen.« Das war gut, wenn die Ihrigen dabei nicht getötet worden wären; ohne über diesen Verlust den Mut zu verlieren, übernahm sie es, sie zu rächen. Und als ihr die Kunde in Paris gebracht wurde, hielt sie sich nicht in ihrer Kammer verschlossen und hub Wehklagen an wie andre Frauen, sondern sie ging mit den Kindern ihres Bruders an den Händen aus dem Haus, führte sie durch die Straßen und stimmte vor dem Volk ihre Klage an, indem sie es mit Tränen, mit Schreien um Mitleid anfeuerte und alle mit flammenden Worten aufforderte, die Waffen zu ergreifen; es erhob sich ein rasender Aufstand, in dem es an Frechheiten gegen das Haus und Bild des Königs nicht mangelte (darüber hoffe ich in ihrer Lebensbeschreibung berichten zu können), sie forderte das Volk auf, ihm jede Treue abzuschwören, ja ihm Empörung und Aufruhr zu schwören, was später auch seine Ermordung im Gefolge hatte; daraus ist zu erkennen, von welchen Leuten der Rat dazu herrührt und wer die Schuld dafür zu tragen hat. Das Herz einer Schwester, die solcher Brüder verlustig geht, konnte sicherlich jenes Gift nicht verdauen, ohne den Mord zu rächen.

Ich hörte, nachdem sie so das Volk von Paris zu diesen Empörungen und Frechheiten aufgehetzt hatte, reiste sie zu dem Prinzen von Parma, um ihn um Unterstützung für ihre Rache zu bitten. Sie reiste in so großen und langen Strecken, daß ihre Wagenpferde eines Tages so müde und abgemattet mitten in der Picardie im Schlamme steckenbleiben mußten, daß sie weder vorwärts noch rückwärts und keinen Fuß vor den andern setzen konnten. Zufällig kam ein sehr ehrbarer Edelmann des Landes, ein Hugenotte, vorbei, der sie erkannte, obwohl sie einen andern Namen trug und verkleidet war; er verschloß sich gegen die Umtriebe, die sie gegen seine reformierten Glaubensgenossen begangen hatte, und die Unverschämtheiten, die sie ihnen zuteil werden ließ, und sagte ihr voller Höflichkeit: »Madame, ich kenne Euch wohl, ich bin Euer Diener. Ich sehe Euch in so üblem Zustand, wenn's Euch gefällt, kommt Ihr in mein Haus, es ist ganz nahe, da trocknet Ihr Euch und ruht Euch aus. Ich will Euch mit allem versorgen, wie ich nur kann, so gut es mir möglich sein wird. Fürchtet nichts; auch wenn ich dem reformierten Bekenntnis angehöre, auch wenn Ihr uns sehr haßt, möchte ich mich doch nicht von Euch trennen, ohne Euch einen Gefallen zu erweisen, den Ihr sehr brauchen könnt.« Dieses Anerbieten akzeptierte sie dankbar; nachdem ihre Erholung vollendet war, machte sie sich wieder auf den Weg, und er gab ihr zwei Meilen weit das Geleite, dennoch verhehlte sie ihm ihre Reise; soweit ich hörte, beglich sie später mit vielen andern Freundlichkeiten dem Edelmann gegenüber ihre Schuld.

Es waren manche erstaunt, daß sie sich dem Manne anvertraute, da er doch Hugenott war. Aber die Not bringt einen zu vielen Dingen; auch durfte sie aus seinen ehrbaren und freimütigen Worten schließen, daß er sich ehrlich gegen sie verhalten würde.

Als Madame von Nemours, ihre Mutter, nach dem Tode

ihrer Kinder gefangengesetzt wurde, geriet sie in eine tiefe Verzweiflung über diesen unersetzlichen Verlust; von Natur eine Dame von sehr sanftem Gemüt und ein kühles Wesen, das nur zur rechten Zeit in Erregung gerät, überhäufte sie den König mit Beleidigungen, stieß Verwünschungen und Verfluchungen gegen ihn aus (denn wenn es einem so heftigen Schmerz und Verlust gilt, was könnte man dann nicht sagen!), ja sie nannte den König immer nur und nicht anders als ›dieser Tyrann‹. Als sie dann wieder zu sich gekommen war, sagte sie: »Ach, was sage ich, Tyrann? Nein! Nein! ich will ihn nicht mehr so nennen, sondern einen gütigen und mildtätigen König, wenn er mich tötet wie meine Kinder; auf daß er mich meinem Elend entreißt und mir zur himmlischen Seligkeit verhelfe.« Darauf mäßigte sie ihre Worte und Schreie, bezwang sich etwas und sagte bloß: »Ach! meine Kinder!«, indem sie fortwährend diese Worte mit Tränen wiederholte, die ein Herz von Stein erweicht hätten. Ach! sie hatte wohl recht, sie also zu beklagen und zu beweinen, sie waren so gut, so edel, so tüchtig, so tapfer, besonders aber jener große Herzog von Guise, der wahre Erstgeborne und das echte Muster aller Tapferkeit und Edelmutes. Auch liebte sie ihre Kinder so sehr, daß mir eines Tages eine große Dame am Hofe, mit der ich über Frau von Nemours sprach, sagte, sie wäre die glücklichste Fürstin von der Welt, wofür sie mir verschiedene Gründe anführte, einen ausgenommen, sie liebte ihre Kinder zu sehr; denn sie liebte sie so sehr, daß die beständige Furcht, die sie um sie hatte, die Furcht, es möchte ihnen etwas Übles zustoßen, ihr ganzes Glück zerstörte, und daß sie in einer fortwährenden Unruhe und Aufregung lebte. Nun kann sich also jeder denken, wieviel Schmerzen, Bitternisse und Qualen sie über den Tod dieser beiden empfand und wie sie um den andern, der gegen Lyon gezogen war, und um den gefangenen Herrn von Nemours fürchtete. Denn um ihre Gefangenschaft, sagte sie, kümmere sie sich nicht, auch nicht um ihren Tod, wie ich schon oben sagte.

Als man sie aus dem Schloß von Blois wegbrachte, um

sie in das von Amboise in noch strengere Gefangenschaft überzuführen, drehte sie beim Durchschreiten des Tors ihren Kopf und hob ihn zum Bilde König Ludwigs XII., ihres Großvaters, empor, der in den Stein darüber gemeißelt ist, wo er mit einer vortrefflichen Anmut und kriegerischen Haltung auf einem Pferde sitzt. Sie hielt ein wenig an, betrachtete ihn und sagte ganz laut vor einer Menge Menschen, die da zusammengelaufen waren, und mit ihrer schönen und sichern Haltung, von der sie niemals verlassen wurde: »Wenn der dort oben noch lebte, er würde nicht erlauben, daß man seine Enkelin so gefangen wegführte und daß man sie so behandelt.« Dann setzte sie ihren Weg fort und sagte nichts weiter. Man stelle sich vor, daß sie in ihrer Seele die Manen ihres edlen Großvaters anrief und anflehte, sie möchten gerechte Rächer ihrer Gefangenschaft sein; genauso wie einst verschiedne der Verschwörer gegen das Leben Cäsars sich auf dem Gange zu ihrem Handstreich zur Statue des Pompejus wendeten und im geheimen den Schatten seiner vordem so kräftigen Hand anriefen und anflehten, damit sie ihnen helfe, ihren Schlag auszuführen. Vielleicht mochte die Anrufung jener Fürstin zum Tod des Königs, der sie so beschimpft hatte, beitragen und ihn beschleunigen. Eine hochgemute Dame, die Rache brütet, ist sehr zu fürchten.

Ich erinnere mich: als ihr hochseliger Gemahl, Herr von Guise, den Stoß erhielt, an dem er starb, war sie im Feldlager; sie war ein paar Tage vorher hingekommen, um ihn zu besuchen. Als er verwundet in sein Quartier trat, kam sie ihm in Tränen und Verzweiflung bis an die Tür entgegen, grüßte ihn und schrie plötzlich auf: »Kann es sein, daß der Elende, der den Streich geführt und der ihn dazu angestiftet hat (sie glaubte, der Herr Admiral), ungestraft bleibe! Gott! Wenn du gerecht bist, wie du es sein mußt, räche das; sonst …!« Sie vollendete nicht, ihr Gemahl aber griff das Wort auf und sagte zu ihr: »Meine Liebe, beleidige Gott nicht mit deinen Worten. Wenn er es mir zur Strafe für meine Sünden geschickt hat, so geschehe sein Wille, und Preis sei seinem Namen. Wenn es aber nicht von ihm kommt, wird er die Rache, da sie sein ist, wohl ohne dich vollbringen!« Nach seinem Tod betrieb sie jedoch die Verfolgung so gut, daß der Mörder von vier Pferden zerrissen wurde, während der mutmaßliche Urheber nach einigen Jahren ermordet wurde, wie ich an anderm Ort zu sagen hoffe, und zwar auf die Unterweisungen hin, die sie ihrem Sohn gab, wie ich's erlebte, auf die Ratschläge und Überredungen hin, mit denen sie ihn seit seiner zartesten Kindheit ernährte, bis daß die Rache dafür vollendet war.

Die Ratschläge und Ermahnungen der edlen Frauen und Mütter vermögen hierin sehr viel. So erinnere ich mich, als König Karl IX. die Reise durch sein Königreich machte und in Bordeaux war, wurde der Baron Bournazel, ein sehr tapferer und ehrbarer gascognischer Edelmann, gefangengesetzt, weil er einen andern Edelmann seines eigenen Landes, mit Namen Latour, getötet hatte. Man sagte, es sei wegen einer argen List geschehen. Die Witwe betrieb die Bestrafung so lebhaft, daß man dafür sorgte, daß in die Kammer des Königs und der Königin die Kunde kam, jener Baron solle geköpft werden. Die Edelleute und Damen gerieten plötzlich in Erregung, und man arbeitete sehr daran, ihm das Leben zu retten. Zweimal bat man den König und die Königin, ihn zu begnadigen. Der Kanzler setzte sich dem sehr entgegen, indem er sagte, die Gerechtigkeit müsse ihren Lauf nehmen. Der König, der jung war, konnte ihn sehr leiden und verlangte nichts mehr, als ihn zu retten, denn der Baron gehörte zu den feinen Leuten am Hofe; und der Herr von Cipierre trieb ihn auch sehr dazu an. Indessen nahte die Stunde der Hinrichtung, und jedermann war darüber erschrocken. Da schritt der Herr von Nemours ein, er liebte den armen Baron. der ihn in den Kriegen an manche gute Plätze begleitet hatte, warf sich der Königin zu Füßen und flehte sie an, dem armen Edelmann das Leben zu schenken, und bat und drängte sie mit solchen Worten, daß es ihm gewährt wurde; sofort wurde daher ein Kapitän der Garde abgeschickt, der seine Hand auf ihn legen sollte, sowie er zur Hinrichtung herausgeführt würde. Damit wurde er gerettet. Die ausgestandene

Furcht blieb aber immer seinem Antlitz aufgeprägt, seitdem bekam er nie wieder Farbe, wie ich sah und wie ich es auch von Herrn von Saint-Vallier hörte, der bei seinem Streit mit Herrn de Bourbon auch mit dem Leben davonkam.

Indessen war die Witwe nicht müßig, sie suchte am andern Morgen den König auf, als er zur Messe ging, und warf sich ihm zu Füßen. Sie zeigte ihm ihren Sohn, der drei oder vier Jahre alt sein konnte, und sagte zu ihm: »Sire, da Ihr dem Mörder des Vaters dieses Kindes gnädig gewesen seid, flehe ich Euch an, ihm auch von dieser Stunde an Gnade zu gewähren, damit er sich, wenn er groß ist, rächen und jenen Elenden töten kann.« Seitdem weckte, wie ich sagen hörte, die Mutter alle Morgen ihr Kind auf, zeigte ihm das blutige Hemd, das sein Vater anhatte, als er umgebracht wurde, und sagte ihm dreimal: »Schau es genau an und erinnere dich genau, daß du das rächst, wenn du groß geworden bist, sonst enterbe ich dich.« Welche Erbitterung!

Als ich in Spanien war, wurde mir erzählt: Antonio Roques, einer der tapfersten, kühnsten, schlauesten, verschlagensten, gewandtesten, berüchtigtsten und ritterlichsten Buschklepper und Briganten, die es je in Spanien gab (so die Meinung), hatte Lust, von seinem ersten Berufe weg Priester zu werden, und als der Tag gekommen war, an dem er seine erste Messe singen sollte, und er in großer Feierlichkeit, köstlich zum Gottesdienst gekleidet und geschmückt, den Becher in der Hand, aus dem Revestiarium zum Hauptaltar seiner Pfarrkirche trat, hörte er, als er vorüberschritt, wie seine Mutter zu ihm sagte: »Ach, du elender und schlechter Kerl! besser wär's, du rächtest den Tod deines Vaters, statt Messe zu lesen.« Diese Stimme ging ihm so zu Herzen, daß er auf dem halben Wege kaltblütig umkehrte und in die Sakristei zurückging; hier zog er sich aus und machte glauben, das Herz täte ihm weh und er müsse es auf ein andermal verschieben; er begab sich ins Gebirge hinauf unter die Räuber und errang dort hohe Achtung und Berühmtheit, so daß er zum Hauptmann gewählt wurde. Er vollführte eine Menge Untaten und Räubereien, rächte den Tod seines Vaters, der von einem andern getötet worden sein sollte; nach andern wurde er von der Justiz hingerichtet. Ein Brigant selbst erzählte mir das, der früher unter seinem Befehl stand, und rühmte ihn mir bis in den dritten Himmel, und Kaiser Karl konnte ihm niemals an den Kragen.

Um nun nochmals auf Madame von Nemours zu kommen, so behielt sie der König keineswegs im Gefängnis, was teilweise auf Veranlassung des Herrn von Escars geschah; denn er entließ sie und schickte sie nach Paris zu den Herren Mayne und Nemours und andern verbündeten Prinzen und ließ allen Friedensworte überbringen, die dem Vergessen alles Vergangenen galten; und wer tot sei, sei tot, und sie wollten Freunde sein wie vorher. In der Tat ließ sich der König einen Eid von ihr darauf leisten, daß sie diese Botschaft überbringe. Nach ihrer Ankunft fand sie zuerst nur Tränen und Wehklagen über ihren Verlust; dann berichtete sie ihren Auftrag. Herr du Mayne antwortete ihr, indem er fragte, ob sie ihm dazu riete. Sie antwortete ihm bloß: »Mein Sohn, ich bin nicht hierhergekommen, um dir zu raten, sondern nur, um dir zu überbringen, was man mir gesagt und aufgetragen hat. Es ist deine Sache, zu überlegen, ob du Veranlassung dazu hast und es tun sollst. Was ich dir sage, darüber geben dir dein Herz und dein Gewissen den besten Rat. Was mich anlangt, so entledige ich mich nur dessen, was ich versprach.« Unter der Hand aber wußte sie das Feuer, das lange Zeit fortbrannte, wohl zu schüren.

Verschiedene Leute staunten sehr darüber, inwiefern der König, der so klug war und zu den gewandtesten Männern seines Reiches gehörte, sich für einen solchen Auftrag dieser Dame bediente, nachdem er sie so beleidigt hatte, daß sie kein Herz und kein Gefühl hätte besitzen müssen, wenn sie sich nur im geringsten damit beschäftigte; auch spottete sie ja seiner sehr. Man sagte, es wäre auf den Rat des Marschalls von Retz geschehen, der das gleiche dem König Karl empfahl, er solle Herrn de la Noue nach La Rochelle hinein schicken, damit er den Einwohnern zum Frieden, zum Gehorsam und zur Pflicht rede; ja er erlaubte ihm sogar, damit sie Vertrauen zu ihm gewännen, sich so zu stellen, als rege er sich für sie und ihre Partei auf und erglühe dafür, sie anzufeuern, den Krieg bis zum äußersten zu führen und ihnen gegen den König Rat zu geben; er hatte ihm jedoch die Bedingung auferlegt, daß er herauskäme, wenn es ihm von dem König oder dem Prinzen, seinem Oberfeldherrn, befohlen würde. Er tat beides, er schürte den Krieg und verließ die Stadt wieder; er befestigte indessen jenen Leuten den Mut so sehr, versteifte sie so sehr auf den Krieg, brachte ihnen so gute Zucht bei und begeisterte sie dermaßen, daß sie uns für dieses Mal über waren. Eine Menge Leute fanden, daß keine Schlauheit dabei war. Ich habe alles das gesehn; und ich hoffe es anderswo vollständig erzählen zu können. Aber der Marschall brachte es für seinen König und für Frankreich zuwege; man hielt ihn eher für einen Scharlatan und Schmeichler als für einen guten Beamten und Marschall von Frankreich.

Von jener meiner Frau von Nemours will ich nur noch ein paar kurze Worte sagen. Man erzählte mir: Als die Ligue gegründet wurde und als sie die Rollen und Listen der Städte, die zum Bündnis gehörten, durchsah, fand sie Paris noch nicht darin und sagte immer zu ihrem Sohn: »Mein Sohn, das ist nichts, ihr braucht noch Paris. Und wenn ihr Paris nicht habt, ist nichts getan, also, verschafft euch Paris.« Und kein Wort weiter als immer Paris klang von ihren Lippen; die Folge waren denn auch die Barrikaden.

So zielt ein edles Herz immer aufs Höchste ab: Das bringt mir eine kleine Geschichte wieder ins Gedächtnis, die ich in einem spanischen Roman las, betitelt ›Conquista de Navarra.‹ Als dieses Königreich dem König Johann abgenommen und von dem König von Aragonien usurpiert worden war, sandte König Ludwig XII. ein Heer hin unter Herrn de la Palice, um es wieder zu erobern. Der König ließ der Königin Donna Catherina durch Herrn de la Palice, der ihr es überbrachte, sagen, sie solle an den Hof von Frankreich kommen und dort bei der Königin Anna, seiner

Gemahlin, bleiben, während der König, ihr Gemahl, und der Herr de la Palice versuchen sollten, das Königreich wiederzugewinnen. Die Königin antwortete ihm voller Adel: »Und wie, mein Herr! ich meinte, der König, Euer Herr, hätte Euch hierher geschickt, damit Ihr mich mit in mein Königreich bringt und mich in Pampeluna wieder einsetzt; ich meinte, ich begleite Euch dabei, wie ich auch dazu entschlossen und gerüstet war; und jetzt ladet Ihr mich an den Hof von Frankreich ein? Das bedeutet eine böse Ahnung und ein schlimmes Vorzeichen für mich! Ich sehe wohl, daß ich es nie wieder betreten werde.« Und wie sie es voraussagte, so traf es ein.

Der Herzogin von Valentinois wurde beim Herannahen des Todes König Heinrichs und bei der geringen Hoffnung auf seine Gesundung gesagt und befohlen, sie solle sich in ihr Hotel zu Paris zurückziehen und nicht mehr in sein Zimmer kommen, was ebenso seinen Grund darin hatte, daß sie ihn in seinen frommen Betrachtungen nicht stören solle, wie in der Feindseligkeit, die gewisse Leute gegen sie hegten. Als sie sich zurückgezogen hatte, schickte man zu ihr und ließ ihr ein paar Ringe und Kleinodien abfordern, die der Krone gehörten und die sie zurückzuerstatten hatte. Sie fragte den Wortführer der Boten sofort: »Wie! ist der König tot?« – »Nein, Madame«, antwortete der andere, »aber es kann schwerlich lange dauern.« – »Solange noch ein Finger an ihm lebendig ist«, sagte sie, »sollen meine Feinde wissen, daß ich sie nicht fürchte und daß ich ihnen nicht gehorchen werde, solange er lebt. Mein Mut ist noch unbesiegbar. Wenn er aber tot ist, dann will ich nicht länger leben; und alle Bitternisse, die man mir zufügen konnte, kämen mir süß vor gegen meinen Verlust. Also, sei mein König tot oder lebendig, meine Feinde fürchte ich nicht.«

Diese Dame zeigte einen großen Herzensadel. Sie starb jedoch nicht, wird jemand einwenden, wie sie gesagt. Verschiedene Male freilich nahte ihr der Tod; aber statt zu sterben, tat sie wirklich besser daran, daß sie leben wollte, womit sie ihren Feinden bewies, daß sie sie nicht fürchtete; diese hatten einst demütig vor ihr gezittert, aber sie wollte sich nun ihnen nicht beugen, sie zeigte ihnen ein solches Gesicht, wies ihnen so ihre Zähne, daß sie es nie wagten, ihr Mißfallen zu erregen. Ja, es ward noch besser! Binnen zwei Jahren suchten sie ihre Gunst mehr denn je und schlossen wieder Freundschaft mit ihr, wie ich sah; so ist es eben bei den großen Herren und Damen der Brauch, die in ihren Freundschaften wenig Haltung haben und sich streiten und einigen, sich schlagen und vertragen, sich lieben und hassen wie Spitzbuben auf dem Jahrmarkt. Das tun wir Kleinen nicht, denn entweder muß man sich schlagen, rächen und sterben, oder man muß es mit Verträgen erledigen, die auf den Punkt genau ausgemacht, peinlich abgewogen und feierlich festgesetzt werden; dabei befinden wir uns besser.

Sicher muß man die Dame um dieses Zuges willen sehr bewundern, wie ja gewöhnlich jene großen Damen, die in Staatsgeschäfte eingreifen, stets über das gewöhnliche Tun der andern erhaben sind. Daher liebten der hochselige König Heinrich III., der letzte, und die Königinmutter durchaus nicht die Damen am Hofe, die ihren Witz und ihre Nase in die Staatsgeschäfte steckten oder sich herausnahmen, viel davon zu reden, wie von dem, was in der Tat das Reich nahe anging, als ob sie, sagten Ihre Majestäten, stark teil daran hätten und als ob sie es erben sollten oder als trügen sie zu seiner Behauptung überhaupt den Schweiß ihres Körpers oder die Arbeit ihrer Hände bei wie die Männer: Sie dagegen ließen sich's gute Zeit sein, plauderten am Kamin wohlbehaglich in ihren Lehnstühlen oder auf ihren Kissen oder auf ihren Ruhebetten, schwatzten in höchster Bequemlichkeit von der Welt und den Angelegenheiten Frankreichs, als ob sie alles selbst täten. Darauf hatte einmal eine Dame von da und da, die ich nicht nennen will, eine Erwiderung; als sie sich herausnahm, ihren Rechen voll über die ersten Landstände in Blois zu sagen, ließen Ihre Majestäten ihr einen kleinen Verweis erteilen, sie solle sich mit ihrem Hausstand beschäftigen und zu Gott beten. Sie, die ihre Zunge etwas locker sitzen hatte, antwortete: »Zur Zeit, als die Prinzen, die Könige und großen Herren das Kreuz nahmen, um übers Meer zu gehn und im Heiligen Lande so schöne Heldentaten zu vollbringen, war es uns Frauen gewiß nicht erlaubt, sondern wir mußten bitten, beten, Gelübde tun und fasten, damit ihnen Gott eine gute Fahrt und eine gute Rückkehr schenkte; aber seit wir sie heute nicht *mehr* tun sehn als wir, ist es uns erlaubt, von allem zu sprechen: denn aus welchem Grund sollten wir für sie zu Gott bitten, da sie doch nichts Besseres tun als wir?«

Diese Rede war gewiß allzu verwegen, sie wäre ihr auch beinahe teuer zu stehn gekommen, und es kostete ihr große Mühe, dafür Vergebung zu bekommen, um die sie bitten mußte; und ohne Grund, den ich wohl sagen konnte, hätten ihr durchaus Kummer und Strafe geblüht, und zwar sehr schimpfliche.

Es tut manchmal nicht gut, einen Witz zu machen, so wie er einem in den Mund kommt; so sah ich verschiedene Leute, die sich nicht zu beherrschen verstanden; ausschweifender sind sie als ein Berberroß; und wenn sie ein Spottwort auf der Zunge hatten, dann müssen sie's ausspucken, ohne Schonung für Verwandte, Freunde oder Große. Leute von solcher Gemütsart kannte ich eine Menge an unserm Hofe, und man nannte sie ›marquis et marquises de belle-Bouche‹, Herrschaften von Maulwerk; aber sehr häufig waren sie auch auf den Unrechten gekommen.

Nunmehr will ich, da ich bereits den Mut und den Adel der Damen von den schönen Taten ihres Lebens ableitete, von einigen schreiben, die sie bei ihrem Tode gezeigt haben. Ohne dem Altertum ein Beispiel zu entnehmen, will ich nur das der hochseligen Frau Regentin, der Mutter des großen Königs Franz, anführen. Zu ihrer Zeit war sie, wie ich von manchem und von mancher hörte, die sie gesehen und gekannt haben, eine sehr schöne und sehr lebenslustige Dame, sogar noch in ihren abnehmenden Jahren. Daher haßte sie es sehr, wenn man ihr vom Tode redete, ja sie haßte sogar die Geistlichen, die in ihren Predigten davon redeten: »Als ob man nicht schon hinreichend wüßte«, sagte sie, »daß alle einmal sterben müssen; daß doch solche

Prediger, wenn sie in ihrem Sermon nichts weiter sagen können und am Ende ihrer Weisheit sind, wie Ignoranten vom Sterben anfangen müssen.« Auch die hochselige Königin von Navarra, ihre Tochter, liebte ebensowenig wie ihre Mutter diese Sterbelieder und Todespredigten.

Als das vorbestimmte Ende gekommen war und sie, drei Tage bevor sie starb, in ihrem Bett lag, sah sie in der Nacht ihre Kammer voller Helligkeit, die durchs Fenster hereingedrungen war. Sie geriet in heftigen Zorn über ihre Kammerfrauen, die sie aus dem Schlaf weckten, und fragte sie, warum sie ein so glühendes und helles Feuer angezündet hätten. Sie antworteten ihr, sie hätten nur ein wenig Licht und es wäre der Mond, der so leuchte und solchen Glanz ausstrahle. »Wie!«, sagte sie, »wir stehn aber im abnehmenden Mond, er wird sich hüten, jetzt zu scheinen.« Plötzlich sah sie, als sie ihren Vorhang öffnen ließ, einen Kometen, der gerade auf ihr Bett schien. »Ha!« sagte sie, »das ist ein Zeichen, das erscheint Leuten von niedrigem Rang nicht. Für uns große Leute läßt Gott es erscheinen. Schließt das Fenster; es ist ein Komet, der mir den Tod ankündigt; nun heißt es sich vorbereiten.« Am andern Morgen erfüllte sie, nachdem sie ihren Beichtvater hatte holen lassen, alle Pflichten einer guten Christin, wiewohl ihr die Ärzte versicherten, es sei noch nicht so weit mit ihr. »Wenn ich das Zeichen meines Todes nicht gesehen hätte, würde ich es glauben«, sagte sie, »denn ich fühle mich durchaus nicht so elend«; und sie erzählte ihnen allen die Erscheinung ihres Kometen. Und nachdem drei Tage verflossen waren, ließ sie die Träume der Welt hinter sich und verschied.

Ich könnte nicht glauben, daß die großen Damen und jene, die schön, jung und ehrbar sind, nicht mehr darüber klagen, die Welt verlassen zu müssen wie die andern; gleichwohl will ich ein paar nennen, die sich überhaupt nicht darum kümmerten und den Tod willig erduldeten, wenn ihnen auch für den Augenblick seine Ankündigung sehr bitter und schrecklich gewesen sein mag.

Als der verstorbenen Gräfin von La Rochefoucauld aus

dem Hause Roye, nach meiner und andrer Meinung eine der schönsten und freundlichsten Frauen von Frankreich, von ihrem Prediger (denn sie war reformiert, wie jedermann weiß) verkündet wurde, daß sie nicht mehr an die Welt denken dürfe und daß ihre Stunde gekommen sei, da sie zu Gott eingehn müsse, der sie riefe, und daß sie sich von den Eitelkeiten der Welt trennen müsse, die nichts wäre im Vergleich zur Glückseligkeit des Himmels, sagte sie zu ihm: »Herr Prediger, das kann gut für jene sein, die am Leben keine große Befriedigung und Lust haben und die am Rand ihres Grabes stehn; aber für mich, die ich erst in der Rüstigkeit meiner Jahre, meiner Schönheit und meiner Lust stehe, ist Euer Spruch sehr bitter. Und weil ich mehr Veranlassung habe, lieber auf dieser Welt zu sein als auf jeder anderen und mir um meinen Tod leid ist, will ich Euch meine edle Gesinnung beweisen und zeigen, daß ich den Tod als das gemeinste, verworfenste, niedrigste, häßlichste und älteste, das es auf der Welt gibt, gern erleide.« Dann begann sie unter großer Ergebenheit Psalmen zu singen und verschied.

Madame von Epernon aus dem Hause Candale wurde von einer so plötzlichen Krankheit befallen, daß sie in weniger als sechs oder sieben Tagen hinweggerafft wurde. Bevor sie starb, versuchte sie alle möglichen Mittel, um sich zu heilen; Menschen und Gott rief sie um Beistand an und verlangte Hilfe von allen ihren Freunden, Dienern und Dienerinnen, denn es schmerzte sie sehr, so jung sterben zu müssen; nachdem man ihr aber vorgestellt hatte, daß sie mit gutem Willen zu Gott eingehen müsse und daß es kein Heilmittel mehr dagegen gäbe, sagte sie: »Ist es wahr? So laßt mich denn; ich will mich also tapfer dazu entschließen.« Das waren ihre eigensten Worte. Sie hob ihre schönen weißen Arme in die Höhe und legte die beiden Hände zusammen und erbot sich mit offenem Antlitz und festem Herzen, den Tod in Geduld zu ertragen und die Welt zu verlassen, die sie mit sehr christlichen Worten zu verabscheuen begann; und dann starb sie als sehr fromme und gute Christin, im Alter von sechsundzwanzig Jahren, und war eine der schönsten und angenehmsten Dame ihrer Zeit gewesen.

Man sagt, es sei nicht schön, wenn man die Seinen rühmt, eine gute Wahrheit darf man aber auch nicht verhehlen; und daher will ich hier Madame von Aubeterre preisen, meine Nichte, die Tochter meines ältesten Bruders, von der mir jeder, der sie am Hofe oder anderswo sah, zugeben wird, daß sie eine der schönsten und vollendetsten Damen war, die man sehen konnte, leiblich wie seelisch. Der Körper zeigte klar und in seinem Aussehn, was an ihm war, sie hatte ein schönes und angenehmes Gesicht, einen hohen Wuchs, eine anmutige Gestalt. Sie hatte auch einen vortrefflichen Geist und besaß viele Kenntnisse; sie redete sehr gut, naiv und ungeschminkt, und was aus ihrem Munde kam, war höchst angenehm, sei es in ernsten Dingen, sei es in fröhlicher Entgegnung. Niemals sah ich eine Frau, die meiner Meinung nach unserer Königin Margarete von Frankreich im Aussehen und in ihrer Vollkommenheit mehr glich als sie; das hörte ich auch einmal die Königinmutter sagen. Dieses Lob würde schon genügen; ich will auch nichts weiter von ihr sagen. Wer sie gekannt hat, der wird mich, des bin ich sicher, wegen dieses Rühmens keiner Lüge zeihen. Sie wurde plötzlich von einer Krankheit befallen, der gegenüber die Ärzte ratlos waren und ihr Latein daran verschwendeten; sie selbst war jedoch der Ansicht, daß sie vergiftet worden sei; von welcher Seite, will ich nicht sagen; aber Gott wird alles rächen und vielleicht auch die Menschen. Sie tat zu ihrer Rettung alles, was sie konnte, nicht daß sie sich darum bekümmerte, zu sterben, sagte sie; denn seit dem Verlust ihres Gatten hatte sie jede Furcht verloren, wiewohl er ihr sicherlich nicht ebenbürtig war und sie auch nicht verdiente, wie auch die Tränen nicht, die sie nach seinem Tod aus ihren schönen Augen vergoß; aber aus Liebe zu ihrer Tochter, die sie im zartesten Alter verließ, hätte sie sehr gewünscht, noch eine Weile zu leben; so hatte sie auch eine gute und schöne Veranlassung zum Leben, und die Klage um einen dummen Gatten brauchte nicht schwer und wichtig zu sein.

Als sie dann sah, daß es keine Hilfe mehr gab, und als sie sich selbst ihren Puls fühlte und ihr Ende lebhaft erkannte, denn sie verstand sich auf alles, ließ sie zwei Tage, bevor sie starb, ihre Tochter zu sich rufen und richtete eine sehr schöne und fromme Ermahnung an sie, wie sie vielleicht keine Mutter schöner oder besser gehalten hat, ebenso, um sie ein ordentliches Leben auf der Welt zu lehren, als um die Gnade Gottes zu erlangen; dann gab sie ihr ihren Segen und befahl ihr, die Ruhe ihrer Todesstunde nicht mehr mit ihren Tränen zu stören. Dann verlangte sie ihren Spiegel, betrachtete sich sehr aufmerksam und sagte: »Ach! Du trügerisches Antlitz meiner Krankheit, warum hast du dich nicht verändert« (denn sie sah noch ebensoschön aus wie sonst); »bald wird aber der Tod, der naht, das Recht darüber haben, er wird dich verfaulen und von Würmern zerfressen lassen.« Sie hatte auch ihre meisten Ringe an die Finger gesteckt; sie betrachtete sie und überhaupt ihre Hand, die sehr schön war, und sagte: »Das ist nun eine Weltlust, die ich früher sehr geliebt habe; aber in dieser Stunde lasse ich sie gern und schmücke mich für die andre Welt mit einem schönern Schmuck.« Und als sie ihre Schwestern sah, die über alle Maßen über sie weinten, bat sie, sie möchten willig annehmen, was Gott ihr zu schicken gefalle; nachdem sie einander stets so sehr geliebt, sollten sie nicht beklagen, was ihr Freude und Befriedigung brächte; die Freundschaft, die sie ihnen stets entgegengetragen, würde ewig dauern, und sie bat sie, desgleichen zu tun und besonders ihrer Tochter gegenüber; da die Tränen ihrer Schwestern aber nur noch stärker flossen, sagte sie ihnen noch: »Meine Schwestern, wenn ihr mich liebt, warum freut ihr euch nicht mit mir, daß ich ein elendes Leben gegen ein so glückliches vertausche! Müde von soviel Anstrengungen, wünscht meine Seele davon frei zu sein und mit Jesus Christus, meinem Heiland, am Ort der Ruhe zu weilen; und ihr wünscht sie noch an diesen elenden Leib gefesselt, der bloß ihr Gefängnis, nicht aber ihre wahre Wohnung ist. Ich bitte euch also, meine Schwestern, betrübt euch nicht mehr.«

Sie sagte noch viele ähnliche schöne und christliche Worte, kein noch so großer Gelehrter hätte schönere sprechen können, und ich übergehe sie. Besonders verlangte sie Madame von Bourdeille, ihre Mutter, zu sehn, die holen zu lassen, sie ihre Schwestern gebeten hatte, und oft sagte sie zu ihnen: »Mein Gott! liebe Schwestern! kommt denn Frau von Bourdeille nicht? Ach! Wie lange eure Eilboten brauchen! Für eilige Sachen und Extraposten sind sie doch gar nicht tüchtig.« Die Mutter traf ein, sah sie aber nicht mehr am Leben, denn sie war eine Stunde vorher gestorben.

Sie verlangte auch sehr nach mir, den sie stets ihren lieben Onkel nannte, und sandte uns das letzte Lebewohl. Sie bat, man solle nach ihrem Tod ihren Leib öffnen lassen, was sie stets sehr verabscheut hatte, damit sich die Ursache ihres Todes, sagte sie zu ihren Schwestern klarer herausstelle und es für sie und für ihre Tochter eine Veranlassung sei, ihr Leben zu bewahren und in acht zu nehmen; »denn ich muß gestehen«, sagte sie, »daß ich den Argwohn hege, vor fünf Jahren mit meinem Onkel Brantôme und meiner Schwester, der Gräfin von Durtal, vergiftet worden zu sein; aber das größte Stück habe doch ich genommen. Damit will ich aber nun nicht jemand beschuldigen, weil ich fürchten muß, es ist falsch, und das soll nicht auf meiner Seele lasten, die ich frei von allem Tadel, allem Groll, aller Feindseligkeit und aller Sünde haben will, damit sie geradewegs zu Gott ihrem Schöpfer hinauffliegt.«

Ich würde nie ein Ende finden, wenn ich alles sagte, denn ihre Gespräche waren groß und lang und ließen keineswegs einen verwelkten Leib, einen schwachen und hinfälligen Geist verspüren. Da war ein Edelmann, ihr Nachbar, ein beredter und witziger Mann, der gern mit ihr plauderte und spaßte; er stellte sich vor, und sie sagte zu ihm: »Ach! mein Freund! diesmal ist's aus, nun heißt's sich übergeben, die Zunge, den Dolch, alles! Lebwohl!«

Ihr Arzt und ihre Schwestern wollten ihr irgendein herzstärkendes Mittel einflößen. Sie bat sie, es ihr nicht zu geben: »denn es nützt nichts mehr«, sagte sie, »es verlängert nur meine Qual und verzögert meine Ruhe.« Und sie bat, man solle sie lassen; und oft hörte man sie sagen: »Mein Gott, wie süß ist der Tod! wer hätte das je gedacht?« Dann wurde allmählich ihr Geist immer sanfter, sie schloß die Augen, ohne irgendwelche häßliche und schreckensvolle Anzeichen zu geben, die bei manchen andern im Tode einzutreten pflegen.

Madame von Bourdeille, ihre Mutter, folgte ihr bald nach; denn die Melancholie, die sie wegen dieser ehrbaren Tochter erfaßte, raffte sie in achtzehn Monaten hinweg, von denen sie sieben krank lag, zwischen Hoffnung und Heilung und Verzweiflung hin und her schwankend; von Anfang an sagte sie, sie würde nie davonkommen; den Tod fürchtete sie nicht und bat Gott auch nicht, ihr Leben oder Gesundheit zu verleihen, sondern sie bat nur um Geduld in ihren Schmerzen, vor allem bat sie, er möge ihr einen sanften Tod schicken, keinen harten und schmachtenden; und wie wir sie in Ohnmacht glaubten, gab sie so sanft den Geist auf, daß man kein Glied an ihr zucken sah und auch keinen schreckensvollen oder entsetzten Blick an ihr merkte, sondern sie verschied, indem sie ihre Augen so schön herumgehn ließ denn je, und war tot ebensoschön, als sie es lebend in ihrer Vollendung gewesen war.

Es war gewiß sehr schade um sie und um jene schönen Damen, die so in der Blüte ihrer Jahre starben! Vielleicht will der Himmel, der nicht zufrieden ist mit den schönen Lichtern, die seit der Erschaffung der Welt sein Gewölbe schmücken, in diesen Damen noch mehr neue Gestirne haben, mit denen er uns leuchten kann, wie sie es im Leben mit ihren schönen Augen taten. Jetzt nur noch dieses, dann nichts weiter:

Man erinnert sich noch der Frau von Balagny, die in allem die echte Schwester jenes tapfern Bussy war. Als Cambray belagert wurde, tat sie mit tapferm und edlem Mut alles, was sie konnte, um die Einnahme zu verhindern; nachdem sie aber alle Verteidigungsmittel, die sie herbeibringen konnte, erschöpft hatte und als sie sah, daß die Stadt in die Hand des Feindes fiel und daß ihm die Zitadelle ebenso anheimfiel, konnte sie das große Herzeleid nicht ertragen, ihre Fürstentitel niederzulegen, denn sie und ihr Gemahl ließen sich Fürst und Fürstin von Cambray und Cambresis nennen; ein Titel, den man in verschiedenen Ländern hassenswürdig und allzu anmaßend fand, denn sie waren nur einfache Edelleute. Sie starb und verging vor Trauer auf dem Platz der Ehre. Manche sagen, sie habe sich selbst den Tod gegeben, was man indessen wieder mehr für heidnisch als für christlich hielt. Wie dem auch sei, man muß sie rühmen, daß sie sich so brav zeigte und daß sie ihren Gemahl in ihrer Todesstunde ermahnte, als sie ihm sagte: »Was bleibt dir nach deinem traurigen Unglück zu leben übrig, Balagny, als daß du der Welt zum Gespött und zum Schauspiel dienst, die mit den Fingern auf dich zeigen wird, da du aus dem Gipfel des Ruhms, zu dem du dich hoch erhoben hast, einem niedrigen Geschick verfällst, denn ein solches sehe ich dir bereitet, wenn du nicht wie ich handelst? Lerne also von mir, ordentlich zu sterben und nicht dein Unglück und deine Schande zu überleben.« Es ist ein bedeutender Fall, wenn uns eine Frau leben und sterben lehrt. Er wollte aber weder gehorchen noch daran glauben; denn nach sieben oder acht Monaten war ihm bereits die Erinnerung an jene tapfre Frau geschwunden, und er verheiratete sich mit der Schwester der Frau von Monceaux, gewiß einem schönen und ehrbaren Fräulein; damit bewies er, daß es schließlich doch nur eines gibt, zu leben, auf welche Art es auch immer sei.

Gewiß ist das Leben gut und süß; aber auch ein edler Tod ist sehr zu rühmen wie der jener Dame; wenn sie am Kummer starb, war das sehr gegen die Natur mancher Damen, von denen man sagt, sie täten gerade das Gegenteil dessen, was in der Gemütsart der Männer läge; denn sie sterben in Freuden und mit Freuden.

Ich will bloß die Geschichte von Fräulein von Limneil, der älteren, erzählen, die als eine der Fräulein der Königin am Hofe verstarb. Während der Krankheit, an der sie verschied, wurde niemals ihr Schnabel stille, sondern sie schwatzte fortwährend; denn sie war außerordentlich beredt und hatte einen beißenden Witz, der sehr tüchtig und immer am rechten Orte kam, und das machte sie sehr schön. Als ihre Todesstunde gekommen war, ließ sie ihren Kammerdiener zu sich kommen, die Hoffräulein haben nämlich jede ihren Kammerdiener; er hieß Julien und spielte vortrefflich die Geige: »Julien«, sagte sie zu ihm, »nehmt Eure Geige und spielt mir, spielt mir der ›Schweizer Niederlage‹, bis Ihr mich tot seht (denn es geht zu Ende mit mir), und so gut, als Ihr nur könnt, und wenn Ihr bei dem Vers ›Tout est perdu‹ seid, spielt Ihr es vier- oder fünfmal, so klagend, als Ihr nur könnt.« Das tat der andere, und sie begleitete ihn mit ihrem Gesang; und als er zu dem ›Tout est perdu‹ kam, wiederholte sie es zweimal, drehte sich auf die andre Seite des Kissens, sagte zu ihren Freundinnen: »Jawohl, diesmal ist alles verloren!«, und darauf verschied sie. Das nenne ich einen fröhlichen Tod. Ich habe die Geschichte von zweien ihrer Gefährtinnen, glaubwürdigen Mädchen, die Zeugen des Vorganges waren.

Gibt es also manche Frauen, die in Freuden oder mit Freuden sterben, so finden sich ebensoviel Männer, die es ebenso machten: So lesen wir von jenem großen Papst Leo, der vor Freude und Glück starb, als er uns Franzosen ganz und gar aus Mailand verjagt sah; so haßte er uns!

Den hochseligen Herrn Großprior von Lothringen faßte einmal die Lust an, zwei seiner Galeeren unter dem Befehl des Kapitäns Beaulieu, einem seiner Seeleutnants, von dem ich anderswo rede, den Kurs gegen die Levante nehmen zu lassen. Jener Beaulieu fuhr sehr tüchtig darauf los, denn er war tapfer und mutig. Gegen den Archipel zu begegnete er einer wohlbewaffneten und gut ausgestatteten venezianischen Fregatte. Er begann sie zu beschießen, aber das Schiff erwiderte ihm die Salve tüchtig; denn gleich mit der ersten Lage riß sie ihm zwei seiner Ruderbänke mit den Sklaven darauf rein weg, und mit seinem Leutnant, namens Kapitän Korb, einem lustigen Kameraden, der vor seinem Tod gerade noch sagen konnte: »Adieu, Korb, die Weinlese ist fertig!« Dieser Witz erheiterte seinen Tod. Herr von Beaulieu mußte sich zurückziehen, denn jenes Schiff war für ihn nicht zu besiegen.

Im ersten Jahr, als König Karl IX. regierte, damals, als das Juli-Edikt erlassen wurde und er sich im Faubourg Saint-Germain aufhielt, sahen wir, wie daselbst ein Bursche des dortigen Gesindels aufgehängt wurde, der aus der Küche des Prinzen von La Roche-sur-Jon sechs Silberschüsseln gestohlen hatte. Als er auf der Leiter stand, bat er den Henker, er möchte ihm ein wenig Zeit zum Reden lassen, und begann zu schwatzen und stellte dem Volke vor, daß er zu Unrecht umgebracht würde, »denn«, sagte er, »ich habe niemals arme Leute, Bettler und Krüppel bestohlen, sondern immer nur Fürsten und Große, die selbst größere Spitzbuben als wir sind und die uns alle Tage plündern; es ist daher nur wohlgetan, daß wir uns von ihnen wieder holen, was sie uns stehlen und abnehmen.« Er sagte noch viele andere aufrührerische Reden, deren Erzählung überflüssig wäre, bis der Priester, der mit ihm die Leiter hinaufgestiegen war, sich zum Volk wandte, wie man es sieht, und ihm zurief: »Herrschaften, dieser arme Sünder empfiehlt sich euren Bitten und Gebeten; wir wollen alle für ihn und für seine Seele ein Paternoster und ein Ave-Maria sagen und das Salve singen«; und als das Volk ihm respondierte, senkte der besagte arme Sünder den Kopf, betrachtete den Priester, begann wie ein Kalb zu brüllen und machte den Pfaffen auf die lustigste Weise lächerlich, dann versetzte er ihm eins mit dem Fuß und stieß ihn hoch von der Leiter herunter, daß er sich ein Bein brach. »Ach! Herr Pfaffe«, sagte er, »bei Gott, ich wußte wohl, daß ich's Euch hier versalzen würde. Nun hat er sein Teil, der Kerl.« Als er ihn klagen hörte, begann er aus vollem Halse zu lachen, dann warf er sich selbst in die Luft. Ich schwöre euch, am Hof lachte man sehr über diesen Streich, wiewohl der arme Priester sich sehr weh getan hatte. Das ist doch gewiß kein trauriger Tod.

Der verstorbene Herr von Etampes hatte einen sehr lustigen Narren, namens Colin. Als sein Tod nahte, fragte Herr von Etampes, wie es Colin gehe. Man antwortete ihm: »Schlecht, gnädiger Herr; er wird sterben, denn er will nichts mehr zu sich nehmen.« – »Halt«, sagte Herr von

Etampes, der gerade bei Tische saß, »bringt ihm diese Suppe hin und sagt ihm, wenn er nicht aus Liebe zu mir etwas ißt, will ich ihn nie wieder gern haben, denn man habe mir gesagt, er wolle nichts mehr nehmen.« Man richtete die Botschaft Colin aus, der, den Tod zwischen den Zähnen, antwortete: »Und wer hat denn meinem Herrn gesagt, daß ich nichts mehr essen wollte?« Rings schwärmte eine Million Fliegen um ihn, denn es war im Sommer, in die griff er mit der Hand hinein, wie man's von den Pagen und Lakaien und kleinen Kindern sieht; und nachdem er zwei auf einmal gefaßt hatte, machte er die kleine Handbewegung, die man sich besser vorstellen als beschreiben kann, und sprach: »Sagt dem gnädigen Herrn, das hab ich aus Liebe zu ihm genommen, und ich ziehe jetzt ins Fliegenreich ein«; damit drehte sich der Galan auf die andre Seite und verschied.

In dieser Hinsicht hörte ich von verschiednen Philosophen, daß sich manche Leute bei ihrem Ableben gern an die Dinge erinnern, die sie am meisten geliebt haben, sie wiederholen sie wie die Edelleute, die Krieger, die Jäger, die Künstler, kurz alle, denen sozusagen ihr Beruf in die Erinnerung kommt, beim Sterben reden sie etwas davon; das hat man erlebt und kann's oft erleben.

Ebenso reden die Frauen dann ihren Rechen voll bis herunter zu den Dirnen; so hörte ich von einer Dame aus ziemlich gutem Stande, deren Triumph es bei ihrem Tod war, mit ihren verwichenen Liebschaften, Hurereien und Tändeleien herauszuplatzen, so daß sie mehr sagte, als die Welt wußte, obwohl man schon eine arge Buhlerin hinter ihr witterte. Vielleicht enthüllte sie es, während sie träumte, oder weil die Wahrheit, die nicht verheimlicht werden kann, sie dazu zwang oder weil sie ihr Gewissen erleichtern wollte; wie sie auch wahrhaftig aus Gewissensbissen und Reue einige Sünden beichtete, sie machte sie aber so deutlich kenntlich, so daß man ganz klar hineinsah. »Wahrhaftig«, sagte jemand, »sie tat sehr recht daran, daß sie in dieser Stunde ihr Gewissen von diesen Liederlichkeiten säuberte, und zwar gleich gründlich!«

Ich hörte von einer Dame, die alle Nächte Träumen ausgesetzt war, so daß sie in der Nacht alles sagte, was sie am Tage getrieben hatte; dadurch brachte sie sich selbst ihrem Gatten gegenüber ins Ärgernis, der sie reden und plaudern und sich in ihre Träume einspinnen hörte, was ihr nachher übel bekam.

Vor nicht langer Zeit verkündete auch ein Edelmann von da und da, in einer Provinz, die ich nicht nennen will, bei seinem Tode öffentlich seine Liebschaften und Buhlereien und zählte die Damen und Fräulein auf, mit denen er zu tun gehabt, und an welchen Orten und Treffpunkten und auf welche Art und Weise, darüber legte er ganz laut die Beichte ab und bat Gott vor aller Welt dafür um Vergebung. Der machte es schlimmer als die Frau, denn sie kompromittierte doch nur sich, der Edelmann aber brachte mehrere Frauen hinein. Das nenne ich saubere Galane und Buhlen.

Man sagt, die geizigen Leute hätten ebenfalls die Gemütsart, daß sie bei ihrem Tode stark an ihre Schätze von Goldstücken denken und sie immer im Munde haben. Vor ungefähr vierzig Jahren lebte eine Dame von Mortemar, eine der reichsten und geldkräftigsten Damen von Poitou, die bei ihrem Sterben nur an ihre Taler dachte, die sie in ihrem Kabinett hatte, und solange sie krank war, stand sie zwanzigmal am Tag auf, um ihren Schatz aufzusuchen. Als endlich ihre letzte Stunde nahte und der Priester sie ans ewige Leben mahnte, sagte sie nichts weiter und antwortete nur: »Gebt mir meinen Rock; die Kerle plündern mich.« Die gute Dame dachte nur ans Aufstehn, um ihr Kabinett aufzusuchen, und strengte sich an, als ob sie gekonnt hätte; und so starb sie.

Ich bin am Ende etwas in meinen ersten Diskurs hineingekommen; man nehme es jedoch hin, wie nach dem Sittenstück und nach der Tragödie die Farce kommt. Und hiermit mache ich Schluß.

Sechste Abhandlung:

Weshalb man niemals von den Damen übel reden darf, und von den Folgen, die daraus entstehen

Ein Punkt muß bei diesen schönen und ehrbaren Damen, die der Liebe pflegen, wohl beachtet werden: sie mögen noch so sehr ihrer Lust frönen, so wollen sie doch nicht von dem Gerede der Leute beleidigt und in Verruf gebracht werden; und wer das tut, an dem wissen sie sich früher oder später schon zu rächen. Kurz, sie wollen es wohl machen, aber man darf nicht davon reden. Und gewiß ist es auch nicht schön, einer ehrbaren Dame Ärgernis zu bringen oder über sie zu reden; denn was geht das andre Leute an, wenn sie nur zufrieden sind und ihre Liebhaber auch?

An einigen unserer Höfe in Frankreich und besonders an den letzten waren jene Damen argen Verleumdungen ausgesetzt; ich erlebte die Zeit, in der es keinen feinen Mann gab, der nicht irgendeine Verleumdung gegen diese Damen erfand oder etwas Wahres von ihnen ausplauderte. Das verdiente den stärksten Tadel; denn man darf die Ehre der Damen, und besonders der Großen, niemals verletzen. Ich rede ebenso von denen, die ihren Genuß hatten, wie von denen, die ans Wildbret nicht herankönnen und es daher verleumden.

Wie gesagt, an den letzten Höfen unserer Könige waren solche Verleumdungen und Schmähungen arg im Schwange; sehr zum Unterschied von den Höfen ihrer königlichen Vorgänger, mit Ausnahme des Hofs König Ludwigs XI., dieses tüchtigen Praktikus, von dem man sagte, er speise seine meiste Zeit gemeinschaftlich an offener Tafel im Saal mit einer Menge seiner vertrautesten Edelleute und andern mehr; und wer ihm die beste und schlüpfrigste Geschichte von einer Freudendame erzähle, würde von ihm am meisten gefeiert; und er selbst versage es sich nicht, solche Geschichten zum besten zu geben, denn er erkundige sich eifrig danach und wolle oft welche wissen, dann teile er sie in aller Öffentlichkeit den andern mit. Das war in der Tat ein großer Skandal. Von den Frauen hatte er eine sehr üble Meinung und hielt nur wenige für keusch. Als er den König von England nach Paris einlud, damit er sich hier vergnügt mache, und als er beim Wort genommen wurde, bereute er es sofort und machte ein Alibi ausfindig, um die Verabredung zu brechen. »Ach! heilige Güte«, sagte er, »ich will nicht, daß er kommt; da könnte er hier einen kleinen Zieraffen und Zuckerbengel finden, in den er sich verliebte; und sie könnte ihm den Geschmack dazu beibringen, länger zu bleiben und häufiger wiederzukommen, als mir lieb wäre.«

Von seiner Frau, die züchtig und tugendhaft war, hatte er trotzdem eine sehr gute Meinung. Sie hatte aber auch Grund dazu, denn als ein Herrscher, der mißtrauisch und argwöhnisch war wie nur einer, hätte er sie wohl bald ebenso wie andre umbringen lassen. Als er starb, befahl er seinem Sohn, seine Mutter sehr zu lieben und hoch zu ehren, er solle sich nur nicht von ihr beherrschen lassen; »nicht, weil sie nicht sehr sittsam und keusch ist«, sagte er, »sondern weil sie mehr Burgundin ist als Französin.« Er liebte sie auch nur, weil er Nachkommenschaft von ihr haben wollte; als er welche hatte, kümmerte er sich nicht mehr um sie. Er hielt sie auf dem Schloß von Amboise wie eine einfache Dame; hier führte sie einen sehr unbeträchtlichen Haushalt und war ebenso schlicht gekleidet wie ein simples Edelfräulein; hier verlieh er ihr einen kleinen Hofstaat und ließ sie ihre Gebete verrichten, während er anderswo herumspazierte und sich's gute Zeit sein ließ. Es kann sich jeder vorstellen, wie die Damen durch alle Mäuler am Hof geschleift wurden, da der König selbst eine so schlechte Meinung von ihnen hatte und sich an Lästerreden freute; nicht, daß er ihnen sonstwie an den Kragen wollte, daß er sie in ihren Belustigungen oder irgendwie in ihren Spielen behindern wollte, wie ich von manchen erlebte. Aber sein größtes Vergnügen war eben, sich über sie lustig zu machen; unter dem Druck einer solchen Last von

Verleumdungen konnten sich diese armen Frauen nicht sehr häufig so gehnlassen, wie sie gewollt hätten. Trotz alledem war zu seiner Zeit die Liederlichkeit sehr im Schwange, denn der König half selbst sehr dazu und unterstützte die Edelleute seines Hofes darin; und dann kam's darauf an, wer am besten darüber spöttelte, sei es öffentlich oder geheim, und wer die besten Geschichten über ihre Geilheiten und ihre Windungen (so nannte er's) und über ihre Ausgelassenheiten brachte. Freilich verschwieg man die Namen der vornehmen Damen und beurteilte sie nur nach Wahrscheinlichkeiten und Mutmaßungen; ich glaube, sie hatten es besser als manche Damen während der Regierung des hochseligen Königs, der sie schalt und tadelte und in strenger Zucht hielt. Das habe ich von ein paar älteren Leuten über diesen guten König erzählen hören.

Nun, König Karl VIII., sein Sohn und Nachfolger, hatte eine andre Verfassung; denn man sagte von ihm, er sei der zurückhaltendste und ehrbarste König gewesen, den man je sah, und niemals habe er einen Mann oder eine Frau mit dem geringsten Wort von der Welt verletzt. Es kann sich also jeder denken, wie gut es während seiner Regierung den schönen Damen, die ihre Ergötzung suchten, ging. Er liebte sie auch sehr und huldigte ihnen sehr, ja sogar zuviel; denn als er von seiner Fahrt nach Neapel siegreich und ruhmbedeckt zurückkehrte, vergnügte er sich so sehr darin, sie zu Lyon zu feiern, ja aus Liebe zu ihnen sie mit schönen Kampfspielen und Turnieren so zu belustigen, daß er sich nicht der Seinen erinnerte, die er in jenem Reiche gelassen, und sie und das Reich samt den Städten und Schlössern, die sich noch hielten und aus denen sich ihm die Arme nach Hilfe entgegenstreckten, umkommen ließ. Man sagt auch, die Damen seien an seinem Tode schuld gewesen; schon an sich gebrechlicher Natur, hatte er sich ihnen allzusehr hingegeben, und das entnervte und schwächte ihn so, daß es seinen Tod beschleunigte.

König Ludwig XII. erwies sich gegen die Damen sehr achtungsvoll; denn er ließ, wie ich anderswo sagte, alle Komödianten seines Reiches, alle Scholaren und Schloßkanzlisten an den Parlamenten reden, von wem sie wollten, ausgenommen, sie sprachen von der Königin, seiner Gemahlin, von deren Damen und Fräulein; wiewohl er seinerzeit ein lustiger Bruder gewesen war und die Damen ebensosehr wie die andern liebte, das tat er aber allerdings mit schlimmer Zunge und hatte dabei auch nicht die große Dünkelhaftigkeit und Prahlerei des Herzogs Ludwig von Orléans, seines Großvaters, denn dem kostete es auch das Leben; einst rühmte er sich nämlich einmal auf einem Bankett, dem der Herzog Johann von Burgund, sein Vetter, beiwohnte, er hätte in seinem Kabinett die Bildnisse der schönsten Damen, die er genossen hätte; da trat nun eines Tages zufällig der Herzog Johann hinein; die erste Dame, die er porträtiert sieht und die sich dem ersten Blick seiner Augen darbietet, war seine edle Frau Gemahlin, die man damals für sehr schön hielt. Sie hieß Margarete und war eine Tochter Albrechts von Bayern, Grafen von Hennegau und Seeland. Wer war nun erstaunt? Der gute Herr Gemahl; er wird dann wohl ganz leise zu sich gesagt haben: »Ah! da hab ich's.« Er ließ sich den Floh nicht anmerken, der ihn stach, verheimlichte vielmehr alles, brütete Rache und stritt mit ihm um die Regentschaft und klagte ihn wegen der Verwaltung des Königreichs an; damit schob er sein Übel in den Hintergrund und ließ ihn, ohne seine Frau ins Spiel zu bringen, zu Paris am Tor Barbette ermorden; und als seine erste Frau gestorben war (man kann dabei an Gift denken), heiratete er in zweiter Ehe die Tochter Ludwigs, des dritten Herzogs von Bourbon. Möglicherweise verschlimmerte er damit nur seinen Handel; denn dergleichen Leute, die nun einmal zur Hahnreischaft bestimmt sind, haben mit der Wohnung und Höhle gut wechseln, Hörner bekommen sie doch immer wieder.

Damit verschaffte sich der Herzog für den Ehebruch eine sehr weise Rache, ohne daß er weder sich noch seine Frau in einen schlimmen Ruf brachte; es war eine sehr kluge Verstellung von ihm. Von einem sehr großen Feldherrn habe ich auch sagen hören, es gäbe drei Dinge, die der kluge Mann niemals öffentlich werden lassen dürfe, wenn er davon betroffen würde, deren Grund er verschweigen müsse, wenn er nicht lieber einen neuen erfinden wolle, damit er kämpfen und sich rächen kann, es sei denn, die Ursache sei so augenscheinlich und klar, daß er sie nicht in Abrede stellen könne.

Das eine ist: wenn jemandem vorgeworfen wird, er sei ein Hahnrei und seine Frau ein öffentliches Weib; das andre: wenn jemand des Umgangs mit Kerlen und der Sodomie beschuldigt wird; das dritte: wenn ihm zu erkennen gegeben wird, er sei ein Feigling und er sei aus einem Gefecht oder aus einer Schlacht gemein geflohen. Diese drei Dinge, sagte jener große Feldherr, sind sehr skandalös, wenn man die Veranlassung öffentlich kundmacht; man schlägt sich deswegen, und manchmal meint man sich zu reinigen und beschmutzt sich doch nur gemein damit; und ist die Veranlassung öffentlich geworden, so erregt sie groß Ärgernis, und je mehr man sie hin und her wendet, desto schlechter riecht sie, genau wie ein großer Gestank, wenn man ihn umeinander schüttelt. Wer also seine Ehre aufs trockne bringen, wer einen neuen Grund aussinnen und versuchen kann, damit er recht über den alten bekommt, tut am besten daran; und solche Beleidigungen dürfen sich niemals, so spät es auch ist, in Prozesse, Streitereien und Zweikämpfe umsetzen. Ich könnte dazu eine Menge Beispiele beibringen; es wäre mir aber nicht bequem und würde mein Gespräch zu sehr in die Länge ziehn.

Daher war es vom Herzog Johann sehr klug, daß er seine Hörner verhehlte und versteckte und daß er sich in andrer Weise an seinem Vetter rächte, der ihn beschimpft hatte; der machte sich noch dazu über ihn lustig und ließ es ihn merken. Unzweifelhaft rührten ihm also sein Spott und Skandal ebenso ans Herz wie seine Anmaßung; das ließ ihn jenen Streich sehr geschickt und weltklug führen.

Nun aber endlich wieder zur Sache: Der König Franz liebte die Damen sehr, und obwohl er der Meinung war, daß sie sehr unbeständig und veränderlich seien, wie ich anderswo sagte, wollte er nicht, daß man sie an seinem Hofe schmähe; er wünschte, daß man ihnen große Ehre und Achtung entgegenbrächte. Ich hörte erzählen: Als er einst seine Fastenzeit in Meudon bei Paris zubrachte, wurde er von einem seiner Edelleute bedient, der von Buzambourg hieß, aus Saintonge; er reichte dem König das Fleisch, wofür er Dispens hatte, und der König befahl ihm, den Rest, wie man es zuweilen am Hofe sieht, zu den Damen der kleinen Bande zu tragen, die ich nicht nennen will, weil ich Angst vor einem Skandal habe. Unter seinen Genossen und andern vom Hofe sagte der Edelmann dann, die Damen wären nicht damit zufrieden, während der Fastenzeit das Fleisch roh zu essen, sondern sie wollten nur gekochtes, und zwar ihren Schmerbauch voll. Die Damen erfuhren es, beklagten sich darüber sofort beim König, der in so großen Zorn geriet, daß er augenblicklich den Schützen seiner Palastwache befahl, ihn zu holen und ohne Verzug aufzuhängen. Zufällig bekam der arme Edelmann durch einen seiner Freunde Wind davon, er entrann und rettete sich tapfer. Wäre er erwischt worden, hätte man ihn sicherlich gehängt, obwohl er ein Edelmann von gutem Herkommen war, so zornig war diesmal der König, so viel Schwüre hörte man von ihm. Ich habe diese Geschichte von einer ehrenwerten Persönlichkeit, die dabei war; damals sagte der König ganz laut, wer nur immer an die Ehre der Damen rühre, der würde ohne Gnade gehängt.

Kurz vorher war der Papst Farnese nach Nizza gekommen, und als ihn der König mit seinem ganzen Hofe, mit Herren und Damen, besuchte, befanden sich auch einige darunter, die nicht zu den häßlichsten gehörten, die ihm den Fuß küßten. Darauf fing ein Edelmann an, sie wären nur gekommen, um von Seiner Heiligkeit Dispens zu erbitten, ohne Ärgernis rohes Fleisch zu essen, wieviel und wann immer sie wollten. Der König erfuhr es, und der Edelmann tat gut daran, daß er sich in Sicherheit brachte, denn er wäre gehängt worden, weil er sowohl die Ehrfurcht vor dem Papste wie den Respekt vor den Damen verletzt hatte.

Diese Edelleute waren in ihren Einfällen und Plaudereien nicht so glücklich wie der verstorbene Herzog von Albani. Als der Papst Clemens nach Marseille kam, um die Hochzeit seiner Nichte mit Herrn von Orléans zu feiern, waren dort drei ehrbare und schöne verwitwete Damen, die wegen der Schmerzen, der Langeweile und der Trauer, die sie über den Verlust ihrer Gatten und über die entschwundenen Freuden empfanden, so herunterkamen und so abgemagert, schwach und kränklich wurden, daß sie den Herzog von Albani, seinen Verwandten, dem die Gnade des Papstes leuchtete, baten, er möge für alle drei Dispens verlangen, daß sie an den verbotenen Tagen Fleisch essen durften. Der Herzog von Albani sagte es ihnen zu und ließ sie eines Tages höchst vertraulich in die Wohnung des Papstes kommen; er setzte auch den König in Kenntnis, es gäbe einen Zeitvertreib für ihn; damit enthüllte er ihm seinen Possenstreich; als dann alle drei vor Seiner Heiligkeit auf den Knien lagen, begann der Herzog zuerst und redete und sagte ziemlich leise auf italienisch, so daß ihn die Damen nicht verstanden: »Heiliger Vater, hier sind drei schöne und sehr ehrbare verwitwete Damen, wie Ihr seht; aus Verehrung für ihre abgeschiedenen Gatten und aus Liebe zu ihren Kindern, die sie von ihnen haben, wollen sie sich um nichts in der Welt wieder verehelichen, um ihren Gatten und Kindern kein Unrecht anzutun; weil sie nun aber manchmal vom Stachel des Fleisches versucht werden, bitten sie in Demut Eure Heiligkeit, außerhalb der Ehe mit den Männern Umgang haben zu dürfen, wann und wie viele Male diese Versuchung über sie käme.« »Wie!« sagte der Papst; »lieber Vetter, das wäre gegen die Gebote Gottes, davon kann ich nicht dispensieren.« – »Hier sind sie, Heiliger Vater, wenn Ihr sie anhören wollt.« Da ergriff eine von den dreien das Wort und sagte: »Heiliger Vater, wir haben den Herzog gebeten, Euch eine sehr demütige Bitte für uns drei vorzutragen und Euch unsre gebrechliche und schwache Natur vorstellig zu machen.« – »Meine Kinder«, sagte der Papst, »die Bitte ist ganz und gar unvernünftig, das wäre ja gegen die Gebote Gottes.« Die Witwen, die nicht wußten, was ihm der Herzog von Albani gesagt hatte, gaben ihm zurück: »Heiliger Vater wollet uns wenigstens dreimal in der Woche Erlaubnis geben, und zwar ohne Ärgernis.« – »Wie!« sagte der Papst, »ich soll Euch die Sünde der Wollust erlauben? Da würd ich mich verdammen; außerdem kann ich es auch nicht tun.« Da erkannten die Damen, daß hier eine Schelmerei und ein Schabernack dahintersteckte und daß der Herzog von Albani sich einen Spaß mit ihnen erlaubt hatte: »Nicht davon reden wir, Heiliger Vater; sondern wir bitten um Erlaubnis, an den verbotenen Tagen Fleisch zu essen.« Darauf sagte der Herzog von Albani zu ihnen: »Ich dachte, meine Damen, Sie wollten lebendes Fleisch!« Der Papst verstand den Witz sofort, ein Lächeln faßt' ihn an, und er sagte: »Mein Vetter, Ihr habt diese ehrbaren Damen rot werden lassen; die Königin wird böse darüber sein, wenn sie es erfahren wird.« Sie erfuhr es auch, machte aber kein Wesen daraus, sondern fand die Geschichte gut; und nachher lachte auch der König mit dem Papste sehr darüber, der ihnen, nachdem er seinen Segen gespendet, die Erlaubnis gewährte, um die sie baten, worauf sie sehr zufrieden weggingen.

Man hat mir die drei Damen genannt: Frau von Chateaubriant oder Frau von Canaples, Frau von Chatillon und die Frau Amtmännin von Caen, sehr ehrbare Damen. Die Geschichte habe ich von den ältern Leuten am Hofe.

Frau von Uzès machte es noch besser, zur Zeit, als der Papst Paul III. nach Nizza kam, um den König Franz zu besuchen, damals hieß sie noch Frau du Bellay und hatte seit ihrer Jugend lustige Streiche verübt und gute Witze gemacht. Eines Tages warf sie sich vor Seiner Heiligkeit nieder und bat ihn um dreierlei: das eine, er solle ihr Absolution erteilen, weil sie als kleine Range, als Mädchen bei der Frau Regentin, wo sie Tallard hieß, während ihrer Arbeit ihre Schere verloren und dem Heiligen Allivergot gelobt, die Arbeit für ihn fertigzumachen, wenn sie die Schere fände; das geschah, aber sie machte sie nicht fertig, weil sie nicht wußte, wo sein heiliger Leib lag. Das andre, er solle ihr verzeihen: Als der Papst Clemens nach Marseille kam und sie noch das Tallard-Mädchen war, nahm sie eines seiner Betkissen aus seinem Alkoven und wischte sich vorn und hinten damit, und nachher legte Seine Heiligkeit sein würdiges Haupt und Gesicht und die Küsse seines Mundes darauf. Das dritte, er solle den Herrn von Tays exkommunizieren, weil sie ihn liebe, während er sie nicht liebe, denn der müsse verflucht und exkommuniziert sein, der nicht wiederliebt, wenn er geliebt wird.

Erstaunt über diese Bitten, erkundigte sich der Papst beim König, wer sie wäre, erfuhr ihre Scherze und lachte nach Herzenslust darüber. Es wundert mich nicht, wenn sie später Hugenottin geworden ist und sich über die Päpste sehr lustig gemacht hat, da sie so früh anfing: Zu damaliger Zeit wurde indessen alles an ihr hübsch gefunden, so anmutig und witzig war sie.

Man meine nun nicht, daß jener große König bezüglich der den Damen schuldigen Achtung so engherzig und so streng war, daß er nicht auch gern eine gute Geschichte liebte, die man ihm über sie brachte, wenn es nur ohne Skandal und Geschrei geschah, und er nahm selbst gern Gelegenheit, welche zu erzählen; aber als großer König und mit hohen Vorrechten ausgestatteter Mann wollte er nicht, daß ein jeder, oder gar ein Gemeiner, sich seine Privilegien anmaßte.

Von manchen hörte ich erzählen, daß er sehr wünschte, jeder von den ehrbaren Edelleuten seines Hofes hätte seine Geliebte; wer keine hatte, der war in seinen Augen ein Dummkopf und ein Tropf, und sehr häufig fragte er die einen und andern um ihre Namen, versprach sie zu fördern und ihnen Gutes auszuwirken; so gütig und vertraut war er! Sehr häufig machte er sich auch, wenn er sie mit ihren Geliebten in lebhafter Unterredung begriffen sah, an sie heran und fragte sie, was für schöne Gespräche sie mit ihnen führten, und wenn er sie nicht gut fand, korrigierte er sie und lehrte sie andre. Gegenüber seinen Vertrautesten geizte und sparte er nicht damit, daß er mit ihnen redete und ihnen seine Geschichten mitteilte; eine lustige darunter, die ihm passierte und die er später berichtete, ließ ich mir erzählen; sie handelte von einer schönen jungen Dame, die an den Hof kam und, weil sie noch recht unerfahren war, sich den Überredungen der großen Herren und besonders denen des großen Königs liebevoll hingab; eines Tages wollte er nun seine hochaufgebäumte Standarte in ihr Fort pflanzen; sie sah sie zum ersten Male; da hatte sie nun sagen hören, wenn man etwas dem König übergebe oder wenn man etwas von ihm empfange und es berühre, müsse man es erst küssen, oder man müsse die Hand küssen, wenn man es nimmt und anrührt, das tat sie denn ohne alle Umstände, küßte dem König voller Hingebung die Hand, ergriff seine Standarte und pflanzte sie in größter Demut ins Fort; dann fragte sie ihn kaltblütig, wie er bedient sein wolle, von einer anständigen und keuschen Frau oder von einer geilen. Er verlangte natürlich die geile von ihr, denn in dieser Hinsicht war sie angenehmer als die sittsame; dabei fand er, daß sie ihre Zeit nicht verloren hatte, sowohl vor dem Stoß wie nach dem Stoß und im ganzen; dann bezeigte sie ihm hohe Ehrerbietung, dankte ihm demütig für die ihr erwiesene Ehre, deren sie nicht würdig wäre, und empfahl ihm dabei nur wiederholt irgendeine Beförderung für ihren Gemahl. Ich hörte den Namen der Dame, die später nicht mehr so dumm war wie damals, sondern sehr geschickt und schlau. Der König versagte sich die Erzählung durchaus nicht, und sie lief von Ohr zu Ohr.

Er war sehr begierig danach, von den Liebschaften des einen und andern zu erfahren, besonders von den Liebeskämpfen wollte er wissen und was für Mienen die Damen zeigten, wenn sie in der Reitbahn wären, was für Haltungen und Stellungen sie hätten und was für Worte sie gebrauchten; dann lachte er aus vollem Halse darüber, und nachher verbot er, daß man es verbreite und Skandal mache, und empfahl Geheimhaltung und Aufrechterhaltung der Ehre.

Eine ordentliche Unterstützung hatte er an jenem bedeutenden, großartigen und höchst freigebigen Kardinal von Lothringen; höchst freigebig kann ich ihn nennen, weil er zu seiner Zeit nicht seinesgleichen hatte; seine Ausgaben, seine Gefälligkeiten und Geschenke legen davon Zeugnis ab, besonders seine Mildtätigkeit gegen die Armen. Gewöhnlich trug er eine große Geldkatze, die sein Kammerdiener, der ihm das Geld für seine kleinen Ausgaben besorgte, alle Morgen unweigerlich mit drei- oder vierhundert Talern füllte; sooft er nun einen Armen traf, steckte er die Hand in die Tasche, und was er, ohne Erwägung, herauszog, das gab er ohne Wahl. Von ihm sagte ein armer Blinder, an dem er in Rom vorüberschritt und dem er auf dessen Bitte nach seiner Gewohnheit eine große Handvoll Geld zuwarf, mit einem lauten Aufschrei: »Entweder bist du Christus oder der Kardinal von Lothringen.« Gab er Almosen und war er mildtätig, so war er auch gegen andre Leute freigebig, besonders Damen gegenüber, die er mit diesem Köder leicht zu fassen bekam; denn das Geld war damals nicht in solchem Überfluß vorhanden wie heute, und deshalb schleckerten sie mehr danach, wie auch nach Schmausereien und Schmucksachen.

Ich hörte erzählen: Wenn ein schönes Mädchen oder eine neue Dame, die schön war, an den Hof kam, machte er sich alsbald an sie heran, redete sie an und sagte, er wolle sie mit seiner Hand dressieren. Was für ein Dresseur! Ich glaube, die Mühe war nicht so groß, wie wenn er ein wildes Füllen zu dressieren gehabt hätte. Auch sagte man damals, es habe schwerlich eine am Hof wohnende oder neu hinzugekommene Dame oder ein Mädchen gegeben, die von ihrer Habsucht und von der Freigebigkeit des Herrn Kardinals nicht verführt oder gefangen worden wäre; und anständige Frauen und Mädchen hätte es wenige oder gar keine an diesem Hof gegeben. Damals sah man auch ihre Koffer und großen Garderoben voller an Kleidern, an Röcken aus Gold, Silber und Seide als heute die unsrer Königinnen und großen Prinzessinnen. Ich habe die Erfahrung gemacht, weil ich zwei oder drei davon sah, die alles das mit ihrem Vorderteil erworben hatten; denn ihre Väter, Mütter und Gatten hätten es ihnen nicht in solcher Menge geben können.

Ich hätte es wohl bleiben lassen können, wird jemand einwenden, daß ich das von dem großen Kardinal sagte, in Anbetracht seines ehrenwerten Kleides und seines verehrungswürdigsten Standes; aber sein König wollte ihn so und hatte sein Vergnügen daran; seinem König zu Gefallen ist man von allem dispensiert, wenn es nur nicht böse ist, kann man lieben und andre Dinge treiben; man kann in den Krieg ziehn, auf die Jagd gehn, zum Tanze gehn, zu Mummereien und andern Veranstaltungen; auch war er ein Mensch mit Fleisch wie ein anderer, und er besaß mehrere große Tugenden und Vollkommenheiten, die diesen kleinen Fehler in den Schatten stellten, wenn man Lieben überhaupt einen Fehler nennen darf.

Bezüglich des Respekts, den man den Damen schuldig ist, hörte ich auch eine Geschichte von ihm. Er brachte ihnen von Natur hohe Achtung entgegen, aber gegenüber der Frau Herzogin von Savoyen, Donna Beatrix von Portugal, vergaß er sie einmal, und nicht ohne Grund. Als er nämlich einmal im Dienste seines königlichen Herrn nach Rom ging und durch Piemont kam, besuchte er den Herzog und die Herzogin. Nachdem er sich mit dem Herzog genug unterhalten hatte, suchte er die Frau Herzogin in ihrem Zimmer auf, um sie zu begrüßen; und als er sich ihr näherte, bot diese, die an Anmaßung noch jeden übertraf, ihm die Hand, damit er sie küsse. Unwillig über diese Beleidigung, ging der Kardinal heran, um sie auf den Mund zu küssen, da wich sie zurück. Er verlor die Geduld, kam noch näher zu ihr, faßte sie am Kopf und küßte sie zum Trotz zwei- oder dreimal. Und obgleich sie rief und auf portugiesisch und spanisch schrie, mußte sie es doch ertragen. »Was!« sagte er, »mir gegenüber ein solches Verhalten und Gebaren? Ich küsse die Königin, meine Herrin, die größte Königin von der Welt, und Euch, eine kleine drekkige Herzogin, Euch sollte ich nicht küssen? Ihr sollt wissen, daß ich bei Damen geschlafen habe, die aus einem ebenso guten oder noch größeren Hause stammten wie Ihr.« Vielleicht sprach er die Wahrheit. Die Herzogin hatte unrecht, gegenüber einem Fürsten aus einem so großen Hause und sogar einem Kardinal diesen Hochmut zu zeigen, denn in Anbetracht des hohen kirchlichen Ranges, den sie innehaben, gibt es keinen Kardinal, der sich nicht den größten Fürsten der Christenheit an die Seite stellen kann. Ebenso hatte aber auch der Herr Kardinal unrecht, zu einer so harten Rache zu schreiten; aber für ein vornehmes und edles Herz ist es immer ärgerlich, einen Schimpf erfahren zu müssen.

Der Kardinal Granvella ließ es dem Grafen Egmont und andern tüchtig merken, aber das lasse ich unerörtert, denn ich würde meine Gespräche zu sehr verwirren, auf die ich zurückkommen muß; und ich knüpfe wieder an beim hochseligen König Heinrich dem Großen, der gegen die Damen sehr achtungsvoll war und ihnen hohen Respekt entgegenbrachte, die Ehrabschneider und Verleumder der Damen verabscheute er. Und wenn ein König von solchem Gewicht und solcher Verfassung dergleichen Damen huldigt, dann wagt das höfische Gefolge schwerlich den Mund aufzutun, um übel von ihnen zu reden. Überdies hatte es die Königinmutter sehr in der Hand, ihren Mädchen und Frauen zu helfen und es jenen Verleumdern und Pasquillanten tüchtig zu besorgen, wenn sie einmal entdeckt waren, obwohl sie selbst nicht mehr als ihre Damen geschont wurde; aber sie kümmerte sich nicht so sehr um sich wie um die andern, weil sie, sagte sie, ihre Seele und ihr Gewissen klar und rein fühle, was genug für sich spräche; aber ihre meiste Zeit lachte sie über die Schmähschreiber und Pasquillanten und machte sich über sie lustig. »Laßt sie sich abquälen«, sagte sie, »und sich um nichts mühen«; wenn sie sie aber entdeckte, besorgte sie es ihnen tüchtig.

Der ältesten Limeuil kam es im Anfang, als sie an den Hof kam, bei, über den ganzen Hof ein Pasquill zu machen (denn sie redete und schrieb brillant), es war aber gar nicht skandalös, bloß lustig; ich versichre euch, die Königin prügelte sie ordentlich durch, und mit ihr zwei ihrer Gefährtinnen, die im Einverständnis waren; und hätte sie nicht die Ehre genossen, wegen des Bündnisses des Hauses Turenne mit dem Hause Bologna ihrem Gefolge anzugehören, sie hätte sie schmählich gezüchtigt, auf ausdrücklichen Befehl des Königs, der solche Schriften aufs ärgste verabscheute.

Ich erinnere mich, einmal war etwas mit dem Herrn von Matha, einem tapferen und mutigen Edelmann, den der König liebte, einem Verwandten der Madame von Valentinois; gewöhnlich hatte er irgendeinen lustigen Streit mit den Damen und Fräulein, so närrisch war er. Eines Tages hatte er sich an eine Dame der Königin gemacht, da wollte eine, die man die große Meray hieß, für ihre Gefährtin ins Mittel treten; er antwortete aber bloß: »Ach! Euch greif ich nicht an, Meray, denn Ihr seid mir ein zu großes lastbares Streitroß.« In der Tat war sie das größte weibliche Wesen, das ich jemals sah. Sie beklagte sich bei der Königin darüber, daß der andere sie eine Stute und ein lastbares Streitroß genannt hatte. Die Königin geriet darüber in solchen Zorn, daß Matha sich ein paar Tage lang unsichtbar machen mußte, in so hoher Gunst er auch bei Madame von Valentinois, seiner Verwandten, stand; und nach seiner Wiederkehr kam er einen Monat lang nicht in das Zimmer der Königin und der Fräulein.

Der Herr von Gersay tat einem der Fräulein der Königin, dem er zürnte, noch Schlimmeres an, er tat es aus Rache, wiewohl er an verleumderischen Worten durchaus keinen Mangel hatte; denn er redete und replizierte aufs beste, besonders aber wenn er klatschte und schmähte, worin er ein Meister war; die Medisance war aber damals streng verboten. Als das Fräulein sich einmal am Nachmittag mit ihren Gefährtinnen und Edelleuten in der Kammer der Königin befand, damals bestand der Brauch, daß man sich in Anwesenheit der Königin nur auf die Erde setzen durfte, besorgte sich der genannte Herr aus den Händen der Pagen und Lakaien einen Widdersch ..., mit dem die Leute im Wirtschaftshof ihre Scherze trieben (er war sehr dick und ganz hübsch angeschwollen), legte sich in ihrer Nähe hin und schob ihn jenem Fräulein so behutsam unter den Rock, daß sie es in keinem Augenblick bemerkte, und erst dann, als die Königin sich von ihrem Stuhl erhob, um in ihr Kabinett zu gehen. Da erhob sich auch das Fräulein, das ich nicht nennen will, und wie sie gerade vor der Königin aufstand, stieß sie den haarigen wolligen Widderball so stark an, daß er sechs oder sieben lustige Sprünge machte, als ob sie auf eigne Kosten und aus eignem Antrieb der Gesellschaft einen Zeitvertreib bieten wolle. Wer war überrascht? Das Fräulein und ebenso die Königin, denn es geschah ganz offen und war für alle sichtbar. »Heilige Mutter Gottes!« rief die Königin aus, »was ist das, Liebste, und was wollt Ihr damit machen?« Errötend und halb weinend sagte das arme Mädchen, daß sie nicht wisse, was es wäre; den bösen Streich hätte ihr einer gespielt, der ihr übel wolle, und sie meine, es sei kein anderer als Gersay. Der hatte sich aber, als er den Scherz und die Sprünge hatte anfangen sehen, zur Tür hinausgemacht. Man ließ ihn holen; aber er wollte durchaus nicht wieder hereinkommen, da er die Königin so zornig sah, indessen leugnete er alles dreist ab. Ein paar Tage lang mußte er dennoch ihren Zorn und den des Königs fliehen, und hätte er nicht mit Fontaine-Guérin beim Dauphin in der höchsten Gunst gestanden, so hätte er es schlecht gehabt, wenn sich auch nichts gegen ihn ergab als nur mutmaßlicherweise; ungeachtet dessen konnte sich der König mit seinen Höflingen und verschiedenen Damen nicht enthalten, darüber zu lachen, vor dem Zorn der Königin durften sie es aber nicht merken lassen; denn diese Dame verstand ihre Leute gehörig abzukanzeln und anzuschnauzen.

Ein ehrbarer Edelmann und ein Hoffräulein gerieten einmal, als es mit der Freundschaft, die sie füreinander gehegt, vorbei war, in Zank und Streit, und das Fräulein sagte ihm im Zimmer der Königin, als sie sich stritten, ganz laut: »Laßt mich, sonst werd ich sagen, was Ihr mir gesagt habt.« Der Edelmann, der ihr von einer sehr großen Dame etwas im Vertrauen mitgeteilt hatte und fürchtete, es möchte ihm etwas Übles daraus zustoßen und er möchte mindestens vom Hofe verbannt werden, antwortete ohne zu stutzen, denn er konnte brillant reden: »Wenn Ihr sagt, was ich Euch gesagt habe, so werde ich sagen, was ich Euch gemacht habe.« Wer war nun überrascht? Das Fräulein; dennoch antwortete sie ihm: »Was habt Ihr mir gemacht?« Der andere erwiderte: »Was habe ich Euch gesagt?« Darauf replizierte das Fräulein: »Ich weiß wohl, was Ihr mir gesagt habt.« Der andere: »Ich weiß wohl, was ich Euch gemacht habe.« Das Fräulein gibt wiederum zurück: »Ich werde klar beweisen, was Ihr mir gesagt habt.« Der andere antwortete: »Ich werde noch besser beweisen, was ich Euch gemacht habe.« Nachdem sie sich endlich lange genug mit dem Hin- und Widerreden solcher und ähnlicher Worte gestritten hatten, trennten sie sich von den Anwesenden, die aber ihr Vergnügen daran hatten.

Der Streit kam der Königin zu Ohren, die darüber sehr erzürnt war und sofort wissen wollte, was der eine gesagt und was der andre getan habe, und sie holen ließ. Als sie aber beide sahen, daß es Folgen haben möchte, versöhnten sie sich sofort, und als sie vor der Königin erschienen, sagten sie, sie hätten sich nur im Scherze so gestritten, der Edelmann hätte ihr nichts gesagt und ihr auch nichts getan. So speisten sie die Königin ab, die indessen schalt und den Edelmann sehr tadelte, weil seine Worte zu skandalös wären. Der Edelmann schwur mir zwanzigmal, hätten sie sich nicht ausgesöhnt und wieder geeinigt und hätte das Fräulein die Worte verraten, die er ihr gesagt hatte, was von bedeutenden Folgen für ihn gewesen wäre, er hätte entschlossen seine Rede zu ihr aufrechterhalten, darauf gedrungen, daß sie untersucht würde, sie könne nicht mehr als Jungfer befunden werden und er wär es gewesen, der sie entjungfert habe. »Ja«, antwortete ich ihm, »wenn man sie aber nun untersucht hätte und sie hätte sich als Jungfer erwiesen, denn sie war Mädchen, dann wärt Ihr verloren gewesen, und es wäre Euch an den Kragen gegangen.« – »Ja! Mort Dieu!« antwortete er mir, »das war ja mein höchster Wunsch, daß man sie untersucht hätte. Ich hatte keine Angst, daß es ums Leben ging; ich war meiner Sache ganz sicher, denn ich wußte wohl, wer sie entjungfert hatte und daß ein andrer darüber gekommen war, nicht aber ich, der ich sehr betrübt darüber bin; wenn man sie angeschnitten und gerissen fand, war sie verloren und ich gerächt; und sie hätte die Schande davon gehabt. Ich hätte sie nicht heiraten brauchen und hätte mich ihrer entledigen können.«

Man sieht, was für Gefahren die armen Mädchen und Frauen laufen, sei es nun zu Recht oder zu Unrecht.

Ich habe eine Dame von sehr hoher Herkunft gekannt, die war wirklich im Begriff, von einem sehr tapfern und feinen Prinzen schwanger zu werden. Man sagte indessen, es geschah der Ehe halber, aber später erfuhr man das Gegenteil. Der König Heinrich erfuhr es zuerst und war darüber aufs äußerste erzürnt, denn sie war etwas verwandt mit ihm. Ohne indessen größeren Lärm zu schlagen, führte er sie abends beim Balle zum Fackeltanz; dann ließ er sie mit einem andern die Gaillarde und die andern Reigen tanzen, und da zeigte sie ihre Verfassung und Geschicklichkeit besser denn je, mit ihrem ausgezeichneten Wuchs, dem sie für diesen Tag eine solche Form gegeben hatte, daß sie durchaus nicht nach Schwangerschaft aussah; derart, daß der König, der seine Augen stets fest auf sie gerichtet hielt, nicht mehr bemerkte, als wäre sie nicht schwanger gewesen; zu einem sehr Großen unter seinen Vertrautesten sagte er dann: »Unselige und schlechte Leute sind das doch, daß sie aussprengen, das arme Mädchen sei schwanger, niemals habe ich sie anmutiger gesehen. Diese bösen Verleumder, die über sie redeten, haben gelogen und sind durchaus im Unrecht.« So entschuldigte dieser gute Fürst das Mädchen und ehrbare Fräulein und sagte das gleiche zu der Königin, als er sich am Abend zu ihr gelegt hatte. Die Königin jedoch, die kein Vertrauen dazu hatte, ließ sie am andern Morgen in ihrer Gegenwart untersuchen, wobei sich herausstellte, daß sie schon im sechsten Monat schwanger war; sie gestand und beichtete ihr alles, wobei sie vorschützte, sie wollten sich ja heiraten. Trotzdem ließ der durchaus gütige König das Geheimnis so streng bewahren, als er nur konnte, und wollte das Mädchen nicht ins Ärgernis bringen, obwohl die Königin darüber sehr in Zorn geriet. Sie schickten sie indessen ganz still zu ihren nächsten Verwandten, wo sie mit einem schönen Sohne niederkam, der aber so unglücklich war, von dem angeblichen Vater niemals anerkannt zu werden; die Sache zog sich lange hin, die Mutter konnte aber nie etwas erreichen.

Nun liebte König Heinrich die guten Geschichten ebensosehr wie seine königlichen Vorgänger, er wollte nur nicht, daß die Damen damit in einen Skandal oder an die Öffentlichkeit kämen; ziemlich verliebter Natur beachtete er es so, wenn er die Damen besuchte, daß er so geheim und versteckt zu ihnen ging, als er nur konnte, damit kein Verdacht und keine Verleumdung sich an sie heftete. Und wenn einmal eine entdeckt wurde, so war das nicht seine Schuld und geschah nicht mit seinem Willen, sondern vielmehr mit dem der Dame, wie bei einer der Fall war, von der ich hörte. Sie stammte aus gutem Hause und hieß Frau Flamin, aus Schottland; als sie in der Tat vom König schwanger geworden war, machte sie durchaus kein Hehl daraus, sondern sagte in ihrem schottischen Französisch voller Frechheit: »Ich habe mein möglichstes getan, und Gott sei Dank bin ich auch vom König schwanger, worüber ich mich sehr geehrt und glücklich fühle; und ich möchte sagen, das königliche Blut ist doch ein ganz ausnehmend süßer und leckerer Saft im Vergleich mit dem andern, und ich befinde mich höchst wohl dabei, ohne die guten Bissen an Geschenken zu zählen, die man dabei gewinnt.«

Der Sohn, den sie damals bekam, war der hochselige Großprior von Frankreich, der jüngst in Marseille getötet wurde, was sehr zu beklagen ist, denn er war ein sehr ehrbarer, tapfrer und mutiger Herr; das bewies er bei seinem Tod. Er war auch ein anständiger Mann und der am wenigsten tyrannische Gouverneur, den es seinerzeit oder seither gab; die Provence könnte viel davon erzählen, wie auch, daß er ein sehr freigebiger Herr war, der großen Aufwand trieb; aber er war ein anständiger Mann und begnügte sich mit dem Rechten.

Jene Dame war mit andern, von denen ich hörte, der Meinung, es sei keine Schande dabei, wenn man bei seinem König schlafe; eine Hure sei nur, wer sich den Niedrigen, nicht aber, wer sich den großen Königen und feinen Edelleuten hingebe; wie jene Amazonenkönigin, von der ich redete, die 300 Meilen weit herkam, um sich von Alexander schwängern zu lassen und Rasse von ihm zu bekommen; trotzdem sagt man, eins ist soviel wert wie das andre.

Dem König Heinrich folgte König Franz II. nach, dessen Regierung so kurz war, daß die Lästerer keine Zeit hatten, sich zur Verleumdung der Damen hinzusetzen; und auch wenn er lange regiert hätte, darf man nicht meinen, daß er sie an seinem Hofe zugelassen hätte, denn er war ein König von sehr gütigem und freimütigem Naturell, der an Lästerreden gar keine Lust hatte und überdies auch gegen die Damen sehr achtungsvoll war und sie sehr ehrte. Auch waren noch seine königliche Gemahlin, die Königinmutter und seine Herren Onkel da, die diesen Schwätzern und Zungenstechern tüchtig das Handwerk legten. Ich erinnere mich: Als er einmal im August oder September in Saint-Germain en Laye war, faßte ihn die Lust an, am Abend zu den Hirschen in dem schönen Wald von Saint-Germain zu gehen, um sie in ihrer Brunst zu sehn, wobei er seine vertrautesten Prinzen und ein paar große Damen und Fräulein mitnahm, die ich wohl nennen könnte. Da wollte nun einer darüber schwatzen und sagen, das deute durchaus nicht auf eine anständige und keusche Frau, solche tierische Liebschaften und Brünste zu betrachten, weil der Anblick die Begierde der Venus nur zu sehr aufreize, und wenn sie diese überwinden wollten, ränne ihnen das Wasser oder der Speichel in ihrem mittleren Mund zusammen, wogegen es nachher kein andres Mittel gebe als Samenspeichel. Der König erfuhr es und mit ihm die Prinzen und Damen, die ihn begleitet hatten. Man kann sicher sein, wäre der Edelmann nicht sofort ausgerissen, so wäre es ihm schlecht gegangen; er kam auch erst nach dem Tod des Königs und nach seiner Regierung wieder an den Hof. Die damals das Reich regierten, bekamen eine Menge Schmähschriften, aber keine stach und verletzte mehr als ein Pasquill mit dem Titel ›Le tigre‹ (eine Nachahmung der ersten Anklagerede Ciceros gegen Catilina), weil sie sich gegen die Liebschaften einer sehr großen und schönen Dame mit ihrem Verwandten, einem Großen, richtete. Wäre der galante Autor gefaßt worden, so hätte er alle hunderttausend Leben verloren, wenn er soviel besessen hätte; denn die beiden Großen waren darüber so aufgebracht, daß sie verzweifeln zu müssen glaubten.

Dieser König Franz lag keineswegs in den Banden der Liebe wie seine Vorfahren, er hätte auch sehr unrecht damit gehabt, denn er hatte die schönste und liebenswürdigste Frau von der Welt zur Gemahlin; und wer eine solche hat, läuft keinen andern nach, sonst ist er ein ganz elender Kerl; und wer ihnen nicht nachläuft, der macht sich auch nichts daraus, von den Damen übel oder gut oder überhaupt zu reden, sondern er spricht nur von der seinen. Dies ist eine Maxime, die ich eine ehrenwerte Persönlichkeit habe aufstellen hören. Trotzdem erlebte ich mehrmals, wie ihr zuwidergehandelt wurde.

Dann kam König Karl, der sich seines zarten Alters halber im Anfang nicht um die Damen kümmerte, sondern sich eher seine Zeit mit jugendlichen Übungen zu vertreiben suchte. Indessen lehrte der jetzt verstorbene Herr von Sipierre, sein Erzieher, nach meiner und nach jedermanns Meinung der ehrenwerteste und feinste Kavalier seiner Zeit, den Damen gegenüber der höflichste und verehrungsvollste Mann, dem König, seinem Herrn und Schüler, die Lektion so gut, daß er sich ebenso gegen die Damen benahm wie manche seiner königlichen Vorgänger; denn wenn er je eine Dame sah, mochte sie gering oder groß sein, stellten sich ihm die größten Hindernisse von der Welt entgegen, stand oder ging er, war er zu Pferd oder zu Fuß, sofort grüßte er sie und zog voller Verehrung seinen Hut vor ihr. Als er zur Liebe reif wurde, huldigte er ein paar ehrbaren Damen und Fräulein, die ich kenne, aber mit solcher Ehre und Achtung wie jeder Edelmann an seinem Hofe.

Indessen fingen während seiner Regierung die großen Pasquillanten an, sich auszubreiten, besonders kamen ein paar sehr galante Edelleute vom Hofe in Schwang, die ich nicht nennen will; sie hatten an den Damen herbe Ausstellungen zu machen, im allgemeinen und im besonderen, vor allem an den größten; manche hatten sehr offne Streitigkeiten darüber und befanden sich sehr schlimm dabei; nicht deshalb, weil sie ihre Tat gestanden, denn sie leugneten alles; auch wären sie mit bei der Zeche gewesen, wenn sie es gestanden hätten, und der König hätte es ihnen heimgezahlt, denn sie vergriffen sich an zu Großen. Andre machten gute Miene dazu und steckten tausend Beschuldigungen ein, die man bedingungsweise und in die Luft sagte, und tausend Beleidigungen, die ihnen süß wie Milch durch die Kehle liefen, und wagten keine Widerrede, sonst wäre es ihnen ans Leben gegangen. In dieser Hinsicht habe ich mich häufig über solche Leute gewundert, die sich derartig damit befaßten, andre zu verleumden, und gestatteten, daß man um ihre eigne Nase und um sie selbst herumlästerte. Trotzdem standen sie im Rufe, tapfer zu sein; aber in dieser Beziehung steckten sie galant den Schimpf ein und ließen nichts davon verlauten.

Ich erinnere mich an ein Pasquill, das gegen eine sehr große Dame, eine schöne und sehr ehrbare Witwe, gemacht wurde, die mit einem sehr vornehmen jungen und schönen Prinzen eine zweite Ehe eingehen wollte. Einige nun, die ich sehr gut kenne und die diese Heirat nicht wollten, machten ein Pasquill über sie, um ihr den Prinzen abspenstig zu machen; es war das skandalöseste, das mir je vorkam, sie verglichen sie darin mit fünf oder sechs großen berühmten und sehr geilen Huren des Altertums, so aber, daß sie alle andern übertraf. Die das Pasquill gemacht hatten, zeigten es ihr, wobei sie indessen sagten, es rühre von andern her und man hätte es ihnen zugesteckt. Nachdem es der Prinz gesehen, strafte er sie Lügen und stieß tausend Beleidigungen gegen die Urheber aus; sie ließen alles stillschweigend über sich ergehen, wiewohl sie tapfer und mutig waren. Es gab aber dem Prinzen doch zu denken, denn das Pasquill wies mit Fingern auf verschiedene Eigentümlichkeiten hin; nach Ablauf von zwei Jahren wurde jedoch die Ehe trotzdem vollzogen.

Der König war so edel und gütig, derartige Leute durchaus nicht zu begünstigen; ein paar lustige Worte so nebenbei mit ihnen auszutauschen, das liebte er schon, es sollte nur nicht dem Pöbel zu Ohren kommen, er sagte, sein Hof sei der vornehmste und in bezug auf große und schöne Damen der berühmteste der ganzen Welt, und da er in solchem Ruf stünde, wollte er nicht, daß er durch den Mund solcher Schwätzer und Galane heruntergerissen und mißachtet würde; so könne man von den Kurtisanen von Rom, Venedig und andern Orten reden, nicht aber von dem Hofe von Frankreich; und wenn es erlaubt wäre, es zu tun, so wäre es nicht erlaubt, es zu sagen.

Solche Achtung bezeigte der König den Damen, ja ich weiß sogar, in seinen letzten Tagen wollte man ihm über ein paar sehr große, sehr schöne und ehrbare Damen eine schlechte Meinung beibringen, weil sie sich in einige bedeutende Angelegenheiten, die ihn angingen, hineingemengt hatten; er wollte aber keinen Augenblick etwas davon glauben; er war auch ebenso liebenswürdig gegen sie denn je, und er starb mit ihrer Liebe, und sie vergossen die heftigsten Tränen über seinen Tod. Und dann redeten sie gut über ihn, als ihm König Heinrich III. nachfolgte, der infolge schlechter Berichte, die man ihm über sie nach Polen geschickt hatte, nach seiner Rückkehr nicht mehr so große Stücke auf sie hielt wie vorher; ihnen und andern, die ich kenne, erwies er sich als ein sehr strenger Zensor, was ihm auch nicht mehr Liebe einbrachte; ich glaube aber auch, daß sie ihn nicht sehr geschädigt und auch nicht zu seinem Mißgeschick und Ruin beigetragen haben. Ich könnte schon ein paar Besonderheiten darüber bringen, aber ich laß es wohl bleiben, abgesehen davon, daß man stark in Erwägung ziehen muß, daß die Frau sehr zur Rache geneigt ist; denn wenn sie auch zögert, sie führt sie aus; im Gegensatz zu der Art der Rache von manchen, die im Anfang sehr heiß und feurig ist und sich brüstet, aber das Zaudern und das lange Hinausziehn kühlt sie ab, und es kommt zu nichts. Daher muß man sich von Anfang an in acht nehmen und mit der Zeit den Schlägen wehren; bei der Frau jedoch dauern Wut, Ansturm und Zaudern bis ans Ende; ich sage bei manchen, nicht vielen.

Manche wollten den König wegen der Vorwürfe, die er

den Damen machte, indem er sie in Verruf brachte, entschuldigen; es geschähe, um ihre Laster zu zügeln und sie zu bessern, als ob die Besserung etwas dazu nütze; denn das Weib ist ja so geartet, daß es um so begieriger danach wird, je mehr man ihm verbietet, und es zu bewachen hat auch keinen Zweck. Ich sah auch aus Erfahrung, daß man sich um seinetwillen nicht im geringsten von dem Weg, den man im Auge hatte, ablenken ließ.

Verschiedene Damen, die ich kenne, hat er mit großer Ehrfurcht geliebt und ihnen mit hoher Ehre gedient, besonders eine sehr große und schöne Prinzessin, in die er sich, bevor er nach Polen ging, so sehr verliebte, daß er, nachdem er König geworden war, sich entschloß, sie zu heiraten, wiewohl sie eines großen und tapfern Prinzen Frau war; dieser empörte sich gegen ihn und flüchtete ins Ausland, um Truppen zu sammeln und Krieg gegen ihn zu führen; bei seiner Rückkehr nach Frankreich jedoch starb die Dame im Wochenbett. Der Tod allein verhinderte diese Heirat, denn sie war beschlossen; mit der Gunst und dem Dispens des Papstes hätte er sie geehelicht, und sie hätte es ihm nicht verweigert, da er ein so großer König war und aus verschiedenen andern Gründen, die man sich denken kann.

Mit andern hat er auch geliebelt, verschrie sie aber. Ich kenne eine Große, die er in Gegenwart von mehreren in Verruf brachte; ihr Gemahl hatte ihm Verdrießlichkeiten bereitet, und er konnte ihn nicht erwischen, und da rächte er sich an seiner Frau; diese Rache war auch sehr milde, denn statt daß er sie umbrachte, ließ er sie leben.

Eine andre Dame kenne ich, die allzusehr die Galante spielte und mit der er eines Verdrusses halber, den sie ihm machte, nachdrücklich liebelte; es kostete keine große Anstrengung, sie zu überreden, sie gewährte ihm ein Rendezvous in einem Garten, wo er sich auch einfand. Sonstwie wollte er sie nicht berühren (sagen einige, aber er rührte sie schon sehr an), sondern er wollte sie bloß auf dem Kaufplatz zeigen und dann mit Schimpf und Schande vom Hof jagen.

Er wünschte aus dem Leben der einen und andern zu erfahren, und war sehr begierig danach, ihren Willen zu ergründen. Man sagte, manchmal ließ er ein paar seiner Vertrautesten an seinem Glücke mit teilnehmen. Diese waren dann glücklich, denn was diese großen Könige übriglassen, kann nur ganz ausgezeichnet schmecken.

Die Damen fürchteten ihn sehr, wie ich bemerkte; er gab ihnen selbst Verweise, oder er bat die Königin, seine Mutter, darum, die an sich ziemlich heftig darin war, wenn sie auch die Verleumder gerade nicht liebte, wie ich es oben mit den paar Beispielen, die ich anführte, bewies; diese geboten sich Einhalt und änderten sich, was aber gegen die andern ausrichten, wenn sie den wunden Punkt trafen und an die Ehre der Damen rührten?

Von jungen Jahren an war der König, wie ich sah, sehr daran gewöhnt, Geschichten von Damen zu erfahren, auch ich sogar habe ihm diese oder jene erzählt, und er berichtete ebenfalls welche, aber sehr heimlich, weil er Angst hatte, die Königin, seine Mutter, könnte es erfahren, denn sie wollte nicht, daß er sie andern erzählte als ihr, damit sie sie korrigieren konnte und, wenn er älter und frei wurde, ihre Macht über ihn behielt. Daher wußte er ebenso, wie sie an seinem Hofe und in seinem Reiche lebten, wenigstens manche, und besonders die Großen, als wenn er mit allen Umgang gehabt hätte. Und wenn welche neu an den Hof kamen, so machte er sich sehr höflich und ehrbar an sie heran, erzählte ihnen aber derartige Sachen, daß sie in ihrer Seele baß erstaunten, woher er alle diese Neuigkeiten gelernt hätte, dabei leugneten sie ihm alles ab. Und wenn er sich darüber belustigte, verlegte er in anderen und größeren Dingen seinen Geist so stolz darauf, daß man ihn für den größten König hielt, den es seit hundert Jahren in Frankreich gab, wie ich anderswo in einem ihm eigens gewidmeten Kapitel beschrieb.*

Ich spreche also nicht mehr über ihn, obwohl man mir sagen könnte, daß ich nicht genug Beispiele in dieser Hin-

* Es ist nicht vorhanden.

sicht über ihn zur Verfügung hätte und daß ich mehr davon sagen würde, wenn ich könnte. Ja, ich weiß genug, und zwar die feinsten Dinge; aber ich will die Geschichten vom Hof und von der übrigen Welt nicht auf einmal erzählen; auch konnte ich meine Geschichten nicht so gut verdecken und bemänteln, daß man die Leute nicht ohne Skandal herausbrächte.

Nun, von solchen Verleumdern der Damen gibt es verschiedene Gattungen. Die einen lästern welche, weil sie ihnen einen Verdruß bereitet haben, obwohl sie zu den keuschesten der Welt gehören; aus einem schönen und reinen Engel, der sie sind, machen sie einen vor Schlechtigkeit geradezu stinkenden Teufel; so brachte ein ehrbarer Edelmann, den ich sah und kannte, eine sehr ehrbare und sittsame Dame wegen eines leichten Verdrusses, den sie ihm bereitet hatte, auf höchst gemeine Weise in Verruf, er bekam deshalb tüchtige Streitigkeiten. Er sagte: »Ich weiß wohl, daß ich unrecht habe, und ich leugne gar nicht, daß diese Dame sehr keusch und sehr tugendhaft ist; aber wenn mich eine Frau nur im geringsten von der Welt beleidigt, und wäre sie ebenso sittsam und keusch wie die Jungfrau Maria, wenn es mir sonst nicht erlaubt ist, recht über sie zu bekommen wie über einen Mann, so will ich kein gutes Haar an ihr lassen.« Gottes Zorn kann sich aber dennoch auf ihn stürzen.

Andre Verleumder liebten Damen und konnten ihrer Keuschheit nichts abgewinnen, aus Ärger reden sie über sie wie über Huren; sie sagen und verkünden sogar, sie hätten schon erreicht, was sie gewollt, hätten sie aber verlassen, weil ihnen ihre Unkeuschheit zuviel gewesen wäre. Ich habe eine Menge Edelleute an unsern Höfen gekannt, die solche Sachen machten; da sind Frauen so leichtsinnig und unbeständig, ihre Stutzer und Bettgünstlinge aufzugeben, weil sie ihrer überdrüssig sind, und nehmen an ihrer Stelle andere; daraufhin hecheln diese Stutzer voll Ärger und Verzweiflung diese armen Frauen durch und bringen sie in Verruf, wie, braucht nicht gesagt zu werden; ja sie erzählen besonders noch ihre Unzucht und Hurereien, die sie zusammen getrieben, und machen die Male, die sie auf ihrem nackten Leibe tragen, publik, damit man's ihnen eher glaubt.

Andre wiederum, die ärgerlich darüber sind, daß es die andern kriegen und nicht sie, verleumden die Frauen bis aufs äußerste und lassen ihnen auflauern, nachspionieren und sie bewachen, damit sie ihre Angaben der Welt wahrscheinlicher machen können.

Wieder andre reden nur, von ordentlicher Eifersucht gepackt, ohne weitern Grund als diesen, übel über die Frauen, von denen sie am meisten geliebt werden und die sie selbst so lieben, daß sie sie nicht zur Hälfte kennen. Hier liegt eine der großen Wirkungen der Eifersucht. Solche Verleumder sind auch nicht so sehr zu tadeln, als man wohl meinte; denn man muß es der Liebe und Eifersucht anrechnen, zwei Geschwistern vom selben Stamme.

Wieder andre Verleumder sind so dazu geboren und an Lästerungen gewöhnt, daß sie sogar sich selbst verleumden, wenn sie nicht irgend jemand anders verleumden können. Meint ihr denn, die Ehre der Damen wird im Mund solcher Leute geschont? Von mehreren an unsern Höfen wurde mir bekannt, daß sie sich fürchteten, von den Männern zu reden, weil sie Angst hatten, mit ihnen zusammenzustoßen, daher setzten sie sich dann den armen Damen auf die Schleppen, die sich nicht anders rächen können als mit Tränen, Klagen und Beteuerungen. Dennoch kannte ich auch verschiedene, denen es sehr übel bekommen ist; denn da hatten Damen Verwandte, Brüder, Freunde, Liebhaber, ja sogar Schutz von den Gatten, die manchen Reue einbläuten und sie ihre Redereien wiederkäuen und verschlucken ließen. Wenn ich schließlich alle Varietäten von Verleumdern der Damen aufzählen wollte, die es gibt, ich käme niemals zu Ende.

Wie mir bekannt wurde, hegten manche diese Ansicht über die Liebe: Eine heimliche Liebe ist nichts wert, wenn sie sich nicht ein wenig sichtbar macht; wenn es auch nicht alle sind, seien es doch wenigstens die vertrautesten Freunde, die davon wissen; und wenn nicht alle davon wissen dürfen, dann muß es sich doch in Äußerlichkeiten und Liebeszeichen, in Bändern oder Farben kundgeben, oder es muß sich in ritterlichen Taten wie in Ringelrennen, Turnieren, Maskeraden, Kämpfen in den Schranken, ja erst recht in den Kämpfen zeigen, die man im Krieg besteht. Sicherlich zieht man daraus eine sehr hohe Befriedigung.

In der Tat, was könnte es einem großen Feldherrn nützen, eine schöne und ausgezeichnete Waffentat begangen zu haben, wenn er dabei getötet wurde und es weiß niemand davon? Ich glaube, es hätte ihn bis zum Tode verdrossen. Ebenso muß es den Liebhabern sein, die standesgemäß verliebt sind, sagen manche. Dieser Ansicht war auch der Oberbefehlshaber, Herr von Nemours, das Muster aller Ritterschaft; denn wenn je ein Prinz, ein Herr oder ein Edelmann Glück in der Liebe hatte, so hatte er es. Es machte ihm kein Vergnügen, es seinen vertrautesten Freunden zu verhehlen; freilich hielt er seine Liebschaften auch oft vor manchen so geheim, daß man sie nur schwer erriet.

Dabei ist für die verheirateten Damen die Entdeckung gewiß sehr gefährlich; was aber die Mädchen und Witwen anlangt, die man heiraten kann, da macht es gar nichts, die Vorgabe einer späteren Ehe deckt alles zu.

Ich kannte bei Hofe einen sehr ehrbaren Edelmann, der einer sehr großen Dame diente; als er sich eines Tages unter seinen Kameraden befand und sie über ihre Geliebten plauderten und alle sich verschworen, einander ihre Gunst zu enthüllen, wollte dieser Edelmann doch nie seine verraten, sondern er erfand sich gleich eine andere, womit er sie irreführte; gleichzeitig befand sich auch ein großer Prinz in der Gesellschaft, der ihn beschwor, die Wahrheit zu sagen, weil er seine Vermutung über diese geheime Liebe hatte; aber sie brachten doch weiter nichts aus ihm heraus; und dabei verfluchte er hundertmal sein Schicksal, das ihn zwang, nicht gleich den andern sein Glück zu erzählen, was sich schöner anhört, als wenn man von seinem Unglück berichten muß.

Einen andern kannte ich, der war ein sehr feiner Kavalier, er war aber zu dünkelhaft, und da gab er seine Geliebte durch Zeichen, Worte und Handlungen kund, während er sie doch verschweigen mußte, infolgedessen wäre er beinahe durch einen Mordanschlag gefallen, entging ihm aber noch; bei einer andern Veranlassung aber entkam er einem zweiten nicht, und diesmal mußte er ins Gras beißen.

Ich war zur Zeit des Königs Franz II. am Hofe, als der Graf von Saint-Aignan in Fontainebleau die junge Bourdesière heiratete. Als der Neuvermählte am andern Morgen in die Kammer des Königs gekommen war, begann ihn ein jeder zu necken, wie es der Brauch ist; daran beteiligte sich auch ein sehr tapferer großer Herr, der ihn fragte, wieviel Posten er geritten hätte. Der junge Mann antwortete: fünf. Zufälligerweise war auch ein ehrbarer Edelmann, ein Sekretär, anwesend, der bei einer sehr großen Prinzessin, die ich nicht nennen will, in sehr hoher Gunst stand; der sagte, das sei noch gar nichts, wenn man den guten Weg und das schöne Wetter in Betracht zöge, denn es war im Sommer. Jener große Herr sagte zu ihm: »Na! Mort Dieu! Ihr müßt wohl Rebhühner haben, Ihr!« – »Warum nicht?« replizierte der Sekretär. »Bei Gott! Ich schoß wohl ein Dutzend in vierundzwanzig Stunden auf dem schönsten Hügel, der hier herumliegt und den es möglicherweise in Frankreich gibt.« Wer war nun starr? Jener Herr; denn dadurch erfuhr er, was er schon lange geahnt hatte; und da er in jene Prinzessin sehr verliebt war, wurde er sehr betrübt, daß er da so lange gejagt und nie etwas geschossen hätte, während der andre so glücklich war, sie zu treffen und zu erobern. Für diesmal ließ sich der Edelmann nichts merken; er zügelte seine Unruhe auf später, und ohne eine Erwägung, die ich nicht hersetzen will, hätte er es ihm scharf und verdeckt heimgeleuchtet; indessen trug er ihm immer einen geheimen Haß nach. Und hätte sich der Sekretär besonnen, so hätte er sich mit seiner Jagd nicht so sehr gebrüstet, sondern er hätte sie höchst geheimgehalten, und besonders bei einem so glücklichen Abenteuer, aus dem leicht Streit und Skandal entstehen konnte.

Was soll man von jenem Edelmann von da und da sagen, dem seine Geliebte irgendeinen Ärger bereitet hatte und der daher so unverschämt war, ihrem Gemahl ihr Bild zu zeigen, das sie ihm gegeben und das er am Halse trug; darüber war der Gatte höchst verblüfft und liebte seine Frau weniger, die die Sache zu beschönigen wußte, so gut sie konnte.

Ein noch größeres Unrecht tat ein großer Herr, den ich kenne; er war verdrossen über irgendeinen Streich, den ihm seine Geliebte gespielt hatte, und da ging er hin und würfelte mit einem seiner Soldaten (er nahm nämlich bei den Fußtruppen eine hohe Stellung ein) um ihr Bild und verlor es; das erfuhr sie und platzte darüber beinahe vor Ärger und erzürnte sich sehr.

Die Königinmutter erfuhr es und erteilte ihm dafür einen Verweis, denn es läge eine zu große Verachtung darin, dermaßen das Bild einer schönen und ehrbaren Dame dem Fall der Würfel preiszugeben. Der Herr aber beschönigte die Sache, indem er sagte, wie er's hinlegte, habe er das darin enthaltene Pergament herausgetan und nur das einschließende Kapsel-Medaillon gesetzt, das aus Gold und mit Edelsteinen verziert war. Ich habe oft gesehen, wie über der Geschichte zwischen der Dame und dem Herrn sehr lustig hinüber und herüber geeifert wurde, und habe früher oft nach Herzenslust darüber gelacht.

Noch etwas will ich sagen: Es gibt Damen, und deren sah ich manche, die wollen bei ihren Liebschaften schlecht behandelt, bedroht, ja hart angefahren werden, mit solcher Art bekommt man sie mehr, als wenn man sie mit Süßigkeiten füttert; genau wie bei manchen Festungen, denen man mit Gewalt beikommt, den andern mit Milde; trotzdem wollen sie aber nicht beleidigt und als Dirnen verschrien sein; denn sehr oft beleidigen die Worte mehr als die Taten.

Sulla wollte der Stadt Athen niemals verzeihen und sie von oben bis unten zerstören, und zwar nicht der Hartnäkkigkeit halber, mit der sie sich gegen ihn wehrte, sondern nur, weil die im Innern ihn über die Mauer herüber schmähten und Metella, seiner Frau, sehr scharf an die Ehre rührten.

An diesen und jenen Orten, die ich nicht nennen will, reizten sich die Soldaten bei Scharmützeln und Belagerungen einander dadurch auf, daß sie gegenseitig die Ehre von zweien ihrer regierenden Prinzessinnen lästerten, ja sie gingen so weit, daß sie einander sagten: »Die Deine spielt tüchtig Kegel.« »Und Deine bolzt auch tüchtig zurück.« Infolge dieser Sticheleien und Spöttereien befeuerten die Prinzessinnen ihre Leute ebensosehr zu Untaten und Grausamkeiten wie aus andern Gründen, die ich erlebte.

Ich hörte erzählen: Die Hauptursache, von der die Königin von Ungarn am meisten befeuert wurde, in der Picardie und in andern Teilen Frankreichs diese tüchtigen Brände anzuzünden, lag darin, daß sie hinter ein paar frechen Lästerern und Schwätzern her war, die ordentlich von ihren Liebschaften schwatzten.

Cato konnte seit folgendem Vorfall Cäsar nie mehr lieben; sie waren im Senat, und man beriet gegen Catilina und seine Verschwörung, und als man Verdacht schöpfte, Cäsar stecke mit unter der Decke, wurde ihm verstohlen ein kleines Billett, oder besser gesagt, ein Liebesbriefchen zugesteckt, das ihm Catos Schwester Servilla schickte und das ein Rendezvous oder eine Einladung enthielt, miteinander zu schlafen. Cato ahnte das nicht, sondern vermutete ein Einverständnis Cäsars mit Catilina, er schrie laut auf, der Senat solle Cäsar befehlen, das fragliche Billett auszuliefern. Gezwungen dazu, zeigte Cäsar es vor, und da kam nun die Ehre der Schwester Catos in Schimpf und Schande.

Es kann sich also jeder denken, ob Cato ihn in Betracht dieses skandalösen Streiches lieben konnte, wie sehr er sich auch stellte, als hasse er Cäsar der Republik halber. Das war aber nicht Cäsars Schuld, denn er mußte den Brief unbedingt vorzeigen; sonst ging es ihm ans Leben. Und ich glaube, Servilla zürnte ihm nicht einmal darüber. In der Tat setzten sie ja ihre Liebschaft stets fort, der Brutus entstammte, für dessen Vater Cäsar gehalten wurde. Brutus dankte es ihm jedoch übel, daß ihn Cäsar in die Welt gesetzt hatte.

Um sich den Großen hinzugeben, wagen nun die Damen viel, und wenn sie Gunsterweisungen, Würden und Reichtümer daraus ziehen, zahlen sie einen teuren Preis dafür.

Ich hörte von einer schönen und ehrbaren Dame, die aus gutem Hause stammte und in die ein vornehmer Herr, der aus einem noch größeren stammte, verliebt war; als er sie eines Tages in ihrer Kammer allein gelassen auf dem Bett fand, fing der Herr nach einigem Geplauder und Gespräch über die Liebe an, sie zu umarmen und legte sie mit sanfter Gewalt auf den Pfühl; dann schritt er zum großen Ansturm, sie hielt ihn mit nur geringem und freundlichem Widerstand aus und sagte zu ihm: »Es ist doch eine große Sache, daß ihr großen Herren euch nicht enthalten könnt, eure Macht und eure Freiheit uns Niedrigeren gegenüber zu gebrauchen. Wenn ihr nun wenigstens eben stillschweigen könntet, wie ihr euch die Freiheit zu reden herausnehmt, so wäret ihr noch viel begehrenswerter und entschuldbarer. Ich bitte Euch also, mein Herr, haltet geheim, was Ihr tut, und hütet meine Ehre.«

Das sind die gewöhnlichen Reden, deren sich untergebene Damen Höheren gegenüber bedienen: »Ha! Mein Herr!« sagen sie, »denkt wenigstens an meine Ehre.« Andere sagen: »Ach, mein Herr, wenn Ihr das sagt, bin ich verloren; nehmt um Gottes willen mein Ehr in acht!« Andere sagen: »Mein Herr, wenn Ihr nur nichts davon sagt und meine Ehre bewahrt, kümmere ich mich nichts darum«; als wollten sie damit dartun, daß man im geheimen soviel machen kann, als man will; wenn nur die Welt nichts davon erfährt, dann meinen sie nicht, entehrt zu sein.

Die größten und stolzesten Damen sagen ihren untergebenen Galanen: »Nehmt Euch nur in acht, ein Wort davon zu sagen, und wenn es nur ein einziges ist; sonst geht's Euch an den Kragen; ich laß Euch in einen Sack stecken und ins Wasser werfen, oder ich laß Euch umbringen, oder ich laß Euch die Hechsen durchschneiden«; und stoßen noch andere derartige und ähnliche Reden aus; denn keine Dame, welchen Standes sie auch sei, will in Verruf kommen oder durch den Mund der Männer gezogen werden. Manche jedoch sind so unbesonnen, besessen oder liebesverzückt, daß sie sich von selbst, ohne daß die Männer sie anklagten, in Verruf bringen. Wie vor nicht langer Zeit eine sehr schöne und ehrbare Dame von gutem Herkommen, in die ein großer Herr sich arg verliebt hatte und die er dann genoß; er hatte ihr ein schönes und kostbares Armband geschenkt, auf dem sie zusammen vorzüglich abgebildet waren, und da hatte sie so wenig Überlegung, daß sie es gewöhnlich auf ihrem völlig nackten Arm über dem Ellenbogen trug; als sich aber eines Tages ihr Gatte mit ihr hingelegt hatte, fand er es zufällig und untersuchte es, und das gab ihm Veranlassung, sich ihrer mit gewaltsamem Tode zu entledigen. Welch übelberatene Frau!

Ich kannte einst einen sehr hohen königlichen Prinzen, der eine der schönsten Damen am Hofe drei Jahre hindurch zur Geliebten gehabt hatte, nach deren Ablauf mußte er sich irgendeines Kriegszuges halber wegbegeben; bevor er aber abreiste, wurde er in eine sehr schöne und ehrbare Prinzessin, wie es nur eine gab, sehr verliebt; und um ihr zu beweisen, daß er ihretwegen seine alte Geliebte verlassen hatte und sie überaus ehren und huldigen wollte, ohne sich mehr um die andere zu bekümmern, schenkte er ihr vor dem Abschied alle Liebespfänder, Juwelen, Ringe, Bildnisse, Armbänder und alle Aufmerksamkeiten, die er von der ersten hatte; diese sah einige und platzte bei der Wahrnehmung beinahe vor Ärger, sie schwieg auch nicht darüber; indem sie sich aber öffentlich ins Ärgernis brachte, war es ihr zugleich eine Genugtuung, der andern einen Skandal aufzurühren. Ich glaube, wäre jene Prinzessin nicht bald nachher gestorben, nach der Rückkehr von seiner Fahrt hätte der Prinz sie geheiratet.

Ich kannte einen andern, aber nicht so vornehmen Prinzen, der sich während seiner ersten Ehe und seiner Witwenschaft in ein sehr schönes und ehrbares Fräulein von da und da verliebte, der er während ihrer Liebschaft und

Ergötzung sehr schöne Geschenke an Halsketten, Ringen, Edelsteinen und einer Menge andrer schöner Sachen machte, worunter sich unter anderen ein sehr schöner und köstlicher Spiegel befand, auf dem sein Bild angebracht war. Nun heiratete der Prinz eine sehr schöne und sehr ehrbare Prinzessin von da und da, die ihm den Geschmack an seiner ersten Geliebten verdarb, obwohl sie beide an Schönheit einander nichts nachgaben. Jene Prinzessin überredete und bedrängte ihren Herrn Gemahl so sehr, daß er seiner ersten Geliebten alles wieder abfordern ließ, was er ihr je Schönes und Köstliches geschenkt hatte. Die Dame hatte ein großes Leid darum; trotzdem war ihr Herz so groß und stolz, daß sie, obwohl sie keine Prinzessin war, gleichwohl aber aus einem der ersten Häuser aus Frankreich stammte, ihm alles aufs schönste und köstlichste zurückschickte, darunter auch den schönen Spiegel mit dem Bildnis des Fürsten; vorher aber nahm sie, um ihn besser auszuzieren, Feder und Tinte und malte ihm große Hörner mitten in die Stirn hinein; das Ganze übergab sie dem Edelmann mit den Worten: »Hier, mein Freund, bringt das Eurem Herrn, ich sende ihm alles wieder, genau wie er mir's gab, ich habe nichts davon weggenommen oder hinzugefügt, höchstens hat er selbst seitdem etwas hinzugetan; und sagt jener schönen Prinzessin, seiner Gemahlin, die ihn dazu gedrängt hat, von mir wiederzufordern, was er mir gab, wenn der Herr Soundso (sie nannte ihn beim Namen, wie ich weiß) ebenso gegen ihre Mutter gehandelt und ihr alles wieder abverlangt und abgenommen hätte, was er ihr zum Geschenk für Liebeleien und Ergötzlichkeiten gegeben hat, weil er so oft bei ihr geschlafen, dann wäre sie so arm an Schmucksachen und Edelsteinen wie irgendein Edelfräulein; jetzt könne sie sich auf Kosten jenes Herrn und des Vorderteils ihrer Mutter damit schmücken, sonst ginge sie alle Morgen in den Garten, um Blumen zu pflükken und sich statt mit ihren Edelsteinen damit zu zieren: nun, da er sein Hirschgeweih hat, lasse ich es ihr.« Wer das Fräulein kannte, traute ihr wohl einen solchen Streich zu; sie hat es mir auch selbst erzählt, wie sie denn in ihren

Worten sehr frei war; trotzdem aber wäre es ihr beinahe übel bekommen, sowohl von seiten des Gatten wie von seiten der Frau, weil sie sich so in Verruf gebracht sahen; darob tadelte man ihn und sagte, es sei seine Schuld, weil er die arme Dame so erzürnt und in Verzweiflung gebracht hätte, denn diese Geschenke hätte sie sich im Schweiß ihres Angesichts verdient.

Als eines der schönsten und angenehmsten Fräulein ihrer Zeit wurde sie, unerachtet ihrer leiblichen Hingabe an jenen Prinzen, alsbald von einem sehr reichen Manne geheiratet, der ihr jedoch an Abstammung nicht ebenbürtig war; als sie sich nun eines Tages die Ehre vorwarfen, die sie einer dem andern erwiesen, daß sie sich heirateten, wobei sie ihre hohe Herkunft ins Feld führte, mit der sie ihn geheiratet, bekam sie die Antwort: »Und ich, ich habe mehr für Euch getan als Ihr für mich; denn ich habe mich entehrt, um Euch Eure Ehre wiederzugeben«; damit wollte er sagen, da sie als Mädchen ihre Ehre verloren, hätte er sie ihr wieder verliehen, indem er sie zu seiner Frau nahm.

Von hoher Stelle hörte ich folgendes erzählen: König Franz I. hatte Frau von Chateaubriant, seine Favoritin, verlassen, um dafür Frau von Etampes zu nehmen, die als Mädchen Helly hieß und von der Frau Regentin als eines ihrer Fräulein mitgenommen worden war; sie führte sie dem König Franz bei seiner Rückkehr aus Spanien in Bordeaux vor, er nahm sie als seine Geliebte und ließ jene Frau von Chateaubriant; so treibt ein Nagel den andern aus; da bat nun Frau von Etampes den König, von jener Frau von Chateaubriant alle köstlichsten Kleinodien, die er ihr gegeben, zurückzufordern, nicht wegen des Preises und des Wertes, denn damals hatten die Perlen und Edelsteine nicht den Preis, den sie seitdem bekommen haben, sondern weil sie die schönen Devisen liebte, die hineingegraben und hineingeprägt waren, die seine Schwester, die Königin von Navarra, verfaßt und gedichtet hatte. Der König Franz gewährte ihr die Bitte und versprach ihr's; er tat es auch. Als er nun einen Edelmann hinschickte, um sie ihr abzufordern, stellte sie sich sofort krank und erwirkte sich damit einen Aufschub, daß sie dem Edelmann sagte, er solle in drei Tagen kommen, dann bekäme er, was er verlange. Indessen ließ sie in hohem Ärger einen Goldschmied kommen und ließ ihn alle Juwelen einschmelzen, ohne jede Rücksicht auf die schönen eingravierten Devisen. Als dann der Edelmann wiederkam, gab sie ihm alle Juwelen, in Goldbarren umgewandelt, und sagte: »Geht, bringt das dem König und sagt ihm, da es ihm gefiel, mir wieder abzuverlangen, was er mir so freigebig verliehen, übergebe ich's ihm wieder und erstatte es in Goldbarren. Was die Devisen anlangt, so habe ich sie meinen Gedanken so sehr eingeprägt und eingeordnet, und sie sind mir so teuer, daß ich nicht erlauben konnte, daß jemand darüber verfügte, sich daran erfreute und Vergnügen hätte als nur ich.«

Als dem König alles überbracht wurde, die Barren und die Reden jener Dame, sagte er nichts als: »Bringt ihr alles wieder hin. Weshalb ich es wollte, war nicht wegen des Wertes (denn ich hätte ihr das Doppelte wiedererstattet), sondern wegen der Sinnsprüche. Da sie diese nun aber vernichtet hat, will ich das Gold nicht und schick es ihr wieder. Sie hat damit einen adligeren Mut bewiesen, als ich einer Frau zugetraut hätte.« Wenn einmal das Herz einer edlen Frau erzürnt ist und so verschmäht worden ist, dann ist es großer Dinge fähig.

Anders als die Fürsten, die solche Abforderungen von Geschenken ergehen lassen, handelte einmal Madame von Nevers aus dem Hause Bourbon, die Tochter des Herrn von Montpensier, die zu ihrer Zeit eine sehr sittsame, tugendhafte und schöne Prinzessin war; als solche galt sie in Frankreich und Spanien, wo sie einige Zeit mit der Königin Elisabeth von Frankreich genährt worden war, als deren Gespielin, der sie zu trinken gab; die Königin wurde nämlich von ihren Damen und Fräulein bedient, und eine jede hatte ihren Hofstaat wie wir Edelleute in der Umgebung unserer Könige. Diese Prinzessin war mit dem Grafen d'Eu verheiratet, dem ältesten Sohn des Herrn von Nevers, sie waren beide einander würdig, denn er war einer der schönsten und angenehmsten Prinzen seiner Zeit; daher liebten ihn die schönen und ehrbaren Damen am Hofe und suchten ihn zu gewinnen, unter anderm eine, die dazu noch besonders gewandt und geschickt war. Es ereignete sich, daß er eines Tages seiner Frau einen sehr schönen Ring vom Finger nahm mit einem Diamanten im Wert von fünfzehnhundert bis zweitausend Talern, den die Königin von Spanien ihr bei ihrer Abreise geschenkt hatte. Als der Prinz sah, daß seine Geliebte den Ring sehr an ihm rühmte und Begierde nach ihm zeigte, schenkte er als großmütiger und freigebiger Mann ihr offen den Ring, indem er ihr weismachte, er habe ihn beim Ballspiel gewonnen. Sie wies ihn nicht zurück, sondern nahm ihn heimlich und trug ihn aus Liebe zu ihm stets am Finger, so daß Frau von Nevers, der ihr Herr Gemahl glauben gemacht, er habe ihn beim Ballspiel verloren oder er sei verpfändet, den Ring in den Händen des Fräuleins sah, von der sie wohl wußte, daß es die Geliebte ihres Gemahls war. Sie besaß soviel Klugheit und Selbstbeherrschung, daß sie nur die Farbe wechselte, und in aller Stille an ihrem Kummer würgend, ohne sich etwas merken zu lassen, den Kopf auf die andere Seite wendete und weder ihrem Gatten noch seiner Geliebten gegenüber jemals etwas davon verlauten ließ. Dafür verdiente sie hohes Lob, daß sie nicht die Störrische spielte, in Wut geriet und dem Fräulein einen Skandal bescherte wie verschiedene andre, die ich kenne, die der Gesellschaft ein Vergnügen gemacht und ihr die Gelegenheit bereitet haben, darüber zu schwatzen und zu lästern.

Man sieht, bei solchen Geschichten ist die Mäßigung sehr nützlich und gut, und man sieht ferner, daß es da Glück und Unglück gibt wie anderswo; denn manche Damen, die nicht im geringsten auf ihre Ehre treten oder darüber stolpern und nur mit einer kleinen Fingerspitze daran rühren, werden sofort verschrien, verrufen und überall geschmäht.

Andre wieder segeln mit vollen Segeln aufs Meer und in die süßen Wasser der Venus, nackten Leibes und ausgestreckt schwimmen sie mit langen Stößen, scherzen und schäkern und fahren nach Zypern zum Tempel der Venus und zu ihren Gärten, wo sie sich nach Lust ergötzen; der Teufel hol's, wenn man von ihnen redet, genau, als wären sie gar nicht auf der Welt. So ist das Glück den einen günstig, von den andern wendet sich's ab und verleumdet sie; wie ich zu meiner Zeit verschiedene sah und wie es noch welche gibt.

Zur Zeit König Karls wurde in Fontainebleau ein sehr gemeines und skandalöses Pasquill verfaßt, in dem die Prinzessinnen, die vornehmsten Damen und andere nicht geschont wurden. Hätte man den wirklichen Urheber erfahren, es wäre ihm sehr schlecht ergangen.

Auch in Blois, als die Hochzeit der Königin von Navarra mit ihrem königlichen Gemahl geschlossen wurde, entstand eines, ein sehr skandalöses, das gegen eine sehr hohe Dame gerichtet war und dessen Urheber man nicht in Erfahrung bringen konnte; es traten aber sehr viele tapfre und kühne Edelleute auf, die mit dazu gehörten und mit ihren Entgegnungen das Machwerk Lügen straften. Es entstanden noch viele andre und drangen während dieser Regierung und während der König Heinrichs III. ans Licht unter anderm wurde ein sehr skandalöses in Form eines Lieds verfaßt, nach der Melodie eines Coranto, der damals am Hof getanzt wurde, die Pagen und Lakaien sangen es in hohen und tiefen Tönen.

Zur Zeit König Heinrichs III. geschah noch etwas viel Schlimmeres; denn ein Edelmann, den ich kannte, schenkte eines Tages seiner Geliebten ein Buch mit Bildern, worin zweiunddreißig große und mittlere Damen vom Hofe ganz nach der Natur gemalt waren, wie sie bei ihren Liebhabern lagen und sich mit ihnen ergötzten, die ebenso naturgetreu dargestellt waren. Eine war darunter, die hatte zwei oder drei Liebhaber, andre mehr, andre weniger; und diese zweiunddreißig Damen stellten mehr als siebenundzwanzig Figuren des Aretino dar, die alle verschieden waren. Die Personen waren so gut und natürlich veranschaulicht, daß es schien, als redeten und handelten sie; die einen entkleidet und nackt, die andern mit denselben Gewändern, Haartrachten, Schmucksachen und Kleidern angetan, die sie sonst trugen und in denen man sie häufig sah; ebenso die Männer. Kurz, das Buch war so sorgfältig gemalt und hergestellt, daß es nichts daran auszusetzen gab. Es hatte auch acht- bis neunhundert Taler gekostet und war ganz koloriert und illuminiert.

Die Dame zeigte und lieh es eines Tages einer großen Freundin und Gefährtin, die von einer vornehmen Dame, die mit im Buche war, und zwar in einer der vorgeschrittensten und schlimmsten Situationen, sehr geliebt und sehr vertraut behandelt wurde; da sie sehr zu ihr hielt, machte sie ihr Mitteilung davon. Nach allem begierig, wollte sie das Buch mit einer andern großen Dame, ihrer Cousine, betrachten, die sie sehr liebte, auch diese war mit abgebildet, die lud sie also zur Feier dieser Augenweide mit ein.

Sie widmeten der Betrachtung die größte Aufmerksamkeit, mit großem Eifer waren sie dabei, von Blatt zu Blatt, ohne daß sie eins oberflächlich übergingen, so daß sie zwei gute Stunden des Nachmittags damit zubrachten. Anstatt sich zu ärgern und zu erzürnen, lachten sie darüber, bewunderten die Bilder, betrachteten sie genau und gerieten in ihrer Sinnlichkeit und Geilheit in solche Verzückungen, daß sie dazu übergingen, miteinander zu schnäbeln, sich zu umarmen, und noch weitergingen, denn sie waren beide miteinander ordentlich an dieses Spiel gewöhnt.

Diese beiden Damen waren verwegener, kühner und standhafter als eine andre, von der man mir erzählte: Als sie eines Tages mit zweien ihrer Freundinnen dasselbe Buch durchsah, wurde sie dermaßen hingerissen, geriet in eine solche Liebesbrunst und heftige Begierde, die schamlosen Bilder nachzumachen, daß sie nur bis zum vierten Blatt mitansehn konnte, beim fünften fiel sie ohnmächtig um. Eine schreckliche Ohnmacht das! Sehr im Gegensatz zu der Ohnmacht der Octavia, der Schwester des Kaisers Augustus, die sofort in Ohnmacht verfiel, als sie eines Tages Virgil die drei Verse vortragen hörte, die er über ihren toten Sohn Marcellus gemacht, wofür sie ihm schon an die dreitausend Taler gegeben hatte. Das ist die Liebe, aber eine andre Art!

Ich hörte einmal, damals war ich am Hofe, daß ein großer Prinz von da und da, der alt und sehr bejahrt war und der seit dem Verlust seiner ersten Frau während seiner Witwerschaft sehr enthaltsam gelebt hatte, wie es sein hoher frommer Beruf mit sich brachte, sich in zweiter Ehe mit einer sehr schönen, tugendhaften und jungen Prinzessin verehelichen wollte. Und weil er seit zehn Jahren, seit er Witwer war, keine Frau angerührt hatte und fürchtete, den Gebrauch verlernt zu haben (als ob es eine Kunst sei, deren man vergessen könne) und sich in der ersten Nacht seiner Ehe Schande zu bereiten und nichts Bedeutendes auszurichten, wollte er einen Versuch anstellen; für Geld gewann er ein schönes junges Mädchen, eine Jungfer, genau wie seine zukünftige Gemahlin, man sagt auch, er traf seine Wahl so, daß sie in den Gesichtszügen ein wenig seiner zukünftigen Frau ähnelte. Das Glück war ihm so hold, daß er zeigte, daß er noch nichts von seinen alten Lektionen verlernt hatte; und sein Versuch geriet ihm so glücklich, daß er sich kühn und fröhlich an die Bestürmung des Forts seiner Frau machte, über die er einen schönen Sieg und hohe Ehre davontrug.

Jener Versuch war glücklicher als der eines Edelmanns, der mir auch genannt wurde, den sein Vater, obwohl er ein junger Bursche und einfältiger Pinsel war, verheiraten wollte. Er wollte zuerst den Versuch machen, um in Erfahrung zu bringen, ob er seiner Frau ein artiger Kamerad sein könnte; daher besorgte er sich ein paar Monate vorher ein schönes Freudenmädchen, die er jeden Nachmittag in das Wäldchen seines Vaters kommen ließ, denn es war im Sommer; unter grünen Bäumen ergötzte er sich da und lustierte sich mit seinem Fräulein, daß es toll war; dergestalt, daß er in betreff dieser Verflixtheit vor keinem Menschen bange hatte. Das schlimmste war aber, daß er an seinem Hochzeitsabend, als er sich zu seiner Frau gesellte, nichts machen konnte. Wer war starr? Er! Und er verwünschte seinen verfluchten verräterischen Knecht, der ihm versagte, zusamt dem Ort, an dem er war; dann faßte er Mut und sagte zu seiner Frau: »Liebste, ich weiß nicht, was das heißen soll, denn ich habe in allen diesen Tagen im Wäldchen meines Vaters wütig sein können«; und berichtete ihr seine Heldentaten. »Laßt uns schlafen; ich bin der Ansicht, daß ich Euch morgen nachmittag hinführe und Ihr sollt ein ander Spiel sehn.« Das machte er, und seine Frau befand sich sehr wohl dabei; daher kam später am Hofe das Wort in Schwang: »Hätt ich Euch im Wäldchen von meinem Vater, dann solltet Ihr sehn, was ich machen könnte.« Man stelle sich vor, daß da der Gott der Gärten, Messer Priap, und die verhurten Frauen und Satyrn, die in den Wäldern herrschen, den guten Kameraden Beistand leisten und ihren Werken und Exekutionen ihre Gunst schenken.

Solche Versuche treffen indessen nicht immer zu und machen auch nicht immer Eindruck; denn was die Liebe anlangt, so sah und hörte ich von verschiedenen guten Kämpen, daß sie sich ihre Lektionen wieder einstudieren und ihre Zeugenschaft wieder befestigen mußten, wenn sie auf die hohe Schule kamen. Denn die einen sind zu heiß und zu kalt, da sie solche Hitze- und Kältestimmung ganz plötzlich erfaßt; die andern geraten über das herrliche Wesen, das sie in den Armen halten, in Verzückungen; die dritten werden furchtsam; die vierten werden augenblicklich schlaff, ohne zu wissen, warum; andere wieder kriegen wahrhaftig das Nestelknüpfen. Kurz, es gibt soviel unvermutete Unzuträglichkeiten, die sich unversehentlich dabei einstellen, daß ich lange nicht fertig würde, wollte ich sie aufzählen. Ich berufe mich hierin auf verschiedene verheiratete Leute und andere Liebesabenteurer, die hundertmal mehr darüber sagen könnten als ich. Solche Proben sind gut für die Männer, nicht aber für die Frauen; so hörte ich von einer Mutter, einer Dame von hohem Rang, erzählen, die ihre Tochter sehr lieb hatte; sie hatte sie einem ehrbaren Edelmann zur Ehe versprochen, vor deren Eingehung aber ließ sie sie aus Furcht, ihre Tochter möchte jene erste und harte Anstrengung nicht ertragen können, wofür man den Edelmann als sehr roh und mächtig ausgestattet schilderte, es zuerst ein dutzendmal mit einem ihrer jungen Pagen versuchen, einem ziemlich großen Burschen, indem sie sagte, nur die erste Öffnung sei schwierig; wenn sie sich im Anfang etwas sanft und mild vollziehe, ertrüge sie die große leichter; das kommt vor und kann sich auch so zutragen. Diese Probe ist noch weit ehrbarer und weniger skandalös als eine, die mir einmal in Italien erzählt wurde, die Probe eines Vaters, der seinen Sohn, einen jungen Dummkopf noch, mit einem sehr schönen Mädchen verheiratet hatte, der er weder in der ersten noch in der zweiten Nacht nach der Hochzeit etwas machen konnte, ein solcher Tropf war er; und als er den Sohn und die Schwiegertochter fragte, wie es ihnen in der Ehe ginge und ob sie triumphiert hätten, antworteten beide: »Nein.« – »Woran hat's denn gelegen?« fragte er seinen Sohn. Er antwortete ganz töricht, er wisse es nicht, wie man's machen müsse. Da ergriff der Vater seinen Sohn mit der einen und die Schwiegertochter mit der andern Hand, führte beide in eine Kammer und sagte zu ihnen: »Ich will euch also zeigen, wie man's machen muß.« Damit ließ er seine Schwiegertochter auf ein Bettende legen und sie die Beine ausspreizen. Dann sagte er zu seinem Sohn: »Nun paß auf, wie ich's mache«, und zu seiner Schwiegertochter: »Rühr dich nicht; es macht nichts; es tut nicht weh.« Dann steckte er sein tüchtig gebäumtes Glied hinein und sagte: »Merke ordentlich auf, wie ich's mache und wie ich sage ›dentro, fuero, dentro, fuero‹.« Diese beiden Worte wiederholte er oftmals, indem er sich hineinschob und wieder rückwärts bewegte, ohne indessen ganz herauszugehen. Nach diesen beständigen Bewegungen und Wiederholungen ›dentro‹ und ›fuero‹ schrie er, als es zur Vollendung kam, heftig und schnell ›dentro, dentro, dentro, dentro‹, bis er fertig war, und kümmerte sich einen Teufel um das Wort ›fuero‹. Damit trieb er, in der Meinung, den Lehrmeister zu spielen, durchaus Ehebruch mit seiner Schwiegertochter, die sich entweder einfältig stellte oder, besser gesagt, schlau war und sich vorzüglich bei dem Stoß befand, wie auch bei andern, die ihr der Sohn und der Vater und alle versetzten; vielleicht wollte er ihr eben die gründlichste Lektion erteilen, die er sie nicht halb, sondern bis zur Vollendung lehren wollte.

Sonst ist keine Lektion was wert. Das kann ich Euch wohl versichern.

Von verschiedenen Liebesabenteurern und argen Glückspilzen hörte ich erzählen, daß sie mehrere Damen bei dieser süßen Lust in Ohnmacht und Krämpfe fallen sahen; sie kamen indes ziemlich leicht wieder zu sich; verschiedene rufen, wenn sie da sind, aus: »Ach! – ich sterbe!« Ich glaube, dieser Tod wäre ihnen ein sehr süßer. Andre wieder rollen um solchen Entzückens halber ihre Augen im Kopf herum, als ob sie des Todes sterben sollten, und verhalten sich ganz unbeweglich und regungslos. Von andern hörte ich, daß sie ihre Nerven, Adern und Glieder so heftig anspannen und versteifen, daß sie den Krampf bekommen; so hörte ich von einer, die dem so ausgesetzt war, daß sie nichts dagegen machen konnte. Andre lassen ihr Innerstes furzen, als ob man ihnen einen Bruch wiedereinrichtete.

Bezüglich dieser Ohnmachtsanfälle hörte ich von einer Dame folgendes: Während ihr Liebhaber sie auf einem Kasten in Gebrauch hatte, wurde sie beim süßen Ende dermaßen ohnmächtig, daß sie sich hinter die Lade fallen ließ, über die dann ihre Beine unzüchtig emporstarrten, dergestalt verwickelte sie sich zwischen den Kasten und die Tapisserie an der Wand, und während sie sich anstrengte, sich daraus zu befreien, wobei ihr Freund ihr half, kam eine Gesellschaft herein, die sie überraschte, wie sie die Baumgabel machte; diese betrachtete eine Weile ihre Dessous, was indes alles vorzüglich war; es war nun ihre Aufgabe, das Faktum zu verdecken, indem sie sagte, der Herr hätte sie beim Scherzen hinter den Kasten gestoßen, und sie hatte sich zu stellen, als liebte sie ihn gar nicht.

Diese Dame lief viel größere Gefahr als eine, von der ich hörte: Ihr Freund hielt sie umarmt und berannte sie auf dem Bettrand, und wie's zum süßen Ende kam, als er fertig war und sich ausstreckte (zufällig hatte er neue Schuhe mit glitscherigen Sohlen an), stemmte er sich auf die bleifarbenen Fliesen, mit denen die Kammer bedeckt war und auf denen man leicht ausgleiten kann, und rollte und glitschte, ohne anhalten zu können, so tüchtig, daß er mit seinem ganz und gar beflitterten und betreßten Wams den Bauch, den Hügel, die F... und die Schenkel seiner Geliebten derartig zerschrammte, daß man meinte, die Krallen einer Katze wären darüber gekommen; es tat der Dame so weh, daß sie unwillkürlich einen starken Schrei ausstieß. Das beste war jedoch, daß sich die Dame, weil es im Sommer und sehr heiß war, ein wenig geiler hergerichtet hatte als die andern Male, denn sie hatte nur ihr weißes Hemd und einen Mantel von weißem Atlas darüber an, ohne Unterhosen, so daß der Edelmann nach seinem Ausgleiten mit der Nase, dem Mund und dem Kinn gerade auf das Loch seiner Geliebten hinrutschte, das soeben mit seiner Kraftbrühe angestrichen worden war, die er ihr schon zweimal hineingegossen und mit der er sie so angefüllt hatte, daß sie über die Ränder gelaufen und übergeflossen war; damit besudelte er sich also den Mund, die Nase und den Schnurrbart dermaßen, daß man meinte, er hätte sich soeben seinen Bart eingeseift; darüber vergaß die Dame ihren Schmerz und ihre Schrammen und brach in ein solches Gelächter aus und sagte ihm: »Ihr seid ein tüchtiger Junge, Ihr habt ja Euern Bart ordentlich eingeseift und barbiert, aber mit etwas andrem als mit neapolitanischer Seife.« Die Dame erzählte die Geschichte einer ihrer Freundinnen, der Edelmann einem seiner Freunde. So erfuhr man sie, weil es ja andern wiedererzählt wurde; denn die Geschichte war sehr gut und reizte ordentlich zum Lachen.

Unzweifelhaft erzählen sich die Damen, wenn sie allein unter ihren vertrautesten Freunden sind, ebenso gute Geschichten wie wir, berichten einander ihre Liebschaften und verborgensten Streiche, und dann lachen sie aus vollem Halse darüber und machen sich über ihre Galane lustig, wenn sie einen Fehler begehen oder etwas Lächerliches und Verspottbares machen.

Ja, sie machen es noch besser, denn sie machen einander ihre Liebhaber abspenstig, was sie manchmal nicht aus Liebe tun, sondern um alle Geheimnisse, Umtriebe, Narrheiten, die jene zusammen getrieben, aus ihnen herauszulocken; daraus ziehen sie dann ihren Nutzen, sei es, daß sie ihre Brünste mehr schüren, sei es der Rache halber, sei es, daß sie miteinander in ihren vertrauten Gesprächen, wenn sie beisammen sind, streiten.

Zur Zeit jenes Königs Heinrich III. entstand jenes stumme Pasquillbuch, in dem, wie ich oben erzählte, verschiedene Damen in ihren Stellungen und Beilagern mit ihrem Herrn abgebildet waren. Das war sehr skandalös. Man sehe oben die Stelle nach, wo ich darüber redete.

Nun ist über diesen Gegenstand genug gesagt. Ich möchte herzlich gern, manche Zungen in unserm Frankreich entwöhnten sich dieser Lästerreden und betrügen sich wie spanische. Dort würden sie um keinen Preis an die Ehre der Damen zu rühren wagen; sie ehren sie sogar so, daß man ihnen, an welchem Ort es auch immer sei, begegnen kann, und es wird nur im geringsten gerufen ›Platz den Damen‹, es verbeugt sich jedermann und erweist ihnen alle Ehre und Ehrerbietung; in ihrer Gegenwart ist jede Frechheit bei Todesstrafe verboten.

Als die Kaiserin, die Gemahlin Kaiser Karls, in Toledo einzog, wäre beinahe, hörte ich, der Marquis von Villana, einer der Granden von Spanien, hoher Strafe verfallen, weil er einen Scharwächter, der ihn dringend zum Weitergehen aufgefordert, bedroht hatte, da diese Bedrohung in Gegenwart der erwähnten Kaiserin stattfand; wäre es in der des Kaisers geschehen, hätte es keinen so großen Lärm gegeben.

Als der Herzog von Feria in Flandern mit den Königinnen Eleonore und Marie durchs Land reiste, gefolgt von ihren Damen und Fräulein, ritt er in der Nähe seiner Herrin und bekam mit einem andern spanischen Kavalier Händel, da verloren beide beinahe ihr Leben, mehr weil sie den Skandal in Gegenwart der Königinnen und der Kaiserin verursacht hatten als aus irgendeinem andern Grunde.

Ebenso wäre es Don Carlos d'Avalos in Madrid ergangen, als die Königin Isabella von Frankreich durch die Stadt zog; hätte er sich nicht sofort in eine Kirche geflüchtet, die den armen Schelmen dort als Zufluchtsort dient, so wäre er alsbald zum Tode verurteilt worden. Er mußte sich verkleidet in Sicherheit bringen und aus Spanien flüchten; darob war er sein ganzes Leben auf die elendeste Insel von ganz Italien verbannt, nämlich Lipari.

Sogar die Hofpossenreißer, die sonst das Privilegium haben zu schwatzen, haben zu leiden, wenn sie an Damen rühren; so passierte es einmal einem namens Legat, den ich kannte. Als eines Tages unsere Königin Elisabeth von Frankreich über den Aufenthalt in Madrid und Valladolid redete und plauderte, wie lustig und ergötzlich er wäre, sagte sie, sie möchte gerne, die beiden Orte wären sich so nahe, daß sie den einen mit dem einen Fuß, den andern mit dem andern berühren könne; das sagte sie, indem sie die Beine weit auseinanderspreizte. Jener Narr, der's hörte, sagte: »Und ich möchte in der schönen Mitte sein, con un carrajo de borrico, para encarguar y plantar la raya.« Dafür wurde er in der Küche tüchtig geprügelt; indessen hatte er nicht unrecht, diesen Wunsch zu äußern, denn die Königin war eine der schönsten, angenehmsten und ehrbarsten Frauen, die es je in Spanien gab, und sie verdiente wohl auf diese Weise begehrt zu werden, freilich nicht von ihm, sondern von hunderttausendmal ehrenwerteren Leuten.

Ich meine, diese Herren Verleumder und Damenschwätzer möchten gern das Privilegium und die Freiheiten der Winzer in der Campagna von Neapel zur Zeit der Weinlese genießen, denen es, solange sie lesen, erlaubt ist, jedem, der vorübergeht, der auf den Wegen kommt und geht, was sie wollen, Beleidigungen und Sticheleien zuzurufen; dermaßen, daß man sieht, wie sie schreien, ihnen nachheulen, sie ankläffen, ohne jemanden zu schonen, große, mittlere und geringe, welchen Standes sie auch seien. Und das ist das lustige dabei, sie verschonen auch die Damen nicht, Prinzessinnen und Große, wer sie auch seien. Zu meiner Zeit hörte ich sogar und sah es auch, daß verschiedene Damen Geschäfte vorspiegelten, um sich das Vergnügen zu verschaffen, und absichtlich auf die Felder gingen und die Wege passierten, um sie schwatzen zu hören und tausend Sauereien und Geilheiten von ihnen zu vernehmen, die sie gegen die Spaziergängerinnen ausstießen, indem man ihnen ihre Hurereien und Unzucht vorwarf, die sie mit ihren Gatten und Liebhabern übten, ja man warf ihnen ihre Liebschaften und Beischläfe mit ihren Kutschern, Pagen, Lakaien und Botenreitern vor, die sie bei sich hätten. Ja noch mehr, sie verlangten ganz offen die Freundlichkeit ihres Umgangs von ihnen, sie würden sie weit besser bespringen und traktieren als alle andern. Das sagten sie mit ganz wahren und echten Ausdrücken, ohne die Worte irgendwie zu entstellen. Die Damen begnügten sich damit, sich den Buckel voll zu lachen, und hatten ihre Muße dabei und ließen ihnen von ihren Begleitern antworten, wie es denn auch erlaubt ist, ihnen ordentlich heimzuzahlen. Mit dem Schluß der Weinlese wird über solche Schimpfereien bis zum andern Jahr ein Waffenstillstand verhängt, sonst würden sie zur Rechenschaft gezogen und tüchtig gestraft.

Man sagte mir, der Brauch sei heute noch im Schwange, und es möchten in Frankreich viele Leute gern, daß er in irgendeiner Jahreszeit beobachtet würde, damit sie das Vergnügen der bei ihnen so geliebten Verleumdungen in aller Sicherheit genießen könnten.

Um nun Schluß zu machen: Die Damen sollten von jedermann respektiert, ihre Liebschaften und ihre Gunstbezeigungen geheimgehalten werden. Daher sagte Aretino: Wenn man bei diesem Punkte wäre, würden die Worte, die die Liebhaber und Liebhaberinnen miteinander tauschen, nicht so sehr der Ergötzung, auch nicht der gegenseitigen Lust gewidmet sein, sondern mit ihrer Verknüpfung geben sie sich das Zeichen, das Geheimnis ihrer Liebesübungen geheimzuhalten; manche geile und hurerische unverschämte Gatten benehmen sich so frei und ausschweifend mit ihren Worten, daß sie, ohne Genüge an den Schamlosigkeiten und Schmutzigkeiten zu finden, die sie mit ihren Frauen treiben, sie ihren Genossen auseinandersetzen und ausführlich schildern; ich habe manche Frauen gekannt, die deswegen gegen ihre Gatten einen tödlichen Haß hegten und ihnen daher sehr oft die Freuden verweigerten, die sie ihnen geben konnten; sie wollten nicht in einen

Skandal gezogen sein, obwohl sie sich sonst unterordnen müssen.

Der Dichter Herr du Bellay hat in sehr schönen lateinischen ›Tumbeaux‹, die er gedichtet hat, eine über einen Hund gemacht, die mir wert scheint, hierhergesetzt zu werden, denn sie berührt unser Thema und lautet:

Latratu fures excepi, mutus amantes
Sic placui domino, sic placuis dominae.

Diebe scheucht ich mit Bellen,
Mit Stummheit grüßt ich die Freunde,
So gefiel ich dem Herrn und so der Herrin.

Wenn man also schon die Tiere lieben muß, weil sie verschwiegen sind, was muß man dann erst mit den Männern machen, wenn sie stille sind? In dieser Beziehung muß man die Ansicht einer Kurtisane hören, die zu den berühmtesten des Altertums gehört hat, eine große Priesterin in ihrem Metier, nämlich Lamia (man kann es), die sagte, insofern sei die Frau am zufriedensten mit ihrem Liebhaber, wenn er in seinen Reden verschwiegen wäre und das geheimhielte, was er täte; dagegen hasse sie vor allem einen Prahler, der sich mit dem brüste, was er nicht leiste, und nicht fertigbrächte, was er verspräche. Das letztere will in doppelter Hinsicht verstanden sein. Dazu sagte sie noch: Auch wenn die Frau es mache, wolle sie niemals eine Hure genannt werden oder dafür gelten. Auch sagte man von ihr, daß sie sich selbst niemals über einen Mann lustig mache oder umgekehrt ein Mann über sie und sie verleumde. Eine solche Dame, eine Gelehrte in der Liebe kann den andern darin wohl Lehren erteilen.

Nun ist genug über diese Sache geredet; ein besserer Redner als ich hätte sie mehr ausschmücken und weiter ausdehnen können; vor ihm strecke ich Waffen und Feder.

Siebente Abhandlung:

Über die verheirateten Frauen, die Witwen und Mädchen, zur Erkenntnis dessen, daß die einen in der Liebe feuriger sind als die andern, und welche

Einleitung

Als ich eines Tages zu Madrid am spanischen Hofe war und mit einer sehr ehrbaren Dame plauderte, wie an diesen Höfen gebräuchlich ist, richtete sie die Frage an mich: »Wer hat das größere Liebesfeuer, die Witwe, die Verheiratete oder das junge Mädchen?« Als ich ihr meine Meinung gesagt hatte, sagte sie mir die ihrige mit den Worten: »Mir scheint die Sache so zu sein: Obwohl die Mädchen mit ihrem sehr heißen Blut zur Liebe stark disponiert sind, lieben sie doch nicht so sehr wie die verheirateten Frauen und die Witwen, die von einer großen praktischen Erfahrung getragen sind; der Grund ist sehr natürlich; genau wie ein Blindgeborner, der von seiner Geburt an des Augenlichts beraubt ist, es nicht so sehr ersehnen kann wie der, der es genossen und danach verloren hat.« Dann fügte sie hinzu: »Viel leichter versagt man sich etwas, das man niemals geschmeckt hat, als das, was man geliebt und erprobt hat.« Dies die Gründe, die jene Dame über den Gegenstand beibrachte.

Der verehrungswürdige und gelehrte Boccaccio erhebt nun unter den Streitfragen seines Romans ›Philocoppo‹ in der neunten die folgende: In welche von den dreien, der Verheirateten, der Witwe und des Mädchens, soll man sich mehr verlieben, um seine Wünsche mit größerem Glück zum Ziel zu führen? Durch den Mund der Königin, die er redend einführt, antwortet Boccaccio: Obwohl es sehr schlecht und gegen Gott und sein Gewissen gehandelt ist, eine verheiratete Frau zu begehren, die durchaus nicht sich gehört, sondern ihrem Gatten unterworfen ist, ist es sehr leicht, bei ihr zum Ziel zu kommen, nicht aber bei dem

Mädchen und bei der Witwe; die Plauderei äußert weiter, eine solche Liebe sei gefährlich, denn ein Feuer entbrenne um so mehr, je mehr man hineinblase, sonst löscht es aus. Auch nehmen alle Dinge beim Gebrauch ab, mit Ausnahme der Wollust, die sich nur immer noch steigert. Die Witwe jedoch, die lange keinen solchen Eindruck gehabt hat, hat quasi keinen Geschmack mehr dafür und kümmert sich nicht mehr darum, als wäre sie gar nicht verheiratet gewesen, und wird eher von der Erinnerung wieder angefeuert als von der Begierde. Das Jungfräulein dagegen, das noch nichts davon weiß und es noch nicht kennt, außer in ihrer Phantasie, hat nur matte Wünsche. Die Verheiratete aber, die hitziger ist als die andern, wünscht häufig an den Punkt zu kommen, um dessentwillen sie von ihrem Gatten manchmal aufs äußerste beleidigt und geschlagen worden ist; aber in dem Wunsch, sich zu rächen, denn es gibt nichts Rachsüchtigeres als ein Weib, und besonders jener Sache wegen macht sie ihn in bester Absicht zum Hahnrei und verschafft damit ihrer Seele eine Befriedigung. Man langweilt sich auch, immer von demselben Fleisch zu essen, besonders legen die großen Herren und Damen oft das beste und köstlichste Fleisch hin und nehmen andres dafür. Überdies bedarf es bei den Mädchen zu großer Anstrengung und Zeit, um sie dem Willen der Männer geneigt und gefügig zu machen; und wenn sie lieben, wissen sie nicht, daß sie lieben. Bei den Witwen jedoch gewinnt das Feuer leicht wieder seine alte Kraft und läßt sie alsbald wieder begehren, was sie in der langen Unterbrechung vergaßen; und es verlangt sie, diesen Eindruck wiederzuhaben, wobei sie die verlorne Zeit und die langen Nächte bedauern, die sie kalt in ihrem ungewärmten Witwenbett verbrachten.

Auf diese Gründe der beredten Königin hin nimmt ein Edelmann namens Farramonte das Wort, indem er von den verheirateten Frauen überhaupt absieht, weil sie sehr leicht zu erschüttern sind, und mit einer Diskussion darüber sich gar nicht aufhält, dann geht er zu den Mädchen und Witwen über und stellt die Behauptung auf, daß das Mädchen in der Liebe fester sei als die Witwe; denn die

Witwe, die in der Vergangenheit die Geheimnisse der Liebe schmeckte, liebt niemals fest, sie zaudert und nimmt sich Zeit, geschwind wünscht sie den einen, dann den andern und weiß nicht, wem sie sich zu ihrem größeren Nutzen und zu ihrer größeren Ehre verbinden soll; manchmal will sie gar keinen davon, so schwankt sie hin und her in ihrer Überlegung, und dabei kann die Liebesleidenschaft gar nicht stark werden. Gerade das Gegenteil geht in dem Jungfräulein vor, ihr ist alles das unbekannt; sie strebt nur danach, sich einen Freund zu verschaffen, und schenkt ihm ihre ganzen Gedanken, wenn sie eine glückliche Wahl getroffen hat, und will ihm in allem gefallen, in der Meinung, es sei eine große Ehre, in seiner Liebe fest zu bleiben; daher erwartet sie die Dinge, die sie niemals erblickt, gehört oder erfahren hat, in größerer Glut und hat stärkere Wünsche, alles zu sehen, zu hören und zu erproben, als die andern erfahrenen Frauen. Auch beherrscht sie der Wunsch sehr, neue Dinge zu schauen; sie erkundigt sich bei den Erfahrenen; das steigert ihr Feuer noch; so wünscht sie die Vereinigung mit dem, den sie zum Herrn ihrer Gedanken gemacht hat, diese Leidenschaft hat die Witwe nicht mehr, sie hat sie bereits hinter sich.

Nun ergreift bei Boccaccio die Königin wieder das Wort, sie will der Streitfrage überhaupt ein Ende machen und schließt: Die Witwe ist hundertmal mehr um die Liebeslust besorgt als die Jungfrau, weil die letztere sich ihre Keuschheit und Jungfrauenschaft durchaus bewahren will, in Anbetracht dessen, daß ihre ganze zukünftige Ehre darin liegt. Dann sind die Jungfrauen von Natur furchtsam und besonders in dieser Hinsicht ungeschickt und nicht dazu geeignet, sich die Gelegenheiten, die für derartige Betätigungen nötig sind, herauszufinden und sich bequem einzurichten; ganz anders bei der Witwe, die in dieser Kunst bereits sehr praktisch, dreist und erprobt ist, da sie sich ja dessen, was die Jungfrau noch hingeben will, bereits entledigt hat; das ist auch die Veranlassung, daß sie sich nicht fürchtet, untersucht zu werden oder irgendeines Breschezeichens bezichtigt zu werden; und sie kennt auch die geheimen Wege, die zur Verwirklichung ihrer Hoffnung führen. Übrigens fürchtet die Jungfrau jenen ersten Ansturm auf ihre Jungfernschaft, denn er ist zuweilen mehr schmerzlich als süß und lustig; das fürchten die Witwen gar nicht, sondern sie lassen sich ganz sachte gehen und laufen, wenn auch der Angreifer zu den rohsten Kerlen gehörte. Dieses Vergnügen unterscheidet sich sehr von manchen andern, an denen man sich beim ersten Male sehr oft sättigt und deren man sich dann leicht entschlägt, dieses aber läßt die Neigung zur Wiederholung immer nur wachsen. Daher ist die schenkende Witwe hundertmal freigebiger als die Jungfrau, die ihr köstlichstes Ding preisgeben muß, an das sie bestausendmal denkt. Folglich, schloß die Königin, ist es besser, man wendet sich an eine Witwe als an ein Mädchen, weil sie leichter zu gewinnen und zu verführen ist.

Über die Liebe der verheirateten Frauen

Um nun die Gründe Boccaccios herzunehmen und sie ausführlicher zu behandeln und zu prüfen und um sie zu besprechen, gemäß den Gesprächen, die ich von ehrbaren Edelleuten und Damen, beides tüchtig erprobten, darüber hörte, sage ich: Es ist unzweifelhaft, daß der, welcher bald in den Genuß einer Liebe treten will, sich an verheiratete Damen wenden muß, dann braucht er sich keine große Mühe zu geben und viel Zeit zu vergeuden; denn, wie Boccaccio sagt, je mehr man ein Feuer schürt, desto heißer brennt es. Genauso steht es mit der verheirateten Frau, die sich so sehr mit ihrem Gemahl erhitzt, daß sie, wenn es ihm an Mitteln fehlt, das Feuer auszulöschen, das er bei seiner Frau angefacht hat, wohl anderswo Hilfe leihen muß, oder sie verbrennt lebendig. Ich kannte eine große Dame von guter Herkunft und tüchtiger Art, die einmal zu ihrem Freund sagte, der mir's wieder erzählte, von Natur sei sie gar nicht so gierig nach dem Geschäft, wie man behaupte (und Gott weiß es!), sie täte es gerne recht häufig aufstecken, aber da schüre sie ihr Gatte an, und da er nicht dazu ausreiche und nicht fähig genug sei, ihre Brunst zu dämpfen, die er zu solcher Höhe und Hitze anfache, müsse sie zu ihrem Freund um Hilfe laufen; sehr oft begnüge sie sich aber nicht mit ihm, sondern zöge sich entweder in ihr Kabinett oder in ihr Bett zurück, und da stille sie ganz allein, so und so, ihre Wut, lesbisch oder sonst mit einem andern Kunstmittel; sie würde sich sogar, sagte sie, wenn sie sich nicht schämte, dem ersten besten hingeben, den sie in einem Ballsaal fände, in einer Ecke oder sogar auf der Treppe, so gequält wäre sie von dieser Fieberhitze, genau wie die Stuten in den Bezirken von Andalusien, wenn sie in Brunst kommen und keine Hengste finden, um sich bespringen zu lassen; und wenn sie überhaupt nicht dazu kommen können, halten sie ihre Natur gegen den Wind, der ihnen hineinfährt und ihnen was hineingibt, damit befriedigen sie ihre Brunst und machen sich voll. Daher kommen aber auch die schnellen Pferde, die so geschwind sind, als lebe in ihnen die natürliche Schnelligkeit ihres väterlichen Windes. Ich glaube, es gibt verschiedene Gatten, die sehr wünschen, ihre Frauen fänden einen solchen Wind, der sie erfrische und ihre Brunst stille, als daß sie zu Liebhabern gingen und ihnen sehr gemeine Hörner ansetzten.

Eine merkwürdige Eigenschaft der Frau, die ich soeben erwähnte, ist noch: Sie gerät nicht in Glut, außer wenn man ihr einheizt; darüber darf man sich aber nicht wundern, denn, wie eine spanische Dame sagte: »Je mehr ich die Glut von mir abtue, desto mehr verbrennt mich mein Gemahl in meiner Pfanne.« Und gewiß können sie dabei brennen und auf eine solche Weise, wenn man bedenkt, daß sie schon von Reden, von bloßen Berührungen und Umarmungen, ja von äußern Reizen sehr leicht hingerissen werden, wenn sie die Gelegenheiten finden, und zwar ohne jeden Respekt vor dem Gatten.

Denn um die Wahrheit zu sagen, was ein Mädchen oder eine Frau am meisten zurückhält, das ist die Furcht, es möchte ihnen der Bauch anschwellen, ohne daß sie Bohnen gegessen haben, das fürchten die Verheirateten ganz und gar nicht; denn wenn sie anschwellen, ist der arme Ehemann für alles haftbar und sorgt für die Bedeckung. Und was die Gesetze der Ehre anlangt, die ihnen das verböten, so machen sich nach den Angaben Boccaccios die meisten Frauen darüber lustig und haben ihre gewichtigen Gründe dafür: die Gesetze der Natur gehen vor, sie tut niemals etwas vergebens, sie gab ihnen so edle Glieder und Körperteile, damit sie gebraucht und betätigt würden, nicht um sie brach und müßig liegenzulassen; man könnte ihnen weder etwas befehlen noch gebieten, weil sonst die Spatzen keine Nester drin bauten, wie ich anderswo sagte, und Gefahr vorliegt, daß es keinen Fuchsschwanz mehr gibt, sie herauszufegen; ja oft entstehen daraus, daß sie diesen Körperteil brachliegen lassen, große Übel und Lebensgefährdungen, besonders aber eine Erstickung der Gebärmutter, derenthalben man so viele sterben sieht, daß es zum Erbarmen ist, und zwar eine Menge schöner, ehrbarer Damen, alle um dieser gräßlichen Enthaltsamkeit willen; das Hauptmittel dagegen ist der fleischliche Beischlaf, sagen die Ärzte, und besonders mit sehr starken und tüchtig begliederten Leuten. Dazu sagen sie noch (wenigstens manche unserer Damen), dieses Gesetz der Ehre gälte bloß für jene Frauen, die gar nicht lieben und die keine ehrbaren Freunde hätten, von denen sei es sehr unanständig und schändlich, die Reinheit ihres Körpers preiszugeben, sie wären wie Dirnen: Jene aber, die lieben und die sich gute Freunde erwählt haben, werden von jenem Gesetz durchaus nicht verhindert, daß ihnen bei dem Brand, der in ihnen loht, nicht Beistand geleistet und etwas gegeben werden könnte, damit sie ihn ersticken können; damit schenkt man ja gerade dem Verlangenden das Leben, indem man sich darin gütig erzeigt, nicht barbarisch oder grausam wie Reinhold, den ich früher erwähnte, als ich von der armen niedergeschlagenen Genoveva redete. Ich kannte eine höchst ehrbare und vornehme Dame, die eines Tages von ihrem Freund in ihrem Kabinett gefunden wurde, als sie gerade die Reinholdsche Stanze: ›una donna deve dunque morire‹ in so schöne und wohlgebaute französische Verse brachte, die ich je sah, denn sie kamen mir später vor

Augen, und auf seine Frage, was sie geschrieben hätte, sagte sie: »Hier, diese Übersetzung hab ich soeben gemacht, sie bedeutet mir ebensoviel wie einen Urteilsspruch, Euch in Euern Wünschen zu befriedigen, und es fehlt bloß noch der Vollzug.« Der folgte dann der Lektüre auf dem Fuße. In der Turnelle ist wohl nie ein so schönes Urteil gefällt worden! Denn wenn schon Ariost die Worte Reinholds mit den schönsten Gründen ausstattete, so kann man auch sicher sein, keinen vergaß sie aufs beste zu übersetzen und darzustellen, so daß die Übertragung in ebenso hohe Erregung versetzte wie das Original; sie gab ihrem Freund zu verstehen, daß sie ihm das Leben schenken und keineswegs unerbittlich gegen ihn sein wolle, wie auch der andre die Zeit wohl beim Schopf zu packen verstand.

Wenn also die Natur eine Dame gütig und barmherzig geschaffen hat, warum sollte sie dann nicht auch die ihr verliehenen Gaben freigebig gebrauchen, ohne undankbar dagegen zu sein oder ohne ihr überhaupt zu widerstreiten oder zu widerreden? So hörte ich einmal von einer Dame, die eines Tages ihres Gatten in einem Saal umhergehn und wandeln sah und sich dabei nicht enthalten konnte, zu ihrem Liebhaber zu sagen: »Seht nur unsern Mann gehn; trägt er nicht den echten Hahnreikragen? Hätte ich also nicht die Natur arg beleidigt, wenn ich ihr zuwidergehandelt und sie Lügen gestraft hätte, da sie ihn doch dazu gemacht und bestimmt hat!«

Von einer andern Dame wurde mir berichtet, die sich über ihren Gatten beklagte, daß er sie nicht gut behandle und ihr voll Eifersucht nachspioniere; er ahnte nämlich, daß sie ihm Hörner aufsetze. »Aber er ist gut!« sagte sie zu ihrem Freund. »Er meint, sein Feuer gliche dem meinigen, denn ich lösche ihm seines in einem Nu aus, mit vier oder fünf Tropfen Wasser; das meine aber, dessen Schmelzofen eine ganz andere Tiefe hat, bedarf mehrerer: wir sind nämlich wie Wassersüchtige oder wie Sandgruben, je mehr sie Wasser verschlucken, desto mehr wollen sie haben.«

Noch treffender sagte eine andere Dame, ihr L... hätte die Natur von Hennen, die den Pips bekommen und daran sterben, wenn es ihnen an Wasser fehlt und sie nicht trinken können. Genauso bekäme ihre Scheide den Pips und stürbe daran, wenn man ihr nicht oft zu trinken gäbe; es muß aber auch ein anderes als Brunnenwasser sein. Eine andre Dame sagte, sie hätte die Natur eines guten Gartens, der sich nicht mit dem Wasser vom Himmel begnüge, sondern auch noch welches vom Gärtner haben wolle, wenn er fruchtbarer sein soll. Eine andere Dame sagte, sie wolle den guten Ökonomen und Haushaltern gleichen, die nicht ihr ganzes Gut einen einzigen verwalten und verwerten ließen, sondern es in verschiedene Hände verteilten; denn eine einzige könnte es nicht leisten, es tüchtig zu verwerten. Scheinbar wollte sie so ihre F... bewirtschaften, um sie zu meliorieren, und es bekam ihr gut.

Ich hörte von einer ehrbaren Dame, die einen sehr häßlichen Freund und einen sehr schönen, sehr anmutigen Ehemann hatte; auch war die Dame selbst sehr schön. Ihre Vertraute machte ihr Vorstellungen, warum sie nicht einen schöneren Anbeter wählte. »Wißt Ihr nicht«, antwortete sie, »wenn man ein Land tüchtig bebauen will, braucht man mehr als einen Arbeiter, und gewöhnlich sind gerade die schönsten und feinsten nicht die geeignetsten, sondern vielmehr die bäuerlichsten und robustesten?« Eine andere Dame, die ich kannte und die einen sehr häßlichen und mißgestalteten Gemahl hatte, wählte sich einen ebenso häßlichen Freund; und auf die Frage einer ihrer Gefährtinnen, warum, antwortete sie: »Damit ich mich besser an die Häßlichkeit meines Mannes gewöhne.«

Eine andre Dame plauderte eines Tages über die Liebe, über die ihrige wie über die ihrer Gefährtinnen, und dabei sagte sie: »Wenn die Frauen immer keusch wären, wüßten sie nicht, was das Gegenteil ist«; hierin stützte sie sich auf die Ansicht Heliogabals, der sagte: Die eine Hälfte des Lebens müßte auf Tugenden verwendet werden, die andre Hälfte auf Laster; sonst sei man immer in einer ganz guten oder ganz bösen Verfassung und könne das Gegenteil nicht beurteilen, was einem doch oft zur Mäßigung dient. Ich sah diese Maxime von hohen Persönlichkeiten gebilligt und besonders im Hinblick auf die Frauen. Ebenso sagte die Gemahlin des Kaisers Sigismund, die Barbara hieß, immer in ein und demselben Stand der Keuschheit leben, das sei Sache der Dummen; und ihre Damen und Fräulein, die bei dieser einfältigen Meinung beharrten, tadelte sie sehr, wie sie es ihrerseits weit von sich abwies; denn ihre ganze Lust waren Feste, Tänze, Bälle und Liebschaften, und dabei lachte sie die Leute aus, die's nicht ebenso machten oder die fasteten, um ihr Fleisch zu kasteien, oder die zurückgezogen lebten. Es kann sich jeder denken, ob es sich an dem Hof dieses Kaisers und dieser Kaiserin gut leben ließ; ich meine für die Leute, die Liebschaften gerne hatten.

Ich hörte von einer sehr ehrbaren Dame von Stande, die aus Liebesweh zu ihrem Anbeter krank war; mit jenem kleinen Fräulein zwischen ihren Beinen wollte sie es aber doch nicht wagen, jenes hohen Ehrenkodex halber, den die Ehemänner so sehr empfehlen und predigen; wie sie sich nun von Tag zu Tag mehr verzehrte und ausdörrte, so daß sie sich in einem Nu trocken, mager, schlaff werden sah wie vorher frisch, fett, beleibt, ward sie ganz verändert von der Erkenntnis, die ihr in ihrem Spiegel aufging, und sie sagte: »Wie! soll man denn sagen, daß ich in der Blüte meiner Jahre und in der Begierde, einem unbedeutenden Ehrenpunkt und flüchtigen Skrupeln zuliebe, die meine Leidenschaft allzusehr hemmen, allmählich so austrockne, mich verzehre und vor der Zeit alt und häßlich werde, oder daß ich den Glanz meiner Schönheit verliere, die mir Schätzung und Liebe bescherte; und statt eine Dame mit schönem Fleisch soll ich ein mageres Gerippe oder vielmehr ein Skelett werden, um mich aus jeder guten Gesellschaft verbannen und von ihr verspotten zu lassen und jedem zum Gelächter zu sein? Nein, davor will ich mich schon hüten, aber ich will mir durch Mittel helfen, die in meiner Macht sind.« Und genau, wie sie es sagte, so führte sie es aus, befriedigte sich und ihren Freund, nahm an Beleibtheit wieder zu und wurde schön und rund wie vorher, ohne daß der Gatte das Mittel kannte, dessen sie sich bediente, sondern er schrieb es den Ärzten zu, denen er dafür dankte und Ehrungen zollte, daß sie sie wieder zu seinem Behagen und höhern Nutzen so eingerichtet hatten.

Von einer andern sehr vornehmen Dame, die eine sehr muntre Laune hatte und brillant redete, hörte ich; als sie kränklich war, sagte ihr Arzt eines Tages zu ihr, es würde ihr niemals gut gehen, wenn sie es nicht machte; sofort antwortete sie: »Nun gut! machen wir's also!« So erfreuten sie sich einander an Leib und Seele. Eines Tages sagte sie zu ihm: »Überall sagt man, Ihr tätet mir's machen. Das ist mir aber ganz gleich, da es mir doch gut geht«, und hatte stets den galanten Ausdruck im Mund, der mit F... anfängt. »Solange ich's machen kann, will ich's machen, da meine Gesundheit davon abhängt.«

Diese beiden Damen waren jenen schon oben erwähnten ehrbaren Damen von Pampeluna in den ›Hundert Erzählungen‹ der Königin von Navarra gar nicht ähnlich; rasend in den Herrn von Avannes verliebt, wollte eine doch lieber ihr Feuer verbergen, es in ihrer Brust schwelen lassen, die davon brannte, und sterben, als ihrer Ehre etwas vergeben. Nach der Unterhaltung aber, die ich von einigen ehrbaren Damen und Herren darüber hörte, wäre sie eine einfältige Person und dächte wenig an das Heil ihrer Seele, weil sie sich selbst den Tod gäbe, während es doch in ihrer Macht läge, ihn zu vertreiben, und zwar für Geringes. Schließlich sagt ja auch ein altes französisches Sprichwort: ›Geschnittenes Gras und gef... F..., der Schaden wird bald wieder gut.‹ Und was ist denn, wenn alles erledigt ist? Kommt denn das Geschäft vor die Leute, wie andre, wenn es abgeschlossen ist? Geht die Dame darum schiefer? Weiß man etwas davon? Das versteht sich, wenn das Geschäft im geheimen, bei verschlossenen Türen gemacht wurde und man nichts davon sieht. Ich möchte wohl wissen, ob viele große Damen, die ich kenne (denn sie sind der Liebe liebstes Quartier, wie jene Dame von Pampeluna sagte: ›Gerade an die großen Portale schlagen die starken Winde.‹), nicht etwa mit hocherhobenem Haupte gehn, an diesem Hof wie anderswo, und ob sie nicht gerade so tapfer daherkommen wie jene Bradamanta oder Marfisa? Und wer wäre so vorwitzig, der sie danach zu fragen wagte, wenn sie davon herkommen? Sogar ihre Gatten, sag ich euch, wenigstens manche, würden es ihnen nicht zu sagen wagen, so gut wissen sie sich zu verstellen und so hochmütig tragen sie ihr Haupt; und wenn es sich diese Gatten (manche) doch einfallen lassen, ihnen davon zu reden oder sie zu bedrohen oder mit Wort oder Tat zu beleidigen, dann sind sie verloren; denn haben sie ihnen auch nichts Böses angesonnen, so werfen sich die Frauen sogleich auf die Rache und zahlen es ihnen heim; ein altes Sprichwort sagt nämlich: ›Wann und sobald ein Gatte seine Frau schlägt, lacht ihre F… darüber.‹ Das heißt, sie bereitet sich zum Willkommen vor, sie kennt das Naturell ihrer Herrin, und da sich das Weib mit andern Waffen nicht rächen kann, bedient es sich ihrer als Stütze und Freundin, um den Galan ihres Gatten zu empfangen, sosehr er sie auch bewachen und behüten mag.

Denn um ihr Ziel zu erreichen, ist es ihr vornehmstes Mittel, untereinander ihre Klagen vorzubringen oder unter ihren Kammerfrauen und Kammerzofen, und sie dann dafür zu gewinnen, daß sie ihnen entweder neue Freunde besorgen, wenn sie noch keine haben, oder wenn sie welche haben, sie an die bezeichneten Orte kommen zu lassen; sie stehen Wache, damit der Gatte oder ein andrer sie nicht überrasche. Da gewinnen nun die Damen ihre Mädchen und Frauen und verführen sie mit Geld, mit Geschenken, mit Versprechungen; und manche setzen sich recht häufig mit ihnen auseinander und machen einen Vertrag mit ihnen; wenn nämlich der Freund dreimal zu der Dame und Herrin gekommen ist, soll die Dienerin dafür die Hälfte oder wenigstens ein Drittel haben. Das schlimme ist jedoch: Recht häufig täuschen die Damen ihre Dienerinnen und behalten alles für sich, indem sie die Entschuldigung vorbringen, der Freund hätte ihnen nicht mehr gegeben, sondern nur weniges, daß sie selbst nicht genug für sich gehabt hätten; auf diese Weise spielen sie mit den armen Mädchen und dienenden Frauen Possen und scheren ihre

Wolle, während diese Schildwache stehen und tüchtig aufpassen: Das ist eine Ungerechtigkeit; und ich glaube, wenn dieser Streitfall gerichtlich behandelt würde und dazu Begründungen von der einen und von der andern Seite beigebracht würden, es gäbe tüchtig zu lachen und zu debattieren; denn am Ende ist's ein wahrhaftiger Diebstahl, wenn man ihnen dermaßen ihre ausgemachte Belohnung und Pension raubt. Andre Damen wiederum halten ihren Pakt und ihr Versprechen sehr ordentlich und stehlen ihnen nichts, um dann auch besser bedient und unterstützt zu werden, sie machen's wie die ehrlichen Ladenverkäufer, die den Gewinn und Profit aus ihren Einkünften ihrem Herrn oder Kompagnon rechtmäßig zuteilen; solche Damen verdienen daher, ordentlich unterstützt zu werden, weil sie für solche Mühen, Wachen und Achtsamkeiten so dankbar sind, denn schließlich setzen sich die Dienerinnen auch Gefahren aus; so weiß ich von einer, die eines Tages Wache hielt, während ihre Herrin mit ihrem Freund in ihrer Kammer war und sich mit ihm höchlich ergötzte, wobei sie nicht mäßig waren; da nahm sie der Hausmeister des Gatten vor und schalt bitter ihr Tun, und es wäre besser, sie wäre bei ihrer Herrin, als daß sie so die Kupplerin spielte und vor ihrer Kammer Wache stände und dem Gemahl ihrer Herrin einen so schlimmen Streich spielte; er würde ihn davon in Kenntnis setzen, sagte er. Die Dame gewann ihn jedoch durch die Vermittlung einer andern ihrer Kammerzofen, in die er verliebt war; diese versprach ihm etwas, was ihre Herrin für ihn erbitten würde, insgleichen bekam er ein Geschenk, womit er beruhigt war. Trotzdem war sie ihm später nie mehr geneigt und nahm sich vor ihm in acht; sie nahm auch eine gute Gelegenheit beim Schopf und ließ ihn von ihrem Gatten davonjagen.

Ich kenne eine schöne und ehrbare Dame, die eine Dienerin besaß, der sie ihre Freundschaft schenkte und viel Gutes tat; sie gebrauchte sie sogar zu großen vertraulichen Besorgungen und hatte sie für dergleichen Schliche vorzüglich abgerichtet; wenn sie dann den Gemahl der Dame lange vom Hause abwesend sah, sei es, daß ihn der Hof oder eine andre Reise beanspruchte, betrachtete diese Dienerin sehr häufig beim Ankleiden ihre Herrin, eine der schönsten und liebenswürdigsten, und sagte zu ihr: »He! Ist er nicht ein recht elender Kerl, dieser Gemahl, daß er eine so schöne Frau hat und sie so lange so allein läßt, ohne sie aufzusuchen? Verdient er nicht, daß Ihr ihn augenblicklich zum Hahnrei macht? Ihr müßt es; wenn ich so schön wäre wie Ihr, würde ich es meinem Gatten ebenso machen, wenn er so lange abwesend bliebe.« Es kann sich jeder denken, ob die Dame und Herrin dieser Dienerin an dieser Nuß Geschmack fand und ob sie sich nicht dieser Dienstwilligkeit später im Gebrauch eines so guten Werkzeugs bedienen konnte.

Nun gibt es auch Damen, die sich von ihren Dienerinnen darin helfen lassen, ihre Liebschaften zu verdecken, damit ihre Gatten es nicht innewerden, sie überantworten ihnen ihre Liebhaber, damit sie sie unterhalten und als ihre Diener bezeichnen, um sie unter diesem Deckmantel, dieser immer währenden Angabe, wenn die Gatten sie in dem Zimmer ihrer Frauen finden, als Diener dieses oder jenes Fräuleins auszugeben: Dieser Vorwand gibt der Dame ein brillantes Mittel in die Hand, ihr Spiel zu treiben, und der Gatte merkt nichts. Ich kannte einen sehr großen Prinzen, der mit einer Dame aus der Umgebung einer hohen Prinzessin liebelte, bloß um die Geheimnisse der Liebschaften seiner Geliebten zu erfahren und sich nachher um so tüchtiger an sie heranzumachen.

Solche Streiche habe ich genug in meinem Leben ausführen sehen, nur nicht von der Art, wie es eine ehrbare Dame von da und da machte, die ich kannte; diese war so glücklich, nacheinander von drei tapfern und feinen Edelleuten bedient zu werden, sie verließen sie aber und verliebten sich in eine sehr große Dame und dienten ihr, darüber brachte sie nun folgendes artig vor: sie bilde sie und richte sie mit so schönen Lektionen und Arten her, daß sie, wenn sie in den Dienst jener hohen Prinzessin träten, daher aufs beste zugerichtet und eingeübt wären; und wenn man so hoch steigen will, muß man zuerst die Geringeren bedienen, damit man vor den Größeren nicht versage; wenn man so hohe Stufen emporwill, muß man mit den Kleinen anfangen, wie aus allen Künsten und Wissenschaften ersichtlich ist.

Das bildete eine hohe Ehre für sie, eine größere, als einer andern erwuchs, die ich kenne, die im Gefolge einer großen verheirateten Dame gerade dabei war, wie diese große Dame in ihrer Kammer von ihrem Gemahl überrascht wurde, als sie gerade ein kleines Liebesbriefchen von ihrem Freund bekam; sie kam ihrer Herrin so prompt zu Hilfe, daß sie das Billett schlau packte und es in einem Stück hinunterschluckte, ohne zwei daraus zu machen und ohne daß es von dem Gatten bemerkt wurde, der sie sehr übel behandelt hätte, wenn er Wind bekommen hätte. Es war in der Tat ein sehr großer Dienst, und die große Dame blieb ihr auch immer dafür dankbar.

Ich kenne indessen sehr viele Damen, denen es schlecht bekommen ist, weil sie sich auf ihre Dienerinnen zu sehr verließen, und andern bekam es ebensoschlecht, weil sie sich gar nicht auf sie verließen. Ich hörte von einer schönen und ehrbaren Dame, die einen der tapfersten, tüchtigsten und vollendetsten Edelleute von Frankreich auserwählt hatte, um ihm mit ihrem hübschen Leibe Genuß und Freude zu machen. Sie wollte sich darin niemals auf eine ihrer Frauen verlassen, und zu dem in einer dritten Wohnung verabredeten Zusammentreffen wurde ausgemacht und bestimmt, daß nur ein Bett im Zimmer sein solle und daß die Frauen im Vorzimmer schlafen sollten. Wie befohlen, so geschah's. Nun befand sich eine Katzenluke im Zimmer, die sie gar nicht gesehen hatten, und die stellten sie dann mit einer kleinen Haue zu, daß ein Geräusch entstand, wenn man dagegenstieß, und wenn sie es hörten, schwiegen sie und sahen sich vor. Eine ihrer Frauen, die ahnte, es stecke etwas dahinter, und die erzürnt und verdrossen darüber war, daß ihre Herrin ihr mißtraue, während sie sich doch schon oft als eine ihrer Vertrautesten erwiesen hatte, kam auf den Einfall, nachdem ihre Herrin schlafen gegangen war, aufzupassen und an der Türe zu horchen. Sie hörte sie wohl ganz leise wispern, aber sie merkte, daß es nicht die Lektüre war, die sie ein paar Tage vorher in ihrem Bett bei der Kerze gewöhnlich gepflogen hatte, um ihr Tun besser zu bemänteln. Dieser ihrer Begierde, alles auszukundschaften, kam eine sehr gute und günstige Gelegenheit zustatten; denn zufällig kam eine junge Katze in die Kammer, und die fing sie mit ihren Freundinnen und schob und stieß sie durch die Luke in die Kammer ihrer Herrin, nicht ohne daß der Verschluß sehr geräuschvoll umfiel.

Das schreckte nun das Liebespaar plötzlich hoch, sie sprangen im Bett auf und sahen beim Schein ihrer Kerze, daß es eine Katze war, die hereingekommen war und die Klappe umgeworfen hatte. Daher legten sie sich, ohne sich sonst zu beunruhigen, wieder hin, sie sahen, daß es spät war und um eine Zeit, in der ein jeder schlafen mußte. Die Katzenluke schlossen sie indessen nicht wieder, sondern ließen sie offen, damit die Katze, die sie nicht die ganze Nacht eingeschlossen drinlassen wollten, wieder zurückkönnte. Dadurch hatte die Kammerfrau mit ihren Gefährtinnen die schönste Gelegenheit, von ihrer Herrin allerhand zu sehen, was sie später dem Gemahl enthüllten; für den Liebhaber hatte es den Tod, für die Dame einen Skandal zur Folge. Man sieht, was Trotz und Mißtrauen, die man zuweilen Leuten gegenüber hegt, nütze sind, sie schaden recht oft ebensosehr wie allzu großes Vertrauen. Insgleichen kenne ich einen sehr großen Herrn, der einmal imstande war, alle Kammerzofen seiner Frau, einer ehrbaren und schönen Dame, herzunehmen und foltern zu lassen, damit sie ihm alle deren Schlechtigkeiten und die Dienste, die sie ihr in ihren Liebschaften geleistet hatten, beichteten. Aber für diesmal verlief die Sache im Sande, damit ein größerer Skandal vermieden würde. Der erste Hinweis erfolgte von einer Dame, die ich nicht nennen will, die jener vornehmen Dame übelwollte. Gott strafte sie nachher dafür.

Um mit unsern Frauen zu Ende zu kommen, schließe ich damit: Nur von den verheirateten Frauen bekommt man tüchtige und geschwinde Leistungen; denn sie verstehen ihr Metier so gut, daß dabei die listigsten und stolzesten Wiedehopfe von Gatten getäuscht werden. Im Kapitel über die Hahnreie und verheirateten Frauen habe ich genug darüber gesagt, dort findet man auch gute Geschichten darüber, damit wollen wir es für diesmal gut sein lassen.

Über die Liebe der Mädchen

In der Reihenfolge Boccaccios bleibend, unseres Führers bei dieser Unterhaltung, komme ich nun zu den Mädchen, von denen man sicherlich zugeben muß, daß sie von Natur für den Anfang sehr furchtsam sind und ihren Schatz nicht preiszugeben wagen, eine Folge der beständigen Einredungen und Vorstellungen von seiten ihrer Väter, Mütter, Brüder, Verwandten, Herrinnen, in Begleitung der strengsten Drohungen; auch wenn sie alle Begierden von der Welt danach hätten, kasteien sie sich so sehr, als sie nur können, und sie haben auch Angst, daß der elende Bauch sie sofort verrate, denn ohne den würden sie tüchtige Bissen verspeisen. Diese Bedenken haben aber durchaus nicht alle; denn vor jeder Erwägung die Augen schließend, gehen sie dreist darauf los, nicht gesenkten Hauptes, sondern mit sehr hoch zurückgeworfenem: Das ist dann eine große Irrung von ihnen, weil die Schande eines ausschweifenden Mädchens sehr groß ist und tausendmal größere Bedeutung hat als bei einer verheirateten Dame oder einer Witwe; denn wenn es seinen schönen Schatz verloren hat, dann hat es seinen Skandal, sie wird schimpfiert, und alle Welt zeigt mit dem Finger auf sie, und es gehen ihr sehr gute Heiratspartien verloren, wenn mir auch verschiedene Male bekannt wurde, daß es stets irgendeinen Lümmel gibt, der entweder freiwillig oder unversehens, absichtlich oder unwissentlich oder zwangsweise sich zwischen ihre Beine warf und sie heiratete; und anderswo sagte ich schon einmal: Wären sie auch noch so beschädigt, sie ließen es sich doch wohlsein.

Ich kannte eine Menge von diesen und jenen, die das

durchgemacht haben, besonders eine, die sich skandalöserweise gehen und von einem Prinzen von da und da schwängern ließ, ohne ihre Wochen zu verheimlichen oder den Anstand zu wahren; als sie entdeckt war, antwortete sie nur: »Was sollte ich denn machen? Man sollte mich nicht schelten, es ist nicht meine Schuld und auch nicht der Stachel meines Fleisches, ich habe mich nur nicht zeitig genug vorgesehen; denn wäre ich so klug und wohlberaten gewesen wie die meisten meiner Freundinnen, die ebensoviel auf dem Kerbholz haben wie ich, ja noch schlimmeres, die aber ihrer Schwangerschaft und Niederkunft tüchtig entgegenzuwirken verstanden, so wäre ich jetzt nicht in dieser Verlegenheit, und man hätte nichts erfahren.« Wegen dieser Rede zürnten ihr die Gefährtinnen sehr; ihre Herrin schickte sie auch aus der Hofgesellschaft weg, freilich sagte man, diese selbst hätte ihr anempfohlen, dem Willen jenes Prinzen zu gehorchen; denn sie hatte etwas mit ihm und wollte ihn gewinnen. Nach einiger Zeit fand sie nichtsdestoweniger eine gute Partie und verheiratete sich sehr reich; und es ging eine sehr tüchtige Nachkommenschaft aus dieser Ehe hervor. Man sieht also, wäre dieses arme Mädchen schlau gewesen wie ihre Gefährtinnen und andre, wäre ihr das nicht passiert; denn ich habe gewiß in meinem Leben Mädchen gesehen, die darin ebenso schlau und gerieben waren wie die ältesten verheirateten Frauen, ja sie wurden sogar sehr tüchtige und schlaue Kupplerinnen, die sich nicht mit ihrem Gute begnügten, sondern auch andre damit versorgten.

Da war ein Mädchen an unserm Hof, das jene schöne Komödie, ›Das Paradies der Liebe‹ betitelt, dichtete und im Saal Bourbon bei verschlossenen Türen spielen ließ, wo nur die Komödianten und Komödiantinnen waren, die zu gleicher Zeit als Spieler und Zuschauer fungierten. Wer die Geschichte versteht, weiß, was ich sagen will. Sechs Personen spielten die Komödie, drei Männer und drei Frauen: der eine war Prinz, er hatte seine Dame, diese war groß, aber nicht so vornehm wie er, trotzdem liebte er sie sehr; der andre war ein hoher Herr, und der spielte mit der großen Dame, die aus reichem Hause war; der dritte war ein Edelmann, und der tat sich mit dem Mädchen zusammen, das er nachher heiratete; denn oh, die Galante! Sie wollte ihre Rolle ebensogut spielen wie die andern. Gewöhnlich spielt auch der Verfasser einer Komödie seine Person, oder er spricht den Prolog, so tat sie auch und spielte, wenn sie auch nur ein Mädchen war, sicherlich ebensogut oder vielleicht noch besser als die verheirateten. Sie hatte auch schon etwas andres von der Welt gesehn als nur ihr Land und war, wie der Spanier sagt: ›raffiniert in Segovia‹; das ist ein spanisches Sprichwort, weil die guten Wollstoffe in Segovia verfeinert werden.

Man redete und erzählte mir auch von vielen Mädchen, die als Darioletten (Vertraute) im Dienst ihrer Damen und Herrinnen auch von deren Bissen kosten wollten. Solche Damen sind auch häufig die Sklavinnen ihrer Fräuleins, weil sie Angst haben, sie möchten, wie ich oben sagte, ihre Liebschaften entdecken und ausplaudern. Von einem Mädchen hörte ich eines Tages sagen, es wäre eine große Torheit, damit sein Spiel zu treiben, und wenn die Einfältigen sich Gewissensbisse darüber machten, lehne sie das ihrerseits ab, und bei alledem gäbe es bloß Skandal; wenn man aber seine Sache geheim und versteckt hielte, mache man alles wieder gut; und es wären Trottel, die nicht zu leben verdienten, die sich nicht praktisch helfen könnten.

Eine spanische Dame dachte, ihre Tochter fürchte sich vor der Gewaltsamkeit des ersten hochzeitlichen Beilagers, und ermutigte sie auf dem Wege dazu, das wäre weiter nichts und sie würde keinen Schmerz dabei haben, sie selbst möchte gerne an ihrer Stelle sein, um es ihr besser auseinandersetzen zu können. Da antwortete das Mädchen: »Vielen Dank, liebe Mutter, für einen so guten Dienst, ich werde ihn mir schon selber ordentlich leisten.«

Man erzählte mir von einem Mädchen von sehr hoher Abstammung, von der man, während sie sich gerade ihrem Freudenleben hingab, redete, daß sie nach Spanien verheiratet werde. Einer ihrer vertrautesten Freunde sagte ihr nun eines Tages, indem er scherzte, er wundere sich sehr über sie, sie hätte die Levante so sehr geliebt, und nun schiffe sie nach Westen und Sonnenuntergang zu. Die Dame antwortete ihm: »Ja, ich habe von den vielgereisten Seeleuten sagen hören, die Levante-Schiffahrt ist überaus lustig und angenehm; und ich habe sie oft mit der Bussole erprobt, die ich gewöhnlich bei mir trage; ich werde mir aber helfen, wenn ich im Westen sein werde, will ich geradewegs in die Levante fahren.« Tüchtige Interpreten werden diese Allegorie gut auszudeuten wissen und erraten, ohne daß ich sie glossiere. Es kann sich jeder bei diesen Worten denken, ob jenes Mädchen immer ihre Gebete von Notre-Dame gebetet.

Eine andre, die mir genannt wurde, hatte von den Wundern der Stadt Venedig erzählen hören, von ihren Eigentümlichkeiten und von der dort herrschenden Freiheit des Lebens, besonders für die Dirnen und Kurtisanen, da sagte sie zu einer ihrer Gefährtinnen: »Ha! mein Gott! könnten wir doch auch unser ganzes Hab und Gut mit einem Bankbrief dort hinschaffen lassen und uns da niederlassen, damit wir dieses Kurtisanenleben, dieses lustige und glückliche Leben, führen, da könnte uns keiner, denn wir würden bald die ganze Welt in den Sack stecken!« Das nenne ich einen lustigen und guten Wunsch. Und ich glaube in der Tat, wer ein solches Leben führen will, könnte sich nirgends besser amüsieren als dort.

Einen nicht weniger guten Wunsch äußerte einmal in vergangener Zeit eine Dame, die sich von einem armen den Türken entronnenen Sklaven die Qualen und Leiden erzählen ließ, die ihm und allen andern armen Christen in der Gefangenschaft bereitet wurden; sie bekam von dem früheren Sklaven genug und alle Arten von Grausamkeiten erzählt. Da verfiel sie darauf, ihn zu fragen, was sie mit den Frauen machten. »Ach! Madame«, sagte er, »sie machen es ihnen so sehr, daß sie sie damit umbringen.« – »Möchte es doch Gott gefallen«, erwiderte sie, »daß ich ebenso als Märtyrerin durch den Glauben stürbe!«

Drei große Damen, von denen eine ein Fräulein war, waren eines Tages zusammen, wie ich weiß, und tauschten ihre Wünsche aus. Die eine sagte: »Ich möchte gern einen Apfelbaum haben, der alle Jahre so viel goldene Äpfel hervorbringt wie natürliche.« Eine andre sagte: »Ich möchte eine solche Wiese haben, auf der mir ebensoviel Steine und Geschmeide wüchsen wie Blumen.« Die dritte, das Fräulein, sagte: »Ich möchte einen Taubenschlag haben, dessen Löcher mir so viel einbrächten wie das der und der Dame, der Favoritin des und des Königs, die ich nicht nennen will; aber in mein Loch sollten noch viel mehr Tauben kommen als in das ihrige.«

Diese Damen hatten keine Ähnlichkeit mit jener spanischen Dame, deren Leben in der Geschichte Spaniens beschrieben ist; als eines Tages der große Alphons, König von Aragon, in Saragossa einzog, kam sie und warf sich vor ihm auf die Knie und bat ihn um Gerechtigkeit. Wie sie nun der König anhören wollte, verlangte sie ihn auf der Seite zu sprechen, was er ihr gewährte; da beklagte sie sich über ihren Gatten, der zweiunddreißigmal, des Tags und in der Nacht, bei ihr schliefe, daß er ihr keine Geduld ließe, kein Aufhören und keine Ruhe gäbe; da ließ der König den Mann holen und erfuhr, daß es wahr war; er war der Meinung, im Rechte zu sein, da es seine Frau war; nun versammelte sich wegen dieser Sache der Rat Seiner Majestät, und der König bestimmte und befahl, er solle sie nur sechsmal berühren; dabei wunderte er sich höchlich, wie er sagte, über die große Hitze und Potenz dieses Mannes und über die große Kälte und Enthaltsamkeit jener Frau, völlig im Gegensatz zum Naturell von andern (sagt die Geschichte), die mit gefalteten Händen ihre Gatten oder andre Männer darum anflehen und sich darüber beklagen, wenn anderen zufließt, was ihnen gebührt.

Gar nicht ähnlich war dieser Dame ein Mädchen, ein Fräulein aus gutem Hause, die am andern Morgen nach ihrer Hochzeit einigen von ihren Gefährtinnen ihre Abenteuer der vergangenen Nacht erzählte und sagte: »Wie!? Weiter ist es nichts? Ich habe doch manche von euch und von andern Frauen und Männern sagen hören, die sich so tapfer und galant zeigen und Berge und Wunder versprechen, meiner Treu, meine Gefährtinnen und Freundinnen, dieser Mensch (sie redete von ihrem Gemahl), der einen so hitzigen Liebhaber spielte und sich für einen tapfern und tüchtigen Ringelstecher ausgab, statt aller Rennen hat er bloß viere gemacht, wie man gewöhnlich drei für den Ring rennt und den andern für die Damen; und zwischen den vieren hat er noch mehr Pausen gemacht, als es gestern abend auf dem großen Ball gegeben hat.« Man stelle sich vor, da sie sich über sowenig beklagte, wollte sie ein Dutzend haben; aber es ist auch nicht jeder wie dieser spanische Edelmann.

So verhöhnen die Frauen ihre Gatten; so auch eine, die beim Beginn und am ersten Abend ihrer Ehe, wie ihr Gemahl sie besteigen wollte, sich beim Angriff sehr hartnäkkig und widerspenstig benahm. Da verfiel er auf den Gedanken, ihr zu sagen, wenn er seinen großen Dolch nähme, gäbe es noch ein ganz anderes Spiel, und da gäb es zu schreien; aus Angst vor dem großen, mit dem er sie bedrohte, gab sie sich ihm daher sofort hin; aber am andern Tag hatte sie keine Angst mehr, und nicht zufrieden mit dem kleinen, fragte sie ihn beim ersten Anstoß, wo der große wäre, mit dem er ihr am Abend vorher gedroht habe. Darauf antwortete ihr der Gemahl, er hätte keinen und es sei bloß Spaß gewesen; sie müsse mit seiner kleinen Munition zufrieden sein, die er bei sich habe. Da sagte sie zu ihm: »Heißt das recht getan, wenn man sich so über ein armes und einfältiges Mädchen lustig macht?« Ich weiß nicht, ob man dieses Mädchen einfältig und dumm oder nicht vielmehr ein schlaues und verschlagenes nennen muß, da es vorher davon gekostet hatte. Das überlasse ich aber den Auslegern.

Weit einfältiger war ein andres Mädchen, die vor Gericht darüber Klage führte, daß ein Galan sie vergewaltigt hätte; als er dann wegen dieser Tat verhört wurde, antwortete er: »Meine Herren, ich berufe mich auf sie, ob es wahr ist und ob sie nicht selbst mein Glied genommen und es mit eigner Hand in das ihrige gesteckt hat.« – »Ha! meine Herren«, sagte das Mädchen, »das ist wohl wahr, aber wer hätte das nicht getan? Denn nachdem er mich hingelegt und hinaufgestülpt hatte, setzte er mir sein steifes und spitziges Glied wie einen Stock gegen den Bauch und versetzte mir damit so starke Stöße, daß ich Angst hatte, er möchte mich durchbohren und stieße mir ein Loch hinein. Verdammt! Da nahm ich es denn und steckte es in das Loch, das dazu gemacht war.« Ob dieses Mädchen einfältig war oder sich so stellte, das mögen andre entscheiden.

Ich will euch noch zwei Geschichten von zwei verheirateten Frauen erzählen, die ebenso einfältig waren wie diese oder auch sehr schlau, wie man's eben nimmt. Zunächst handelt es sich um eine sehr große Dame, die ich kannte, die sehr schön und daher sehr begehrt war. Als eines Tages ein sehr großer Prinz um ihre Liebe bat, ja, sie sehr darum bedrängte, indem er ihr sehr schöne und hohe Stellungen versprach, mit Würden und mit Reichtümern für sie wie für ihren Gemahl, so daß sie seinen süßen Versuchungen ein ziemlich geneigtes Ohr lieh; trotzdem wollte sie sich auf den ersten Anstoß hin nicht gehenlassen, sondern entdeckte als einfältige, neue und junge Frau alles ihrem Gemahl und fragte ihn um seine Meinung, ob sie es tun solle. Der Gemahl antwortete ihr sofort: »Nein, nein, meine Liebe, um Jesu Christi willen! Was willst du machen und wovon redest du mir? Das wäre ja ein schändlicher Streich, der für dich und für mich niemals wiedergutgemacht werden könnte.« – »Ja! Aber lieber Mann«, erwiderte die Dame, »wir sollen doch so große Vorteile davon haben, daß nichts daran auszusetzen sein wird.« Schließlich wollte der Gatte nicht ja sagen; die Dame aber begann sich nachher ein Herz zu fassen und klug zu werden und wollte diese Partie nicht verlieren und spielte sie mit dem Prinzen und noch andern, und dabei hing sie auch ihre törichte Einfalt allmählich an den Nagel. Diese Geschichte hörte ich von jemand, der sie von jenem großen Prinzen und auch von der Dame gehört hatte; dieser hatte es der Dame verwiesen und ihr gesagt, daß man sich in solchen Dingen niemals vom Gatten Rat holen dürfe, und es gebe doch noch andre Leute an seinem Hof.

Diese Frau war ebenso einfältig oder noch mehr als jene andre, von der ich hörte, daß ihr eines Tages ein ehrbarer Edelmann seine Aufwartung machte, in ziemlicher Nähe von ihrem Gemahl, der gerade mit einer andern Dame plauderte; da geriet ihr sein Sperber oder, um deutlicher zu reden, sein Instrument in die Hände, sie packte es, drückte es sehr heftig, wendete sich zu ihrem Gemahl und sagte zu ihm: »Lieber Mann, seht doch das schöne Geschenk, das mir dieser Edelmann macht; darf ich es annehmen? Sagt es mir.« Erstarrt zieht der arme Edelmann seinen Sperber mit solcher Heftigkeit zurück, daß er auf eine Diamantspitze an ihrem Finger traf und sich dermaßen von einem Ende bis zum andern aufriß, daß er ihn fast ganz und gar verlor; das war mit großen Schmerzen verbunden und sogar mit Lebensgefahr, eiligst flüchtete er zur Tür hinaus und tränkte die Kammer mit Blut, das überall hintropfte. Der Gatte lief ihm jedoch nicht nach, um ihn deswegen noch vorzunehmen; er brach nur in ein starkes Gelächter aus, sowohl wegen der Einfältigkeit seines armen Frauchens wie wegen des schönen Präsents; auch war der Mann ja genug dafür gestraft.

Eine Dorfgeschichte muß ich auch noch erzählen, denn sie ist nicht schlecht: Als man ein Landmädchen zur Trauung mit Trommel und Pfeife in die Kirche geleitete, zur hohen Feier, kamen sie zufällig an dem Liebhaber ihrer Mädchenjahre vorbei, den sie anrief: »Adieu, adieu, Pierre (so hieß er nämlich), nun ist's ... Du wirst mir's nicht mehr machen. Meine Mutter hat mich verheiratet«; dabei sprach sie das Wort stracks aus. Es lag ebensoviel Naivität darin wie Bedauern über die Vergangenheit.

Da wir nun einmal auf dem Lande sind, wollen wir von noch einer reden: Ein schönes junges Mädchen brachte eine Ladung Holz zum Verkauf auf den Markt; man fragte sie nach dem Preis, und da sie ihn beim Angebot der Käufer stets erhöhte, sagten sie ihr: »Ihr sollt das haben und die F ... auf dem Markt.« – »Das ist recht von euch«, sagte sie, »daß Ihr das gesagt habt; denn ihr ...«

Man sieht, das sind sehr einfältige Mädchen und

Frauen, sie und ihresgleichen unterscheiden sich sehr von vielen andern, die es auf der Welt gibt, die falscher und schlauer sind als sie, die sich von ihren Gatten keinen Rat holen und ihnen auch nicht solche Geschenke zeigen, die ihnen gemacht werden.

In Spanien erzählte man mir von einem Mädchen, das in der ersten Nacht ihrer Ehe, als ihr Gemahl sich anstrengte und abmattete, ihre Festung einzunehmen, nicht ohne daß er sich weh tat, in ein Lachen ausbrach und zu ihm sagte: »Mein Herr, es ist ganz in der Ordnung, daß Ihr ein Märtyrer seid, da ich Jungfrau bin; da ich aber Geduld habe, könnt Ihr sie wohl auch haben.« Während jener sich über seine Frau lustig gemacht hatte, machte sich diese über ihren Gemahl lustig; sicherlich haben auch verschiedene Mädchen Grund, sich über sie in dieser Nacht lustig zu machen, besonders wenn sie vorher erfahren hatten, was es ist, oder von andern, oder wenn sie sich diesen großen Lustmoment selbst gedacht und ausgemalt haben, den sie für sehr groß und von ewiger Dauer halten.

Eine andre Spanierin erzählte am Morgen nach ihrer Hochzeit von den Tüchtigkeiten ihres Gatten, sie berichtete von mehreren, ausgenommen, sagte sie, »ausgenommen, daß er kein guter Arithmetiker war, weil er nicht multiplizieren konnte«.

Ein Mädchen von gutem Herkommen und aus gutem Hause, das ich kannte, sagte etwas anderes: An ihrem Hochzeitsabend, als ein jeder dem Brauche nach auf der Lauer lag, bis der Gatte den ersten Ansturm auf sie vollbracht hatte, ruhte er sich ein wenig aus, aber nicht, um zu schlafen, und fragte sie, ob sie noch was wolle; artig erwiderte sie ihm: »Wie es Euch gefällt, mein Herr.« Man stelle sich vor, daß der galante Gemahl nach einer solchen Antwort sehr erstaunt war und sich das Ohr reiben mußte.

Dergleichen Mädchen, die so geschwind nach der Hochzeit solche Witze machen, können ihre armen Gatten tüchtig beunruhigen und sie glauben machen, daß sie nicht die ersten sind, die den Anker in ihren Grund gestoßen, und auch nicht die letzten, die ihn hineinstoßen werden; denn daran ist nicht zu zweifeln, wenn man sich nicht anstrengt und sich nicht zu Grund richtet, indem man seine Frau sappiert, dann sinnt sie darauf, einem Hörner anzuheften; so sagte ein altes französisches Sprichwort: ›Wer sie nicht satt macht, der sieht sie gleich anderswo speisen.‹ Freilich, wenn eine Frau alles aus dem Mann herauszieht, was sie kann, so schlägt sie ihn nieder, das heißt, er stirbt daran; ein altes Wort ist auch: ›Seinen Freund darf man nicht ganz ausziehen und erschöpfen, wie man wohl möchte, und muß seine Kräfte schonen; den Gatten aber darf man bis auf die Knochen ausziehen.‹ Daher das Sprichwort; ›Der erste Gedanke der verheirateten Frau ist der, sich zur Witwe zu machen.‹ Dieses Wort trifft nicht allgemein zu, wie ich anderswo zu sagen hoffe, sondern es gilt nur für manche Frauen.

Bestimmte Mädchen können ihre Hitze nicht lange halten und meistern und geben sich nur zu leicht den Prinzen und hohen Herren hin, die ganz dazu passen, sie ins Wanken zu bringen, wegen ihrer Gunstbeweise ebensosehr wie wegen ihrer Geschenke, und auch aus Vorliebe für ihre Artigkeiten, denn am Ende ist alles an ihnen schön und vollkommen, selbst wenn sie die größten Tröpfe wären. Andere Mädchen wiederum suchen sie nicht und fliehen sie sehr, weil sie etwas im Rufe stehen, skandalös, wenig verschwiegen, große Prahler und Schwätzer zu sein; kluge und verschwiegene Edelleute haben sie lieber, deren Zahl ist freilich gering; trotzdem ist jene sehr glücklich, die einem begegnet und einen findet. Um aber alldem vorzubeugen, wählen sie, wenigstens manche, ihre Diener, von denen die einen schön, die andern nicht schön sind, und ich kannte welche, die es getan haben; und sie brauchen auch diese ihre Kammerdiener nicht lange zu bitten: Denn da sie sie aufwecken, niederlegen, auskleiden, ihre Strümpfe an- und ausziehen und ihnen ihre Hemden anlegen (ich sah viele Mädchen am Hof und anderswo, die keine Schwierigkeiten und Skrupel dabei empfanden), konnte es gar nicht anders sein, als daß die Diener bei der Betrachtung ihrer vielen schönen Reize an ihnen in Versuchung gerieten, und manche Mädchen lassen sie noch dazu mit Absicht sehn; nachdem die Augen ihren Dienst getan hatten, mußten also wohl auch andere Körperteile den ihrigen erfüllen.

Ich kannte ein Mädchen von da und da, schön wie nur eine, die ihren Kammerdiener zum Kompagnon eines großen Prinzen machte, der sie unterhielt und der der alleinige glückliche Inhaber zu sein glaubte; aber der Kammerdiener war ihm darin ebenbürtig; auch hatte sie eine sehr gute Wahl mit ihm getroffen, denn er war sehr schön und hatte einen ausgezeichneten Wuchs, so daß man im Bett und bei seinem Geschäfte keinen Unterschied an ihm gemerkt hätte. Der Kammerdiener übertraf sogar den Prinzen an vielen Schönheiten; dieser erfuhr von der Liebschaft und dieser Vertraulichkeit erst, als er sie aufgab, um sich zu verheiraten; und aus diesem Grunde behandelte er den Kammerdiener nicht mehr schlecht, sondern hatte viel Vergnügen daran, ihn zu sehen; wenn er ihn im Vorübergehen sah, sagte er bloß: »Ist es möglich, daß dieser Mensch mein Nebenbuhler gewesen ist? Ja, ich glaube es gern, denn abgesehen von meinem Rang, übertrifft er mich anderswo.« Er trug nämlich denselben Namen wie der Prinz und war ein sehr tüchtiger Schneider und genoß den besten Ruf am Hofe; schwerlich gab es Mädchen oder Frauen, denen er keine Kleider machte, wenn sie gut angezogen sein wollten. Ich weiß nicht, ob er sie auf dieselbe Art bekleidete wie seine Herrin, aber die Frauen befanden sich gar nicht übel dabei.

Ich kannte ein Mädchen aus gutem Hause, die einen Lakaien im Alter von vierzehn Jahren hatte, aus dem sie ihren Hanswurst und Spaßmacher gemacht hatte; unter seinen Scherzen und Späßen machte sie soviel wie gar keine Schwierigkeiten, sich von ihm küssen, berühren und betasten zu lassen, vertraulich wie eine Frau, und recht häufig vor allen Leuten; sie entschuldigte alles, indem sie sagte, er wäre ein närrischer und lustiger Spaßmacher. Ich weiß nicht, ob er weiter ging, aber ich weiß wohl, daß sie später, als Verheiratete, als Witwe und als Wiederverheiratete, eine ausgemachte Hure gewesen ist. Sie entzündete eben ihren Docht an diesem ersten Brand, so daß er ihr später bei ihren größeren Streichen und höheren Brünsten niemals versagte. Ich habe wohl ein Jahr damit zugebracht, dieses Mädchen zu beobachten; aber als ich sie in ihren Vertraulichkeiten in Gegenwart ihrer Mutter sah, die im Rufe stand, eine der ausgefeimtesten und heuchlerischsten Spröden ihrer Zeit zu sein, die nur darüber lachte und sich darüber freute, sagte ich sofort voraus, daß sich aus dem kleinen Spiel ein großes entwickeln würde, und zwar sehr bewußt, und das Fräulein würde eines Tages eine tüchtige Tellerleckerin sein; und so traf es auch ein.

Ich kannte zwei Schwestern aus einem sehr guten Hause in Poitou, Mädchen, von denen man merkwürdig redete und die mit einem großen baskischen Lakaien in Zusammenhang gebracht wurden, der bei ihrem Vater war; unter dem Vorwand, er tanze ausgezeichnet und tanze nicht allein den Reigen seiner Heimat, sondern auch alle andern und er führe sie ordentlich zum Tanze und lehre sie tanzen, ließ er sie also tanzen, und dann lehrte er sie den Hurentanz; damit erregten sie einen recht hübschen Skandal. Trotzdem wurden sie sehr gut verheiratet, denn sie waren reich; und wenn es sich um Reichtum handelt, denkt man an nichts, man nimmt alles, und handle es sich um noch Hitzigere und noch Brünstigere. Jenen Basken kannte ich später als einen wackern Soldaten von braver Art, man konnte ihm den Streich sehr wohl zutrauen. Man entließ ihn damals, um den Skandal niederzuschlagen, und er wurde Soldat in der Gardetruppe des Herrn von Strozzi.

Ich kannte auch ein andres Haus da und da, und zwar ein großes, wo sich die Dame damit beschäftigte, in ihrer Gesellschaft ehrbare Mädchen, unter andern Verwandte ihres Gemahls, aufzuziehen; nur war die Dame arg kränklich und von den Ärzten und Apothekern sehr abhängig, die bei ihr aus und ein gingen; die Mädchen haben aber auch oft Krankheiten, wie die Bleichsucht, Fieber und andre, und da kam es vor, daß unter andern zweie das Quartanfieber bekamen, und ein Apotheker sollte ihnen Hilfe bringen. Sicherlich versorgte er sie mit seinen Drogen und

Arzneien; aber das geeignetste war, daß er eine beschlief, der Schurke, denn er hatte mit einem überaus schönen und ehrbaren Fräulein von Frankreich zu tun, mit der jeder große König hoch zufrieden gewesen wäre; und nun mußte sich dieser Monsieur Apotheker ihr in die Wolle setzen. Ich kannte das Mädchen, das sicherlich eines andern Bespringers wert war; sie wurde nachher gut verheiratet; und wie man sie als Jungfer gab, so fand man sie. Ich finde indessen, sie war dabei sehr schlau; sie konnte nämlich ihr Wasser nicht halten, und da wandte sie sich an ihn, und er gab ihr Gegenmittel zur Verhütung einer Schwangerschaft, denn das fürchten die Mädchen am meisten; es gibt in dieser Beziehung Leute, die so erfahren sind, daß sie ihnen Drogen geben, die sie ausgezeichnet davor bewahren, schwanger zu werden; oder wenn sie schwanger werden, dann bringen sie ihnen ihre Schwangerschaft so sorgfältig und so klug weg, daß man sie niemals wahrnimmt und nur das Gerücht davon erfährt; ebenso hörte ich von einem Mädchen, die früher die Ziehtochter der hochseligen Königin von Navarra gewesen war. Zufällig oder wissentlich wurde sie schwanger, ohne daß sie indessen daran dachte. Sie traf einen klugen Apotheker, der ihr mit einem Trank, den er ihr gab, ihre Frucht, die bereits sechs Monate alt war, Teil um Teil, Stück für Stück, so bequem abtrieb, daß sie in ihren Beschäftigungen niemals eine Übelkeit oder einen Schmerz spürte; und nachher verheiratete sie sich galant, ohne daß der Gatte ahnte, daß er auf gebahnten Wegen ging. Was für ein geschickter Arzt! Denn man gibt ihnen auch Mittel, damit sie wie keusche Jungfrauen aussehen wie vorher, wie ich welche im Hahnreikapitel anführte; eins ließ ich mir in vergangenen Tagen von einem Quacksalber sagen: Man muß sich Blutegel besorgen und sie an die Natur setzen und sich damit das Blut abzapfen und aussaugen lassen, diese Blutegel erzeugen beim Saugen mit Blut gefüllte kleine Blasen und Fisteln; diese werden dann von dem galanten Gemahl, der sie am Hochzeitsabend bespringt, zum Platzen gebracht, das Blut fließt heraus, und sie befleckt sich, und das ist beiden eine große Freude; damit ist die Ehre der Zitadelle gerettet. Ich finde dieses Mittel gut und köstlich, wenn es wahr ist; und hilft es nicht, so gibt es hundert andre, die besser sind, wie diese Herren Ärzte, diese kundigen und erfahrenen Apotheker sie ausgezeichnet anordnen, erfinden und anwenden können. Darum kommen aber auch diese Herren gewöhnlich zu so großem Reichtum, denn sie können verwunden und heilen wie früher die Lanze des Peleus.

Ich kannte den Apotheker, von dem ich soeben redete, und ich muß im Vorübergehn noch ein paar Worte über ihn sagen, daß ich ihn zum erstenmal, als ich in Italien war, in Genf sah, denn damals war dieser Weg für die Franzosen gebräuchlich und führte wegen der Kriegsläufte durch die Schweiz und Graubünden. Er besuchte mich in meiner Wohnung. Sofort fragte ich ihn, was er in dieser Stadt mache und ob er sich da aufhalte, um die schönen Mädchen zu heilen, wie in Frankreich. Er antwortete mir, er wäre hier, um Buße zu tun. »Wie!« sagte ich, »verspeist Ihr denn keine so guten Bissen mehr wie dort?« – »Ach! mein Herr!« erwiderte er mir, »Gott hat mich ja zu sich gerufen, und ich bin von seinem Geist erleuchtet, und ich habe ja jetzt die Erkenntnis seines heiligen Wortes.« – »Ja«, sagte ich zu ihm, »Ihr waret doch schon damals ein frommer Mann und befaßtet Euch damit, Leib und Seele zu heilen, und predigtet und unterrichtetet die Mädchen!« – »Aber, mein Herr, jetzt habe ich meinen Gott besser erkannt als damals«, antwortete er wiederum, »und ich will nicht mehr sündigen.« Von einer Menge anderer Reden, die wir über diesen Gegenstand wechselten, im Ernst wie im Scherze, will ich schweigen; aber dieser Schelm genoß doch, was einem feinen Mann weit besser zugekommen wäre als ihm. Es kam ihm auch wohl zustatten, daß er jenes Haus zur rechten Zeit räumte, denn sonst wäre es ihm schlecht bekommen. Nun lassen wir ihn. Verflucht sei er, weil ich ihn hasse und beneide; so redete auch Herr von Ronsard von einem Arzt, der seine Herrin lieber abends und morgens besuchte und ihre Brustwarzen, ihren Busen, ihren Bauch, ihre Weiche und ihren schönen Arm betastete, anstatt daß er sie von ihrem Fieber heilte; er machte ein sehr hübsches Sonett darüber, das im zweiten Buche seiner ›Amours‹ steht.

Desgleichen hege ich eine große Eifersucht gegen einen Arzt, der einer schönen großen Dame, die ich liebte, ähnliche Streiche spielte, während ich doch solche und ähnliche Vertraulichkeit nicht von ihr genoß, obgleich ich mehr nach ihr verlangt hatte als nach einem kleinen Königreich. Solche Leute sind freilich Mädchen und Frauen außerordentlich willkommen, und es werden ihnen dabei schöne Abenteuer beschert. Ich kannte zwei Ärzte am Hofe, von denen der eine Herr Castellan hieß, Arzt der Königinmutter, und der andre Herr Cabrian, Arzt des Herrn von Nevers, der bei Ferdinand von Gonzaga gewesen war. Alle beide hatten ihre Liebesabenteuer, und wie man sagt, hätten sich die Größten am Hofe dem Teufel verschrieben, wenn sie ihre Nebenbuhler hätten sein können.

Der verstorbene Baron von Viteaux und ich plauderten eines Tages mit dem Herrn Legrand, einem großen Pariser Arzt, einem guten Gesellschafter mit vortrefflichen Ansichten; er hatte den erwähnten Baron besucht, der an Liebesgeschichten krank lag; wir fragten ihn beide um verschiedene Reden und Betätigungen der Damen aus, und meiner Treu, er erzählte uns tüchtig davon und machte uns mit einem Dutzend Geschichten bekannt, die alles derartige in den Schatten stellten; wir waren so hinein vertieft, daß es Glock neun schlug, und er erhob sich aus seinem Stuhl und sagte: »Wahrhaftig, ich bin ein größerer Tor als ihr, die ihr mich hier zwei gute Stunden aufgehalten habt, damit ich mit euch Possen treibe, und inzwischen habe ich sechs oder sieben Kranke vergessen, die ich besuchen muß«; damit sagte er adieu und ging weg; zuvor aber riefen wir ihm noch nach: »Ja, ihr versteht die Geschichten, ihr Herren Ärzte, und besonders Ihr, Herr, der Ihr soeben als Meister geredet habt.« Er neigte den Kopf und antwortete: »Gemach, gemach! Ja, ja, wir verstehen es, denn wir wissen Geheimnisse, die nicht jedermann kennt; aber jetzt, wo ich alt bin, habe ich Venus und ihrem Sohn Lebewohl gesagt. Jetzt überlasse ich das euch Jungen.«

Eine andre Art Leute hat noch die Mädchen sehr verdorben, das sind ihre Lehrmeister, die sie in den schönen Wissenschaften unterrichten müssen; und wenn sie schlecht sein wollen, sind sie es; es kann sich jeder denken, was ihnen für Bequemlichkeit gegönnt ist, wenn sie ihre Lektionen erteilen, allein in einer Kammer oder bei ihrem Studium; jeder kann denken, was für Geschichten, Fabeln, Erzählungen sie ihnen gelegentlich beibringen können, um sie in Hitze zu versetzen, und wenn sie sie in derartigen Aufregungen und Begierden sehen, wie sie dann die Gelegenheit beim Schopfe zu packen wissen.

Ich kannte ein Mädchen aus sehr gutem Hause und aus einem großen, sag ich euch, die sich zugrunde richtete und sich zur Hure machte, weil ihr von ihrem Schulmeister die Geschichte oder vielmehr die Fabel des Tiresias erzählt worden war; der, weil er beide Geschlechter erprobt hatte, von Jupiter und Juno wegen eines Streites zwischen beiden darum befragt wurde, wer beim Koitus, beim Liebesakt, den meisten Genuß habe, der Mann oder das Weib? Dieser behauptete gegen Junos Ansicht, es sei das Weib; aus Ärger darüber, abgeurteilt worden zu sein, machte sie dafür den armen Richter blind und nahm ihm das Augenlicht. Man darf sich nicht darüber wundern, daß diese Geschichte das Mädchen in Versuchung brachte; denn oft hatte sie gehört, von ihren Gefährtinnen oder von andern Frauen, daß die Männer so feurig dahinter her seien und so großes Vergnügen daran hätten, in Anbetracht des Urteils des Tiresias mußten aber die Frauen noch viel mehr davon haben können; demzufolge müsse man es erproben, sagen sie. Wahrhaftig, solche Lektionen sollte man den Mädchen nicht geben! Gibt es keine andern? Aber ihre Lehrmeister werden sagen, daß sie alles wissen wollen, und da sie einmal beim Studieren sind, müssen die vorkommenden Stellen und Geschichten, die einer Erklärung bedürfen oder die sich von selbst erklären, eben erklärt und gesagt werden, ohne daß das Blatt übersprungen und umgewendet wird; und wenn sie es umwenden, werden sie nach dem Grund gefragt, und wenn sie ihnen sagen, es sei eine schmutzige Stelle, werden sie sofort um so begieriger danach, sie kennenzulernen, und sie bedrängen ihren Lehrer darum so sehr, daß er sie ihnen erklärt; denn es ist eben ihre Natur, das zu verlangen, was ihnen verboten wird oder was man ihnen nicht sagen will. Wieviel Schülerinnen haben sich doch mit der Lektüre dieser Geschichten zugrunde gerichtet wie mit der von Biblis, von Caunus und einer Menge ähnlicher, die in den ›Metamorphosen‹ Ovids stehen, bis zu dem Buch ›Ars Amandi‹, das er verfaßt hat; dazu kommen noch eine Menge andrer schlüpfriger Fabeln und geiler Gespräche, die bei uns erschienen sind, französische, lateinische wie griechische, italienische, spanische. Auch sagt der spanische Refrain: ›Befreie uns, o Herr, von einer störrischen Mauleselin und von einem Mädchen, das lateinisch redet.‹ Gott weiß, wenn ihre Lehrer schlecht sein wollen und ihren Schülerinnen solche Lektionen erteilen, wie sie sie verderben und hineintunken können, daß die Sittsamste von der Welt sich dabei gehenläßt. Wurde nicht sogar der heilige Augustin von Mitleid und Weh ergriffen, als er das vierte Buch der ›Äneis‹ las, das die Liebschaften und den Tod Didos enthält? Ich möchte soviel Hunderte von Talerstücken haben, als es Mädchen gegeben hat, weltliche wie fromme, die sich an der Lektüre des ›Amadís de Gaula‹ aufregten, befleckten und entjungferten. Es kann sich jeder denken, was die griechischen, lateinischen und andern Bücher anrichten können, wenn ihre Lehrer, diese schlauen verderbten Füchse, diese elenden Taugenichtse, mit ihren geheimen Kammern und Kabinetten inmitten ihrer Faulheit sie ihnen glossieren, kommentieren und interpretieren.

In der Lebensbeschreibung des heiligen Ludwig, in der Geschichte von Paul Emil, lesen wir von einer Margarete, Gräfin von Flandern, Schwester Johannas, der Tochter des ersten Balduin, des griechischen Kaisers, die seine Nachfolgerin wurde, weil jene keine Kinder hatte; von ihr sagt die Geschichte: In ihrer ersten Jugend bekam sie einen Präzeptor, namens Wilhelm, den man für einen Mann von frommem Lebenswandel hielt und der bereits ein paar Priesterweihen empfangen hatte; das hinderte ihn aber gar nicht, seiner Schülerin zwei Kinder zu machen mit Namen Jehan und Balduin, und zwar so heimlich, daß wenige Leute es erfuhren, nachher wurden sie jedoch vom Papst als legitim anerkannt. Ein hübsches Urteil und ein feiner Pädagoge?

Ich kannte eine große Dame am Hofe, die im Rufe stand, daß sie sich von ihrem Vorleser und Lehrmeister unterhalten ließ, dermaßen, daß Chicot, des Königs Spaßmacher, es ihr eines Tages vor Seiner Majestät und einer Menge andrer Personen an seinem Hof öffentlich vorwarf, indem er zu ihr sagte, ob sie sich denn nicht schäme, sich von einem so häßlichen und gemeinen Menschen unterhalten zu lassen wie dieser, und ob sie nicht soviel Geist hätte, einen Schöneren zu wählen. Die ganze Gesellschaft lachte mächtig, und die Dame weinte, in der Meinung, der König hätte ihr diesen Streich spielen lassen; denn solche Sachen war man von ihm gewöhnt. Andre sehr große Damen und große Prinzessinnen kannte ich, die sich alle Tage in ihrem Kabinett damit vergnügten, schreiben zu lassen, oder besser gesagt, sie stellten sich so, statt dessen machten sie aber mit ihren Sekretären, die ich kannte, saubre Geschichten, und hatten sie gerade nichts zum Schreiben, so ließen sie sie lesen, um alles besser zu bemänteln, indem sie sagten, es griffe ihre Augen zu sehr an, wenn sie selber lesen würden.

Diese Damen, die sich solcherart Leute wählen, sich durchaus nicht zu entschuldigen, sondern sehr tadelnswert, weil sie ja ihren freien Willen haben und alle Freien von ihren Freiheiten und Bequemlichkeiten erfüllt sind und die Wahl treffen können, die ihnen gefällt. Die armen Mädchen jedoch, die von ihren Vätern und Müttern, ihren Verwandten, Vormündern und Herrschaften als Sklavinnen abhängig sind und noch dazu Angst haben, sind gezwungen, zu nehmen, was sich für sie findet, um in Tätigkeit zu treten und nicht darauf zu achten, ob es warm oder kalt, geröstet oder gebraten ist; daher bedienen sie sich, wie es die Gelegenheit ergibt, am häufigsten ihrer Kammerdiener, ihres Schulmeisters und Lehrers, dieser Preisträger von

Blumenspielen, Lautenspieler, Geigenspieler, Tanzmeister, Maler, kurz derer, von denen sie in den Fertigkeiten und Wissenschaften unterrichtet werden, sogar mancher frommer Prediger und Mönche, wie Boccaccio und die Königin von Navarra in ihren Erzählungen berichten; desgleichen tun sie mit den Pagen, solche kannte ich, mit den Lakaien, Komödianten; in bezug auf letztere kannte ich zwei Mädchen am Hofe, die in zwei verliebt waren und manche genossen; auch Dichter, von denen ich ebenso ein paar kenne, die schöne Mädchen, Frauen und Witwen verführt haben. Denn dergleichen Personen lieben die Ruhmeshymnen sehr, und dann sind sie auch gefangen; endlich alle, die sie gelegentlich finden und erwischen können. Die Prozeßanwälte sind ebenfalls sehr gefährlich. Und aus diesem Grunde findet derselbe Boccaccio und andre mit ihm, daß die Mädchen in der Liebe beständiger und fester sind als die Frauen und Witwen, denn diese gleichen den Leuten auf einem Boot im Wasser, das untergeht: wer gar nicht schwimmen kann, der erfaßt den ersten Zweig, an den er sich klammern kann, und hält ihn hartnäckig fest, bis man ihm zu Hilfe gekommen ist; die andern, die gut schwimmen können, werfen sich ins Wasser und schwimmen tapfer, bis sie das Ufer erreicht haben; ebenso halten die Mädchen, sobald sie erst einen Liebhaber erwischt haben, ihn fest und bewahren ihn, den sie zuerst erwählt, derartig, daß sie ihn nicht von sich abtun wollen; sie lieben ihn treu, weil sie Furcht haben, keine Freiheit und Gelegenheit zu haben, sich einen andern zu erwerben, wie sie schon gerne wollten; statt dessen ergreifen die verheirateten Frauen und Witwen, die die Diebeslisten kennen und erfahren sind und die Freiheit und Gelegenheit haben, ohne Gefahr in allen Wassern zu schwimmen, die Partei, die ihnen beliebt; und wenn sie sich über einen Liebhaber erzürnen oder ihn verlieren, wissen sie alsbald einen neuen zu bekommen, oder sie verschaffen sich gleich deren zwei; denn bei ihnen kommen auf einen verlorenen zwei frische. Außerdem haben die armen Mädchen auch nicht die Mittel, das Vermögen und auch nicht die Taler, sich alle Tage einen neuen Liebhaber kaufen zu können; denn alles, was sie ihren Liebsten geben können, sind höchstens ein paar kleine Haarlöckchen oder kleine Perlen oder Beeren oder Armbänder, kleine Ringe oder Schärpen und andere kleine Geschenke, die kaum etwas kosten; denn wenn sie auch eine noch so reiche Erbin wäre und aus noch so gutem Hause stammte (ich sah deren), so wird sie doch von Vater und Mutter, von Verwandten und Vormündern so kurz gehalten, daß sie für ihre Liebhaber keine Mittel aufbringen und daß sie höchstens mit ihrer einen Büchse freigebig schalten kann, denn in der andern hat sie nichts; schließlich wären sie ja auch nur betreffs dieser Büchse nicht habsüchtig; denn die Freigebigkeit besteht vor allem in den Mitteln und hängt von ihnen ab; statt dessen können die Frauen sehr frei über ihre Mittel verfügen, wenn sie welche haben; und besonders wenn sie nach einem Manne Lust haben, sich in ihn verlieben und von einer tollen Laune nach ihm gepackt werden, würden sie sogar lieber ihr Hemd verkaufen und hergeben, als daß sie ihn nicht schmeckten; nach Art der Lüsternen, der Schleckermäuler; wenn sie nach einem guten Bissen Verlangen haben, müssen sie ihn versuchen, was er ihnen auch auf dem Markte kostet. Die armen Mädchen haben es anders, wie sie es treffen, gut oder schlecht, sie müssen dabei bleiben.

Ich könnte noch eine ganze Reihe von Beispielen über ihre Liebschaften und ihre verschiedenen Begierden und merkwürdigen Genüsse anführen; aber ich fände niemals ein Ende, und diese Geschichten wären auch nichts wert, könnte man sie nicht mit Namen und Zunamen bezeichnen, das will ich aber um keinen Preis, denn ich will sie nicht in schlechten Ruf bringen; ich habe auch beteuert, in diesem Buch jeden Skandal zu vermeiden, so daß man mir keine Verleumdung zum Vorwurf machen kann. Und Geschichten erzählen, wenn man die Namen verschweigt, das ist keine Schlechtigkeit, ich lasse ja die Welt die Leute erraten, von denen die Rede ist; sehr häufig werden sie an eine denken, und doch ist es eine andere.

Genau wie es nun Hölzer von verschiedener Natur gibt,

von denen die einen in ganz grünem Zustand brennen, wie die Esche, die Buche; und andre, die gut trocken, alt und lang vorher geschnitten sind, wie die Ulme, die Erle; und andre, die nur brennen, wenn sie so alt geworden sind wie die Welt; viele andre brennen, wie alle trocknen und alten Hölzer, in ihrer Trockenheit und ihrem Alter so heftig, daß es scheint, als würden sie eher verzehrt und eingeäschert als verbrannt. Geradeso ist es mit den Mädchen, den Frauen und den Witwen: die einen brennen, sobald sie in der Blüte ihres Alters stehen, leicht und so gut, daß man meinen könnte, sie brächten schon vom Mutterleib die Buhlerei und Liebesbrunst mit; wie die schöne Lais von der schönen Timandra herstammte, ihrer berüchtigten Hure von Mutter, und hunderttausend andre, die darin ihren tüchtigen Vetteln von Müttern gleichen, ja, sie warten nicht einmal das Alter der Reife ab, das etwa im zwölften oder dreizehnten Jahre eintritt, um sich zu verlieben, sondern tun es viel früher; es ist noch keine zwölf Jahre her, da passierte das zu Paris der Tochter eines Bäckermeisters, die im Alter von neun Jahren schwanger wurde; da sie durch ihre Schwangerschaft sehr krank wurde, hatte der Vater den Urin zum Arzt getragen, der Arzt sagte sofort, sie hätte keine andre Krankheit, als daß sie schwanger wäre. »Wie!« antwortete der Vater, »Herr, meine Tochter ist erst neun Jahre alt.« Wer war baff? Der Arzt. »Das ist ganz gleichgültig«, sagte er, »bestimmt, sie ist schwanger.« Und als er sie näher untersuchte, fand er es bestätigt; und nachdem sie bekannt hatte, mit wem sie zu tun gehabt, wurde ihr Galan vom Gericht mit dem Tode bestraft, weil er mit ihr in einem so zarten Alter Umgang gehabt und sie so jung geschwängert hatte. Es tut mir überaus leid, daß ich dieses Beispiel habe anführen und hier vorbringen müssen, weil es eine Person niedrigen Standes betrifft, während ich doch beschlossen habe, nicht über so geringe Leute zu schreiben, sondern nur über die großen und hohen.

Ich bin etwas von meinem Thema abgekommen, da diese Geschichte jedoch selten und ungewöhnlich ist, wird man mich dafür entschuldigen; nicht weil ich von solchem

Wunder, das unsern großen Damen von Stand passierte, nicht berichten könnte, dergleichen habe ich wohl erfahren, und sie haben in diesem Alter, mit neun, mit zehn, mit zwölf und mit dreizehn Jahren, das Männchen sehr bequem ertragen und ausgehalten, war's nun als Buhle oder in der Ehe, wie ich mehrere Beispiele von verschiedenen beibringen könnte, die in derartiger Kindheit entjungfert wurden, ohne daß die daran gestorben sind, sie fielen auch nicht einmal von dem Schmerz in Ohnmacht, sondern von der Wonne.

Dabei fällt mir die Geschichte eines galanten und tapfern Herrn ein, wie je nur einer war, der gestorben ist; er beklagte sich eines Tages über die Geräumigkeit der Natur der Mädchen und Frauen, mit denen er Umgang hatte. Er sagte, am Ende wäre er gezwungen, sich nach kindlichen Mädchen umzusehen, die sozusagen aus der Wiege kämen, damit er nicht mehr das Gefühl habe, als schwömme er grenzenlos auf offenem Meer wie mit den andern, sondern sich dagegen mit mehr Vergnügen in eine Meerenge hineinschwimmen fühle. Hätte er diese Worte an eine große und ehrbare Dame gerichtet, die ich kannte, sie hätte ihm dieselbe Antwort gegeben wie einem Edelmann von da und da, dem sie, als er sich ähnlich bei ihr beklagte, antwortete: »Ich weiß nicht, wer sich mehr beklagen muß, ihr Männer über unsre Weite und Größe oder wir Frauen über eure Kleinheit und Winzigkeit oder vielmehr eure kleinen Pimpeleien; denn wir können uns ebensogut über euch beklagen wie ihr über uns. Wenn ihr eure Maßstäbe unsern Kalibern entsprechend hättet, brauchten wir einander nichts vorzuwerfen.«

Dazu hatte sie wirklich am Arm eines Edelmanns Grund; daher sagte auch eines Tages am Hofe eine große Dame, als sie jenen großen Bronze-Herkules am Springbrunnen von Fontainebleau betrachtete und ansah, zu dem Begleiter: so vorzüglich dieser Herkules auch gemacht und hergestellt sei, er wäre dennoch nicht so gut proportioniert an allen seinen Gliedern, wie er müßte, denn das in der Mitte sei zu klein und zu ungleichmäßig und stünde nicht in Verhältnis zu seinem großen Koloß von Körper. Der Edelmann antwortete ihr, damit habe sie vollkommen recht, aber damals waren, wie man glauben müsse, die Frauen auch nicht so groß und weit gebaut wie heutzutage.

Eine sehr vornehme Dame und Prinzessin hatte erfahren, daß man ihren Namen einer dicken und großen Feldkanone beigelegt habe, und sie fragte, warum. Da bekam sie die Antwort: »Aus dem Grunde, Madame, weil sie ein größeres und weiteres Kaliber hat als die andern.«

Indessen haben sie genug Mittel dagegen gefunden und finden noch alle Tage genug, um ihre Tore enger, geklemmter und schwieriger zugänglich zu machen; manche machen Gebrauch davon, andre nicht; indessen sind jedoch die Öffnungen von verschiedenen, wenn der Weg durch beständigen Beischlaf und Umgang oder durch Geburten (hindurchgerutschte Kinder) tüchtig geschlagen und oft gebahnt ist, stets um so größer und breiter. Ich habe mich hier wieder etwas verloren und bin vom Wege abgekommen; da es aber die Gelegenheit mit sich brachte, schadet es nicht, und ich kehre zu meinem Thema zurück.

Manche Mädchen lassen jene hohe Zartheit und Blüte ihrer Jahre vorübergehn und warten die größere Reife und Trockenheit ab, sei es, daß sie bei Anbeginn in ihrer Natur sehr kalt sind, solche finden sich nämlich; sei es, daß sie kurzgehalten werden, was bei manchen sehr nötig ist; denn wie der spanische Refrain sagt: ›Reben und Mädchen sind schwer zu behüten‹; es soll wenigstens keiner, der durchreist oder sich kurz aufhält, davon schmecken, und besonders, wenn sie zu spüren anfangen, wie sich die Spitze erhebt gleich dem …; manche sind auch unbeweglich, und alle Winde und Stürme eines Winters könnten sie nicht erregen und erschüttern. Andre sind so dumm, so einfältig, so plump und so unwissend, daß sie nicht einmal das Wort Liebe aussprechen hören wollen; so hörte ich von einer Frau, die durchaus die Ernste und Sittenstrenge spielte, daß sie sofort in Ohnmacht fiel, wenn sie nur von einer Hure reden hörte; als man dies einem großen Herrn in Gegenwart seiner Frau erzählte, sagte er: »Diese Dame soll nur nicht zu uns hereinkommen; denn wenn sie schon in Ohnmacht fällt, wenn sie von Huren reden hört, muß sie ja augenblicklich sterben, wenn sie eine sieht.«

Es gibt trotzdem auch Mädchen, die, sobald sie ihr Herz zu spüren anfangen, so zahm werden, daß sie aus der Hand fressen. Andre sind so fromm und gewissenhaft und haben eine solche Furcht vor den Geboten Gottes unseres Herrn, daß sie das Gebot der Liebe weitab von sich weisen. Indessen sah ich aber eine Menge jener Frömmlerinnen und muckerischen Rosenkranzschwestern und städtischen Kirchenläuferinnen, die unter dieser Scheinheiligkeit ihr Feuer brüten ließen und verdeckten, damit es unter solchen Vorspiegelungen von der Welt nicht bemerkt und sie für sehr spröde gehalten werden sollten, ja für halbe Heilige, wie eine heilige Katharina von Siena, aber sehr häufig haben sie die Welt und die Menschen getäuscht; so hörte ich auch von einer großen Prinzessin, ja Königin erzählen, die nun tot ist: Wenn sie mit einem eine Liebschaft anbändeln wollte, sie war solchen sehr unterworfen, begann sie ihre Gespräche stets mit der Liebe zu Gott, die wir ihm schuldig sind, und plötzlich ließ sie sie auf die weltliche Liebe und auf die Absicht geraten, die sie ihrem Partner gegenüber hegte, in deren Folge sie nachher zum Stein der Weisen oder wenigstens zur Quintessenz kam. So werden wir von den Frömmlerinnen oder mehr noch von den Bigotten getäuscht; ich meine jene Frauen, denen es an Klugheit mangelt und die das Leben der andern nicht kennen.

Ich hörte eine Geschichte, von der ich nicht weiß, ob sie wahr ist: Als in einem dieser Jahre in einer gewissen Stadt eine Prozession stattfand, beteiligte sich auch eine Frau daran, mochte sie nun vornehm oder gering sein, mit nackten Füßen und in großer Zerknirschung, die für mehr als zehne jammerte, und zwar war es während der Fastenzeit. Nach deren Schluß ging sie mit ihrem Liebhaber ein Lammviertel und einen Schinken verspeisen; es roch bis auf die Straße; man stieg hinauf und fand sie bei diesem herrlichen Schmause. Sie wurde gefangengenommen und dazu verurteilt, mit ihrem Lammviertel am Spieß über der

Schulter und dem Schinkenknochen am Hals durch die Stadt zu spazieren. Damit war sie doch auf eine gute Art bestraft?

Andre Damen wieder sind stolz, hochmütig, sie verachten sozusagen Himmel und Erde, die Männer und ihre Liebeswerbungen lassen sie hart an und jagen sie weit von sich weg; aber solchen gegenüber bedarf es nur der Geduld und Beharrlichkeit, denn mit all dem und mit der Zeit bekommt man sie schon und demütigt sie, wie es denn ein ganz eigner Ruhm und Stolz ist, sie, die vorher so hochmütig gewesen, jetzt von ihrem Sockel heruntersteigen zu sehen. Und von diesen Hochfahrenden und Stolzen sah ich sogar recht häufig welche, die sich fügten und liebten, nachdem sie die Liebe und ihre Fürsprecher sehr verachtet hatten, ja sie heirateten dann sogar Leute ganz niedrigen Standes, die ihnen durchaus nicht irgendwie ebenbürtig waren. So spottet Amor ihrer, straft sie für ihren Übermut und greift gerade sie am liebsten an, denn der Sieg ist um so glorreicher, da er über Dünkel und Übermut gewonnen wird.

Mir war früher am Hofe ein Mädchen bekannt, das war so stolz und spröde, daß sie, gesellte sich ein kluger und galanter Mann zu ihr und versuchte ihre Liebe, ihm so hochmütig und mit solcher Verachtung vor der Liebe mit so widerspenstigen und anmaßenden Worten antwortete, denn sie redete brillant, daß er das Wiederkommen vergaß; und wer durch Zufall mit ihr zusammenkam, wie schickte sie den heim und schnauzte ihn an mit Worten, Gebärden und geringschätzigen Mienen; denn sie war sehr gerieben. Endlich wurde sie bestraft; die Liebe packte sie, und sie gab sich einem Manne so hin, daß er sie, etwa zwanzig Tage vor ihrer Hochzeit, schwängerte; und dennoch konnte jener gar nicht mit andern ehrbaren Edelleuten verglichen werden, die ihr gehuldigt hatten. In dem Falle muß man mit Horaz sagen: ›Sic placet Veneri‹; und das sind ihre Wunder.

Am Hofe kam mir einmal die Laune an, einem schönen und ehrbaren Mädchen zu huldigen, die geschickt war wie nur eine, aus sehr gutem Hause stammte, aber stolz und sehr anmaßend war; gerade aber deshalb war ich vollständig in sie verliebt. Ich nahm mir vor, sie ebenso arrogant zu bedienen und anzureden, wie sie zu mir redete und antwortete, denn ›auf einen groben Klotz gehört ein grober Keil‹. Sie fühlte sich deswegen in keiner Weise beeinträchtigt, denn obgleich ich sie derartig behandelte, lobte ich sie aufs höchste, da ja nichts das Herz einer Dame mehr erweichen kann, als wenn man ihre Schönheiten und ihre Vollkommenheiten ebenso wie ihren Stolz rühmt; ja, ich sagte ihr sogar, er stände ihr sehr gut, weil sie nichts Gewöhnliches an sich hätte, und ein Mädchen oder eine Dame, die sich zu ordinär und gemein mache, die nicht auf eine stolze Haltung und auf einen hochmütigen Ruf sehe, wäre nicht sehr würdig, umworben zu werden; und daher ehrte ich sie um so mehr und wollte sie niemals anders nennen als meine ›Gloire‹. Das gefiel ihr so sehr, daß sie mich gleichfalls ihren ›Arrogant‹ nennen wollte.

Indem ich immer so fortfuhr, diente ich ihr lange; und ich kann mich auch rühmen, daß ich ihre Gunst ebenso oder noch mehr als irgendein großer Herr am Hofe genoß, der ihrer begehrte; aber ein bedeutender Günstling des Königs, gewiß ein tapferer und mutiger Edelmann, raubte sie mir, nahm sie mir mit der Gunst seines Königs weg und heiratete sie. Indessen bestand eine Art Verhältnis stets zwischen uns, solange sie lebte, und ich habe sie immer sehr geehrt. Ich weiß nicht, ob man mich schelten wird, daß ich das erzähle, denn man sagt gewöhnlich, von sich zu erzählen, das sei nicht hübsch; diesmal bin ich aber eben darauf verfallen, auch habe ich in diesem Buch allerlei verschiedene Geschichten von mir selbst erzählt, ohne daß ich dabei meinen Namen nannte.

Noch andre Mädchen gibt es, die haben ein so fröhliches Gemüt, sind so schäkerhaft, ausgelassen und heiter und haben gar nichts weiter im Kopf, als zu lachen, ihre Zeit zu verscherzen und zu verschäkern, daß sie sich nicht damit aufhalten, von etwas anderm zu hören oder an etwas andres zu denken als an ihre kleinen Belustigungen. Ich habe mehrere gekannt, die lieber eine Geige hörten oder tanzten oder sprangen oder liefen, als daß sie Liebesworte anhörten; bei manchen war's die Jagd, so daß sie sich eher Dienerinnen der Diana als der Venus nennen konnten. Ich kannte einen tapfern und mutigen Herrn, der aber gestorben ist, der verlor sich so sehr in der Liebe zu einem Mädchen und später großen Dame, daß es ihn zur Verzweiflung brachte; »denn«, sagte er, »wenn ich ihr meine Leidenschaft erklären will, redet sie mir nur von ihren Hunden und von ihrer Jagd; da möchte ich wohl in einen schönen Hund oder Windhund verwandelt werden, in deren Körper meine Seele nach Pythagoras überginge, dann könnte sie bei meiner Liebe verweilen, und ich könnte von meinem Schmerz genesen.«

Später ließ er sie jedoch, denn er war weder ein guter Diener noch ein Jäger und konnte ihr auch nicht überallhin folgen oder sie begleiten, wohin ihre muntern Launen, ihre Freuden und Tollheiten sie führten.

Ich muß noch etwas bemerken: Wenn nämlich solche Mädchen ihren Hähnchenstand verabschiedet und ihr Röcklein abgeworfen haben, wollen sie nach dem kleinen Spiel das große versuchen, so langsam es auch geht; diese Mädchenjahre gleichen denen der jungen kleinen Wölfe, die in ihrem Milchhaar alle hübsch, artig und lustig sind; werden sie aber alt, verwandeln sie sich in Bosheit und Untat. Die Mädchen, von denen ich soeben redete, machen es geradeso, wenn sie ordentlich getändelt und ihre Launen in ihren Vergnügungen und Jugendstreichen befriedigt haben, auf Jagden, Bällen, Volten, Coranten, Tänzen, dann wollen sie sich meiner Treu an den großen Tanz und an die süße Carolle der Liebesgöttin machen. Kurz, um nun endgültig Schluß zu machen, es gibt wohl schwerlich Mädchen, Frauen oder Witwen, die nicht früher oder später alle brennen, sei es in oder außerhalb ihrer Zeiten, gleichwie alle Hölzer brennen, mit Ausnahme des Lärchenholzes, von dessen Art die Frauen gar nichts haben.

Diese Lärche ist nämlich ein Holz, das niemals brennt und kein Feuer, keine Flamme, keine Kohle gibt, wie es Julius Cäsar einst erfuhr. Bei seiner Rückkehr aus Gallien hatte er den Einwohnern von Piemont befohlen, ihm Lebensmittel zu liefern und an seiner großen Etappenstraße Magazine zu errichten. Sie gehorchten ihm auch, mit Ausnahme eines Kastells mit Namen Larignum, wohin sich ein paar elende Taugenichtse zurückgezogen hatten, die sich widerspenstig und rebellisch zeigten, so daß Cäsar umkehren und sich an ihre Belagerung machen mußte. Bei seiner Ankunft vor der Festung sah er, daß sie nur aus Holz erbaut war, worüber er sich sofort lustig machte und sagte, er werde sie gleich haben. Sofort befahl er, eine Menge Reisigbündel und Stroh herbeizuschaffen, um sie in Brand zu stecken, das loderte in einer so großen Flamme, daß man bald die Trümmer und die Zerstörung zu sehen hoffte; sobald sich aber das Feuer verzehrt hatte und die Flamme erloschen war, waren alle sehr erstaunt, denn sie sahen die Feste im nämlichen Zustand wie vorher und ganz und durchaus nicht verbrannt oder zerstört; nun mußte sich Cäsar mit einem andern Mittel helfen, er mußte die Feste sappieren, was zur Folge hatte, daß die Insassen unterhandelten und sich ergaben; Cäsar erfuhr von ihnen die Eigenschaft dieses Lärchenholzes, wonach das Kastell Larignum hieß, weil es damit gebaut und befestigt war.

Manche Väter, Mütter, Verwandte und Gatten wünschten gewiß, ihre Töchter und Frauen hätten von der Natur dieses Holzes etwas, sie möchten sehr brennen, ohne daß sie versehrt würden. Sie wären in ihrem Sinn zufriedener und bekämen nicht so oft den Floh ins Ohr gesetzt, und es gäbe auch nicht soviel offenkundige Huren und entdeckte Hahnreie. Das ist aber weder so noch so notwendig, denn es würde die Welt entvölkern, und man lebte gleich Marmorsteinen ohne jede Lust oder Befriedigung, so sagten welche, und anstatt höchst vollkommen zu sein, wäre die Natur unvollkommen; wenn wir ihr also wie einem guten Feldherrn folgen, werden wir niemals im rechten Wege irren.

Nun wäre genug von den Mädchen geredet, und es ist in der Ordnung, daß wir nunmehr von den gnädigsten Witwen reden.

Die Liebe der Witwen ist gut, bequem und profitabel, weil sie ihre volle Freiheit haben und keine Sklaven von Vätern, Müttern, Brüdern, Verwandten und Gatten sind und auch, was noch mehr besagt, keiner Justiz unterliegen; und man hat gut mit einer Witwe liebeln und bei ihr schlafen, man wird nicht dafür bestraft, wie man's bei Mädchen und Frauen wird; die Römer, die uns die meisten unserer Gesetze gegeben haben, haben sie sogar niemals wegen dieser Tat bestrafen lassen, weder an ihrem Leibe noch an ihrem Vermögen, das habe ich von einem großen Rechtsgelehrten, der mir dafür Papinian anführte, jenen gleichfalls großen Rechtsgelehrten, der bei der Behandlung der Ehebrüche sagte: Wenn man zuweilen unter dem Namen Ehebruch versehentlich die Schande eines Mädchens oder einer verwitweten Frau begreife, so wäre das widerrechtlich geredet; und an einer andern Stelle sagte er: Der Erbe kann die Sitten der Witwe des Verstorbenen durchaus nicht tadeln, sie gehen ihn nichts an, wenn nicht der Gatte bei seinen Lebzeiten deswegen seine Frau vor Gericht hat rufen lassen; denn dann konnte sich der Erbe für die Verfolgung bezahlt machen, nicht anders. In der Tat findet man in dem ganzen römischen Recht keine Strafe, die gegen die Witwe verordnet wäre, außer wenn sie sich in ihrem Trauerjahr wieder verheiratet, oder die, ohne sich wieder zu verheiraten, nach dem elften Monat ein und desselben Jahres ein Kind gebärt, indem man meint, das erste Jahr ihrer Witwenschaft müsse der Ehre ihres ersten Bettes geweiht bleiben. Das war auch ein Gesetz Heliogabals, die Witwe solle sich nicht in dem Jahr nach dem Tod des Gatten wieder verheiraten, damit sie Muße habe, ihn das ganze Jahr zu beweinen und sorgfältig über die Wahl eines neuen nachzudenken. Was für ein Gedanke! Das nenne ich einen ordentlichen Rechtsgrund. Was ihr Wittum anlangt, könnte der Erbe es ihr nicht streitig machen und hätte sie mit ihrem Leibe alle Torheiten von der Welt getrieben; und von dem ich das habe, der führte mir einen schönen Grund dafür an; denn wenn der Erbe, der keinen Gedanken hat als das Vermögen, der Rache Tür und Tor öffnet, um die Witwe dieses Verbrechens anzuklagen und sie ihrer Mitgift zu berauben, würde er dafür der Verleumdung geziehen werden; und es gäbe keine Witwe, die zugleich eine vermögende Frau ist, die sich vor den verleumderischen Verfolgungen jener galanten Erben retten könnte.

Nach diesen Berichten hatten, wie ich sehe, die römischen Damen gute Zeit und gute Veranlassung, froh zu sein; und es darf einen nicht wundern, wenn eine zur Zeit Marc Aurels, wie in seiner Lebensbeschreibung steht, im Leichenzug ihres Gatten unter ihren größten Schreien, Schluchzern, Seufzern, Tränen und Jammern dem Mann, der sie führte und geleitete, die Hand so heftig drückte, zum Zeichen, daß sie ihn liebe und ihn nach Ablauf des Jahres heiraten wolle, das konnte sie aber nur mit Dispens, ebenso wie Pompejus dispensiert wurde, als er Cäsars Tochter heiratete; es bekamen ihn aber höchstens die Vornehmsten; indessen genoß er immer gute Bissen von ihr und nahm eine Menge Brote aus ihrem Backofen, wie man sagt. Diese Dame wollte nichts verlieren, sondern sah sich zur rechten Zeit vor; daher verlor sie weder von ihrem Vermögen etwas noch von ihrem Wittum.

Wie man sieht, ging es den römischen Witwen recht gut, wie auch heute noch unsren französischen, die nichts von ihren Rechten verlieren, wenn sie ihrem Herzen und ihrem hübschen Leib Freude spenden wollen, obwohl die Gerichtshöfe verschiedene Streitfälle dieser Art verhandelt haben; so kenne ich einen großen und reichen Herrn von Frankreich, der seine Schwägerin lange Zeit wegen ihrer Mitgift verklagen ließ, indem er ihr ein etwas schlüpfriges Leben vorwarf und noch ein anderes schwereres Vergehen damit vermengte. Trotzdem aber gewann sie ihren Prozeß; und der Schwager mußte sie ausgezeichnet ausstatten und ihr geben, was ihr gebührte; nur die Fürsorge für ihren

Sohn und ihre Tochter wurden ihr abgenommen, weil sie sich wieder verheiratete; darauf nehmen die Richter und hohen Senatoren der Gerichtshöfe Rücksicht, sie erlauben den Witwen, die in eine zweite Ehe treten, die Vormundschaft über ihre Kinder nicht; wenn mir auch vor nicht langer Zeit Witwen aus ziemlich gutem Stande bekannt wurden, die die Vormundschaft über ihre minderjährigen Töchter bei ihrer Wiederverheiratung von ihren Schwägern und andern Verwandten vorwegbekamen; dabei kam ihnen aber freilich auch die Gunst des Prinzen, der sie unterhielt, bedeutend zustatten. Es gibt eben kein Gesetz, das eine schöne F... nicht umstürzte. Von diesen Gegenständen will ich aber nun aufhören, denn das ist nicht mein Beruf; in der Meinung, etwas Gutes zu sagen, sage ich vielleicht nichts, was einen Wert hat; das überlasse ich unsern großen Gesetzgebern.

Von unsern Witwen nun freut es manche, wieder in die Ehe zu treten und sich wieder danach auf die Lauer zu legen, wie die Seeleute, die, aus zwei, drei und vier Schiffbrüchen gerettet, immer wieder aufs Meer gehen, wie es auch die verheirateten Frauen machen; in ihren Kindsnöten schwören und beteuern sie, es niemals wieder zu tun, niemals solle ein Mann ihnen wieder etwas sein; sie sind aber kaum bereinigt, als man sie gleich wieder der ersten Erschütterung unterliegen sieht. So ließ sich eine spanische Dame in Kindesnöten eine Kerze aus der Liebfrauenkirche von Montferrat anzünden, die infolge der Kraft dieser Unsrer Lieben Frau beim Gebären eine große Hilfe sein soll. Trotzdem mußte sie große Schmerzen erdulden, und sie schwur, es niemals wieder zu tun. Sie war aber kaum entbunden, als sie schon zu der Frau, die ihr die Kerze hielt, sagte: »Hebt den Kerzenrest für ein andermal auf.«

Andere Damen wollen sich nicht wieder verheiraten; und unter denen, die es nicht wollen, gibt es und hat es manche gegeben, die in ihrem schönsten Alter, in den Witwenstand tretend, sich dabei verhalten haben. Wir sahen die Königinmutter im Alter von siebenunddreißig und achtunddreißig Jahren Witwe werden, und sie ist stets

Witwe geblieben; obwohl sie schön, höchst angenehm und sehr liebenswürdig war, dachte sie nicht einmal an einen einzigen, um ihn zu heiraten. Man wird mir jedoch ebenso sagen können: Wen hätte sie aber auch heiraten sollen, der ihrer Größe angemessen und jenem großen König Heinrich, ihrem verstorbenen Herrn und Gemahl, ebenbürtig war, und dabei hätte sie auch die Regierung des Reiches verloren, die mehr wert war als hundert Gatten und mit der man sich weit besser und lustiger unterhalten konnte? Trotzdem aber kann die Liebe alles andere vergessen machen; und darum muß sie gepriesen und im Tempel des Ruhmes und der Unsterblichkeit zur Erinnerung aufgestellt werden, daß sie sich überwand und beherrschte und es nicht machte wie eine verwitwete Königin, die sich nicht enthalten konnte und ihren Haushofmeister heiratete, der sich Herr von Rabaudange nannte. Der König, ihr Sohn, fand es zu Anfang sehr befremdend und bitter; trotzdem aber entschuldigte er, weil sie seine Mutter war, den erwähnten Rabaudange und verzieh ihm, daß er sie geheiratet hatte, er solle sie nur am Tage vor der Welt immer als Haushofmeister bedienen, damit er seiner Mutter ihre Würde und Hoheit nicht verletze, in der Nacht könne sie mit ihm machen, was sie wollte, und sich von ihm bedienen lassen, entweder als Kammerdiener oder als Herrn, das stelle er ihrer Verschwiegenheit und ihren beiderseitigen Wünschen anheim; aber man stelle sich nur vor, daß er herrschte: denn eine Dame mag noch so groß sein, wenn sie dahin kommt, wird sie immer von dem Oberen unterjocht, nach dem Recht der Natur und nach Volksrecht. Ich habe diese Geschichte von dem jüngst verstorbenen großen Kardinal von Lothringen, der sie in Poissy König Franz II. erzählte, als er die achtzehn Ritter des St.-Michael-Ordens ernannte, eine sehr große, bis dahin noch nicht gesehene und noch nie erhörte Zahl; unter andern befand sich der Herr von Rabaudange darunter, sehr alt, den man lange nicht am Hof gesehen hatte, außer auf einigen unserer Kriegszüge, da er sich seit dem Tod des Herrn von Lautrec mit Trauer und Verdruß etwas zurückgezogen hatte, wie man häufig erlebt, wenn einer seinen guten Herrn verloren hat; auf der Reise ins Königreich Neapel, wo er starb, war er Kapitän seiner Leibwache; der Herr Kardinal sagte dazu, er meine, der Herr von Rabaudange stamme aus jener Ehe ab. Vor einiger Zeit heiratete eine französische Dame ihren Pagen sogleich, nachdem sie ihn seiner Pagenschaft enthoben hatte, und sie hatte sich in ihrem Witwenstand genug zusammengenommen. – Lassen wir nun diese Art Witwen und reden wir von stolzeren und weiseren.*

Wir hatten unsre französische Königin Donna Isabella von Österreich, die mit dem hochseligen König Karl IX. verheiratet war, von der wir durchaus sagen können, daß es eine der besten, der sanftesten, sittsamsten und tugendhaftesten Königinnen war, die seit der Regierung aller Könige und Königinnen, die je geherrscht haben, auf dem Thron von Frankreich saß; ich darf es sagen, und ein jeder kann es mit mir, der sie gesehen oder von ihr gehört hat, und mit höchster Wahrheit, ohne die andern zu verkleinern. Sie war eine sehr schöne Fürstin, die Farbe ihres Antlitzes war ebenso zart und köstlich wie nur die einer Dame an ihrem Hofe und sehr angenehm. Auch ihr Wuchs war sehr schön, wenn auch ziemlich mittleren Grades. Sie war sehr sittsam, sehr tugendhaft und sehr gütig, und niemals fügte sie einer Person, wer es auch immer sein mochte, Leid oder Verdruß zu oder kränkte sie mit dem geringsten Wort der Welt: sie war auch sehr in sich gekehrt dabei und redete nur sehr wenig und stets ihr Spanisch.

Sie war sehr fromm, aber durchaus nicht bigott, doch zeigte sie ihre Frömmigkeit nicht allzusehr durch äußere Akte und Schaustellungen, auch nicht durch zu übertriebene, wie ich sie von verschiedenen Betschwestern sah; in ihren regelmäßigen Gebetstunden versäumte sie nie, Gott zu bitten, und erfüllte sie sehr gut, ohne außerordentliche Stunden dafür anzusetzen. Freilich habe ich auch von man-

* Die folgenden Abschnitte über hochgeborne Witwen, besonders Prinzessinnen aus dem Haus Österreich, wurden von verschiedenen Editoren in die ›Berühmten Damen‹ transponiert, immerhin eine Willkür gegen Brantôme selbst.

cher ihrer Damen erzählen hören, daß sie, wenn sie im Bett allein und versteckt lag und ihre Vorhänge ordentlich heruntergezogen waren, im Hemd auf den Knien lag und eine Stunde oder noch mehr zu Gott betete, indem sie sich auf die Brust schlug und sich in höchster Zerknirschung kasteite. Man hatte es gewöhnlich nicht bemerkt, erst als König Karl, ihr Gemahl, gestorben war; denn als sie sich niedergelegt hatte und alle ihre Frauen sich zurückgezogen hatten, befand sich unter jenen, die in ihrer Kammer schliefen, eine, die sie seufzen hörte, diese sah nun durch den Vorhang und sah sie in diesem Zustand, wie sie auf diese Art und Weise zu Gott betete und ihn anflehte; das trieb sie nun jeden Abend so; da entschloß sich diese Kammerfrau, die ziemlich vertraut mit ihr war, ihr eines Tages darüber Vorhalte zu machen, daß sie ihre Gesundheit schädige. Die Königin erzürnte sich sehr darüber, daß es entdeckt und beobachtet worden war; sie wollte es ableugnen und gebot ihr, kein Wort davon laut werden zu lassen; daher nahm sie auch für diesen Abend davon Abstand; aber in der Nacht holte sie es wieder nach, im Glauben, ihre Kammerfrauen beobachteten sie nicht; sie sahen sie jedoch und bemerkten sie an dem Schatten vom Lichte ihres Wachsstockmörsers, den sie in ihrem Alkoven angezündet hatte, um manchmal in ihren Gebetbüchern zu lesen und Gott zu bitten, anstatt wie die andern Prinzessinnen und Königinnen es auf ihrem Schrank liegen zu haben. Diese Art und Weise zu bitten hat aber nichts mit jenen Scheinheiligen gemein, die in dem Wunsch, vor der Welt einen Eindruck zu machen, ihre Gebete und Frömmigkeiten öffentlich abmachen und dabei murmeln, damit man sie für frömmer und heiliger halte.

So betete unsere Königin für die Seele ihres königlichen Gemahls, den sie aufs tiefste beklagte, und sie gab ihre Klagen und Bekümmernisse kund, nicht wie eine Verzweifelte oder Besessene, die laut schreit, sich das Gesicht zerreißt, die Haare ausrauft, sie heuchelte auch nicht die Frau, die man rühmt, weil sie weint, sondern sie klagte so sanft, sie vergoß ihre schönen und köstlichen Tränen unter Seufzern so zart und so mild und so still, daß man der Meinung über sie wurde, sie lege sich in ihren Schmerzen Zwang an, weil sie bei der Welt nicht den Glauben erwecken wolle, sie wolle einen guten Eindruck machen (wie mir von verschiedenen Damen vorkam), aber sie ließ trotzdem große Qualen in ihrer Seele durchfühlen. Ein aufgestauter Gießbach ist auch heftiger als einer, der eben fortläuft. Dabei erinnere ich mich, daß sie während der Krankheit des Königs, ihres Herrn und Gemahls, als er in seinem Bett lag und sie ihn besuchen kam, sich sofort neben ihn setzte, nicht nahe auf sein Kissen, wie es der Brauch ist, sondern etwas auf die Seite und in seiner Blickrichtung, wo sie verweilte, ohne kaum mit ihm zu reden, wie der Brauch, ohne daß freilich auch er zu ihr redete; solange sie blieb, heftete sie ihre Augen so fest auf ihn, ohne sie irgendwie von ihm abzuwenden, daß man meinte, von der Liebe, die sie ihm entgegenbrachte, glühe sie in ihrer Seele; dann sah man sie so zart und so verstohlen Tränen vergießen, daß es einem, der es nicht bemerkte, nicht auffiel; sie wischte ihre nassen Augen, indem sie sich den Anschein gab, als schneuze sie sich, und sie erweckte höchstes Mitleid bei einem jeden (denn ich sah sie), daß ihr die Qual so anzusehn war, weder ihren Schmerz noch ihre Liebe zu zeigen, die denn der König auch nicht wahrnahm. Das war die Erfüllung ihrer Pflicht, die sie bei der Krankheit des Königs übte; dann stand sie auf und ging weg, um Gott für seine Gesundheit zu bitten; denn sie liebte und ehrte ihn aufs höchste, wenn sie auch wußte, daß er eine verliebte Natur und Maitressen hatte, sei es der Ehre oder des Vergnügens halber; deswegen aber bereitete sie ihm niemals einen übleren Empfang oder sagte ihm ein schlimmeres Wort, geduldig ertrug sie seine kleine Eifersucht und den Raub, den er an ihr beging. Sie paßte ausgezeichnet zu ihm und war seiner sehr würdig; denn in ihnen kamen Wasser und Feuer zusammen, weil der König rasch, beweglich und hitzig war, während sie kalt und sehr gemäßigt war.

Man hat mir von guter Seite erzählt: Nachdem sie verwitwet war, meinten ein paar ihrer vertrautesten Damen sie trösten zu müssen, und eine darunter, wie man weiß, gibt es unter einer so großen Schar immer eine ungeschickte, meinte ihr etwas recht Gutes anzutun und sagte zu ihr: »Wenn der König Euch wenigstens statt einer Tochter, Madame, einen Sohn hinterlassen hätte, Ihr wäret jetzt Königinmutter, und um so mehr wäre Eure Hoheit gestiegen und befestigter.« – »Ach!« antwortete sie, »verschont mich mit dieser üblen Rede. Als ob Frankreich nicht schon genug Unglück hätte, ohne daß ich ihm einen erzeugte, der seinen Ruin ganz vollendet hätte; denn wenn ich einen Sohn gehabt hätte, hätte es über die Verwaltung und Vormundschaft während seiner Kindheit und Minderjährigkeit mehr Zwistigkeiten, Unruhen und Aufstände gegeben, daß mehr Krieg daraus entstanden wäre denn je, und ein jeder möchte seinen Profit machen und gewinnen, indem er dieses arme Kind auszieht, wie man den hochseligen König, meinen Gemahl, in seiner Jugend ausziehen wollte, wäre nicht die Königin seine Mutter und die guten Diener gewesen, die sich dem entgegensetzten. Hätte ich einen Sohn gehabt, so wäre ich Unglückliche daran schuld gewesen, weil ich ihn empfangen, und ich hätte tausend Verfluchungen des Volkes auf mich geladen, dessen Stimme Gottes Stimme ist. Daher preise ich meinen Gott und nehme willig die Frucht, die er mir gab, gereiche sie mir nun zum Unheil oder zum Glück.«

So gütig meinte es diese gute Fürstin mit dem Land, in das sie gesetzt war. Ich hörte erzählen, daß sie beim Blutbad der Bartholomäusnacht, ohne von etwas Kunde zu bekommen oder nur das geringste Gerücht von der Welt zu vernehmen, sich in ihrer gewohnten Art schlafen legte; und als sie erst am Morgen erwachte, erzählte man ihr beim Aufwachen das große Drama, das sich abspielte. »Ach«, sagte sie sofort, »der König, mein Gemahl, weiß er es denn?« – »Ja, Madame«, antwortete man, »er selbst läßt es vollziehen.« – »O mein Gott!« schrie sie auf, »was ist das? Und was für Räte sind es, die ihm diese Meinung beigebracht haben? Mein Gott! Ich flehe dich an und bitte dich, vergib ihm; denn wenn du kein Erbarmen hast, habe ich große Angst, diese Sünde kann nicht verziehen werden.« Und sogleich verlangte sie ihr Gebetbuch und begann mit Tränen im Auge zu Gott zu bitten und zu flehen.

Man erwäge, ich bitte, die Güte und die Sittsamkeit dieser jungen Königin, daß sie eine solche Tat durchaus nicht billigte, und auch das Spiel nicht, das dabei getrieben wurde, obgleich sie starken Grund hatte, die vollständige Austilgung sowohl des Herrn Admiral wie all jener seines Bekenntnisses zu wünschen, weil sie ganz und gar im Gegensatz zu ihrem Bekenntnis standen, das sie mehr als alle Dinge dieser Welt schätzte und anbetete; und auf der anderen Seite sah sie, wie sehr jene den Staat ihres königlichen Herrn und Gemahls beunruhigten und wie auch ihr kaiserlicher Vater zu ihr gesagt hatte, als sie von ihm ging, um sich nach Frankreich zu begeben: »Meine Tochter«, sagte er zu ihr, »du wirst Königin in dem schönsten, mächtigsten und größten Königreich, das es auf der Welt gibt, und ich schätze dich sehr glücklich deshalb; aber noch glücklicher würdest du sein, wenn du es in seinem ganzen Bestande finden würdest und so blühend, wie es einst war; aber du wirst es sehr zerrissen, auseinandergefallen, geteilt und geschwächt sehen, denn wenn dein königlicher Gemahl einen guten Teil davon innehat, halten die Prinzen und die hohen reformierten Herren ihrerseits den andern fest.« Und wie er ihr sagte, so fand sie es.

Als sie nun Witwe geworden war, meinten verschiedene der scharfsichtigsten Personen am Hofe, die ich kenne, Männer wie Frauen, daß sie der König bei seiner Rückkehr aus Polen heiraten würde, obwohl sie seine Schwägerin war; aber mit dem Dispens des Papstes hätte er es gekonnt, denn dieser vermag in solchen Dingen viel und besonders aus Rücksicht auf die Großen im Interesse des öffentlichen Wohls, das daraus entspringt. Für die Schließung dieser Heirat gab es viele Gründe, worüber ich bessere Redner sich verbreiten lasse, ohne daß ich sie anführe. Unter anderm war einer, daß mit der Ehe die hohen Verbindlichkeiten gelohnt werden sollten, die dem König vom Kaiser bei seiner Rückkehr aus Polen erwiesen worden waren; denn wenn der Kaiser ihm das geringste Hemmnis von der Welt in den Weg hätte legen wollen, hätte er niemals aus Polen herauskommen oder durchziehen und auch nicht in Sicherheit nach Frankreich kommen können. Die Polen wollten ihn zurückhalten, wäre er nicht, ohne Abschied zu nehmen, davongegangen; denn die Deutschen lauerten ihm überall auf, um ihn zu erwischen (so machten sie es auch bei jenem tapfern Richard von England, als er vom Heiligen Land zurückkehrte, wie in unsern französischen Chroniken steht), und hätten ihn ebenso gefangengenommen und Lösegeld zahlen lassen oder ihm möglicherweise noch Schlimmeres angetan; denn sie zürnten ihm sehr, weil er zur Bartholomäuspartei hielt, wenigstens taten es die protestantischen Fürsten; er ergab sich jedoch aus freiem Willen und ohne jede Förmlichkeit in die Treue des Kaisers, der ihn sehr huldvoll und freundschaftlich und mit höchster Ehre, Freundlichkeit und Vertraulichkeit aufnahm wie einen Bruder und ihn höchst ehrenvoll bewirtete; und nachdem er einige Tage bei ihm verbracht hatte, gab ihm der Kaiser selbst einen oder zwei Tage das Geleite und bewilligte ihm ganz sichern Durchzug durch seine Länder; so erreichte er durch seine Gunst Kärnten, die venezianischen Gebiete, Venedig und dann sein Königreich.

Dies war die Verpflichtung, die der König dem Kaiser gegenüber hatte, derzufolge viele Leute, wie ich sagte, der Ansicht waren, der König handele ihr gemäß, indem er in ein noch engeres Bündnis mit dem Kaiser träte. Schon damals aber, als er nach Polen ging, sah er in Blamont in Lothringen Fräulein von Vaudemont, Luise von Lothringen, eine der schönsten, gütigsten und vollendetsten Prinzessinnen der Christenheit, die ihn so heftig anzog, daß er bald in Liebe zu ihr entbrannte, und zwar derart, daß er Feuer während der ganzen Dauer seiner Reise brüten ließ und bei seiner Rückkehr nach Lyon Herrn du Guast, einen seiner größten Günstlinge, der es sicherlich auch völlig verdiente, eiligst nach Lothringen entsandte, wo er die Heirat mit Zustimmung ihres Vaters festmachte und abschloß, eine Sache, die sehr leicht und ohne großes Hin- und Widerreden vonstatten ging, wie sich denken läßt, da für den Vater wie für seine Tochter das Glück unvergleichlich war; für ihn, Schwiegervater des Königs von Frankreich, für seine Tochter, Königin zu sein. Ich werde anderswo von ihr reden.

Um nun nochmals auf unsre kleine Königin zurückzukommen, die es aus vielen Gründen verdroß, noch weiter in Frankreich zu bleiben, und besonders deshalb, weil ihr da weder gedankt noch gelohnt wurde, wie sie verdiente, so entschloß sie sich, den Rest ihrer schönen Tage bei ihrem kaiserlichen Vater und ihrer kaiserlichen Mutter zu verbringen; während sie sich bei diesen aufhielt, starb dem katholischen König seine königliche Gemahlin Anna von Österreich, eine leibliche Schwester unserer Königin Elisabeth, und er wünschte sie zu heiraten und schickte die Kaiserin, die eigene Schwester des katholischen Königs, ihr die ersten Vorschläge über seine Werbung zu eröffnen; sie wollte aber niemals etwas davon hören, weder zum ersten- noch zum zweiten- oder zum drittenmal; als die Kaiserin, ihre Mutter, ihr davon redete, entschuldigte sie sich mit der ehrwürdigen Asche des hochseligen Königs, ihres Gemahls, die sie mit einer zweiten Ehe nicht verletzen wolle, ebenso wies sie auf die allzu nahe Blutsverwandtschaft und enge Verbindung hin, die zwischen ihnen beiden bestände und über die sich Gott höchlich erzürnen könnte. Da schritten die Kaiserin und ihr königlicher Bruder dazu, ihr durch einen sehr gelehrten wohlberedten Jesuiten zureden zu lassen, der sie dazu ermahnte und ihr sein Möglichstes vorpredigte und auch nicht vergaß, alle jene bedeutenden Stellen der heiligen und andern Schriften mit vorzubringen, die seinem Zwecke dienen konnten; sie setzte ihn jedoch sofort durch andre ebenso schöne und wahrere Stellen in Verwirrung, denn sie hatte sich seit ihrem Witwenstand sehr auf das Studium des göttlichen Wortes geworfen, und dann sprach sie ihren bestimmten Entschluß aus, ihre heiligste Verteidigung, daß sie ihren Gatten mit einer zweiten Ehe nicht vergessen wolle, so daß der Herr Jesuit sich davonmachen mußte, ohne etwas ausgerichtet zu haben; bedrängt von Briefen des Königs von Spanien, kam er noch einmal zurück, ohne sich mit der bestimmten Antwort der erwähnten Fürstin zufriedenzugeben; da sie aber keine Zeit mehr damit verlieren wollte, sich mit ihm weiter herumzustreiten, sagte sie ihm strenge Worte und Drohungen; sie schnitt ihm ganz kurz die Rede ab; wenn er sich unterstände, sich weiter über sie den Kopf zu zerbrechen, würde sie es ihn bereuen lassen, ja sie drohte ihm sogar, ihn in ihrer Küche durchprügeln zu lassen. Ich habe noch viel mehr sagen hören, weiß aber nicht, ob es wahr ist, daß sie, als er zum drittenmal wiederkam, weiterging und ihn ob seiner Vermessenheit züchtigen ließ. Trotzdem glaube ich es nicht, denn sie liebte die Leute eines heiligen Lebenswandels allzusehr, wie sie eben sind.

Man sieht die große Beständigkeit und schöne Festigkeit dieser tugendsamen Königin, die sie schließlich den ehrwürdigen Gebeinen ihres königlichen Gemahls bis ans Ende bewahrt hat; sie ehrte sie unaufhörlich mit Klagen und Tränen, und als sie keine mehr vergießen konnte (denn ein Brunnen wäre darum versiegt), erlag sie und kam so jung zu sterben, daß sie bei ihrem Tod keine fünfunddreißig Jahre zählen konnte; gewiß ein nur zu unschätzbarer Verlust, denn sie hätte für die ehrbaren Damen der ganzen Christenheit noch einen Spiegel der Tugend bilden können.

Bewies sie nun die Liebe zu ihrem königlichen Gemahl mit ihrer Beständigkeit und tugendsamen Enthaltsamkeit und mit ihren fortwährenden Klagen, so zeigte sie gewiß noch bessern Charakter gegenüber der Königin von Navarra, ihrer Schwägerin. Denn als sie erfuhr, daß diese in alleräußerster Armut auf einem Schloß der Auvergne zurückgezogen lebte, daß sie von den meisten ihrer Angehörigen und denen, die ihr verbunden waren, geradezu preisgegeben war, ließ sie sie aufsuchen und ihr ganzes Vermögen ihr anbieten; sie gab ihr sogar die Hälfte ihrer Einkünfte aus dem Wittum, das sie aus Frankreich bezog, und teilte mit ihr wie mit ihrer eigenen Schwester; man sagte sogar auch, jene große Königin hätte ohne diese hohe Freigebigkeit ihrer gütigen und schönen Schwägerin viel zu leiden gehabt. Sie zollte ihr auch höchsten Dank dafür und ehrte und liebte sie dermaßen, daß sie ihren Tod kaum ertragen konnte, anders als die Welt; denn sie hütete zwanzig Tage lang das Bett, unter Weinen und beständigen Tränen und unaufhörlichen Klagen; und seitdem tat sie nichts, als daß sie immer nur weinte und klagte, indem sie für ihr Gedächtnis stets die besten Worte hatte, für die man keine andern zu borgen braucht, um sie zu rühmen und in die Unsterblichkeit zu versetzen; man hat mir sogar gesagt, sie hätte ein schönes Buch über das Wort Gottes und eine andre Geschichte über die Vorgänge in Frankreich während ihres Aufenthalts verfaßt und herausgeben lassen. Ich weiß nicht, ob es wahr ist, man hat es mir aber versichert, und man habe es auch in den Händen der Königin von Navarra gesehen, die es vor ihrem Tod bekommen habe; sie legte hohen Wert darauf und nannte es eine sehr schöne Sache. Da ein so erhabenes Orakel wie die Königin es sagte, muß man es glauben.

Das war es, was ich in Kürze über unsre gute Königin Elisabeth habe sagen wollen, über ihre Güte, ihre Tugend, ihre Beständigkeit und Enthaltsamkeit und über ihre rechtschaffene Liebe zu ihrem königlichen Gemahl. Diese Tugend hatte sie nicht allein von sich aus; von Herrn von Lansac, der bei ihrem Tod in Spanien war, hörte ich, daß die Kaiserin zu ihm sagte: »Unser bestes Teil ist gestorben.« Man möchte auch glauben, daß sie darin ihrer Mutter, ihren Großtanten und Tanten nachahmen wollte, denn die Kaiserin, ihre Mutter, wollte sich, als sie, ziemlich jung und noch sehr schön, Witwe geworden war, nicht wieder verheiraten und hat sich sehr sittsam und ausdauernd in ihrem Witwenstand verhalten und tut es noch, nachdem sie Österreich und Deutschland, die Stätten ihres Reiches, nach dem Tod ihres kaiserlichen Gemahls verlassen hatte. Sie suchte ihren Bruder in Spanien auf, von dem sie aufgefordert und gebeten worden war, hinzukommen, um ihn in der großen Last seiner Geschäfte zu unterstützen, was sie auch tat; denn sie war eine sehr kluge und äußerst besonnene Fürstin. Den hochseligen König Heinrich III., der sich auf Persönlichkeiten besser verstand als irgendein Mann seines Reiches, hörte ich sagen, sie wäre nach seiner Meinung eine der ehrbarsten und geschicktesten Fürstinnen von der Welt. Als sie auf dem Wege nach Spanien durch Deutschland gezogen war, kam sie nach Italien und Genua, wo sie sich einschiffte. Da es im Winter war, im Monat Dezember, überraschte sie in Marseille schlechtes Wetter, und sie mußte Anker werfen lassen. Niemals aber wollte sie den Hafen betreten, auch nicht die Galeeren, aus Angst, Verdacht und Argwohn zu erregen; sie betrat auch nur ein einziges Mal die Stadt, um sie zu besuchen. Ihr Aufenthalt davor währte in Erwartung guten Wetters sieben bis acht Tage. Ihre schönste und ehrbarste Betätigung bestand darin, daß sie am Morgen ihre Galeere verließ, denn da schlief sie gewöhnlich, in der Frühe mit einer sehr eifrigen Frömmigkeit in der Kirche von St. Viktor die Messe und den Gottesdienst hörte; und wenn dann ihr Mittagessen in die Abtei gebracht und zugerichtet war, speiste sie dort. Nachmittags unterhielt sie sich dann entweder mit ihren Frauen oder ihrem Gefolge oder mit Herren aus Marseille, die ihr alle Ehrfurcht und Ehrerbietung erwiesen, die man einer so großen Fürstin schuldig war, wie ihnen auch der König befohlen hatte, sie wie seine eigne Person zu empfangen, zur Vergeltung des guten Empfanges und Willkommens, den sie ihm in Wien bereitet hatte. Sie bemerkte es auch sehr und redete deswegen sehr vertraut und gab sich sehr familiär mit ihnen, mehr auf deutsche und französische Art als auf spanische; sie waren sogar sehr zufrieden mit ihr wie sie mit ihnen, wie sie denn auch dem König zu schreiben und sich bei ihm zu bedanken verstand, daß sie ihm sogar entbot, es wären so ehrbare Leute, als sie nur je in einer Stadt gesehen hätte; und nannte einige zwanzig besonders, wie den Herrn Castellan, mit Namen Seigneur Altiviti, Kapitän der Galeeren, der auch ziemlich berühmt war, weil er die schöne Chateauneuf vom Hofe geheiratet und den Großprior getötet hatte, von dem wieder er getötet ward, wie ich anderswo zu sagen hoffe. Ich habe es von seiner eignen Frau, die es mir erzählte und mich von den Vollkommenheiten jener großen Fürstin unterhielt, wie besonders schön sie den Aufenthalt in Marseille fand, wie sie es bewunderte und wie unermüdlich sie auf ihren Spaziergängen davon plauderte; und wenn der Abend gekommen war, verfehlte sie nicht, sich auf der Galeere schlafen zu legen, um im Augenblick die Segel zu hissen, sobald es gutes Wetter wurde oder der günstige Wind sich erhob, oder aus dem Grunde, weil sie keinen Argwohn geben wollte. Ich war damals am Hofe, als man dem König diese Neuigkeiten von ihrer Durchreise berichtete, und er war sehr in Unruhe, ob man sie so gut empfangen habe, wie ihr zukam und wie er wollte. Diese Prinzessin lebt noch und erhält sich in ihren schönen Tugenden; nach dem, was man sagte, hat sie ihrem königlichen Bruder die reichste Hilfe geleistet. Später zog sie sich zu ihrer letzten Stätte und Wohnung in einen Orden frommer Frauen zurück, genannt ›Barfüßerinnen‹, weil sie weder Schuhe noch Strümpfe anhaben; den Orden hatte ihre Schwester, die Prinzessin von Spanien, gegründet.

Diese Prinzessin von Spanien ist eine sehr schöne Prinzessin gewesen und von leuchtender Majestät; sie hätte ja sonst keine spanische Prinzessin sein müssen; denn besonders bei den Spaniern tritt die Majestät in der Begleitung von Anmut und schönem Aussehen auf. Als ich von Portugal nach Spanien zurückkehrte, hatte ich die Ehre, sie zu sehen und ziemlich vertraut mit ihr zu sprechen. Als ich das erstemal unserer Königin Elisabeth von Frankreich meine Aufwartung zu machen gekommen war und als ich mit ihr plauderte, wobei sie mich nach einer Menge Neuigkeiten aus Frankreich wie aus Portugal fragte, meldete man der Königin, die Frau Prinzessin käme. Sofort sagte sie zu mir: »Halt, Herr von Bourdeille, Ihr werdet eine schöne und ehrbare Fürstin sehen, die Euch gefallen wird. Sie wird sehr erfreut sein, Euch zu sehen und sich bei Euch nach dem König, ihrem Sohn, erkundigen zu können, da Ihr ihn gesehen habt.« Und siehe, dabei kommt schon die Frau Prinzessin herein, und ich fand sie sehr schön, meiner Ansicht nach war sie brillant gekleidet, angetan mit einer spanischen Toque aus weißem Krepp, die ihr sehr tief und spitz über ihre Nase hing, und zwar war sie ganz als Witwe auf spanische Art gekleidet, denn sie trug gewöhnlich nur Seide. Ich betrachtete und bewunderte sie zunächst und war so vertieft, daß mich die Königin gerade in meiner Verzückung rief und zu mir sagte, die Frau Prinzessin wolle von mir Neuigkeiten über den König, ihren Sohn, erfahren; denn ich hatte sehr gut gehört, daß sie zu ihr sagte, sie rede und plaudere mit einem Edelmann des Königs, ihres Bruders, der aus Portugal käme. Darauf näherte ich mich ihr, und wie ich ihr das Kleid auf spanische Art küßte, empfing sie mich sehr freundlich und vertraut; dann begann sie mich nach Neuigkeiten über den König, ihren Sohn, zu fragen, über seine schlechte Aufführung und was mich darum dünke; denn damals redete man davon, man wolle zwischen ihm und Frau Margarete von Frankreich, Schwester des Königs, jetzt Königin von Navarra, eine Ehe schließen. Ich erzählte ihr genau davon; denn ich sprach damals Spanisch ebensogut oder besser als mein Französisch. Unter anderen Fragen richtete sie diese an mich: Ob dieser ihr Sohn schön sei, und wem er ähnlich sähe? Ich sagte ihr, er wäre einer der schönsten Fürsten der Christenheit, und das war auch Tatsache, und er sähe ihr ganz und gar ähnlich, und er wäre das wahre Ebenbild ihrer Schönheit; darüber lächelte sie etwas und errötete, ein Zeichen, daß ihr meine Worte gefielen. Und nachdem ich ziemlich lange mit ihr gesprochen, holte man die Königin zum Abendessen, und daher trennten sich die beiden Schwestern; und die Königin, die sich ein wenig am Fenster vergnügte, uns aber doch zugehört hatte, sagte dann lachend zu mir: »Ihr habt ihr eine große Freude damit gemacht, daß Ihr ihr über die Ähnlichkeit mit ihrem Sohn erzählt habt.« Und dann fragte sie mich, wie sie mir vorkäme, ob sie mir nicht eine prächtige Frau schiene, genau nach ihrer Schilderung; dann sagte sie: »Ich glaube, sie wünscht sehr, meinen Bruder, den König, zu heiraten, und ich möchte es auch gern.« Das wußte ich dann der Königinmutter zu überbringen, als ich an den Hof zurückkehrte, der damals in Arles in der Provence war. Sie sagte jedoch zu mir, sie wäre bereits zu alt für ihn und sie könnte seine Mutter sein. Ich teilte ihr ferner mit, was man mir in Spanien gesagt hatte und daß ich es von höchster Stelle hätte; sie wäre fest entschlossen, im Falle sie den König von Frankreich nicht heirate, sich nie wieder zu verheiraten und sich überhaupt von der Welt zurückzuziehen. Und in der Tat bildete sie sich diese hohe Partie und überaus schöne Aussicht so sehr ein, denn sie hatte ein sehr stolzes Herz, daß sie ihre Absicht zuversichtlich zu erreichen glaubte, oder sie wollte überhaupt, wie gesagt, den Rest ihrer Tage in dem Kloster beschließen, an dem sie bereits bauen ließ, um sich dahin zurückzuziehen. In diesem Hoffen und Glauben schwebte sie ziemlich lange, indem sie immer sittsam mit ihrem Witwenstand umging, bis sie die Hochzeit des Königs mit seiner Nichte erfuhr. Da sah sie denn ihre ganze Hoffnung gescheitert und sagte die ärgerlichen Worte oder ähnliche, wie ich hörte: »Wenn die Nichte auch jung ist und in ihrer Blüte steht, wenn sie auch weniger Jahre zählt als die Tante, so ist doch die Schönheit der Tante, die bereits in ihrem Sommer steht, in ihrer schönen früchtetragenden Zeit mehr wert als alle Früchte, zu denen ihr jetzt blühendes Alter Hoffnung gibt; denn das geringste menschliche Mißgeschick wird sie vernichten, abfallen lassen und zerstören, genau wie bei manchen Bäumen im schönen Frühling, die uns mit ihren schönen und weißen Blüten für den Sommer schöne und gute Früchte versprechen, bloß ein böser kleiner Wind zu kommen braucht, und er reißt sie ab, schlägt sie nieder und vernichtet sie, und es bleiben nur Blätter. So gehe denn alles vorüber nach dem Willen Gottes, dem allein und keinem andern ich mich auf immer und ewig vermählen will.« Wie sie sagte, so tat sie; und sie führte ein so gutes, heiliges und völlig weltfernes Leben, daß sie den Damen, den großen wie den kleinen, ein schönes nachahmenswertes Beispiel hinterließ. Nun möchten da manche sagen: »Gott sei Dank, daß sie den König Karl nicht heiraten konnte; denn hätte das sein können, hätte sie die harten Verhältnisse der Witwenschaft weit von sich abgewiesen und die milden der Ehe wieder ergriffen.« Das war zu vermuten; aber ebenso möchte man andrerseits vermuten, daß das große Verlangen, das sie vor der Welt kundgab, jenen großen König zu heiraten, eine prahlerische Art war, eine stolze spanische Manier, die ihren hohen Mut verkünden sollte, worin sie sich durchaus nicht demütigen wollte, und da sie ihre Schwester als Kaiserin sah und sie es nicht sein konnte, sie dieser aber gleichkommen wollte, strebte sie danach, Königin von Frankreich zu werden, was wohl ein Kaiserreich wert ist oder noch mehr, und wenn sie es nicht in der Tat erreichen konnte, wollte sie es wenigstens mit den starken Wünschen ihres Ehrgeizes erstreben, wie ich von ihr reden hörte. Schließlich war sie meiner Ansicht nach eine der vollendetsten Prinzessinnen des Auslands, die ich je sah, obgleich man ihr ihre Zurückgezogenheit von der Welt zum Vorwurf machen kann, die sie eher aus Ärger als aus hoher Frömmigkeit betätigte; aber wie sie es nun auch gemacht hat: ihr gutes Leben und ihr frommes Ende haben in ihr eine überaus hohe Heiligkeit zur Erscheinung kommen lassen.

Ihre Tante, die Königin Maria von Ungarn, tat desgleichen, jedoch schon in sehr hinfälligem Alter, ebensosehr um sich vor der Welt zurückzuziehen, wie um ihrem Bruder, dem Kaiser, zu helfen, Gott recht zu dienen. Diese Königin wurde in sehr jungen Jahren Witwe, als sie den König Ludwig, ihren Gemahl, verlor, der in einer Schlacht gegen die Türken starb, die er nicht gerade vernünftig und überlegt als vielmehr infolge des hartnäckigen Zuredens eines Kardinals, der ihn sehr beherrschte, unternommen hatte; der redete ihm vor, man dürfe der Macht Gottes und seiner gerechten Sache nicht mißtrauen; wenn er sozusagen bloß zehntausend Ungarn habe, würde er, da sie so tüchtige Christen und Streiter Gottes wären, es mit hunderttausend Türken aufnehmen; so trieb und drängte er ihn dazu, daß er die Schlacht verlor; er wollte sich zurückziehen, da geriet er in einen Sumpf, in dem er erstickte.

Das gleiche passierte dem letzten König von Portugal, Sebastian, der sich elend zugrunde richtete, als er es mit allzu schwachen Kräften wagte, den Mauren, die dreimal stärker waren als er, eine Schlacht zu liefern, und zwar auf das Treiben, die Predigten und hartnäckigen Aufforderungen von ein paar Jesuiten hin, die ihm die Macht Gottes vor Augen stellten, der mit seinem bloßen Blicke die ganze Welt zerschmettern könnte, auch wenn sie sich gegen ihn zusammenscharte, das ist ja sicherlich ein sehr wahres Wort; aber dennoch darf man die Größe Gottes weder versuchen noch mißbrauchen, denn es gibt Geheimnisse, die wir nicht kennen. Manche sagten, jene Jesuiten taten und sagten es in guter Absicht, wie man glauben kann; andre, sie wären vom König von Spanien dazu angestiftet worden, um jenen jungen und tapfern, ganz von Begeisterung erfüllten König zu vernichten, damit der Spanier nachher um so bequemer an sich reißen konnte, was er sich später auch wirklich einverleibte. Wie dem auch sei, solche Sachen sind Leuten passiert, die im Waffenhandwerk bewandert sein wollen und das Metier nicht verstehen.

Deshalb sagte auch jener große Herzog von Guise häufig, nachdem er auf seiner italienischen Fahrt höchlich getäuscht wurde: »Ich liebe die Kirche Gottes sehr, aber ich will auf das Wort und die Versicherung eines Priesters hin niemals einen Eroberungszug unternehmen.« Damit meinte er den Papst Caraffa, Paul IV. genannt, der ihm nicht gehalten, was er ihm mit großen und feierlichen Worten versprochen hatte, oder auch seinen Bruder, den Herrn Kardinal, der Erkundigungen eingezogen und in Rom unterhandeln sollte und dann in ganz leichtsinniger Weise seinen Bruder dazu getrieben hatte. Es läßt sich begreifen, daß mein Herr von Guise beide meinte; denn wie ich sagen hörte, wiederholte dieser mein Herr vor dem Kardinal häufig solche Worte; in der Meinung, man habe ihm damit einen Stein ins Beet geworfen, geriet er in Wut und ward von einem mühsam gezügelten Zorn gepackt. Ich machte diese Abschweifung, weil mir der Gegenstand gelegen kam.

Um wieder auf unsre Königin Maria zu kommen, verblieb sie nach jenem Unglück mit ihrem königlichen Gemahl eine sehr junge und sehr schöne Witwe, wie ich von mehreren Leuten hörte, die sie gesehen haben, und aus den Bildnissen schließe, die ich sah, die sie so zeigen, ohne etwas Häßliches oder Tadelhaftes an ihr erkennen zu lassen, mit Ausnahme ihres großen und auf österreichische Art vorstehenden Mundes, der indessen nicht vom Hause Österreich stammt, sondern vielmehr von Burgund, wie ich zu jener Zeit eine Dame vom Hofe erzählen hörte: Als einmal die Königin Eleonore durch Dijon kam und im Kloster der Kartäuser daselbst ihre Andacht halten ging und die ehrwürdigen Gräber ihrer Ahnen, der Herzöge von Burgund, aufsuchte, ergriff sie die Begierde, sie öffnen zu lassen, wie es manche Könige mit den ihrigen getan. Manche Verstorbene darunter sah sie so wohl erhalten und vollständig, daß sie verschiedene Formen an ihnen wiedererkannte, unter andern den Mund in ihrem Gesicht. Sofort rief sie dabei aus: »Na, ich dachte, wir hätten unsern Mund von den Österreichern; wie ich aber sehe, haben wir ihn von Marie von Burgund, unserer Ahnin, und andern Herzögen von Burgund, unsern Ahnen. Wenn ich je meinen kaiserlichen Bruder sehe, will ich's ihm sagen; ich will es ihm sogar sagen lassen.« Jene Dame, die damals dabei war, sagte mir, sie hätte es gehört, und meinte, jene Königin sei darüber gleichsam freudig erregt gewesen, und das mit Recht; denn das Haus Burgund galt gewiß soviel als das von Österreich, da es von einem Sprossen von Frankreich, Philipp dem Kühnen, stammte und sie hohen Reichtum, großen Adel und hochgemute Tapferkeit daraus gewonnen hatten; denn ich glaube, es gab niemals vier größere Herzöge nebeneinander als jene vier Herzöge von Burgund.

Man wird mir den Vorwurf machen können, daß ich oft abschweife; es kann mir aber auch leicht verziehen werden, weil ich von einer Kunst, gut zu schreiben, gar nichts verstehe.

Unsere Königin Maria von Ungarn war also sehr schön und angenehm und sehr liebenswürdig, obwohl ein wenig männlich; darum zeigte sie für die Liebe und den Krieg und alles, was sie unter ihre hauptsächliche Verwaltung nahm, kein geringes Geschick. Der Kaiser, ihr Bruder, der sie als sehr geeignet dafür erkannte, ließ sie holen und bitten, zu ihm zu kommen, um von ihm das Amt zu übernehmen, das ihre Tante Margarete von Flandern innegehabt hatte; eine sehr kluge Prinzessin, die ihre Niederlande mit Milde, wie sie die andre mit Strenge regierte; auch wandte der König Franz, solange sie lebte, seine Angriffe und Kriege kaum gegen diese Gebiete, obgleich ihn der König von England dazu antrieb; er sagte, er wolle der ehrbaren Prinzessin nicht mißfallen, die sich so gütig gegen Frankreich erweise und so sittsam und tugendhaft, und trotzdem in ihren Ehen unglücklich wäre, unglücklicher, als ihre Tüchtigkeit verdiene; ihre erste Ehe war die mit dem König Karl VIII., von dem sie sehr jung wieder in ihr Haus und zu ihrem Vater zurückgeschickt wurde; die zweite mit dem Sohn des Königs von Aragonien, genannt Jehan, von dem sie ein nachgebornes Kind bekam, das bald nach der Geburt starb; die dritte mit dem schönen Herzog Philibert von Savoyen, von dem sie keine Nachkommenschaft hatte und darum in ihrer Devise den Spruch ›Fortune infortune, fors une‹ trug. Sie liegt mit ihrem Gemahl in jenem schönen und prächtigen Kloster Brou bei der Stadt Bourg en Bresse begraben.

Diese Königin von Ungarn also unterstützte den Kaiser sehr, denn er war allein. Freilich hatte er Ferdinand, den römischen König, seinen Bruder; dieser hatte aber genug damit zu tun, jenem großen Sultan Soliman die Stirn zu bieten. Der Kaiser hatte auf seinen Schultern auch die Geschichte mit Italien, das damals in Brand stand; um Deutschland stand es nicht besser wegen des Großtürken, auch nicht um Ungarn, um Spanien (als die Empörung unter Herrn von Chièvres ausbrach), um Indien, die Niederlande, die Barbaresken, um Frankreich, und dies war die größte Last von allen; kurz, er hatte mit der halben Welt zu tun; jene seine Schwester, die er vor allen liebte, machte er zur Generalstatthalterin seiner ganzen Niederlande, die sie zweiundzwanzig bis dreiundzwanzig Jahre hindurch für ihn verwaltete, und ich wüßte nicht, wie er sich ohne sie hätte helfen sollen. Der Kaiser vertraute ihr aber auch vollkommen in seinen Staatsangelegenheiten: Während er selbst in Flandern war, verließ er sich in den Angelegenheiten seiner Besitzungen vollständig auf sie, und der Rat fand unter ihr statt und bei ihr, und der Kaiser ging sehr oft hin und verweilte dabei, wie ich erfuhr. Freilich überbrachte und rapportierte ihm seine sehr geschickte Schwester alles, was im Rat vorgegangen war, wenn er nicht dabei war, und das machte ihm viel Freude. Sie führte ihm auch glückliche Kriege, entweder durch ihre Feldherren oder persönlich, immer zu Pferd, wie eine edle Amazone.

Sie war auch die erste, die in unserm Frankreich die großen Feuersbrünste entzündete und schöne Schlösser und Burgen in Asche legte; man denke an das Schloß von Follambray, das schöne reizende Haus, das unsre Könige für ihre Weidmannslust hatten errichten lassen, worüber der König so erzürnt und erbittert war, daß er es ihr nach einiger Zeit tüchtig heimzahlte und sich an ihrem schönen Haus von Bains rächte, das man für ein Weltwunder hielt, das alle andern schönen Bauwerke, wenn ich so sagen darf, und sogar die im Altertum so berühmten sieben Weltwunder in Schatten stellt, wie ich jene sagen hörte, die es in seiner Vollendung gesehen haben. Sie bereitete dort dem Kaiser Karl und seinem ganzen Hof glänzende Feste, als sein Sohn, der König Philipp, von Spanien nach Flandern reiste, um ihn zu besuchen, und dabei wurden Prachtfeste von solcher Vortrefflichkeit und Vollendung gefeiert, daß man von dieser Zeit an nur von den ›fiestas de Bains‹ sprach, wie die Spanier sagten. Auch auf der Reise nach Bayonne, erinnere ich mich, wurden Prachtfeste, Ringelrennen, Zweikämpfe, Maskeraden veranstaltet und Aufwendungen gemacht, aber im Vergleich mit den ›fiestas de Bains‹ bedeuteten sie nichts; so sagten auch ein paar alte spanische Edelleute, die daran teilgenommen haben, wie ich auch aus einem eigens gedruckten spanischen Buch habe ersehen können. Und ich kann wohl sagen, daß niemals etwas Schöneres veranstaltet oder gesehen wurde, trotz der römischen Prachtfeste mit ihren Kampfspielen, abgesehen von den Gladiatorenspielen und den Kämpfen mit wilden Tieren; diese ausgenommen, waren jedoch die Feste von Bains schöner, lustiger, bunter und allgemeiner.

Ich würde sie gerne hier beschreiben, da ich sie jenem spanisch geschriebnen Buch entnommen und auch von einigen berichtet bekommen habe, die damals dabei waren, besonders von Frau von Fontaine, genannt Torcy, die damals Fräulein der Königin Leonore war; man könnte mir jedoch vorwerfen, daß ich allzu große Abschweifungen mache. Ich will sie mir auf ein andermal aufsparen, denn die Sache ist es wohl wert. Eines der schönsten Feste davon finde ich das: Sie ließ eine große Backsteinfestung bauen, die von sechstausend Fußsoldaten aus alten Truppen angegriffen und verteidigt wurde, dabei wurde mit dreißig Geschützen kanoniert, die in Batterien standen wie zur Verteidigung dienten, mit recht kriegerischen Formen und Bräuchen; die Belagerung dauerte dreieinhalb Tage, und niemals sah man etwas so Schönes; denn es gab Bestürmungen, jetzt wurde der Entsatz herangebracht, jetzt wurden die andern sowohl von der Kavallerie wie von der Infanterie durch den Prinz von Piemont aufs Haupt geschlagen, dann wurde der Platz mit einer zur Hälfte milden, zur Hälfte etwas harten Kapitulation zur Übergabe aufgefordert, und die Soldaten, die sich übergeben hatten oder flüchteten und mit der Eskorte geleitet wurden, bemitleidete man; kurz, alles wurde wie im wirklichen Krieg gemacht, und der Kaiser hatte ein besonderes Vergnügen daran.

Man kann sicher sein, wenn die Königin hier prunkvoll war, so wollte sie ihrem Bruder beweisen, daß alles, was sie von ihm oder von seinen Renten, Pensionen, Wohltaten oder aus jenen Eroberungen bezogen hatte, seinem Ruhm und seinem Vergnügen gewidmet wäre. Dem Kaiser gefiel es auch sehr, und er lobte sie dafür; und den Aufwand dafür schätzte er sehr hoch und besonders auch den in seinen Wohnräumen; denn da befand sich eine ganz aus Gold, Silber und Seide gefertigte Hautelisse-Tapete, auf der alle diese schönen Eroberungen, hohen Unternehmungen, Kriegszüge und Schlachten, die er geleistet, geliefert und gewonnen hatte, natürlich abgebildet und dargestellt waren, wobei besonders nicht die Flucht Solimans vor Wien und die Gefangennahme des Königs Franz vergessen war. Kurz, es war alles köstlich und auserlesen darin.

Aber das arme Schloß verlor leider bald darauf seine Pracht, denn es wurde vollständig geplündert, zerstört und geschleift. Ich hörte, als seine Gebieterin von der Zerstörung erfuhr, verfiel sie in solche Angst, Wut und Zorn, daß sie sich deswegen lange nicht beruhigen konnte; und als sie eines Tages vorbeikam, wollte sie die Ruine sehen; sie betrachtete sie bekümmert und schwur mit Tränen im Auge, ganz Frankreich solle es bereuen, es solle die Folgen der Einäscherung tragen, nicht eher würde sie wieder froh, als bis sie jenes schöne Fontainebleau, von dem man soviel Wesens mache, der Erde gleich gemacht habe, und es solle kein Stein davon auf dem andern bleiben. Und in der Tat ließ sie ihre Wut aufs ärgste an der armen Picardie aus, die ihre Feuerflammen sehr zu spüren bekam; und ich glaube, wäre nicht der Waffenstillstand dazwischengekommen, ihre Rache wäre groß gewesen; denn sie hatte ein starkes und hartes Herz, das nur schwer weich wurde; man hielt sie von ihrer wie von unserer Seite für etwas zu grausam; aber das ist die Natur der Frauen und besonders der großen, rasch zur Rache bereit zu sein, wenn sie beleidigt wurden. Nach dem, was man sagt, wurde sie dafür vom Kaiser desto mehr geliebt.

Man erzählte mir: Als er in Brüssel abdankte und der Herrschaft entsagte, was in einem großen Saale geschah, wo er eine allgemeine Versammlung seiner Staaten veranstaltet hatte, redete er zuerst die Versammlung und seinen Sohn an über alles, was er wollte, und als er demütig auch der Königin Maria, seiner Schwester, gedankt hatte, die in der Nähe ihres kaiserlichen Bruders saß, erhob sie sich von ihrem Sitz und machte ihrem Bruder eine große Verbeugung voller hoher und ernster Würde und sichrer Anmut und richtete ihre Worte ans Volk und sprach also: »Meine

Herren, seit dreiundzwanzig Jahren, seit es dem Kaiser, meinem Bruder, gefallen hat, mir die Verwaltung und Regierung aller seiner Niederlande zu übertragen, habe ich alles darauf verwendet und dazugetragen, was Gott, die Natur und das Glück mir für Mittel und Gnade erwiesen haben, um es, so gut es mir nur möglich gewesen ist, zu vollziehen. Wenn ich trotzdem in irgendeiner Sache einen Fehler gemacht habe, bin ich dafür zu entschuldigen, in der Meinung, nichts von dem Meinigen vergessen oder vernachlässigt zu haben, was nötig war. Wenn ich indessen in etwas gefehlt habe, bitte ich euch, mir zu verzeihen. Wenn jedoch der oder jener unter euch es nicht tun will und mit mir nicht zufrieden ist, so ist das meine geringste Sorge, da mein kaiserlicher Bruder damit zufrieden ist, dem allein zu gefallen stets der höchste meiner Wünsche und Sorgen gewesen ist.« Nachdem sie so gesprochen und wieder dem Kaiser ihre große Verbeugung gemacht hatte, setzte sie sich wieder in ihren Stuhl. Ich hörte, daß man diese Rede etwas zu hochmütig und anmaßend fand und besonders, weil es dem Abschied von ihrem Amt galt und dem Lebewohl für ein Volk, dem sie eine gute Meinung von sich und die schmerzliche Empfindung des Abschieds hinterlassen mußte. Aber was kümmerte sie sich darum, da sie ja kein andres Ziel hatte, als ihrem Bruder zu gefallen und ihn zufriedenzustellen, da sie von jetzt an den Menschen zur Zufriedenheit leben und ihrem Bruder bei seiner Abdankung und seinen Gebeten Gesellschaft leisten wollte? Ich hörte diese Geschichte von einem Edelmann bei meinem Bruder, der damals in Brüssel war, wohin er gegangen war, um über das Lösegeld dieses meines Bruders zu verhandeln, der in Hédin gefangengenommen und in Isle in Flandern fünf Jahre als Gefangner geblieben ist. Jener Edelmann sah die ganze Versammlung und den ganzen trauervollen Anblick des Kaisers; er sagte mir, verschiedene hätten im geheimen an der so tapfern Rede der Königin Anstoß genommen, aber trotzdem wagten sie nichts zu sagen oder zu zeigen, denn sie sahen wohl, daß sie mit einer gebieterischen Dame zu tun hatten, von deren Hand man noch in der letzten

Stunde einen Streich bekommen würde, bevor sie wegging, wenn man sie erzürnt hätte. Da war sie denn von allem befreit, und sie begleitete ihren Bruder nach Spanien. Sie verließ ihn nie, mit der Königin Eleonore, ihrer Schwester, bis an sein Grab; und alle drei überlebten einander um ein Jahr. Der Kaiser ging voran, dann kam die Königin von Frankreich als die ältere; dann folgte die Königin von Ungarn ihren beiden Geschwistern, nachdem sie ihre Witwenschaft voll Zucht und Sitte gepflegt hatte. Freilich war die Königin von Ungarn länger Witwe als ihre Schwester, ohne sich je wieder zu verheiraten; ihre Schwester verheiratete sich zweimal wieder, einmal, um Königin von Frankreich zu werden (ein guter Bissen), dann auf die Bitten und Überredungen des Kaisers hin, um für die Versicherung eines Friedens und einer völligen öffentlichen Ruhe als überaus festes Siegel zu dienen, wenn auch der Stoff des Siegels nicht lange hielt, denn es hatte später den Krieg zur Folge, der so grausam war wie je; aber der armen Prinzessin Schuld war es nicht, denn sie trug alles dazu bei, was sie nur konnte; und dennoch wurde sie deswegen von ihrem königlichen Gemahl nicht besser behandelt, denn er verwünschte das Bündnis mit ihr sehr, wie ich habe sagen hören.

Nachdem die Königin von Ungarn ihr Amt aufgegeben hatte, blieb in der Nähe des Königs Philipp, der die Herrschaft über seine Länder bereits angetreten hatte, keine hohe Prinzessin außer der Frau Herzogin von Lothringen, Christina von Dänemark, seine leibliche Cousine, später Ihre Hoheit genannt, die ihm stets gute Gesellschaft leistete, solange er da war, und seinem Hof stets einen hohen Wert verlieh; denn ein Hof eines Königs, Prinzen, Kaisers oder Monarchen, so groß er auch sei, bedeutet wenig, wenn er nicht entweder von dem Hof einer Königin oder Kaiserin, oder großen Prinzessin und von einer großen Zahl von Damen und Fräulein begleitet oder empfohlen wird, wie ich es wohl wahrgenommen und darüber Unterhaltungen von den Größten mit anhörte.

Diese Prinzessin war meines Erachtens eine der schönsten und ebenso vollkommensten Fürstinnen, die ich je sah. Sie hatte ein sehr schönes und sehr freundliches Gesicht, einen sehr schönen und hohen Wuchs; sie redete vorzüglich, vor allem kleidete sie sich vortrefflich; zu ihrer Zeit gab sie daher unsern französischen Damen wie ihren das Maß und Muster, am Kopf das Haar und den Schleier auf die sogenannte lothringische Art zu tragen, was unsere Hofdamen sehr schön kleidete; und gerne schmückte sich damit auch ihr Gefolge an den großen Festen und hohen Feierlichkeiten, um sich besser herauszuputzen und zu zeigen, alles auf lothringische Art in Nachahmung Ihrer Hoheit. Vor allem besaß sie die schönsten Hände, die man sehen konnte; ich hörte sie auch von der Königinmutter sehr rühmen und mit den ihrigen vergleichen. Zu Pferde hielt sie sich sehr gut und sehr anmutig, sie ging stets mit dem Steigbügel in den Sattel, dessen Gebrauch sie von der Königin Maria, ihrer Tante, gelernt hatte, und ich hörte sagen, die Königinmutter habe es von ihr gelernt; denn vorher ritt sie im Brettchen, was gewiß weder zur Grazie noch zu schönen Gebärden Gelegenheit gibt wie der Steigbügel. Sie wollte in dieser Hinsicht der Königin, ihrer Tante, sehr nachahmen, und stieg nur auf spanische Pferde, auf Berberrosse und vorzügliche Andalusier, die den Zeltergang gut konnten, wie ich ihn auch auf einmal von einem Dutzend sehr schöner sah, die alle den Vergleich miteinander aushielten. Jene Tante liebte sie sehr und fand sie ihrer Laune entsprechend, ebensosehr wegen der Übungen, die sie liebte, wegen der Jagden und andern Dinge wie wegen ihrer Tüchtigkeiten, die sie an ihr erkannte. Als sie verheiratet war, besuchte sie sie auch sehr oft in Flandern, wie ich von Frau von Fontaine hörte; und nachdem sie Witwe geworden und besonders nachdem ihr der Sohn genommen wurde, verließ sie voller Schmerz Lothringen, denn sie hatte ein sehr stolzes Herz. Sie nahm ihren Aufenthalt bei dem Kaiser, ihrem Onkel, und den Königinnen, ihren Tanten, die sie mit sehr großer Freude aufnahmen.

Den Verlust und die Abwesenheit ihres Sohnes ertrug sie auch sehr ungeduldig, wiewohl der König Heinrich sich vor ihr überaus entschuldigte und ihr vorstellte, er wolle ihn als seinen Sohn annehmen. Da sie sich aber nicht beruhigen konnte und sah, daß man ihm den Schwachkopf de la Brousse als Erzieher gab und ihm den seinen nahm (Herr von Montbardon, ein sehr kluger und ehrbarer Edelmann, den ihm der Kaiser gegeben hatte, der ihn von langer Hand her als solchen kannte, denn er hatte ihn in Diensten des Herrn von Bourbon gekannt, und er war französischer Refugié), suchte die Prinzessin ohne Rücksicht darauf und in höchster Verzweiflung an einem Gründonnerstage den König Heinrich in der großen Galerie von Nancy auf, wo sein ganzer Hof war, und trat mit einer sehr sichern Anmut, mit jener großen Schönheit, die sie noch bewundernswerter machte, unerschrocken und ohne ihrer Würde irgend etwas zu vergeben, vor ihn, indem sie ihm gleichwohl eine große Verbeugung machte; voll demütigen Flehens, Tränen in den Augen, die sie noch schöner und reizender machten, stellte ihm das Unrecht vor, das er ihr antat, daß er ihr den Sohn wegnähme, ein so teures Wesen, wie sie auf der Welt weiter keines habe, stellte ihm vor, daß sie in Anbetracht ihrer hohen Abstammung diese grausame Behandlung keineswegs verdiene und daß sie auch ihrer Pflicht nicht entgegengehandelt zu haben glaube. Und diese Reden sagte sie so vortrefflich, mit so hoher Anmut, mit so schönen Begründungen, mit so sanfter Klage, daß der König, der an sich gegen die Damen immer sehr höflich, ein überaus großes Mitleid mit ihr empfand, und nicht bloß er, sondern alle Prinzen und Hohe und Geringe, die dieses Anblicks teilhaftig wurden.

Der König, der den Damen die größte Achtung erwies, die ihnen je von einem König in Frankreich gezollt wurde, antwortete ihr sehr ehrenvoll, nicht etwa mit einem großen Wortschwall, auch nicht in Form einer langen Anrede, wie es Paradin in seiner ›Geschichte Frankreichs‹ darstellt; denn er war an sich und in seiner Natur durchaus nicht so weitschweifig und verschwenderisch mit Reden und Gesprächen und auch kein so großer Redner. Er brauchte es auch nicht, und es schickte sich auch nicht, daß ein König in seinen Reden den Philosophen oder den großen Orator spielt; die kürzesten Worte und die bündigsten Befehle und Antworten sind für ihn die besten und passendsten, wie ich große Persönlichkeiten, wie den Herrn von Ribrac, sagen hörte, dessen Unterweisung seiner großen Fähigkeiten halber ganz vortrefflich war. Auch wird niemand, der immer diese Anrede Paradins lesen wird, die wirklich oder angeblich an diesem Ort vom König Heinrich gehalten worden sein soll, etwas davon glauben; ebenso habe ich von verschiedenen Großen, die anwesend waren, gehört, daß er weder seine Antwort noch sein Gespräch so weit ausdehnte, wie Paradin sagte. Freilich tröstete er sie sehr ehrenvoll und einfach über ihre kundgegebene Betrübnis; sie habe keine Veranlassung, darüber besorgt zu sein, da er ihren Sohn zur Sicherung seines Standes und nicht wegen besonderer Feindschaft bei sich haben wolle, um ihn mit seinem ältesten Sohn zusammenzubringen, mit diesem aufzuziehen und die nämliche Lebensweise, das nämliche Glück genießen zu lassen; und da er von Franzosen abstamme und er ein Franzose wäre, könne er gar nicht besser erzogen werden als am Hofe von Frankreich und unter Franzosen, wo er so viele Freunde und Verwandte hätte; vor allem vergaß er nicht zu sagen, daß das Haus Lothringen dem von Frankreich mehr verpflichtet wäre als irgendeinem Haus in der Christenheit, indem er sie auf die Verpflichtung des Herzogs von Lothringen gegenüber dem Herzog Karl von Burgund hinwies, der vor Nancy getötet wurde. Man konnte daher unfehlbar glauben, daß er unter Frankreich sowohl den Herzog von Lothringen wie sein Herzogtum zerstört und ihn zum elendesten Prinzen von der Welt gemacht hätte. Hier zeigte sich, wem das Haus Lothringen mehr verpflichtet war, dem von Frankreich oder dem von Burgund, indem er's sie ein wenig merken ließ, daß er vermute, sie sei mit Burgund verbündet und sie neige sich auf jene Seite und könne diese Neigung auf ihren Sohn übertragen und ihn damit beeinflussen; daher wolle er sich seiner versichern. Er wies sie auch auf den Dank hin, den die Angehörigen des Hauses Lothringen den Franzosen schuldig waren, weil sie auf den Kreuzzügen bei der Eroberung von Jerusalem, des Königreichs Neapel und Sizilien von ihnen so tüchtig unterstützt worden waren. Er führte auch an, wie weder seine Natur noch sein Ehrgeiz darauf abzielten, die Fürsten zu vernichten oder zu beseitigen, sondern ihnen in der Not durchaus zu helfen, wie er mit der kleinen Königin von Schottland, der nächsten Verwandten seines Sohnes, mit dem Herzog von Parma und mit Deutschland getan habe, das so bedrückt war, daß es ohne seine Hilfe zusammengestürzt wäre; kraft derselben Güte und Großmut wolle er den kleinen jungen lothringischen Prinzen in seinem Schutz haben, um ihn noch mehr zu erhöhen als bisher und ihn zu seinem Sohn zu machen, indem er ihm eine seiner Töchter gäbe; Gründe genug, daß sie darüber nicht betrübt zu sein brauche.

Aber all diese schönen Worte und guten Begründungen konnten sie durchaus nicht trösten oder ihr im geringsten ihren Kummer ertragen helfen. Daher zog sie sich, nachdem sie ihre Verbeugung gemacht hatte, unter stetem Vergießen vieler kostbarer Tränen in ihr Zimmer zurück, wohin sie der König bis in die Türe geleitete; und am andern Morgen, bevor sie abreiste, besuchte er sie auf ihrem Zimmer und beurlaubte sich von ihr, ohne daß sie auf ihre Bitte etwas anderes erlangt hätte. Da sie nun ihren teuren Sohn aus ihren Augen entschwinden und nach Frankreich geführt werden sah, entschloß sie sich ihrerseits, Lothringen zu verlassen und sich nach Flandern zu ihrem kaiserlichen Onkel (welch schönes Wort!) und zu ihrem Vetter, dem König Philipp, und ihren Tanten, den Königinnen, zurückzuziehen (was für Verbindungen und Titel!), und führte es auch aus; und dort blieb sie, bis der Friede zwischen den beiden Königen geschlossen wurde und der von Spanien übers Meer und fortging.

Zu diesem Frieden trug sie sehr viel bei, ja, er war ihr ganz zu verdanken, denn nachdem sich die Abgesandten der einen wie der andern Partei, wie ich hörte, sehr abgemüht und in Cercan mehrere Tage gebraucht hatten, ohne zu einem Resultat zu kommen, da sich alle irrten oder wie Jäger auf der falschen Fährte waren, übernahm sie, vom Geist Gottes erfüllt oder von gutem christlichem Eifer und ihrem natürlichen Verstand getrieben, die Leitung dieser großen Unterhandlung und führte sie so tüchtig, daß der Ausgang für die ganze Christenheit damals sehr glücklich wurde. Es konnte sich auch niemand geeigneter finden, sagte man, diesen großen Stein zu wälzen und zu sichern; denn sie war eine sehr geschickte und überaus besonnene Dame, die ein schönes und hohes Ansehen genoß; kleine und geringe Leute passen aber auch nicht für solche Aufgaben wie die Großen. Anderseits glaubte ihr königlicher Vetter ihr sehr und setzte mit ihrer Berufung ein hohes Vertrauen auf sie; er liebte sie sehr und brachte ihr eine überaus tiefe Neigung und Liebe entgegen: sie verbreitete aber auch Glanz und Ruhm über seinen Hof, der ohne sie sehr öde gewesen wäre; trotzdem hatte er später, wie ich hörte, nicht sehr viel Dank für sie und behandelte sie auch nicht sehr gut in den Besitzungen, die ihr als Wittum im Herzogtum Mailand zugefallen waren, wo sie in erster Ehe mit dem Herzog Sforza verheiratet gewesen war, denn wie man mir sagte, brachte er es so weit, daß sie ihm einige überlassen mußte.

Ich hörte, daß sie nach dem Verlust ihres Sohnes mit dem Herrn von Guise und seinem Bruder, dem Herrn Kardinal, sehr in Unfrieden lebte; sie klagte sie an, den König dazu überredet zu haben, weil sie ebensosehr den Ehrgeiz hatten, den ihnen so nahe verwandten Vetter als Sohn angenommen und mit dem Hause Frankreich verheiratet zu wissen, als deswegen, weil sie einige Zeit vorher einen Eheantrag des Herrn von Guise abgelehnt hatte, der ihr davon hatte sprechen lassen. Stolz bis zum äußersten, sagte sie, daß sie niemals den jüngsten des Hauses heiraten würde, dessen ältesten Sproß sie geheiratet hätte; diese Zurückweisung trug ihr Herr von Guise sehr nach, ja in der Heirat, die er nachher machte, verlor er nicht einmal etwas; denn seine Gemahlin entstammte einem sehr berühmten Hause und war die Enkelin König Ludwigs XII., eines der tüchtigsten und tapfersten Könige, die je auf dem französischen Thron saßen, und noch mehr, sie war die schönste Frau der Christenheit.

Dazu hörte ich, als sich diese beiden Prinzessinnen das erste Mal sahen, betrachteten sich alle beide so sehr, hielten ihre Blicke so fest aufeinander gerichtet, bald schräg, bald von der Seite, daß sie einander nicht genug betrachten konnten, so eifrig und aufmerksam sahen sie sich an. Es mag sich jeder die verschiedenen Gedanken machen, die sie darüber in ihren schönen Seelen hegen konnten; genauso, wie man liest, daß Scipio und Hannibal kurz vor dem Beginn jener großen Schlacht, die in Afrika zwischen ihnen nach der vollständigen Kriegserklärung zwischen Rom und Karthago stattfand, während eines kleines Stillstands der Bewegungen ungefähr zwei Stunden lang miteinander sprachen; und wie sie sich einander näherten, verweilten sie einige Zeit, verzückt in gegenseitige Betrachtung; jeder gedachte der Tüchtigkeit seines Kollegen, so berühmt durch schöne Taten, die sich auf ihren Gesichtern, auf ihren Leibern und in ihrer schönen und kriegerischen Haltung und Gebärde spiegelten. Nachdem sie in solchen Bewunderungen den gegenseitigen Wert abgewogen hatten, schritten sie zu jenen Verhandlungen, die Titus-Livius so vorzüglich beschreibt. Das ist Tüchtigkeit, die unter Haß und Feindseligkeit noch Bewunderung erregt, und so wird auch unter eifersüchtigen Frauen noch die Schönheit bewundert, wie bei jenen beiden Damen und Prinzessinnen, von denen ich soeben sprach!

Ihre Schönheit und Anmut konnten gewiß gleich genannt werden, wenn Frau von Guise ihr nicht etwas überlegen gewesen wäre; auch war sie es zufrieden, sie darin zu übertreffen, nicht aber an Ruhm und Stolz; denn sie war die sanfteste, gütigste, demütigste und leutseligste Prinzessin, die man hätte sehen können, wenn sie sich auch in ihrem Aussehen hochmütig und anmaßend zeigte. Das war das Werk der Natur; in ihrem hohen und schönen Wuchs wie in ihrer ernsten Haltung und hohen Würde; und wenn man sie sah, dachte man daher immer nur mit Furcht daran, an ihre Seite zu treten; hatte man sich aber zu ihr gesellt und mit ihr geredet, so fand man sie nur ganz freundlich, redlich und gutmütig, das hatte sie von ihrem Großvater, dem guten Vater des Volks, und von der freundlichen französischen Art. Freilich wußte sie ihre Hoheit und ihren Ruhm sehr zu behaupten und ins Licht zu stellen, wenn es nötig war. Ich hoffe von ihr noch besonders an anderem Orte zu reden.

Ihre Hoheit von Lothringen war im Gegensatz zu ihr sehr stolz und etwas zu anmaßend. Ich lernte sie ein paarmal in ihrem Verhältnis zur Königin von Schottland kennen, die nach ihrer Verwitwung eine Reise nach Lothringen antrat, wo ich war; aber man meinte, Ihre Hoheit wolle sich sehr häufig über die Majestät jener Königin erhöhen und hinwegsetzen. Diese aber, die sehr klug und adlig war, ließ es ihr kein einziges Mal durchgehen und räumte ihr in nichts einen Vorzug über sich ein, wiewohl sie von derselben Freundlichkeit war; auch war sie ja von dem Herrn Kardinal, ihrem Onkel, sehr gut eingeweiht und von der Gemütsart der Prinzessin unterrichtet worden; da sie aber ihren Stolz nicht anbringen konnte, wollte sie sich der Königinmutter gegenüber etwas schadlos halten, als sie sich sahen; aber das war à glorieuse glorieuse et demy, auf eine Stolze anderthalbe; denn die Königinmutter war nötigenfalls die stolzeste Frau von der Welt, so sah ich sie auch und hörte sie von verschiedenen Großen so nennen, und besonders, wenn sie den Stolz von irgendwem demütigen mußte, der ihn zur Geltung bringen wollte, denn sie drückte ihn bis in die Mitte des Erdballs hinunter; trotzdem verhielt sie sich Ihrer Hoheit gegenüber einfach, hielt ihr genug zugute und ehrte sie, dennoch behielt sie die Zügel immer in Händen und führte sie jetzt mit starker, dann mit schwacher Hand, wie es nötig war, weil sie sich weder irren noch abgedrängt werden wollte; denn ich hörte sie zwei- oder dreimal sagen: »Das ist die stolzeste Frau, die ich je sah!« Das war damals, als sie zur Salbung des hochseligen Königs Karl IX. kam, wohin sie nach Reims eingeladen war. Ihren Einzug wollte sie nicht zu Pferde halten, weil sie fürchtete, dabei ihre Hoheit und ihre Würde nicht genug zu zeigen, sondern sie setzte sich in eine wegen ihrer Witwenschaft ganz mit schwarzem Samt ausgeschlagne sehr stolze Kutsche, die von den schönsten vier weißen türkischen Pferden gezogen wurde, und alle vier waren wie an einem Triumphwagen in einer Reihe gespannt. Sie saß am Kutschenschlag in prächtigem Gewande, allerdings ganz schwarz, in einer Samtrobe; aber am Kopf war sie ganz weiß, überaus schön, artig und stolz geschmückt und geputzt; am andern Wagenschlag saß eine ihrer Töchter, eine spätere Herzogin von Bayern; den Rücksitz nahm ihre Edeldame ein, die Prinzessin von Mazedonien. Die Königin wollte sie bei diesem Triumph in den unteren Hof einfahren sehen, begab sich ans Fenster und sagte leise: »Das nenne ich ein stolzes Weib!« Und als sie dann ausgestiegen war und hinaufkam, wurde sie von jener Königin inmitten des Saales allein empfangen oder wenigstens etwas weiter vorne, in größerer Nähe der Türe. Es wurde ihr ein ausgezeichneter Empfang zuteil, denn sie beherrschte damals alles, der Tugend ihres königlichen Sohnes halber, den sie erzog und alles tun ließ, was sie wollte, was ihrer Hoheit zur großen Ehre gereichte. Der ganze Hof, die Großen wie die Kleinen, achteten und bewunderten sie sehr und fanden sie überaus schön, auch wenn sich ihre Jahre neigten, die auf etwas über vierzig Jahre kommen konnten; verändert fand man allerdings nichts an ihr, denn ihr Herbst übertraf den Sommer von manchen andern Frauen sehr. Man muß es dieser Prinzessin hoch anrechnen, daß sie so schön war und daß sie ihre Witwenschaft bis an ihr Grab bewahrt und den Manen ihres Gemahls, ohne sich zum drittenmal zu vermählen, so unverletzlich und unbefleckt die Treue gewahrt hat.

Sie starb ein Jahr später, nachdem sie die Nachricht bekommen hatte, daß sie Königin von Dänemark geworden wäre, ihrem Geburtsland; dieses Königreich war ihr zugefallen, so daß sie vor ihrem Tod den Namen Hoheit, den sie so lange getragen hatte, mit ›Majestät‹ vertauschen konnte, und leider führte sie ihn keine sechs Monate. Ich glaube, sie hätte lieber noch den Namen Hoheit weitergeführt und gewünscht, noch länger in ihrer früheren schönen Jugendblüte zu bleiben, denn im Vergleich mit der Jugend haben keine Königreiche und Kaiserreiche etwas zu bedeuten. Wiederum war es ihr eine Ehre und ein Glück, vor dem Tod den Namen Königin führen zu können: freilich war sie, nach dem, was ich sagen hörte, entschlossen, nicht in ihr Königreich zu gehen, sondern wollte den Rest ihrer Tage in ihrem italienischen Wittum, in Tortona, verbringen; die Leute des Landes nannten sie nur Frau von Tortona (was freilich kein schöner Name und ihrer nicht würdig ist), und dahin hatte sie sich lange Zeit vor ihrem Tode zurückgezogen, ebensosehr einiger Gelübde halber, die sie an den heiligen Orten da unten abgelegt hatte, als auch, weil sie die dortigen Bäder näher haben wollte, denn sie wurde kränklich und bekam die Gicht.

Ihre Gewohnheiten waren vortrefflich, fromm und ehrbar, wie etwa zu Gott beten, den Armen Almosen geben und mildtätig sein, besonders gegen die Witwen, unter denen sie der armen Frau von Castellana in Mailand gedachte, die wir am Hofe elend hinleben sahen; ohne die Königinmutter, die stets irgendeine kleine Wohltat für sie hatte, wäre es ihr schlecht gegangen. Diese war eine Tochter der Prinzessin von Mazedonien und diesem großen Hause entsprossen. Ich sah sie als eine sehr ehrenwerte Frau und sehr bejahrt; sie war Erzieherin Ihrer Hoheit gewesen. Als die Königin von dem Elend erfuhr, in dem jene arme Castellana lebte, ließ sie sie holen und zu sich kommen und behandelte sie so gut, daß sie die Not nicht mehr empfand, die sie in Frankreich fühlte.

Das war es, was ich in Kürze von dieser großen Prinzessin sagen konnte und wie sie sich als schöne vortreffliche Witwe so sehr sittsam geführt hat. Freilich wird man sagen können, daß sie vorher mit dem Herzog Sforza verheiratet war. Allerdings war sie das, aber er starb alsbald, und sie waren kein Jahr verheiratet, als sie schon im Alter von fünfzehn oder sechzehn Jahren Witwe wurde; daher verheiratete sie der Kaiser, ihr Onkel, mit dem Herzog von Lothringen, zur Befestigung und Sicherung seiner Bündnisse; aber sie ward wiederum Witwe in der Blüte ihres Alters, nachdem sie ihre schöne Ehe lange Jahre hindurch nicht genossen hatte; und die ihr blieben, die schönsten, die am meisten zu schätzen und zu nutzen waren, die verlebte und verbrachte sie in einer zurückgezogenen und keuschen Witwenschaft.

Bei diesem Punkt muß ich auch ein paar Worte über die schönen Witwen alter Zeiten reden, nämlich von jener ehrenwerten Witwe Bianca von Montferrat aus einem der ältesten Häuser Italiens, Herzogin von Savoyen, die schönste und vollendetste Prinzessin ihrer Zeit, die zu den klügsten und besonnensten gehörte und die Vormundschaft ihres Sohnes und seine Besitztümer so gut und weise verwaltete, wie man je von einer Frau und Mutter sah, da sie im Alter von dreiundzwanzig Jahren Witwe geworden war.

Sie war es, die den kleinen König Karl VIII., als er in sein Königreich Neapel ging, in allen ihren Gebieten so ehrenvoll empfing, besonders bereitete sie ihm in ihrer Stadt Turin einen sehr prunkvollen Einzug, an dem sie selbst teilnahm und auch sehr kostbar angetan mitzog; sie zeigte schon, daß sie sich als große Dame fühlte; denn sie war in einem prachtvollen Staat, in einer herrlichen Robe aus gekräuseltem Goldstoff, die ganz mit großen Diamanten, Rubinen, Saphiren, Smaragden und einer Fülle anderer Steine besetzt war. Auch am Haupte trug sie die kostbarsten Edelsteine; an ihrem Hals einen Ring oder eine Kette, die mit überaus großen unschätzbaren orientalischen Perlen geziert war, und an ihren Armen hatte sie ganz ebensolche Armbänder. Sie ritt einen sehr prächtig geschirrten schönen weißen Zelter, den sechs große in durchwirkten Goldstoff gekleidete Lakaien geleiteten. Eine große Schar Fräulein folgten ihr, sehr reich, zierlich und reizend nach piemontesischer Mode gekleidet, die schön anzusehn waren; nach ihnen kam ein sehr großer Trupp von Edelleuten und Kavalieren des Landes; so führte sie denn den König Karl unter einem reichen Thronhimmel in die Stadt ein und stieg im Schlosse ab, wo er wohnte; und hier vor dem

Schloß stellte ihm die Frau Herzogin vor dem Eintritt ihren sehr jungen Sohn vor; darauf richtete sie eine überaus schöne Ansprache an ihn und bot ihm ihre Besitzungen und ihr Vermögen an, die ihrigen wie die ihres Sohnes; das nahm der König sehr freundlich auf und dankte ihr sehr dafür, indem er sich ihr überaus verpflichtet fühlte. Überall in der ganzen Stadt sah man die Schilder Frankreichs und Savoyens verknüpft mit einem breiten Liebesband, das die beiden Wappen und die beiden Ordenssprüche mit den Worten verband: ›Sanguinus arctus amor‹, so nach dem Bericht der ›Chronik von Savoyen‹.

Ich hörte es von manchen unsrer Väter und Mütter, die es von den ihren hatten, die dabei waren, und besonders von der Frau Seneschall von Poitou, meiner Großmutter, die damals Hoffräulein war; sie versicherte, daß man damals nur von der Schönheit, Klugheit und Überlegtheit dieser Fürstin redete und daß alle Höflinge und Galane am Hofe nach ihrer Rückkehr nach Frankreich die Hofdamen und Hoffräulein nur von ihrer Schönheit und Tugend unterhielten; vor allem war der König entzückt, der sich anscheinend in seinem Herzen von ihr verwundet zeigte.

Trotzdem hatte er auch ohne diese Schönheit reiche Veranlassung, sie sehr zu lieben; denn sie half ihm mit allen Mitteln, mit denen sie nur konnte, sie entäußerte sich aller ihrer Edelsteine, ihrer Perlen und Juwelen, um sie ihm zu leihen und zu verpfänden, wie es ihm gut dünkte; das verdient große Anerkennung, denn gewöhnlich hegen die Damen zu ihren Edelsteinen, Ringen und Juwelen eine überaus große Zuneigung, und lieber verpfänden sie gewöhnlich irgendeine Köstlichkeit ihres Leibes als ihren Reichtum an Kleinodien; ich rede von manchen, nicht von allen. Gewiß mußte ihr der König sehr verpflichtet sein; denn ohne diese Freundlichkeit und auch ohne die der Marquise von Montferrat (ebenfalls eine sehr ehrbare und sehr schöne Dame) hätte er sehr argen Schimpf davongetragen und wäre von seiner halben Reise, die er ohne Geld unternommen hatte, wieder zurückgekehrt, noch schlimmer als jener französische Bischof, der ohne Geld und Latein aufs Konzil von Trient ging. Das nenne ich sich einschiffen, ohne daß man Proviant hat! Aber sie unterscheiden sich doch beide sehr voneinander; denn was der eine tat, das rührte aus einem schönen Adel und aus großem Ehrgeiz her, die ihm für alle Unzuträglichkeiten die Augen verschlossen, wie denn seinem tapfern Herzen nichts unmöglich war; aber der andre bedurfte Geist und Geschicklichkeit, während er doch durch Ignoranz und Dummheit sündigte, wenn er sich nicht darauf verließ, sich durchs Konzil durchzufechten.

Bei dem schönen Einzug, den ich soeben schilderte, muß auch die Pracht der Gewänder der Prinzessin erwähnt werden, die ein wenig mehr die verheiratete Frau (wird man sagen) als die Witwe heraussteckte. Allerdings konnte sie sich, wie damals die Damen sagten, für einen so großen König schon einmal ihrer Witwenschaft entschlagen, wie es auch sonst keiner Erlaubnis bedurfte, große Leute geben sich das Gesetz selbst; und damals genossen die Witwen in ihren Kleidern größere Freiheiten und waren nicht so streng gehalten, wie sie es seit einigen vierzig Jahren geworden sind; so kleidete sich eine große Dame, die ich kenne, die bei einem König in Gunst stand, ja seine höchste Wonne war, etwas bescheidener (indessen doch stets in Seide), um ihr Spiel besser verhüllen und verdecken zu können; daher wollten ihr die Witwen am Hof nacheifern, indem sie es ebenso machten wie sie. Dennoch schränkte sie sich nicht so sehr ein und legte sich auch nicht die Härte auf, hübschen und pompösen Kleidern zu entsagen, stets ging sie jedoch in Schwarz und Weiß; und dabei ließ sie mehr Weltlust durchlugen als Eingeschränktheit einer Witwe, vor allem zeigte sie immer ihren schönen Hals. Die Königinmutter König Heinrichs III. hörte ich bei der Salbung und Hochzeit König Heinrichs III. dasselbe sagen: Die Witwen der vergangenen Zeit hätten auf ihre Kleider, auf ihre Sitten und Handlungen nicht so sehr achtgegeben wie heutzutage; das hatte sie zur Zeit König Franz' gesehen, der seinen Hof in allem frei haben wollte; besonders sollten die Witwen dort tanzen, und man nahm sie ebenso frei, wie man es mit den Mädchen und verheirateten Frauen machte; und das sagte sie in dem Augenblick, in dem sie Herrn von Vaudemont befahl und bat, zur Ehre des Festes die verwitwete Frau Prinzessin von Condé zum Tanze zu führen; er tat es, um ihr zu gehorchen, und führte sie zum großen Ball; wer gleich mir bei der Salbung war, hat's gesehen und wird sich sehr gut daran erinnern können. Das waren die Freiheiten, die die Witwen damals genossen. Heutzutage ist es ihnen verboten wie eine Tempelschändung, und auch die Farben sind es, denn sie dürfen nur Schwarz und Weiß tragen; ihre Röcke und Unterröcke wie ihre Strümpfe können sie wohl in Grau, Lohfarben, Violett und Blau tragen. Manche sah ich, die sich mit Rot, Fleischfarbe und Chamois Freiheiten herausnahmen wie in vergangenen Zeiten; denn in ihren Unterröcken und Strümpfen durften sie alle Farben tragen, nicht in den Kleidern, hörte ich sagen.

Auch konnte diese Herzogin jenes Kleid aus Goldstoff wohl tragen, denn es war ihr Herzogsgewand, das Kleid ihrer Würde, das ihr zukam und ihr erlaubt war, um ihre Souveränität und ihren Rang als Herzogin zu zeigen. Das können auch unsre Gräfinnen und Herzoginnen noch und tun es noch, die bei ihren Feierlichkeiten ihre herzoglichen und gräflichen Gewänder tragen und tragen können. Unsre bekümmerten Witwen wagen keine Steine zu tragen, außer an den Fingern, an ein paar Spiegeln und ein paar Gebetbüchern und schönen heiligen Dingen, nicht aber am Kopfe und an ihrem Leibe, dagegen am Hals und am Arme sehr viele Perlen; und ich schwöre, ich habe Witwen gesehen, die in ihren weißen und schwarzen Kleidern ebenso proper und ebenso anziehend waren wie die Buntscheckigkeit verheirateter und unverheirateter Französinnen. Damit ist von dieser ausländischen Witwe genug geredet; ich muß ein wenig von den unsern reden, und ich will mich nun mit unserer weisen Königin Louise von Lothringen befassen, der Gemahlin des jüngst verstorbenen Königs Heinrich.

Man kann und muß diese Prinzessin sehr rühmen; denn

sie hat sich in ihrer Ehe mit ihrem königlichen Gemahl so sittsam, keusch und ehrenhaft verhalten, daß das Band, mit dem sie an ihn geknüpft war, stets so fest und unauflöslich geblieben ist, daß man es niemals gelockert fand, wiewohl ihr königlicher Gemahl manche Male mit seiner Liebe wechselte, nach der Art der Großen, die ihre Freiheit für sich beanspruchen; und wiewohl er ihr schon gleich vom schönen ersten Anfang ihrer Ehe an (zehn Tage nachher) eine große Kränkung zufügte, denn er nahm ihr ihre Kammerzofen und Fräulein weg, die stets bei ihr gewesen und in ihrem Dienste gestanden hatten, sie bedauerte sie sehr; und es traf sie auch tief ins Herz, besonders wegen Fräulein von Changy, einem sehr schönen und überaus ehrbaren Fräulein, die es nicht verdiente, aus der Gesellschaft ihrer Herrin oder vom Hofe vertrieben zu werden. Es ist auch ein großer Verdruß, eine gute Gefährtin und Vertraute zu verlieren. Ich weiß, daß einmal eine ihrer vertrautesten Damen so anmaßend war, ihr unter Lachen und Scherzen zu raten, da sie keine Kinder vom König haben könnte und auch nie welche bekäme (aus vielen Gründen, die man damals sagte), täte sie gut daran, sich irgendeiner dritten und geheimen Person zu bedienen, um welche zu bekommen, damit sie nicht ohne Ansehen wäre, wenn der Fall einträte und der König stürbe, daß sie vielmehr eines Tages Königinmutter des Königs sein könne und dieselbe Würde und Hoheit habe wie die Königin, ihre Schwiegermutter. Sie wies jedoch diesen spaßhaften Ratschlag sehr weit von sich und nahm ihn sehr übel auf und brachte auch seitdem dieser guten Beraterin keine Liebe mehr entgegen, da sie ihre Größe lieber auf ihre Keuschheit und Tugend als auf eine dem Laster entsprossene Nachkommenschaft stützen wollte. Nach der Meinung der Welt und der Lehre Machiavellis gemäß brauchte dieser Rat aber doch nicht verworfen zu werden.

Man sagt, die Königin Marie von England, die dritte Gemahlin König Ludwigs XII., handelte nicht so; denn unzufrieden und voller Mißtrauen in die Schwäche ihres königlichen Gemahls, wollte sie diesen Weg versuchen, indem sie die Hand des Herrn Grafen von Angoulême ergriff, später König Franz, der damals ein junger, schöner und sehr angenehmer Fürst war; sie erwies ihm die höchsten Aufmerksamkeiten, indem sie ihn immer ›mein Herr Schwiegersohn‹ nannte; er war es auch, denn er hatte bereits Claudia, die Tochter des Königs Ludwig, geheiratet. Sie war in der Tat von ihm hingerissen, und als er sie sah, ward er es von ihr, so daß wenig fehlte und die beiden Feuer wären zusammengeschlagen, wäre nicht der verstorbene Herr von Grignaux gewesen, ein sehr kluger und besonnener Edelmann und Hofmarschall von Périgord, der Chevalier d'Honneur der Königin Anna gewesen war, wie wir gesagt haben, und er war es noch von der Königin Marie. Als er sah, daß das Stück wirklich vonstatten gehn sollte, hielt er diesem meinem Herrn von Angoulême den Fehltritt vor, den er zu begehen im Begriff war, und sagte zu ihm voller Zorn: »Wie, heiliger Schabbes!« (das war nämlich sein Schwur) »was wollt Ihr machen? Seht Ihr nicht, daß dieses schlaue und gewitzigte Weib Euch an sich locken will, damit Ihr sie schwanger macht? Und wenn sie unversehens einen Sohn bekommt, dann seid Ihr immer noch ein simpler Graf von Angoulême und werdet nie König von Frankreich, wie Ihr hofft. Der König, ihr Gemahl, ist alt und kann ihr keine Kinder mehr machen! Ihr werdet sie berühren und Euch Ihr so sehr nähern, daß Ihr, jung und heiß wie sie, daß Ihr, heiliger Schabbes, ihr auf den Leim gehen werdet; sie wird ein Kind kriegen und dann steht Ihr da! Dann könnt Ihr wohl sagen: Adieu, mein Teil vom Königreich Frankreich. Also, denkt daran.« Diese Königin wollte das spanische Sprichwort und den Vers erproben und praktizieren, der da lautet: ›Eine geschickte Frau stirbt niemals ohne Erben‹, das heißt, wenn ihr Gemahl ihr keine macht, hilft sie sich mit einem zweiten, der's ihr macht. Herr von Angoulême dachte wirklich daran und beteuerte, klug sein und davon Abstand nehmen zu wollen: aber wieder und wieder von den Liebkosungen und Schmeicheleien dieser schönen Engländerin versucht, fiel er doch immer mehr auf sie hinein. Das ist die Glut der

Liebe! Was ist so ein Stückchen Fleisch, für das man Königreiche und Kaiserreiche hingibt und verliert, wovon die Geschichten voll sind. Als Herr von Grignaux sah, daß der junge Mann seine Liebschaft fortsetzte und im Begriff war, sich zugrund zu richten, sagte er es schließlich Frau von Angoulême, seiner Mutter, die ihm Einhalt gebot und ihn so ausschalt, daß er nicht zu ihr zurückkehrte. Indessen sagte man, um als Königinmutter zu leben und zu regieren, tat die Königin kurz vor und nach dem Tod ihres königlichen Gemahls ihr möglichstes. Aber er starb ihr zu früh, denn sie hatte nicht viel Zeit, das Geschäft zu besorgen; nichtsdestoweniger ließ sie nach dem Tode des Königs das Gerücht aussprengen, sie wäre schwanger; da sie es aber am Leibe keineswegs war, sagte man sogar, sie lasse sich äußerlich allmählich mit Tüchern anschwellen, und wenn die Zeit käme, bekäme sie ein untergeschobenes Kind, das eine andre schwangre Frau soeben geboren, und in der Zeit der Niederkunft würde sie es vorzeigen. Aber die aus Savoyen stammende Frau Regentin, die wußte, was es heißt, Kinder zu machen, und die sah, daß es sich dabei nur zu sehr um sie und ihren Sohn handelte, ließ sie von Ärzten und Hebammen genau beobachten und untersuchen, und als sie ihre Tücher und Behänge sahen und entdeckten, da war sie entlarvt und in ihrem Plan behindert, mit der Königinmutter war es aus, und sie wurde in ihr Land zurückgeschickt.

Man sieht, wie sich die Maria von unsrer Königin Louise unterscheidet; diese war so sittsam, keusch und tugendhaft, daß sie weder mit einer wahren noch mit einer falschen Unterschiebung Königinmutter hat sein wollen. Und wenn sie ein solches Spiel hätte spielen wollen, hätte sie es ruhig tun können, denn es achtete niemand darauf, und sie hätte damit verschiedene sehr starr gemacht. Der heute regierende König ist ihr dafür sehr verbunden und darf sie dafür sehr lieben und ehren; denn wenn sie den Streich ausgeführt und ein kleines Kind gezeugt hätte, wäre der König, statt ein König zu sein, bloß ein kleiner Regent in Frankreich gewesen, möglicherweise auch nicht: und der schwache Name hätte ihn nicht davor schützen können, daß er viel mehr leiden und Kriege auszustehen hatte, als er schon ausstand.

Von manchen, Geistlichen wie Weltleuten, hörte ich sagen und folgendes Urteil fällen: Unsre Königin hätte besser daran getan, wenn sie diese Partie gespielt hätte, und Frankreich hätte nicht soviel Elend, Verarmung und Zerstörung auszustehen gehabt, wie es hat und haben wird, und der Christenheit wäre es besser gegangen. Ich berufe mich hier auf die Ansicht von tapfern Sprechern und Eingeweihten (ich glaube aber nicht daran, denn wir stehn uns gut mit unserm König, Gott schütze ihn); denn sie haben eine wackre Veranlassung, die für den Staat sehr bedeutsam ist, nicht aber für Gott, wie mir scheint, dem unsre Königin stets sehr ergeben war, sie liebte ihn nämlich so sehr, betete ihn so an, daß sie sich und ihren hohen Stand zurücksetzte und seinen Dienst voranstellte. Denn wiewohl sie eine vortreffliche Prinzessin war (der König nahm sie auch wegen ihrer Schönheit und Tugend), obwohl sie jung, fein und überaus liebenswürdig war, widmete sie sich doch nichts anderm, als Gott zu dienen, zu den Andachten zu gehn, fortwährend die Hospitäler zu besuchen, an die Kranken zu denken, die Toten zu begraben, und vergaß oder vernachlässigte dabei keines der guten und frommen Werke, welche die heiligen, frommen und guten Damen, Prinzessinnen und Königinnen der Vergangenheit der Urkirche beobachteten. Nach dem Tod ihres königlichen Gemahls tat sie stets das gleiche, sie verbrachte die Zeit damit, ihn zu beweinen und zu beklagen und für seine Seele Gott zu bitten; so daß ihr Witwenleben dem in der Ehe ganz gleich war. Zu Lebzeiten ihres Gemahls argwöhnte man, daß sie ein wenig auf die Seite der Union neige, weil sie, als beste Christin und Katholikin, doch jene liebte, die für ihren Glauben und ihre Religion kämpften und stritten; aber geliebt hat sie sie nie, sondern ganz von sich gewiesen, nachdem sie ihren Gemahl ermordet hatten; sie forderte keine andre Rache oder Strafe, als wie sie Gott schicken wollte, wenn sie auch die Menschen und vor allem unsern

König darum bat, der für diese ungeheuerliche Tat an einem geweihten Manne Gerechtigkeit schuldig war. So lebte diese Prinzessin in der Ehe und als Witwe ohne Fehl und Tadel. Zuletzt starb sie in einem sehr schönen Ruhm, der ihrer würdig war, nachdem sie lange gesiecht und sich schwindsüchtig und trocken hingeschleppt hatte, weil sie nur noch der Trauer gelebt hatte, sagte man. Sie starb einen sehr schönen und sehr frommen Tod. Vor ihrem Hinscheiden ließ sie ihre Krone auf ihr Bettkissen neben sich legen und wollte sie nicht von sich entfernen lassen, solange sie noch atmete, und nach ihrem Tode sollte sie damit gekrönt werden und solange sie über der Erde wäre.

Sie hinterließ eine Schwester, Madame de Joyeuse, die ihr in ihrem spröden und keuschen Leben nachahmte; für ihren Gemahl erhob sie großes Wehe und großes Klagen; und er war auch ein kühner, tapferer und vollendeter Herr. Ich hörte überdies: Als der jetzt regierende König in solcher Klemme in Dieppe war, das Herr von Mayne mit 40000 Mann belagert und wie in einem Sack zusammengepreßt hielt, sagte sie, wäre sie an der Stelle des Herrn Kommandeurs von Chate gewesen, der drinnen befahl, so hätte sie sich am Tod ihres Gatten ganz anders gerächt als jener Herr Kommandeur, dem es wegen der Verpflichtungen, die er Herrn von Joyeuse gegenüber hatte, nicht passieren durfte, sagte sie; seitdem liebte sie ihn nicht mehr, sondern haßte ihn wie die Pest, da sie ihn wegen eines solchen Vergehens nicht entschuldigen konnte, wie wohl andre der Meinung sind, er habe die versprochene Treue und Redlichkeit gewahrt. Nun läßt sich aber keine Frau, sei sie nun gerecht oder ungerecht beleidigt, den Mund verschließen, so auch diese; sie konnte den jetzt regierenden König nicht lieben, ob er gleich den verstorbenen König sehr beklagt und Trauer um ihn gehegt hatte, und dabei gehörte sie mit zur Liga; aber sie sagte, ihr Gatte und sie seien ihm aufs äußerste verbunden. Kurz, es war eine tüchtige und sittsame Prinzessin, die man wegen der Trauer ehren muß, die sie der Asche ihres Gemahls bezeigte, wenigstens für einige Zeit bezeigte, denn sie verheiratete sich wieder mit dem

Herrn von Luxemburg. Sie war so jung, sollte sie da ewig in Brand stehn?

Madame von Guise, Cathérine de Clève, eine der drei Töchter Nevers' (gewiß drei Prinzessinnen, die man nicht genug loben könnte, sowohl wegen ihrer Schönheiten wie wegen ihrer Tugenden, sie bekommen ein besondres Kapitel von mir), trauerte unaufhörlich und würdig um ihren verewigten Gemahl; was war das aber auch für ein Gemahl? Der Ritter ohnegleichen in der Welt; so nannte sie ihn in einigen ihrer Briefe, die sie an ein paar ihrer vertrautesten Damen schrieb, die ich nach ihrem Unglück sah; mit ihren schmerzlichen und traurigen Worten gab sie ihnen sehr kund, von was für Klagen ihre Seele wund war.

Ihre Frau Schwägerin, Frau von Montpensier, von der ich anderswo zu reden hoffe, weihte ihrem Gemahl ebenfalls schmerzlichste Tränen; und obgleich sie ihn verlor, als sie noch sehr jung, schön und liebenswürdig war und noch mit vielen Vollkommenheiten des Leibes und der Seele ausgestattet war, dachte sie doch nie daran, sich wieder zu verheiraten, obwohl sie ihren Gatten in sehr zartem Alter genommen hatte (er hätte ihr Großvater sein können) und obwohl sie die ehelichen Früchte nur sehr mäßig gepflückt hatte; sie hat sie nicht wieder kosten und auch die Fehler und Reste in einer zweiten Ehe nicht wieder korrigieren wollen.

Ich habe verschiedene Herren, Edelleute und Damen sich häufig über die verwitwete Prinzessin von Condé aus dem Hause Longueville wundern sehen, die sich niemals wieder verheiraten wollte, da sie doch eine der schönsten Damen von Frankreich und sehr begehrenswert war (sie gefiel sich in ihrem Witwenstand, ohne den Wunsch nach einer zweiten Heirat zu haben), und besonders weil sie sehr jung Witwe blieb.

Die Marquise von Rothelin, ihre Mutter, hat es ebenso gemacht, so überaus schön, wie sie war, starb sie doch als Witwe. Gewiß, Mutter und Tochter konnten mit ihren Augen und ihren süßen Blicken ein ganzes Königreich in Brand setzen, und am Hofe und in Frankreich galten sie für die angenehmsten und anziehendsten. Unzweifelhaft versengten sich auch manche daran; ihnen aber mit einer Ehewerbung näherzukommen, davon brauchte gar keine Rede zu sein; beide haben die ihren seligen Gatten versprochene Treue redlich gehalten, ohne wieder zu heiraten.

Ich käme niemals zu Ende, wollte ich in dieser Hinsicht alle Prinzessinnen am Hof unserer Könige anführen. Ich verschiebe ihr Lob und Preis an einen andern Ort. Daher lasse ich sie und rede ein wenig von ein paar Damen, die, wenn sie auch keine Prinzessinnen waren, doch ebenfalls von einer berühmten Familie abstammten und eine ebenso adlige Seele hatten wie sie.

Frau von Randan, genannt Fulvia Mirandola, aus dem guten Hause der Amiranda, wurde in der Blüte ihrer Jahre und Schönheit Witwe. Sie hegte über ihren Verlust eine so große Trauer, daß sie sich nie herbeiließ, sich in ihrem Spiegel zu betrachten, und ihr schönes Gesicht dem blanken und klaren Kristall, der sich so sehr nach ihr sehnte, vorenthielt; sie konnte nicht zu ihm sagen wie jene Frau, die ihren Spiegel zerbrach, ihn der Venus weihte und dazu sagte: »Venus, ich weihe dir meinen Spiegel, denn wie ich bin, habe ich nicht mehr den Mut und nicht mehr die Geduld, mich darin zu betrachten; und so, wie ich früher gewesen bin, kann ich es nicht mehr.«

Frau von Randan verachtete ihren Spiegel nicht dieses Grundes halber, denn sie war sehr schön; sondern eines Gelübdes halber, das sie dem Schatten ihres Gatten dargebracht hatte, der einer der vollendetsten Edelleute von Frankreich war, sagte sie aller Weltlichkeit ab; nie kleidete sie sich anders als sehr streng und fromm in ihren Witwenschleier, nie ließ sie ihre Haare sehn und bevorzugte eine gewisse Unauffälligkeit, trotzdem zeigte sie in ihrer Unbefangenheit eine große Schönheit. Auch nannte sie der jüngst verstorbene Herr von Guise nie anders als die Nonne, denn sie war ganz geistlich gekleidet und geknotet; das sagte er aber, indem er lachte und mit ihr scherzte; denn er liebte und ehrte sie sehr, wie sie denn auch ihm und seinem ganzen Hause sehr zugetan war.

Frau von Carnavalet, zum zweitenmal Witwe, weigerte sich, in dritter Ehe noch Herrn von Epernon zu heiraten, der damals Herr de la Valette d. J. genannt wurde und gerade der höchsten königlichen Gunst entgegenging; er war so von Liebe zu ihr ergriffen (und sie war sicherlich eine sehr schöne und sehr liebenswürdige Witwe), daß er, unbefriedigt in seinen höchsten Wünschen, sie trieb und drängte, ihn zu heiraten, und drei- oder viermal den König zu seinem Fürsprecher machte; aber niemals wollte sie sich in eine eheliche Unterwerfung fügen, denn sie war zweimal verheiratet gewesen: einmal mit dem Grafen von Montravel, das andre Mal mit dem Herrn von Carnavalet; und wenn ihre vertrautesten Freunde und besonders ich, der ihr ergebenster Diener war, ihr den Fehler vorhielten, den sie damit beginge, eine so große Partie auszuschlagen, die sie auf den Gipfel der Größe, des Besitzes, des Reichtumes, der Gunst und aller Würden bringen müßte, in Anbetracht dessen, was de la Valette wäre, der Favorit des Königs, den er wie sein zweites Ich behandelte, antwortete sie, sie suche ihre ganze Zufriedenheit nicht in all diesen Punkten, sondern in ihrem Willen und ihrer vollen Freiheit und Selbstzufriedenheit sowie im Angedenken an ihre beiden Gatten, deren Zahl sie gesättigt hätte.

Madame von Bourdeille, die aus dem berühmten und alten Hause Montbrou stammte und von den Grafen von Périgord und der Vizegrafschaft d'Annay, wurde im Alter von siebenunddreißig bis achtunddreißig Jahren Witwe, sie war sehr schön, und ich glaube, in Guyenne, woher sie stammte, gab es keine einzige, die sie zu ihrer Zeit an Schönheit, Anmut und schönem Aussehen übertroffen hätte; denn sie hatte den schönsten, höchsten und prächtigsten Wuchs, den man sehen konnte, und hatte eine ebenso schöne Seele; da sie nun als Witwe noch diese schönen Eigenschaften hatte, wurde sie von drei großen und reichen Herren zur Ehe begehrt, aber sie antwortete allen: »Ich will nicht wie viele Damen reden, die sagen, sie werden sich nie verheiraten, und die ihre Worte so bestimmt kundgeben, daß man es glauben kann, und dann ist es nichts damit;

sondern ich sage, wenn Gott und das Fleisch mir keine andern Wünsche eingibt, als ich sie zur Stunde habe, und wenn sich in mir nichts ändert, dann habe ich gewißlich für immer dem Eheleben Lebewohl gesagt.« Und wie ein andrer ihr erwiderte: »Aber was! Gnädige Frau, wollt Ihr in der Blüte Eurer Jahre vom Feuer verzehrt werden?«, antwortete sie ihm: »Ich weiß nicht, wie Ihr das meint, aber bis jetzt ist es mir nicht möglich gewesen, mich allein in meinem eiskalten Witwenbett zu erhitzen; darum will ich nicht leugnen, daß ich in der Gesellschaft eines zweiten Gatten doch wieder entbrennen könnte, wie Ihr sagt, wenn ich mich seinem Feuer nähere; da aber die Kälte leichter zu ertragen ist als die Wärme, habe ich mich entschlossen, in meiner Eigenschaft zu verharren und von einer zweiten Ehe Abstand zu nehmen.« Und genau, wie sie es sagte, so hielt sie es bis jetzt; schon zwölf Jahre ist sie Witwe geblieben, ohne etwas von ihrer Schönheit verloren zu haben, die sie doch ohne einen einzigen Flecken immer gepflegt und erhalten hat. Das läßt auf eine hohe Zuneigung zu ihrem verewigten Gemahl schließen, ein Zeugnis, daß sie ihn bei seinen Lebzeiten sehr geliebt hat, und ein fast zu hohes Vermächtnis für ihre Kinder, daß sie ihn immer ehrte, und so ist sie als Witwe gestorben.

Der verstorbene Herr von Strozzi hatte sich auch einmal um sie beworben; und er hatte sie dazu auffordern lassen; aber eine so hohe Persönlichkeit und so eng verbunden er auch mit der Königinmutter war, sie wies ihn zurück und entschuldigte sich ehrbar dafür. Was für eine Laune indessen, schön und ehrbar und eine sehr reiche Erbin zu sein und den Rest der schönen Tage auf einem einsamen, öden und eiskalten Federbett oder Pfühl zu beschließen und so viele Witwennächte darauf zu verbringen! Oh! Es gibt aber auch Frauen, die ihr gar nicht gleichen, und andre wiederum, die wohl mit ihr verglichen werden können. Wenn ich sie alle anführen wollte, würde ich niemals zu einem Ende kommen, besonders, wenn ich unter unsre Christinnen noch die Heidinnen reihen wollte, wie jene schöne, hübsche, gute, alte Römerin Martia, die nachgeborene

Tochter des Cato von Utica, die Schwester Portias, die nach dem Verlust ihres Gatten, als sie sich unaufhörlich beklagte und man sie fragte, wann sie denn den letzten Tag für ihre Trauer kommen lasse, antwortete, wenn der letzte Tag ihres Lebens gekommen sei. Und da sie eine schöne und sehr reiche Dame war und man sie manchmal fragte, wann sie sich wieder verheiraten würde, sagte sie: »Dann, wenn ich einen Mann finden werde, der mich eher wegen meiner Tugenden als meines Vermögens wegen begehrt.« Und Gott weiß, sie mußte zu ihrem Reichtum und ihrer Schönheit auch noch überaus tugendhaft sein, sonst wäre sie keine Tochter Catos und keine Schwester der Portia gewesen; sie brachte aber ihren Dienern und Freiern diese Schelmenansicht bei und machte ihnen glaubhaft, sie suchten sie wegen ihrer Güter und nicht wegen ihrer Tugenden, wenn sie auch genügend damit aufwarten konnte; auf diese Weise hielt sie sich jene unverschämten Galane leicht vom Halse.

In einer Epistel, die der heilige Hieronymus der Jungfrau Principia schrieb, stimmt er das Lob einer feinen römischen Dame seiner Zeit, namens Marcella, an, die aus einem guten und großen Hause mit einer Unmenge von Konsuln, Prokonsuln und Prätoren stammte und sehr jung Witwe geworden war. Wegen ihrer Tugend und wegen des Alters ihres Hauses wurde sie sehr begehrt, wegen ihres schönen Wuchses, der das Verlangen der Männer vornehmlich entfacht (das sagt der heilige Hieronymus mit denselben Worten; man merke sich das), und wegen ihrer guten Art und Sitte. Unter andern, die um sie freiten, befand sich ein großer und reicher römischer Herr, der ebenfalls ein Nachkomme von Konsuln war und Cerealis hieß, der ihr wegen einer zweiten Ehe sehr zusetzte. Da er in sehr vorgerücktem Alter stand, versprach er ihr zum voraus große Reichtümer und große Geschenke. Auch ihre Mutter, die Albina hieß, bedrängte sie deswegen sehr, sie fand es gut und wollte von einer Weigerung nichts wissen. Sie aber antwortete: »Wenn ich Lust hätte, mich in die Schlinge zurückzuwerfen und mich in die Banden einer zweiten Ehe wieder zu verstricken und keiner zweiten Keuschheit mich widmen wollte, nähme ich eher einen Gatten als eine Erbschaft.« Und da der Liebhaber der Meinung war, sie sage es um seiner hohen Jahre willen, gab er ihr zurück: »Die Greise könnten lange leben und die Jünglinge bald sterben.« Sie erwiderte ihm: »Ja, gewiß, ein Jüngling kann bald sterben; aber ein Greis kann nicht lange leben.« Auf dieses Wort hin ließ er von ihr ab. Ich finde die Worte dieser Frau sehr klug, auch ihren Entschluß und den der Martia, und schätze sie darum höher als ihre Schwester Portia, die nach dem Tod ihres Gemahls den Entschluß faßte, nicht mehr zu leben, sondern sich zu töten; und obwohl man ihr alle eisernen Gegenstände, mit denen sie sich umbringen konnte, weggenommen hatte, verschluckte sie glühende Kohlen und verbrannte sich die ganzen Eingeweide, wobei sie sagte, einer mutigen Frau könnte es nicht an Mitteln fehlen, wenn sie sich töten will; wie es Martial in einem seiner Epigramme, das er eigens für diese Frau dichtete, gut darzustellen verstand; geht man nach ein paar Philosophen und besonders nach Aristoteles, der in seiner Ethik von der Tapferkeit oder Kraft redet, so bewies sie durch ihren Selbstmord keinen großen Mut und keine Seelengröße, ebensowenig wie andere, die das gleiche taten wie ihr Gatte; um ein größeres Übel zu vermeiden, sagen sie, stürzen sie sich in das andere. Darüber rede ich anderswo. Wie dem auch sei, es wäre besser gewesen, jene Frau hätte ihre Tage darauf verwendet, ihren Gatten zu betrauern und seinen Tod zu rächen, als daß sie sich selber den Tod gab, was zu nichts diente, außer daß er ihr eine eitle Rache einbrachte, wie ich von manchen reden hörte, die sie tadelten. Was indessen mich anlangt, so kann ich sie nicht genug loben, wie alle verwitweten Frauen, die ihre Gatten im Tode ebensosehr lieben wie zu ihren Lebzeiten. Das ist auch der Grund, weshalb der heilige Paul sie so sehr gelobt und gerühmt hat, diese Lehre hatte er von seinem großen Meister. Dennoch habe ich von den Beredtesten und Scharfsichtigsten erfahren, daß die besten und jungen Witwen, die in der Blüte ihrer besten Jahre und ihres feinen Geistes bei diesem Stande bleiben, allzu große Grausamkeiten gegen sich und gegen die Natur begehen, daß sie sich so dagegen verschwören und die süßen Früchte der zweiten Ehe nicht wieder kosten wollen, die vom göttlichen und menschlichen Gesetze, von der Natur, der Tugend und Schönheit ihnen erlaubt werden, daß sie sich irgendeines bestimmten eigensinnigen Gelübdes halber der Begierde enthalten, eines Gelübdes, das sie sich in den Kopf gesetzt haben, den vagen und leeren Schatten ihrer Gatten zu halten, verlorenen Posten gleichsam in der andern Welt, die sich doch da unten in den Gefilden der Seligen um nichts kümmern und möglicherweise darüber spotten. Sie sollten sich die schönen Vorstellungen und feinen Gründe zu Herzen gehn lassen, die Anna vor ihrer Schwester Dido im 4. Buch der ›Äneis‹ vorbringt, eine schöne und junge Witwe kann vorzüglich daraus lernen, sich einem Witwenschaftsgelübde, daß gewiß mehr förmlich als fromm ist, nicht allzusehr zu unterwerfen. Oder wenn man sie wenigstens nach ihrem Hinscheiden mit schönen Hüten aus Blumen oder Pflanzen krönte wie in vergangener Zeit und wie es heute noch den Mädchen geschieht, dann wäre dieser Triumph schön und lobenswert und hätte einige Dauer. Man gibt ihnen aber weiter nichts als ein paar schöne Worte, die alsbald davonfliegen, sich im Sarg verlieren und so plötzlich verschwinden wie der Leib. Daß doch die schönen und jungen Witwen für die Welt empfänglich wären, da sie doch noch darin leben, und Frömmigkeit und Witwenschaft den alten Leuten überließen.

Nun ist aber von den fastenden Witwen genug geredet. Laßt uns jetzt von andern sprechen, die voller Abscheu vor Gelübden und Beschränkungen der zweiten Ehe danach verlangen und den süßen und lustigen Gott Hymen wieder ersehnen. Da gibt es welche, die schon zu Lebzeiten ihres Gatten ihren Liebhabern heiß entgegenkommen und es bereits überlegen, bevor sie tot sind, und mit ihren Liebhabern schon zum voraus Vereinbarungen treffen. »Ach!« sagen sie, »wenn mein Gatte tot wäre, täten wir das, täten wir jenes; wir lebten auf diese Art und richteten uns auf die andere ein; und das so schlau, daß man von unserer vergangenen Liebschaft nichts ahnte. Wir wollten ein lustiges Leben führen; wir gingen nach Paris, an den Hof; wir täten es uns schon so gut einrichten, daß uns nichts etwas schaden sollte: Ihr würdet der den Hof machen und ich jenem; wir bekämen das vom König, wir bekämen jenes. Wir gäben unsre Kinder Vormündern und Pflegern in die Hut; wir würden uns weder um ihr Vermögen noch um ihre Angelegenheiten bekümmern, nur unsre besorgten wir, oder wir genössen ihr Vermögen bis zu ihrer Mündigkeit. Wir würden die Möbel und die meines Gatten haben; das wenigstens sollte uns nicht fehlen, denn ich weiß, wo die Pfandbriefe und Taler sind«, und noch viele andre Reden. »Kurz, wer wäre glücklicher als wir?«

Das sind die schönen Reden und Pläne, die von diesen verheirateten Frauen vor der Zeit mit ihren Liebhabern veranstaltet werden; manche darunter rechnen nur in ihren Wünschen, Reden, Hoffnungen und Erwartungen mit dem Tod ihres Gatten; und andre wieder befördern sie stracks ins Leichenhaus, wenn sie allzu lange säumen; unsern Gerichtshöfen sind soviel dergleichen Fälle vorgekommen, und sie haben sie alle Tage noch, daß es nicht auszusagen ist. Aber das beste und lustigste, sie machen es nicht wie eine spanische Dame, die ihren Gemahl, der sie mißhandelt hatte, tötete und darauf sich selbst umbrachte, nachdem sie das Epitaph verfaßt, das von ihrer Hand geschrieben war und auf dem Tisch ihrer Kammer lag:

›Hier liegt, der ein Weib gesucht hat und sie nicht zur Frau hat machen können. Andere neben mir, nicht mich, befriedigte er; deshalb und wegen seiner Feigheit und Vermessenheit habe ich ihn getötet, um ihn für seine Sünde zu bestrafen; und auch mir habe ich den Tod gegeben, weil ich es nicht verstehe, und um dem Mißgeschick, das ich hatte, ein Ende zu machen.‹

Diese Dame hieß Donna Maddallena de Soria; nach einigen war es eine gute Tat von ihr, ihren Gemahl jener Veranlassung halber umzubringen; aber es war doch auch töricht von ihr, daß sie sich umbrachte; sie gesteht es auch, daß sie sich aus Mangel an Urteil tötete. Sie hätte besser daran getan, sich nachher schöne Zeit zu gönnen, wenn sie nicht vielleicht die Justiz fürchtete und Angst hatte, dafür belangt zu werden, daher wollte sie lieber über sich triumphieren, als diesen Ruhm der Macht den Richtern zu gönnen. Ich versichere euch, es hat welche gegeben, und es gibt welche, die sind viel schlauer, denn sie treiben ihr Spiel so klug und verborgen, daß sie bei dem Tode des Gemahls höchst fidel leben und sich mit ihren galanten Liebhabern unter eine Decke stecken, nicht, um mit ihnen ›gode michi‹, zu treiben, sondern Liebeslust.

Andere Witwen sind vernünftiger und tugendhafter und lieben ihre Gatten mehr und üben keine Grausamkeiten gegen sie; denn sie bedauern, beweinen sie, beklagen sie bis zu dem Grad, daß man ihnen keine Stunde mehr zum Leben gäbe, wenn man sie sieht. »Ja«, sagen sie, »bin ich nicht die Elendeste von der Welt, die Unglücklichste, daß ich ein so teures Wesen verlor? Gott, warum schickst du mir nicht den Tod, daß ich ihm nachfolge! Nein, ich will nach ihm nicht mehr leben; denn was kann mir denn auf der Welt bleiben und werden, was mich befriedigt? Wären diese kleinen Kinder nicht, die er mir als Pfand gelassen hat und die noch Hilfe brauchen, nein, ich tötete mich auf der Stelle. Verflucht sei die Stunde, in der ich geboren wurde! Wenn ich ihn wenigstens als Phantom, in Visionen, im Traum oder durch Magie sehen könnte, dann wäre ich zu glücklich. Ach, mein Herz! Ach, meine Seele, ist es nicht möglich, daß ich dir folge? Ja, ich will dir folgen, wenn ich mich abseits von der ganzen Welt, mich ganz allein verzehrte. Ach, was könnte mich denn im Leben aufrechterhalten, nachdem ich deinen unersetzlichen Verlust erlitten, wenn du lebst, hätte ich nur zu leben, wenn du stirbst, nur zu sterben! Was! ist es nicht besser, daß ich jetzt in deiner Liebe, deiner Huld, in meinem Ruhm und meiner Zufriedenheit sterbe, als daß ich ein so ärgerliches und elendes und gar nicht lobenswürdiges Leben hinschleppe? Ach Gott! was erdulde ich doch für Leiden und Qualen, daß du weg bist! und wie erlöst werde ich sein, wenn ich dich bald sehen kann und beladen mit großen Freuden! Ach! er war so schön, so liebenswürdig; er war in allem so vollendet, so tapfer, so mutig! Er war ein zweiter Mars, ein zweiter Adonis! Was noch mehr ist, er war so gütig zu mir, er liebte mich so sehr, er behandelte mich so gut! Kurz, mit ihm habe ich mein ganzes Glück verloren!«

So pflegen unsere betrübten Witwen nach dem Tode ihrer Gatten zu reden; die einen auf diese Art, die andern auf jene; die einen in der Verkleidung, die andern in jener; sie kommen aber doch immer der eben geschilderten nahe; die einen schmähen den Himmel, die andern verfluchen die Erde; die einen lästern gegen Gott, die andern verwünschen die Welt; die einen werden ohnmächtig, die andern stellen sich tot; die einen sind erstarrt, die andern närrisch, besessen und besinnungslos, sie erkennen niemand und wollen nicht reden. Kurz, ich würde nie zu Ende kommen, wollte ich alle ihre scheinheiligen, gleisnerischen und heuchlerischen Methoden auseinandersetzen, von denen sie Gebrauch machen, um ihre Trauer und ihren Kummer der Welt kundzugeben. Ich rede nicht von allen, sondern von manchen, ich meine sogar verschiedene in der Mehrzahl.

Wer sie tröstet und an nichts Übles denkt und der Sitte nach zu ihnen geht, der verschwendet seine Fechterkunst damit und gewinnt nichts. Wenn ihre Patientin und Wehklagende das Spiel und die Scheinheiligkeit nicht gut versteht, geben sie ihr Unterricht, wie eine Dame von da und da, die ich kenne, die zu einer andern, ihrer Tochter, sagte: »Stell dich ohnmächtig, Liebste, du hast dich nicht genug in der Gewalt!«

Nachdem sich nun alle diese großen Feierlichkeiten abgespielt haben, sieht man, einem großen Bergstrom gleich, der nach der heftigen Wucht seines Sturzes wieder in seine Wiege zurücktritt und -kehrt, oder einem Flusse gleich, der über seine Ufer getreten ist, sieht man diese Witwen wieder zu ihrer ersten Natur zurückkehren, ihren Geist allmählich wiederfinden, sich zur Freude erheben und an die Welt denken. Haben sie vorher gemalte, gravierte oder erhabene

Totenköpfe getragen, Knochen von Verstorbenen, die entweder kreuzweise oder in Leichenstricken liegen, Tränen, gemalt oder aus Netzgold oder Jet, sieht man jetzt Bilder ihrer Gatten an ihnen, die sie am Hals tragen, die aber doch mit Totenköpfen und Tränen, als Namenszeichen gemalt, in kleinen Schnüren hergerichtet sind; kurz, in kleinen hübschen Sachen, die indessen so aufgemacht sind, daß die Betrachter glauben, sie trügen sie mehr wegen der Trauer um ihren Gatten als aus Eitelkeit. Und nachher machen sie es wie die kleinen Vögel, die, wenn sie aus dem Nest kommen, nicht im ersten Augenblick gleich mächtig fliegen, sondern, von Zweig zu Zweig flatternd, allmählich gut fliegen lernen; so zeigen sich jene Witwen, wenn sie von ihrer großen verzweifelten Trauer herkommen, nicht sofort der Welt, die sie gelassen haben, sondern sie legen die Trauer allmählich ab, bis sie sie plötzlich völlig abwerfen und ihren Witwenschleier auf die Nesseln legen, wie man sagt, der Liebe noch höhere Huldigungen darbringen denn vorher, und nur an eine zweite Ehe oder andre Lüsternheiten denken. Man sieht, ihre große Heftigkeit zu trauern hat keine Dauer. Es wäre besser, sie hielten mehr in ihrer Trauer stand.

Ich kannte eine überaus schöne Dame; nach dem Tod ihres Gemahls wurde sie so bekümmert und verzweifelt, daß sie sich die Haare raufte, am Gesicht und am Hals die Haut zerkratzte und so lange, als sie nur konnte; und als man ihr das Unrecht vorhielt, das sie ihrem schönen Antlitz damit antäte, sagte sie: »Ach Gott! wovon sprecht ihr nur? Was soll ich denn mit meinem Gesicht machen? Für wen soll ich es behüten, da mein Gemahl nicht mehr ist?« Acht Monate später schminkte sie sich mit spanischem Weiß und Rot und puderte ihr Haar. Das war eine große Veränderung.

Ich will darüber noch ein gutes Beispiel anführen, das zu Vergleichen nützen kann, nämlich das der ehrbaren und schönen Frau von Ephesos, die nach dem Verlust ihres Gemahls von ihren Verwandten und Freunden unmöglich einer Tröstung teilhaftig gemacht werden konnte; sie geleitete ihren Gatten zum Grab, unter gewaltig viel Klagen, Kümmernissen, Schluchzern, Schreien, Wehklagen und Tränen, und nachdem er in das Beinhaus niedergelegt und aufgestellt worden war, wo er ruhen sollte, warf sie sich aller Welt zum Trotz hinein, schwur und beteuerte, nicht wieder herauszugehn, da wolle sie des Hungers sterben und bei dem Leichnam ihres Gemahls, den sie nie verlassen wollte, ihre Tage beschließen; in der Tat verblieb sie hier zwei oder drei Tage lang. Der Zufall wollte, daß ein Mann aus der Stadt irgendeines Verbrechens halber hingerichtet und gehängt und daß dann sein Leichnam außerhalb der Stadt an den gewöhnlichen Galgen gebracht wurde, wo solche Gehenkte ein paar Tage lang des Beispiels halber von ein paar Soldaten oder Sergeanten sorgfältig bewacht werden mußten, damit sie nicht geraubt würden. Wie nun ein Soldat, der den Leichnam behütete, als Schildwache auf der Lauer stand, hörte er nahebei eine wehklagende Stimme, er ging darauf zu und hörte, daß sie aus dem Beinhaus kam, er stieg hinunter und bekam jene Dame zu Gesicht, die ganz in Jammer zerschmolzen wehklagte und schön war wie der Tag; er ging hin zu ihr und fragte sie nach der Ursache ihrer Betrübnis, die sie ihm gütig erklärte; und als er sie darüber trösten wollte, konnte er ihr beim erstenmal nichts abgewinnen, und er kehrte zum zweiten und dritten Male dahin zurück; das machte er so gut, daß er sie gewann, sie allmählich beruhigte und ihre Tränen zum Trocknen brachte; nun verstand er den Grund ihres Kummers und genoß sie zu zweien Malen, und zwar auf dem Sarg ihres Gatten, der als Bett diente; und nachher schwuren sie sich zu heiraten; nachdem diese Sache glücklich im reinen war, kehrte der Soldat mit ihrer Erlaubnis wieder zur Bewachung seines Gehenkten zurück; denn das ging ihm ans Leben. Während er aber in seinen schönen Exekutionen selig gewesen war, wollte es sein Unglück, daß, während er sich zu sehr vergnügt machte, die Verwandten des im Winde baumelnden Gehenkten herzugekommen waren, um ihn abzunehmen, falls keine Wache dabeistände; und als sie wirklich keine dabei fanden, nahmen sie ihn sofort ab, trugen ihn schleunigst fort, um mit ihm die Schande für ihre Verwandtschaft und des so gemeinen und schmutzigen Schauspiels für sie zu begraben. Als sich der Soldat nun umsah und den Leichnam vermißte, lief er verzweifelt wieder zu seiner Dame und klagte ihr sein Unglück und sagte, daß er nun verloren wäre, weil das Gesetz des Landes bestimmte, der Soldat, der auf der Wache einschliefe und der den Leichnam forttragen ließe, solle an dessen Stelle gehenkt werden; diese Gefahr schwebte also über ihm. Die Dame, die vorher von ihm getröstet worden war und für sich Trost brauchte, konnte ihm nun ihrerseits Trost spenden und sagte zu ihm: »Hab keine Angst, komm nur, hilf mir meinen Gatten aus seinem Grab nehmen, wir wollen ihn für den andern aufhängen, dann wird man ihn auch für den andern halten.« Wie gesagt, so getan: Nun sollte sogar der vorher Gehenkte ein abgeschnittenes Ohr haben; gleich schnitt die Frau ihrem Gatten eins ab, damit er täuschender aussehe. Am andern Morgen kam das Gericht und fand nichts daran auszusetzen; so rettete die Frau durch eine sehr gemeine Handlung und Beschimpfung ihres Gatten ihren Galan, dieselbe, sage ich, die ihn so sehr bejammert und beklagt hatte, daß man niemals einen so schmählichen Ausgang von ihr erwartet hätte.

Das erste Mal hörte ich diese Geschichte von dem Herrn von Aurat, der sie dem tapfern Herrn du Guast und einigen andern erzählte, die wir mit ihm speisten; Herr du Guast wußte sie nachher hübsch vorzutragen, denn er war der Weltmann, der eine gute Geschichte überaus liebte und sie besser ans Licht zu stellen wußte. Zugleich sah er auf dem Wege in das Zimmer der Königinmutter eine schöne junge Witwe, die es eben erst geworden, in höchsten Tränen, ihr Schleier hing bis auf die Nasenspitze hinunter, und sie jammerte, klagte und geizte gegen jeden mit Worten. Sofort sagte Herr du Guast zu mir: »Siehst du die da? es dauert kein Jahr, und sie macht es eines Tages wie die Frau von Ephesos.« Das tat sie auch, freilich nicht so schmählich, aber sie heiratete einen Menschen von ganz geringem

Stand, wie Herr du Guast prophezeit hatte. Das gleiche sagte mir der Herr von Beau-Joyeux, der Kammerdiener der Königinmutter und der beste Geiger der Christenheit. Er war nicht allein in seiner Kunst und in der Musik vollkommen, sondern er war auch ein sehr feiner Geist, und er wußte viel, vor allem sehr schöne Geschichten und gute Erzählungen, und zwar durchaus keine gewöhnlichen, sondern sehr merkwürdige, mit denen er gegen seine vertrautesten Freunde auch nicht kargte; und er erzählte einige von sich, denn zu seiner Zeit hatte er tüchtige Liebesabenteuer gesehen und erlebt; denn mit seiner ausgezeichneten Kunst und seinem vortrefflichen und kühnen Geist, zwei Werkzeugen, die zur Liebe geschaffen sind, konnte er viel ausrichten. Der Herr Marschall von Brissac hatte ihn der Königinmutter gesandt, als sie noch regierende Königin war, und hatte ihn mit seiner ausgezeichneten, vollständigen Bande von Geigern aus Piemont zu ihr geschickt; er hieß Balthasar, später änderte er seinen Namen. Er war es, der jene schönen Balletts komponierte, die immer am Hofe getanzt wurden. Er war mit Herrn du Guast und mir sehr befreundet; wir plauderten häufig miteinander; er brachte uns stets irgendeine schöne Geschichte, besonders über Liebe und Frauenlist, darunter auch die jener Epheserin, die wir bereits von Herrn von Aurat erfahren haben, wie ich sagte, der sie von Lampridius zu haben behauptete; später las ich sie in dem Buche ›Trauerfeiern‹, einem sehr schönen Buche, das dem verstorbenen Herrn von Savoyen gewidmet ist.

Ich hätte diese Abschweifung bleiben lassen können, wird man sagen. Ja, aber ich wollte gern von meinem Freund reden, der mich oft daran erinnerte, wenn er etwelche von unsern betrübten Witwen sah. »Das ist eine«, sagte er, »die wird eines Tages die Rolle unsrer Epheserin spielen oder hat sie schon gespielt.« Und es war sicherlich eine seltsame, von großer Unmenschlichkeit erfüllte Tragikomödie gewesen, den Tod des Gatten so grausam zu entweihen.

Anders handelte eine Dame unserer Zeit, von der ich

hörte, die nach dem Tod ihres Gatten ihm seine mittlere Partie abschnitt, die sie einst so sehr geliebt hatte und die sie einbalsamierte, in Wohlgerüche tauchte und mit überaus wohlduftenden Parfüms und Moschuspulvern würzte; dann steckte sie sie in eine Büchse aus vergoldetem Silber, die sie als ein Heiligtum aufbewahrte und behütete. Man stelle sich vor, daß sie diese Büchse manchmal öffnete, um sich der vergangenen schönen Zeit zu erinnern. Ich weiß nicht, ob es wahr ist; aber die Geschichte wurde dem König erzählt, der sie wieder verschiedenen andern seiner Vertrautesten mitteilte, und ich habe sie von ihm selbst gehört.

Beim Bartholomäus-Blutbad wurde der Herr von Pleuviau getötet, der seinerzeit im toskanischen Krieg unter dem Herrn von Soubise sowie im Bürgerkrieg ein tapferer Soldat gewesen war, wie er es in der Schlacht von Jarnac, wo er ein Regiment kommandierte, und bei der Belagerung von Niort zeigte. Einige Zeit danach machte der Soldat, der ihn getötet hatte, seiner ganz von Tränen und Bekümmernissen überwältigten Witwe, die schön und reich war, Vorwürfe und sagte ihr, wenn sie ihn nicht heirate, würde er sie umbringen und sie hinter ihrem Gatten herschicken; denn bei jener Bluthochzeit herrschte bloß Krieg und Messer. Die arme noch schöne und junge Frau ward, um ihr Leben zu retten, gezwungen, das Leichenbegängnis und die Hochzeit zu gleicher Zeit zu feiern. Sie war jedoch entschuldbar; denn was hätte ein armes gebrechliches und schwaches Weib nur beginnen sollen, wenn sie sich nicht selbst töten oder ihre schöne Brust dem Schwert des Mörders entgegenstrecken wollte? Aber

›Le temps n'est plus, belle bergeronnette‹;

solche Törinnen und Närrinnen wie einst gibt es jetzt nicht mehr; und dann ist es uns auch von unserm heiligen christlichen Glauben verboten: das dient heutzutage unsern Witwen sehr zur Entschuldigung, sie sagen, sie würden sich umbringen, wenn es nicht von Gott verboten wäre; damit bedecken sie ihr Lüstchen.

Bei demselben Blutbad verlor eine andere Frau von sehr gutem Herkommen ihren Mann, eine überaus schöne und angenehme Frau. Eben war sie erst Witwe geworden, da wurde sie schon von einem Edelmann, den ich sehr gut kenne, vergewaltigt; sie war so bestürzt und verwirrt darüber, daß man einige Zeit glaubte, sie habe die Besinnung verloren. Sie erholte sich jedoch bald nachher wieder, stürzte sich in den schönen Witwenstand, gewann allmählich wieder Lust an der Welt und bekam ihren lebendigen und natürlichen Geist wieder, vergaß ihre Schändung und verheiratete sich galant und hochgestellt wieder; das machte sie ganz vortrefflich. Ich will noch das erzählen:

Bei demselben Bartholomäus-Blutbad wurde einer Frau der Gatte wie die andern getötet, und sie ward Witwe. Ihr Schmerz darüber war so maßlos, daß sie schon in Ohnmacht fallen wollte, wenn sie nur einen armen Katholiken sah, auch wenn er sich an der Nacht gar nicht beteiligt hatte; oder sie konnte ihn nur mit Abscheu und Entsetzen wie die Pest ansehn. Paris zu betreten, ja nur zwei Meilen in der Runde es nur zu sehn, davon brauchte keine Rede zu sein, denn weder ihre Augen noch ihr Herz konnten es ertragen; was sage ich: sehn; nicht einmal hören wollte sie davon. Nach zwei Jahren aber entschloß sie sich, die gute Stadt wieder zu begrüßen, darin herumzugehn und im Wagen das Palais zu besuchen; aber lieber in Tod und Feuer, als die Rue de la Huchette passieren, wo ihr Gemahl umgebracht worden war, lieber hätte sie sich in Tod und Feuer geworfen und gestürzt, statt in diese Straße zu gehn. Wie eine Schlange, die den Schatten der Esche so verabscheut, daß sie sich lieber in das heißeste Feuer wagt, wie Plinius sagt, als in den ihr so sehr verhaßten Schatten. Der verstorbene König, als er noch Anjou war, sagte sogar, er habe keine Frau gesehn, die sich in ihrem Verlust und in ihrem Schmerz so wild zeigte wie diese, und am Ende müßte man sie niederschlagen, um ihrer wieder habhaft zu werden, wie man es bei den alten Falken machen muß. Aber nach einiger Zeit sagte er, daß sie schon von selbst recht zahm geworden sei, so daß sie sich von selbst sehr gut und vertraut chaperonieren lasse, ohne von außen dazu veranlaßt zu sein. Was machte sie kurze Zeit nachher? Sie hat für Paris nur noch die wohlwollendsten Augen, sie interessiert sich dafür, besucht die Stadt und durchstreift sie, in der Länge und Breite, geradeaus und in der Quere nach allen Richtungen, ohne auf ihren Schwur Rücksicht zu nehmen, und als ich eines Tages nach achtmonatiger Abwesenheit von einer Reise an den Hof zurückkehrte und dem König meine Aufwartung machte, da sehe ich diese Witwe reich geschmückt und herausgeputzt, begleitet von ihren Verwandten und Freundinnen, in den Saal eintreten, vor den Königen, den Königinnen und dem ganzen Hof erscheinen, um aus den Händen eines Bischofs, des Bischofs von Digne, Großalmoseniers der Königin von Navarra, die ersten hochzeitlichen Weihen, das heißt, den Segen zur Verlobung zu empfangen. Wer war baff? Ich. Sie war aber auch nicht weniger erstaunt, als sie mich so unvermutet in dieser vornehmen Verlobungsgesellschaft zu sehen bekam, wie ich sie fest anblickte und musterte, denn ich erinnerte mich an ihre Schwüre und Gebärden, die ich von ihr gehört und gesehen, und sie erinnerte sich ihrerseits, was sie mir entgegnet hatte. Denn ich war ihr Diener gewesen, ich wollte sie heiraten, und sie dachte scheinbar, ich hätte die Gelegenheit nicht versäumen wollen und mit Absicht die Post genommen, um als Zeuge und Richter zu dienen und ihre Verurteilung ins Werk zu setzen. Sie sagte und schwur mir, sie hätte lieber 10000 Taler von ihrem Vermögen hingegeben, wenn ich nicht dazu erschienen, der ich doch der Richter ihres Gewissens wäre.

Ich kannte eine große Dame, eine verwitwete Gräfin von sehr hoher Abstammung, die es ebenso machte; denn als eine steife und feste Hugenottin ging sie mit einem sehr ehrbaren katholischen Edelmann die Ehe ein; zum Unglück wurde sie jedoch in Paris von einem ansteckenden Pestfieber ergriffen, das ihren Tod herbeiführte. Erschrokken und verzweifelt klagte sie und sagte: »Ach! müßte sich denn in einer so großen Stadt, wo alle Wissenschaften blühen, kein Arzt finden können, der mich heilt! Ach! an Geld sollte es durchaus nicht fehlen, ich will ihm reichlich geben. Wenn doch wenigstens mein Tod erst nach meiner

Vermählung erfolgt wäre und mein Gatte vorher hätte erkennen können, wie ich ihn liebe und ehre!« (Sophonisbe sagte anders, denn sie trug Reue darüber, daß sie sich verlobt hatte, bevor sie das Gift trank.) So sprach diese Gräfin, redete noch andere und ähnliche Worte, kehrte sich auf die andre Seite des Bettes und starb. Das ist die Glut der Liebe, daß sie sich auf der Überfahrt über den Styx zu den Gestaden der Vergessenheit an die Liebesfreuden und Liebesfrüchte erinnerte, die sie gerne noch schmecken wollte, bevor sie den Garten verließ.

Ich hörte von einer Dame, die todkrank war. Als sie einen ihrer Verwandten mit einem andern, der schrecklich groß ausgestattet war, streiten hörte, es waren indessen gute Leute, begann sie zu lachen und sagte: »Ihr seid große Narren« und wendete sich auf die andere Seite, lachte und verschied.

Wenn nun diese Hugenottinnen solche Streiche gemacht haben, kannte ich auch katholische Damen, die desgleichen getan und Hugenotten geheiratet, nachdem sie wahre Galgenlieder von ihnen und von ihrer Religion gesungen hatten. Wollte ich sie hierhersetzen, käme ich niemals zu Ende damit. Daher müssen diese Witwen klug sein, dürfen am Beginn ihrer Witwenschaft nicht soviel schäumen, heulen, stürmen, blitzen, donnern, Tränen regnen lassen, wenn sie schon so rasch den Schild erheben und sich damit lächerlich machen wollen. Hier schweigt man besser. Sie aber sagen: »Also muß man sich am Anbeginn entschlossen stellen wie ein Mörder, man muß eine eiserne Stirn zeigen und jede Beschimpfung schlucken. Das dauert etwas, aber es geht vorüber; und wenn man mich eine Weile aufs Büro gesetzt hat, läßt man mich auch wieder und nimmt jemand anders dafür.«

In einem kleinen spanischen Buch las ich, daß Vittoria Colonna, die Tochter jenes großen Fabricio Colonna und Gemahlin des großen Marquis von Pescara, des Helden ohnegleichen seiner Zeit, nach dem Verlust ihres Gatten, Gott weiß welches Gatten, in eine so schmerzliche Verzweiflung geriet, daß niemand ihr Trost einflößen konnte;

und wenn man ihr nun in ihrem Schmerz zusprechen wollte, sagte sie nur: »Worüber wollt Ihr mich trösten? über meinen toten Gatten? Ihr täuscht Euch: er ist nicht tot; er ist noch lebendig und lebt in meiner Seele. Tag und Nacht fühle ich es, wie er wieder in mir lebendig wird und zu neuem Leben wiederersteht.« Diese Worte wären gewiß schön gewesen, wenn sie sich nicht nach einiger Zeit, nachdem sie ihn verlassen und über den Acheron fortgeschickt hatte, mit dem Abbé von Farfa wieder verheiratet hätte, der sicherlich ihrem großen Pescara ebenbürtig war; ich will nicht sagen, der Rasse nach, denn er gehörte zu dem vornehmen Hause der Ursino, das ebensoviel gilt und ebensoalt oder noch älter ist als das von Avalos. Aber ihre beiderseitigen Taten können einander nicht die Waage halten, denn die des Pescara waren unvergleichlich und ihr Wert unschätzbar; wiederum legte auch jener Abbé ein hohes Zeugnis von seiner Persönlichkeit ab, indem er sich sehr treu und tapfer im Dienste des Königs Franz betätigte; aber das waren doch nur kleine unbedeutende und leichte Gefechte, während die Taten des andern in großen, offenen und berühmten Siegen bestanden; auch mußte das Waffenhandwerk des andern, mit dem er schon in jungen Jahren angefangen und sich vertraut gemacht und das er regelmäßig fortgesetzt hatte, dasjenige eines Mannes der Kirche, der sich dem Metier doch erst spät zuwandte, weit übertreffen: nicht daß ich von etwelchen Dienern Gottes und seiner Kirche, die das Gelübde brachen und den Beruf aufgaben, um die Waffen zu ergreifen, übel reden wollte, denn damit täte ich vielen großen Feldherren unrecht, die früher Geistliche waren und diese Laufbahn durchmachten.

War Cesare Borgia, der Herzog von Valentinois, nicht vorher Kardinal? Und er ist ein so großer Feldherr geworden, daß Machiavelli, dieser ehrwürdige Erzieher der Fürsten und Großen, ihn als Beispiel und als seltenen Spiegel für alle andren seinesgleichen zur Nachfolge aufgestellt hat. Wir hatten auch den Herrn Marschall von Foix, der der Kirche angehörte und früher Protonotar von Foix hieß, er ist ein sehr großer Feldherr gewesen. Der Herr Marschall von Strozzi war der Kirche geweiht, und weil ihm ein roter Hut verweigert wurde, ließ er das geistliche Gewand und ergriff die Waffen. Der Herr von Salvoison, von dem ich geredet habe (der ihm sehr nahe kam und sogar im Rang eines großen Feldherrn; er hätte mit ihm auf der gleichen Stufe gestanden, wäre er aus einem ebenso großen Hause und Verwandter der Königin gewesen), trug in seinem ersten Beruf das lange Gewand; und was für ein Feldherr ward er dann doch? Er wäre ohnegleichen gewesen, hätte er länger gelebt. Und hat der Marschall von Bellegarde, den man lange den Propst von Ours nannte, nicht auch den viereckigen Hut getragen? Der verstorbene Herr d'Enghien, der in der Schlacht von St-Quentin fiel, war Bischof gewesen; ebenso der Herr Chevalier von Bonnivet. Und auch der tapfre Herr von Martigues hatte ebenfalls der Kirche angehört; kurz, eine Unmenge andrer, mit denen ich dieses Buch anfüllen könnte. Auch muß ich meine Verwandten rühmend erwähnen, habe ich doch gute Veranlassung dazu. Der Kapitän Bourdeille, mein Bruder, einst in jeder Beziehung piemontesischer Rodomont, ward ebenfalls der Kirche geweiht; als er aber erkannte, daß das nicht sein eigenster Beruf sein konnte, vertauschte er das lange Gewand mit einem kurzen und machte sich im Handumdrehen zu einem der tapfern und tüchtigen Kapitäne von Piemont; als er heimging, genoß er schon des schönsten und ausgebreitetsten Rufs, wenn er nur nicht, ach, im Alter von fünfundzwanzig Jahren gestorben wäre.

Wir sahen viele solche Männer zu unsrer Zeit und an unserm Hof, besonders den kleinen Herrn von Clermont-Tallard, den ich als Abt von Bon-Port kannte; später gab er die Abtei auf und erwies sich in unsern Feldzügen und bei Hofe als einer der tapfersten, mutigsten und ehrbarsten Männer, die wir je gehabt haben; er bezeugte es auch vorzüglich durch seinen Tod, der ihn so glorreich vor La Rochelle ereilte, das erstemal, als wir den Wallgraben betraten. Ich könnte noch eine Anzahl nennen; aber dann käme ich niemals damit zu Rande. Herr von Souillelas, genannt der junge Oraison, war Bischof von Riays gewesen und befehligte später ein Regiment; in Guyenne unter dem Marschall von Matignon diente er dem König sehr treu und tapfer.

Kurz, ich käme niemals zu Ende, wollte ich alle diese Leute aufzählen; so schweige ich denn der Kürze halber, damit man mir auch keine gar zu starken Abschweifungen vorwerfen möge. Jene über Vittoria Colonna, die den Abbé heiratete, war indessen ganz gelegen. Hätte sie sich nicht mit ihm verheiratet, hätte sie den Rang und Namen einer Vittoria besser verdient, da sie dann Siegerin über sich gewesen wäre; und da sie keinen zweiten finden konnte, der dem ersten glich, hätte sie es schon genug sein lassen können.

Ich kannte sehr viele Damen, die ihr nachahmten. Da war gleich eine, die einen meiner Oheime geheiratet hatte, der einer der tapfersten, mutigsten, vollkommensten Männer seiner Zeit war. Nach seinem Tod heiratete sie einen andern, der ihm glich wie ein Esel einem spanischen Pferd; das spanische Pferd war aber mein Onkel. Eine andre Dame kannte ich, die hatte einen Marschall von Frankreich, einen schönen, ehrbaren und tapfern Edelmann, geheiratet: in zweiter Ehe nahm sie einen ganz andersartigen Menschen, der auch der Kirche angehörte; mehr fand man jedoch an ihr zu tadeln, daß sie, als sie wieder zu Hofe ging, wo sie seit zwanzig Jahren, seit ihrer zweiten Ehe, nicht wieder gewesen war, den Namen und Titel ihres ersten Gemahls wieder annahm. Unsere Gerichtshöfe müßten ihr Augenmerk darauf lenken und ein Gesetz dafür schaffen; denn es machten es sehr viele so, was eine allzu große Verachtung für ihre letzten Gatten bedeutet, deren Namen sie nach ihrem Tod nicht tragen wollen; denn da sie sich die Suppe eingebrockt haben, müssen sie sie auch saufen und dabei bleiben.

Eine Witwe kannte ich: als deren Gemahl zu sterben kam, stimmte sie ein Jahr lang ein so verzweifeltes Wehklagen an, daß man schon immer meinte, sie habe ausgestöhnt. Als das Jahr vorbei war und sie ihre große Trauer ablegen und die kleine tragen konnte, sagte sie zu einer ihrer Frauen: »Verwahrt mir diesen Krepp gut; denn ich werde ihn vielleicht ein andermal wieder brauchen.« Dann verbesserte sie sich gleich: »Aber was habe ich da gesagt? Ich träume wohl. Lieber sterben, als je wieder damit zu tun haben.« Nach der Trauerzeit verheiratete sie sich an einen zweiten, der dem ersten höchst unähnlich war. »Aber« (sagen diese Frauen), »er war aus ebenso gutem Hause wie der erste.« Ja, das gebe ich zu, aber ich frage auch, wo bleiben seine Tugend und seine Tapferkeit? Sind diese nicht höher zu schätzen als alles? Und das beste, das ich darin finde, ist: haben sie's fertiggebracht, tragen sie schwerlich lange den Sieg davon; denn Gott erlaubt, daß sie so mißhandelt und geprügelt werden, wie sie es nötig haben: nachher, da tun sie Buße, aber dann ist auch keine Zeit mehr dazu.

Die Damen, die sich so zum zweitenmal verehelichen, haben eine gewisse Meinung und Laune in ihrem Schädel, die wir nicht gut kennen: so hörte ich von einer spanischen Dame, der man, als sie sich wieder verheiraten wollte, vorstellte, was denn aus ihrer großen Liebe zu ihrem Gemahl werden solle, und da antwortete sie: »Der Tod des Gemahls und eine neue Ehe können die Liebe einer keuschen Frau gar nicht zerbrechen!« Nun, reimt mir das zusammen, wenn's euch gefällt. Eine andre spanische Dame, die man wieder verheiraten wollte, sprach noch besser: »Wenn ich einen guten Gatten finde, will ich keine Furcht haben, ihn zu verlieren; wenn einen schlechten, was für eine Notwendigkeit liegt denn für mich vor, daß ich ihn überhaupt habe?«

Als Valeria, eine Römerin, ihren Gatten verloren hatte und sie von einigen Freundinnen über ihren Verlust und seinen Tod getröstet wurde, sagte sie zu ihnen: »Für euch ist er freilich gestorben, aber in mir lebt er ewig.« Jene Marquise, von der ich soeben redete, hatte etwas Ähnliches gesagt. Diese Aussprüche der ehrbaren Damen stehen sehr im Gegensatz zu dem spitzzüngigen spanischen Sprichwort: ›Die Wirtschaft einer Frau spielt sich ganz und gar an einem Tage ab.‹ Noch schlimmer machte es eine weitere

Dame, Frau von Monnains, deren Mann Statthalter des Königs war und der Salzsteuer halber vom Volk in Bordeaux massakriert wurde. Als man ihr die Nachricht brachte, daß ihr Gemahl getötet und so, wie geschehen, behandelt worden war, rief sie sofort aus: »Ach? Und was ist aus meinem Diamanten geworden?« Sie hatte ihm denselben zum ehelichen Bunde gegeben, und er war damals 1000 bis 1200 Taler wert, und der Herr trug ihn immer am Finger. Damit gab sie zu erkennen, ob sie über den Verlust ihres Gatten oder über den des Diamanten mehr trauerte.

Madame von Etampes, die vom König Franz sehr begünstigt und daher von ihrem Gemahl wenig geliebt wurde, sagte, wenn eine Witwe sie besuchte und sie bat, Mitleid mit ihr und ihrem Witwenstand zu haben: »Ach! Liebste, seien Sie glücklich mit Ihrer Stellung, denn man ist nur dann Witwe, wenn man es sein will«, als ob sie selber sehr darnach verlangte, es zu sein. Für einige mag das gelten, für andre aber nicht.

Was sollen wir aber zu den verwitweten Frauen sagen, die ihre Ehe geheimhalten und nicht wollen, daß sie öffentlich bekannt werde? Ich kannte eine, die die ihre länger als sieben oder acht Jahre lang verschwieg, ohne sie drucken oder verkündigen lassen zu wollen: man sagte, sie täte es aus Furcht vor ihrem Sohn, einem der tapfersten und ehrbarsten Männer der Welt, damit er über sie und über den Mann nicht wütend werde, obwohl derselbe auch zu den Großen gehörte. Sobald er jedoch in einem Gefecht im Krieg verstarb, das ihm viel Ruhm brachte, da ließ sie es sofort drucken und veröffentlichen.

Ich hörte von einer großen verwitweten Dame, die seit mehr als fünfzehn Jahren mit einem sehr hohen Fürsten und Herrn verheiratet ist; aber die Welt weiß nichts davon und erfährt nichts, so geheim und verschwiegen ist es: man sagte, der Herr fürchte seine Schwiegermutter, die eine arge Herrschaft über ihn ausübe und wegen seiner kleinen Kinder nicht wolle, daß er sich wieder vermähle.

Ich kannte eine andre sehr große Dame, die vor nicht langer Zeit mit einem simplen Edelmann verheiratet war und starb, nachdem sie ihre Ehe länger als zwanzig Jahre fortgesetzt hatte, ohne daß man es anders als vermutungsweise und durch Hörensagen bemerkte. Ach! was es doch für Frauen gibt!

Ich hörte eine Dame von hohem Rang und altem Herkommen erzählen, daß der verstorbene Herr Kardinal du Bellay als Bischof und Kardinal Frau von Chatillon geheiratet hatte und als verheirateter Mann gestorben ist; das sagte sie gelegentlich eines Gesprächs mit dem Provenzalen Herrn von Manne, aus dem Hause Sental, Bischof von Fréjus, der während eines Zeitraums von fünfzehn Jahren am königlichen Hofe im Gefolge des Kardinals und einer seiner vertrauten Protonotare gewesen war: als sie auf den Kardinal zu sprechen kam, fragte sie ihn, ob er ihm nie gesagt und vertraut habe, daß er verheiratet wäre. Wer war erstaunt? Herr von Manne über eine solche Frage. Er ist noch am Leben und wird sagen können, ob ich lüge; denn ich war dabei. Er antwortete, daß er ihn nie hätte davon reden hören, weder zu sich noch zu andern. »Nun, dann gebe ich es Euch zu wissen«, sagte sie; »denn nichts ist so wahr, als daß er verheiratet war«; und er ist in der Tat mit der Dame und Witwe von Chatillon vermählt gewesen! Ich versichere euch, daß ich beim Anblick des erstaunten Gesichts des Herrn von Manne, der sehr gewissenhaft und fromm war und alle Geheimnisse seines seligen Herrn zu wissen glaubte, sehr gelacht habe; aber für diesmal war er ›de galico‹; es war auch skandalös angesichts des heiligen Rangs, den er innehatte.

Jene Frau von Chatillon war die Witwe des verstorbenen Herrn von Chatillon, von dem man sagte, daß er den kleinen König Karl VIII. leitete, mit Bourdilhon, Galiot und Bonneval, die den königlichen Sproß beaufsichtigten. Er starb zu Ferrara, nachdem er bei der Belagerung von Ravenna verwundet und zu seiner Heilung hingebracht worden war. Diese Dame wurde sehr jung, schön und klug Witwe und war anscheinend auch tugendhaft; Zeuge dessen ist diese Verheiratung, daher wurde sie von der jetzt verstorbenen Königin von Navarra zur Ehrendame erwählt.

Sie war's, die jener Dame und großen Prinzessin, die in den ›Hundert Erzählungen‹ der besagten Königin geschildert wird, jenen guten Rat gab; es handelte sich um sie und um einen Edelmann, der nächtlicherweile, als sie in ihrem Bett lag, durch eine Klappe in den Alkoven geschlüpft war und sie genießen wollte; er gewann aber bloß tüchtige Schrammen auf seinem schönen Gesicht; und als sie sich bei ihrem Bruder darüber beklagen wollte, machte ihr die Dame jene Vorstellungen, die man in der Novelle lesen soll, und gab ihr jenen guten Rat, einen der schönsten, weisesten und passendsten, einem Skandal aus dem Weg zu gehn; sein Urheber hätte erster Präsident von Paris werden können, es zeigte indessen auch sehr, daß die Dame in solchen Geschichten ebenso klug und schlau war wie weise und besonnen; daher ist nicht daran zu zweifeln, ob sie ihren Fall mit ihrem Kardinal geheimhielt. Meine Großmutter, die Frau Seneschall von Poitou, bekam nach ihrem Tod deren Stelle, sie wurde vom König Franz erwählt, der sie ernannte und sogar aus ihrem Hause holen ließ; er überließ sie seiner königlichen Schwester, weil er sie als eine sehr weise und sehr tugendhafte Dame kannte, auch nannte er sie ›mon chevalier sans reproche‹. Sie war jedoch nicht so schlau, so verschmitzt, so geschickt darin wie ihre Vorgängerin und war auch keine zweite Ehe eingegangen. Und wenn ihr wissen wollt, von wem die Novelle handelt: von der Königin von Navarra selbst und vom Admiral von Bonivet, wie ich von meiner seligen Großmutter habe; mir scheint indessen, die Königin brauchte ihren Namen nicht zu verhehlen, da der andre über ihre Keuschheit nichts vermochte und sich in Verwirrung wieder fortmachte; und sie wollte ja die Tat bekanntmachen, wären nicht die schönen und klugen Vorhaltungen jener ihrer Ehrendame, Frau von Chatillon, gewesen; und wer davon gelesen hat, wird derselben Meinung sein. Ich glaube, der Herr Kardinal, ihr Gatte, einer der beredtesten, gelehrtesten, klügsten und besonnensten Männer seiner Zeit, inspirierte sie bei diesen Ratschlägen und Mahnungen. Vielleicht mutet diese Geschichte wegen des heiligen und frommen Berufs des andern etwas skandalös an; wer sie aber bringen will, müßte eben andere Namen wählen.

Und wenn dieser Streich bezüglich jener Ehe geheimgehalten wurde, war es mit der des letzten Kardinals von Chatillon nicht so; denn er verkündete und sprengte es selbst genug aus, ohne daß er eine Trompete borgte; und ohne sein hohes Kleid und seinen roten Hut aufzugeben, starb er verheiratet. Einerseits entschuldigte er sich mit der reformierten Religion, an der er festhielt; anderseits damit, daß er stets seinen Rang behalten und ihn nicht niederlegen wollte, was er sonst getan hätte, und daß er in den Rat gehn wollte, wo er mit seiner Gegenwart, seiner Religion und seiner Partei viel helfen konnte; er war ja auch gewiß ein sehr fähiger Könner und eine sehr große Persönlichkeit.

Ich glaube, mein Herr Kardinal du Bellay konnte es ebenso machen; denn damals neigte er sehr zum Glauben und zur Lehre Luthers, ebenso wie der französische Hof davon beeinflußt war; denn alle neuen Dinge gefallen, und besagte Lehre gab auch den Leuten, und besonders den Geistlichen, die recht artige Freiheit, sich zu verheiraten.

Nun wollen wir aber nicht mehr von diesen Standesherren reden, wegen der großen Verehrung, die wir ihrem Gewand und ihrem heiligen Range zollen müssen. Wir müssen uns jetzt etwas mit unsern alten Witwen befassen, die keine sechs Zähne mehr im Maul haben und sich wieder verheiraten. Es ist noch nicht lange her, als eine Dame, Witwe dreier Gatten, in Guyenne als vierten einen Edelmann heiratete, der dort einen ziemlichen Rang einnahm, da stand sie im Alter von achtzig Jahren. Ich weiß nicht, warum sie es tat, denn sie war sehr reich und hatte eine Menge Taler, derentwegen der Edelmann wohl hinter ihr her war, war es nicht deswegen, weil sie sich wieder hingeben und noch einmal auf ihren Lorbeeren tanzen* wollte, wie Fräulein Sevin, die Possenreißerin der Königin von Navarra, sagte.

* ›fringuer sur les lauriers‹: auf den Lorbeeren, mit denen die Sieger ihr Lager bedeckt hatten.

Ich kannte auch eine große Dame, die sich im Alter von sechsundsiebzig Jahren wieder vermählte und einen Edelmann ehelichte, der nicht die Qualität ihres ersten besaß; und sie lebte hundert Jahre; dennoch bewahrte sie dabei ihre Schönheit; denn sie hatte zu den schönen Frauen ihrer Zeit gehört und hatte ihren hübschen und jungen Leib auf jede Art und Weise verwertet: vor der Ehe, in der Ehe und als Witwe, sagte man.

Das nenne ich zwei schreckliche Frauenlaunen! Sie mußten wohl viel Hitze haben. Auch habe ich tüchtige und erfahrene Bäcker sagen hören, daß ein alter Backofen viel leichter heiß wird als ein neuer, und wenn er einmal erhitzt ist, hält er seine Wärme länger und bäckt das Brot besser.

Ich weiß nicht, was für einen Geschmack ihre Kunden von Gatten und Liebhabern an ihnen finden; ich sah jedoch viele galante und tapfre Edelleute, die an der Liebe der alten Damen ebenso, sogar noch mehr hingen als an der der jungen; und man sagte mir noch, es hätte schon seine Annehmlichkeiten für sie. Manche sah ich auch, die sie mit sehr heißer Liebe liebten, ohne ihre Börse in Anspruch zu nehmen, als nur ihr Börschen im Schoße. So sahen wie einst einen sehr hohen regierenden Fürsten, der eine bejahrte verwitwete hohe Dame so heftig liebte, daß er sowohl seine Gemahlin wie alle andern noch so schönen und jungen Frauen aufgab, um mit ihr zu lieben. Darin hatte er aber recht; denn sie war eine der schönsten und liebenswürdigsten Damen, die man je gesehen hat; und ihr Winter war sicherlich mehr wert als der Frühling, der Sommer und der Herbst der andern. Wer mit den italienischen Kurtisanen Umgang gepflogen hat, dem sind Beispiele vorgekommen, wie manche stets die berühmtesten und ältesten wählen, die gleich die geübtesten waren, weil sie sowohl am Leib wie an der Seele mehr von ihnen erwarten konnten. Das war der Grund, weshalb jene feine Kleopatra sich gar nicht aufregte, als sie von Marc Anton aufgefordert wurde, ihn zu besuchen; da sie Julius Cäsar und Gnäus Pompejus, den Sohn des großen Pompejus, hatte in den Sack stecken können, als sie noch ein junges Mädchen war und noch kaum etwas von der Welt und ihrem Metier verstand, war sie sicher, daß sie ihren Mann, der sehr roh war und den groben Soldaten erkennen ließ, ganz anders an die Zügel nehmen würde, während sie gerade in der Blüte ihres Könnens und ihres Alters stand. Und wenn auf manche Männer, um die Wahrheit zu sagen, nur die Tugend wirkt, so werden andere durch das reife Alter, einen reiferen, beredteren Geist und eine lange Erfahrung gereizt und verführt.

Hier stört nur ein Zweifel, dessentwegen ich früher Ärzte gefragt habe; es sagte einer, warum er nicht mehr gesund lebe, da er in seinem Leben keine Alte erkannt oder berührt habe, im Hinblick auf jenen ärztlichen Aphorismus: ›vetulam non cognovi‹. Unter andern Witzen und Scherzen bekam ich von diesen Ärzten ein altes Sprichwort zu hören, das besagte: ›In einer alten Scheuer drischt man gut, aber mit alten Dreschflegeln richtet man nichts Ordentliches aus.‹ Andre sagen: ›Es liegt wenig daran, wie alt das Tier ist, sondern ob es trägt.‹ Sie kannten auch aus Erfahrung so hitzige und brünstige alte Weiber, daß sie beim Beischlaf mit einem jungen Mann aus ihm herauszogen, was sie nur konnten, und ihn quälten und alles aussogen, was er an Stoff oder Saft im Leibe hatte, der besseren Befeuchtung wegen. Ich meine jene, die des Alters halber vertrocknet sind und keine Säfte haben. Jene Ärzte nannten mir andre Gründe; neugierige Leute können sie aber selber darum fragen.

Ich sah eine alte Witwe, eine große Dame, die in weniger als vier Jahren drei Gatten und einen jungen Edelmann, den sie zum Freund genommen hatte, zuschanden ritt und unter die Erde brachte, nicht mit Mord oder Gift, sondern durch unaufhörliches Schröpfen und Destillieren. Wenn man die Dame sah, hätte man es ihr nie zugetraut; denn vor den Leuten tat sie sehr fromm, erbarmend und scheinheilig, ja sie wollte vor ihren Kammerfrauen nicht einmal das Hemd wechseln, weil sie fürchtete, von ihnen nackend gesehen zu werden, und wollte auch nicht vor ihnen pissen; eine mit ihr verwandte Dame sagte aber, sie mache diese

Umstände nur mit ihren Frauen, nicht aber mit ihren Männern oder ihren Galanen.

Aber wie? Verdient denn eine Frau, die in ihrem Leben mehrere Gatten hat, wie es deren genug gab, die drei, vier und fünf hatten, mehr Tadel als eine andre, die in ihrem Leben nur einen Gatten und einen Geliebten hat, oder zwei, oder drei, wie sich einige wirklich rechtschaffen damit zufriedengaben? Darüber hörte ich eine große Dame von da und da sagen, sie mache keinen Unterschied zwischen einer Dame, die mehrere Gatten hatte, und einer, die neben ihrem Gatten bloß einen oder zwei Freunde gehabt, denn der Schleier der Ehe decke alles zu; was aber die Sinnlichkeit und die Schlüpfrigkeit anlange, gebe es keinen Heller Unterschied, darin befolgen die Frauen das spanische Sprichwort: ›Manche Frauen haben die Natur von Aalen, wenn man sie halten will, und ihre Wahl treffen sie wie Wölfinnen‹; denn der Aal ist sehr schlüpfrig und schlecht zu fassen, und die Wölfin wählt immer den häßlichsten Wolf.

Es passierte mir einmal am Hofe, wie ich anderswo erzählte, daß eine ziemlich hohe Dame, die dreimal verheiratet gewesen war, zufällig zu mir sagte, sie habe soeben mit ihrem Schwager gespeist und ich solle erraten, mit wem; sie sagte es mir naiv, ohne etwas Böses dabei zu denken; und ich antwortete ihr etwas boshaft, aber doch lachend: »Und wer zum Teufel könnte so wahrsagen, um das zu erraten? Ihr seid viermal verheiratet gewesen; man kann sich denken, was Ihr für eine Menge Schwäger haben mögt.« Da antwortete sie mir und replizierte: »Ihr habt Böses im Sinn«, und nannte mir den Schwager. »Gut, gut!« erwiderte ich ihr; »aber vorhin war es nicht so gut.«

In Rom lebte einst eine Frau, die zweiundzwanzig Gatten nacheinander gehabt hatte, und ebenso ein Mann, der einundzwanzig Frauen gehabt; sie kamen alle beide überein, einen guten Bund zu schließen und sich miteinander zu verheiraten. Der Mann überlebte schließlich seine Frau: dafür wurde er von dem ganzen Volk in Rom so hoch gefeiert, daß er als Sieger im Triumphwagen, lorbeergekrönt und die Palme in der Hand, herumgeführt wurde. Welch ein Sieg, welch ein Triumph!

Zur Zeit König Heinrichs II. war am Hofe Herr von Barbezan, genannt Saint-Amand, der sich dreimal nacheinander verheiratete. Seine dritte Frau war Fräulein bei der Frau von Monchy, der Erzieherin der Herzogin von Lothringen, die, tapferer als ihre beiden Vorgängerinnen, über sie recht behielt, denn unter ihr starb der Gatte; wie man ihn nun am Hof bedauerte und sie über seinen Verlust schmählich niedergeschlagen war, machte ihr Herr von Monpesat, der ganz vortrefflich redete, den Einwand: anstatt sie zu beklagen, müsse man sie vielmehr preisen wegen ihres Sieges über ihren Mann, von dem man sagte, daß er so stark und kräftig und wohlausgestattet wäre, daß er seine ersten beiden Frauen durch die Gewalt, mit der er es ihnen machte, ins Grab brachte; sie, die beim Kampf nicht unterlegen sei, sondern siegreich geblieben wäre, müßte für einen so schönen Sieg über einen so tapfern und robusten Kämpen vom Hofe gelobt und bewundert werden; daher müsse sie selber sehr stolz darüber sein. Was für ein Ruhm!

Dieselbe Meinung äußerte ein Herr von Frankreich: zwischen einer Frau, die vier oder fünf Gatten gehabt hat (dergleichen gab es), und einer Hure, die drei oder vier Liebhaber hintereinander habe, fände er keinen größeren Unterschied; es sei denn, daß die eine die Ehe zum Deckmantel nehme, die andre nicht. Als ein feiner Mann, den ich kenne, eine Frau geheiratet hatte, die drei Männer gehabt, fand sich einer (ich kenne ihn), der sagte: »Er hat ja schließlich eine Hure geheiratet, die aus dem Respektsbordell kommt.« Meiner Treu, solche Frauen, die sich wieder verheiraten, gleichen den habgierigen Wundärzten, die einem armen Verwundeten die Wunden nicht sofort zuschließen wollen, um die Heilung hinauszuzögern und immer mehr klingendes Honorar dadurch zu gewinnen. Auch sagte eine: »Es ist nicht schön, gerade mitten auf seinem Weg anzuhalten; man muß ihn bis ans Ende durchmachen.«

Ich wundere mich, daß diese Frauen, die so hitzig sind

und so rasch dabei, sich wieder zu verheiraten, und besonders so angejahrte, zu ihrer Ehre sich keiner abkühlenden Mittel und niederschlagenden Tränke bedienen, um alle diese ihre Brünste zu dämpfen und zu vertreiben; aber weit gefehlt, sie zu gebrauchen, helfen sie sich sogar mit deren Gegenteil und sagen, solche erkältende ›potus‹ verdürben ihnen den Magen. Ich habe früher ein kleines, aber dummes italienisches Büchelchen gesehen und gelesen, das Rezepte gegen die Wollust enthielt und auch zweiunddreißig Mittel dagegen nennt; sie sind aber so dumm, daß ich den Frauen durchaus nicht rate, sie zu gebrauchen, sonst können sie ihren Körper in einen bösen Zustand versetzen. Deshalb führe ich sie auch hier nicht an. Plinius führt eines an, das früher die Vestalinnen gebrauchten; auch die athenischen Frauen benützten es während der Feste der Göttin Ceres, genannt ›Thesmophoria‹, um sich abzukühlen und jede heiße Liebesgier zu vertreiben; dadurch wollten sie die Feier in größerer Keuschheit begehen, es waren Abgüsse aus den Blättern eines Baumes, genannt ›agnus castus‹. Aber nur während des Festes schränkten sie sich so ein, nachher aber lustierten sie sich wieder ordentlich damit.

Ich sah einen solchen Baum in einem Hause in der Guyenne, er gehörte einer großen, ehrbaren und sehr schönen Dame, die ihn häufig den Fremden, die sie aufsuchten, als große Spezialität zeigte und ihnen auch seine Eigenschaft erklärte, aber der Teufel soll mich holen, wenn ich je gesehen oder gehört hätte, daß eine Frau oder Dame auch nur einen einzigen Zweig hätte pflücken lassen oder bloß ein kleines Blättermittel gemacht hätte; nicht einmal die Eigentümerin des Baumes, die doch darüber verfügen konnte, wie es ihr paßte. Das wäre auch schade gewesen, denn ihr Gatte hätte es sicher nicht schön dabei gehabt: sie war es auch sehr wert, daß sie dem Lauf der Natur seinen Gang ließ, so schön und angenehm war sie, und sie hat auch in der Tat eine überaus schöne Nachkommenschaft erzeugt.

Um die Wahrheit zu sagen, muß man diese scharfen und

kalten Rezepte lieber den armen Nonnen überlassen und verordnen, die häufig von den Versuchungen des Fleisches gepackt werden, die Ärmsten, obwohl sie fasten und ihren Leib kasteien; hätten sie Freiheit, würden sie sich, wenigstens manche, gleich den weltlich Gesinnten erquicken; und recht häufig bereuen sie es, daß sie den Schleier nahmen, wie man bei römischen Kurtisanen sieht, von deren einer ich eine lustige Geschichte mitteilen will; diese hatte sich dem Schleier gelobt, und bevor sie ins Kloster ging, besuchte sie einer ihrer Freunde, ein französischer Edelmann, um ihr Lebewohl zu sagen, da sie ja Klosterschwester würde; bevor er wegging, bat er sie noch einmal um Liebe; während er sie nahm, sagte sie zu ihm: »Mach geschwind, denn man wird mich gleich holen, ins Kloster bringen und zur Nonne machen!« Man stelle sich vor, sie wollte es zum Abschied noch einmal genießen und sagte: »Tandem haec olim meminisse juvabit.« – Welche Reue! Was für ein frommer Antritt! Und wenn sie einmal das Gelübde abgelegt haben, glaube ich, daß wenigstens die schönen, ich meine manche, sich mehr danach zurücksehnen, als von leiblicher oder seelischer Speise zu leben. Manche wissen sich auch zu helfen, entweder mit Dispensen oder mit offenen Freiheiten, die sie sich selber nehmen; denn hier werden sie nicht, wie in der Vergangenheit die Vestalinnen von den Römern, grausam behandelt, wenn sie etwas verbrochen haben; das war etwas Häßliches und Verabscheuenswertes; dafür waren sie auch Heiden und voller Scheußlichkeiten und Grausamkeiten. Wir Christen, die wir der milden Lehre unsres Heilands folgen, müssen gütig sein wie er; und wie er verzeiht, so müssen wir verzeihen. Ich würde die Art, wie die Vestalinnen behandelt wurden, beschreiben; aber da mir schaudert, laß ich es lieber in der Feder.

Lassen wir nun diese armen Klosterschwestern; wenn sie da einmal eingeschlossen sind, erdulden sie Übles genug; so sagte einmal eine spanische Dame, als sie ein sehr schönes und ehrbares Fräulein ins Kloster gesteckt werden sah: »O arme Unglückliche, was habt Ihr groß gesündigt, daß

Ihr so rasch büßen müßt und ganz lebendig ins Grab geworfen werdet!« Und als sie sah, daß die Nonnen ihr die freundlichste und ehrenvollste Aufnahme bereiteten, sagte sie, alles röche ihr übel, selbst der Weihrauch der Kirche.

In betreff dieser jungfräulichen Gelübde erließ Heliogabal ein Gesetz: es solle keine römische Jungfrau, auch keine Vestalin, zur Wahrung der Jungfräulichkeit verpflichtet werden; die Frauen wären geschlechtlich zu einfältig, daß man sie zu etwas verpflichten könne, was sie nicht garantieren könnten. Daher stifteten die Leute, die Hospitäler errichteten, um darin arme Mädchen zu ernähren, aufzuziehen und zu verheiraten, ein sehr barmherziges Werk, sowohl weil sie ihnen die süße Frucht der Ehe kosten ließen, als auch, weil ihnen so die Buhlerei ferngehalten wurde. Ebenso verwandte Panurg bei Rabelais sehr viel Geld darauf, solche Ehen zu stiften, und besonders bedachte er gern alte häßliche Weiber, denn für die muß man doch viel mehr Geld springen lassen als für die schönen.

Eine Frage noch erhebt sich hier, von der ich gerne wollte, sie möchte mir von ein paar Damen, die die Fahrt gemacht haben, in aller Wahrheit und ehrlich gelöst werden; ich möchte wissen, wie sie sich, wenn sie sich wieder verheiratet haben, gegenüber dem Andenken an die ersten Gatten verhalten. Dazu sagt ein Spruch: ›Die letzten Freundschaften und Feindschaften lassen die ersten vergessen‹; ebenso begräbt die zweite Ehe die erste. Dafür will ich ein lustiges Beispiel anführen, aber keines hohen Orts; nicht, daß es sehr zu billigen und auch nicht zu verwerfen wäre; man sagt jedoch, Weisheit und Wissen könnten auch an einem mindern Ort verborgen sein. Als einmal eine große Dame von Poitou eine Bäuerin, ihre Pächterin, fragte, wieviel Gatten sie gehabt habe und wie sie sich dabei befunden habe, machte sie ihre kleine Verbeugung und antwortete kaltblütig: »Ich will es Euch sagen, Madame: Ich hatte zwei Gatten, Gott sei Dank. Der eine hieß Wilhelm, er war der erste; der zweite hieß Collas. Wilhelm war ein guter Mann, ein wohlhabender Mann, und er behandelte mich sehr gut; aber Gott möge Collas verzeihen, denn

Collas machte es mir sehr gut.« Das Wort, das mit F anfängt, sagte sie aber stracks und ungeschminkt, ich wage es aber nicht. So bat diese Vettel für die Seele des hingeschiedenen guten Kameraden und argen Hurenjägers zu Gott, und weshalb, frage ich einen: weil er sie so gut bügelte; beim ersten – nein. Ich dachte, ebenso machen es manche Damen, die eine zweite Ehe eingehen, denn dann tun sie es jener großen Sache halber; daher wird der, der's am besten versteht, am meisten geliebt. Und es ist auch ihre Meinung, der zweite sei vor Liebeswut geschwollen; aber recht häufig werden manche getäuscht, denn sie finden in ihren Butiken das Lager nicht, das sie da zu finden glaubten; oder es ist wie bei manchen so elend, verbraucht, verdorben, schlaff, gewelkt, schlapp und abgenutzt, daß man es bereut, seinen Denar darangesetzt zu haben; dafür sah ich eine Menge Beispiele, die ich aber nicht anführen will.

Bei Plutarch lesen wir, Cleomenes hatte nach dem Tode des Aagis dessen Frau, die schöne Agintis, geheiratet, denn da sie äußerst schön war, liebte er sie sehr. Er würdigte die große Trauer, die sie für ihren ersten Gatten empfand, und hatte so großes Mitleid mit ihr, daß er ihr seine Freude über die Liebe aussprach, die sie für ihren ersten Gatten empfand, und ihre liebenswürdige Erinnerung an ihn hübsch fand; und zwar brachte er selbst sehr häufig die Rede auf ihn, indem er sie um verschiedene Besonderheiten ihrer Liebesfreuden fragte, die sich zwischen ihnen abgespielt hatten. Er erfreute sich ihrer aber nicht lange, denn sie starb ihm weg, und er empfand die tiefste Trauer darüber. Manche solcher Gatten machen es mit ihren schönen Frauen zweiter Ehe geradeso.

Es ist aber nun doch bald an der Zeit, wie mich dünkt, daß ich endlich Schluß mache, oder ich tu es sonst überhaupt nie.

Andre Damen sagen auch, sie hätten ihre letzten Gatten weit lieber als die ersten: »denn«, sagten mir manche, »die ersten, die wir heiraten, müssen wir sehr häufig auf den Befehl unserer Könige und königlichen Herrinnen nehmen, unter dem Zwang unsrer Väter, Mütter, Verwandten, Vormünder, nicht mit unserm freien Willen; dagegen treffen wir in unsrer Witwenschaft, wo wir sehr frei geworden sind, eine solche Wahl, die uns zusagt, und nehmen sie nur zu unsrer Lust und Freude, aus Liebe und zu unsrer artigen Befriedigung.« Das mag sicherlich zutreffen, hieße es nicht auch häufig: ›Les amours qui s'accommancent par anneaux se finissent par couteaux‹, wie ein altes Sprichwort sagt. Alle Tage erfahren wir Beispiele von Frauen, die glauben, sie würden von ihren Männern gut behandelt, die sie aus den Händen der Justiz und vom Galgen, aus der Armut, dem Elend, dem Bordell genommen und erhöht haben, und dann wurden sie geschlagen und geprügelt, ganz elend mißhandelt und sehr häufig auch ums Leben gebracht. Das war die gerechte göttliche Strafe dafür, weil sie gegen ihre ersten Gatten, die viel zu gut mit ihnen gewesen waren, zu undankbar waren und von ihnen das Schlimmste redeten. Da war eine andre, von der ich erzählen hörte, ganz anders: Diese begann in der ersten Nacht ihrer Ehe, als ihr Gemahl sie anzugreifen begann, dermaßen zu weinen und zu seufzen, daß sie sich auf einmal sehr entgegengesetzt zeigte, winterlich und sommerlich. Ihr Gemahl fragte sie, worüber sie sich betrübe und ob er nicht ordentlich seine Pflicht tue. Sie antwortete ihm: »Ach genug, lieber Mann; aber ich erinnere mich an meinen ersten Gatten, der mich so sehr und so oft gebeten hat, daß ich mich nach seinem Tod nie wieder verheiraten und mich an seine kleinen Kinder erinnern und Mitleid mit ihnen haben solle. Ach! ich sehe wohl, daß ich noch viele von Euch bekommen werde. Oh! was soll ich tun? Ich glaube, daß er mir sehr flucht, wenn er mich von seinem Platze im Himmel aus sehen kann.« Was für eine Gemütsart, solche weise Erwägungen erst dann anzustellen, wenn der Stoß schon vorbei ist! Nachdem sie der Gemahl aber beruhigt und diese Laune oftmals durch ihre Mitte verbohrt hatte, öffnete er am andern Morgen das Fenster des Zimmers und ließ die ganze Erinnerung an den ersten Gatten hinaus; denn wie ein altes Sprichwort sagt: ›Eine Frau, die einen Gatten begräbt, kümmert sich nicht mehr darum, einen andern zu begraben‹; und ein anderes besagt: ›Eine Frau, die ihren Gatten verliert, hat kein anderes Aussehen als ein melancholisches.‹

Ich kannte eine andre Witwe, eine große Dame, die sich wieder ganz anders verhielt als die vorige und nicht so weinte; denn in der ersten und zweiten Nacht ihrer Ehe belustigte sie sich dermaßen mit ihrem zweiten Gatten, daß sie das Bettgestell einstießen und durchbrachen, obwohl sie eine Art von Krebs an einer Brustwarze hatte; ungeachtet ihrer Krankheit aber minderte sie ihre Liebeslust um kein Jota und unterhielt ihn nachher oftmals von der Dummheit und von der Ungeschicktheit ihres ersten Gatten. Nach dem aber, was ich von manchen Männern und Frauen hörte, wollen die zweiten Gatten von ihren Frauen über die Tüchtigkeit und Tapferkeit ihrer ersten Gatten ganz und gar nicht unterhalten sein, gleichsam aus Eifersucht gegen die armen Verstorbenen, an die ihre Weiber so denken, als kehrten sie in diese Welt zurück: Übles dagegen können sie von ihnen reden, soviel sie wollen. Sehr viele fragen sie freilich auch danach, so machte es Cleomenes; und ihre Frage geht dahin, ob sie sich sehr kräftig und tapfer zeigten, und vergleichen beide nach ihrer Kraft und Stärke bei diesen Minnediensten; das habe ich von manchen Männern und Frauen sagen hören, daß sie, um ihnen einen besseren Geschmack daran beizubringen, den spätern den Glauben einflößten, daß die andern bloß Lehrlinge gewesen wären, und sie hatten es daher auch sehr häufig weit besser. Andre sagten im Gegenteil, daß die ersten gewütet hätten, und die letzten hätten sich dann mächtig angestrengt wie abgesattelte Esel.

Solche Witwen wären gut für die Insel Chios, die schönste, freundlichste und lustigste Insel der Levante, die einst im Besitz der Genueser war und seit fünfunddreißig Jahren von den Türken usurpiert worden ist, was höchst schade und ein großer Verlust für die Christenheit ist. Auf dieser Insel besteht also, wie ich von ein paar Genueser Kaufleuten hörte, der Brauch, daß die Signoria, wenn eine Frau Witwe bleiben will und keine Absicht zeigt, sich wieder zu verheiraten, sie zwingt, eine bestimmte Geldsteuer zu bezahlen, die sie ›Argomoniatiquo‹ nennen, was soviel besagen will (ohne der Ehre der Frauen zu nahe zu treten), ›Eine F…, die ruht, ist unnütz.‹ So wurde einst in Sparta, wie Plutarch in der Lebensbeschreibung Lysanders berichtet, eine Strafe gegen jene Frauen verfügt, die sich gar nicht oder die sich zu spät verheirateten oder die sich schlecht verheirateten. Ich habe mich bei manchen Chioten danach erkundigt, worauf sich dieser Brauch stützte. Sie antworteten mir, damit die Bevölkerung der Insel befördert würde. Ich versichere euch, in unserm Frankreich hat die Enthaltsamkeit der Witwen, die sich nicht wieder verheiraten, keine Entvölkerung oder Unfruchtbarkeit im Gefolge; denn ich denke, es verheiraten sich mehr wieder, als ledig bleiben, und daher brauchen sie für die unnütze und untätige F… keine Steuer zu bezahlen. Tun sie es nicht ehelich, so fruktifizieren und betätigen sie es anderswie, wie ich zu erzählen hoffe. Auch manche unserer Mädchen würden die Steuer von Chios nicht zu bezahlen brauchen, wie die chiotischen Mädchen, die (stammten sie nun vom Land oder von der Stadt) bei Verlust ihrer Jungfernschaft, bevor sie verheiratet sind und wenn sie das Metier fortsetzen wollen, gehalten sind, dem Hauptmann der Nachtwache einmal einen Dukaten zu geben (ein sehr billiger Handel, denn sie können es ja dann ihr ganzes Leben lang machen), sie treiben es dann ganz nach Lust, ohne jegliche Furcht und Gefahr; es ist auch der größte und sicherste Gewinn, den jener brave Hauptmann in seinem Amte hat.

In alten Zeiten stand es allerdings mit den Frauen und Mädchen dieser Insel ganz anders; wie Plutarch in seinen ›Opuscula‹ berichtet, waren sie siebenhundert Jahre hindurch so keusch, daß man sich niemals erinnerte, daß je eine verheiratete Frau Ehebruch getrieben oder ein Mädchen außerhalb der Ehe entjungfert worden wäre. Mirakel, riefe die … da aus wie Homer! Man kann mir glauben, daß sie sich heutzutage sehr verändert haben. Auch …

Die Griechen hatten immer besondere Erfindungen, die auf die Hurerei abzielten; so lesen wir in der alten Zeit von dem Brauch auf der Insel Zypern, den die gute Frau Venus, die Patronin der Insel, eingeführt haben soll: er bestand darin, daß die Mädchen längs der Ufer, Küsten und Gestade des Meeres spazierengingen, um mit der Preisgebung ihres Leibes gegenüber den Seeleuten, Reisenden und Schiffern ihre Aussteuer zu gewinnen; diese stiegen eigens aus, ja sie wendeten sich von ihrem geraden, dem Kompaß folgenden Weg sogar ab, um zu landen, genossen ihre kleinen Erfrischungen mit ihnen, bezahlten sie sehr gut und fuhren dann wieder weiter, wobei manche bedauerten, solche Schönheiten verlassen zu müssen; damit gewannen diese schönen Mädchen ihre Mitgift, diese mehr, jene weniger, diese niedrig, jene hoch, diese groß, jene klein, je nachdem die Mädchen schön, ausgezeichnet und verführerisch waren.

Heutzutage spazieren manche Mädchen von uns christlichen Nationen keineswegs herum oder setzen sich so den Winden, den Regengüssen, der Kälte, der Sonne, der Hitze, dem Mond aus, um sich ihr Heiratsgut zu verdienen, denn die Mühe ist zu anstrengend und für ihre zarte und köstliche Haut und ihr weißes Fleisch zu hart, statt dessen lassen sie sich unter weichen Zelten und hinter prächtigen Bettvorhängen besuchen, und da pressen sie den Liebhabern ihren Liebes- und Mitgiftsold ab, ohne jeglichen Tribut zu bezahlen. Ich rede nicht von den römischen Kurtisanen, die ihn bezahlen, sondern von viel vornehmeren als sie. Ja, bei manchen haben die Väter, Mütter und Brüder die meiste Zeit keine große Sorge ums Geld und brauchen ihnen auch keines zu geben, um sie zu verheiraten; sondern die Töchter geben im Gegenteil häufig genug den ihrigen davon ab und fördern sie in Gütern und Ämtern, in Graden und Würden, wie ich verschiedentlich gesehen habe. Auch befahl Lykurgus, daß die jungfräulichen Mädchen ohne eine Mitgift in Geld verheiratet würden, weil die Männer sie ihrer Tugenden halber, nicht aus Habsucht heiraten sollten. Aber was für eine Tugend war das? Daß sie bei den hohen Festen sangen und in aller Nacktheit öffentlich mit den Knaben tanzten, ja auf offnem Markte Ringkämpfe aufführten; es spielte sich indessen in aller Ehrbarkeit ab, sagt die Geschichte; das muß man wissen, und was mag das für eine ehrbare Verfassung gewesen sein, in der man diese schönen Mädchen öffentlich sah? Zucht und Ehrbarkeit war wohl gar nicht dabei, dagegen mag es eine Augenweide gewesen sein, besonders im Anblick der Bewegung ihres Leibes, in ihrem Tanz und noch mehr in ihrem Ringkampf: dann auch, wie sie übereinanderfielen, ›illa sub, ille super; ille sub et illa super‹, wie der Lateiner sagt, ›sie unten, er oben, sie oben, er unten‹. Da soll man mir doch nicht weismachen, diese spartanischen Mädchen seien züchtig und ehrbar gewesen? Ich glaube, da war keine Keuschheit, die nicht davon erschüttert wurde, und wenn die unschuldigen Spiele öffentlich und am Tage stattfanden, so kamen die großen Kämpfe und Überfälle im verborgnen und bei den nächtlichen Zusammenkünften dran. Alles das konnte ohne jeden Zweifel der Fall sein, in Anbetracht dessen, daß jener Lykurgus denen, die schön und disponiert waren, erlaubte, die Frauen der andern zu borgen, um darin wie in fetter, schöner und guter Erde zu ackern: es konnte auch einem alten und schwächlichen Mann kein Vorwurf daraus gemacht werden, daß er seine schöne und junge Frau einem feinen jungen Mann lieh, den er wählte; aber es sollte auch der Frau erlaubt sein, den nächsten Verwandten ihres Gatten zur Unterstützung zu wählen, der ihr gefiele, um sich mit ihm zu paaren, damit die gezeugten Kinder wenigstens dem Blut und der Rasse des Gemahls entstammten. Das sieht man ja auch wohl ein, hatten doch auch die Juden das Gesetz über den Verkehr des Schwagers mit der Schwägerin; unser Christengesetz hat das jedoch alles beseitigt; wenn auch unser Heiliger Vater manchmal Dispense erteilte. In Spanien ist dergleichen sehr im Schwange, aber auch nur mit päpstlichem Dispens.

Nun wollen wir noch etwas und so nüchtern wie möglich von ein paar andern Witwen reden und dann Schluß machen.

Eine andre Gattung von Witwen, die es gibt, verheiratet

sich durchaus nicht wieder, sondern flieht vor der Ehe wie vor der Pest; so antwortete mir eine sehr geistreiche Dame aus einem großen Hause, die gefragt worden war, ob sie dem Gott Hymen nochmals ihr Gelübde leisten würde: »Was verlangen Sie von mir!! wäre denn ein Galeerensträfling oder der Sklave kein Tropf und kein Tölpel, wenn er nach langem Rudern und Angekettetsein die Freiheit gewänne und er sich nicht gern fortmachte, ohne nochmals bei einem schändlichen Korsaren unters Joch zu gehen? Das gleiche gilt von mir, wenn ich einen andern nähme, nachdem ich schon die Sklaverei eines Gatten erduldet habe; was verdiente ich dafür, da ich es mir doch ohne jegliche Gefahr anderswo wohl sein lassen kann?« Eine andre große Dame und Verwandte von mir (denn ich wollte gar nicht den Sultan spielen) antwortete, als ich sie fragte, ob sie denn keine Lust hätte, sich wieder zu vermählen: »Nein, lieber Vetter, aber ergötzen will ich mich!« Das sollte eine Anspielung sein, mit der sie sagen wollte, daß sie ihre F... mit etwas anderm erfreuen wollte als mit einem zweiten Gatten, nach dem alten Sprichwort ›il vaut mieux voler en amours qu'en mariage‹, und dann sind ja auch Frauen überall gastfrei. Das alte Wort trifft zu, denn sie empfangen überall und sind überall Königinnen; ich meine die schönen.

Ich hörte von einer andern, die auf die Frage eines Edelmanns, der ihr als Freier auf den Busch klopfen wollte, ob sie denn gar keinen Gatten mehr wünsche, sagte: »Ach, redet mir nicht von einem Manne, ich werde nie wieder einen haben; aber einen Freund, davon rede ich nicht.« – »Erlaubt also, Madame, da ich der Gatte nicht sein kann, daß ich der Freund bin.« Sie antwortete: »Dient gut und harrt aus; vielleicht werdet Ihr's.«

Eine schöne und ehrbare Witwe im Alter von dreißig Jahren wollte eines Tages mit einem ehrbaren Edelmann spaßen, oder besser gesagt, sie wollte ihn zur Liebe verlokken; wie sie eines Tages zu Pferd steigen wollte, nahm sie ihren Rock vorne auf, der an etwas hängengeblieben und ein wenig zerrissen war, und sagte zu ihm: »Da seht, was

Ihr mir gemacht habt, Ihr habt mir mein Vorderteil aufgerissen.«

»Das würde mich sehr betrüben«, sagte der Edelmann, »und daß ich ihm weh getan habe, denn es ist zu hübsch und zu schön.«

»Was wißt Ihr davon?« sagte sie. »Ihr habt es doch gar nicht gesehen!«

»So! wollt Ihr leugnen«, replizierte der Edelmann, »daß ich es wohl hundertmal sah, wie Ihr eine kleine Range wart, wo ich Euch oft aufschürzte und es bequem und nach meinem Belieben betrachtete?«

»Ach!« sagte sie, »damals war es noch ein junger Bursche, ein Flaumbart, der noch nichts von der Welt wußte. Heute hat er einen Bart, man erkennt ihn nicht wieder, und Ihr würdet ihn gar nicht mehr wiedererkennen.«

»Er steht aber«, antwortete wiederum der Edelmann, »noch auf demselben Fleck wie damals und hat ja gar nicht den Platz gewechselt. Ich glaube, ich fände ihn noch am nämlichen Ort.«

»Ja«, sagte sie, »gerade da ist er, wenn ihn auch mein Gemahl genug hin und her gewälzt und zerarbeitet hat, mehr als je Diogenes seine Tonne.«

»Ja«, sagte der Edelmann, »aber jetzt, was kann er jetzt machen, wo ihm die Bewegung fehlt?«

»Es geht ihm geradeso«, sagte die Dame, »wie einer Uhr, die nicht aufgezogen ist.«

»Gebt also acht«, sagte der Edelmann, »daß es Euch nicht geht wie diesen Uhren; wenn sie nicht aufgezogen werden, so verrosten mit der Zeit ihre Federn, und dann taugen sie nichts mehr.«

»Diese Vergleiche«, sagte die Dame, »treffen nicht in allem zu, denn die Uhrfedern, an die Ihr denkt, sind keinem Rost ausgesetzt und immer in gutem Stand, seien sie nun aufgezogen oder werden sie es erst, sobald man es nur vornehmen will.«

»Ach! wollte doch Gott«, gab der Edelmann zurück, »daß ich der Aufzieher oder der Uhrmacher sein könnte, wenn diese Zeit und Stunde zum Aufziehen kommt!«

»Wenn der Feiertag kommen wird«, sagte die Dame, »dann werden wir uns nicht müßig verhalten, sondern machen einen Werktag daraus. Und Gott behüte den vor Unheil, den ich nicht so liebe wie Euch.«

Nach diesen wenigen pikanten und treffenden Worten stieg die Dame zu Pferd, küßte den Edelmann von Herzen und sagte: »Lebwohl, auf Wiedersehn und auf schönste Hoffnung!« Aber das Unheil wollte, daß die ehrbare Dame binnen sechs Wochen verstarb, worüber er vor Qual umzukommen glaubte; denn jene treffenden Worte wie schon früher gewechselte hatten ihn mit solcher Hoffnung erfüllt, daß er sicher war, sie gewonnen zu haben, und das war ja auch wirklich der Fall. Verflucht sei das böse Schicksal ihres Todes, denn sie war eine der schönsten und ehrbarsten Frauen, die man sehen konnte, und war schon eine Todsünde wert!

Als eine andre schöne junge Witwe von einem ehrbaren Edelmann gefragt wurde, ob sie faste und gar kein Fleisch esse, wie der Brauch sei, antwortete sie: »Nein.« – »Aber ich sah doch«, sagte der Edelmann, »daß Ihr Euch keine Skrupel daraus machtet und in dieser Jahreszeit es ebensogut wie in einer andern roh und gekocht speistet.« – »Ja, das war zu Lebzeiten meines Gatten«, sagte sie; »aber meine Witwenschaft hat mir Schranken auferlegt und meine Lebensart geregelt.« – »Nehmet Euch in acht«, sagte der Edelmann, »so viel zu fasten, denn gewöhnlich haben die Leute, die sich dem Fasten und dem Hunger überlassen, nachher, wenn der Appetit sie packt, so enge und verstopfte Därme, daß es ihnen übel bekommt.« – »Worauf Ihr anspielt«, sagte sie, »das ist nicht so eng oder ausgehungert, daß ich es nicht mäßig sättige, wenn mir der Appetit kommt.«

Ich kannte eine große Dame, die als Mädchen und verheiratete Frau überaus beleibt war. Da verlor sie ihren Gatten, und das schmerzte sie so sehr, daß sie davon dürre wie Holz wurde. Trotzdem ließ sie nicht ab, ihr Herz anderswie zu erfreuen, ja sie suchte sogar bei einem ihrer Sekretäre und andern Trost, selbst bei ihrem Koch, sagte man. Deswegen bekam sie ihre Beleibtheit doch nicht wieder, wiewohl jener Koch, der ganz fett und dick war, wie mich dünkt, sie eigentlich auch hätte fett machen können. Ebenso nahm sie ihre Kammerdiener in Anspruch, spielte sich aber bei alledem als die prüdeste und keuscheste Frau vom Hofe auf; während sie doch die Tugend nur im Munde hatte, lästerte sie über alle andern Frauen und fand an allen etwas auszusetzen. Von derselben Art war auch jene große Dame aus der Dauphiné in den ›Hundert Erzählungen‹ der Königin von Navarra, die von einem Edelmann, der sterblich in sie verliebt war, angetroffen wurde, wie sie mit ihrem Stallknecht oder Mauleseltreiber über sich im schönen Grase lag; das kurierte den Herrn aber sehr geschwind von seinem Liebesweh.

Ich hörte von einer sehr schönen Frau in Neapel, die im Rufe stand, mit einem Neger Umgang zu haben, dem häßlichsten Kerl von der Welt, der ihr Sklave und Maultiertreiber war. Es war aber seine befremdend starke Leibesbeschaffenheit, die ihm ihre Liebe erwarb.

In einem alten, in gotischen Lettern gedruckten Roman des Jehan de Saintré las ich, daß der verstorbene König Johann ihn als Pagen hielt. In alten Zeiten war es der Brauch, daß die Großen ihre Pagen zur Botschaft ausschickten, wie es heute noch geschieht; damals aber gingen sie überallhin und ritten zu Pferd durchs Land: von diesen Botschaften habe ich auch von unsren Vätern viel erzählen hören, denn wenn man einen Pagen mit einem Pferd und einem Stück Geld hinaussandte, dann hatte man's erledigt und ebensoviel gespart. Dieser kleine Jehan von Saintré (denn so nannte man ihn lange) wurde von seinem Herrn, dem König Johann, sehr geliebt, denn er war ein geistreicher Bursche und hatte häufig auch kleine Botschaften an des Königs Schwester zu überbringen, die damals Witwe war (das Buch sagt nicht, wessen Witwe sie war). Nach einigen Botschaften, die er bestellt hatte, verliebte sich diese Dame in ihn; und als sie ihn eines Tages bei guter Gelegenheit fand und allein mit ihm war, redete sie ihn an und fragte ihn aus, ob er denn keine Dame vom Hofe liebe und welche ihm am besten gefalle; wie manche Damen zu reden pflegen, wenn sie eine Liebelei einleiten wollen, eine Praxis, die ich recht gut kenne. Klein Jehan von Saintré, der an nichts weniger dachte als an die Liebe, sagte ihr: »Noch nicht«; da nannte sie ihm verschiedene, und was er davon hielte. »Noch weniger«, antwortete er, nachdem sie ihm die Tugend und das Lob der Liebe gepredigt. Denn wie heutzutage waren ihr auch in jener alten Zeit manche große Damen ausgesetzt; denn die Welt war noch nicht so weise, wie sie heute ist; und um so besser für die klügsten, wenn sie sich mit ihrer Scheinheiligkeit und Naivität bei ihren Männern ins Licht setzen können. Wie diese Dame also den jungen Burschen, der ein guter Fang war, ansah, sagte sie ihm also, sie wolle ihm eine Geliebte geben, die ihn sehr lieb hätte; aber er müsse ihr auch gut dienen; und so schamhaft er sich auch noch im Augenblick zeigte, sie ließ es ihm versprechen, nur sollte er verschwiegen sein. Endlich erklärte sie sich ihm, daß sie seine Dame und Geliebte sein wolle; denn damals war das Wort Maitresse noch nicht im Gebrauch. Der junge Page war sehr erstaunt, er glaubte, sie mache sich über ihn lustig oder sie wolle ihn ertappen und dann Prügel geben lassen.

Dennoch hatte er sogleich so viel Zeichen von Brand und Feuer, von Liebe und Vertraulichkeit von ihr, daß er erkannte, es handele sich um keinen Scherz mehr; dabei sagte sie ihm immer, sie wolle ihn mit eigner Hand erziehen und groß machen. Wie dem auch sei, ihre Liebesfreuden währten eine lange Zeit, solange er noch Page war und auch darüber hinaus, bis er eine ferne Reise antreten mußte und sie ihn mit einem dicken fetten Abbé vertauschte. Diese Geschichte, die in den ›Nouvelles du monde advantureux‹ steht, stammt von einem Kammerdiener der Königin von Navarra, wo man sieht, wie der Abbé dem besagten Jehan von Saintré, der so tapfer und so mutig war, einen Schimpf zufügt; er zahlte es aber auch bald darauf dem Herrn Abbé tüchtig heim und sogar dreifach. Die Geschichte ist sehr schön und da hergenommen, wo ich sagte.

Man sieht, nicht erst heute lieben die Frauen die Pagen und besonders, wenn sie gesprenkelt sind wie Rebhühner. Was für eine Laune das doch von den Frauen ist, daß sie Freunde die Fülle haben wollen, aber keinen Gatten! Sie tun es um der Freiheit willen, und das ist allerdings etwas Köstliches; es bedünkt sie, im Paradies zu sein, wenn sie die Herrschaft ihrer Gatten los sind, denn sie haben ihr vorzügliches Leibgeding und bewirtschaften es, sie handhaben die Geschäfte des Hauses; sie gehen mit den Geldern um; es geht überhaupt alles durch ihre Hand; anstatt Dienerinnen zu sein, sind sie Herrinnen; sie wählen sich ihre Vergnügungen und die Leute aus, die sie ihnen nach ihrem Wunsch machen.

Manche verdrießt es auch gewiß, daß sie keine zweite Ehe eingehen können, weil sie ihre Hoheit, ihre Würde, ihren Besitz, ihre Reichtümer, ihren Rang, ihren vornehmen und freundlichen Umgang nicht verlieren wollen; daher nehmen sie sich zusammen; so kannte und hörte ich es von verschiedenen großen Damen und Prinzessinnen, die aus Furcht, ihren früheren ersehnten Rang nicht wiederzugewinnen und ihre Stellungen zu verlieren, sich nie wieder verheiraten wollten; deswegen nahmen sie aber doch keinen Anstand, die Liebe zu pflegen und in Lust zu betreiben, deshalb verloren sie weder ihre Stellungen noch ihren Schemel, ihre Sitze oder ihre Stühle in der Kammer der Königinnen oder anderswo. Sollten sie nicht sehr glücklich sein, ihrer Würde zu frönen, hochzusteigen und sich zugleich tief zu erniedrigen? Nun braucht aber gar keine Rede davon zu sein, ihnen etwas darüber zu sagen oder Vorstellungen zu machen, sonst würde ich mich vor Ärger, Ableugnungen, Absagungen, Widersprüchen und Rachgelüsten gar nicht auskennen.

Ich hörte von einer Witwe erzählen, die ich kannte, sie hätte sich unter dem Vorwand der Ehe lange von einem ehrbaren Edelmann huldigen lassen; es wurde aber niemals wirklich etwas daraus. Eine große Prinzessin, ihre Herrin, wollte ihr darüber einen Verweis erteilen. Schlau und verderbt antwortete sie ihr: »Wie, Madame, wäre es verboten, mit ehrbarer Liebe zu lieben? Das wäre aber doch zu grausam.« Und Gott weiß: Diese ehrbare Liebe war eine sehr geile Liebe, eine tüchtig in den Kompost gestampfte Liebe; sicherlich sind im Anfang alle Liebschaften rein, keusch und ehrbar; aber später verlieren sie ihre Jungfräulichkeit, irgendwie kommt der Stein der Weisen damit in Berührung, und sie verwandeln sich und werden unehrbarer und unzüchtig.

Der verstorbene Herr von Bussy, der brillanteste Sprecher seiner Zeit, der auch überaus lustig zu erzählen verstand, sah eines Tages am Hofe eine vornehme Witwe, die das Liebesmetier immer noch fortsetzte, und sagte: »Was, diese Stute geht immer noch zum Hengst?« Dies wurde der Dame hinterbracht, die davon tödlich verletzt war; das erfuhr Herr von Bussy: »Na«, sagte er, »ich weiß schon, wie ich mich wieder mit ihr vertrage und es wieder gutmache. Sagt ihr, ich bitt Euch, daß ich nicht so geredet habe; sondern ich habe vielmehr gesagt: Dieses Stütchen geht noch zum Pferde? Denn ich weiß wohl, daß sie nicht darüber betrübt ist, daß ich sie für eine galante Dame halte, sondern daß ich sie für eine alte halte; wenn sie aber erfährt, daß ich sie ein Stütchen genannt habe, das heißt ein Füllen, wird sie meinen, ich schätze sie noch als junge Dame.« Als die Dame diese Genugtuung und Korrektur seiner Worte erfahren hatte, beruhigte sie sich und söhnte sich mit Herrn von Bussy wieder aus; darüber lachten wir sehr. Es half ihr aber nichts, denn man hielt sie stets für eine alte und ausgebesserte Stute, die bei aller Angejahrtheit immer noch nach den Hengsten wieherte.

Eine andre Bewandtnis hatte es mit einer anderen Dame, von der ich reden hörte, die in ihrer ersten Zeit eine recht verliebte Kameradin gewesen war und beim Altwerden mit Fasten und Gebeten Gott zu dienen begann. Ein ehrbarer Edelmann machte ihr Vorhaltungen, warum sie so viele Nachtwachen in der Kirche mache, warum sie bei Tische soviel faste und ob sie es täte, um die Stacheln des Fleisches abzutöten und abzustumpfen. »Ach!« sagte sie, »die sind bei mir alle vorbei.« Diese Worte stieß sie so kläglich aus, wie es einst Milo von Croton tat, jener tapfere und mächtige Ringkämpfer, der eines Tages in die Arena oder in den Ringplatz hinuntergestiegen war, bloß zu seiner Kurzweil, denn er war sehr alt geworden; da sagte einer aus der Schar zu ihm, ob er nicht noch einmal einen Stoß aus der alten Zeit machen wolle. Er streifte traurig seine Arme auf, betrachtete seine Sehnen und Muskeln und sagte bloß: »Ach! sie sind tot.« Wenn es jene Frau ebenso gemacht und sich aufgestülpt hätte, hätte der Fall ganz ähnlich wie beim Milo gelegen; etwas Bedeutendes, was einen in Versuchung bringen konnte, hätte man freilich nicht bei ihr gesehn.

Ein ähnliches Wort wie das eben erwähnte des Herrn von Bussy rührt von einem Edelmann her, den ich kenne. Nach sechsmonatiger Abwesenheit kam er an den Hof und sah eine Dame, die auf die Akademie ging, die der verstorbene König damals am Hof eingeführt hatte: »Wie«, sagte er, »die Akademie besteht immer noch? Man hatte mir doch gesagt, sie wäre abgeschafft.« – »Zweifelt Ihr«, antwortete ihm jemand, »ob sie hingeht. Sie bekommt dort von ihrem Magister Unterricht in der Philosophie des Perpetuum mobile.« Und in der Tat, wie sich auch die Philosophen den Kopf zerbrechen mögen, um dieses Perpetuum mobile zu erfinden, das beste und sicherste gibt es doch bloß in der Schule der Venus.

Eine noch viel bessere Antwort wußte eine Dame von da und da, als die Schönheiten einer andern Dame sehr gerühmt wurden, ausgenommen, daß sie unbewegliche Augen hätte und sie gar nicht drehen könnte. »Stellt euch vor«, sagte sie, »daß dann eben die Begierde ihre übrigen Körperteile um so beweglicher macht, besonders in den mittlern, nur auf ihre Augen überträgt sie sich nicht.«

Nun, wenn ich alle feinen Worte und lustigen Geschichten, die ich kenne, hier niederschreiben wollte, um den Gegenstand recht zu bereichern, käme ich überhaupt nie zu Ende. Weil ich aber noch andre wichtige Dinge vorhabe, nehme ich davon Abstand und will mit dem oben angeführten Boccaccio schließen: ›Mädchen, Frauen und Witwen sind alle, wenigstens größtenteils, der Liebe geneigt.‹ Ich will nicht von niedrigen Leuten reden, weder vom Lande noch von der Stadt, denn über die zu schreiben lag gar nie in meiner Absicht, meine Feder fliegt vielmehr nur für die Großen. Wenn man mich aber wirklich um meine Ansicht fragen würde, sagte ich gern, abgesehen von aller Gewagtheit und aller Gefahr vor den Gatten, sind nur die verheirateten Frauen zur Liebe geschaffen und können willig genossen werden; denn von Ehemännern werden sie so sehr erhitzt, daß sie wie ein Brennofen, in den viel hineingefeuert wird, nur nach Stoff, nach Wasser, Holz und Kohle verlangen, um ihre Hitze immer zu behalten: ebenso wie jemand stets frisches Öl zugießen muß, wenn seine Lampe immer in Ordnung sein soll; aber man hüte sich auch vor den Hinterhalten und Schleichwegen jener eifersüchtigen Gatten, auf welche die Schlauen recht häufig hineinfallen.

Man muß hier indessen so vorsichtig und auch so kühn zu Werke gehn, als man nur kann, man muß es wie jener große König Heinrich machen; diesem stak die Liebe sehr in den Gliedern, er war aber auch sehr achtungsvoll gegen die Damen und verschwiegen. Daher wurde er auch von ihnen sehr geliebt, und wenn er manchmal das Bett wechselte und in dem einer andern Dame, die ihn erwartete, schlafen wollte, ging er, wie ich aus guter Quelle weiß, nie hin, und war's in jenen verdeckten Galerien von St-Germain, Blois und Fontainebleau, auf kleinen Schlupftreppen, in Winkeln und auf den Dachböden seiner Schlösser, ohne daß er seinen Favorit-Kammerdiener, genannt Griffon, bei sich hatte, der seinen Spieß mit der Fackel vor ihm hertrug; er ging hinterdrein, seinen großen Mantel oder sein Nachtgewand vor dem Gesicht, den Degen unterm Arm; und wenn er sich mit seiner Dame hingelegt hatte, ließ er sich seinen Spieß und seinen Degen neben sein Kissen legen, und Griffon postierte sich vor der wohlverschlossenen Tür, wo er manchmal wachte, manchmal schlief. Es ist für jeden klar, wenn sich schon ein großer König so in acht nahm (es wurden nämlich welche auch erwischt, Könige und große Fürsten, das bezeugt in unserer Zeit der Herzog Alexander von Florenz), was dann im Vergleich mit diesem großen die kleinen Kameraden machen müßten. Gewisse Eingebildete verachten freilich alles; und sie werden dafür denn auch recht häufig abgefaßt.

Ich hörte erzählen, der König Franz hatte einmal eine überaus schöne Dame, bei der er lange blieb, und als er sie eines Tags unversehens besuchte und in einer unvermuteten Stunde bei ihr schlafen wollte, klopfte er heftig an die Tür, das durfte er, dazu hatte er Macht, denn er war der Herr. Sie aber hatte damals gerade Herrn von Bonnivet zur Gesellschaft und wagte nicht den Spruch der römischen Kurtisanen zu sagen: ›Sie können nicht herein, die Dame hat Besuch.‹ Da galt es sich besinnen, wo sich ihr Galan am sichersten verstecken konnte. Zufällig war es im Sommer, wo man in den Kamin Äste und Zweige gelegt hatte, wie es in Frankreich der Brauch ist. Daher riet sie ihm sofort, sich so, wie er war, im Hemde in den Kamin zu werfen, unter das Reisig zu verstecken, und es war zum Glück für ihn nicht Winter. Nachdem der König sein Geschäft mit der Dame besorgt hatte, wollte er sein Wasser abschlagen; er stand auf und pißte mangels einer andern Gelegenheit in den Kamin; und das belustigte ihn so, daß er den armen Liebhaber mehr damit besprengte, als hätte man ihn mit einem Wassereimer begossen, denn er bewässerte ihn wie mit einer Gartengießkanne von allen Seiten, sogar auf das Gesicht, auf die Augen, auf die Nase, auf den Mund und überallhin; möglicherweise schlüpfte ihm auch ein Tropfen davon in die Kehle. Es kann sich jeder denken, in welcher Qual der Edelmann war, denn er wagte sich nicht zu rühren, und was für eine Geduld und Ausdauer er zeigen mußte! Als der König fertig war, verabschiedete er sich von der Dame und verließ das Zimmer. Die Dame schloß hinter ihm zu, rief ihren Liebhaber wieder in ihr Bett, wärmte ihn mit ihrem Feuer und ließ ihn ein weißes Hemd anziehn. Nach der ausgestandenen Furcht konnten sie sehr darüber lachen; denn wenn er entdeckt worden wäre, hätten er und sie in sehr großer Gefahr geschwebt.

Jene Dame war dieselbe, die zu dem König sagte: »Aber er ist wirklich gut, der Herr von Bonnivet, er hält sich gar für schön«; sie war nämlich in Herrn von Bonnivet verliebt und wollte dem König, den eine kleine Eifersucht darüber faßte, das Gegenteil beweisen; »und je mehr ich ihm sage, daß er's ist, desto mehr glaubt er's; und ich mache mich über ihn lustig; damit vertreibe ich mir die Zeit, denn er ist sehr spaßhaft und macht vortreffliche Witze; man kommt bei ihm gar nicht aus dem Lachen, so tüchtig gibt er heraus.« Damit wollte sie den König merken lassen, daß ihre gewöhnliche Unterhaltung mit ihm nicht den Zweck hatte, ihn zu lieben und zu genießen oder dem König ein Schnippchen zu schlagen. Ach! In diesen Listen sind auch noch andre Damen bewandert; um ihre Liebe zu verdekken, die sie mit diesem oder jenem haben, reden sie schlecht über sie, machen sich vor der Welt über sie lustig, dabei tun sie im geheimen gar nicht dergleichen; das heißt Liebesschlauheit und Liebeslist.

Ich kannte eine sehr große Dame, die eines Tages ihre Tochter, eines der schönsten Mädchen von der Welt, der Liebe eines Edelmanns halber, über den ihr Bruder erzürnt war, in Unruhe geraten sah; da hielt sie ihr unter andern mütterlichen Reden diese: »Ach! liebe Tochter, liebe doch diesen Menschen nicht mehr; er ist doch so mißgestaltet! Er ist so häßlich! Er sieht wahrhaftig wie ein Dorfbäcker aus.« Darüber lachte nun das Mädchen, spendete den Worten ihrer Mutter Beifall und bestätigte auch die Ähnlichkeit mit dem Dorfbäcker, nur daß er einen roten Hut trüge. Sie behielt ihn noch bei, aber einige Zeit später, nach ungefähr sechs Monaten, verließ sie ihn und nahm einen andern dafür.

Ich kannte verschiedene Damen, die über solche Frauen schimpften, die nur der niedern Minne frönten, wie mit ihren Sekretären, ihren Kammerdienern und andren gemeinen Leuten, vor der Welt aber diese Liebe mehr wie Gift verabscheuten; trotzdem gaben sie sich ihnen aber ebenso oder noch mehr hin als andre. Da hat man die ganze Verschlagenheit der Weiber, daß sie vor der Welt gegen sie sogar zornig tun, sie bedrohen, sie beleidigen; aber daheim haben sie ein galantes Verhältnis mit ihnen. Diese Frauen haben soviel Listen! Denn wie der Spanier sagt: ›Der Fuchs weiß viel, aber eine verliebte Dame weiß noch viel mehr.‹

Was die vorige Dame auch tun mochte, um dem König Franz seinen Verdacht zu nehmen, konnte sie es doch nicht fertigbringen, daß er kein Körnchen mehr zurückbehielt, wie ich erfuhr; dabei erinnere ich mich, als ich einmal nach Chambord gegangen war, wurde ich von einem alten Schloßvogt, der Kammerdiener des Königs Franz gewesen war, sehr ehrenvoll empfangen; denn er hatte von jener Zeit an die Meinen, die am Hof und im Krieg waren, gekannt, und er wollte mir nun alles selbst zeigen; er führte mich in das Zimmer des Königs und zeigte mir eine Inschrift an dem Fenster linker Hand: »Halt«, sagte er, »lest das, lieber Herr; wenn Ihr die Handschrift meines königlichen Herrn noch nicht gesehen habt, da habt Ihr sie.« Ich las sie, da standen in großen Buchstaben die Worte geschrieben: ›Toute femme varie.‹ Ich war in Begleitung eines sehr ehrbaren und klugen Edelmanns aus dem Périgord, meines Freundes, namens des Roches, zu dem sagte ich sofort: »Stellt Euch vor, daß er ein paar von jenen Damen, die er am meisten liebte und deren Treue er sich am meisten versichert hielt, sich verändern und ihm einen Schabernack spielen sah und daß er eine von ihnen entdeckte, mit der er durchaus nicht zufrieden war, und aus Zorn hat er das Wort geschrieben.« Der Schloßvogt hörte uns und sagte: »Allerdings! wahrhaftig, macht Euch nicht darüber lustig: denn unter allen Frauen, die ich je bei ihm sah und kannte, sah ich keine, die es nicht veränderlicher trieb als seine Hunde von der Meute bei der Hirschjagd. Das geschah aber alles sehr verstohlen, denn sonst wäre es ihnen bös ergangen.«

Da sieht man also, daß jene Frauen sich weder mit ihren Gatten noch mit ihren Liebhabern, großen Königen, Fürsten und vornehmen Herren zufriedengeben, sondern sie müssen wechseln, und auch jener große König mußte es erfahren, weil er sie aus den Händen ihrer Gatten und ihrer Mütter, aus ihren Freiheiten und ihrem Witwenstand gezogen und verführt hatte.

Ich kannte und hörte von einer Dame, die von ihrem Fürsten so überaus geliebt wurde, daß er sie in der großen Liebe, die er ihr entgegenbrachte, mit Begünstigungen, Wohltaten und Würden geradezu überschüttete, so daß ihr Glück mit jedem andern unvergleichlich war; trotzdem war sie so in einen Herrn verliebt, daß sie ihn niemals verlassen wollte. Und als er ihr vorstellte, daß ihr Fürst sie alle beide zugrunde richten könne, sagte sie: »Das ist ganz einerlei, wenn Ihr mich verlaßt, will ich mich zugrunde richten und auch Euch ruinieren, ich will aber lieber Eure Konkubine genannt werden als die Maitresse dieses Fürsten.« Da seht, welch eine Frauenlaune und welch eine Geilheit!

Ich kannte eine andre sehr große verwitwete Dame, die es ebenso gemacht hat; denn wiewohl sie von einem sehr Großen gradezu angebetet wurde, mußte sie doch noch verschiedene kleine Liebhaber haben, damit auch jede Stunde ihrer Zeit ordentlich ausgefüllt war und sie nicht müßig zu bleiben brauchte; denn ein einzelner ist nicht immer lieferungsfähig. Das ist auch die Regel der Liebe, daß die geliebte Frau nicht für eine bestimmte Zeit und auch keiner bestimmten Person vorbehalten werden kann oder zum alleinigen Gebrauch da ist, und das erinnert mich an jene Dame in den ›Hundert Erzählungen‹ der Königin von Navarra, die drei Liebhaber auf einmal hatte und so klug war, daß sich alle drei vorzüglich unterhielten.

Die schöne Agnes, die der König Karl VII. liebte und anbetete, geriet in den Verdacht, ihm eine Tochter geboren zu haben, von der er nicht glaubte, daß es die seine war, und die er nicht anerkennen konnte. Wie die Mutter, so war auch die Tochter, sagen unsre Chroniken auch; ebenso verhielt es sich mit Anna von Boleyn, der Gemahlin des Königs Heinrich von England, die er enthaupten ließ, weil sie sich nicht mit ihm zufriedengab und Ehebruch trieb; er hatte sie wegen ihrer Schönheit genommen und betete sie an.

Ich kannte eine Dame, die mit einem überaus ehrbaren Edelmann verkehrt hatte, und als sie dann nach einiger Zeit auseinandergingen, erzählten sie sich ihre vergangenen Liebschaften. Der Edelmann, der den Galan spielen wollte, sagte zu ihr: »Was! Meintet Ihr, Ihr wart damals meine einzige Maitresse? Ihr werdet Euch wundern, zu hören, daß ich mit Euch noch zwei andre hatte!« Sie antwortete ihm sofort: »Und Ihr werdet noch viel erstaunter sein, wenn Ihr meintet, allein mein Liebhaber zu sein, denn ich hatte noch drei andre Liebhaber in Reserve.« Man sieht, ein gutes Schiff verlangt immer zwei oder drei Anker, damit es sich recht befestigen kann.

Um nun zu Ende zu kommen – es lebe die Liebe zu den Frauen! So fand ich einst in dem Schreibtäfelchen einer überaus schönen und ehrbaren Dame, die mit ihrem Spanisch etwas prahlte und es auch vorzüglich konnte, diesen kleinen Vers von ihrer eigenen Handschrift, denn ich kannte sie sehr gut: ›Niemals kann eine Frau ohne Kameraden, eine Hoffnung ohne Betätigung, ein Schiff ohne Steuerruder etwas ausrichten, das Wert hat.‹ Dieses Wort mag gut sein und auf die Frau, die Witwe und das Mädchen zutreffen; denn die eine wie die andre können ohne des Mannes Hilfe nichts vollbringen; und auch die Hoffnung, die man auf ihren Besitz hat, bedeutet wenig, wenn es keine Mühe macht, als wenn etwas Arbeit, Beschwerde dabei ist. Trotzdem ist das bei Frauen und Witwen nicht so sehr der Fall wie bei Mädchen, denn es ist leichter und bequemer, jemand zu besiegen und niederzuschlagen, der schon einmal besiegt, niedergeworfen und umgestürzt wurde, als der es noch nie wurde; und es macht nicht soviel Arbeit und Anstrengung, einen bereits getretenen und gehauenen Weg zu gehen, als einen, der noch nie gebrochen oder gebahnt wurde; bezüglich dieser beiden Vergleiche berufe ich mich auf die Reisenden und Kriegsleute. Ebenso steht es mit den Mädchen; etwelche sind sogar so launenhaft, daß sie sich niemals verheiraten und immer nur Mädchen bleiben wollen; und wenn man sie fragt, warum, sagen sie: »Das ist nun so meine Laune.« Auch haben Kybele, Juno, Venus, Thetis, Ceres und andre Himmelsgöttinnen alle den Namen Jungfrau verachtet, mit Ausnahme der Pallas, die aus dem Haupte Jupiters entsprang, womit sie zu erkennen gab, daß sie Jungfräulichkeit auch bloß für ein Hirngespinst hielt. Und fragt auch unsre Mädchen, die sich nie verheiraten (oder wenn sie sich verheiraten, tun sie es, so spät sie können, und sehr ältlich), warum sie sich nicht verheiraten. »Weil ich es nicht will«, sagen sie, »das ist meine Laune und meine Meinung.«

An den Höfen unsrer Könige gab es solche zur Zeit des Königs Franz. Die Frau Regentin hatte ein schönes und ehrbares Mädchen, genannt Poupincourt, das sich nie verheiratete und im Alter von sechzig Jahren jungfräulich starb, wie sie geboren wurde, denn sie war sehr sittsam. Die Brelandière starb als Mädchen und Jungfrau im Alter von achtzig Jahren, man kannte sie als Hofmeisterin der Madame von Angoulême.

Ich kannte ein Mädchen aus sehr bedeutendem und hohem Stand, im Alter von siebzig Jahren, das sich nie verheiraten wollte; deswegen huldigte sie aber der Liebe nicht weniger; jene, die sie entschuldigen wollten, warum sie sich nicht verheirate, sagten, sie passe weder zu einer Frau noch zu einem Mann, weil sie keine F... hätte, abgesehen von einem kleinen Loch, durch das sie pisse. Gott weiß! mit einem andern wird sie sich schon gaudiert haben. Was für eine Entschuldigung!

Fräulein von Charansonnet von Savoyen starb jüngst in Tours als Mädchen im Alter von fünfundvierzig oder mehr Jahren und wurde mit ihrem jungfräulichen weißen Hut und Kleid sehr feierlich unter großem Pomp und reichem Geleit begraben; an Partien muß es für sie doch nicht gefehlt haben, denn als eines der schönsten und ehrbarsten und sittsamsten Mädchen vom Hofe sah ich sie die besten und vortrefflichsten zurückweisen.

Meine Schwester von Bourdeille, die Hofdame der Königin ist, hat ebenso sehr gute Partien ausgeschlagen und wollte sich nie verheiraten und wird es auch nie, so entschlossen ist sie, so alt wie sie ist, als Mädchen zu leben und zu sterben; bis jetzt hat sie sich von dieser Meinung nichts nachgelassen.

Fräulein von Certean, ebenfalls ein Hoffräulein der Königin, und Fräulein von Surgières, die Gelehrte des Hofes; man nannte sie auch die Minerva, und noch viele andre …

Ich sah die Infantin von Portugal, die Tochter der hochseligen Königin Eleonore, bei demselben Entschluß verharren; sie ist als Mädchen und Jungfrau im Alter von sechzig oder mehr Jahren gestorben. Es mangelte ihr darum nicht an Größe, denn sie war in allem groß; auch nicht an Reichtümern, denn sie hatte deren die Menge, und besonders in Frankreich, wo der Herr General Gourgues ihre Geschäfte besorgte; es mangelte ihr auch nicht an natürlichen Gaben, denn ich sah sie im Alter von fünfundvierzig Jahren in Lissabon als ein sehr schönes und ehrbares Fräulein, von anmutigem und schönem Aussehen, freundlich und reizend, höflich, besonders gegen uns Franzosen, und sie verdiente wohl einen ebenbürtigen Mann. Ich kann es sagen, weil ich die Ehre gehabt, oft und vertraut mit ihr zu reden. Als der verstorbene Großprior von Lothringen zur Zeit des jungen Königs Franz seine Galeeren von Osten nach Westen lenkte, um nach Schottland zu fahren, kam er nach Lissabon, wo er sich ein paar Tage aufhielt und sie alle Tage besuchte und sah. Sie empfing ihn sehr höflich und fand an seiner Gesellschaft sehr großes Gefallen und machte ihm eine Menge schöne Geschenke. Unter anderm gab sie ihm eine Kette, um sein Kreuz daran zu hängen, die voller Diamanten und Rubinen und großen Perlen zweckvoll und reich ausgearbeitet war; sie konnte 4000 bis 5000 Taler wert sein und ging dreimal um den Hals. Ich glaube, daß sie das kosten konnte, denn er verpfändete sie stets für 3000 Taler, wie einmal in London, als wir von Schottland zurückkamen; sobald er aber in Frankreich war, ließ er sie wieder einlösen, denn er liebte sie um seiner Dame willen, in die er heftig verliebt war. Ich glaube, sie liebte ihn nicht weniger, und sie hätte gern den Knoten ihrer Jungfräulichkeit für ihn gelöst; das heißt in der Ehe, denn sie war eine sehr züchtige und tugendhafte Prinzessin. Ich will dazu noch sagen, daß er ohne die ersten Bürgerkriege, die in Frankreich begannen, zu denen ihn seine Brüder verführten und dabei festhielten, selbst seine Galeeren wieder zurückbringen und wieder dieselbe Route nehmen lassen wollte, um jene Prinzessin wiederzusehen und ihr von der Hochzeit zu reden. Ich glaube, er hätte keinen Korb bekommen, denn er war aus einem ebenso guten Hause wie sie, stammte wie sie von großen Königen ab, besonders von einem der schönsten, freundlichsten, ehrbarsten und besten Fürsten der Christenheit. Ich sah eines Tages, daß er zu seinen Brüdern davon redete und ihnen von seiner Reise und den empfangenen Freuden und Gunstbezeugungen erzählte. Es waren hauptsächlich die beiden älteren, denn sie waren die Orakel von allen und lenkten das Schiff der Familie; sie wünschten sehr, daß er die Reise nochmals mache und wieder dahin zurückkehre, und rieten ihm sehr dazu, denn der Papst hätte ihm sofort wegen seines Kreuzes Dispens erteilt. Ohne jene verfluchten Unruhen wäre er hingegangen und meiner Ansicht nach zu seiner Ehre und Zufriedenheit daraus hervorgegangen. Die besagte Prinzessin liebte ihn sehr und sprach zu mir gut über ihn, sie beklagte ihn sehr und fragte mich, ergriffen, über seinen Tod; wenn man nur etwas scharfsichtig ist, kann man es bei dergleichen Fragen leicht herausfinden.

Ich hörte noch einen andern Grund von einer sehr geschickten Persönlichkeit, ich sage nicht, ob es ein Mädchen war oder eine Frau, möglicherweise hatte sie es erprobt: warum manche von den Mädchen so mit ihrer Verheiratung zögern. Sie sagen ›propter mollitiem‹. Dies Wort ›mollities‹ ist dahin zu verstehen, daß sie so weichlich sind, das heißt so in sich selbst verliebt, derartig besorgt darum, sich zu ergötzen und bloß untereinander ihr lesbisches Spiel zu betreiben; und das macht ihnen ein solches Vergnügen, daß sie fest meinen und glauben, soviel Genuß könnten ihnen die Männer nicht verschaffen; daher begnügen sie sich mit ihren eignen Freuden und mit ihrem eignen Liebesgeschmack, ohne sich um die Männer zu kümmern, weder um ihre Bekanntschaft noch um ihre Ehschaft.

Solche jungfräuliche Mädchen wurden einst in Rom sehr geehrt und genossen ihre Vorrechte, ja sie durften vom Gericht nicht einmal zum Tod verurteilt werden. Wir lesen sogar, daß sich in der Zeit des Triumvirats unter den Proskribierten ein römischer Senator befand, der zum Tod verurteilt wurde, aber nicht allein, sondern mit seiner ganzen von ihm gezeugten Nachkommenschaft; da erschien auf dem Schafott auch eine seiner Töchter, ein überaus schönes und feines Mädchen, das indes noch nicht reif war und noch als Jungfer befunden wurde, da mußte sie der Henker gleich auf dem Schafott entjungfern; und so geschändet, nahm er sie dann unters Schwert. Den Kaiser Tiberius ergötzte es sehr, die schönen Mädchen und Jungfrauen so öffentlich entjungfern und dann hinrichten zu lassen: gewiß eine sehr gemeine Grausamkeit!

Die Vestalinnen wurden ebenfalls sehr geehrt und respektiert, ebensosehr ihrer Jungfräulichkeit als ihrer Religion halber. Wenn sie sich aber nur im geringsten fleischlich verfehlten, wurden sie hundertmal härter bestraft, als wenn sie das heilige Feuer nicht ordentlich gehütet hätten, denn sie wurden unter entsetzlichem Jammer ganz lebendig begraben. Man kann von einem Römer Albinus lesen, der einst außerhalb Roms ein paar Vestalinnen begegnete, die zu Fuß irgendwohin gingen, da befahl er seiner Frau, mit ihren Kindern vom Wagen abzusteigen, ließ sie aufsitzen und ihren Weg fortsetzen. Sie genossen auch ein solches Ansehen, daß sie sehr häufig zu Einigungen zwischen dem römischen Volk und den Rittern mit dem Mittleramt betraut wurden. Der Kaiser Theodosius vertrieb sie auf den Rat der Christen aus Rom, da sandten die Römer einen Simachus zum Kaiser ab, um ihn zu bitten, sie mit ihren Besitztümern, Renten und Vermögen, deren sie bedeutende hatten, wieder zurückzurufen; denn sie waren so reich, daß sie alle Tage viele, viele Almosen gaben, daß sie keinen Römer und keinen Fremden, war er auf der Durchreise oder kam er eben an, erst um ein Almosen bitten ließen, so breitete sich ihre fromme Barmherzigkeit über die Armen aus; trotzdem wollte Theodosius sie niemals wieder einsetzen.

Sie hießen Vestalinnen, nach dem Wort Vesta, das Feuer bedeutet, denn es mag sich drehen, winden, biegen, flakkern, niemals wirft es einen Samen aus oder empfängt welchen; ebenso die Jungfrau. Dreißig Jahre hindurch mußten sie Jungfrau bleiben, nach Ablauf derselben konnten sie sich verheiraten; aber nur wenige von den austretenden wurden glücklich, genau wie unsre Nonnen, die ihren Schleier und ihre Kleider abgelegt haben. Sie waren sehr prächtig und stolz gekleidet (der Dichter Prudentius beschreibt sie hübsch), wie heutzutage die Stiftsdamen von Monts im Hennegau und von Reymond in Lothringen sein mögen, die sich auch wieder verheiraten. Von jenem Dichter Prudentius werden sie übrigens sehr getadelt, daß sie in überaus prächtigen Kutschen in die Stadt fuhren und auch so vorzüglich gekleidet waren, daß sie in die Amphitheater gingen, um die Spiele der Gladiatoren, wie sie auf Tod und Leben miteinander kämpften, und die Hetzen der wilden Tiere zu sehen, als empfänden sie ein großes Vergnügen zu sehen, wie die Männer dabei einander töteten und Blut vergossen; daher flehte er den Kaiser an, diese blutrünstigen Kämpfe und erbarmungswürdigen Schauspiele abzuschaffen. Die Vestalinnen brauchten sicherlich solche Spiele nicht zu sehen; aber sie konnten auch sagen: »Da wir keine andern lustigeren Spiele haben, wie sie die andern Damen praktizieren, können wir uns wohl an diesen schadlos halten.«

Es sind auch manche Witwen so beschaffen, daß sie ebenso lieben wie jene vestalischen Mädchen, wie ich deren ein paar kannte, und andere, denen es lieber ist, sich mit den Männern im geheimen und gar mit ihrem freien Willen zu belustigen, als ihnen ehelich unterworfen zu sein, und wenn man etwelche ihre Witwenschaft lange bewahren sieht, braucht man sie daher nicht so sehr zu rühmen, wie man meinen sollte, ehe man nicht alles aus ihrem Leben weiß; dann kann man sie, je nachdem man sie erkannt hat, hochhalten oder verachten; denn eine Frau, die ihren Geist auf die Weide führen will, ist schrecklich schlau und führt den Mann auf den Markt, ohne daß er sich's versieht; mit ihrer Schlauheit weiß sie die Augen und die Gedanken der Männer so zu behexen und zu verblenden, daß sie schwerlich je in ihr Leben hineinsehn können. Denn man hält eine Frau für spröde, züchtig, und dann ist sie doch eine tüchtige Hure und spielt ihr Spiel so trefflich und versteckt, daß man nichts davon bemerkt.

Ich kannte eine große Dame, die länger als vierzig Jahre Witwe geblieben ist, sie machte sich als die anständigste Frau vom Land und vom Hofe geschätzt, aber sotto coperto war's eine tüchtige Hure; sie hatte das Metier fünfundfünfzig Jahre hindurch so artig betrieben, als Mädchen, als verheiratete Frau und als Witwe, und zwar so geschickt und klug, daß man es sogar noch im Alter von siebzig Jahren, in dem sie starb, kaum bemerkte. Sie verwertete ihren Schoß wie eine junge Witwe, die sich einmal in einen jungen Edelmann verliebte, und da sie ihn nicht erwischen konnte, ging sie am Tage der Unschuldigen Kindlein auf seine Kammer, um's ihm zu geben; aber der Edelmann gab's ihr überaus wohlig, mit etwas anderm als mit Ruten. Sie hielt aus ... und dann trieb sie noch vieles andere.

Ich kannte eine andere verwitwete Dame, die ihre Witwenschaft fünfzig Jahre bewahrte und dabei immer mit überaus kluger Mäßigung galant herumbuhlte, und zwar mit mehreren zu verschiedenen Malen. Als sie schließlich gestorben war, stellte sich heraus, daß sie zwölf Jahre einen Liebhaber gehabt und von ihm einen Sohn bekommen hätte, sie machte aber kein groß Wesen aus ihm und verleugnete ihn sogar. Muß man mir da nicht recht geben, daß man manche Witwen nicht so viel loben darf, ehe man nicht ihr Leben kennt und ihr Ende? Soll ich denn aber niemals fertig werden? So machen wir denn Schluß.

Ich weiß wohl, manche werden mir vorhalten, ich hätte viele treffliche Bonmots und Geschichten ausgelassen, die diesen Gegenstand noch mehr verschönern und veredeln hätten können. Ich glaube es gern; aber da hätte ich bis ans Ende der Welt schreiben können; und wer sich die Mühe nehmen will, es besser zu machen, dem wird man deswegen sehr danken.

Nun, meine Damen, ich schließe: verzeiht mir, wenn ich etwas gesagt habe, das euch beleidigt. Ich bin nie in die Lage gekommen, euch zu kränken oder zu mißfallen. Wenn ich von einigen rede, rede ich nicht von allen; und von diesen paar rede ich nur mit Decknamen und verbreite sie durchaus nicht. Ich verberge sie so gut, daß man sich nicht darüber klarwerden soll; und einem Skandal können sie nur durch Verdacht und Vermutung anheimfallen, es kann aber keine Wahrscheinlichkeit dafür ins Feld geführt werden.

Ich meine und fürchte, daß ich hier verschiedene Sprüche und Geschichten wieder vorgebracht habe, die vorher schon in andern Abhandlungen von mir standen. Hierin bitte ich jene, die mir die Ehre erweisen, alle zu lesen, mich zu entschuldigen, denn ich erhebe nicht den Anspruch, ein großer Sprecher zu sein oder ein gutes Gedächtnis zu haben, um mich an alles zu erinnern. Der große Mann Plutarch erzählt in seinen Werken auch oft verschiedene Dinge zweimal. Wer meine Bücher drucken lassen wollte, brauchte nur, um alles ins reine zu bringen, einen guten Korrektor.

26 *Jagdzeit der Hahnreie:* Die Mischung der französischen Bezeichnungen ›cocu‹ und ›coucou‹ für Hahnrei und Kuckuck inspiriert Brantôme zu vielerlei spöttisch-ironischen Wortspielen, die in deutscher Übersetzung nur unzureichend wiedergegeben werden können. Der Gebrauch ist antinomisch, da gegenüber dem Kukkuck, der seine Eier in fremde Nester legt, dem Hahnrei Gegensätzliches widerfährt.

28 *schönen und ehrbaren Dame:* Vgl. Margarete von Navarra (1492–1549), ›Heptameron‹ (1558–1559), XVIII. Novelle.

29 *Protonotar:* vom Papst verliehener hoher geistlicher Ehrentitel.

Almosenier: Ordensgeistlicher, der die für Almosen bestimmten Fonds verwaltet.

des Königs Franz: Franz I., (1494–1547), französischer König 1515–1547. Kunstmäzen und Förderer der Renaissancebewegung in Frankreich.

Kriegs der Ligue: Während des französischen Bürgerkrieges (1562–1598) vom Herzog Heinrich von Guise (1550–1588) 1576 gegründete katholische ›Heilige Liga‹ zur Vernichtung der Hugenotten und Sicherung der Thronfolge für das lothringische Haus Guise; seit 1585 im Bündnis mit dem spanischen König Philipp II. (1556–1598). Ihre Macht konnte erst 1593 mit dem Übertritt Heinrichs IV., des ersten Bourbonenkönigs (1553–1610), zum Katholizismus gebrochen werden.

31 *tüchtigen Edelmann:* Bussy d'Amboise, berühmter Kriegsmann und Geliebter u. a. der Frau des Grafen von Montsoreau, der ihn 1579 während eines Rendezvous, zu dem er seine Frau veranlaßt hatte, ermorden ließ.

Es gibt auch andre Gatten: Cosimo I. von Medici (1519 bis 1574), Großherzog der Toscana, der seine Frau, Eleonore von Toledo, vergiften ließ.

32 *eine seiner Töchter:* Isabella von Medici, 1553 verheiratet mit Paolo Orsini, Herzog von Bracciano. Der Vater lebte mit seiner Tochter in Blutschande. Nach der Mediceer-Chronik von Litta erwürgte Orsini 1576 die schöne und gebildete Isabella in einer Liebesnacht.

Ein anderer von irgendwo: René de Villequier, ein Hofmann des französischen Königs Heinrich III. (1551–1589); erdolchte 1577 im königlichen Schloß von Poitiers seine schwangere Frau, Françoise de la Marck.

33 *braven und tapferen Kapitän:* Sampiero d'Ornano (1501 bis 1567). Korse, der sich in den Kämpfen gegen Genua auszeichnete. Erwürgte seine Frau Vanina 1564 wegen ihrer Unterhandlungen mit den Genuesen.

italienischen Granden: Paolo Giordano Orsini, Herzog von Bracciano (1541–1585). Tötete seine Frau Isabella (vgl. 1. Anm. zu S. 32), um Victoria Accoramboni zu heiraten, deren Mann er hatte ermorden lassen.

wackerer und tapferer Edelmann: Paul de Caussade de Saint-Mégrin, Höfling Heinrichs III., den der Herzog Heinrich von Guise wegen dessen Liebschaft mit seiner Frau Cathérine de Clèves 1578 vor dem Louvre von einer gedungenen Bande, angeführt von seinem Bruder, dem Herzog von Mayenne (1554–1611), ermorden ließ. Oberhaupt der katholischen Liga nach dem Tode seines Bruders Heinrich von Guise 1588.

34 *Donna Maria von Avalos:* Tochter aus italienischer Adelsfamilie spanischen Ursprungs, deren bekanntester Vertreter der später (S. 35) erwähnte Fernando Francesco d'Avalos, Marquis von Pescara (1490–1525), Feldherr der Italienarmee Karls V. von Spanien (1500–1558), war.

35 *Marquis von Pescara:* s. 1. Anm. zu S. 34.

36 *Menelaus:* s. Homer, ›Ilias‹, III, 120 ff.

schöne und junge Dame: Françoise de Daillon, verheiratet mit Jacques de Rohan (gest. 1527) aus dem berühmten bretonischen Fürstengeschlecht. Die wundersame Rettung der Frau soll sich nach der ›Chronik‹ von

Jean de Bourdigné, aus der Brantôme die Erzählung fast wörtlich übernahm, 1526 zugetragen haben.

37 *einer Dame seines Hofes:* sehr wahrscheinlich Françoise de Foix, Gräfin von Chateaubriant (gest. 1537). Aus französischem Adelsgeschlecht, Mätresse Franz' I.

40 *Augustinus:* der Heilige (354–430), berühmter lateinischer Kirchenvater, Philosoph und Moralist. Bekannt vor allem durch seine Gnadenlehre.

sehr hohen Fürsten: Philipp II. von Spanien (1527–1598), der seine dritte Frau, Elisabeth von Valois, wegen Verdacht des Ehebruches mit seinem Sohn Don Carlos vergiften ließ.

Ludwig den Zänker: Ludwig X. von Frankreich (1289 bis 1316). Ließ seine erste Frau, Margarete von Burgund, seit 1314 im Château-Gaillard gefangengesetzt, zwischen zwei Kissen ersticken.

Karl den Schönen: Karl IV. von Frankreich (1294–1328). Trachtete seiner ausschweifenden Frau, Blanca von Burgund, die noch im Gefängnis des Château-Gaillard vom Wachpersonal schwanger ward, nach dem Leben. Entgegen Brantôme entrann sie aber dem Tod.

41 *Graf von Foix:* Gaston II de Foix, Vater des berühmten Phöbus, comte Gaston III de Foix (1331–1391), der 1331 von Philippe de Valois die Zustimmung erhielt, seine Mutter Jeanne d'Artois wegen lasterhafter Lebensweise einsperren zu lassen.

König Heinrich: Heinrich VIII. von England (1491–1547). Schickte u. a. seine zweite Frau, Anna Boleyn, die er 1532 geheiratet hatte, 1536 aufs Schafott, ebenso wie seine fünfte Frau Catherine Howard.

Balduin, der zweite König von Jerusalem: Hier vermischt Brantôme einige Fakten zwischen Balduin I. und Balduin II. von Jerusalem (beide zu Beginn des 12. Jahrhunderts). Vgl. Guillaume de Tyr, ›Histoire de la guerre sainte‹, 1573 (Geschichte des Heiligen Krieges).

Herzogs von Malyterne: Brantôme meint den Herzog

von Melitena, heute Malatya in der Türkei, unweit des Euphrat.

König Ludwig VII.: Ludwig VII., der Jüngere, König von Frankreich (1120–1180), verlor durch die Scheidung von seiner Frau Eleonore (1152) deren reiches Erbland Aquitanien.

42 *P. Claudius:* Publius Clodius Pulcher (93–52 v. u. Z.); demagogischer römischer Parteiführer und Volkstribun. Gegner Ciceros. Vgl. Sueton, ›Cäsar‹, VI; und Plutarch, ›Cäsar‹, XII.

Cicero: Brantôme spielt damit sicher auf das von Cicero verfaßte, aber nicht gehaltene Plädoyer zur Verteidigung seines Klienten Milon an, der Clodius ermordete.

43 *Octavianus:* Gaius Julius Cäsar Octavianus Augustus, erster römischer Kaiser 29 v. u. Z.–14. Vgl. auch Sueton, ›Octavianus-Augustus‹, LXIX.

Scribonia: zweite Frau des Kaisers Augustus.

Marc Anton: Marcus Aurelius Antonius, römischer Kaiser (121–180).

Verschwörung Catilinas: Die Verschwörung des römischen Patriziers Lucius Sergius Catilina (109–62 v. u. Z.) wurde von Fulvia, einer vornehmen Römerin, 63 v. u. Z. Cicero entdeckt. Vgl. Sallust, ›De conjuratione Catilinae‹ (Über die Verschwörung Catilinas), XXIII.

44 *Kaiser Caligula:* Gaius (Julius) Cäsar Augustus Germanicus, römischer Kaiser (12–41); wegen seiner tyrannischen Regierung ermordet. Die Namen seiner Frauen müssen heißen: Orestilla statt Hostilia und Lollia statt Tullia. Vgl. Sueton, ›Caligula‹, XXV.

Plautia Herculalina: muß heißen P. Urgulanilla. Vgl. Sueton, ›Claudius‹, XXVI.

45 *Valeria Messalina:* durch ihre Ausschweifungen berühmte römische Kaiserin (um 12–48), Frau des römischen Kaisers Tiberius Claudius Drusus (10 v. u. Z. bis 54).

Juvenal: Decimus Junius Juvenalis (1./2. Jh.), römischer Dichter und Rhetor, Autor von Satiren, vor allem über den Sittenverfall im zeitgenössischen Rom. Vgl. Juvenal, ›Satire VI‹, 114 ff.

47 *jener grausame Nero:* Lucius Domitius Nero, römischer Kaiser (37–68). Tötete seine Frau Octavia, um Poppäa Sabina zu heiraten. Vgl. Sueton, ›Nero‹, XXXV.

Domitian: Titus Flavius Domitianus, römischer Kaiser (81–96). Vgl. Sueton, ›Domitian‹, III.

48 *Pertinax:* Publius Helvius Pertinax, römischer Kaiser im Jahr 193. Vgl. Julius Capitolinus, ›Pertinax‹, XIII.

Heliogabals: Varius Avitus Bassianus, römischer Kaiser 218–222. Berüchtigt durch Ausschweifungen und Tyrannei. Vgl. Plutarch, ›Heliogabal‹.

Kaiser Severus: Septimius Severus, römischer Kaiser 193–211. Sicherte seine Herrschaft in Rom durch Terror. Vgl. Aurelius Victor, ›De Caesaribus‹, (Über die Kaiser), XX.

49 *Karl VIII.:* französischer König (1470–1498), löste die Verlobung mit Margarete von Österreich, der Tochter des Erzherzogs Maximilian, um 1491 Anna, Erbin der Bretagne, zu heiraten.

Ludwig XII.: französischer König (1462–1515), trennte sich von seiner ersten Frau Johanna, um die Witwe Karls VIII., Anna von Bretagne, zu heiraten.

verstorbenen König von Spanien, Philipp: Philipp II. (1527 bis 1598).

50 *Jener große Alfonso:* Alfonso V. (1396–1458), König von Aragon, Sizilien und Neapel. Ließ seine Sentenzen von Antonio de Palermo sammeln.

51 *Die ›Hundert Erzählungen‹ der Königin von Navarra:* Margarete von Navarra. Gemeint ist das nach Boccaccios ›Decamerone‹ seit 1542 verfaßte und postum 1558/59 veröffentlichte ›Heptameron‹, Hauptwerk der französischen humanistischen Schriftstellerin Marguérite d'Angoulême ou de Navarre (1492–1549), Mäzen der Renaissancekultur wie ihr Bruder, der französische König Franz I.; in zweiter Ehe verheiratet mit Henri d'Albret, König von Navarra. Das ›Heptameron‹ um-

faßt 75 und nicht 100 Novellen. Eventuell liegt eine Verwechslung mit den ›Cent Nouvelles Nouvelles‹ (Hundert Neue Novellen), um 1462, vor, als deren möglicher Verfasser u. a. Antoine de la Salle angenommen wird und die ebenfalls den Einfluß des ›Decamerone‹ zeigen. Zu der im Text angesprochenen Geschichte vgl. ›Heptameron‹, Novelle XXXII.

Semiramis: Es muß heißen Tomyris, Königin eines Nomadenvolkes am Kaspischen Meer, deren Sohn vom Perserkönig Kyros getötet worden sein soll. Kyros soll mit seinem Heer im Kampf gegen die Skythen der Tomyris 529 v. u. Z. den Untergang gefunden haben.

Cyrus: Kyros, der Große (558–529 v. u. Z.), Gründer des altpersischen Reiches, Feldherr und Eroberer.

52 *Blutbad der Bartholomäusnacht:* Ermordung Tausender Hugenotten vom 23. zum 24. August 1572 durch die katholische Partei im französischen Bürgerkrieg.

53 *Aretino:* Pietro Aretino (1492–1556), italienischer Schriftsteller und drastischer Satiriker, den Medici und den Päpsten nahestehend; Verfasser von Erbauungsbüchern und erotischen Lehrstücken von sittengeschichtlicher Bedeutung, u. a. der Franz I. gewidmeten, aufsehenerregenden ›Ragionamenti‹ (Gespräche, Erörterungen) 1534.

55 *Elefantina:* vielmehr Elephantis, vorgebliche Kurtisane und erotische Dichterin im alten Rom nach Martial. Im folgenden veränderte Übernahme von Brantôme aus Sueton, ›Tiberius‹, XLIII.

cyrenaische Hure: Kyrene in Aristophanes' Komödie ›Die Frösche‹.

Sixtus: Felice Peretti, Sixtus V., Papst 1585–1590.

Ich kannte einen Prinzen: wahrscheinlich Herzog von Alençon (gest. 1584), jüngster Bruder der letzten französischen Valois-Könige.

58 *Ronsard:* Pierre de Ronsard (1524–1585), französischer Dichter und Literaturtheoretiker, einer der Führer der Plejade-Bewegung, Verfasser u. a. des Epos ›Franciade‹. Zum Text vgl. ›Oden‹, II, 2; Heinrich II. gewidmet.

59 *Ariost:* Ludovico Ariosto (1474–1533), italienischer Renaissancedichter. Zum Text vgl. ›Orlando Furioso‹ (Der rasende Roland), XLII, 98.

60 *Ja, Madame, und schlimmer:* Gemeint sind offensichtlich Aretinos ›Ragionamenti‹ oder ein Buch dieser Richtung.

Hieronymus: der heilige, Eusebius H. Sophronius (um 340–420), lateinischer Kirchenvater; als Bibelübersetzer Autor der ›Vulgata‹.

Excessus ... conjugum: Das höchste Vergnügen der Gatten tritt ein, wenn die Frau erkannt wird, indem der Mann sie hinter ihr stehend oder auf der Seite liegend vor sich hat, und wenn sich die Frau auf den Mann legt.

more canino: nach Hundsart.

61 *Summa Benedicti:* gedruckt 1584 in Lyon, vergleichbar dem Ehekontrakt des Jesuiten Sánchez.

71 *Connetabel:* Zu diesem Zeitpunkt ist ein Konnetabel erster Würdenträger der Monarchie und Armeeoberbefehlshaber. Gemeint ist hier offensichtlich der Konnetabel Anne Herzog von Montmorency (1492–1567).

Gyges: Vom magischen Ring des Gyges berichtet erstmals Platon im 2. Buch seines Werkes ›Der Staat‹. Zum Text vgl. u. a. Cicero, ›De officiis‹, III, IX.

72 *Herzog Ludwig von Orléans:* Ludwig I., comte de Valois (1372–1407). Begründer der Linie Orléans–Valois.

73 *Das beste war nun:* Eine Anekdote gleicher Art liegt auch der ersten der ›Hundert Neuen Novellen‹ zugrunde.

Grafen von Dunois: und Longueville; hier Jean, Bastard von Orléans (1402–1468).

74 *Lever:* frz., Morgenaufwartung bei einem Fürsten.

75 *Herzog von Savoyen:* Emmanuel Philibert, verheiratet mit Margarete, der Schwester des französischen Königs Heinrich II.

letzten König Heinrich: Heinrich III., der letzte Valois (1551–1589).

76 *Alceste:* Sie opferte sich, um ihren Gatten zu retten.

Wurde der griechischen Sage nach von Herkules aus der Unterwelt zurückgeholt.

77 *Tankred:* Kreuzfahrer; gest. 1112, Fürst von Galiläa und Antiochien. Held in Torquato Tassos Epos ›Das befreite Jerusalem‹.

79 *Guyenne:* ehemalige Provinz im Südwesten Frankreichs.

Königin Johanna I. von Neapel: 1326–1382.

80 *Frettchenweh:* Man glaubte zu jener Zeit, das Frettchen stürbe an nichterfülltem Liebesbedürfnis.

82 *Schamade:* Zeichen mit der Trommel oder Trompete, daß der Belagerte zur Übergabe bereit ist.

85 *›Hundert Erzählungen‹ der Königin von Navarra:* ›Heptameron‹, III. Novelle.

Tochter eines sehr großen Souveräns: offensichtlich die Schwester Heinrichs II., Margarete von Frankreich (1523–1574). 45jährig heiratete sie den Herzog von Savoyen.

86 *Boccaccio gibt ein Sprichwort wieder:* ›Decamerone‹, VII. Novelle des zweiten Tages.

87 *Als der König Karl ... ein Mädchen:* Isabelle de Limeuil, Mätresse des Fürsten von Condé, die 1564 besagte uneheliche Tochter zur Welt brachte.

von einem großen Herrn im Ausland: Cosimo I., Herzog von Toscana. In Frage käme gleichermaßen der berüchtigte Alexander VI., Rodrigo Borgia, Papst 1492 bis 1503.

88 *Ferdinand, König von Neapel:* Fernando II. (1452 bis 1516).

89 *bei dem Namen Drusilla:* Vgl. Sueton ›Caligula‹, XXIV.

Güte von den Schwestern: Vgl. ibid., LIX.

94 *König Heinrich von Kastilien:* Heinrich IV., König von Kastilien und León 1454–1474, verheiratet mit Johanna von Portugal, Bruder der Isabella von Kastilien.

Baptista Fulguosius erzählt: im IX. Buch seiner ›B. F. factorum dictorumque memorabilium‹, Paris 1588, S. 323.

96 *Donna da ben:* ital., anständige Dame.
schönen und ehrbaren Fräulein: wahrscheinlich Anspielung auf die Liebeswerbungen Heinrichs IV. (1553 bis 1610) gegenüber Fräulein von Tignonville.

100 *von einem großen Herrn:* Jean de Poitiers, Herr von Saint-Vallier, Vater der berühmten Diana von Poitiers (1499–1566), die als junge attraktive Witwe (1531) den späteren Heinrich II. an sich band und nach dessen Thronbesteigung 1547 als königliche Geliebte die politischen Geschäfte zugunsten des Konnetabel Montmorency und des Kardinals Karl von Guise manipulierte.
Antiochien: antike Bezeichnung ›Antiochia‹; um 300 v. u. Z. von König Seleukos I. gegründet; das heutige Antakya in der Türkei, am Orontes. 1098–1268 normannisches Kreuzfahrerfürstentum.

101 *der dir jetzt am Hals hängt:* Sankt-Michels-Orden, dessen Medaillon den von Erzengel St. Michael zerschmetterten Teufel zeigt.
von einem großen Herrn: Herzog von Etampes, Ordensritter und Gouverneur der Bretagne.

103 *eher Coquin als Cocu:* frz., eher zum Schurken als zum Hahnrei.
Ich kannte eine große Dame: Königin Margarete von Valois (1553–1615), (s. Anm. zu S. 113).

105 *einen großen Prinzen:* Heinrich III. und Cathérine-Charlotte de La Trémoille, die zweite Gattin (1586) von Heinrich I. von Bourbon, dem Fürsten von Condé. Frau übler Reputation.
Derselbe Fürst: Heinrich III., zur Zeit noch Herzog von Anjou, und Marie de Clèves, die erste Frau des mächtigen Fürsten von Condé, vermählt 1572 wenige Wochen vor der Bartholomäusnacht.

106 *Herr von Gua:* Louis de Béranger du Guast, Günstling Heinrichs III., im Jahre 1575 ermordet von Herrn von Viteaux.
Bischof von Dol: Charles d'Espinay, Bischof 1558 bis 1591.

von Baïf: Jean Antoine de Baïf (1532–1589), französischer Dichter und Gelehrter, der Plejade-Bewegung zugehörig.

Des Portes: Philippe Desportes (1546–1606), französischer Hofdichter in der Gunst Heinrichs III. Vom Sprachreformer Malherbe kritisiert.

d'Aubigny: Agrippa d'Aubigné (1552–1630), französischer Schriftsteller und Chronist, Calvinist, Parteigänger Heinrichs IV., Verfasser u. a. des Bürgerkriegsepos ›Les Tragiques‹ und einer ›Histoire universelle‹.

108 *nach Saint-Mathurin gewallfahrt:* sprichwörtlicher Ausdruck, der bedeutet, daß jemand liebestoll oder verrückt ist. Saint-Mathurin stand im Ruf, dieses Übel heilen zu können.

109 *Kaiser Hadrian:* oder Adrian (76–138), römischer Kaiser 117–138; Nachfolger von Kaiser Trajan. Kunstmäzen und Verwaltungsreformer. Der Text ist von Brantôme frei fabuliert gegenüber der Darstellung in der Kaiserbiographie ›Adrianus‹, X., des römischen Geschichtsschreibers Älius Spartianus (um 300).

110 *Antonius Verus, genannt Commodus:* Es muß heißen: Commodus Antonius. Durch seine Grausamkeit bekannter römischer Kaiser (180–192), Sohn des Marc Aurel. Auch die erwähnte Geschichte ist von Brantôme sehr frei umgestaltet. So starb u. a. die Mutter Faustina vor der Inthronisierung des Commodus Antonius, und die berüchtigte Kaiserin mußte sich im Blut ihres geliebten Gladiators waschen. Vgl. Julius Capitolinus, ›Marcus Antonius‹, XIX.

111 *was sie sagt, das macht:* Hier liegt eines jener häufigen Wortspiele Brantômes vor, deren Sinn man nur wiedergeben kann, wenn man den französischen Wortwitz zerstört.

zu einem ehrbaren Edelmann: Dieser Edelmann kann sehr wohl Brantôme selbst sein.

113 *Ich kannte zwei schöne ehrbare Damen:* Margarete von Valois (1553–1615), Tochter Heinrichs II. und der Katharina von Medici (1519–1589); und die Herzogin von

Nevers, Henriette (gest. 1601), Tochter Franz' I. von Clèves. Ihre Liebhaber, der provenzalische Edelmann de La Môle und der Piemonteser Coconnas, wurden im Gegensatz zu Brantômes Darstellung wegen konspirativer Tätigkeit 1574 enthauptet.

114 *Herr von Strozzi:* Edelmann und Kriegsführer aus berühmtem florentinischem Geschlecht; in französischen Diensten; eng mit dem Hof der Katharina von Medici und Brantôme verbunden.

117 *Herr von Lescu:* Thomas de Foix (gest. 1525), seigneur de L'Escun, maréchal de Foix, Bruder von Madame de Chateaubriant, der Mätresse Franz' I.

Herrn von Nemours: Nemours war Neffe Ludwigs XII. und Statthalter von Mailand.

118 *in den Gesprächen des Paolo Jovio:* Paolo Giovio (1483 bis 1552), italienischer Geschichtsschreiber. ›Dialogo delle imprese militari ed amorose‹ (Gespräch über die militärischen und amourösen Unternehmungen), 1559.

Herrn von Montluc: Blaise de Lasseran Massencome (1502–1577), Herr von Monluc oder Montluc, aus der Gascogne, Marschall von Frankreich (1574), Chronist; Verfasser von ›Commentaires‹ (Denkwürdigkeiten).

120 *Herr du Bellay:* Joachim du Bellay (1522–1560), französischer Dichter und Lyriker, Cousin des humanismusfreundlichen Kardinals Jean du Bellay und Protektors von Rabelais; Freund und Mitstreiter von Ronsard. Verfaßte u.a. das Manifest der Plejade ›Deffence et illustration de la langue française‹ (Verteidigung und Lobpreisung der französischen Sprache), 1549.

Ovid: Publius Ovidius Naso (43 v.u.Z.–17), berühmter römischer Dichter, Verfasser u.a. der hier im Text angesprochenen ›Remedia amoris‹ (Heilmittel der Liebe).

François Rabelais: französischer Schriftsteller und Gelehrter (um 1494–1553); vielseitig interessiert, in zahlreichen Wissenschaften kundig. Verfasser des berühmten mehrteiligen Romans ›Gargantua und Pantagruel‹

(ab 1532), der in seiner Verbindung von Kritik, Erudition, Ideal, utopischer Phantastik, Lebensfreude und derber Sinnlichkeit typisch ist für die französische Frührenaissance der ersten Hälfte des 16. Jahrhunderts. Quelle und Inspiration für Brantôme.

Panurg: Vgl. Rabelais, ›Gargantua und Pantagruel‹, III, IV ff.

121 *Alexander Severus:* Marcus Aurelius Alexander Severus, der Strenge (geb. 208, römischer Kaiser 222–235); Brantômes Text ist in Zweifel zu ziehen. Nach den historischen Quellen hielt er sich zwar aus Mißachtung die Eunuchen fern, ließ sie aber in den Frauengemächern Dienst tun. Vgl. Älius Lampridius, ›A. Severus‹, XXIII.

122 *Villeconnin:* Nicolas de Toute-ville (gest. 1567), Herr von Villeconnin, unehelicher Sohn Franz' I., Hugenotte.

Heimfall: Erlöschen der Vasallenrechte am Lehen. Fall des Vasallenbesitzes an den Lehnsherrn.

Herrn von Retz: Albert de Gondi (1522–1602). 1547 von Katharina von Medici an den französischen Hof geholt, Marschall von Frankreich 1573.

123 *Herrn von Teligny:* Charles de Théligny (Tod 1572 in der Bartholomäusnacht), Schwiegersohn des Heerführers der Hugenotten, Admiral Coligny; selbst Hugenotte und eng befreundet mit dem Katholiken Brantôme. Die Textpassage gäbe eine Erklärung für den plötzlichen Reichtum des berühmt-berüchtigten Marschalls von Retz.

Galardón: Belohnung.

Herr Professor Schlaukopf: Beiname des schottischen Theologen John Duns Scot(t) (um 1266–1308), Gegner des Aristotelismus und der Lehren des Kirchenvaters und heiligen Thomas von Aquino (1225–1274). Der Textbezug scheint hier gegeben zur ›Summa Benedicti‹ (vgl. Anm. zu S. 61).

Salomo: der weise Salomon, Sohn und Nachfolger des Königs David von Israel 970–931 v. u. Z. Von legendärem Ruf. Auch Dichter und apokrypher Mitverfasser des Alten Testaments.

124 *Lukretia:* Gemahlin des Tarquinius Collatinus. Als Muster einer römischen Hausfrau gefeiert. Der römischen Sage nach nahm sie sich, durch Sixtus Tarquinius entehrt, selbst das Leben. Veranlaßte dadurch 510 v. u. Z. die Vertreibung der Tarquinier und die Gründung der römischen Republik.

heilige Sophoniena: Gemeint ist die heilige Sophronia aus der christlichen Märtyrergeschichte.

127 *des Ortolanhundes:* hortulanus; Gartenhund.

zu Guillot dem Träumer: Gemeint ist Don Guilán el cuidador, Gestalt aus dem spanischen Ritterroman ›Amadís de Gaula‹, veröffentlicht von Ordóñez de Montalvo (1508); wahrscheinlich nach einem portugiesischen Original von João Lobeira (1278). Die französische Bezeichnung Guillot Le Songeur bedeutet Guillot der Träumer, der Sinnierer.

131 *Tochter des Königs Akris:* Danae; in der griechischen Mythologie Tochter des Königs Akrisios von Argos, die durch Zeus, der ihr in Gestalt eines Goldregens erschien, zur Mutter des Perseus gemacht wurde.

tapfern und tüchtigen Mann: Anspielung auf den Herzog Heinrich von Guise (1550–1588) und seine allzu freiherzige Frau Cathérine de Clèves.

132 *Trajan:* römischer Kaiser 98–117.

133 *im narbonnesischen Gallien:* etwa der heutige Südosten Frankreichs.

135 *Als ich einmal:* wahrscheinlich Königin Maria Stuart, die Brantôme auf ihrer Reise von Frankreich in ihr Königreich Schottland 1561 begleitet hatte. Ihr ›Favorit … geringer Qualität‹ ist David Rizzio; die Fragestellerin zweifelsohne die stets skandalsüchtige Katharina von Medici.

137 *einer sehr großen Königin:* die spanische Königin Elisabeth (1545–1568), Tochter Heinrichs II. von Frankreich und Katharinas von Medici; dritte Frau von Philipp II. (1559); Schwester der Margarete von Valois (1553 bis

1615), der Königin von Navarra, Frau des späteren Heinrichs IV., der diese wegen ihrer Sittenlosigkeit 1599 verstieß. Brantôme spielt hier, wie so häufig, Charme und List des perfekten Höflings aus.

138 *die eine hatte einen Gatten:* Margarete von Lothringen, verheiratet mit Anne, Herzog von Joyeuse (1561–1587), Admiral von Frankreich und Günstling Heinrichs III. Die besagte Schwägerin ist zweifelsohne Henriette de Joyeuse, Herzogin von Montpensier.

140 *Paladin:* allgemein Ritter, Beschützer.

bei Ariost: Vgl. Ariost, ›Der rasende Roland‹, V, 57.

142 *darauf löschte man die Kerzen:* Die französischen Herausgeber stellten wohl zu Recht die Authentizität dieser Geschichten in Frage, wie auch Brantôme selbst, der freundschaftliche Beziehungen zu Hugenotten unterhielt.

Gotterelle: Diese Gotterelle kann wohl an eine gewisse Godarde de Blois erinnern, eine Hugenottin, die 1563 wegen Ehebruchs gehängt wurde.

143 *Priap:* Priapos, griechischer Gott der Sinnlichkeit, zunächst üppiger Fruchtbarkeit; Sohn des Dionysos und der Aphrodite.

144 *Beaulieu:* wahrscheinlich Beaulieu-Chastaigner, Leutnant des Großpriors Franz von Lothringen und Freund Brantômes.

145 *Man erzählte:* Man klagte die Gräfin von Senizan an, sie habe ihn entwischen lassen.

bei Titus-Livius: Vgl. Titus-Livius (64 oder 59–17 v. u. Z.), lateinischer Historiker, in seiner ›Römischen Geschichte‹, Bd. XXVI, XXXIII.

Vesta Opia Atellana: Es muß heißen: Vestia Oppia, Atellana.

146 *Diese beiden:* unrichtig, nur Cluvia war gewerbsmäßige Kurtisane.

147 *König Johann:* der Gute, geb. 1319; französischer König 1350–1364; in ständigem Krieg mit England, in dem er unterlag.

von Salsbery: muß heißen: von Salisbery.

auf den Mund zu küssen: Vgl. ›Hundert Neue Novellen‹, Novelle XLVIII.

149 *Die schönen Männer:* Das Sprichwort ›Les beaux hommes au gibet, et les belles femmes au bordeau‹ will sagen, daß die Geschenke der Natur und die seelischen Eigenschaften nur selten miteinander in Beziehung stehen.

151 … *Animus uxoris:* Brantôme gibt den Text verstümmelt wieder. Juvenal schreibt in seiner Satire VI, 207–212:
Si tibi simplicitas uxoria deditus uni
Est animus; ……………………
Nil unquam invita donabis conjuge; vendes
Hac obstante, nihil; nihil, haec si nolet, emetur.
Sinngemäß: Wenn du in deiner ehelichen Naivität nur deiner Frau ergeben bist … wird dir keine Gabe gegen ihren Willen möglich sein: Wenn sie sich widersetzt, kannst du nichts verkaufen; du wirst nichts kaufen, wenn sie nicht zustimmt.

152 *die Maulesel reiten:* Brantôme schreibt hier ›passer par bardot‹, womit er von den alten Weibern redet, die ihre Liebhaber die Rolle von Mauleseln spielen lassen müssen.

153 *Bei meinem ersten Aufenthalt in Italien:* Italien galt zur Zeit in dieser Richtung als besonders berüchtigt.
Ich hörte, daß irgendwo: aus Boccaccio, ›Decamerone‹, X. Novelle des fünften Tages.

155 ›*Duabus mulieribus …*‹: ›Zwei Frauen, die sich in der Synagoge darüber beschwerten, daß ihre Männer ihnen auf widernatürliche Weise beischliefen, erhielten von jenen Rabbinern zur Antwort: der Mann sei Herr über das Weib, folglich dürfe er sich seiner bedienen, wie es ihm beliebe, nicht anders als derjenige, der einen Fisch kauft: Der nämlich könne die vorderen wie die hinteren Teile nach Gutdünken verzehren.‹

157 *von der jetzigen Frau Großherzogin:* Christine von Lothringen, Tochter von Herzog Karl III. von Lothringen, 1589 verheiratet mit Ferdinand I. von Medici. Vgl. Litta, ›Medici di Firenze‹ (Die Medici von Florenz), IV, XV.

159 *in Paris ihren Prozeß betrieb:* wahrscheinlich Cathérine-Charlotte de La Trémoille, Fürstin von Condé. Sie wurde vom ›parlement‹ freigesprochen.

162 *ehrbare und große Dame:* wahrscheinlich Anspielung auf Louise de L'Hospital de Vitry, Madame de Simiers. Lalanne spricht in seiner Ausgabe (1876) von Margarete von Valois. Bei beiden kommt die Zahl der verstorbenen Liebhaber auf das gleiche hinaus.

Pferd des Sejan: Es muß heißen: Pferd des Seius.

163 *Credibile est ignes multiplicare suos:* Man glaubt es gern, daß die Sonne den Frauen stärker einheizt. Vgl. Théodore de Bèze (1519–1605), Schriftsteller und Theologe, Schüler von Calvin, dem er in Genf nachfolgte; Poemata juvenilia, Lutetia (Paris) 1548, ›In Italiam‹, S. 97.

164 *Greca in letto:* Griechin im Bett.

Was unsere schönen Französinnen: ein Ergebnis der Italienkriege seit dem Ausgang des 15. Jh.; aber auch besonders der Regentschaft Katharinas von Medici nach der Mitte des 16. Jh.

165 *Wie Cajetan sagt:* Thomas de Vio (1469–1534), genannt Cajetan, Kardinal.

Perchè, di quel che natura concede ...:

Warum, strenges Ehrengesetz, verbietest du,
Was die Natur uns gestattet?
Sie hat uns das Gebot der Liebe
So frei und großherzig zugestanden
Wie den anderen Tieren.
Aber der betrügerische und unzuverlässige Mensch,
Der diesen Irrtum zur Regel erhob,
Jedoch unsere Kraft und unser starkes Rückgrat sah,
Deckte seine Schwäche mit der Strafe zu.

Donna con donna: Dame mit Dame.

Martial: Marcus Valerius Martialis (um 40–104), römischer satirischer Epigrammdichter. ›Epigramme‹, I. 91. Epigramm.

Tribade: Lesbierin; Tribadie: lesbische Liebe.

zweite Lukretia: s. 1. Anm. zu S. 124.

166 *›Geminos ...‹:* zwei Fotzen zusammenfügen.
Isabella de Luna: berühmte Kurtisane. Heldin einer Novelle von Matteo Bandello (um 1485–1561).
Schaffner: eher Kellermeister.
Herrn Kardinal von Armaignac: Georges d'Armagnac (um 1501–1585), Erzbischof von Toulouse (1562) und später von Avignon (1576), Kardinal und Botschafter in Venedig und Rom.
Sappho von Lesbos: geboren zu Beginn des 6. Jh. v. u. Z., größte griechische Dichterin des Altertums, von deren umfangreichen Gedichtsammlungen (9 Bücher), darunter Elegien und Hymnen, nur Bruchstücke erhalten sind.
Lukian sagt: Lukian (um 125–um 192), satirischer kritischer griechischer Schriftsteller, genannt ›der griechische Voltaire‹, Verfasser zahlreicher bedeutsamer Werke wie die ›Totengespräche‹. Vgl. hier seine ›Kurtisanengespräche‹.

167 *... frictum Crissantis adorat:* Die folgende Übertragung ›... einer gewissen Crissante‹ ist falsch. Der Juvenalvers (Satire, VI, 323) lautet: Ipsa (Laufella) Medulliane frictum crissantis adorat. Der Genitiv des Partizips Präsens ›crissantis‹ erscheint bei Brantôme unrichtig als Frauenname.
Lukian hat ein Kapitel: in seinen ›Liebesarten‹, XXVIII.
philaenisch ... Philaene: Gemeint ist Philenis, die kunstgriffreiche Kurtisane Lukians.

168 *Herrn von Clermont-Tallart:* Heinrich, Graf von Clermont und Tonnerre (getötet 1573).

171 *Godmichés:* vom Lateinischen ›gaude mihi‹ (erfreue mich).

173 *Sardanapal:* mythologischer assyrischer Herrscher, Symbol des sittenlosen und ausschweifenden Fürsten.

174 *›Von der Schönheit‹:* ›Dialogo delle bellezze delle donne‹, Florenz 1548 von Agnolo Firenzuola (1493–1543), italienischer Lyriker und Dramatiker der

Renaissance. Erschien in französischer Übersetzung ›Discours de la beauté des dames‹, Paris 1578. Verfaßte noch weitere Werke der gleichen Richtung.

Margarete von Österreich: Es handelt sich in Wirklichkeit um Margarete von Parma (1522–1586), die uneheliche Tochter Kaiser Karls V. Heiratete 1533 den Herzog von Florenz, Alexander von Medici. Nach ihrer Verwitwung 1537 heiratete sie 1538 den Herzog von Parma, Ottavio Farnese, und wurde 1559 Statthalterin der Niederlande. Alle folgenden Angaben von Brantôme, dreimalige Verheiratung, Tante Kaiser Karls usw., beziehen sich auf Margarete von Österreich und sind darum in diesem Kontext unzutreffend.

175 *Vertrag von Cambray:* 1529, genannt ›Frieden der Damen‹, ausgehandelt von Louise von Savoyen im Namen von Franz I. und Margarete von Österreich im Namen von Kaiser Karl V., ihrem Neffen. Brachte Frankreich Vorteile gegenüber Karls V. Friedensdiktat von Madrid 1526.

Cornelius Agrippa: Agrippa von Nettesheim, Heinrich Cornelius; Schriftsteller, Arzt, Philosoph, berühmter Schwarzkünstler (1486–1535). Verfaßte zu Ehren der Margarete von Österreich 1529 besagtes Traktat ›Declamatio de nobilitate et praecellentia femini sexus‹.

hermaphroditisch: Zwitter, doppelgeschlechtliches Wesen.

177 *›Hundert Erzählungen‹:* Vgl. Margarete von Navarra, ›Heptameron‹, XXVI. Novelle. Der schöne Fürst, Held des Abenteuers, ist Gabriel d'Albret, Herr von Avesnes und von Lesparre, Vizekönig von Neapel, Seneschall von Guyenne, gestorben wahrscheinlich 1503.

179 *besser noch Boccaccio:* Vgl. Boccaccio, ›De claris mulieribus‹, LXXVIII.

Claudia Quintiana: Gemeint ist Claudia Quinta.

Kybele: in Phrygien heimische, aber auch in ganz Kleinasien verehrte Natur- und Kulturgöttin. Göttin der Fruchtbarkeit, Vertreterin der gebärenden Kraft der Natur.

180 *Dame von guter Herkunft:* sehr wahrscheinlich Marga-

rete von Valois, mit der Brantôme gemeinsame literarische Interessen verbanden.

181 *Delos:* eine der Kykladen im Ägäischen Meer, wo sich das große Heiligtum Apollons befand, in dem anfangs der Schatz der von Athen gebildeten Konföderation und anderer griechischer Städte verwahrt wurde. 88 v.u.Z. von Mithridates zerstört. Es gab auf Delos zwar keinen Tempel, wohl aber einen Altar, der einzig aus ineinander verschlungenen Geweihen (Hörnern) gestaltet war und zu den sieben Weltwundern gehörte. Vgl. Plutarch (um 50–um 125), griechischer Schriftsteller, Verfasser zahlreicher Abhandlungen; in der französischen Übersetzung von Amyot, ›Œuvres mélées‹ (Vermischte Schriften), 1808, II, S.167.

183 *Vögeln beschenken:* Brantôme wendet hier ein schwieriges Wortspiel an, in dem wiederum ›cocu‹ und Kukkuck ihre Rolle spielen.

184 *Vertugadin:* bezeichnet in der Sprache des 16.Jh. einen Hüftwulst, der die Röcke trug.

189 *eine sehr große Prinzessin:* Margarete von Valois, die erste Frau Heinrichs IV., auch als Dichterin bekannt.

eine sehr vornehme Dame: wahrscheinlich Anne d'Este, Witwe des Herzogs Franz von Guise (1563), die sich 1566 mit dem Herzog von Nemours, Jacques von Savoyen, wieder verheiratete.

193 *Etwelche spielen Hans.:* Hans (Jean) war gleichbedeutend mit betrogenem Ehemann.

195 *Herr Pasquier:* Etienne Pasquier (1529–1615), französischer Schriftsteller, Jurist und Staatsbeamter. Verfasser der ›Recherches de la France‹. Der hier angesprochene Brief ist an Ronsard gerichtet. Vgl. Etienne Pasquier, ›Œuvres‹ 1723, II, S.38.

Thibaud de Champaigne: Thibaut IV. (gest. 1253), Graf von Champagne und König von Navarra. Seine Gedichte wurden erstmals 1742 in zwei Bänden veröffentlicht.

Blanca von Castilien: (1187–1252), Gemahlin des französischen Königs Ludwig VIII. (1187–1226); Regentin

1226–1236 für ihren unmündigen Sohn Ludwig IX. (1214–1270), den Heiligen.

196 *jene Königin:* wahrscheinlich Isabella von Bayern.

Ich könnte ein paar Beispiele dazu anführen: Anspielung auf Katharina von Medici (1519–1589), französische Königin, Gattin Heinrichs II. ab 1547; Regentin für ihren unmündigen Sohn Karl IX. (1550–1574).

197 *Herr Diogenes der Zyniker:* Diogenes von Sinope (um 412 bis 323 oder 324 v. u. Z.), griechischer Philosoph, der ›Hundephilosoph‹ in seiner Tonne. Schüler des Anthistenes, von Platon als ›rasender Sokrates‹ bezeichnet. Galt als Sonderling. Vgl. Plutarch, ›De Stoicorum repugnantiis‹, XXI.

Lamia: ursprünglich Geliebte des Zeus. Hier Geliebte des Demetrius. Vgl. Plutarch, ›Demetrius‹, XXXV, von dem die Geschichte stammt. Lamia mißbilligt dort nur den Urteilsspruch; die prozessierende Kurtisane hieß Thonis.

der Königin von Navarra: Vgl. ›Heptameron‹, XLIII. Novelle.

199 *mein seliger Onkel de la Chataigneraye:* François de Vivonne, Herr von Chastaigneraie. Galt schon am Hof Franz'I. als recht barsches Original. Wurde von Jarnac in einem berühmten Duell getötet.

200 *Stallmeister Gruffy:* François de Compeys, Herr von Gruffy, Stallmeister Franz' I. Verließ 1518 Frankreich. Vgl. Costa de Beauregard, ›Familles historiques de Savoie‹ (Familien aus der Geschichte von Savoyen), Chambéry 1844.

201 *drei S.:* Luis Barahona de Soto (1548–1595), spanischer Arzt, Schriftsteller und Lyriker, der als Vorläufer des großen Góngora gilt, spricht in seinem epischen Poem ›Lágrimas de Angélica‹ (Die Tränen Angelikas) 1586 im 4. Gesang von 4 S. als Eigenschaften des perfekten Liebhabers. Im Text fehlt noch ›solícito‹ (emsig, betriebsam). Die Abkürzungsbuchstaben waren sehr in Mode im Spanien des 16. Jh. Vgl. auch Cervantes, ›Don Quijote‹, XXXIV.

204 *wie jene Königin:* offensichtlich Isabella von Bayern.
stürzen und ertränken: Vgl. François Villon (1431/32 bis um 1470), französischer Dichter des Übergangs zwischen Mittelalter und Renaissance, der in seiner Ballade ›Dames des temps jadis‹ (Die Damen von einst) sagt:

Der Königin gleich, die Buridan
In einem Sack in die Seine werfen ließ.

205 *Kleopatra:* Kleopatra VII. (69–30 v. u. Z.); älteste Tochter des ägyptischen Königs Ptolemäus XIII. Auletes. Wurde 51 v. u. Z., siebzehnjährig, testamentell zur Mitregentin und Gemahlin ihres erst dreizehnjährigen Bruders Ptolemäus XII. Dionysos bestimmt. Ihre Schönheit faszinierte Cäsar und später Marcus Antonius.
Plutarch beglaubigt: Vgl. Plutarch, ›Antonius‹, XXXII.
206 *Plinius erzählt:* Gajus Plinius Cäcilius Secundus, der Jüngere (um 62–um 120), römischer Schriftsteller. Vgl. Plinius in der Übersetzung von Dupinet, Lyon 1562, Bd. II, S. 154.
Tortalis, Leontifa ... Saluris Litisema: Die Namen sind vom Schreiber verstümmelt worden. Es muß heißen: Tertulla, Terentilla ... Salvia Titiscenia. Vgl. Sueton, ›Octavianus-Augustus‹, LXIX.
207 *Sophonisbe:* (235–203 v. u. Z.), Königin von Numidien; Tochter des karthagischen Feldherrn Hasdrubal, ward früh mit Masinissa verlobt, aber mit König Syphax von Numidien vermählt, um ihn für Karthago zu gewinnen.
Titus-Livius: in seiner ›Römischen Geschichte‹, XXX, XII und XV.
Apian und andern: Appianos, griechischer Geschichtsschreiber aus dem 2. Jh., Verfasser einer ›Römischen Geschichte‹ in 24 Bänden in griechischer Sprache. Vgl. Appianos, ›De rebus punicis‹, XXVII und XXVIII; dgl. Boccaccio, ›De claris mulieribus‹, LXXII.
Herr du Bellay: Vgl. Joachim du Bellay ›Œuvres poéti-

ques‹ (Poetische Werke), Ausgabe 1597, ›La Vieille Courtisanne‹ (Die alte Kurtisane).

208 *Sie wollte sagen ›Brücken‹:* Wortspiel zwischen ›cons‹ und ›ponts‹.

sie wollte aber sagen ›lobzuhudeln‹: Wortspiel zwischen ›adultérer‹ und ›adulater‹ (›aduler‹).

209 *der in Athen eine liebte:* Vgl. Lukian, ›Die Liebesarten‹, XV.

›andar in barca‹: ›wieder zum Schiff zurück‹.

212 *Königin von Navarra:* Margarete von Valois, die Frau König Heinrichs IV. Katharina von Medici wußte den Einfluß ihrer eleganten Erscheinung auf die Modekultur des Hofes zu schätzen.

so ein großer Fürst: der Herzog von Anjou. Ursprünglich soll diese Raffinesse von Margarete von Valois stammen, die damit ihren Gatten stimulieren wollte.

Zeuxis: eigentlich Zeuxippos, berühmter Maler des griechischen Altertums. Schuf u. a. ein Bildnis der legendären schönen Helena.

215 *Raymundus Lullus:* Raimondo Lull (1235–1315), spanischer Philosoph, Alchimist, Utopist, mystischer Lyriker, Dichter und Erzähler katalanischer Sprache, genannt der ›erleuchtete Doktor‹; durch sein vielseitiges Schaffen von hohem Ansehen in ganz Europa.

216 *Arnold von Villanova:* Arnaud de Villeneuve (um 1240 bis um 1311), französischer Arzt, Philosoph und Alchimist.

Oldrades: oder Oldrade, geboren in Lodi, Provinz Mailand, gestorben um 1320; Rechtsgelehrter. Keines seiner Werke, obwohl zur Zeit häufig konsultiert, wurde gedruckt.

›de falsa moneta‹: ital., vom Falschgeld.

Carolus Bovillus: Charles de Bovelles. Vgl. seine ›Opuscula‹, XXXIV–XL der Ausgabe Paris 1511 (1521), ›Epistola in vitam R. L. eremitae‹.

218 *Herr Bischof von Cisteron:* wahrscheinlich Aimeric de Rochechouart, Bischof von Sisteron 1545–1582.

220 *Tempel der Diana:* Es muß heißen Tempel der Minerva

(in Lindos auf Rhodos), römische Göttin der Weisheit und der Kunst. Vgl. Plinius in der Übersetzung von Dupinet, Bd. II, S. 576.

221 *schönen und ehrbaren Dame:* Françoise Babou de La Bourdaisière; lebte zur Zeit Heinrichs III.

Höhle der Sibylle: Sibyllen sind Jungfrauen in der Antike, die in einsamen Grotten lebten und, vom Geist Apollons, des griechischen Gottes der Künste, des Lichts und der Weissagung, besessen, in Ekstase wahrsagten.

222 *schönen und vornehmen Dame:* offenbar Heinrich III. und Katharina Maria von Lothringen (1552–1596), Herzogin von Montpensier, Tochter des Herzogs Franz von Guise, seit 1570 Gemahlin Ludwigs II. von Bourbon (1513–1582), Herzog von Montpensier. Sie spielte seit 1588 eine bedeutsame Rolle in der katholischen Liga.

›pan de con‹: ›Schoßtuch‹, in abmildernder Übersetzung, die dem Wortschöpfer aber kaum vorschwebte.

Gewebe der Penelope: Nach Homer, Odyssee XIX, 141 ff., webte Penelope, die Gattin des auf der Rückfahrt von Troja verschollenen Odysseus, ein Leichentuch für Laërtes, ihren Schwiegervater, das sie nachts heimlich wieder auftrennte. Sie hatte versprochen, unter ihren drängenden Freiern einen neuen Gatten zu wählen, wenn die Arbeit beendet wäre.

eine große, ausländische Fürstin: Elisabeth I. von England (1533–1603), Tochter Heinrichs VIII. und der Anna Boleyn; Königin 1558–1603.

216 *Königin Eleonore:* Eleonore von Habsburg (1498–1558), Schwester Karls V., Gemahlin des Königs von Portugal, Manuels I., wurde in zweiter Ehe nach der Unterzeichnung des Vertrages von Cambray 1529 mit Franz I. verheiratet.

228 *wollte sie heiraten:* wahrscheinlich Brantôme.

231 *wie Octavianus Cäsar:* Vgl. Sueton, ›Octavianus-Augustus‹, LXIX.

Basestan: Basar.

Belagerung von La Rochelle: 1573.

verstorbene Herr von Guise: Heinrich von Guise, den Heinrich III. 1588 ermorden ließ.

das er Monsieur: Monsieur war immer der Titel des nächsten Bruders des Königs. Hier also der künftige Heinrich III., König 1551–1589.

232 *Eine Dame von da und da:* Es handelt sich in der folgenden Geschichte wahrscheinlich um Margarete von Valois und Bussy d'Amboise.

234 *Diana:* griechisch Artemis; römische jungfräuliche Göttin der Jagd, Herrin der Tiere; auch als Vegetations- und Fruchtbarkeitsgöttin verehrt, Göttin der Keuschheit.

Aktäon: griechisch Aktaion; Jäger der griechischen Sage, der Artemis im Bade überraschte und dafür in einen Hirsch verwandelt wurde. Seine eigenen Hunde zerrissen ihn, da sie ihn nicht erkannten.

Ein König von Irgendland: Die folgende Geschichte spielt auf Heinrich II., seine Frau Katharina von Medici und Diana von Poitiers an.

237 *Picus Mirandola:* Giovanni Pico della Mirandola, Fürst von Concordia (1463–1494); großer italienischer Humanist, Schriftsteller und Philosoph, dessen kühne Denkart wesentlich Erasmus von Rotterdam beeinflußte.

239 *Herodes:* Name jüdischer Könige idumäischer Abstammung. Herodes der Große (37–4 v. u. Z.).

Josephus: Josephus Flavius, jüdischer Geschichtsschreiber (37 bis etwa 95).

240 *Alexander:* der Große, König von Makedonien (356 bis 323 v. u. Z.). Vgl. Plutarch, ›Alexander‹, XXXIX.

Darius: Dareios (persischer Königsname). Hier Darius III. Kodomannos, der letzte König der Perser, regierte 335–330 v. u. Z., wurde 333 und 331 vernichtend von Alexander geschlagen.

Schiras: Schiraz, Hauptstadt der persischen Provinz Fars.

sagt Belon: Vgl. Pierre Belon (1517–1564), französischer Naturforscher und Reisender, in seinem Werk ›Betrachtungen über verschiedene Eigenheiten und denkwürdige Dinge ...‹, französische Ausgabe Paris 1554, Bd. III, X.

Scipio Africanus: Publius Cornelius Scipio Africanus (235–183 v. u. Z.). Römischer Feldherr und Prokonsul; eroberte 210 v. u. Z. im 2. Punischen Krieg Neukarthago; schloß 206 die Unterwerfung Karthagos ab, das nunmehr römische Provinz wurde.

241 *Keltiberer:* Volk im alten Spanien; Vermischung der eingewanderten Kelten mit den eingeborenen Iberern.

242 *Frau des Königs Ortiagos:* Chiomara. Vgl. u. a. den Moralisten Plutarch, ›Über die Tugenden der Frauen‹, und Boccaccio, ›De claris mulieribus‹, LXXIV.

244 *Massinissa:* Masinissa, Königin der Massylier (Numidien) (238–149 v. u. Z.); verbündete sich mit den Römern.

Scipio machte in alledem: Die Geschichte bezieht sich auf Cato den Älteren (234–149 v. u. Z.), römischer Staatsmann, Zensor, Redner, fanatischer Gegner Karthagos, bekannt durch sein ›Ceterum, censeo ...‹ Vgl. Plutarch, ›Cato der Ältere‹.

245 *Papst Paul IV.:* Papst 1555–1559; geboren 1476.

Patois: französische Volksmundart; Bauernsprache.

246 *Apis:* der von den Ägyptern in Memphis verehrte heilige Stier.

›Jours jovials‹: ›Dierum genialum libri VI‹ (1523) von dem neapolitanischen Rechtsgelehrten Alessandro Alessandri. Die vorangegangene Geschichte ist jedoch nicht hier nachweisbar, sondern bei Diodoros von Sizilien, geboren 90 v. u. Z., griechischer Historiker, in seiner 40bändigen Universalgeschichte, Bd. I, LXXXV. Die Spiele sind in einem Vulcanus, dem römischen Gott des Feuers und der Schmiedekunst, geweihten Wald von Memphis angesiedelt. Der erste große griechische Geschichtsschreiber und Kulturhistoriker He-

rodot (um 490–um 425 v. u. Z.) nennt in seiner ›Universalgeschichte‹, Bd. II, LX, diese Sitte als Kulthandlung zum alljährlichen Fest der Isis, der ägyptischen Himmelsgöttin und Göttin der Liebe und Ehe, zu Bubastis im Nildelta.

247 *Fest der Flora ... Frau Flora:* eigentlich Acca Larentia, aus der Frühzeit des römischen Staates, erscheint in der römischen Sage als Geliebte des Herkules, als Amme des Romulus und Remus usw., auch als Gattin eines reichen Tuskers, dessen Vermögen sie zusammen mit ihren hohen Einkünften als Luxuskurtisane dem römischen Volk unter der Bedingung vermachte, alljährlich ihren Geburtstag zu feiern (23. Dezember). Später mit dem Kult der Flora, römische Göttin alles Blühenden und des Lebensgenusses, deren Namen man ihr gab, verbunden. Die Kurtisanen traten dabei nackt auf. Vgl. u. a. Macrobius, lateinischer Schriftsteller des 5. Jh., ›Saturnalia‹, I, X.

Lais: Name zweier griechischer Hetären. Hier wahrscheinlich die Jüngere, Tochter der Geliebten des berühmten griechischen Staatsmannes und Feldherrn Alkibiades (450–404 v. u. Z.), Schüler des Sokrates.

248 *Kaiser Galba:* Servius Sulpicius Galba, römischer Kaiser Juni 68–Januar 69.

Fiscaguatanz: sehr lebhafter, ausschweifender italienischer Tanz.

249 *Pausanias:* griechischer Schriftsteller und Historiker des 2. Jh.

Manilius: nur bekannt als Verfasser einer ›Astronimica‹ zur Zeit des Tiberius. Vielleicht ist eher Martial gemeint.

Messene ... Lazedämon: Messene umfaßte die westlichste der drei großen südlichen Landzungen des Peloponnes. Lazedämon ist Sparta. Von Brantôme wurde die Geschichte verändert. In Wirklichkeit handelt es sich um die Zurückschlagung der Spartaner durch die Frauen des belagerten Argos auf dem Peloponnes. Vgl. Plutarch, ›De virtutibus mulierum Argivae‹.

251 *Besuch des Guardians:* Wächter, Hüter; bei Franziskanern und Kapuzinern der Vorgesetzte.

252 *Prinzessin … die ich kannte:* Katharina von Medici.

253 *in einem schönen Bein:* Der Gründer des Jesuitenordens (1534), Ignaz von Loyola (1491–1556), muß es gewußt haben, denn er ließ sich ebenfalls ›operieren‹, um in den Stiefeln hübscher auszusehen. Vgl. die ›Geschichte des Don Inigo de Guipuzcoa, Ritter der Heiligen Jungfrau.‹

254 *des Kaisers Vitellius:* Aulus Germanicus V., geboren 15, römischer Kaiser 69. Vgl. Sueton ›Vitellius‹, II.

der Königin von Navarra: Vgl. ›Heptameron‹, LVII. Novelle.

Ich kannte einen Herrn: offensichtlich der Großprior Franz von Lothringen, der u. a., wie auch Brantôme selbst, Maria Stuart 1561 auf ihrer Reise nach Schottland begleitete.

257 *guelfisch oder ghibellinisch:* Guelfen: Parteiname für die Anhänger des Papsttums und die Gegner der deutschen Kaiser in Italien. Ghibellinen: im Mittelalter seit der Zeit der staufischen Kaiser Parteiname der Anhänger des Kaisers. Der Kampf zwischen beiden Parteien spaltete ganz Oberitalien in zwei feindliche Lager, überdauerte die Herrschaft der Staufer, und die Namen wurden für Gegensätze üblich, die mit ihrer ursprünglichen Bedeutung nichts zu tun hatten.

258 *›El Viage del Principe‹:* ›Die Reise des Fürsten‹. Es handelt sich um Philipp II.

schönen Stadt Bains: Bains-Les-Bains, Badeort in den Vogesen.

›Mas brava que lus fiestas de Bains.‹: span., ›Prächtiger als die Feste von Bains.‹

ich beschreibe es anderswo: im 59. Diskurs der ›Capitaines français‹.

der Königin Eleonore: s. Anm. zu S. 226.

Oreaden: Nymphen der Berge.

259 *Pomona:* römische Göttin des Obstes. Bei Ovid Geliebte des Vertumnus.

Najaden: Wassernymphen; Quell-, Flußnymphe der griechischen Sage.

Donna Béatrix Pacecho: Beatrix Pacheco, Gräfin von Entremont. Ihre hier genannte Tochter Jacqueline wurde die Frau des hugenottischen Admirals Coligny.

265 *Insel Chios:* türkische Insel im Ägäischen Meer.

266 *bei der Salbung des letzten Königs:* Heinrich III.

271 *Kaiser Caligula:* Vgl. Sueton, ›Caligula‹, XXV.

272 *Kaisers Caracalla:* eigentlich M. Aurelius Antonius Bassianus; römischer Kaiser, geboren 188, ermordet 217. 196 von seinem Vater zum Cäsar, 198 zum Augustus erhoben. Vgl. Spartian, ›Caracallus‹, X.

einer unserer drei letzten Könige: Heinrich III. und die Fürstin von Condé.

274 *Konstanze, Königin von Sizilien* (1156–1198): Tochter des normannischen Königs Roger II. von Sizilien; 1186 verheiratet mit dem deutschen Kaiser Heinrich VI., dem Sohn Friedrich Barbarossas. 1194, also mit 38 und nicht mit 52 Jahren, gebar sie den künftigen Kaiser Friedrich II.

heiligen Elisabeth (1207–1231): Landgräfin von Thüringen. Tochter des Königs Andreas von Ungarn und seiner Gemahlin Gertrud von Meran; 1221 mit Ludwig IV., Landgraf von Thüringen, vermählt. Widmete sich ab 1227 (Tod ihres Gemahls auf einem Kreuzzug) ganz der Religion und der Askese. Wie die Legende schon von Wundern zu ihren Lebzeiten erzählte, bewirkten ihre Gebeine nach dem Tod wunderbare Heilungen. Papst Gregor sprach sie deshalb 1235 heilig.

Die ›Geschichte von Neapel‹: von Pandolfo Collenuccio (1444–1504), italienischer Diplomat, Rechtsgelehrter, Humanist und Dichter. Das genannte ›Compendium der Geschichte des Königreiches von Neapel‹ erschien postum 1559.

die Schwester der Madame von Uzès: Margarete von Clermont-Tallard.

275 *Ich hatte einen nachgeborenen Bruder:* Jean de Bourdeille.

Rodomont: tapferer, aber auch prahlerischer Held aus dem ›Rasenden Roland‹ von Ariost.

276 *Herzogin von Ferrara:* Renée (gest. 1575), Tochter Ludwigs XII., verheiratet mit Herkules II. (1508–1559), Herzog von Ferrara.

Pau: Hauptstadt des südwestfranzösischen Departements Basses-Pyrénées in der Landschaft Béarn.

Mun: Meun-sur-Loire (Mun an der Loire).

282 *Bay de la paix:* Bay ist eine Fuchsart; Friedensroß.

283 *der verstorbene Prinz:* Ludwig I. von Bourbon, Fürst von Condé.

der tapfere Avaret: hugenottischer Offizier; 1562 in Orléans an der Pest gestorben.

Compère: Gevatter.

le Malheureux: der Unglückliche.

284 *Lais:* die Ältere aus Korinth, lebte zur Zeit des Peloponnesischen Krieges. Zu ihrer Kundschaft gehörten u. a. Aristippos und Diogenes.

Flora: Der Kontext deutet darauf hin, daß diese Kurtisane unter Umständen nicht identisch ist mit der Flora der 1. Anm. zu S. 247, das heißt, zu späterer Zeit lebte.

286 *Nero:* Vgl. Sueton, ›Nero‹, XXXIV.

287 *Artaxerxes:* Artaxerxes I., Longimanus; persischer König 465–425 v. u. Z.

Ladislaus, der König von Neapel: geboren 1375; König 1390–1414.

292 *›potta ferraresa‹:* Weibsloch aus Ferrara.

›cazza mantuano‹: Männerschwanz aus Mantua.

302 *des großen Sultans Soliman:* Suleiman II., el Kanuni (der Große), geboren 1495, türkischer Sultan 1520–1566.

304 *Penthesilea:* Tochter des Ares und der Otrera; Königin der Amazonen; kam nach Hektors Tod Priamos zu Hilfe und fiel durch die Hand des Achilles. Die Geschichte ist entnommen Boccaccios ›De claris mulieribus‹, XXXIII.

Hektor: Sohn des Königs Priamos von Troja und der Hekabe. Im Kampf von Achilles getötet.

305 *Tallestris:* Vgl. Quintus Curtius Rufus, römischer Ge-

schichtsschreiber und Rhetor; Verfasser der ›Historiae Alexandri magni‹ (etwa 41–54 v. u. Z.), Buch V.

306 *Orosius:* Paulus Orosius (gest. um 418), Schüler des Augustinus, spanischer Geistlicher und Geschichtsschreiber, Verfasser einer ›Geschichte gegen die Heiden‹.

Justinus: Marcus Junianus Justinus (1. Jh.), römischer Geschichtsschreiber. Verfasser einer ›Weltgeschichte‹ in 44 Büchern; erzählerisch geglückt und stark episodisch.

Camilla: legendäre Königin der Volsker, eines der Urvölker Italiens indogermanischen Stammes in den südwestlichen Apenninen.

307 *Turnus:* in der römischen Sage König der Rutuler, der im Streit um Lavinia, die Tochter des Latinus, von der Hand des Äneas fällt.

Virgil: Vergil. Publius Vergilius Maro (70–19 v. u. Z.), römischer Dichter. Als Hauptwerk seines überaus reichen Schaffens gilt das Epos ›Äneis‹ (30–19 v. u. Z.), gewidmet der Geschichte Roms, sich anlehnend an Homers ›Odyssee‹ und ›Ilias‹.

Dido: auch Elissa. In der antiken Sage Tochter des Königs von Tyros. Als ihr Bruder Pygmalion ihren Mann ermordet hatte, floh sie nach Afrika und gründete Karthago. Hauptgestalt in Vergils ›Äneis‹. Vgl. dort IV, 10–13.

›Berühmten Unglücklichen‹: ›De casibus virorum illustrium‹ des Giovanni Boccaccio (1313–1375). Vgl. dort Buch IX, III.

Awaren: turktatarisches, nomadisierendes Großviehzüchtervolk am Asowschen Meer. Wurden um 550 von den Türken vertrieben und gründeten in Ungarn ihr Reich. Nach Einfällen in das Frankenreich von Karl dem Großen 791 bis 803 vernichtet.

309 *›Tragischen Geschichten‹:* Gemeint sind die 214 ›Novellen‹ (1510–1560), die ihrem Verfasser, Matteo Bandello (1485–1561), internationale Anerkennung eintrugen. Vgl. Bd. III, I. Novelle der Ausgabe Venedig 1568.

Loretto: Loreto. Wallfahrtsort, in dessen Kirche sich die ›Santa Casa‹ befindet, das Wohnhaus der Maria in Nazareth, das Engel nach Loreto getragen haben sollen.

310 *einen Prinzen ... rühmen hörte:* Heinrich III., Sieger von Jarnac und Montcontour.

311 *Herr von Ronsard:* Vgl. P. Ronsard, ›Amours‹, 1551, I, CLXXIV.

312 *Herrn von Nemours:* Jacques von Savoyen (1531–1585), Herzog von Nemours; Sohn von Philippe von Savoyen, Herzog von Nemours, und Charlotte von Orléans-Longueville. Bekannter Kriegsmann und Höfling seiner Zeit. Im folgenden sind seine Liebschaften u. a. mit Françoise de Rohan und mit der Witwe des Herzogs Franz von Guise gemeint, die er später heiratete.

Herrn von Rendan: Charles de la Rochefoucauld, Graf von Randan, getötet 1562 bei der Belagerung von Rouen.

313 *In den ›Hundert Erzählungen‹:* Vgl. ›Heptameron‹, XVI. Novelle.

314 *einen ihrer Handschuhe:* Vgl. die Ballade ›Der Handschuh‹ von Schiller.

317 *der schönen Agnes:* Agnes Sorel (um 1409–1450), Dame de Beauté; kam 1431, nach dem Tod der Jeanne d'Arc, als Ehrendame der Herzogin von Anjou, Isabella von Lothringen, an den französischen Hof.

Karl VII.: der Siegreiche, König von Frankreich (1403 bis 1461); vermählt mit Marie von Anjou; zunächst nur südlich der Loire als König anerkannt, wurde er von Jeanne d'Arc zum Siege geführt. Beendete 1453 den Hundertjährigen Krieg mit England.

323 *schöne und große Dame:* Margarete von Valois.

dafür nahm sie: Bussy d'Amboise.

›Bravo‹: ital., ›Tapferer, Mutiger‹; aber auch gedungener Mörder.

Ginevra in Schottland: Frau des sagenhaften britannischen Königs Artur (um 500). Vgl. Ariost, ›Der rasende Roland‹, V.

Karls VI.: der Geliebte oder der Wahnsinnige, König von Frankreich (1368–1422).

327 *zwei große brüderliche Herren:* offensichtlich der Herzog Heinrich von Guise und sein Bruder, der Herzog von Mayenne.

328 *Die … Königinmutter:* Diese häufig bei Brantôme auftauchende Bezeichnung meint Katharina von Medici, die Mutter der letzten Valois-Könige.

Cornelio Fiasco: Cornelio Fiesco; aus der berühmten guelfischen Genueserfamilie der Fieschi, aus der Päpste hervorgingen und der Graf Giovanni Luigi Fieschi (1522–1547), Held von Schillers ›Die Verschwörung des Fiesco zu Genua‹ (1783).

331 *Ich könnte … eine Frau nennen:* Madeleine de Saint-Nectaire oder Sennetene, Frau von Miramont, deren Gatte die Partei der Hugenotten unterstützte. Sie war selbst siegreiche Feldherrin.

Jungfrau von Orléans: Jeanne d'Arc (1412–1431), französische Nationalheldin. Stellte sich im Glauben an eine göttliche Berufung während des Hundertjährigen Krieges gegen England an die Spitze der nationalen Befreiungsbewegung. Brachte den Engländern Niederlagen bei und führte Karl VII. zur Krönung nach Reims (s. 2. Anm. zu S. 317). 1430 infolge Verrats des Adels von den Burgundern gefangengenommen und den Engländern übergeben, wurde sie zur Ketzerin erklärt und am 30. Mai 1431 in Rouen als Hexe verbrannt. 1456 rehabilitiert; 1920 von der katholischen Kirche heiliggesprochen.

›Pur che sia il vero.‹: ital., eigentlich: Pur che sie vero! (Wenn es nur richtig ist!)

›Pur che no l'habbia tutto.‹: ital., eigentlich: Pur che non la butto! (Wenn ich sie nur nicht zerstöre!)

332 *›Pur che l'habbia.‹:* ital., eigentlich: Pur ch'io L'abbia! (Wenn ich sie nur behalte!) Die drei von Brantôme verstümmelten italienischen Devisen finden sich korrigiert in den ›Denkwürdigkeiten von Siena‹ von Pecci, zitiert in der Ausgabe der ›Commentaires‹ (Denkwür-

digkeiten) von Blaise de Monluc (um 1499–1577), dem französischen Offizier und Chronisten, besorgt von A. de Ruble 1864–1867, Bd. II, S. 56.

Faschine: Reisigbündel.

333 *in Titus-Livius:* ›Römische Geschichte‹, XXVI, XXXVII,

335 *daß der König:* Heinrich II.

336 *Semnonen:* Senonen; Volk im alten Gallien, seßhaft an der Yonne, mit der Hauptstadt Agedincum (jetzt Sens). Ein Teil von ihnen wanderte nach Italien (Umbrien) aus.

337 *La Noue:* einer der tapfersten und geachtetsten hugenottischen Feldherren.

338 *Komture:* bei den geistlichen Ritterorden Benennung der Ritter, denen ein Komplex von Ordensgütern (Kommende) zur Verwaltung anvertraut war.

Rhodus: Gemeint ist Rhodos, die östlichste Insel des Ägäischen Meeres; Hauptinsel der südlichen Sporaden.

340 *Feldherr Sforza:* Muzio Attendolo Sforza (1369–1424); Condottiere, Großkonnetabel; Günstling Johannas II.

Johanna II. (1371–1435): Königin von Neapel ab 1414. 1415 zweite Heirat mit Jacques de Bourbon, Graf de la Marche, der alle Staatsgewalt an sich riß.

Zenobia: Zenobia Septima (gest. um 274), Gemahlin des Königs Odänathos von Palmyra; Königin von Palmyra 266–272. Vgl. Boccaccio, ›De claris mulieribus‹ (Über die berühmten Frauen), CI.

Kaiser Aurelian: Aurclianus Lucius Domitius, römischer Kaiser 270–275. Unternahm 271 einen Feldzug gegen Zenobia, schlug sie bei Antiochia und eroberte Palmyra (heute Tadmor in der nördlichen syrischen Wüste). Vgl. Trebellius Pollio, römischer Geschichtsschreiber, in seinen Kaiserbiographien (um 300), üblicherweise unter dem Titel ›Die 30 Tyrannen‹, XXIV; aus der Sammlung ›Scriptores historiae Augustae‹ (Schriftsteller von Kaiserbiographien).

343 *Paulus Aemilius ... Perseus:* Ämilius Paulus Lucius, römischer Feldherr, schlug, zum zweitenmal Konsul, Perseus, den letzten makedonischen König (um 212–166 v. u. Z.), in der Schlacht bei Pydna 168 v. u. Z. Vgl. Plutarch, ›Paulus Ämilius‹, LVI.

Königin von Ungarn: Maria von Österreich (1505–1558), Schwester Karls V., Witwe des ungarischen Königs Ludwig; Regentin der Niederlande.

›el padre de los soldados‹: span., ›der Vater der Soldaten‹.

›la madre‹: ›Mutter‹.

344 *Madame de Bourdeille:* Jacquette de Montberon, Witwe von André de Bourdeille, dem älteren Bruder Brantômes.

345 *›Über den Krieg‹:* ›Über die Kriegskunst‹ (1521) von dem italienischen Schriftsteller, Staatsmann und Diplomaten Niccoló Machiavelli (1469–1527), berühmt vor allem auch durch sein weitwirkendes politisches Grundlagenbuch ›Il principe‹ (Der Fürst), 1532.

Cesare Borgia: (um 1475–1507) Sohn des berüchtigten Papstes Alexander VI. Borgia; Herzog von Valence, 1493 Kardinal; geschickter und skrupelloser Politiker. Scheute vor keinem Frevel und politischen Mord zurück, um mit päpstlicher Unterstützung die Machtsphäre der Borgia-Familie auszuweiten. Für Machiavelli Prototyp seines Werkes ›Der Fürst‹.

348 *berichtet J. v. Nauclerus:* Johannes v. Nauclerus (um 1430–1510), Geschichtsschreiber; verfaßte auf Veranlassung Kaiser Maximilians I. eine lateinische, bis 1500 reichende Chronik ›Memorabilium omnis aetatis et omnium gentium Chronici commentarii‹, die eher eine Art historische Chronographie darstellt. Vielleicht meint Brantôme eher die ›Cosmographie‹ (1575) von Thévet, wo sich die vorliegende Geschichte ebenfalls findet. Auch die Zeitzuordnung (8. Jh.) spricht für diesen Autor.

Libussa: nach der böhmischen Sage (um 700) die Gründerin von Prag; verheiratet mit Premysl von Staditz.

349 *Fulvia:* Tochter des M. Fulvius Bambalio; in erster Ehe mit P. Claudius (s. 1. Anm. zu S. 42) verheiratet; eine der herrschsüchtigsten und sittenlosesten Frauen ihrer Zeit, löste durch ihre Ränke den Perusinischen Krieg (41 v.u.Z.) aus. Vgl. auch Plutarch, ›Antonius‹, XIV.

350 *Karl Martell:* der Hammer (um 688–741); Sohn des Majordomus Pippin und der schönen Chalpaida. War ab 720 Majordomus des ganzen Frankenreiches.

Madame von Montpensier: s. 1. Anm. zu S. 222. Von Haß gegen Heinrich III. erfüllt, weil dieser ihren Bruder Heinrich von Guise hatte ermorden lassen.

351 *Prinzen von Parma:* Alessandro Farnese (1545–1592).

352 *um den andern … fürchtete:* Herzog von Mayenne.

354 *Der Kanzler:* Michel de L'Hospital (um 1505–1573), französischer Politiker, Kanzler seit 1560. Versuchte vergeblich, als Führer der dem König nahestehenden zentristischen Gruppe der ›Politiques‹ im Bürgerkrieg zwischen Katholiken und Hugenotten zu vermitteln.

357 *die Barrikaden:* 12. Mai 1588.

›Conquista de Navarra‹: Vgl. ›Historia de la conquista del reino de Navarra‹ (Die Geschichte der Eroberung des Königreiches von Navarra) von Luis de Correa; Ausgabe 1843, S. 106.

360 *Mutter … Königs Franz:* Louise von Savoyen (1476 bis 1531), Mutter von Franz I. Handelte 1529 mit Margarete von Österreich den Frieden von Cambrai aus.

368 *›Schweizer Niederlage‹:* bekanntes Lied der Zeit.

›Tout est perdu‹: frz., ›Alles ist verloren‹.

Papst Leo: Giovanni von Medici (1475–1521), Leo X., Papst 1513–1521.

372 *König Ludwigs XI.:* König von Frankreich (1423–1483). Soll großen Anteil an den ›Hundert Neuen Novellen‹ haben.

373 *Von seiner Frau:* Charlotte von Savoyen (gest. 1483), seit 1456 zweite Gemahlin Ludwigs XI., Mutter von Karl VIII., französischer König (1470–1498).

374 *König Ludwig XII.:* König von Frankreich (1462–1515), Sohn von Charles d'Orléans und Marie de Clèves.

376 *König Franz:* Franz I.

377 *Damen der kleinen Bande:* kleiner intimer Damenzirkel am Hofe.

Papst Farnese: Alessandro Farnese (geb. 1468), Paul III., Papst 1534–1549. Vater mehrerer unehelicher Kinder.

378 *Herzog von Albani:* Jean Stuart (gest. 1536), Herzog von Albanien. Wurde durch seine Heirat mit Anne de la Tour Verwandter der Bologneser Mediceer-Familie, der auch Katharina von Medici zugehörte.

Papst Clemens: Giulio de Medici (geb. 1478), Clemens VII., Papst 1523–1534.

384 *Kardinal Granvella:* Antoine Perenot de Granvelle (1517 bis 1586); in Diensten von Kaiser Karl V.

Grafen Egmont: Lamoral Graf von Egmont, Prinz von Gavre (1522–1568); Hauptgestalt von Goethes ›Egmont‹.

König Heinrich dem Großen: Heinrich II.

Pasquillanten: Verfasser und Verbreiter von Pasquillen (italienischen Pasquilli), beleidigenden Schmäh- und Schandschriften in der Öffentlichkeit.

385 *Herrn von Matha:* Pierre de la Mare, Hofstallmeister der Margarete von Navarra.

Medisance: üble Nachrede.

Fontaine-Guérin: Offensichtlich Honorat de Bueil (gest. 1590), königlicher Kammerherr, Günstling Karls IX.

386 *beim Dauphin:* der spätere König Franz II.

388 *Dame von sehr hoher Herkunft:* Françoise de Rohan, dame de la Garnache, und Jacques von Savoyen (1531–1585), Herzog von Nemours.

389 *Großprior von Frankreich:* Heinrich von Angoulême (geb. 1544), Statthalter der Provence, Tod 1586 in Aix, nicht in Marseille.

wie jene Amazonenkönigin: s. Anm. zu S. 305.

Franz II.: König von Frankreich (1544–1560).

390 *›Le tigre‹:* ›Der Tiger‹. Streitschrift von François Hotman (1524–1590), französischer Rechtsgelehrter, Pro-

fessor der Rechte. Gegner der fortschreitenden absolutistischen Tendenzen. Das genannte Pamphlet (1560) ist gegen Karl von Guise, den Kardinal von Lothringen, gerichtet und zielte auf dessen Liebschaft mit seiner Schwägerin, Herzogin von Guise.

391 *die beiden Großen:* die Brüder Franz (1519–1563) und Karl (1524–1574) von Guise.

König Karl: Karl IX. (1550–1574), König von Frankreich, Sohn Heinrichs II. und der Katharina von Medici, Herzog von Orléans.

392 *gegen eine sehr große Dame:* Anne d'Este, Herzogin von Guise, Witwe des Herzogs Franz von Guise, die sich 1566 mit dem Herzog von Nemours verheiratete.

394 *schöne Prinzessin:* Marie de Clèves (gest. 1574), erste Frau (1572) Heinrichs, des Fürsten von Condé.

Ich kenne eine Große: Cathérine-Charlotte de La Trémoille, Fürstin von Condé.

398 *Oberbefehlshaber, Herr von Nemours:* s. 1. Anm. zu S. 312.

399 *Graf von Saint-Aignan:* Claude de Beauvillier, heiratete 1560 Marie Babou de la Bourdaisière.

400 *Sulla:* Lucius Cornelius Sulla (geb. 138 v. u. Z.), römischer Diktator 82–79 v. u. Z. Vgl. Plutarch, ›Sulla‹, XXIX und XXX.

401 *Königin von Ungarn:* Maria von Ungarn, Statthalterin der Niederlande, Schwester Karls V. Wird 1548 Gemahlin Maximilians II. (1527–1576), ab 1562 römischer König, seit 1563 Königin von Ungarn (s. 2. Anm. zu S. 343).

Brutus: Marcus Junius Brutus (85–42 v. u. Z.), römischer Politiker, Neffe von Cato, Adoptivsohn Cäsars. Mit Cassius an der Verschwörung beteiligt, die zur Ermordung Cäsars führte.

403 *königlichen Prinzen:* der spätere Heinrich III. (s. 2. Anm. zu S. 32). Verläßt seine Geliebte, Renée de Rieux-Châteauneuf, die spätere Madame de Castellane, aus Zuneigung zu Marie de Clèves, Frau des Fürsten von Condé (s. 2. Anm. zu S. 105).

vornehmen Prinzen: Ludwig I. von Bourbon, Fürst von

Condé. Verheiratete sich 1565 mit Françoise d'Orléans. Die verlassene Geliebte war das so häufig erwähnte Fräulein von Limeuil.

405 *Frau von Etampes:* Anna von Pisseleu (um 1508–1576), Herzogin von Etampes. Seit 1526 die einflußreiche Mätresse Franz' I.

406 *Madame von Nevers:* Anne de Bourbon, Tochter des Herzogs von Montpensier, seit 1561 verheiratet mit François de Clèves, Herzog von Nevers, Graf von Eu.

408 *König Karls:* Karl IX. (s. 2. Anm. zu S. 391).

Königin von Navarra: Margarete von Valois, Frau des späteren Heinrich IV.

409 *Virgil:* s. 2. Anm. zu S. 307.

410 *ein großer Prinz:* offensichtlich Ludwig II. von Montpensier; verwitwet 1561, heiratet 1570 Katharina von Lothringen.

411 *Nestelknüpfen:* eine Art Krampf, der nach dem Aberglauben durch Verhexung verursacht werden kann.

412 *›dentro, fuero ...‹:* span., dentro: hinein, fuero: heraus.

413 *Dessous:* Unterteil; Unterkleidung.

415 *Pasquillbuch:* s. 2. Anm. zu S. 384. Ein derartiges Figurenbuch entstand in Rom zur Zeit Sixtus' V. (geb. 1521), Papst 1585–1590.

Gemahlin Kaiser Karls: Isabella von Portugal.

Marquis von Villana: Marquis de Villena, aus dem Hause Pacheco.

Herzog von Feria: Gomez Suarez de Figueroa, Herzog von Feria.

Königinnen Eleonore und Marie: Eleonore, Königin von Portugal, später mit Franz I. verheiratet. Maria von Österreich, Königin von Ungarn (s. 2. Anm. zu S. 343).

416 *Elisabeth von Frankreich:* s. Anm. zu S. 136.

con un carrajo de borrico, para encarguar y plantar la raya: span., um mit eselsgleichem Donnerkeil die Furche zu bepflanzen.

418 *Lamia:* s. 2. Anm. zu S. 197.

419 *seines Romans ›Philocoppo‹:* Boccaccios Romanerzählung ›Il Filicolo‹ (1338–1340), wo es um die Liebe zu seiner angebeteten Fiametta geht. Zuerst gedruckt in Venedig 1472 (s. 4. Anm. zu S. 307).

420 *Farramonte:* nach Boccaccio Ferramonte, Herzog von Montorio.

424 *wie Reinhold:* Reinhold von Montalban, einer der vier Söhne des Grafen Haimon von Dordogne, die sich oft auf ihrem Wunderpferd Bayard dargestellt finden; gleichnamiges altfranzösisches Heldengedicht, späterer Ritterroman. Bericht vom Kampf Karls des Großen gegen die vier Haimonssöhne (s. 1. Anm. zu S. 429).

Genoveva: nicht Genoveva, die legendäre Heilige (420 bis 512) und Schutzherrin von Paris, sondern Ginevra (s. 4. Anm. zu S. 323). Vgl. Ariost, ›Der rasende Roland‹, IV, 500 ff.

›una donna deve dunque morire‹: ›Eine Frau soll also sterben.‹

425 *Turnelle:* frz., Tournelle; Parlamentsgericht in Paris für peinliche Sachen.

426 *die Ansicht Heliogabals:* s. 2. Anm. zu S. 48. Vgl. Plutarch, ›Heliogabal‹, XXVI.

427 *Kaisers Sigismund:* Siegmund von Luxemburg, geb. 1368, König von Ungarn 1387, deutscher Kaiser 1411–1437. In zweiter Ehe mit Barbara von Cilli (gest. 1415) vermählt.

428 *Herrn von Avannes:* Gabriel d'Albret (s. Anm. zu S. 177). Vgl. ›Heptameron‹, XXVI. Novelle.

429 *jene Bradamanta:* Bradamante, Schwester des Renaud de Montauban (Reinhold von Montalban), ritterlicher Held aus dem karolingischen Sagenkreis, einer der vier Söhne des Grafen Haimon von Dordogne (Die vier Haimonssöhne), wahrscheinlich französischen Ursprungs. Symbol für besonders schöne und mutige Frauen. Heldin des ›Rasenden Roland‹ von Ariost.

430 *schöne und ehrbare Dame:* offensichtlich Madame de Villequier (s. 2. Anm. zu S. 32).

435 *von einem Prinzen:* die Geschichte des Fürsten von Condé und Isabeau de La Tour, Fräulein Limeuil (s. Anm. I, 84).

ihre Herrin: Katharina von Medici (s. Anm. zu S. 113).

436 *Darioletten:* Dariolette ist ein Mädchen aus dem Ritterroman ›Amadís‹.

437 *Bussole:* Magnetnadel; Richtungsmesser (Kompaß).

438 *der und der Dame:* Diana von Poitiers (s. 1. Anm. zu S. 100).

Alphons, König von Aragon: offensichtlich Alfons I., der Kämpfer, König von Aragon und Navarra 1104–1134, ab 1110 König von Kastilien; eroberte 1118 Saragossa.

439 *ein andres Mädchen:* Vgl. ›Hundert Neue Novellen‹, XXV. Novelle.

443 *sappiert:* aushebt, unterläuft.

445 *Quartanfieber:* Fieber, dessen Anfälle regelmäßig am vierten Tag wiederkehren (z. B. bei Malaria).

447 *Lanze des Peleus:* betrifft Achilles, den Sohn des Peleus, des Myrmidonenkönigs und der Meeresgöttin Thetis.

Herr von Ronsard … im Buche seiner ›Amours‹: XLVII. s. Anm. zu S. 58.

448 *Arzt der Königinmutter:* Honoré Castellan (geb. 1569).

Herrn von Nevers: offensichtlich François de Clèves (um 1539–1563), s. Anm. zu S. 406. Ältester Sohn des Herzogs gleichen Namens (1516–1562).

Ferdinand von Gonzaga (1507–1557): aus dem italienischen Fürstengeschlecht in Mantua (seit dem 12. Jh.), Marquis von Mantua.

Baron von Viteaux: Guillaume du Prat, baron de Vitteaux. Gefürchteter Duellant, enger Freund von Brantôme.

449 *Fabel des Tiresias:* Teiresias, der berühmte Seher von Theben, wurde in jungen Jahren von den Göttern geblendet, weil er den Menschen göttliche Geheimnisse mitteilte, aber von Zeus mit der Gabe der Weissagung und einem Leben von sieben Menschenaltern beschenkt.

›Ars Amandi‹: ›Die Kunst zu lieben‹ von Ovid.

450 *der heilige Augustin:* s. 1. Anm. zu S. 40.
Äneis: s. 2. Anm. zu S. 307.
Tod Didos: Dido (s. 3. Anm. zu S. 307) verließ, nach der ›Äneis‹, in Karthago auf Geheiß der Götter ihren Geliebten Äneas, stieg verzweifelt auf einen Scheiterhaufen und erdolchte sich.
›Amadís de Gaula‹: Der berühmte Amadís-Roman, verfaßt von mehreren Autoren im 15. Jh., teils in Spanisch, teils in Französisch. Der ›Löwenritter‹ Amadís gilt als Prototyp des beständigen und ehrbaren Liebhabers, Symbol der fahrenden Ritter.
des heiligen Ludwig: Ludwig IX.
Geschichte von Paul Emil: ›Pauli Aemilii de Rebus gestis Francorum‹, Paris 1555 (Paul-Emile, Über die Heldentaten der Franken). Vgl. Ausgabe 1550, VII, S. 153.
des ersten Balduin: Balduin I. (geb. 1171), seit 1195 Graf von Flandern und Hennegau; wurde nach der Eroberung von Konstantinopel durch die Kreuzfahrer 1204 zum Oberhaupt des oströmischen Kaisertums gewählt.
Präzeptor: Hofmeister eines Zöglings.
451 *Chicot, des Königs Spaßmacher:* Dieser gascognische Edelmann (getötet 1592) Chicot, Hofnarr Heinrichs III. und später Heinrichs IV., ermordete in der Bartholomäusnacht 1572 den hugenottischen Feldherrn François III., Graf von La Rochefoucauld.
454 *die schöne Lais:* s. 2. Anm. zu S. 347.
456 *vornehme Dame und Prinzessin:* Katharina von Medici. Die Königinmutter erfuhr damit eine zweideutige Huldigung.
457 *heilige Katharina von Siena:* Catharina Senensis (1347 bis 1380), Tochter des Färbers Benincasa, 1364 Schwester des 3. Ordens vom Heiligen Dominicus (Tertiarier), 1461 heiliggesprochen.
von einer großen Prinzessin: offensichtlich Margarete von Angoulême und Navarra, Schwester Franz' I. Die platonisierende Margarete sah eine unlösbare Verknüpfung von göttlicher und irdischer Liebe.

458 *›Sic placet Veneri‹:* Das Zitat muß richtig lauten: ›Sic visum Veneri‹ (so ist die Vorstellung der Venus). Vgl. Horaz, Quintus Horatius Flaccus (65–8 v. u. Z.), lateinischer Dichter, Verfasser von Oden, Episteln und Satiren. Freund Vergils, protegiert von Mäzenas. Seit der Renaissance Vorbild klassischer Tugenden von Maß und Ausgeglichenheit: ›Oden‹, I, 33, 10.

459 *als meine ›Gloire‹:* als mein ›Ruhm‹.

ihren ›Arrogant‹: ihren ›Dünkelhaften‹. Brantôme zeigt hieran das Fortleben alter Minnesängergewohnheiten bis tief in das 16. Jh. hinein. In der mittelalterlichen Literatur ist der Gebrauch derartiger allgemeiner Begriffe mit personifizierendem Sinn häufig anzutreffen.

460 *Diana:* s. 1. Anm. zu S. 234.

Pythagoras: griechischer Philosoph, Mathematiker und Astronom aus dem 6. Jh. v. u. Z. Begründer der ›pythagoräischen Schule‹, die u. a. einen strengen Moralkodex vertritt. Anhänger der Lehre von der Seelenwanderung (Metempsychose).

Volten, Coranten: Tanzarten der Zeit.

Carolle: französischer Rundtanz mit Liedbegleitung.

461 *die Feste sappieren:* die Festung untergraben.

462 *Papinian:* Papinianus Ämilius (um 140–212), einer der berühmtesten unter den römischen Rechtsgelehrten.

ein Gesetz Heliogabals: s. 2. Anm. zu S. 48. Vgl. Plutarch, ›Heliogabal‹, XXIII.

463 *Pompejus:* Gnaeus Pompeius Magnus (106–48 v. u. Z.), römischer Feldherr und Staatsmann. Besiegte u. a. Mithridates (66–63 v. u. Z.), bildete zusammen mit Cäsar und Crassus im Jahr 60 das erste Triumvirat; später Gegner Cäsars, 52 vom Senat zum alleinigen Konsul ernannt, 48 bei Pharsalos geschlagen und auf Weisung von Ptolemäus in Ägypten ermordet.

464 *die Königinmutter:* Katharina von Medici, geb. am 13. April 1519, verlor ihren Gemahl, Heinrich II., am 10. Juli 1559, also im Alter von über 40 Jahren.

465 *wie eine verwitwete Königin:* Im Originaltext ist die Rede von einer ›weißen Königin‹, da in Frankreich bis zum

16. Jh. die verwitweten Königinnen in weißen Kleidern und weißem Haar trauerten. Gemeint ist die Witwe des Herzogs Charles d'Orléans, Marie de Clève, die Jean de Rabaudanges heiratete, jedoch bereits 1487 starb, elf Jahre vor der Thronbesteigung ihres Sohnes, Ludwigs XII., König von Frankreich (1462–1515).

Kardinal von Lothringen: Karl von Guise (s. Anm. zu S. 390 und 1. Anm. zu S. 391).

achtzehn Ritter: Die historischen Quellen sprechen von 22 Rittern, unter denen jedoch Rabaudanges nicht aufgeführt ist.

Herrn von Lautrec: Odet de Foix (1485–1528), Vicomte de Lautrec, Marschall von Frankreich, Bruder der Mätresse Franz' I., der Gräfin von Chateaubriant.

466 *Donna Isabella von Österreich:* Elisabeth von Österreich, die Gattin Karls IX., Tochter des Kaisers Maximilian II.

467 *unsere Königin:* Elisabeth von Österreich (s. Anm. zu S. 466).

470 *des Herrn Admiral:* Gaspard von Châtillon (1519–1572), Herr von Coligny, hervorragender Heerführer der Hugenotten, in der Bartholomäusnacht ermordet.

Der König ... bei seiner Rückkehr aus Polen: Heinrich III.

471 *Richard von England:* Richard I. (1157–1199), genannt Löwenherz, König von England. Wurde bei seiner Rückkehr vom dritten Kreuzzug 1192 vom deutschen Kaiser Heinrich VI. gefangengenommen und erst gegen hohes Lösegeld freigelassen.

zur Bartholomäuspartei hielt: zur katholischen Partei, welche für die Bartholomäusnacht, die ›Pariser Bluthochzeit‹ 1572, auf Betreiben Karls IX. und der Guise verantwortlich war.

Fräulein von Vaudemont: Louise de Lorraine, Gemahlin Heinrichs III.; aus dem Hause Lothringen.

472 *Herrn du Guast:* s. 1. Anm. zu S. 106.

ihrem kaiserlichen Vater und ihrer kaiserlichen Mutter: Maximilian II. und Maria, Tochter Karls V.

Anna von Österreich: Anna-Maria von Österreich, Tochter von Maximillian II., seit 1570 vierte Frau Philipps II. von Spanien, die am 26. Oktober 1580 starb.

unserer Königin Elisabeth: s. Anm. zu S. 466.

473 *Königin von Navarra:* Margarete von Valois, Königin von Navarra.

474 *Herrn von Lansac:* Louis de Saint-Gelais-Lansac.

475 *Seigneur Altiviti:* Philippe Altoviti, Baron de Castellane, verheiratet mit Renée de Rieux-Châteauneuf. Tötete in Aix 1586 den Großprior Henri d'Angoulême und fand dabei selbst den Tod (s. 1. Anm. zu S. 389).

476 *Diese Prinzessin von Spanien:* Johanna (gest. 1578), Tochter von Karl V. und Isabella von Portugal, verheiratet 1553 mit dem Prinzen Johann von Portugal, der bereits 1554 starb.

479 *Maria von Ungarn:* s. 2. Anm. zu S. 343.

König Ludwig: Ludwig II. von Ungarn, der 1526, zwanzigjährig, in der Schlacht gegen den Sultan Soliman (s. Anm. zu S. 302) getötet wurde.

480 *König von Portugal, Sebastian:* 1557–1578, Sohn des Infanten Johann und der Johanna von Österreich, einer Tochter Karls V.

Paul IV.: Giovanni Pietro Caraffa (geb. 1476), Papst 1555–1559.

481 *Königin Eleonore:* Eleonore von Habsburg, zweite Frau Franz' I.

Kartäuser: katholischer Einsiedlerorden. Gestiftet 1084 vom heiligen Bruno aus Köln mit sechs Gefährten in der ihm vom Bischof Hugo von Grenoble zur Klostergründung überlassenen Einsiedelei ›La Grande Chartreuse‹ in den Alpen.

Philipp dem Kühnen: Philipp II. (1342–1404), der Kühne, vierter Sohn von Johann dem Guten, französischer König 1350–1364, von dem er 1363 das Herzogtum Burgund verliehen bekam.

jene vier Herzöge von Burgund: Philipp II., der Kühne; Johann (1371–1419), der Unerschrockene, Sohn Philipps des Kühnen; Philipp III. (1396–1467), der Gute,

Sohn von Johann dem Unerschrockenen; Karl (1433–1477), der Kühne, Sohn von Philipp III., dem Guten.

482 *Der Kaiser, ihr Bruder:* Karl V.

Margarete von Flandern: Margarete von Österreich (s. Anm. I, 48).

König Karl VIII.: s. 1. Anm. zu S. 49.

Sohn des Königs von Aragonien: Infant Juan von Spanien, Sohn Ferdinands II., spanischer König 1479–1516, und Isabellas von Kastilien. Verstarb 1497 im Jahr der Vermählung mit Margarete von Österreich.

Herzog Philibert von Savoyen: Philibert II. (gest. 1504). Mit Margarete von Österreich 1501 vermählt.

›Fortune infortune, fors une‹: frz., ›Glück und Unglück sind blinder Zufall.‹ Margarete von Österreich wählte diesen Leitspruch 1504, als sie mit 24 Jahren zum drittenmal Witwe wurde.

Ferdinand, den römischen König: Ferdinand I., geb. 1503, Bruder Karls V. Seit 1531 deutscher König, seit 1558 römischer Kaiser.

Sultan Soliman: s. Anm. zu S. 302.

Herrn von Chièvres: Guillaume de Croy; aus pikardischem Herzogsgeschlecht.

die Barbaresken: Der nordwestliche Teil von Afrika zwischen Mittelmeer und Sahara (Marokko, Algerien, Tunis und Tripolis) trägt seinen Namen von den das Land vorwiegend bewohnenden Berbern. Daher Barbareskenstaat, Berberei.

jene seine Schwester: Maria von Österreich (s. 2. Anm. zu S. 343).

483 *›fiestas de Bains‹:* die Feste von Bains-Les-Bains (s. 2. Anm. zu S. 258).

484 *Frau von Fontaine:* Claude Blosset (genannt Torcy), dame de Fontaine-Chalandrey.

Königin Leonore: Eleonore (s. Anm. zu S. 226).

Hautelisse-Tapete: doppeltgewebte Tapete, bei der die Art des Zusammenwebens (senkrecht laufende Kette) das Muster ergibt. Die Hautelisse- und Basselisseweberei sind Verfahren zur Herstellung von Gobelins und Tapetenstoffen.

485 *die Gefangennahme des Königs Franz:* Franz I. (s. 3. Anm. zu S. 29) durch Karl V.

487 *alle drei überlebten einander um ein Jahr:* Die Geschwister Maria und Eleonore von Österreich und Karl V. starben entgegen der Feststellung Brantômes im selben Jahr (1558).

des Königs Philipp: Philipp II. von Spanien.

Herzogin von Lothringen: Christina von Dänemark (gest. 1590), Tochter von Christian II., König von Dänemark, und der Elisabeth von Österreich. Nach dem Tode ihres Gemahls (1535), des Herzogs F. Sforza von Mailand, in zweiter Ehe 1540 verheiratet mit Herzog Franz II. von Lothringen (gest. 1545). Mutter von Herzog Karl II. von Lothringen (1543–1608).

488 *ritt sie im Brettchen:* Tritt des Damensattels.

489 *de la Brousse:* N. de La Brosse-Mailly.

französischer Refugié: ›Flüchtling‹, der, als Hugenotte verfolgt, das katholische Frankreich verlassen mußte.

an einem Gründonnerstage: Heinrich II., im Jahre 1552.

Paradin: ›Geschichte Frankreichs‹, Jahr 1552.

490 *Herrn von Ribrac:* Guy du Faur de Pybrac.

Herzog Karl von Burgund: Karl der Kühne (Charles le Téméraire), Herzog von Burgund (1433–1477). Sohn des Herzogs Philipp III. (s. 4. Anm. zu S. 481).

491 *kleinen Königin von Schottland:* Maria Stuart (geb. 1542), Tochter von Jakob V. von Schottland und Marie de Guise; wurde durch ihre Heirat mit Franz II., der jedoch bereits 1560 starb, für kurze Zeit Königin von Frankreich. Mußte auf Drängen von Katharina von Medici nach Schottland zurückkehren.

Herzog von Parma: Ottavio Farnese (1520–1586).

492 *Herzog Sforza:* Francesco II. Maria (1492–1535). Herzog von Mailand. In erster Ehe verheiratet mit der hier im Text angesprochenen Christina von Dänemark (s. 3. Anm. zu S. 487).

König Ludwigs XII.: s. 2. Anm. zu S. 49.

493 *Scipio:* s. 5. Anm. zu S. 240.
Hannibal: (247–183 v. u. Z.) Sohn des Hamilkar Barkas; berühmter Heerführer Karthagos. Im Text handelt es sich um die Schlacht bei Zama (202 v. u. Z.), die Scipio gewann.
Titus-Livius: s. 2. Anm. zu S. 145. Vgl. ›Römische Geschichte‹, XXX, XXIX.

494 *Ihre Hoheit von Lothringen:* Maria von Lothringen, Mutter der Maria Stuart (s. 1. Anm. zu S. 491).
Königin von Schottland: Maria Stuart (s. 1. Anm. zu S. 186).
Salbung ... Königs Karl IX: 1561.

495 *eine ihrer Töchter:* Renée (gest. 1602), 1568 verheiratet mit Herzog Wilhelm V. von Bayern.
Prinzessin von Mazedonien: aus dem mailändischen Hause Castellan(n)e. Verheiratet wahrscheinlich mit einem Castriot, Witwe seit 1551.

497 *Bianca von Montferrat:* (gest. 1509), Tochter des Marquis Wilhelm von Montferrat; seit 1485 Frau des Herzogs Karl I. von Savoyen (gest. 1489).

498 *›Sanguinus arctus amor‹:* lat., innige Blutsbindung.
›Chronik von Savoyen‹: Vgl. Paradin, ›Chronique de Savoye‹, III, LXXXV.
Frau Seneschall von Poitou: Madame de Vivonne.

499 *Marquise von Montferrat:* s. Anm. zu S. 497.
große Dame, die ich kenne: Diana von Poitiers.

500 *Herrn von Vaudemont:* Nicolas de Lorraine-Vaudemont, Vater der Louise de Vaudemont aus dem Hause Lothringen, 1575 mit Heinrich III. vermählt, der seinen Schwiegervater zum Herzog von Mercœur ernannte.
Prinzessin von Condé: Françoise d'Orléans-Longueville (gest. 1601), Witwe (1569) von Ludwig I. von Bourbon (1530–1569), des Fürsten von Condé.
Louise von Lothringen: Louise de Lorraine (gest. 1601), Tochter von Nicolas de Lorraine und Marguerite d'Egmont; Witwe des 1589 von dem Dominikanermönch Jacques Clément ermordeten Königs Heinrich III. (s. 1. Anm. zu S. 500).

501 *Marie von England:* dritte Gemahlin Ludwigs XII.
502 *Grafen von Angoulême:* später König Franz II. (s. 3. Anm. zu S. 389).
Herr von Grignaux: Jean de Talleyrand, Herr von Grignols, genannt Grignaux, ehemaliger Botschafter in Rom.
Chevalier d'Honneur: Ehrenritter.
Königin Anna: s. 3. Anm. zu S. 472.
503 *heiliger Schabbes:* Sabbat.
Der heute regierende König: Heinrich IV., Sohn Antons von Bourbon und der Johanna von Albret. Wird nach dem Tod Heinrichs III. 1589 König von Frankreich. Ursprünglich hugenottisch erzogen und Führer der Hugenotten, bekehrt er sich 1593 zum Katholizismus als Voraussetzung für die Sicherung seiner Thronfolge; spricht dabei die bekannten Worte ›Paris vaut une messe‹ (Paris ist eine Messe wert). Wird 1610 von dem Jesuiten François Ravaillac ermordet.
504 *Unsre Königin:* Louise von Lothringen (s. 3. Anm. zu S. 500).
auf die Seite der Union: auf die Seite der katholischen Liga (gegründet 1576); geführt zunächst von Heinrich von Guise bis zu seinem Tod 1588.
505 *Madame de Joyeuse:* Margarete von Lothringen (gest. 1625). In zweiter Ehe 1599 verheiratet mit Franz von Luxemburg, Herzog von Pinei.
Herr von Mayne: Charles de Lorraine. Herzog von Mayenne.
Kommandeurs von Chate: Aymar de Chastes (gest. 1604). Naher Verwandter des Herzogs von Joyeuse, Kommandeur des Malteserordens.
506 *Herrn von Luxemburg:* Franz von Luxemburg (s. 1. Anm. zu S. 505).
Frau von Montpensier: Katharina-Maria von Lothringen; seit 1570 verheiratet mit Ludwig II. von Bourbon, Herzog von Montpensier.
Prinzessin von Condé: Françoise d'Orléans (s. 2. Anm. zu S. 500).

Marquise von Rothelin: Jacqueline de Rohan (gest. 1586). Frau von François d'Orléans, Marquis de Rothelin.

507 *Frau von Randan:* Fulvie Pic de la Mirandole. Frau von Charles de la Rochefoucauld, Herr von Randan, der 1562 bei der Belagerung von Rouen getötet wurde.

wie jene Frau: Gemeint ist Lais (s. 1. Anm. zu S. 284). Vgl. Ausonius. Decimus Magnus A. (um 310–395), bedeutender römischer Dichter seines Jahrhunderts, in seinen ›Epigrammen‹, 55. Epigramm.

508 *Frau von Carnavalet:* Françoise de la Baume, Tochter von Jean III., Graf von Montrevel. 1548 in erster Ehe verheiratet mit ihrem Cousin, François de la Baume, Baron von Saint-Sorlin, später Graf von Montrevel; in zweiter Ehe 1566 mit Francois de Carnavalet, der 1571 starb.

Herrn von Epernon: Jean-Louis de Nogaret de la Valette, Herzog von Epernon (1554–1642). Französischer Edelmann, Heerführer und Gouverneur.

Madame von Bourdeille: Jacquette de Montberon, die Schwägerin unseres Brantôme (s. 1. Anm. zu S. 344).

510 *Cato von Utica:* M. Porcius C. Uticensis (95–46 v. u. Z.), Urenkel von Cato dem Älteren (234–149 v. u. Z.), genannt der Zensor. Römischer Staatsmann, Gegner von Cäsar.

der heilige Hieronymus: s. 2. Anm. zu S. 60. Vgl. Hieronymus der Heilige, Epistel XCVI, ›Ad principiam virginem‹.

511 *Portia:* Porcia, Tochter des Cato von Utica (s. 1. Anm. zu S. 510). Ihrem Vater an Freiheitsliebe und Seelenstärke ähnlich; war erst mit M. Bibulus, dann mit M. Brutus (s. 2. Anm. zu S. 401), dem Mörder Cäsars, vermählt. Ihr Selbstmord nach dem Tod des Brutus ist Erfindung. Sie ist noch vor ihm an einer Krankheit gestorben.

wie es Martial: Vgl. Martial, ›Epigramme‹, I, 43. Epigramm.

Aristoteles: 384–322 v. u. Z., großer griechischer Philosoph, Lehrer Alexanders des Großen. Begründer der peripathetischen Schule. Verfasser einer Vielzahl von

Schriften zur Logik, Politik, Ästhetik u. a. Vgl. hier seine ›Ethik‹.

der heilige Paul: Apostel Paulus (zwischen 5 und 15–67), Schüler von Christus und Missionar, in Rom unter Nero enthauptet. Verfasser der berühmten 14 Episteln als Grundlage der christlichen Lehre. Vgl. 1. Epistel, V, ›Ad Timotheam‹.

514 *›gode michi‹:* ›gaude mihi‹ (s. Anm. zu S. 165).

516 *Frau von Ephesos:* Die nachfolgende berühmte Geschichte der Epheserin haben auch Boccaccio und Lafontaine so berichtet.

518 *Herrn von Aurat:* Jean Dorat bzw. Daurat, ›Auratus‹ (gest. 1588). Professor für Griechisch am berühmten Pariser ›Collège de France‹.

Herrn du Guast: s. 1. Anm. zu S. 106.

519 *Herr von Beau-Joyeux:* Baltazarin. Ballettmeister am Hofe Heinrichs III. Er komponierte auch das Ballett zur Hochzeit des Herrn von Joyeuse.

Lampridius: Nicht Älius Lampridius, der römische Geschichtsschreiber und Verfasser einer Anzahl von Kaiserbiographien (s. 4. Anm. zu S. 340), sondern Petronius, Gaius P. Arbiter, römischer Schriftsteller aus dem 1. Jh. Beging im Jahr 65 Selbstmord. Vgl. Petronius, ›Satyricon‹, CXI und CXII.

›Trauerfeiern‹: Vgl. Guichard, ›Funérailles et diverses manières d'ensevelir des Romains, Grecs, etc.‹, Lyon 1581, II, III, S. 243 (Leichenbegängnisse und verschiedene Begräbnisarten der Römer, Griechen usw.). Gewidmet dem Herzog Charles-Emmanuel von Savoyen.

520 *Herr von Pleuviau:* Pluviant oder Puviant. Vgl. Agrippa d'Aubigné (1552–1630), französischer Schriftsteller und Chronist des Bürgerkrieges, engagierter Hugenotte und Kampfgefährte Heinrichs IV., in seiner ›Universalgeschichte‹, Ausgabe 1626, I, IV, wonach ›der Mörder ihres Gatten kam, der Frau dessen Schuhe brachte und um sie zu heiraten und ihr so das Leben zu retten.‹

Herrn von Soubise: (gest. 1566), französischer Heerführer, Hugenotte, Gouverneur von Lyon. Nannte sich Erzbischof von Parthenay.

›*Le temps n'est plus, belle bergeronnette*‹: frz., ›Die Zeiten sind vorüber, schöne junge Schäferin‹.

521 *wie Plinius sagt:* Vgl. Plinius der Ältere (23–79). Römischer Naturforscher und universaler Historiker der Naturwissenschaft der Antike, beim Vesuvausbruch 79 umgekommen (Herculanum und Pompeji); in seiner ›Naturgeschichte‹, XXVI, XXIV.

chaperonieren: zähmen, unter die Haube bringen. Brantôme nutzt hier die Sprache der Falkenbeize.

522 *des Bischofs von Digne:* Henri le Mignon, 1568–1587 Bischof von Digne.

523 *Sophonisbe:* s. 1. Anm. zu S. 207.

Styx: grch., Fluß in der Unterwelt, an dem die Götter ihre Eide schwören. Seine Wasser machten unverwundbar. Überführt ins Reich des Vergessens.

524 *Marquis von Pescara:* s. 1. Anm. zu S. 34.

Acheron: in der griechischen Mythologie Fluß der Unterwelt, den die Seelen auf dem Weg ins Totenreich überqueren mußten.

Cesare Borgia: s. 2. Anm. zu S. 345.

525 *Marschall von Foix:* Thomas de Foix, Herr von Lescun, Bruder von Madame de Chateaubriant.

Marschall von Strozzi: Pietro Strozzi, Marschall von Frankreich.

Herr von Salvoison: N. de Salvoison oder Salvaison.

Marschall von Bellegarde: Roger de Saint-Lary, maréchal dc Bellegarde.

Herr d'Enghien: Johann von Bourbon, Graf von Enghien.

Herr Chevalier von Bonnivet: François Gouffier (gest. 1548), Herr von Bonnivet, Malteserritter. 1546 zum Bischof von Béziers ernannt, ein Amt, das er 1547 niederlegte.

Herr von Martigues: Sebastian von Luxemburg, Vicomte von Martigues.

Kapitän Bourdeille: Jean de Bourdeille. Von ihm ging der Herrensitz von Brantôme auf unseren Autor über.

Herrn von Clermont-Tallard: Graf Henri de Clermont, Vicomte de Tallard. Getötet 1573 während der Belagerung der Hugenottenfestung La Rochelle, an der auch Brantôme teilnahm.

Herr von Souillelas: Andreas von Soleillas. André d'Oraison de Cadenet, 1570–1574 Bischof von Riez, in der Provence. Seine Geliebte war eine bigotte Dame, aber den König täuschte ihre Scheinheiligheit nicht. Heinrich IV. spottete auch über ihre Liebschaften und machte bei dieser Gelgenheit den Witz: Es gefiele ihr wohl am besten ›au jeúne et à l'oraison‹ (bei Fasten und Beten).

526 *Vittoria Colonna:* Marquise von Pescara (s. 1. Anm. zu S. 524). Für eine zweite Vermählung liegt kein Nachweis vor.

die einen meiner Oheime ...: Philippe de Beaupoil, Witwe von Brantômes Onkel La Chasteigneraie, die sich mit François de Caumont d'Aymé wiederverheiratete.

Eine andre Dame kannte ich: wahrscheinlich Marguérite de Lustrac, Witwe des Marschalls von Saint-André. Heiratete in zweiter Ehe den Baron Geoffroi de Caumont, Abt von Clairac.

527 *Valeria:* Vgl. die Abhandlung des heiligen Hieronymus ›Adversus Jovinianum‹, I.

Jene Marquise: Vittoria Colonna. Marquise von Pescara (s. 1. Anm. zu S. 524).

528 *Frau von Monnains:* Frau des Tristan de Moneins, Leutnant des Königs von Navarra, der 1548 während des Aufstandes von Bordeaux ermordet wurde.

Madame von Etampes: Anna von Pisseleu (s. Anm. zu S. 405).

Ich kannte eine: Jeanne Chabot, Frau von René d'Anglure de Givry. Nach ihrer Verwitwung heiratete sie Claude de la Chastre, Marschall von Frankreich. Ihr

Sohn aus erster Ehe, Anne d'Anglure de Givry (gest. 1504), gehörte zu den besten Offizieren Heinrichs IV.

529 *Kardinal du Bellay:* Jean du Bellay (1492–1560), Bischof 1526, Kardinal seit 1536.

Frau von Chatillon: Blanche de Tournon, Witwe von Raymond d'Agoult, Herrn von Sault, heiratete 1505 Jacques II. von Chastillon, der 1512 in Ferrara starb. Eine nochmalige Ehe mit dem erwähnten Kardinal du Bellay, wie von Brantôme dargestellt, erscheint fragwürdig; ist historisch nicht nachweisbar.

Herrn von Manne: François Bouliers de Cental de Mane, 1579–1587 Bischof von Fréjus.

war er ›de galico‹: de gallico: unvermutet, unerwartet, überraschend damit konfrontiert.

530 *in den ›Hundert Erzählungen‹:* Vgl. ›Heptameron‹, IV. Novelle.

›mon chevalier sans reproche‹: frz., ›mein Ritter ohne Fehl und Tadel‹.

531 *des letzten Kardinals von Chatillon:* Odet de Coligny, verheiratet mit Elisabeth de Hauteville, Frau von Loré. Bruder des Admirals Coligny (s. 1. Anm. zu S. 470).

532 *sehr hohen regierenden Fürsten:* Heinrich II. von Frankreich zog seiner jungen Gemahlin die schon bejahrte, aber liebeskundige Herzogin von Valentinois, Diana von Poitiers, vor, die schon die Mätresse seines Vaters, Franz' I. von Frankreich, war.

533 *›vetulam non cognovi‹:* lat., ›ich habe keine Alte beflogen.‹

534 *In Rom lebte einst eine Frau:* Vgl. Der heilige Hieronymus, ›Epistola ad Ageruchiam, de Monogamia‹. Der Autor berichtet von Ereignissen seiner Zeit, die sich unter dem heiligen Damasus I., Papst 366–384, zutrugen.

535 *Herr von Barbezan:* Charles de Rochechouart, Herr von Saint-Amand. In dritter Ehe verheiratet mit Françoise de Monchy-le-Châtel.

536 *›potus‹:* (Trank) Tränke.

Plinius führt ... an: Vgl. Plinius (s. 1. Anm. zu S. 521). ›Naturgeschichte‹ XXIV, XXXVII und XXXVIII.

Vestalinnen: Die sechs jungfräulichen Priesterinnen der Vesta, römische Göttin des Herdfeuers, Symbol für das Wohl des heimischen Herdes und des Staates (grch. Hestia); Hüterinnen des ewigen Feuers im Vesta-Tempel.

Ceres: römische Göttin des Ackerbaues; der griechischen Demeter entsprechend.

›Thesmophoria‹: Feiern zu Ehren der Demeter Thesmophoros, griechische Göttin des Ackerbaus; Verkörperung der Erde.

›agnus castus‹: lat., ›keusches Lamm‹.

537 *»Tandem haec olim meminisse juvabit«:* lat., »Doch endlich, beim Himmel, einmal was, dessen Erinnerung dereinst Befriedigung geben wird.«

538 *Heliogabal:* s. 2. Anm. zu S. 48. Vgl. Plutarch, ›Heliogabal‹, XXII.

Panurg bei Rabelais: Vgl. Rabelais, ›Pantagruel‹, II, XVII.

539 *Bei Plutarch:* Vgl. Plutarch, ›Agis und Cleomenes‹, XXIV und LI.

Cleomenes: Kleomenes III., Sohn von Leonides II., spartanischer Mitkönig von Agis IV. Übernahm 235 v. u. Z. im Alter von 19 Jahren die Herrschaft in Sparta.

Aagis: Agis IV. Wurde 245 v. u. Z. nach dem Tod seines Vaters Eudamidas II. König von Sparta.

Agintis: Es muß heißen ›Agiatis‹.

540 *›Les amours qui s'accommancent par anneaux se finissent par couteaux‹:* frz., ›Die Liebe, die mit Ringen beginnt, endet mit Messern.‹

541 *Insel Chios:* türkisch Sakiz-Adasi, Mastixinsel. Insel im Ägäischen Meer, südlich von Lesbos. 1566 von den Türken erobert. Aus dem Text geht hervor, daß Brantôme diesen Abschnitt 1601 geschrieben hat.

542 *Lysanders:* Lysandros; spartanischer Feldherr, Sohn des Aristokritos, angeblich eines Herakliden, und einer Helotin (Mothake); erhielt 408 v. u. Z. den Oberbefehl

über die peloponnesische Flotte in Kleinasien, eroberte 405 v.u.Z. Athen; fiel bei einem Sturm auf Haliartos (395 v.u.Z.).

Plutarch in seinen ›Opuscula‹: Plutarchos (um 50–120), griechischer Schriftsteller und Historiker, berühmt durch seine vergleichenden griechisch-römischen Herrscherbiographien. Vgl. sein ›De mulierum virtutibus‹ (Über die Tugenden der Frauen), XII.

543 *Lykurgus:* Lykurg, eigentlich Lykurgos (9. Jh v. u. Z.). Nach der Überlieferung berühmter Gesetzgeber Spartas. Vgl. Plutarch, ›Apophthegmata laconica‹, Lykurg, XV.

544 *sagt die Geschichte:* Vgl. Plutarch, ›Lykurg‹, XXV.

in fetter ... Erde zu ackern: Vgl. ibid., XXIX.

545 *Gott Hymen:* Hymenäos, Gott der Hochzeit und der Ehe, Sohn des Dionysos und der Aphrodite.

›il vaut mieux voler en amours qu'en mariage‹: frz., ›es lohnt mehr, in Liebschaften die Schwingen zu spreizen als in der Ehe‹.

eines Edelmanns: wahrscheinlich Brantôme selbst.

547 *daß sie davon dürre ... wurde:* betrifft Jeanne Chabot (s. 9. Anm. zu S. 525); jene einst üppige Dame böser Zunge, mit der Heinrich IV. seinen Spott trieb.

548 *der Königin von Navarra:* Vgl. ›Heptameron‹, XX. Novelle. Die Motivwanderung zeigt sich auch hier durch das Auftauchen der Episode in den ›Comptes du monde advanturcux‹, XXIX. Novelle (s. Anm. zu S. 549).

Jehan de Saintré: Vgl. Antoine de la Sale (geb. 1386), ›Histoire et plaisante chronique du petit Jehan de Saintré ...‹ (Geschichte und kurzweilige Chronik des kleinen Jehan de Saintré ...), um 1450 erschienen; allgemein betrachtet als erster Roman im modernen Sinn. Der angesprochene König Johann ist offensichtlich König Johann II., der Gute, französischer König (1319–1364).

549 *›Nouvelles du monde advantureux‹:* Vgl. ›Les comptes du monde advantureux‹ (Berichte aus der Abenteuerwelt),

XLV. Novelle. Erschien unter den Autor-Initialen A.D.S.D. erstmalig 1555 in Paris. Quelle der Grundfabel ist der Roman von Antoine de la Sale (s. 2. Anm. zu S. 548).

551 *Der verstorbene Herr von Bussy:* Bussy, Louis de Clermont. Die angesprochene Dame, hier durch die französische Bezeichnung ›poultre‹ (nach Rabelais ›noch nicht besprungene Stute‹) besänftigt und geschmeichelt, soll die berühmte Diana von Poitiers sein.

552 *Milo von Croton:* Milon (um 510 v. u. Z.), berühmter siegreicher Athlet aus Kroton.

Edelmann ... den ich kenne: offenbar Brantôme selbst.

554 *Herzog Alexander von Florenz:* Alessandro di Medici, 1537 getötet von seinem Cousin Lorenzino.

Dame, bei der er lange blieb: offensichtlich die Gräfin von Chateaubriant.

555 *Herrn von Bonnivet:* s. 5. Anm. zu S. 525.

eine sehr große Dame: Katharina von Medici und ihre Tochter Margarete von Valois.

556 *›Toute femme varie‹:* frz., ›Jede Frau liebt die Abwechslung‹. Das italienische ›La donna è mobile‹.

557 *hörte von einer Dame:* die Prinzessin von Eboli, Mätresse von Philipp II. Vgl. Schiller, ›Don Carlos‹. Es geht um ihr Verhältnis mit Antonio Pérez.

sehr große verwitwete Dame: offensichtlich Diana von Poitiers.

in den ›Hundert Erzählungen‹: Vgl. ›Heptameron‹, XLIX. Novelle.

559 *Ich kannte ein Mädchen:* Elisabeth von England (1533 bis 1603).

Meine Schwester: Madeleine de Bourdeille (gest. 1618).

560 *Minerva:* s. Anm. zu S. 220.

Infantin von Portugal: Maria von Portugal.

561 *zu seinen Brüdern:* Herzog Heinrich von Guise und sein Bruder, der Herzog von Mayenne.

wegen seines Kreuzes Dispens erteilt: Gemeint ist sein Eid als Malteserritter.

›propter mollitiem‹: lat., ›wegen ihrer Zartheit‹.

562 *in der Zeit des Triumvirats:* Gemeint ist unter Tiberius (s. 1. Anm. zu S. 45).
Kaiser Tiberius ergötzte es: Vgl. Sueton, ›Tiberius‹, LXI.
von einem Römer Albinus lesen: Vgl. Titus-Livius, ›Römische Geschichte‹, V, XLI.
einen Simachus: Quintus Aurelius Arianus Symmachus (um 340–um 410), römischer Staatsmann und Redner, Präfekt von Rom 384–388, 391 Konsul. Gilt als letzter Verteidiger des Christentums, hinterließ ›Briefe‹.
564 *sotto coperto:* ital., insgeheim.

Inhalt

ISBN 3-7351-0046-5

Insel-Verlag Anton Kippenberg, Leipzig
Erste Auflage der einbändigen Ausgabe
Lizenz Nr. 351/260/43/86 LSV 7353
Gesamtherstellung: Offizin Andersen Nexö,
Graphischer Großbetrieb, Leipzig III/18/38
Schrift: Baskerville-Antiqua
Einbandgestaltung: Hellmuth Tschörtner
Printed in the German Democratic Republic
Bestell-Nr. 787 318 3
02480